U0590691

中国诉讼社会史研究

启真馆 出品

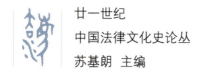

廿一世纪
中国法律文化史论丛

苏基朗 主编

# 中国诉讼社会史研究

〔日〕夫马进 编

范 愉 赵 晶 等译

ZHEJIANG UNIVERSITY PRESS
浙江大学出版社

# 出版说明

本丛书以"廿一世纪"为名,旨在展现多元的全球性法文化观点,不囿于上世纪学术主流的西方中心主义。中国法律文化史固以中国为主要研究对象,但全球观点史学应怀抱平等的跨文化比较视野,期使中国社会的历史经验,对促进当世各地人民的福祉,亦能做出重要的贡献。讨论法律文化及历史,不能与现实社会脱节而做无根之谈,故本丛书特重法律与历史文化的互动及相依。二十世纪以前,中国法律和社会及文化传统本环环相扣,有机结合。过去一个世纪的中国法律转以移植继受为主,法律与本土文化的融合创新,自为当今急务。此亦本丛书尤为关注的课题。最后,从廿一世纪的观点出发,研究对象内容尽可包罗上下数千载,亦无妨通古今之变,并非仅仅限于廿一世纪的历史而已。

# 中文版序言

　　本书的日文版出版于 2011 年 3 月。值此中文版出版之际，介绍一下日本版出版以来我们的研究活动。

　　日文版的《中国訴訟社会史の研究［中国诉讼社会史研究］》是日本学术振兴会资助的共同研究"东亚史上的中国诉讼社会研究"的成果报告书。参加该共同研究的学者和另外一些年轻的学者们一起开始了新的学术振兴会资助的研究课题，即"《巴県档案》を中心として見た清代中国社会と訴訟·裁判—中国社会像の再検討［清代中国社会与诉讼和审判：中国社会特质再考——以《巴县档案》为基础史料"（2013 年度—2015 年度，课题负责人：夫马进）。这一课题始于年轻学者们的提案，我本人也有如下思考，即"东亚史上的中国诉讼社会研究"涵括了从古至今的中国，而且还涉及了日本的江户时代和近世英国，但我希望在新的共同研究中尝试一个带有挑战性的题目——对中国社会的特质进行重新考察，而且在相对限定时代和地域的基础上详细地分析诉讼的实态。我们最终将时代限定在中国清代，地域限定在四川省重庆（巴县），在此基础上共同研究的参加者在一起研读讨论了《巴县档案》。《东洋史研究》（第 74 卷 3 号，2015 年 12 月）的特集"《巴県档案》に見る清代社会と地方行政［《巴县档案》所见的清代社会与地方行政］"就是这一课题的研究报告。该特集收录了如下几篇文章：伍跃《"在民の役"：〈巴県档案〉に見える郷約像—前近代中国の国家による社会支配の一側面［"在民之役"：〈巴县档案〉中的乡约群像——近代以前中国国家统治社会的一个场景］》、小野达哉《清代巴県郷村部の徴税負担と訴訟の関係—特に抬塾をめぐって—［清末巴县乡村中的包税与诉讼的关系：以抬垫为中心］》、夫马进《清末巴県の"健訟棍徒"何輝山と裁判的調解"憑団理剖"［清末巴县"健讼棍徒"何辉山与裁判式调解"凭团理剖"］》、凌鹏《清代巴県農村の租佃実態—「抗租」「騙租」と「主客関係」［清代巴县农村的租佃实态："抗租"、"骗租"与"主客关系"］》、谷井阳子《清代中期の重慶商業界とその秩序［清代中期的重庆商界及其秩序］》、水越知《清代後期の夫婦間訴訟と離婚—〈巴県档案（同治朝）〉を中心に［清代后期的夫妇间诉讼与离婚：以〈巴县档案（同治朝）〉为中心］》、臼井佐知子《訴訟関係文書を通してみた清代社会における女性［从诉讼关系档案所见清代社会中的女性］》，还收录了小野达哉编写的《〈巴県档案〉輪読会検討語彙集［〈巴县档案〉研读会讨论词汇集］》。其中伍跃、夫马进和凌鹏的论文已经被译成汉语，刊登在《中国古代法律文献研究》第 10 辑（中国政法大学法律古籍整理研究所编，北京，社会科学文献出版社，2016 年）。据了解，还有其他的翻译计划。

　　年轻学者们在上述共同研究结束之后，又开始了新的《巴县档案》的研读会。在此基础上，小野达哉完成了《〈巴县档案〉读书会研讨词汇集》的增订版。该文的中文版预计将刊登在《中国古代法律文献研究》第 12 辑（2018 年）。我本人为了更客观地认识四川省巴县的诉讼与社会、了解民国年间诉讼的实态，开始阅读《龙泉司法档案选编》和《顺天府档案》。

在编辑本书中文版的过程中，我请各位执笔者在修改日文版中错误的基础上，提供了至今为止质量最好的原稿。因此，请读者们留意与日文版在标题等方面有些不同。

本书日文版共计十五章，其中，第十三章是浅井正执笔的《当代中国律师形象》。本书中文版未能收录该文，故请读者注意本书中文版与日文版的不同。

在本书的出版过程中，除各位执笔者和翻译者之外，中国人民大学法学院副教授尤陈俊尽力颇大。最后，我要向负责翻译本书第十四章，大平祐一撰《判决がでたあと—江戸時代の"訴訟社会"像［宣判之后——"诉讼社会"视角下的江户时代］》的史志强先生（东京大学研究生院法学政治学研究科研究生）表示感谢。我本人也是在这一次才痛感将日本江户时代诉讼史的论文译成汉语有多么困难。因为，在翻译过程中，首先要将江户时代的史料原文翻译成现代日语。大平祐一教授克服病痛，将所有的史料翻译成现代日语。大阪经济法科大学教授伍跃也向史志强先生提供了协助。伍跃教授还就本书翻译过程中出现的各种问题提出了许多建议。谨此向以上各位先生表示衷心的感谢。

夫马进

于京都洛北宝池山庄

2018 年 3 月 9 日

# 日文版序言

　　本书是日本学术振兴会科学研究费补助金资助项目"东亚史上的中国诉讼社会研究"（2006 年 4 月—2010 年 3 月）的研究成果报告书。

　　如我在本书第一章"中国诉讼社会史概论"（以下简称为"概论"）中所说，日语中"诉讼社会"源于英语的 litigious society。由于 litigious 有"好讼"之义，故翻译时将 litigious society 译作"好讼社会"或许会更为贴切。我本人在向中国学者说明"诉讼社会"的时候，以及我的论文在被译作汉语时都常常使用"好讼社会"一词。不过，对于日本人来说，"诉讼社会"和"好讼社会"在语意上稍有不同。我们在听到"诉讼社会"一词时首先联想到的是，日常生活中经常发生诉讼或诉讼经常发生在身边的社会。"好讼"，即热衷于诉讼的社会则是在此基础上更进一步。进而言之，"诉讼社会"就是无论人们是否愿意都会被卷进诉讼的社会。在传统中国，将诉讼较多的情况称为"健讼"。在这个意义上，当代日本所说的"诉讼社会"在汉语中表达为"健讼社会"的话，恐怕比"好讼社会"更为准确。本书所说的诉讼社会，既包括了热衷于诉讼的"好讼社会"，也包括了诉讼较多的"健讼社会"。此外，本书虽然也包括关于诉讼问题的社会史（social history）的含义，但那只是次要的意义。

传统中国曾经发生过大量的诉讼、或者说当时的人们热衷于诉讼，这在中国史研究的领域中尚未成为学界的共识。实际上，一般的研究者在听到"中国诉讼社会史"或"中国好讼社会史"的时候往往会感到一丝诧异。2010年，我本人在向一位中国学者说起本书，即《中国诉讼社会史研究》即将出版时，他感到非常吃惊，并且引用了《论语》中记载的孔子所说的"必也使无讼乎"，认为传统中国并没有太多的诉讼。就中国法律文化的常识而言，统治者应该努力实现孔子理想中的"无讼"社会，被统治者也应该远离诉讼即"厌讼"。

传统中国社会曾经发生过很多诉讼，或者说好讼，至少在某一特定的时期或地域曾经出现过诉讼多发和好讼的现象。这种见解并非久已有之。我本人在1993年首次依据具体史料撰文指出，中国明清时代曾经是诉讼多发的时代，1998年，该文被翻译成汉语。估计是以此为契机，学界开始关注传统中国诉讼多发和好讼的问题。至少就中国学界而言，情况大致如此。我当时关注的是讼师。讼师被当时的人们视为"讼棍"，与当代日本的辩护士或中国的律师相比有着似是而非之处。从1993年至今，我始终关注着讼师的社会作用和他们用于诉讼的"讼师秘本"。

我想致力于更加深入广泛地认识中国人与诉讼的关系。具体说来就是，人们在诉讼中有何种诉求？该诉求究竟得到何种程度的满足？传统中国究竟发生了多少诉讼？当时的人们是否真的好讼？历代政府对于多发的诉讼究竟采取了何种抑制政策等。进一步说，中国是从何时开始出现诉讼多发的情况的？民国年间是否出现过某种变化？诉讼的多发是不是某种具有中国特色的现象呢？我就此与有着相同的问题意识的学者交换意见，探寻了利用日本学术振兴会科学研究费补助金进行共同研究的可能性，得到大家的赞同。参加这一共同研究的除我本人之外，还有浅井正（爱知大学法科大学院）、岩井茂树（京都大学人文科学研究所）、大平祐一（立命馆大学法学部）、高岛航（京都大学文学研究科）、谷井俊仁（三重大学人文学部）、谷井阳子（天理大学文学部）、辻正博（京都大学人间环境学研究科）、寺田浩明（京都大学法学研究科）、籾山明（埼玉大学教养部）、伍跃（大阪经济法科大学教养部）等各位，还有来自中国的阿风（中国社会科学院历史研究所）、陈宝良（西南大学历史文化学院）、范金民（南京大学历史系）、黄源盛（台湾政治大学法学院）、王志强（复旦大学法学院）等人。当初曾计划邀请两位韩国学者参加共同研究，因故未能实现，我对此深感遗憾。

　　为了加深对前述诸问题的认识，我们主要进行以下两个方面的工作。一项工作是参加共同研究的各位学者主要的研究方向以中国明清时代史为中心，包括了中国古代史和中国现代史，以及朝鲜史和日本史。通过研究，我们加深了对不同地域和不同时代的人们与诉讼关系的认识。我们在 4 年之内举办了 27 次研究会，除了参加共同研究的各位学者的报告之外，还邀请了詹姆斯·惠特曼（James Whitman）（耶鲁大学法学院）、邱澎生（历史语言研究所）、刘增贵（历史语言研究所）各位教授作了研究报告。

　　另一项工作是一起研读诉讼档案。参加本次共同研究的学者中有 7 名曾经参加过科学研究费补助金资助的共同研究——“中国明清地方档案的研究”（1997 年 4 月—2000 年 3 月）。通过那时购入《顺天府档案》中诉讼文书的缩微胶卷和前往四川省档案馆等处收集相关资料，我们对明清时代的地方档案已经有了一些初步的认识。

在此次共同研究开始之前不久，恰逢四川省档案馆藏《巴县档案》的缩微胶卷开始出售。我们购入了《巴县档案（同治朝）》并在研读中使用。购入《巴县档案（同治朝）》首先是基于如下考虑，即在其之后的光绪朝部分数量庞大、价格不菲，利用科学研究费补助金无法全部购入。不过，购入《巴县档案（同治朝）》有着更为积极的理由。这就是，在日本国会图书馆收藏有同治年间到光绪初年的江南地区诉讼档案——《太湖厅档案》（登录名为《太湖理民府文件》），利用《巴县档案（同治朝）》可以进行比较研究。进而言之，《申报》于同治十一年（1872）在上海开始发行，该报经常刊登与诉讼有关的消息，我们利用《申报》的记载可以对四川和江南地区的诉讼和社会进行比较研究。在共同研究会的正式成员之外，还有一些在校学生参加了档案的研读。包括这些学生在内，共计举办了9次《巴县档案（同治朝）》的研读会。各位参加者根据自己关心的问题从海量的档案中自由地选择阅读的对象。我本人就尽可能阅读了不同类别的案件。

清代四川省的巴县相当于现在的重庆市。应该如何概括《巴县档案》中所反映的清末同治年间（1862—1874）当地的诉讼呢？毫无疑问，既不是"无讼"，更不是"厌讼"。我本人在本书的第一章"中国诉讼社会史概论"中指出："任何人在读了同治年间的《巴县档案》后，恐怕都会感到用'诉讼社会'一词来形容当时的情况实在是过于温和了。"我还写道，同治年间巴县发生的诉讼"给人的感觉就像是被卷入到巨大的黑色漩涡中一样"。在此，我们暂且不论同治年间的重庆地方社会究竟是"诉讼社会"，还是"好讼社会"，或者也许还有其他更合适的表达。不过，有一点是确定无疑的，这就是参加阅读《巴县档案（同治朝）》的所有人都如实地感到，当地的人们为了自身的生存，使出浑身解数，彼此间展开了无休止的诉讼混战。

在数量庞大的《巴县档案》中，我们购入了同治朝的部分用于研读，固然有某种偶然的成分在内，但对于致力于研究"中国诉讼社会史"的我们来说确实是一种幸运。如果我们当初购入研读的是乾隆朝或嘉庆朝的《巴县档案》，即便是同一个地区，对人们与诉讼和审判的关系也会有完全不同的认识。我在本书的第一章中已经扼要地指出了这一点。

在本书执笔的过程中，本人曾向四五位执笔者表示过，希望他们就特定的题目撰写文章，其他各位则在诉讼这一中心题目之下自由决定选题。本人负责本书的第一章。这是因为，本书既然冠名为"中国诉讼社会史研究"，有些重要的问题恐怕在各章中难以展开，有必要集中论述。在此意义上，本书第一章虽然名为"概论"，但是并非集中了所有执笔者的意见，也并非概括了所有的问题，如果其中有错误的话，当然应由我本人负责。

每次召开研究会的时候，在日本的几乎所有成员于百忙中出席参加。海外的各位学者也在繁忙的教学科研中抽时间到访京都。京都大学大学院的文学和法学等研究科的很多学生参加了范金民先生和陈宝良先生专门举办的、旨在提高阅读手写草体字能力的读书班。参加本课题的各位学者对我作为课题总负责人的工作给予了极大的支持，在此谨致谢忱。

共同研究会除了上述成员之外，新堂幸司（东京大学名誉教授）、臼井佐知子（东京外国语大学）、井上彻（大阪市立大学）、脇田喜智夫（御所南法律事务所）、山崎岳（京都大学人文科学研究所）等也经常与会，并提供了很多有益的见解。京都大学文学研究科在学中的箱田惠子、水越知、石野一晴、田边章秀等参加了几乎所有的研究会，并承担了各种会务。此外，我们曾三次前往成都的四川省档案馆查阅收集《巴县档案》。其间得到郭红玲女士（西南交通大学）的大力协助。承蒙林月惠女士（中国文哲研究所）和郑墡谟先生的帮助，我们收集到了近代史研究所购入的《巴县档案（乾隆朝·嘉庆朝）》一部分资料。邱澎生先生则提供了《巴县档案》的目录。在此向各位表示感谢。

最后要提及两件令人深感遗憾之事。一件是 2007 年 6 月谷井俊仁先生的逝去。他在参与此次共同研究之前，就是我组织的"中国明清地方档案研究"课题组的重要成员之一。他潇洒倜傥，具有过人的责任感。在中国法制史的领域里被视为极具前途的新星，这无疑是我们的希望。但是，就在即将开花结果之际，他却永远地离开了我们。我对此深感遗憾。就他的责任感而言，我相信他一定会为本书提供大作的。每念至此，不胜遗憾。

另一件令人遗憾之事是滋贺秀三（东京大学名誉教授）在 2008 年 2 月逝世。本书几乎所有的执笔者或曾亲聆教诲，或曾私淑问学，都得到过先生的指教。先生敏锐的视线每每使人感到一丝不安。通常说滋贺秀三先生是一位令人敬畏的学者，但至少我本人每次得到的都是先生充满温情的激励。现在，无法聆听先生对本书的批评指正，为此深感遗憾。

京都大学教育研究振兴财团资助了本书的出版，特此致谢。京都大学学术出版会的国方荣二负责了本书的编辑。中田裕子在本课题的筹划到本报告书的出版的全过程中，承担了资料整理等各种繁重的事务。在此，谨向他们两位表示衷心的感谢。

夫马进

2011 年 1 月 9 日

# 目录

第一部

# 第一章　中国诉讼社会史概论 *

夫马进 **

## 序

现在日语中的"诉讼社会"一词，是从英语 litigious society 一语翻译而来。litigious 一词有"好讼"之意，因此，如果翻译成中文，译为"好讼社会"更为适当。

通常，人们总是把现代美国作为"好讼社会"最典型的代表。[1] 而说到"诉讼社会"，人们通常会列举出这样的事例，这就是某市民会为了某种通常不会发展成为诉讼的细微问题而兴讼。此外，在多数情况下，诉讼案件数量之多可以作为诉讼社会的证据，有时，律师人数之多也可以视为诉讼社会的一种标志。这是因为，人们通常认为，律师与普通民众关系越密切，民众就会更方便地接近或利用诉讼和审判。这正是"法治"社会的特征，即人们拥有"获得救济的权利"，并可以主张依法保障这些权利的实

---

\*　原题为《中国訴訟社会史概論》。

\*\*　执笔时为京都大学研究生院文学研究科教授，现为京都大学名誉教授。

[1]　Jethro K. Lieberman, *The Litigious Society*. New York, Basic Book,1981. 日译：ジェスロ·K·リーバーマン《訴訟社会［诉讼社会］》长谷川俊明译（东京，保险每日新闻社，1993 年）。平野晋《超訴訟社会：モンスター化する"権利主張"と恐怖の連鎖［超诉讼社会：变成怪物的"权利主张"与连锁的恐怖］》（东京，ビジネス社，2008 年）。

现。人们在律师的帮助下，以法律为根据而提起诉讼。

此外，至少在理论上，民主社会被认为是任何人都可以提起诉讼的社会。在欧洲传统社会，习惯曾经重于法律，在纠纷发生时常常借助民间调解作为解决手段；而这种共同体的规制力也成为人们诉诸诉讼的障碍。然而，随着这种曾经存在的父权性强制力或共同体的规制力逐步消解，其结果是，当人们发生争执时，如果认为自己的权利受到了侵害，往往会立即直接提起诉讼。也就是说，现代的美国社会，正是由于传统的共同体彻底解体、人们的权利意识不断高涨而形成的法制化社会，在这种社会中人们偏好诉讼，由此导致社会诉讼多发。

人们通常认为，传统中国社会与现代美国社会相比，正好形成根本对立的典型。例如，一位专门研究欧洲法制史的美国学者曾经指出："中国在帝制时期不存在为解决民事纠纷而设立的法庭。"[2] 迄今为止，欧美的多数研究者可能都认为，在传统中国，作为维持社会运行的机制，相对于法或权利而言，更为优先的是服从于以儒家伦理为基础的礼制或谦让。或者说，一般认为，人们在将纠纷诉诸法院之前，通常可以通过亲属关系的纽带或村落共同体在内部加以解决。这种情况是所谓专制统治体制所特有的，与民主社会相反的现象。为了实行专制统治，统治者希望民众服从于儒家伦理，尽可能少提起诉讼。为了追求这一目标，统治者

---

[2]  フレドリック·L·チェイエット《各人にその取り分を：11—13世紀南フランスにおける法と紛争解決—［各予应得之分：11—13世纪法国南部的法与纠纷解决］》（服部良久编译《紛争のなかのヨーロッパ中世［西洋中世在纠纷］》（京都，京都大学学術出版会，2006年），第7页。本论文曾发表为：Fredric L. Cheyette, "Giving Each His Due", *French Historical Studies*, no.6, 1970. 后载 B.H. Rosenwein and L. K. Little eds., *Debating the Middle Ages: Issues and Readings*, Mass. and Oxford, Malden. 1998.

可能会竭力阻止民众将纠纷提上法庭。或者说，在中国只有与专制统治密切相关的刑事法庭受到高度重视，但与此相反，民事法庭则很不发达。

然而，这种想法其实完全是一种误解，不过只看到了传统中国社会的一个方面。本文将通过以下事实证明这一点。

首先，"健讼"或"好讼"这些用语，在中国上千年以来的文献中随处可见。"健讼"的"健"是强健的健，也就是顽强地进行诉讼或诉讼兴盛之意；"好讼"则是指热衷于诉讼，正是 Litigious 之意。而从宋代，即 10、11 世纪前后开始，这些用语在史料中出现的频率越来越高。

其次，有关权利意识的问题。在前近代的中国，确实不存在权利意识这一用语或概念，但却存在着一种可与权利意识相互替代的"情理意识"。所谓"情理意识"，是一种人情与道理相结合的社会意识，或者说是基于人情的道理意识。在美国，权利意识是指人们在主张自己的正当性时，通常会以法律为依据；与此相对，中国的情理意识既有与法律相一致的情况，也不乏与法律相背离的场合。至少，在本文所探讨的汉代以后，根据这种情理意识主张自己的正当性而提起诉讼，完全是理所当然之举。史料表明，针对这种情况，统治者并非总是极力通过专制统治和国家权力加以遏制；而且，根据情理意识引起的纠纷，有时并不能在亲属间或村落等小范围内得到妥善解决。

第三，我认为诉讼在中国曾经是更严重的社会问题。这是因为，诉讼并不都是基于情理意识之类的冠冕堂皇的理由而提起的。至少在宋代以后，毫无疑问，民众可以根据法律以及众所周知的"道理"提起诉讼，而且有时明明知道对方当事人并没有什么过错，也可以凭空捏造口实提起诉讼。这种行为通常被称之为"图赖"，是希图赖骗、图骗抵赖等词的缩略语，指找借口欺诈对方、攫取钱财之意。在以诉讼为手段的情况下，可称之为"架词诬控"，即"图赖诉讼"。总之，从现代称之为民事诉讼的金钱借贷或土地纷争，到杀人等刑事案件，都会不时出现这种捏造事端、向他人嫁祸责任的诉讼。一旦原告这样做，被告往往也会以其人之道还治其人之身。尽管在现代社会，无论是美国还是日本，也都存在这种"图赖诉讼"或"欺诈诉讼"，然而在古代中国，这种诉讼无论是数量，还是性质上，所显示的问题都更为深刻。

此外，必须进一步考虑的问题还有专制统治与诉讼之间的关系。表面上看起来，一方面，实行专制统治需要减少诉讼，在这个意义上，中国以往的专制统治确实是国家限制诉讼的要因；然而另一方面，专制体制恰恰也成为民间纠纷多发的要因，并且也是纠纷较多地诉诸法庭的要因。

本文的目的，首先是揭示中国历史上毫无疑问确曾出现过名副其实的"诉讼社会"，并进而考察中国社会成为这种"诉讼近在身边的社会"的要因是什么。同时，本文将会围绕专制统治与诉讼之间的关联为主轴展开观点的论证。

其次，本文的第二个目的，是根据现有的档案资料，推算出清代的一个县，当事人每年向官府提出的诉讼文书的件数。因为在论证一个社会是否是诉讼社会时，必不可少地需要举出一定的数据作为佐证。与此相关，本文还将揭示，官府为了遏制诉讼的过度增长，在债权回收案件等被所谓琐细诉讼中对当事人提出的诉状多不予受理，因此，这些文书在档案中也没有保存下来。

如果说前一个目的旨在揭示古代中国诉讼的数量，本文的第三个目的，则是揭示其实质。通过这一研究试图说明，不同朝代的中国人在当时既有的制度下，通过诉讼和审判所追求的具体诉求是什么。其中，通过介绍清代《巴县档案》这一地方文献中的若干案例，说明当时的巴县的诉讼实践，已经不仅仅是"诉讼社会"一语所能让人联想到的一般形象，甚至已经达到"诉讼战"的激烈程度。

## 一、无讼的理念与费孝通的无讼论——《太湖厅档案》与《巴县档案》

如前所述，直到近年为止，一些欧洲的法制史研究者仍认为古代中国不存在解决民事纠纷的法庭。中国法制史研究者当然很少有这种极端的看法，不过即使在中国的法制史学界，也只是近几年才认识到前近代中国社会也曾出现过诉讼多发的情况。[3] 每当提到有关中国古代社会诉讼很少的论断，人们通常必然会举出以下两个根据：一个是孔子有关诉讼的名言，一个则是著名社会学家和文化人类学家费孝通根据亲身体验而作的调查报告。在论及中国诉讼社会史之际，让我们首先从检验这一理念和议论的可信度开始。

孔子的这段名言是："听讼吾犹人也，必也使无讼乎"（《论语·颜渊》）。孔子所言之意是，如果在法庭上审理诉讼，自己与别人相似，但本人的理想是必定使诉讼不再发生。孔子及其信奉者认为，为了让诉讼从社会中消除，纠纷当事人之间应该建立相互谦让、为对方着想的氛围或情绪，通过教化使礼之精神内化为

---

[3]　范愉《诉讼的价值、运行机制与社会效应——读奥尔森〈诉讼爆炸〉》，《北大法律评论》第 1 卷第 1 辑，1998 年。

每个人的行为，才能真正实现这一理想。这种统治理念被称之为德治主义或礼治主义。汉代以后，儒家被奉为国家的统治理念，这种"无讼"理念或孔子的"必也使无讼乎"的名言不仅大量出现在文献中，而且有关一些官员通过身体力行使这一理念得以实现的记载也屡见不鲜。[4] 例如，东汉的王堂在山东省某地任职时，"至数年无辞讼"。[5] 再有，北齐天保年间（550—559），宋世良任地方官时，据说，"狱内穞生，桃树、蓬蒿亦满。每日衙门虚寂，无复诉讼者。"[6] 此外，隋开皇年间（581—600），刘旷做地方官时，人们受其德行教化，"囹圄尽皆生草，庭可张罗"。[7]

　　两千年以来，这种无讼的理念及其实践记录一直传承不绝，《清史稿》循吏传中也记载了不少此类传说。例如，杨荣绪在同治年间（1862—1874）任湖州知府，因裁判公正令众人叹服，以至"讼以日稀，刑具朽敝。隶役坐府门，卖瓜果自活"。[8] 这类实现无讼的传说不仅出自正史，而且载于地方志或文集中的历代地方官传记，其数量之多可谓不可计数。

　　有关"无讼"的另一个证据，是将费孝通在《乡土中国》的一章"无讼"中所称的"乡土社会"加以概念化的结果。费孝通是这样描述民国时期的农村社会的："与都市中律师活跃、重视法律的状态截然不同，在乡间人们总是尽可能回避纠纷和诉讼的发生，民众间一旦发生纠纷，主要是通过地方长老进行调解（即调

[4] 瞿同祖《中国法律与中国社会》（北京，中华书局，1981年），第6章，"儒家思想与法家思想"，第291—292页。
[5] 《后汉书》列传第二十一，王堂传，（中华书局标点本，下同），第1105页。
[6] 《北齐书》卷四十六，循吏传，宋世良传，第639页。
[7] 《隋书》卷七十三，循吏传，刘旷传，第1685页。
[8] 《清史稿》卷四百七十九，循吏传，杨荣绪传，第13085页。据《同治湖州府志》卷五，杨荣绪同治三年到九年、十年到十三年在任。

停仲裁）解决。"[9] 作为费孝通在农村的亲身体验，他曾经多次参加这种调解纠纷的集会。费孝通的报告是基于其田野调查而成，充满了现场感，令人感到颇具可信度。他的观察，即在农村主要通过地方长老的调解解决纠纷，民众通常不会陷入诉讼的情况，与历代文献的记载，即从汉至清代的文献中不胜枚举的记录亦相吻合。历代统治者不断向人们反复宣传陷入诉讼给人们带来的无穷危害，同时，在纠纷发生后，竭力避免由政府的基层派出机关，即县府受理，而是尽可能依靠居住在乡间的"长老"，即被称之为里长、耆老、老人、社长、乡约、约保、保长的人们来解决。即使是提起诉讼、进入裁判程序之后，统治者仍然努力通过长老调解解决。可以说，无讼的理念与乡村自治具有亲和性。费孝通有关无讼的论述也正是历代统治者们所主张的理念。例如，康熙钦定的《圣谕十六条》之一即："和乡党以息争讼。"可以说至少在表面上，两者之间所具有的亲和性显而易见。

　　然而，这种看法存在两个重要的问题。一个是，费孝通在论证无讼论时究竟是以哪里的农村为样本的？另一个是他据以为样本的农村，在中国广阔的地域和漫长的历史中处于什么位置？根据费孝通自传以及《乡土中国》后记的记载，他在成书之前，也就是 1936 年赴英国留学之前，曾在江苏省吴江县（现为吴江区）的开弦弓村进行了为期两个月的农村调查。1938 年回国后，费孝通曾到昆明的农村进行过第二次调查。而《乡土中国》中描述的农村，作为中国典型的事例和形象，显然不可能是处在边疆地区的昆明。也就是说，其样本只能是他的故乡——吴江县近郊的农村，即非开弦弓村莫属。显而易见，在《乡土中国》一书中得以

---

[9]　费孝通《乡土中国》（上海，观察社，1948 年），"无讼"，第 58—63 页。

概念化的乡土中国的形象，与费孝通的成名作《中国农民的生活》的调查对象开弦弓村极其相似。[10]在这部详细描述农村中农民生活的著作中，费孝通一次也未曾提及有关诉讼之事，这与他在《乡土中国》中所描述的自己亲身参加调解集会的体验形成呼应。可以认为，作为费孝通无讼论之基础的材料，主要是他1936年亲自在江苏省吴江县的开弦弓村搜集的。

如果确实如此，非常幸运的是，恰好有一批产生于大约其50年之前、与开弦弓村近在咫尺的同一地域的诉讼文书。同时，还有一批处于同一时期，但完全是另一地域的诉讼文书。这样，我们虽然没有与费孝通的体验完全相同的材料，但一方面有同一地域农村的若干涉讼事例，另一方面有与此同期的其他诉讼文书；将这两批材料一起对照阅读，可以印证费孝通的体验的真实性。

所谓与开弦弓村相当近的农村地域，是指太湖厅。两地之间只隔着太湖的一道狭窄的湖湾，距离不过10公里而已。日本国会图书馆现存有《太湖厅档案》，即江苏省苏州府太湖厅的一批文书，其中涉及诉讼的档案共计21件。时间跨度为清末同治八年（1869）到光绪二年（1876）。[11]

同时，中国四川省档案馆存有《巴县档案》。巴县的县府设在四川省重庆府城内、管辖范围包括府城内外的城市和近郊农村。

[10] 费孝通《学历简述》,《中国当代社会科学家》第3辑（北京，书目文献出版社，1983年），第227—228页。*Peasant Life in China: A Field Study of Country Life in the Yangtze Valley*, London, Routledge, 1939. 中文版《江村经济：中国农民的生活》（南京，江苏人民出版社，1986年）。日文版仙波泰雄、盐谷安夫译《中国の農民生活—揚子江流域に於ける田園生活の実態調査》（东京，生活社，1939年）。

[11] 夫马进《国会図書館藏太湖厅档案に见る诉讼と裁判の实态—その初步的知见［国会图书馆藏太湖厅档案所见诉讼和审判的实态：几点初步认识］》，永田英正编《中国出土文字资料の基礎的研究［中国出土文字资料的基础研究］》（京都，京都大学文学部，1993年）。

《巴县档案》中同治年间（1862—1874）的部分大约有一万七千件，其中大多数为诉讼档案。

　　《太湖厅档案》与《巴县档案》同为清末同治年间的诉讼档案，但只要阅读两者并进行比较，任何人都会发现，生活在这两个地方的民众所进行的诉讼以及官府的审判方式迥然不同。关于这两种类型的详细比较研究不得不留待以后，这里为了立论之便，暂且先简单地概括一下对两者的印象。太湖厅的民众尽管实际上也会发生纠纷，但他们与同时期的巴县人相比较而言，温和稳重得多，对做出判决的地方官可以说相当顺从（No.27、31）。给人的感觉是，尽管当时在一些相当于现在刑事案件的处理中确实会判处枷刑，但实际上，多数案件连最轻的处罚——掌责几乎也很少使用。的确，这里也有不少金钱纠纷、打架斗殴，乃至偷盗事件和继承纠纷，而且这些案件也进入了审判，但是，这些案件的原告和被告提出的诉状都很少，几乎都只有一两份左右。多数案件就是根据这些诉状进行审判，由地方官即法官做出堂谕（判决），之后原告与被告共同结状，即签署服从判决的誓约书而终结诉讼。或者在判决做出之前达成调解；而且，其中一部分确实如费孝通所见，在诉讼中由"长老"出面达成调解，从而当事人申请撤诉（No.14、16、18、26）。

　　在这些方面，巴县的诉讼和审判则截然相反，其实际情况将在下文中分析，此处暂不赘述。任何人在读了同治年间的《巴县档案》后，恐怕都会感到用"诉讼社会"一词来形容当时的情况实在是过于温和了。在这里，诉讼给人的感觉就像是被卷入到巨大的黑色漩涡中一样。尽管同样处于清末同治时期，《巴县档案》为我们展现了一个"诉讼社会"，或者一个远超"诉讼社会"的社会；而相比较而言，《太湖厅档案》所显示的，则可以说是一个与

"诉讼社会"完全无缘的社会。

由此可见，在日本国会图书馆藏的《太湖厅档案》与作为费孝通"无讼论"之样本的农村一脉相通，生活在这种社会中的民众所参与诉讼的过程和审判方式都传达出很多非常重要的信息。与日本国会图书馆藏《太湖厅档案》同样珍贵并同名的文献，是南京博物院所藏《太湖厅档案》，两者结合起来，可以对当地跨越太平天国时期的诉讼审判方式进行比较研究。南京博物院所藏《太湖厅档案》是从嘉庆八年（1803）开始至咸丰二年（1852）的诉讼档案，共40余件。[12]与其相比较而言，《巴县档案》则是包括了从乾隆、嘉庆时期，跨越同治期，直到宣统时期的连续的诉讼材料。我们可以借此了解江苏省太湖厅与四川省巴县这两个地方的诉讼和审判，比较其截至太平天国时期的各种变化以及两地之间的差异。

首先，根据南京博物院所藏《太湖厅档案》的材料可以看到，该时期即从嘉庆八年（1803）开始至咸丰二年（1852）的半个世纪中，诉讼与审判的方式与前述同治时期并没有很大的差别。当时生活在那里的民众与太平天国以后的档案中所见的形象大致相同，与巴县的人相比较而言，温和而稳重，这与同治时期也并无二致。当时当地的民众普遍尊重地方官的权威，态度颇为顺从，与同治时期一样，经常由亲属或近邻作为中介，促使当事人达成和解而申请撤诉（No.2102、2116）。各种案件多数都是通过原被告结状而终结，这一点同样与同治时期相似。也就是说，我们所

---

[12] 范金民《太湖厅档案所见洞庭湖商人的活动　附：南京博物院藏太湖厅档案目录》，夫马进编《中国明清地方档案の研究［中国明清地方档案的研究］》（京都，京都大学大学院文学研究科东洋史研究室，2000年），第137—140页。

见到的清末同治时期太湖厅的诉讼和审判所具有的各种特征，至少在清中期的嘉庆年间（1796—1820）已形成，各时期并无显著差异。换言之，费孝通的"无讼论"，如果以太湖厅的情况而言，至少上溯50年至清中期，大致都是吻合的。

对此，相对太平天国之前的巴县，诉讼与审判的方式则与同治时期存在显著差异。笔者选择了从乾隆二十三年（1758）到六十年（1795）的《巴县档案（乾隆朝）》（地权，No.645—663）、（借贷No.1006—1024）和从嘉庆元年（1796）到十六年（1811）的《巴县档案（嘉庆朝）》（地权No.1396—1415、1888—1917）共90件作为样本，对乾隆、嘉庆朝与同治朝进行了实质性的比较研究。确实，生活在乾隆、嘉庆时期的巴县人，与生活在嘉庆至同治时期的太湖厅的人相比有欠文雅。每一桩诉讼所提出的诉状的数量远比太湖厅更多，也就是说，同治时期盛行的"好讼""健讼"之风在嘉庆时期已初见端倪。但是，乾隆、嘉庆时期的巴县与同治时期的审判方式完全不同。在乾隆、嘉庆时期，地方官仍然牢固地维持着其权威，原被告多数能够服从其判决，并常常据此具结息讼（乾隆朝No.1007、1018、1019、1021）；而且，乡约和近邻在审判中也发挥着重要作用，他们往往顺从地奉知县之命，进行事实调查，并在调解中也起到了重要作用（乾隆朝No.1013、1015，嘉庆朝No.1888、1889、1891）。此外，当案件进行到最后阶段时，与同治时期相比，地方官直接做出黑白分明，即一方胜诉、一方败诉的判决较多（乾隆朝No.1005、1007、1018，嘉庆朝No.1880、1891、1892）。简单地说，值得注意的是，乾隆、嘉庆时期在审判中，地方官的控制十分有效，乡约和邻人能够服从地方官的权威，协助其进行事实调查，原被告也服从地方官的权威而具结，审判中一方胜诉的判决多数也能被接受和服从。这些方面与此后同治时期的审判方式截然不同。如前所述，同在同治时期，太湖厅与巴县的诉讼与审判方式完全不同，如果仅就审判方式而言，则可以说在嘉庆时期，巴县与太湖厅比较接近。

黄宗智曾经讨论过中国地方官在审判中究竟是作为调停人，还是作为法官发挥作用的问题，并以巴县、宝坻县、淡新等几种档案为样本进行了实证研究。其结论是，在这三种档案中的221个案件中，有170件即占76.9%的案件，明确做出了一方胜诉的判决。其中，《巴县档案》中，知县做出明确判决的包括原告胜诉的47件，被告胜诉的22件。[13] 也就是说，在《巴县档案》的98件诉讼档案中，有69件，即70%明确做出了原告或被告胜诉的判决。然而，黄宗智从《巴县档案》中抽取的样本均为19世纪50年代以前的，即咸丰年间以前的档案，而且其中约58%是乾隆年间到嘉庆初年（1799）的。[14] 虽然究竟从何时开始档案中出现了明显的差异，仍需要进一步的检讨，但显而易见，乾隆、嘉庆时期，巴县的诉讼和审判方式与同治时期存在着非常明显的差异。进一步说，同治年间所下的判决中，在很多情况下很难分清原告或被告何方胜诉，即使能够分清，在很多案件中其意义有时也非常令人费解。这一点从下面论及的若干实例中可以得到证实。如果黄宗智在选择样本时，与《淡新档案》和《宝坻档案》一样，在《巴县档案》中主要选取同治、光绪时期的样本，那么或许就会得出完全不同的统计结果和结论。

---

[13] Philip C.C. Huang, "Codified Law and Magisterial Adjudication in the Qing", Kathryn Bernhardt and Philip C.C. Huang. eds., *Civil Law in Qing and Republican China*. Stanford, Stanford University Press, 1994, p.144, p.185. 黄宗智《民事审判与民间调解：清代的表达与实践》（北京，中国社会科学出版社，1998年），第78、231页。

[14] 同上，p.181. 第227页。

同样处在清末同治年间，巴县与太湖厅的诉讼和审判方式为何如此不同？对此，可以归结出若干要因。第一要因是两地的人口问题不同。众所周知，清代的四川省人口激增，而最大的变化是从 1851 年开始持续数十年之久的太平天国运动，对太湖厅与巴县两地的人口变动造成了不同的影响。一方面，据推算，巴县所在的四川省重庆府在太平天国之前的咸丰元年（1851）有 455 万人，太平天国失败后的光绪六年（1880）则增加到 559.4 万人，人口增加了 20% 以上。另一方面，太湖厅所在的江苏省苏州府，1851 年人口为 654.3 万，至 1880 年则骤减为 236.7 万。这 30 年间该地区人口实际减少了 60% 以上。[15] 太平天国军从苏州城撤退是在同治二年（1863）。虽然说这一人口数据是整个苏州府的，现在尚无法找到能够证明太湖厅人口变化程度的具体数据，但毫无疑问，1880 年前后太湖厅不存在巴县所面临的人口压力。

导致两地明显差异的第二个要因，是社会发展形态的差别。当时的太湖厅属于苏州，却是与苏州城并不一样的乡村社会；而巴县则是位踞该地最大都市重庆的具有重要地位的中心地区。施坚雅（Skinner）曾指出，在长江上游地区，1843 年前后的重庆是已与成都并列的特大都市（Metropolitan City）。[16] 同治时期的巴县一年间究竟有多少诉讼，将在下文再予论证，然而从《巴县档案》中确实能够感受到，其诉讼数量之多、社会的痛苦与活力之大，无疑都与当时人口的压力，以及作为都市社会及其近郊所特有的

---

[15]　曹树基《中国人口史 第五卷 清时期》（上海，复旦大学出版社，2001 年），第 691—696 页。

[16]　G. William Skinner, "Regional Urbanization in Nineteenth-Century China", in G. William Skinner ed. *The City in Late Imperial China*. Stanford, Stanford University Press, 1977, p.215. 今井清一译《中国王朝末期の都市：都市と地方组织の阶层构造［中国王朝末期的城市：城市与地方组织的阶层结构］》（京都，晃洋书房，1989 年），第 6 页。

因素有关。

第三个要因是巴县正处在开发过程中，并且是移民聚集的中心地；相比之下，太湖厅则是已臻于成熟的社会。巴县是一批又一批追赶时代潮流的新移民植根之地。美国之所以会成为诉讼社会，就是因为那里是数百年来一批又一批的新移民不断植入而构成的社会。清代同治年间的巴县也确是如此。同治时期的《巴县档案》中充满了这种极端危险的活力。例如，重庆城面临长江和嘉陵江，常常发生翻船事故，死者众多，并因此成讼。其原因多数是船夫经验不足，或者超载搭客和装载货物所致（水运，No.14395、14405）。恐怕当时社会秩序的建构完善远远赶不上人口与物质激增的速度，因此，这里的人们生活方式比较粗放，而社会则处在尚未成熟的状态。与之相比，嘉庆时期开始至同治时期的《太湖厅档案》中，则显示出当地居民比较稳重和保守。19世纪太湖厅的民众似乎有意识地避免诉讼，而且不使诉讼长期不决。我们可以看出，他们接受了无讼的理念，认为极力避免兴讼可以为自身带来利益，只要地方官的判决不是完全不合情理，他们就遵从该判决。这是只有在安定和成熟的社会中才能看到的情形。

通过对《太湖厅档案》和《巴县档案》的比较可以看到，即使是在同一个时期，即清末同治时期，太湖厅与巴县的诉讼和审判方式也截然不同。费孝通在开弦弓村进行社会调查是在1936年，据一份人口统计，1933年苏州府的人口为243.5万，[17] 假定这个数据基本准确的话，与《太湖厅档案》形成的光绪六年（1880）前后的人口数236.7万相比，几乎没有发生什么变化。可以说，费孝通所描述的"无讼"的"乡土社会"，正是在《太湖厅档案》中所

---

[17]　同前注15，第459页。

见的类型。

如果是这样，与费孝通"无讼论"相契合的社会形态无疑是存在的。但是，这种基于体验并加以概念化的中国农村社会的典型形象，并不能意味着是普遍存在的；相反，恰恰是建立在一些偶然性极强的因素之上。如果费孝通曾访问巴县的农村，是否也会抽象出同样的"乡土中国"的概念呢，这显然是值得怀疑的。再者，"无讼论"肯定不适用于生活在城市中的大众。通过以上对费孝通"无讼论"的检讨，必须承认，中国在同一历史时期曾经出现过诉讼社会与非诉讼社会并存的局面。因此，本文首先需要对论述的重点加以明确界定，即主要围绕中国历史上诉讼社会这一侧面展开研究。


## 二、无冤的理念与现实

以上分析了费孝通的"无讼论"中存在的问题。但是，无讼的理念及其实践还有一些其他问题需要关注。其一，无讼的理念必须与无冤的理念并论，才能作为一种重要的因素对中国社会诉讼数量的增减变化产生直接的作用。

所谓无冤的理念是指：孔子确实提出了无讼的理念，并成为为官者延续两千年重要的政治指针。但是，实现这一理念的困难不言自明，因为人与人之间的不平或不满一旦积聚爆发，诉讼的发生不可能完全避免。因此，孔子只不过是陈述自己"一定要实现无讼世界"愿望罢了。而事实上，历史上不时有人指出："舜亦难使无讼"，"使民无讼，古帝尤难之"，"无讼圣人所难"，等等。其二，被寄予厚望的农村的调解，其作用并不足以被依赖。因为，担任调解人的"长老"有时本身就是当地的豪强，或者是横行乡里、无恶不作、破坏秩序的罪魁祸首。[18]他们常常就是威胁民众生活的元凶，当然不可能进行公正的调解。不仅如此，"长老"们往往是作为承担国家徭役而被指派去进行调解的，而绝非因其擅长调解，或受到当事人欢迎而值得信赖。徭役是谁都不愿意承担而避之不及的，但只有有钱有势的人才能免除，所以往往是那些既无才能又无势力的穷人被派去调解。这些人缺少调解所必需的权威，诉讼当事人也不会对其做出的裁断心悦诚服。这种情况，在费孝通的调查报告中所描述的他亲身经历的调解现场中亦有所体现。他写道："最有意思的是保长从不发言，因为他在乡里并没有社会地位，他只是个干事。"正是由于保长是不得不干的苦差事，所以他们理所当然地希望从中获利，即谋求贿赂，自然也就无法指望他们能做出公正的调解和裁断。

　　这里的问题是，社会在推崇"无讼理念"的同时，又产生了另外一种理念，即希望尽可能由县以上的官府来受理诉讼、做出公正审判，并将其作为为官者的责任。民间的各种各样的争议，包括围绕土地交易、家产继承或者徭役负担等出现的各种纠纷，常常积累而最终引发诉讼，而当事人基于前述"情理意识"以某种形式提出主张的事件也屡见不鲜。即使是在"图赖诉讼"的情况下，当事人也会振振有词地举出自己的道理和人情依据。这种情况与"冤抑"的感觉形成一种相反相成的关系。所谓"冤抑"，是指自己感到受到对方不讲情理的不当对待，或者诉讼当事人提

---

[18]　中岛乐章《明代郷村の紛争と秩序—徽州文書を史料として［明代乡村的纠纷与秩序：以徽州文书为史料]》(东京，汲古书院，2002年)，第331—344页。该书用私受词状和武断乡里之语举出了若干事例。

出一种主张而时常使用的用语。[19]"冤抑"的"冤"通"怨",诉讼当事人的怨气首先是指向对自己施以不当行为的对方当事人。其次,怨气也是针对审判的控诉,即在感到判决不公时,对地方官所表达的冤情和怨气。所谓"无冤理念"是要求为官者必须尽力通过公正的判决而消除民间的"冤"即"怨气",同时自身也需要防患于未然,避免因诉讼造成冤情,引发或扩大民众对自己的怨气。

自汉代将儒家思想奉为统治理念之日起,"无冤理念"就已经产生,一直延续到清末,始终是统治者努力实现的目标。《汉书》就已经将"天下无冤民"作为应予褒奖的政绩。[20]以后的《后汉书》曾记载了以下故事:陈寔任太丘县县长时,司官(监察官)将到其属地视察。陈寔的属下官吏们担心县民向司官投诉,试图加以禁止。但陈寔则认为"讼以求直,禁之理将何申,其勿有所拘"。司官闻之而叹息曰,"陈君所言若是,岂有怨于人乎"。结果"亦竟无讼者"。[21]

这一事例说明,从东汉时代起,无冤的理念曾被一些为官者所切实实践。无冤的理念与无讼的理念相辅相成,共同存在并相互补充,这一点颇具意趣。但是,值得回味的是,如果没有陈寔那样独特的地方官,其治下的民众恐怕会视司官的到来为倾诉冤情和怨气的最佳时机,而地方官则会千方百计地试图遏制或消灭这种陈情的行为。这样说,是因为这一佳话与后述王符的《爱日篇》有关,因为陈寔与王符大致是同时代的人。《陈寔传》所提到

---

[19]　寺田浩明《権利と冤抑─清代聴訟世界の全体像〔权利与冤抑:清代听讼世界的全体像〕》,《法学》第 61 卷第 3 号,1997 年。

[20]　《汉书》卷七十一,于定国传,第 3043 页。

[21]　《后汉书》列传第五十二,陈寔传,第 2066 页。标点根据吉川忠夫训注《後漢書〔后汉书〕》(东京,岩波书店,2004 年),第 7 册,第 500 页。

的司官（监察官），据说是州从事，或郡督邮，[22] 无论是哪一种职务，当时到太丘县来的都带有监察使命。

无冤的理念后来作为诉讼制度，发展为中国特有的两个制度：一个是上诉（上控）制度，另一个是禁止告状不受理的制度。

其中明确规定上诉制度的法令，至少在隋代已经出现，如规定在诉讼中当事人如果有冤抑不满，而县府无法处理时，当事人可以向上一级的郡府投诉，在郡仍无法处理时，则可以到州，直至向中央的省提起上诉，如果仍得不到处理，可以向宫廷（阙）提起申诉；此后如仍有不满，则可以直接通过登闻鼓进行申诉。[23]宋代也规定了县（知县）—州（知州）—路（监司）—中央省部（尚书、刑部）的上诉途径。[24]实际上，这类上诉盛行的情况在此后的《名公书判清明集》（以下简称为《清明集》）中可以看到。清代嘉庆五年（1800）规定："军民人等遇有冤抑之事，应先赴州县衙门具控。如审断不公，再赴该管上司呈明。若再有屈抑，方准来京呈诉。"[25]根据以后的《巴县档案》所见，当时的上诉称之为上控，常常采用从县（知县）—府（知府）—道（道员）—省（布政司）的途径；而称之为京控的到北京上诉的情况非常盛行，这也是《中国诉讼社会史研究》第 8 章的作者阿风的论文所探讨的情况。[26]

另一方面，根据当时的法令规定，民众在提起诉讼时，如果诉状没有违反规定的地方且一看就好像没有诬告，那么官府也必

---

[22]　一说为《后汉书集解》卷六十二所引沈钦韩之说。有关州从事见严耕望《中国地方行政制度史》上编卷上，秦汉地方行政制度（台北，"中央研究院"历史语言研究所，1974 年），第 305 页以下。郡督邮见同书第 138 页以下。

[23]　《隋书》卷二十五，刑法志，第 712 页。

[24]　《宋会要辑稿》，刑法三（北京，中华书局，1957 年），第 6582—6591 页。

[25]　胡星桥、邓又天主编《读例存疑点注》（北京，中国人民公安大学出版社，1994 年），第 679 页。

[26]　本书，第八章，阿风《清代的京控——以嘉庆朝为中心》。

须受理。官员如果不履行该法令，反过来要受到处罚。明清时代这一相关法令名为"告状不受理"。[27] 实际上，这种禁止告状不受理的法律规定，早在《唐律·斗讼》中就已经出现，即"若应合为受，推抑而不受者，笞五十"之规定。

允许无限制地上诉或者官府必须受理诉状的原则，作为无冤理念的法制化的结果，与无讼的理念并不矛盾。或者说，国家认为这些制度正是实现无讼理念的前提和手段。但实际上，该制度却产生了许多棘手的问题。这是因为当无冤的理念，仅仅是作为一种话语而被付诸实践之时，有时不仅不能达到无讼的结果，反而会激发诉讼的产生。举例而言，可首推海瑞的实践为证。

从隆庆三年（1569）到翌年为止的几个月，海瑞曾任应天巡抚这一当地最高长官。他在任期时曾宣称：

> 若先亿其诬捏十状九诬，弃九人之诬，而一人之实亦与其中矣。况十人中或不止一人之实，十人中一人为冤，千万人积之，冤以百以十计矣。不能执我严法，使诬者惧之不来，乃并实者弃之，使含冤之人不得申雪，可以为民父母哉。[28]

可以看到，这是一种身体力行追求无冤之理念的典型形象。当然，其初衷并不是期望增加诉讼，相反正是在追求无讼的境界；其目标是努力通过尽可能受理诉讼，教化民众，同时通过公正严明的审判，最终实现诉讼的减少。然而，当他的指令在其治下的南直隶下达后，得知的人争先恐后地前来提起诉讼。因为当地有

---

[27]《明律》，刑律，诉讼，告状不受理条，以及《大清律例》同条。

[28]《海瑞集》（北京，中华书局，1962年），第275页，示府县状不受理。

很多乡绅不断进行土地兼并，海瑞的指令正好给那些被剥夺了土地的人一个夺回土地的机会；但其中不乏趁火打劫提出不符合事实的诬告之人。为此，松江府上海县等地诉讼激增，甚至导致书写诉状的用纸价格飞涨，一个店铺光卖状纸一天的营业额就高达 30 两银子之多。[29]海瑞在任不过数月就被从应天巡抚之位解职，主要原因就是因其造成了这种混乱。

与海瑞同样追求无冤之理念，同样也以"失败"告终的还有清代的嘉庆皇帝。他也认为"即健讼者十居七八，亦岂无一二衔冤负屈之民以实情上诉乎"[30]。所以主张必须认真对待诉讼案件。嘉庆八年（1803），嘉庆帝下达上谕，命令为了这十个人中的一两个衔冤负屈之人，必须尽力受理京控案件，慎重调查。其结果京控案件与日俱增，以致各省积聚的未决案件达到数千件之多。

这就是前面所说的棘手的问题。一方面，官僚们作为孔子的弟子，追求无讼的理想；另一方面，作为民众的"父母官"，哪怕十个人中有一两个含冤负屈者，就不能舍弃无冤的理念。然而，在一个已然是诉讼多发的世界里追求无讼，要对大量包含着诬告或图赖诉讼的上诉一件件慎重审理，必须耗费大量的经费，而行政效率的问题更不可等闲视之。为此，官府不得不增加大量胥吏、差役等人员，以及协助官僚工作的幕友，而这些经费最终都必然转化为民众的负担。

对此，比较有良心的地方官采取的方针对策，是自己尽职尽责

---

[29]  拙稿《明清時代の訟師と訴訟制度［明清时代的讼师与诉讼制度］》，梅原郁编《中国近世の法制と社会［中国近世的法制与社会］》（京都，京都大学人文科学研究所，1993年），第 443 页；中译文收入滋贺秀三等《明清时期的民事审判与民事契约》，（北京，法律出版社，1998 年），第 394 页；英译："Litigation Masters and the Litigation System of Ming and Qing China", *International Journal of Asian Studies*, Vol. 4, No. 1, p.83.

[30]  《嘉庆道光两朝上谕档》（桂林，广西师范大学出版社，2008 年），第 8 册，第 146 页。

地尽可能多处理哪怕一件讼案；同时，在正式受理诉状之前，官府
在原告准备提交诉状的现场先行采用简易审判的方式对其进行调
查，观察他们的言谈举止是否存在诬告之嫌。这种做法是康熙初
年任知县的于成龙力荐的，他说："先审查原告之辞色，勿为滥准，
而刁顽之风可息。"[31]康熙年间先后形成的官箴书《未信编》《福惠
全书》也都推荐了在诉状受理之前对原告进行讯问的简易审判方
式。[32]通过这种针对原告是否有诬告之嫌的调查，即在诉状受理之
前进行讯问等手段，真正做到成功地使诉讼骤减的名人当属道光五
年（1825）至道光七年（1827）任巴县知县的刘衡。[33]据现存《巴
县档案》记载，刘衡在任的道光六年与其他年份相比，案件数量出
现了不自然的大幅度减少（表1）。这种手段如果成功，或许确实
有可能在逐步接近无讼目标的同时，相对实现无冤的理想。

　　相对于这种"有良心的"的减少诉讼的对策，更为普遍的是
地方官往往采用一种粗暴的办法，即直接对诉状不予受理。这样，
表面上看上去好像是近乎达到了无讼的世界，但毫无疑问，另一
面则是不仅使无冤的理想彻底破灭，而且也违反了禁止告状不受
理的法律禁令。通过前面介绍的事例可以推测，在海瑞任应天巡
抚之前，当地的各官府大概就是采用了这样的办法。而这种做法
最典型的，当属雍正皇帝所实行的诉讼对策。

　　雍正四年（1726），湖南巡抚布兰泰奏参衡山知县张翼，原因
是他沉溺于戏剧声色和饮酒而不去护送监犯，并且"不接民间词

---

[31] 《于清端政书》卷一，对金抚台问地方事宜，《四库全书》，第 1318—549 页。

[32] 《未信编》卷三，放告，《官箴书集成》（合肥，黄山书社，1993 年），第 3 册，第 71
　　 页；《福惠全书》，卷十一，放告，第 3 册，第 329 页。

[33] 夫马进《アテナイ市民の訴訟好きと中国訴訟社会［雅典市民的好讼与中国诉讼社
　　 会］》，《ギリシア喜劇全集［希腊喜剧全集］》（东京，岩波书店，2009 年），第五卷，
　　 月报 5，第 9 页。

表 1 《巴县档案》事案件数

| 年份 | 乾隆1 | 乾隆2 | 乾隆3 | 乾隆4 | 乾隆5 | 乾隆6 | 乾隆7 | 乾隆8 | 乾隆9 | 乾隆10 | 乾隆11 | 乾隆12 | 乾隆13 | 乾隆14 | 乾隆15 | 乾隆16 | 乾隆17 | 乾隆18 | 乾隆19 | 乾隆20 |
|---|---|---|---|---|---|---|---|---|---|---|---|---|---|---|---|---|---|---|---|---|
| 案件数 | 2 | 0 | 3 | 1 | 3 | 4 | 5 | 2 | 3 | 4 | 1 | 2 | 1 | 4 | 7 | 2 | 7 | 4 | 3 | 10 |

| 年份 | 乾隆21 | 乾隆22 | 乾隆23 | 乾隆24 | 乾隆25 | 乾隆26 | 乾隆27 | 乾隆28 | 乾隆29 | 乾隆30 | 乾隆31 | 乾隆32 | 乾隆33 | 乾隆34 | 乾隆35 | 乾隆36 | 乾隆37 | 乾隆38 | 乾隆39 | 乾隆40 |
|---|---|---|---|---|---|---|---|---|---|---|---|---|---|---|---|---|---|---|---|---|
| 案件数 | 7 | 6 | 27 | 58 | 53 | 39 | 84 | 63 | 103 | 179 | 117 | 154 | 132 | 69 | 101 | 71 | 47 | 65 | 120 | 127 |

| 年份 | 乾隆41 | 乾隆42 | 乾隆43 | 乾隆44 | 乾隆45 | 乾隆46 | 乾隆47 | 乾隆48 | 乾隆49 | 乾隆50 | 乾隆51 | 乾隆52 | 乾隆53 | 乾隆54 | 乾隆55 | 乾隆56 | 乾隆57 | 乾隆58 | 乾隆59 | 乾隆60 | 乾隆其他 | 乾隆无记录 | 乾隆朝合计 |
|---|---|---|---|---|---|---|---|---|---|---|---|---|---|---|---|---|---|---|---|---|---|---|---|
| 案件数 | 98 | 62 | 94 | 102 | 99 | 122 | 78 | 60 | 136 | 100 | 104 | 122 | 87 | 82 | 92 | 102 | 86 | 100 | 131 | 157 | 104 | 252 | 4060 |

| 年份 | 嘉庆1 | 嘉庆2 | 嘉庆3 | 嘉庆4 | 嘉庆5 | 嘉庆6 | 嘉庆7 | 嘉庆8 | 嘉庆9 | 嘉庆10 | 嘉庆11 | 嘉庆12 | 嘉庆13 | 嘉庆14 | 嘉庆15 | 嘉庆16 | 嘉庆17 | 嘉庆18 | 嘉庆19 | 嘉庆20 | 嘉庆其他 | 嘉庆无记录 | 嘉庆朝合计 |
|---|---|---|---|---|---|---|---|---|---|---|---|---|---|---|---|---|---|---|---|---|---|---|---|
| 案件数 | 170 | 296 | 143 | 243 | 214 | 224 | 191 | 234 | 206 | 387 | 360 | 420 | 432 | 537 | 537 | 570 | 304 | 452 | 375 | 582 | 167 | 11 | 8952 |

| 年份 | 嘉庆21 | 嘉庆22 | 嘉庆23 | 嘉庆24 | 嘉庆25 |
|---|---|---|---|---|---|
| 案件数 | 405 | 374 | 285 | 401 | 432 |

| 年份 | 道光1 | 道光2 | 道光3 | 道光4 | 道光5 | 道光6 | 道光7 | 道光8 | 道光9 | 道光10 | 道光11 | 道光12 | 道光13 | 道光14 | 道光15 | 道光16 | 道光17 | 道光18 | 道光19 | 道光20 |
|---|---|---|---|---|---|---|---|---|---|---|---|---|---|---|---|---|---|---|---|---|
| 案件数 | 560 | 521 | 597 | 673 | 796 | 452 | 678 | 619 | 690 | 500 | 745 | 900 | 650 | 750 | 943 | 560 | 891 | 986 | 877 | 903 |

| 年份 | 道光21 | 道光22 | 道光23 | 道光24 | 道光25 | 道光26 | 道光27 | 道光28 | 道光29 | 道光30 | 道光其他 | 道光朝合计 |
|---|---|---|---|---|---|---|---|---|---|---|---|---|
| 案件数 | 809 | 789 | 742 | 603 | 784 | 508 | 784 | 568 | 783 | 820 | 372 | 21853 |

续表

| 年份 | 咸丰1 | 咸丰2 | 咸丰3 | 咸丰4 | 咸丰5 | 咸丰6 | 咸丰7 | 咸丰8 | 咸丰9 | 咸丰10 | 咸丰11 | 咸丰其他 | 咸丰朝合计 |
|---|---|---|---|---|---|---|---|---|---|---|---|---|---|
| 案件数 | 881 | 685 | 727 | 756 | 862 | 1017 | 746 | 1165 | 1122 | 1231 | 1019 | 148 | 10359 |

| 年份 | 同治1 | 同治2 | 同治3 | 同治4 | 同治5 | 同治6 | 同治7 | 同治8 | 同治9 | 同治10 | 同治11 | 同治12 | 同治13 | 同治其他 | 同治无记录 | 同治朝合计 |
|---|---|---|---|---|---|---|---|---|---|---|---|---|---|---|---|---|
| 案件数 | 1172 | 1312 | 1338 | 1443 | 1320 | 1573 | 1401 | 1325 | 1376 | 1221 | 996 | 1109 | 1136 | 223 | 35 | 16980 |

| 年份 | 光绪1 | 光绪2 | 光绪3 | 光绪4 | 光绪5 | 光绪6 | 光绪7 | 光绪8 | 光绪9 | 光绪10 | 光绪11 | 光绪12 | 光绪13 | 光绪14 | 光绪15 | 光绪16 | 光绪17 | 光绪18 | 光绪19 | 光绪20 |
|---|---|---|---|---|---|---|---|---|---|---|---|---|---|---|---|---|---|---|---|---|
| 案件数 | 1499 | 1187 | 1369 | 1586 | 1868 | 1382 | 1614 | 1345 | 1081 | 1777 | 1491 | 1537 | 1788 | 1441 | 1343 | 1480 | 1284 | 1166 | 1013 | 1096 |

| 年份 | 光绪21 | 光绪22 | 光绪23 | 光绪24 | 光绪25 | 光绪26 | 光绪27 | 光绪28 | 光绪29 | 光绪30 | 光绪31 | 光绪32 | 光绪33 | 光绪34 | 光绪其他 | 光绪无记录 | 光绪朝合计 |
|---|---|---|---|---|---|---|---|---|---|---|---|---|---|---|---|---|---|
| 案件数 | 1071 | 1050 | 766 | 971 | 975 | 1276 | 881 | 1051 | 1056 | 1094 | 1066 | 1240 | 1436 | 1391 | 485 | 2008 | 46164 |

＊本文诸表纪年均用阿拉伯数字表示。

说明：

（1）本表由中田裕子在夫马进、伍跃、山崎岳所做调查的基础上整理制作而成。

（2）四川省档案馆的目录，可能存在一些实际年代记载的错误，但是本表以目录为准。

（3）其他：例如，乾隆年间记载中有年代不明或无法判断年代的，标为乾隆其他。又如，目录上记载为嘉庆二十九年，但实际上并无嘉庆二十九年，故也计入嘉庆其他。

（4）无记录：指年代一栏无记录的。

（5）记录为某年至某年的，某月至某月的，原则上以起始年月计入。由于各案件一般都连续多年或数月，目录只记录一个日期。

（6）道光年间的目录有重复的编号，本表对比也做了调整。

状"。雍正接到弹劾状后，以沉溺于戏剧声色和饮酒而贻误公务之名对张翼予以革职处分。但值得注意的是，他对于不肯接受词状的问题做出了如此的评价：

> 但称张翼不肯接受词状，此语甚属错误。民间词状虚妄者多。若一概接受，必启刁民诬告健讼之端。此风断不可长。即如余旬任山东接察使时，多收词状，后来办理不清，人受其累。布兰泰若以收受词状之多寡，定属员之贤否，则属员必致以此相尚，生事滋扰。[34]

《大清律例》中虽然明确规定了禁止"告状不受理"之条，但雍正皇帝所下的上谕却明显违反了该律例。确实，正如雍正帝指出的那样，民间词状中虚妄之言甚多，俗语说"无谎不成词"，这种说法在康熙初年就已经出现在文献中，可见当时诉状中含有大量虚妄之词乃是众所周知的常识。[35]进而言之，在明末清初，大量出版的讼师秘本中，无一不是教人在制作诉状时必须采用夸大其词和刺激的表述方式，这也说明当时的诉状确实充满了夸大其词和耸人听闻的不实之词。然而，为什么非要采用这种夸大其词的表述方式甚至谎言呢？从根本上说是因为倘若不如此，反而可能不被受理的缘故。[36]海瑞和嘉庆皇帝都是明知如此，仍坚持无冤理念而指示应尽可能多地受理民间诉状。

雍正皇帝的上谕明显是自身违反法律而做出的命令，可以说是专制统治的一种表现。他围绕告状不受理的观察和做出的判断，

[34]《世宗宪皇帝上谕内阁》卷四十六，雍正四年七月五日。

[35] 于成龙《于清端政书》卷二，请禁健讼条议，《四库全书》，第 1318—608 页。

[36] 前注 29，拙稿，第 457 页，中文版第 405 页，英文版第 94 页。

虽然与约 80 年之后的嘉庆皇帝完全不同，但却恰如其分地预见到
了后者的政策所必然导致的司法界的大混乱。另外，必须注意的
是，雍正皇帝所做的判断，绝不是他个人与众不同的一己之见，
其父康熙帝也有此见解。康熙皇帝在听说浙江布政使赵申乔"好
收词讼，民多受累"的传言后，曾批评道："如果好受词讼，刁民
兴讼，即使审理，其被讼之人，一家产业已荡然矣。"[37] 赵申乔乃
是与明代的海瑞一样闻名的清官。

　　实际上，无视"告状不受理"的法律禁令，拒不受理诉讼，
与其说是通晓世情的皇帝个人的判断，不如说是当时知识人作为
美谈的共识。康熙初年的毛奇龄曾记载一位任知县的朋友的政绩，
称其"务与民休息，一切词讼不为理"，[38] 当然，知县很难只凭自
己的好恶做到一切诉状均不受理。例如，同样是康熙初年任黄州
知府的"清官"于成龙则相反，以无冤为目标，曰：

　　　　如州县不准民词，或已准塌案不审，许赴府控告，务于状
　　内开明州县不准、塌案不审年月情由。如本府不准民词，或已
　　准塌案不审，应赴上控诉，云云。[39]

　　如果前述"好收诉讼"的赵申乔是毛奇龄相识人的上司，那
么在其统辖并监督下的知县，恐怕也很难自作主张地"一切词讼
不为理"吧。

　　这样看来，即使在诉讼多发的时代或环境下，一方面有皇帝、

---

[37]《圣祖仁皇帝御制文集》第三集，卷四，康熙四十二年二月二十日；《圣祖仁皇帝圣
　　训》卷四十五，康熙四十二年二月乙未。赵申乔任浙江省布政使为康熙四十年正月到
　　四十一年正月。
[38]《西河文集》卷九十八，墓志铭八，骆明府倪孺人合葬墓志铭。
[39]《于清端政书》卷二，请禁健讼条议，《四库全书》，第 1318—608 页。

总督或巡抚等对诉讼的负面判断，另一方面又有官员整体腐败程度不断深化的官场氛围，由此出现了通过人为努力达到无讼状态的可能性。官场上下，对不受理诉状形成某种心照不宣的默契。这样一来，无论地方官多么无能或懈怠，都可以直接获得无讼的美名。例如，刘基对元末地方社会的诉讼这样评说："知府、知州、知县中都有人竭尽全力博取治下无讼的名声。确实，因无人到官府公堂前来诉讼，官员也不进行审判，以致堂前台阶生出青草，台案上摆放的书牍落满灰尘。但是如果离开这些官府所在的都市到乡间探访，就会看到豪强横行乡里，民众怨声载道，所见所闻皆谓："官不受词，无所诉受之而已。"上面大官来视察，却说，"官能不生事，民哗非官罪也"。其后"则皆扶出之。诉者悉含诉去，则转以相告、无复来者。由是卒获简讼之名"。[40]

《元史·刑法志》记载，元代也曾有相当于《明律》中禁止"告状不受理"的条款。[41]据刘基的观察，由于前来公堂诉讼的人非常少，乃至堂前台阶生草，表面上看起来是在世间实现了无讼的社会，但实际上并非如此，不过是通过不受理诉状而达到的"无讼"假象罢了。

刘基的解释，迫使我们不得不对中国历史上各朝代中诉讼方式或案件数量的多少进行反思。或者说，有必要对中国在宋代之前诉讼较少的情况重新进行检讨。确实，如果阅读历代正史中的循吏传，会看到从东汉到宋之前的时代中，诉讼一直较少。当然，这个时代并非没有诉讼。例如，据《宋书》记载，山阴县（浙江省绍兴市）有居民三万户，而诉讼案件大量累积，乃至公堂上常常有数百人蜂拥而至。《南齐书》同样记载了山阴县"狱讼烦积"。[42]《颜氏家训》

---

[40] 《诚意伯文集》卷七，书苏伯修御史断狱记后。苏伯修是于元代至顺三年（1332）任南台御史的苏天爵，刘基的观察并非明初而是元末的情况。

[41] 《元史》卷一百零四，刑法志，第2671页。

[42] 《宋书》卷九十二，江秉之传，第2270页；《南齐书》卷五十三，傅琰传，第614页。

的作者颜之推也说，在他的家乡江南，某家族有人"身没之后，辞讼盈公门"。在北齐的都会邺，"邺下风俗，专以妇持门户，争讼曲直，造请逢迎，车乘填街衢，绮罗盈府寺，代子求官，为夫诉屈"。[43]

　　然而，另一方面，也可以看到很多奇怪的描述。如北齐的高隆之，其政敌"乃谮云，隆之每见诉讼者，辄加哀矜之意，以示非己能裁"[44]。此外，南朝宋王僧达任宣城太守时，"性好游猎，而山郡无事，僧达肆意驰骋，或三五日不归，受辞讼多在猎所"。[45]还有，萧梁的任昉任新安太守，"在郡不事边幅，率然曳杖，徒行邑郭，民通辞讼者，就路决焉"。[46]

　　根据这些史料，从中国诉讼史的角度来看，无论从无讼的理念，还是无冤的理念来说，南北朝都属于多少有些异常的时期。如果与刘基的观察相互印证的话，由于这个时期官场的风气所致，与其前后的时代比起来诉状受理相对较少，或者即使受理也常常不进行审判。可能正因为如此，当时有关诉讼的史料很少留存下来。

　　由此可见，不仅费孝通的诉讼理论，而且"无讼理念"本身都隐含着很大的问题。其一，与无讼的理念似乎颇具亲和性的乡村"长老"的调解，实际上并不可依赖；其二，由"无冤理念"而生的实践，促生了上诉制度的发达和原则上禁止"告状不受理"的法律，但事与愿违，这也成为导致诉讼多发的重大要因；其三，"无讼理念"在整个中国帝政时期始终是一种重要的价值观，以致引导一些官员追求通过不受理诉状而博得名声，并成为其治下诉讼大幅度减少的重大要因。一旦不受理诉状成为整个官场心照不宣的默契时，就会导致当时诉讼数量出现较大幅度的减少。

[43]《颜氏家训》卷上，后娶篇、治家篇。
[44]《北齐书》卷十八，高隆之传，第237页。
[45]《宋书》卷七十五，王僧达，第1952页。
[46]《梁书》卷十四，任昉传，第254页。

让"无讼理念"与"无冤理念"相辅相成，共同实现的难度之大，从海瑞和嘉庆皇帝的事例中可以得到雄辩的证明。而在诉讼多发的社会中想要同时实现这两个理念，即努力通过一件件地减少诉讼，最终实现无讼的困难程度，可以通过道光年间巴县知县刘衡的事例而略见一斑。我们曾经看过他通过采用简易审判方式等各种办法，能减少一件诉讼也好，最终务必使诉讼数量大幅减少。但从表1中可见，刘衡从道光五年（1825）至七年任巴县知县，他在任的道光六年诉讼量确实骤减，但他离任的翌年，事案件数立即又反弹到了原来的基数。这里显示的数据正如第五小节中分析的那样，如果是准确的事案件数的话，其中大半为诉讼案件。根据这种情况，可以认为当时的社会已经成为诉讼社会，或诉讼有进一步增长的趋势。然而，这个故事令人回味之处在于，一个知县为了追求无讼理念所做的努力几乎是无济于事的，这位有"良心"的官员的所作所为，完全是一种毫无意义的徒劳的努力。

为了了解为官者所信奉的无讼理念及其表现，我们接下来对东汉的诉讼实践做一考察。

## 三、王符的诉讼论及东汉的冤结

健讼，即诉讼兴盛的表达，较多地见诸宋代以后的文献。就是说，正是从宋代才出现了这种社会现象。迄今为止已经有大量关于宋代诉讼的研究，其中多对导致健讼的各种原因进行了分析。[47]在这些分析中，一种意见认为宋代诉讼增加的根本原因是唐代中

[47] 小川快之《伝統中国の法と秩序—地域社会の視点から［传统中国的法与秩序：源自地域社会的视角］》（东京，汲古书院，2009年），第7—9、34—38页所列出的论文。

期以后确立了土地所有制，加速了民间土地的买卖。[48] 这种看法与我们有关唐宋社会变革的理论共识相契合，颇具说服力。

然而，这种观点存在以下两个难以回答的问题。其一，对土地所有的公认或对土地买卖的容忍绝不是从宋代才开始的。恐怕汉代之时，就曾出现过十分活跃的土地买卖。即使我们认为汉代存在土地私有制的说法不够确切，但至少可称之为私人占有。但是，这两种说法都不能改变土地买卖基本上已经得到公认的事实、至少受容忍的事实。其二，本小节探讨的东汉王符在其《潜夫论·爱日篇》中记载，当时全国每天参与诉讼的人有十万人之多。假定这个数字有一定可信度的话，那么从宋代上溯 1000 年之前，那时的中国人就已经常性地进行诉讼。在这个意义上可以说，那时就已经可以视为诉讼社会了。

研究者对宋代成为健讼社会的要因的各种分析，包括着指出这种土地所有制的变化的在内，其中多数都隐含着一种与唐代社会相比较的看法。以下，我们可以通过比较东汉与宋代的诉讼，揭示中国诉讼共通的东西，以及一千年间所发生的根本性变化。

王符的生卒年及《潜夫论》的写作和完成时间似乎并无定论，但确定无疑的是，王符写作《潜夫论》的时间大约是在 110 年至 150 年之间，而他目睹并记载下来的正是当时的社会。

研究王符的议论，首先需要注意的是，在《潜夫论》描述的社会之后数十年，发生了黄巾之乱。此外，《潜夫论·爱日篇》描述的东汉时期的诉讼问题，籾山明在《中国诉讼社会史研究》第二章做了详细的研究，此处不多赘述。[49]

---

[48]　陈智超《宋代的书铺与讼师》,《劉子健博士頌寿紀念宋代史研究論集》（京都，同朋舍，1989 年），第 118 页。

[49]　本书，第二章，籾山明 "长沙东牌楼出土木牍与东汉时代的诉讼"。

王符的《爱日篇》中最关注的问题是，人们为了诉讼耗费时日，却对最为重要的农耕漠不关心。《爱日篇》的"爱日"，是指应该爱惜农时，而不应将农时浪费在毫无价值的诉讼中。他写道：

> 今自三府以下，至于县道乡亭，及从事督邮，有典之司，民废农桑而守之，辞讼告诉，及以官事应对吏者，……日废十万人。[50]

三府即三公府，是指设在国都洛阳的三个最高官府，以下是州、郡，再下是县、道，县、道下设乡，东汉时期一个县大约有三个乡，乡以下设亭。东汉在一个乡设三四个亭。乡中设作为县属吏的啬夫，在担任征税职能的同时，也负责听讼，即审判。亭中设作为县属吏的亭长，其中心工作是逮捕盗贼，同时也进行听讼。[51] 州府的从事与郡府的督邮则是在各自治下进行巡回的监察官。也就是说，从中央的三公府，到县以下的乡、亭，乃至包括从事、督邮在内的全国各种与司法有关的官府，都充斥着各种告状申诉的人，每天达十万人之众。如前所述，如果确定《潜夫论》成书约为110—150年，根据多数比较一致的数据，当时的户数约为一千万户。[52] 假定王符以某种方法推算出当时每天有十万人在参与诉讼，而且大约一人从一户出来的话，即可以简单地推算出，相当于每天大约百户中有一户在参与诉讼。毫无疑问，这个数据

---

[50]　标点据《潜夫论笺》（北京，中华书局，1979 年），第 219 页。所缺文字，根据《后汉书》列传第三十九，王符传，第 1641 页，前注 21，吉川忠夫训注《后汉书》第 6 册，第 393 页补充。

[51]　前注 22，严耕望《中国地方行政制度史》，第 57—60、237—243 页。

[52]　赵文林、谢淑君《中国人口史》（北京，人民出版社，1989 年），第 52 页。

包括原被告双方。王符的这个数据可能有夸张的成分，而且也不可能全国一律，但作为当时人的实际体验，即使有较大的出入，但如果完全缺少现实基础的话，本身必然难以成立。假如这里记载的是每天全国有一万人参与诉讼，那么全国一千个县，每个县每天不过才有十个人参与诉讼，在当时的知识人看来，这样的描述显然缺少说服力。但如果说每天百户中有一户参与诉讼，那么，这个社会就可以说是诉讼多发。那么如果根据这个依据，实际上就不得不承认东汉已显示出诉讼社会的征兆了。

根据王符的认识，这个时代中诉讼多发的程度已经影响了农业的顺利进行。在东汉的2世纪前半叶，诉讼之所以特别多发，首先是因为当时县以下的乡，以及乡以下的亭大量受理诉讼。据认为是高后二年（前186）所下的《二年律令》的具律规定，"而远其县廷者，皆得告所在乡"。[53]《爱日篇》中说，乡亭的部吏也可以进行审判，这里，乡和亭都被视为有权审理诉讼的官府。东汉大约一个县设三个乡，一个乡设三四个亭，由于不仅乡，而且其下的亭也都能受理诉讼，这样，对于居住在乡村的人们来说，可以进行审判的官府实际上就近在身边。当时，多数诉讼首先在乡、亭受理，从《爱日篇》的描述可以看到，这些司法活动往往是被乡亭的"豪吏"即啬夫、亭长所把持的。接着，王符在《断讼篇》中论及诉讼不公的原因时明确指出，"其本皆乡亭之所治者，大半诈欺之所生也"。

至于导致诉讼大量发生的原因究竟是什么？王符对此并没有做出具体的回答。他虽然描述了从乡、亭到三公府的诉讼过

---

[53]　富谷至编《江陵張家山二四七号墓出土漢律令の研究［江陵张家山二四七号墓出土汉律令的研究］》（京都，朋友书店，2006年），译注篇，第68页。

程，但仅仅讲到乡亭中"赢民""贫弱"即穷人，与"豪富""豪猾"即豪族或狡猾的有钱人之间的争斗，或只是大致描述了"豪富""豪猾"与乡亭的"豪吏"相互勾结，欺压"赢民""贫弱"的基本形态。

如果说，诉讼在乡村是"豪富"与"赢民"之间的争斗所引起的，究其原因，会首先想到当时盛行的土地兼并。王符所说的"豪富"与"赢民"，酷似宇都宫清吉在论及土地兼并时所说的"上家"与"下户"的概念。[54] 然而，从《汉书》到《后汉书》中出现最多的诉讼案例，大多是兄弟之间、伯父与子侄之间的争斗等亲属间发生的纠纷，即便这些都与土地的分配问题有关，但是却看不出"豪富"与"赢民"之间的纠纷，尤其是与土地兼并问题有关的纠纷。

但是也有下面这样的案例，陈宠任四川广汉郡太守时，"西川豪右并兼，吏多奸贪，诉讼日百数"。[55] 陈宠是早于王符数十年的人，他所提到的每日百件以上的诉讼，主要是指郡府衙门直接受理的案件。实际上还应该将这个数字与郡的督邮在各县受理来的案件加在一起考虑。所谓郡，自然是指县以上的一级官府。

陈宠所说的"豪右"及贪吏，与《潜夫论》中所说的"豪富""豪吏"十分相像。郡府每天处理的多达百件以上的诉讼，当然不可能都是"豪右"兼并所致，但这里明确记载这确是其中的主要原因。

苑康任太山郡太守时，郡内不法"豪姓"很多，他们畏惧苑康严厉的作风，于是在他下令之前，纷纷自动先将夺取他人的田

---

[54] 宇都宫清吉《僮約研究［僮约研究］》，《漢代社会経済史研究［汉代社会经济史研究]》（东京，弘文堂，1955年），第316页。

[55] 《后汉书》列传第三十六，陈宠传，第1553页。

宅返还给了原来的所有者。[56]

在苑康那样的官僚赴任之际，被剥夺土地的人向"豪姓"提起诉讼是完全可能的，正因为如此，"豪姓"才会在此之前主动归还了土地。王符的《爱日篇》中所描述的在乡亭进行的诉讼，将"贫弱"的"嬴民"视为诚实正直之人，他们不肯对负责审判的乡亭吏进行贿赂或馈赠；而那些"豪富""豪猾"则与此相反。假如在苑康赴地方官之任时，"嬴民"对不法夺人土地的"豪富"提起诉讼，这些诚实正直的人应当完全有胜诉的可能，也就是说，如果"豪姓"通过不法的暴力强夺土地的话，"嬴民"胜诉的可能性很大。

但是，围绕土地兼并引起的"嬴民"与"豪富"间的诉讼，还有必要考虑另一个方面。那就是与土地买卖相伴随的诉讼。从西汉开始，土地买卖就不断扩大，也被认为是广大的农民为了生存而不得不采用的手段。王莽时代起来造反的隗嚣，在其讨伐新帝王莽的檄文中，痛斥王莽"田为王田，卖买不得"。[57]对于广大的农民而言，私有土地的买卖实在是不得不为的事情。隗嚣的檄文正是农民的思想的反映，土地的买卖对他们来说是符合"天理"、顺乎"人情"之事，如按此理，土地买卖本不应导致诉讼。

西汉的晁错描述当时农民的贫困化以及与其相伴的土地兼并过程时指出：由于灾害频仍，国税沉重，贫困的农民不得不半价出售土地；而无地者不得不付出双倍利息借钱，乃至卖掉房屋甚至卖儿卖女还债。[58]

这里所说的并不是暴力性的强夺土地，而是通过买卖进行土

---

[56] 《后汉书》党锢列传第五十七，第 2214 页。
[57] 《后汉书》列传第三，隗嚣传，第 516 页。
[58] 《汉书》卷二十四上，食货志上，第 1132 页。

地兼并的过程。这种过程及其导致诉讼的事例，可以参考东汉钟离意所述的有关案件。这是发生在钟离意任会稽郡督邮时的事情。

孙常与孙并兄弟二人已分家。弟弟孙并去世后，当地发生了饥荒，孙常不时接济弟媳家一些粮食，每次所给的一升一合都记录下来，做成债券（借据），最后以此为手段将孙并家的土地据为己有。孙并的儿子长大后，为了收回土地，提起诉讼告了伯父孙常。审判过程如下：

> 掾史议皆曰，孙并儿遭饥，赖常升合，以长成人，而更争讼非顺逊也。意独曰，常身为父遗，当抚孤弱，是人道正义，而稍以升合券取其田，怀挟奸诡，贪利忘义。并妻子虽以田与常，困迫之至，非私家也。请夺常田畀并妻子。众议为允。[59]

虽然这个故事并不是"豪富"通过买卖从"赢民"那里获得土地的情形，但其过程形态大致相同。晁错所说的在饥荒等危机时刻乘人之危下手的方式，也是相同的。小吏（掾史）们所做出的判断是应对侄子的主张加以斥责，他们的根据有二：一是欠债还钱天经地义，这是社会的通识。二是侄子竟敢对作为尊亲属的伯父提起诉讼，乃是不敬，这也是常识。有关后一个理由，还有另一个案例：同为东汉的周党"家产千金。少孤，为宗人所养，而遇之不以理，及长不还其财。党诣乡县讼，主乃归之"。[60]首先应该确认的是，与孙常的侄儿一样，对于周党来说，为幼小的他代管财产，并且抚养他的宗人是他的至亲——伯父与叔父。如果是这样，

---

[59]《通典》卷一百六十八，刑六，决断。《折狱龟鉴》卷八，钟离意亦有相同内容。
[60]《后汉书》列传第七十三，周党传，第2761页。

那么，孙并的主张被驳回是因为侄儿不应该状告伯父。至少这一点不应该成为状告伯父的主要原因。掾史的判断是根据欠债还钱天经地义的社会通识和一般的情理意识。相比较而言，他们对孙常在危机之际，在亲属之间用借据为手段夺取土地的行为则未加重视。这是除钟离意之外普通人的判断。那么，如果不是在亲属之间的话，一般人相互借贷而导致土地转让的结果，恐怕必然是债权人一方胜诉吧。

掾史的判断与钟离意的判断的差异，是如何衡量法庭审判正义的问题。掾史考虑的是，法庭实现的正义应该是欠债还钱，即使由此导致当事人不得不放弃土地，也不得不如此，因为这是社会通识，也就是说这种情理意识是在当时农民普遍认可的土地买卖惯行基础上产生的。与此相对，钟离意则主张法庭必须实现的正义，是更应受到重视的"人道正义"，即近亲属之间应相亲相爱，苦难时理所当然相互扶助的美好图景。这种伦理观是另一种情理意识。孙并的儿子之所以起诉伯父，是因为亲属之间乘人之危，借接济粮食之机，通过借据的手段夺取土地，用钟离意的话来说，此乃"奸诡"之举。这种判断无疑是根据这种"人道正义"做出的。

这里，我们可以联想到王符的《潜夫论》中也充满了"奸诈""诈欺""诡诈""欺负""欺绐""虚伪""诘诈""巧诡"之类相似的用语。王符对于现实的批判，多少也是基于这样的伦理观。如果遭遇到与钟离意相同的情况，王符恐怕也会像孙并之子和钟离意一样，认为孙常的行为是"奸诡"，并依据"人道正义"的伦理做出判决。然而，这种判断毕竟是少见的，而掾史们的判断恰恰是当时的普遍认识，正因为如此，这些罕见的美谈才得以传世。

在王符所描述的在乡亭进行的诉讼中，并没有将那些诚实正直的善良"赢民"称作原告。值得注意的是，他并不是将"赢民"作为原告、"豪富"作为被告来讨论这个问题的。因为，在多数情况下，催还借贷的是"豪富"一方，更可能是他们作为原告向债务人提出诉讼。在《居延简牍》中可以看到，很多因借贷问题引起的诉讼案件几乎都是对欠债不还的人提起诉讼，而债务人则作为被告进行答辩。此外，东汉建武三年（27）前后，居延县发生的一起民事诉讼，即"候粟君所责寇恩事"，也是候粟君向寇恩提出返还钱财的要求而提起的诉讼。[61]如果这样，可以认为，与土地兼并有关的诉讼一般并不是贫穷的农民提起的，而多数是要求还钱的"豪富"提起的。西汉最后的年代，生活于河南省南阳的豪族樊重，一方面作为大庄园主，开垦了三百多顷田土，收容了千余户老弱人口；另一方面，他向乡间民众大量借贷钱财，达数百万钱之多。[62]樊重临终时遗言令人将这些借契全部付之一炬，被传为美谈。但是，这一美谈的反面，则是如果他为了索偿这些金钱债务进行诉讼的话，这些借契必然会被作为债权证据而提出。

然而，在发生金钱借贷诉讼时，如果自认为是诚实正直的债务人，向债权人提起诉讼，是否可能胜诉呢？根据《二年律令》规定，债权人索取抵押物属于违法行为，而且以他人名义登录土地房屋也被作为违法行为而禁止。[63]然而，不得不放弃土地的农民，怎么会知道法律是如何规定的呢，即使知道，他们自己能够

[61]　籾山明《中国古代訴訟制度の研究［中国古代诉讼制度的研究］》（京都，京都大学学术出版会，2006年），第104—203页，可以看到很多借贷案件。"候粟君所责寇恩事"见第139—147页。

[62]　《后汉书》列传第二十二，樊宏传，第1119页。前注54，宇都宫清吉《漢代社会経済史研究》，东京，第319页。

[63]　前注53，富谷至编《江陵張家山二四七号墓出土漢律令的研究》，第122、214页。

根据法律主张自己的诚实正直吗？

实际上，发生金钱借贷诉讼时，自认为是诚实正直的债务人，如果向债权人提起诉讼，恐怕在多数情况下是不懂这些法律规定的。正如前述孙并之子那样，通常是认为兼并土地的人采用了"奸诡"手段，违反"人道正义"才提起诉讼的。但是实际上当时审判做出的判决往往都是像掾史们的判断那样，让"奸诡"一方胜诉。在借贷诉讼中，基于"人道正义"告对方为"奸诡"而获得胜诉的情况几乎是绝无仅有。即使是有关土地买卖的诉讼，在多数情况下土地也不可能返还原主。否则，晁错的议论就不足为奇、难以成立，而钟离意的佳话也不会流传后世了。因为，人们都认为，所有的审判都应该实现某种正义。可是，东汉时代，审判在处理土地兼并诉讼方面已经形成了一套固定的套路，这种模式就是审判不得不违背"人道正义"而保护土地买卖。这种现实就是，东汉无论提起多少诉讼，都无法消解王符称之为"冤结"的民众的怨气及悲剧性结局的根本原因。

王符的诉讼理论认为，羸民即贫弱的民众参与诉讼的场合，大多数都会以一种悲剧性结局而告终，即从乡亭一路奔走到三公府，结果不过是表明"治讼若此，为务助豪猾而镇贫弱也，何冤之能治？"[64]他在《潜夫论》中多次使用诸如"怨""冤""冤民""冤枉""愁怨""怨言"这类用语，值得注意的是，其中多次使用的是"冤结"一词。这是指冤或怨气集结成了难以化解的"结"。《潜夫论·爱日篇》对"冤结"的记述，在《后汉书》中记为"怨结"，《汉书》与《后汉书》中提到冤结，都是指冤屈很难得到昭雪的情况。王符在《三式篇》中说，"细民冤结，无所控

---

[64]　前注50，第217页。

告，下土边远，能诣阙者，万无数人"。《述赦篇》也有近乎相同的说法。这些描述与后世《清明集》和《巴县档案》中看到的当时有关诉讼的形象大相径庭。确实，宋代和清代的文献中也不时可以看到有关民众的沉冤得不到昭雪，即冤结的记载；但是，《清明集》和《巴县档案》带给人的印象，毕竟还是有关人们热衷于健讼、缠讼的生动描述。而王符的诉讼理论中显示出的诉讼形象，则是极其灰暗和痛苦的。也就是说宋代以降，进行诉讼的民众成为被非难的对象。相比较而言，王符的诉讼理论对进行诉讼的人们至少还使用"正直"之类的用语报以同情的描述。

　　出现这种差别的根本原因在于，如前所述，王符时代的赢民与豪富之间发生的有关金钱借贷或土地的诉讼，本来"正直"的赢民大多数却都以败诉告终。此外，更重要的原因还在于，当时还未出现始见于宋代文献中的讼师，即帮人打官司的人；而且，教人如何在诉讼中取胜的"讼学"也尚不发达。《后汉书·郭躬传》中所记河南省颍川郡阳翟人郭躬之父曾学习过西汉杜延年传承的法律《小杜律》，并在当地颍川郡官府掌管司法（断狱）之职达 30 年之久。据说"躬少传父业，讲授徒众数百人"。[65] 如此说来，颍川郡地区确实是讲法之地，无疑有很多人学习法律。据《汉书·地理志》所言，颍川之地为战国时期韩国都，曾出过申不害、韩非子之辈，"好文法，民以贪遴争讼，生分为失"。[66] 正像宋代的江南西路（即后来江西省）的几个地方素以健讼闻名那样，汉代的颍川郡在诉讼方面似乎也带有某种特别的地方风气，而且出现了《辞讼比（词讼）》七卷和《决事都目（决事科条）》八卷等判

[65]《后汉书》列传第三十六，郭躬传，第 1543 页。
[66]《汉书》卷二十八下，第 1654 页。

例。[67]

　　然而，郭躬向数百生徒所授的法律学实际上或应称之为断狱学，而不是俗称为讼学的知识。前面论及无冤的理念时，曾介绍了陈寔，他在任太丘县县长时，曾反对阻止县民们向监察官告状。陈寔实际上就是颍川县人，他年轻时刻苦学习，还担任过颍川郡西门的亭长。据说，乡里发生纠纷时必由陈寔出面裁断，但从没有人对他做出的裁断表示不满或有怨言。陈寔的裁定之所以具有说服力，是因为他曾刻苦学习法律学或断狱学、掌握了法律武器的结果。陈寔辞去太丘县县长之职的理由也与此有关："以沛相赋敛违法，乃解绶去。"——他认为作为太丘县的上级官府的沛国长官征税违法，因此自行辞官而去。这个逸闻栩栩如生地表现出一个学习法律之人的刚直形象。但是，郭躬所传授的法律学或断狱学并不是普通被统治民众所学习的讼学，而是更适合陈寔那样的亭长、县长等进入仕途的人学习的知识。

　　综上所述，有关东汉的诉讼，可以得出以下结论。正如王符所言，2 世纪前半期，全国每天有十万人以各种方式参与诉讼，可谓诉讼多发。其原因在于：第一，诉讼在由县一级受理之前，首先由乡亭受理，因此，诉讼的受理较为便利。第二，诉讼虽然多数是表面上表现为豪富与赢民的对立，但实质上多数是以金钱借贷开始，以土地兼并为结果的纷争。这两个原因同时存在，所以导致每百户中就有一户在进行诉讼的情况。

　　王符所描述的，正是这种社会矛盾不断扩大深化的时代，同时，建立在乡亭一级的诉讼制度也还起到了重要作用。《后汉

---

[67]　《东观汉记》卷十四，鲍昱传;《后汉书》列传第三十六，陈宠传，第 1549 页。同书列传第三十八，应劭传，第 1612 页，《汉仪》《春秋决狱》等多部法律书中均有记载。

书·爰延传》记载，爰延在任陇西县的乡啬夫时，"人但闻啬夫，
不知郡县"。[68]爰延与王符几乎是同时代人，啬夫是乡里负责征税
兼听讼的小官吏。他治下的乡人纳税和诉讼都无须到县乃至更上
一级的郡里去，确实，王符将"赢民"的诉讼描绘成结果悲惨的
"冤结"，然而，社会如果已经混乱到那种程度，诉讼自然就会功
能尽失，人们也就不可能通过诉讼解决争议。于是，黄巾之乱就
不可避免地发生了。

正如严耕望多次强调的那样，乡里的啬夫或亭长只不过是
"直郡县属吏之出部者"而已，完全不意味着是地方自治。[69]由啬
夫或亭长审理农民们的诉讼，是因为县城非常遥远，所以常常由
他们代替县令、县长就近受理诉讼、进行审判。在乡亭里提出的
诉讼，表明那些纠纷已经不能在当地居民内部经调解解决；而如果
像王符所说每百户就有一户诉讼的话，说明国家权力已经渗透到
农村最基层。从战国或秦朝开始，中国政府就开始否认民众自发
结成的一切共同体关系，追求将每个个人作为单个的存在，直接
受君主权力的统治。[70]这一点从国家的角度说来，体现为在县令、
县长之下设置啬夫与亭长的制度；从民众的角度而言，则表现为纠
纷不能仅仅依靠他们自发结成的共同体内部解决。我们将这种统
治方式称为专制统治。

从王符的诉讼理论中，我们可以看到专制统治可能导致诉讼
多发的一个例证，而这种情况在很早以前的时代就已经出现了。

---

[68] 《后汉书》列传第三十八，爰延传，第 1618 页。

[69] 前注 22，严耕望《中国地方行政制度史》，第 237 页。

[70] 谷川道雄《中国中世社会と共同体 [中国中世社会与共同体]》（东京，国书刊行会，
1976 年），第 72 页。

# 四、宋代的健讼与差役的纠论——上诉及中国近世的税役负担与诉讼

如前所述，中国历史中"健讼"一语出现在宋代，这一表述在以后的历代王朝中作为对诉讼多发的非难而持续使用。"健讼"一词可以当之无愧地作为表现宋代以降诉讼之特征的关键词。[71]

此外，宋代文献的数量比前代悬殊，恐怕这也是一个原因，而那里很多次出现某县或某府州每年所提出的诉讼数量，以及诉讼文书的数量记载。说到诉讼文书，原文一般称之为"词状"，所谓"词讼"既意味着诉讼，又有诉讼文书之意。州是县的上一级行政区划，府是与州同级而作为路之首城，比州高一些的大城市。宋代的州与东汉的郡以及明清时代的府大致相当。宋与东汉不同的是，受理诉讼的最下级机关是县。东汉时代的乡、亭一级也可以受理诉讼，与之相比，宋代的诉讼当然没有如此便利。不过，如北宋的程颢代理上元县知县时，据说"上元剧邑，诉讼日不下二百"。然而无论多大的县，诉讼达到每天两百件都是不可思议的，因此这里特别注明为词状数量，即"民之诉讼，日常一二百状"。[72]

据朱子所言，南宋的漳州龙溪县"理诉之牒，日百余纸"。[73]南宋时代编纂的官箴书《昼帘绪论》一书中也记载，"（知县）初至之日，多者数百，少数亦以百数"。[74]

---

[71] 宋代健讼之用语及其实例可参见：刘馨君《明镜高悬——南宋县衙的狱讼》（台北，五南图书出版公司，2005 年），第 287—318 页；梅原郁《宋代司法制度研究》，（东京，创文社，2006 年），第 169—179 页。

[72] 《二程文集》卷十二，伊川文集，明道先生行状。熊节《性理群书句解》卷 20。

[73] 《朱文公文集》卷十九，荐知龙溪县翁德广状。

[74] 《昼帘绪论》，听讼篇，《官箴书集成》，（合肥，黄山书社，1997 年），第 1 册，第 105 页。

　　程颢赴任的上元县，是当时江宁府城，即现在的南京所在的县，龙溪县是漳州治下的四个县中的一个特别大的县，朱子本人曾为之做过记。《昼帘绪论》所说的情况，并不是说全国都达到的程度，或许是按照较大的县的情况而论。但至少全国的大县每天受理百件以上的诉讼文书应当是确定无疑的。即使《昼帘绪论》列举的数据是指清代多数县采取的正式受理诉讼的方式，即三八放告、只在农闲时期受理，那么所述一年间受理诉讼文书的数量也与清代多数文献记录的数据并无很大出入。[75]

　　但是，为什么会出现如此大量的诉讼文书？其原因之一就是，当时与清代一样，每个案件中原告和被告都会反反复复地提出诉讼文书。《昼帘绪论》说，每次受理的诉讼文书中，几乎没有多少是新案，十之七八都是与以前完全相同的内容，这一说法与以后清代《巴县档案》显示的情况完全相同，说明在这一点上宋代与清代的诉讼非常相似。

　　然而，宋代的诉讼与明清时代又存在一些较大的差别，其中之一是向县以上的州及府提出的诉讼文书很多，州和府在诉讼与审判中起到了重要的作用。南宋时代的官箴书《州县提纲》说："州县一番受状，少不下百纸。"[76]同是南宋人的陈淳多次提到其故乡漳州（福建省）的诉讼文书数量。说道：

> 期间亦有奸雄健讼为善良之梗。……盖缘一种人长于词理，熟公门事体，浅深识案，分人物高下，专教人词讼，为料理公事，利于解贯头钱，为活家计。凡有词讼者，必倚之为盟主，

---

[75]　前注 29，拙稿，第 440 页，中文版第 392 页，英文版第 81 页。
[76]　《州县提纲》卷二，籍紧要事，《官箴书集成》，第 1 册，第 54 页。

谓之主人头。此其人或是贡士，或是国学生，或进士困于场屋者，或势家子弟宗族或宗室之不羁者，或断罢公吏，或破落门户等人。

曾任漳州知州的赵伯逷（庆元元年，即1195年任）曾将这些人抓起来，在州府的后园内建了一所称为"自讼斋"的建筑，将他们监禁起来，一年内不准回家。[77] 其结果是，在如此健讼之地，翌年受理的词状（诉讼文书）锐减至一日不足30份。但是，下一任知州废止了自讼斋，之后诉讼文书的数量又骤然增加，达到一天400—500份。此后的张斗南参照赵伯逷的做法，在衙门门口张贴告示，词状再次急遽减少。至溥伯成赴任之际，词状又达到一天300—400份，因为他没有仿效赵伯逷的做法。[78]

据此记载，赵伯逷去任后，已经被遏制的词讼高企之势再次死灰复燃，达到每天400—500份，少则亦有300—400份之多。

如果陈淳的记述属实的话，那么，假定不像赵伯逷做知州时采用粗暴的手段加以遏制，大概每天也会有至少300份的词状提交到漳州衙门。漳州最大的县是县府设在漳州城的龙溪县，陈淳是朱子任漳州知州时最喜欢的弟子。如前所述，朱子在记述中强调龙溪县是漳州四县中特别大的县，故诉讼较多，每天要处理百余份词状。朱子还说，漳州治下的四个县中除龙溪县外的其他三县的税赋不及龙溪县的十分之八。也就是说，漳州所受理的诉讼文书中，估计至少有一半是龙溪县下的民众提出来的。从朱子任漳州知州开始，到赵伯逷赴任为止，只有5年的时间，其间的情

---

[77] 有关"自讼斋"参见前注71，刘馨君《明镜高悬——南宋县衙的狱讼》，第398页。
[78] 《北溪大全集》卷四十七，上傅寺丞论民间利病六条。《万历漳州府志》卷三，秩官上。

势似乎并未发生显著变化。如果是这样,从龙溪县一个县到漳州州衙提出的诉讼文书每天达 150 份到 200 份。如果将两份史料结合起来看,那么尽管宋代的诉讼制度与明清时代一样,必须首先由县一级受理,但是其上一级官府州也几乎受理了同样多的词状,这一点在明清时代是异常的。

总而言之,在宋代,民众向州一级官府提出的词状几乎与向县里提出的同样多。其原因就诉讼制度而言,有两点需要指出:第一点是在宋代越诉极多。根据法令,诉讼当事人如果认为县一级的判决有错误,即"断不当""断不公"时,任何时候都可以向做出判决的上级官府即州提出上诉;而如果对州府的判决不满时,则可以向路一级提出上诉。但实际上,越过县一级直接向州提出词状,或越过州一级直接从县向路提出上诉的情况经常发生。这种越诉在宋代屡见不鲜,宋史研究者早已指出了这一点,阅读了大量明清史料的笔者对此持赞同意见。

还有一点,宋代的上诉制度是截至当时最为发达的,并实际发挥着很大的作用。不仅在《宋会要·刑法门》中有很多关于上诉的规定,而且在《清明集》中也频繁出现此类实例。例如,一个家族继承这种亲属之间纠纷引起的诉讼,不仅会在向县里起诉之后向州提起上诉,而且会从州到路相继提起诉讼,直至告到中央的刑部。像这种没有任何刑事因素、在现代属于纯粹民事诉讼的案件,不仅向中央的刑部提起了上诉,而且持续达二十多年之久。[79] 此外,据《续资治通鉴长编》记载,北宋咸平元年(998),家族内因财产分配不公平而相互诉讼的一个案件,尽管下了十几次判决,但当事人

---

[79] 《名公书判清明集》卷十三,挟仇妄诉欺凌孤寡(北京,中华书局,1987 年),第 504 页。

仍然不服，一直诉至中央的台省（御史台、尚书省）。[80]

上诉制度的实质性功能，其一是通过它经常可以推翻原来做出的判决。《名公书判清明集》中可以看到很多此类案例。毫无疑问，《清明集》同样对那些县、州已做出判决但依然上诉不止的当事人称之为"健讼"，并加以非难；但值得注意的是，该书所载州或路的上诉判决或者说这些判决的原作者"名公"们，通常都明确指出到达他们那里的上诉案件，要么是县的原判决有误，要么是州的审判存在错误。也就是说，一方面将上诉不止的人斥之为"健讼"，另一方面最终仍明确承认他们的上诉有理。例如，任路转运司的范应铃对上诉至路的案件如是说：

> 乡民持讼，或至更历年深，屡断不从，固多顽嚚，意图终讼，亦有失在官府，适以起争。

在坦率地承认县、州的判决有时存在错误，在将多年坚持诉讼的乡民斥之为"顽嚚"的同时，亦指出：

> 失在州县，民户所不足责。[81]

另外，大约在府一级做官的吴革处理的一个案件，原被告争议的土地原本是作为抵押，而不是买卖。他对于县的判决严厉地批评说：

---

[80]《续资治通鉴长编》卷四十三，咸平元年十月乙未；《涑水纪闻》卷七；《东都事略》卷三十二。

[81]《名公书判清明集》卷四，漕司送下互争田产，第 120 页；高桥芳郎：《訳注〈名公書判清明集〉户婚門［译注《名公书判清明集》户婚门］》（东京，创文社，2006 年），第 73 页以下，下同。

起初不合以其抵当为正典，前后累判，并不曾剖析子政
（原告徐子政）不过税，不过业，其为抵当，本非正条，无以
杜绝其希觊之心，故子政尚敢固执己私。[82]

任知府或知州的姚珑，明确指出县里对一个与一方当事人姓
名相似的他人错误地做出判决，同时府州的司法官也对一个本来
应当作为诈欺罪处罚的案件做出了错误的判决。[83]蔡抗任路的提点
刑狱官职时，认为：

本州金厅之所断，本司检法之所拟，皆为失之。[84]

提点刑狱是一个路的司法长官，州的金厅是其下一级的州的
签书判官厅办公之处。检法官是在提点刑狱之下的官员，负责检
索与案件最相适合的法律条文。也就是说，蔡抗不仅认为其管辖
下的州做出的判决不当，而且认为自己直接部下所拟的判决草案
也是不适当的。

一个州的金厅的官僚也曾明确指出同一金厅的前判断是"毋
乃失之偏听耶"，并加以斥责。[85]

就这样，宋代这种已作判决被上级官厅的府、州或路频繁推
翻，有时即使未被完全推翻，也常常做出对上诉人较为有利的改
判。这样，诉讼就不会成为"冤结"。向州或府提出的词状之所以
很多，毫无疑问，越诉是一个重要原因；同时也因为通过上诉有

---

[82]　同上书，卷六，抵当不交业，第168页，高桥本，第174页。
[83]　同上书，卷五，重叠交易合监契内钱归还，第142页，高桥本，第117页。
[84]　同上书，卷九，卑幼为所生父卖业，第298页，高桥本，第259页。
[85]　同上书，卷五，侄假立叔契昏赖田业，第147页，高桥本，第127页。

时能够获得较为有利的判决或胜诉。如前所述，吴革在任知府时，严厉地批评某知县将本应作为抵当的误认为买卖而做出错误的判决。他在指出这一错误的同时，也承认：

初亦疑其健讼，反复看详，盖有说焉。[86]

这种说法俨然是主张"健讼有理"。照此逻辑，上诉当然不会停止。

宋代通过上诉频繁推翻判决，以便使诉讼不致成为"冤结"。为了达到这一目标，很多纷争持续达数十年之久，原被告无疑也会被拖得精疲力竭。现代社会奉行"一事不再理"原则，这确实是生活智慧的结晶。但是，在某某案应该适用哪一种法律，包括现代也有合理选择的振幅，而且追求绝对的真实或公正，也是一种社会正义的表面而已。确实，正如宋代及东汉的王符所记载的那样，担任法官的地方官往往会收取贿赂，做出不公正的判决。在《清明集》中也有清廉的地方官直陈做官很难，说"豪民巨室有所讼愬，志在求胜，不吝挥金，苟非好修自爱之士，未有不为污染者"。[87] 但是，从上述几个例子可以看出，能指出下级官府的判决不当和部下的错误的这些官僚，其形象都属于极其认真的"清官"。这是《清明集》给人的整体印象，恰如《名公书判清明集》之书名所表现的，该书是"名公"们对自身政绩的叙述。确实，仅凭《清明集》一书来描述宋代诉讼和审判的整体情况需要慎重，但宋代的文献与明清时代的文献相比较而言，得到的整体印象是，《清明集》中所记载的推

---

[86]　同上书，卷六，以卖为抵当而取赎，第169页，高桥本，第174页。
[87]　同上书，卷一，谕州县官僚，第5页。

翻判决的"名公"们绝非例外。这种情况与当时流行的以朱子学为代表的"新儒学"的精神相通,都带有某种特别认真的劲头。

"名公"们带来的司法界的活跃,以及他们对提起没有必要诉讼的当事人的斥责或对帮助诉讼的掮客进行的恐吓,确实有可能使诉讼数量得以减少。但是,不可否认,"名公"们的活跃反而有可能导致诉讼的增加。

"名公"之一的吴革提出"健讼有理"的观点,显然与无讼的愿望渐行渐远。而另一位"名公"胡颖对健讼之徒刘涛加以处罚,将其收进"自讼斋"监禁,进行再教育。在判决书中称:

> 刘涛……今乃背圣贤之戒,缪用其心,出入公门,搂揽关节,又从而为之辞曰:此义也。嗟夫!天下之义事,岂常人之所能为哉!……孟子以往救乡邻之斗为惑,而涛以干预他人讼为义乎? [88]

刘涛无疑是一个讼师,他"专以教唆词讼为生业"。胡颖在评价刘涛时,引用孔子的"不在其位,不谋其政"和曾子的"君子思不出其位"等出自《论语》中的箴言,说明刘涛并无任何官职,本应按照君子即读书人所为。因此,将其监禁于"自讼斋",令其诵读《论语》接受再教育。刘涛将自身的行为标榜为"义"。胡颖曾经大量引经据典,试图以孔子、曾子、孟子、董仲舒、马援、韩愈等人的事例批驳刘涛,遗憾的是没有多少说服力。

胡颖描述刘涛时称其"阖邑之人,凡有争论,无不并走其门",这与此前介绍的陈淳的有关记载"凡有词讼者,必倚之为

---

[88] 同上书,卷十二,士人教唆词讼把持县官,第 477 页。

盟主，谓之主人头"相当契合。陈淳所建的"自讼斋"位于漳州城内的州府后园，前面已经说明，宋代县民经常到府、州诉讼。对于住在遥远的乡间的民众而言，到州里诉讼肯定比在县里诉讼远为不便。但显而易见，由于州城、府城内外聚集了讼师一类的"健讼之徒"，依赖这些"盟主""主人头"进行诉讼则是十分方便的。

在宋代，如同很多"名公"们所说的那样，诉讼没有出现"冤结"的原因在于，当时广泛存在着导致健讼的讼师。讼师的存在与科举制度有密切的联系，主要是由于科举而促生的庞大的生员，即学生转化而来。我曾经对明清时代的讼师问题做了相关研究。[89]在这方面，宋代几乎是相同的。据研究，南宋时代的进士阶层中，约半数出身于庶民。这种科举及格者在身份上的比例，具体说来就是出身于庶民的进士约占进士总数的一半的情况，在明清时代的情况也基本没有变化。[90]许多出身于庶民阶层的生员为了能够成为进士，发奋苦读，但在解试中却铩羽而归。这类生员的人数疑是十分庞大的。

陈淳认为，成为讼师者既有贡士、国子监生，也有进士。他还说过，成为讼师者都是科举中失意之人。分布在各个州县的这些未能成为贡士、国子监生的半士人的人数究竟有多少？在南宋时期，如果进士中约半数是出身于庶民，那么未能成为举人，甚至未能成贡士和国子监生的半士人，亦即那些不仅可以识文断句，而且可以舞弄墨写状词的"半士人半庶民"究竟有多少？

---

[89]　前注 29，拙稿，第 466—468 页，中文版第 413—415 页，英文版第 101—104 页。

[90]　周藤吉之《宋代官僚制と大土地所有［宋代官僚制与大土地所有］》（东京，日本评论社，1950 年），第 55—56 页。何炳棣《科举と近世中国社会［科举与近世中国社会］》（寺田隆信、千种真一译，东京，平凡社，1993 年），第 115 页。

　　所谓"讼学",就是传授诉讼技巧和词状制作方法的教育。讼学从北宋的文献中开始出现,这一点,经宫崎市定指出后已经众所周知。[91] 其中引用的《宋会要》所载史料将教授讼学的人称之为"教书夫子",这个称呼绝不会让人联想到上等的知识人,恐怕他们多数以及他们的学生都属于这种半庶民半士人群体。如果是这样,他们教授讼学的对象中可能多少有一些普通民众。在宋代,正是这些讼师和广大的庶民们,支撑着健讼和消解"冤结"的社会风气。前面说过,东汉的颍川郡的郭躬经常向数百学生教授法律学即断狱学,与此相比,宋代的庶民们则与讼学近在咫尺。总之必须承认,民众由此获得了比过去远远富裕的诉讼智慧。

　　必须指出,役法的问题是导致宋代社会发生健讼化的要因之一。这个问题与诉讼之间的关系,以往鲜有人知,但实际上,这一问题不仅重要,且一直持续到清末。

　　宋代住在乡间的一般民众通常根据其家产被分为九个等级。一等户和二等户是家产丰厚富裕的家庭,需要承担较重的差役。其中包括到州、县衙门听差,看守仓库,受官僚胥吏之命提供各种费用,承担从修缮官衙到运送物资等各种各样的衙前之役,还要承担里正、保正、大保长之役,负责下乡征税,甚至要负担其他纳税人户未纳的税粮,等等。这些都是众所周知的重役。[92] 这种沉重的差役人人都避之不及,而实际上只有有钱有势的人家才可能免除,结果不富裕的家庭反而却承担了更重的负担,这成为

---

[91]　宫崎市定《宋元時代の法制と裁判機構［宋元时代的法制与裁判机构］》,《宫崎市定全集》第11册,宋元(东京,岩波书店,1992年),第206—211页。龚汝富《明清讼学研究》(北京,商务印书馆,2008年),第69页。

[92]　宫崎市定《胥吏の陪備を中心として［以胥吏的陪备为中心］》,《宋代州県制度の由来とその特色［宋代州县制度的由来与其特点］》,《宫崎市定全集》第10册,宋(东京,岩波书店,1992年)。周藤吉之《宋代郷村制とその変遷過程［宋代乡村制与其变迁过程］》,《唐宋社会経済史研究》(东京,东京大学出版会,1965年)。

宋代严重的社会问题。王安石用"募役法"取代了原来的"差役法"，将原来的由差役户负担差役改为可以用钱雇工代为服差役。这就是王安石新法之一，也是当时新法党与旧法党之争的焦点。

差役的问题往往成为引发诉讼的原因。例如，南宋的叶适指出，在募役法已经实行的情况下，每当选定保正与副保正的时候，常常会导致诉讼多发。这是因为乡村民众都不愿意当这些差，故此在评估家产时拼命力争。他又认为：

今天下之诉讼，其大而难决者，无甚于差役。[93]

同样，南宋的杜范也说：

每一遇役次，则讼牒纷然。[94]

朱子也指出，为了保证差役的公平分担的对策而实施的义役，本应按顺序轮流担任，但却导致"目下词诉纷然"，而且，

差役一事，利害非轻，本司日逐受理词讼，多是人户陈诉上项事理。[95]

当时的民众都不愿意担当衙前差役以及里正、大保长之类的重役，因为他们有比如像"里正代纳逃户税租"那样的负担，这关乎一家人的死活。所以，选定差役时，大多农户们无不战战兢兢。如

---

[93]《水心先生文集》卷三，役法。
[94]《清献公文集》卷八，便民五事奏札。
[95]《朱文公文集》卷十八，奏义役利害状；卷二十一，论差役利害状。

果官府不能准确地评估农民的家产，就可能导致本来可以免除差役的穷人不得不负担，这就必然会引发官与民之间的矛盾，也就是现代的行政诉讼。然而，中国宋代并无行政诉讼，这是因为，原本是国家与民众的对立转变为民众之间的对立，原本意义上的行政诉讼变为民事诉讼。更简单地说，将这些矛盾转化为民众之间的相互告发——例如，某人不该免除差役，某人是富人，理应当差，等等。

有关围绕服差役而展开的官民对立和民与民的对立的结构，可以结合明末编纂的诉讼秘本《珥笔肯綮》的内容进行分析。《珥笔肯綮》中所教授的有关词状书写的方法值得注意，所举实例是明代的，但所描述的有关里甲之役的诉讼，与宋代的差役诉讼涉及的问题几乎完全一样。秘本告诉读者：假定一个当事人主张自己贫穷、不应担当粮长一役而提出申诉，但是"若只说我户不能当，则差役当责何人。此所以不准也"。在拒不担当里长一役时，也不应只主张不能负担，"若泛说我户少，官府从何处补我"。而必须在诉状中明确具体指出有能力担当此差役之人的名字。[96]

宋代的情况与此几乎并无二致，这类具体事例在《清明集》中也可以看到。其中一件大致如下：

某县担任十五都保正的熊俊英任期已满，县里决定由熊澜接替担任保正，但熊澜以自己纳税额达不到服此役之标准为由拒绝接替保正，并到府上提起诉讼。负责处理的府签书判官厅公事调查了熊澜提出的诉状，其中有对熊俊义、熊俊民、张师说、张师华、师承之、师望之六人有"纠论"。对这六人每一个是否适当担当保正进行调查的结果是，熊俊义等五人的资产额与其应当差役

[96] 夫马进《讼师秘本〈珥笔肯綮〉所见的讼师实像》，邱澎生、陈熙远编《明清法律运作中的权利与文化》（台北，联经出版公司，2009年），第20—21、31页。原文见邱澎生《觉非山人〈珥笔肯綮〉点校本》，《明代研究》第13期，2009年，第237、284页。

的实绩不相当，师承之则完全符合继任此役之条件。因此，熊澜向知府要求应下令让师承之担当此役。[97]

那么，熊澜的诉状中对六人进行的"纠论"是什么意思呢？"纠论"是指对某个人非常适合担当差役所进行的举名揭发。《州县提纲》在论及公平分配差役负担的方法时指出："要其所争，多起于税高而歇役近者则以轮差之法，而纠税少歇役久之家，税少而歇役久者则以歇役六年再差之法，而纠税高歇近之家"。[98]也就是说，在乡间所有有义务当差的人家之间，富裕户可以实名揭发"虽然贫穷但长时间没有当差"的人家；反之，穷人家可以指名告发"刚刚支过差但家庭富裕，有能力负担差役的人家"。对纠论做出决定，称之为"纠决"。北宋文彦博每次在决定由谁担当在衙门服役的里正之时，都会进行"纠决"，为此导致了持续几个月的大骚乱。[99]"纠决"也称之为"指决"，即鉴于某人已经承担了足够的差役，故决定指名他人承担差役之意。北宋时期的一个史料用"指决"代替"纠决"，并进一步又说"许人投名"。[100]被人采用纠论、纠决这种手段当上差役，就称之为纠役或纠差。

《清明集》中所见的事例，即熊澜对六人指名，认为他们都可以担当保正之役，并为此提起诉讼。这一诉讼纠纷而上诉至府。府里特别提醒被指名的"被告"师承之"不得妄有推托，如再妄状迁延，以致本部事件无得了绝"。说明截至当时阶段，各方已经反反复复地多次提出答辩、反诉的词状。前面提到杜范之言"每一遇役次，则讼牒纷然"就是指这种事态。

[97]《名公书判清明集》卷三，产钱比白脚一倍歇役十年理为白脚，第82页。根据前注71，梅原郁，第88页和前注81，高桥芳郎，第31页，都以"使府"为对知府的敬称。
[98]《州县提纲》卷二，酌中差役，《官箴书集成》，第1册，第56页。
[99]《潞公文集》卷十七，奏里正衙前事（至和二年）。
[100] 陈襄《古灵集》卷六，乞均差衙前等第状。

　　决定担当差役的顺序的这种纠论、纠决的方法，产生出奇怪的"原告"与"被告"，导致诉讼多发。这种情况不仅发生在农村社会，而且在商人和工匠的社会中也是如此。王安石施行"市易法"之前，由于各行业的商人必须缴纳官府御用物品，负担过重，因此"每纠一人入行，辄诉讼不已"。[101] 负担官厅营缮工事的工匠亦然。官府有都城木匠的名簿，由他们轮流担当营缮之役，称之为"当行"。一旦有人被免除"当行"，"则其侪相与讼，挽之不置，盖不出不止也"。这就叫作"纠差"。[102]

　　有关这种纠差、纠役与诉讼的关系，南宋的袁说友曾说："今当官者往往知有差役之弊，而不知纠役者其弊尤甚于差役。差役之不公，害固及于一家也，纠役之不当，其害岂止一家哉！盖甲役已满而当替，则乙合充役，而妄奸被纠者不一人。……凡妄纠一人，有经涉一二年而不能决者"。[103] 实际上，《清明集》中就有6个人被纠论的案例。

　　这种纠论、纠决的做法，不仅仅是宋代独有的问题，基本上一直持续到清末。在明代，这个问题与里甲制度的解体有着密切的联系，成为社会经济史上的重要问题。讼师秘本中可以看到很多里甲制下的农民对同一里甲中的人提出告诉的事例。例如，万历二十三年（1595）出版的讼师秘本代表作《新锲萧曹遗笔》卷二，户役类中，以"告争甲首"为题的一套告状和反诉状范本，以及以"告甲下"等为题的一套告状和反诉状范本，共有五例之多。这里有里长户诉其他里长户、里长户诉甲首户、甲首户诉里长户等等各种各样的情形。但是都不仅感叹里甲编制不均衡，声

[101]　《续资治通鉴长编》卷二百四十，熙宁五年十一月丁巳。

[102]　岳珂《愧郯录》卷十三，京师木工。

[103]　《东塘集》卷九，纠役疏。

称自己贫穷不该当此差，而且一定列举出具体人名进行告发。这个时代出版的讼师秘本《新镌订补释注萧曹遗笔》卷二户役类，同样收录了各种诉状范本，都是模仿真实的诉状，使用原告与被告的专名。[104] 以这种词状范文看，里甲制下发生的诉讼，不仅仅只是发生在指名由谁来继任粮长、里长之役之际，而且在诸如某甲首户没有按时纳税，自己不得不代替缴纳等情况下也会引发诉讼。总之，在里甲制解体的过程中，这种相互指名告发的方式成为激发诉讼的重要因素。

清代开始实行地丁银制，征税方面通过官收官兑，这种纳税者个人亲自纳税的方式表面上应该使纠论之类的问题不复存在，但事实上却绝没有消亡。《巴县档案（同治朝）》中《契税》部分可以看到很多此类实例。举例而言，同治元年（1862）四月二十二日，直里七甲的乡约谢文华与总役王才联名对甲内的粮户陈桂芳等十人提起诉讼，其"禀状"得以保留下来。一般告状通常明确将对方当事人作为被告提出诉求，与此不同，"禀状"只是向官府提出申请酌情处理的词状，但无疑也属于诉讼文书。此案原委是，陈桂芳在前一年本应承担纳税义务，但抗税未纳，乡约谢文华不得不代为支付；此后谢虽然多次催促，但陈却始终未支付分文，甚至反过来以提起诉讼（赌控）作为反抗。当年，陈桂芳等仍未纳税，谢与王表示不愿替他们代付，因此提起诉讼，请官府把他们传来，问明究竟。对此，知县批示道："候签唤讯追。"（No.14533）

粮户们以"某人抗税，自己代其缴纳"为由提起诉讼的事例，在《契税》这一类别中屡见不鲜。例如，No.14533号档案，包括

---

[104]　夫马进《讼师秘本〈萧曹遗笔〉の出现》，《史林》第77卷第2号，1994年，第160页。中译《讼师秘本〈萧曹遗笔〉的出现》，《中国法制史考证》丙编第4卷（北京，中国社会科学出版社，2003年），第464页。

上述案件在内共八个案件归为一类，这八件案件中，提出"禀状"的人都是承担催促某甲内各粮户纳税义务的乡约及差役，他们亦被称之为"催差"。陈桂芳等十人指名"被禀"，知县批示"候签唤讯追"的方式与通常的词状处理方式完全相同。

纳税问题，即像这种收不上税或滞纳的场合，如果是现在，明显属于国家或地方政府等公共机关与纳税义务人之间的争议。但是在中国无论是宋代还是清代，都将本应属于行政争议的问题转化为民间纠纷，采用相同的民事诉讼程序处理。同为一个行政编制的粮户，由同一个甲的乡约以"某人滞纳的税赋，已由本人代为缴纳"为由提起诉讼，"被禀"即被告反过来以"赌控（赌禀，诉讼到底）"作为反击。于是在这里，纳税问题这种官与民之间的矛盾转化为民与民之间的私人诉讼，采用与私人间的金钱借贷诉讼一样的诉讼形态。宋代的纠论、纠决也是一样。由于拖延交税的人数众多，因此每一次这种有关纳税的诉讼参与的原被告往往人数众多，有时会产生庞大的被告群体。例如，No.14533 号档案中所收录的十个案件中被禀或被告人数分别是 10 人、3 人、6 人、6 人、2 人、9 人、20 人、9 人、25 人、8 人，共计 98 人。对这些禀状，知县大概一律以"候签差催缴。如违带案讯追"或"候签差协同，往催还款。倘再抗延，准即带究"相威胁，而档案则在这里就终结了。

如果在日本，是否可能提起这样的诉讼呢？至少在日本江户时代的征税制度与徭役制度下，这种诉讼是不可能发生的。因为征税或徭役负担是以村为单位整体承包下来的，这样，由谁来缴纳或负担的问题实际上是在村里内部决定的，而幕府或藩里不会过问或干预村里的内部决定。城市的街道（町）居民承担公役或各种负担时同样如此，不是以个人为单位，而是以町为单位承担的。

村或町的全体居民作为整体负担税役时，某个个人脱离这种共同体对同一共同体的其他成员提起诉讼，根本上是不可能的。[105]

与此相对，中国从乡到都、里为止，自上而下层层课下来的赋税徭役应该由谁来实际承担的问题，绝不可能在乡、都、里内部得到解决。毋庸置疑，国家是希望这样的问题能够在编为保正、里长、乡约等各种单位内"自治"解决的，但实际上，保正等重役的继任这种问题，总是通过"纠论""纠决"这样的方式，由前任实名向县里举报，或者像《珥笔肯綮》所教授的那样，即使是自己因贫穷不应承担粮长、里长之役，拟申请免除的情况下，也必须实名举报应由谁代替自己承担此役。根据《巴县档案》，负有征税责任的乡约或催差，往往也要对粮户指名并提起诉讼。如前所述，最迟自秦代以后，国家对一切民众自治结成的共同体关系实际上都加以根本否定，这样，每个个人都被分解为个体的存在，直接受国家的统治。这种"纠论""纠决"，都是国家实行这种统治的一种方式而已。围绕不交赋税和徭役不平均的问题，民众相互间不得不成为原告与被告，这也成为诉讼多发的原因之一。

这种构造并不仅仅是农村的情况，城市也是基本相同。《中国诉讼社会史研究》第七章作者范金民所研究的，正是在清代重庆这个大都市中，商户之间争相诉讼的情况。[106] 工商户们结成的同业行会，以负担官府御用配给物品等差役为代价，获得了国家对其专有经营的许可。为了履行这些差务，同行业者不得不分摊大量缴纳差费、帮义钱等名目繁多的义务。如果谁要拒交，就会遇

---

[105]　渡边尚志《百姓の力［百姓的力量］》（东京，柏书房，2008 年），第 110—120 页。秋山国三《近世京都町组発達史［近世京都町组发达史］》（东京，法政大学出版局，1980 年），第 226—234 页。关于这一问题受到立命馆大学大平祐一教授的指教，特此致谢。

[106]　本书，第七章，范金民《把持与应差》。

到被指名告发的诉讼。这说明，在税役负担与诉讼的关系方面，城乡是基本相同的。

## 五、清代同治时期《巴县档案》所见历年诉讼文书与诉讼案件数量

我在阐述明清时代讼师的活动及其具体形象时，也论及了当时的诉讼实态。这些人遍布城乡，活动范围广泛，从代写词状到帮助当事人打点官府，向原告、被告教授如何在法庭上供述（应注意之处），帮助他们解决诉讼中的各种问题。讼师中有些人为了满足上诉人的需要，在都市之间结成网络，形成像基尔特之类的行会。他们被视为无视官宪与法律、颠倒黑白、教唆诉讼的人，因此国家始终对其采取禁压政策。此外，国家规定，诉讼当事人本人只能由其近亲属代理诉讼。尽管讼师被视为为了金钱，热衷于参与他人纠纷之辈；但是，在不擅长诉讼的一般民众看来，他们帮助自己，且精通法律和审判程序，能够给自己带来很大的便利。对于已经惯于诉讼的当事人而言，通过向讼师咨询，也能够从中获益，确保自己的安全并推动诉讼向有利于自己的方向发展，或者能帮助其进行上诉，等等。总之，对于当事人而言，讼师是非常必要的，他们的广泛存在，也意味着民众参与诉讼与审判的便利性。[107]

此外，根据诉讼的各种类型而编写的诉状文例集，汇集了各种诉讼语汇，从贬低对方到博得他人同情，无所不有，并写明诉讼的注意事项。这些统称为讼师秘本的图书，在 16 世纪后半叶，

---

[107]　前注 29，夫马进，第 452—472 页，中文版第 402—418 页，英文版第 90—107 页。

即中国明代嘉靖年间到万历年间，开始大量发行，广泛普及。[108]
在讼师群体不断扩大的基础上出现的秘本的广泛传播，正如祈望
无讼的官府倍感畏惧的那样，无疑使一些原本可用含糊不清的方
法处理的纠纷变得十分棘手。进一步说，毫无疑问，其中容易产
生大量诬告和图赖诉讼。

　　前文已经阐述分析指出，在宋代，一个大县所产生的大量诉
讼文书规模已与清代大致相当。本小节将专门对清代的一个县每
年实际提出的诉讼文书的数量以及每年新提出的诉讼的数量进行
更加细致的考察。

　　这里所说的诉讼文书，最为普通的是词状，又称呈词、呈状。
下面即将讨论的《巴县档案》表明，词状通常先由原告开始提起，
将被告告上官府的文书称为"告状"；被告答辩或反诉的文书则称
为"诉状"。原告和被告再次提出的文书一般称为"禀状"，禀状
的"禀"，是"禀诉"之意。比如，禀状往往并不明确指名某人为
被告、对其提出指控，而是向官府指出其行为古怪、有问题，应
对他采取处理等。这时，也不称对方为被告，而称之为"被禀"。
所谓词状，即诉讼文书，不仅包括称之为诉状的文书，而且还包
括民间人士接受地方官的命令而调解的报告禀状，以及作为服从
判决的誓约而提出的"约状"，等等。总之，词状是民众围绕诉讼
提出的各种文书的总称。

　　关于这种诉讼文书的数量，笔者曾指出：从史料中可以看到，
明清时代一个县每日受理的词状、呈状达百数十份或 200 份，乃
至 300—400 份之多。根据这些数据，可以大致估算出一个县一

---

[108]　前注 104，及夫马进《讼师秘本の世界》，小野和子编《明末清初の社会と文化［明
　　　末清初的社会与文化］》（京都，京都大学人文科学研究所，1996 年）；中文版《讼师
　　　秘本的世界》，《北大法律评论》第 11 卷第 1 辑，2010 年。

年大约可以提出多少份诉讼文书。当时，除了紧急案件外，原则上只有在每年八月一日到次年三月底才可以受理诉讼文书，而且，一个月中只有三八放告，即三日、八日、十三日、十八日、二十三日、二十八日六天才可受理诉讼。这样的方式在清代是最普遍的。假定每天受理 200 份，那么，一般而言 200 份 × 6 天 × 8 个月 =9600 份。[109] 然而，这只是以一些官箴书或地方官的行政记录中看到的数据为根据，对当时的诉讼制度所进行的大致的推算而已，而不是根据现有的档案即真实的诉讼文书做出的计算。不过，现在我们已经有了能够对这一问题做出更准确回答的有力资料，这就是《巴县档案》。

　　《巴县档案》以作为现存清代地方档案中数量最多、持续时间最长的档案而闻名。但是，《巴县档案》的价值远不仅在此。这个档案虽然不完全，但根据诉讼的年代和内容进行了分类，制作了目录。因此，我们可以根据这个目录将每年新提出的诉讼的件数分离出来，获得数据。[110] 更为宝贵的是，从咸丰元年（1851）或咸丰二年开始，到清末宣统年间，原告或被告提出的一部分诉讼文书，官

---

[109]　前注 29，夫马进，第 441 页，中文版第 393 页，英文版第 82 页。

[110]　为了明确这一问题，需要注意以下问题：现存档案不可能是由巴县县衙门保管来的所有档案。这些古旧的档案，在清代可能就曾有意识地废弃了一部分，因为当时有部分已经被腐蚀，所以不得不扔掉。根据伍仕谦《一座内容丰富的文献宝库——巴县档案》（《文献》第 1 辑，1979 年，第 62 页）的记载，这一档案 1953 年被发现送到博物馆之前，一直放置在重庆（巴县）城南一座古庙里，附近的居民、小孩和乞丐经常用此点火。其中一部分被国民政府运往南京。因此，根据这份非常难得做成的目录，推算每年的诉讼数量比较困难。

但是，笔者的统计是以四川省档案馆做成的目录为基础的，这一点非常重要。而本文研究的同治年间的现存档案几乎保持了当时的原貌，之所以这样说，是因为现存档案数咸丰六年达到 1000 件的高峰，之后除咸丰七年（1857）与同治十一年（1872）两年外，20 多年间每年为 1000 件至 1800 件左右。除去大幅度减少的年之外，可以说档案基本上没有被废弃。此外，如后述那样，推算一年间提出的诉讼文书的数量，即使每年的档案中有部分废弃的，在某种程度上也有可能进行修正。因此，至少有关同治年间的档案在统计上可以得到相对准确的数据。

府编有字号。我们通过研究这些字号[111]是在诉讼的何种阶段、以何种形式、编列在何种文书之上的问题，可以大致估算每年提出的诉讼文书的概数。由此检证笔者以前在研究中提出的概算在多大程度上是妥当的。首先，将时间限定在同治时期的13年间，在这一范围内计算巴县一年内实际提出和受理的诉讼文书各为多少。

后面称之为状式格状的一类特殊诉讼文书，除了个别例外，几乎所有的《巴县档案》都有如下字号，如图1。

丁字第一千〇四号，捕衙挂号讫

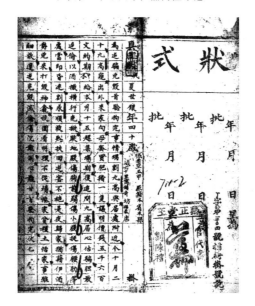

**图1　状式格状（No.8711，第一面与第二面）**
右下为捕衙戳记（字号），左下为代书戳记，左上为"新案""内号"戳记。

这份文书标明日期为同治六年（1867）十一月十八日。丁字是指同治六年为丁卯年，例如丙字即前一年同治五年（丙寅），戊字

---

[111]　诉状是从哪一年开始编有字号的，拜托复旦大学王志强教授进行了调查，特此致谢。

即翌年同治七年（戊辰）。通过这种文字可以明确诉讼文书相对应的年代。原则上当年正月所记的字号数小，而年末十二月所记的字号数大，而且大多数根据日期顺序，字号机械地增长。例如，很明显，第 1004 号就是同治六年的第 1004 份文书，这就是该字号的由来。也就是说，原则上，各个年度十二月的最后一天字号的诉讼文书，应该正好是该年诉讼文书的总数。同治七年五月下旬，"捕衙挂号讫"五个字变更为"捕衙验讫"四个字，但字号方式完全未变。

但是，如果说年底提出的诉讼文书附加的字号就是该年度的诉讼总数的话，在这样简单摘录出来之前，必须解决两个问题。第一个问题是，如果一件诉讼文书虽然提出，但并未被受理，那么该文书是否也计入了连续的字号，是否被删除？如果不受理的诉讼文书数量很大，如果它们都没有加注字号，那么每年年底的诉讼文书字号能否作为该年诉讼文书的总数呢？第二个问题是，某种类型的诉讼文书没有标明字号，如果这类无编号的诉讼文书很多的话，那么年底的字号就不能作为全年诉状的总数。为了解决这两个问题，有必要做以下考证。

有关第一个问题，近年发现的清末《黄岩档案》中的诉讼文书基本保持原样的虽然仅有 78 份，但弥足珍贵的是，其中包含很多注明为"不准"，即不予受理的文书。在《黄岩档案》中，明确批示"不准"，即不予受理的共计 20 份，即占全部文书的 30%；[112] 其中凡第一次提出的诉讼，其词状原则上都盖有"初呈"

---

[112]　田涛、许传玺、王宏治编《黄岩诉讼档案及调查报告》上卷《黄岩诉讼档案》（北京，法律出版社，2004 年）。此外，邓建鹏《讼师秘本与清代诉状的风格——以"黄岩诉讼档案"为考察中心》，《浙江社会科学》2005 年第 4 期，第 74 页中指出："在收录的 78 份诉状中，共有 40 份诉状被明确裁定驳回起诉，占总数的 51.3%；共有 20 份诉状被裁定自行处理或邀同族众调解，占总数的 25.6%；裁决同意当事人诉讼请求的只有 7 份诉状，仅占总数的 8.9%。"该论文将后面要讨论的介于"准"与"不准"之间的"未准"文书，也包含在"驳回"和由亲属等自行调解处理的部分中。

的戳记，写有"初呈"二字。在标明"初词""初呈"或其内容可确认为初次提起的词状中，明确为"不准"的共有 16 份，即占 20%。假定《巴县档案》和《黄岩档案》一样，有占 20% 的诉讼文书在初次提出的阶段不予受理的话，那么这些诉讼文书是否连续编有字号并加以合计，会导致一年间诉讼文书总量的统计结果大相径庭，甚至可能出现很大的混乱。

在《巴县档案》的场合，官府进行文书处理，是在哪个阶段加注连续的字号呢？是在分别做出准与不准的处理之前，还是在此之后？清初编纂的《未信编》与《福惠全书》记载了诉讼文书的处理过程，以及加注字号的时点。我们不妨以此作为参考。以下的文字描述了衙门处理诉讼文书的流程，由此可以看到文书是在哪个阶段被编上字号的。

县衙门分为两处，一个是胥吏等办事人员及衙役等下属活动的地方，另一个是作为知县秘书的幕友及门丁、门子等知县个人的使役活动之处。后者在衙门里面，又称为"内衙"。两个空间相互之间被严格地加以区分和隔离，中间用一道"宅门"隔开。正如汪辉祖明确指出的那样，"宅门外为官，宅门内为家"，内衙就是知县个人执行公务的空间。[113]

诉讼文书首先在胥吏活动的空间，即宅门外的衙门受理。受理后的文书用白纸包束起来，为了避免衙役们私自替换，被加上封印后，当天就移往内衙。之后，在这里由知县或他的秘书幕友加以批阅，分为准（受理）和不准（不予受理），并在上面做出批示。

《福惠全书》将上述流程称为"阅批"，下面的程序则记在"挂号"的名目下。所谓"挂号"就是在内衙，将获准（受理）的

---

[113]《学治臆说》卷下，宅门内外不同，《官箴书集成》第 5 册，第 288 页。

文书的要点及批示的内容记入名为"自理词状号簿"的账簿中，并加注字号，称为"内号"。这里需要记录承行差役的姓名，并明确记载由谁负责案件的处理。之后，内衙将连续处理的一批受理的诉讼文书一起送往胥吏所在的承发房，在这里才向实际处理各种案件的部门分发。而承发房再次将诉讼文书编有字号，称为"外号"。[114]

　　以上是《福惠全书》所记载的诉讼文书处理流程。《未信编》中也有同样的记载。根据《福惠全书》先经过"阅批"，才进行"挂号"，而且"准过词状、必须挂号"，这说明，只有受理的诉状才会编有字号。

　　真实情况是否如此，档案本身就是最雄辩的证明。首先，无论是《巴县档案》还是《黄岩档案》，以及《太湖厅档案》，所有的诉讼文书的第一行最开头的部分都盖有"内号"或"登内号"的戳记（图 1），在《黄岩档案》中盖有"内号"戳记，文书上则没有任何字号之类的东西，也就是说，"挂号"或加注字号，并不是指在文书上写上字号，而是写入名为"自理词状号簿"的册中。这是按照案件的内容、原告、被告的姓名、受理年月日和批示等必要事项所做的简要记载。毫无疑问，是在内衙盖上"内号"戳记的同时，将这些必要事项记入簿册的。有时，也有用"登内号"的印记与"内号"相互替代混用的，可能表示"作为内号登录"之意。《黄岩档案》的诉讼文书中也完全看不到记有番号，这一点与承发房加注"外号"的方式也几乎完全相同。

　　虽然《福惠全书》记载"准过词状、必须挂号"，即受理的诉

---

[114]《福惠全书》卷十一，刑名部，放告、批阅、挂号，《官箴书集成》第 3 册，第 328—330 页。《未信编》卷三，刑名上，准状，《官箴书集成》第 3 册，第 73—74 页。

状编有字号，但在《黄岩档案》中，明确记有"不准"字样的诉讼文书，也全部盖有"内号"的戳记。这说明《福惠全书》的记述并不准确。或者说毫无疑问，全国的情况并不完全统一。而且，值得注意的是，《黄岩档案》记载的全部 78 件诉状中有 24 件盖了"承发房吴庆惠挂号讫"（No.71）等的戳记。其中 7 份明确标注了"不准"，而且都是初次提起的词状。如前所述，文书中看不到字号，承发房也只是在簿册中编写字号，并根据案件的情况进行概要记录。即虽然批示"不准"，但内衙向承发房发送的诉讼文书仍然记着"承发房吴庆惠挂号讫"，内衙也好，承发房也好，都照常在簿册上附加字号。

在《巴县档案》中看到的字号是否与《黄岩档案》中一样，也是将各种文书从内衙送回到胥吏与衙役工作的地方，之后再做记录呢？这里先举一例说明字号是如何编写的。档案中记着"丁字第一千〇四号　捕衙挂号讫"的字样，数字是用毛笔写上去的，而"捕衙挂号讫"五个字则是盖的戳记。捕衙是捕厅衙门，又称捕署，其长官称为典史，负责一个县的刑狱，比如逮捕犯人、诉讼审判、监狱监理等职。也就是说，"捕衙挂号讫"表示"捕衙已经挂号"之意。

在巴县，黄岩县由承发房所做的工作是否完全是由捕衙代替完成的呢，有关档案本身就是雄辩的证明。一份证据是《巴县档案（同治朝）》《商贸》No.8928 中包含的一份文书。这份文书非常罕见地没有盖代书戳记，而且也没有应由捕衙记入的字号。因为不合常规，故这里记下的批示是："词无捕衙戳记，不合，并饬。"这清楚地表明，在巴县，通常是在内衙做出批示之前，先由捕衙盖上戳记、编写字号。

另一份证据是《巴县档案（同治朝）》《商贸》No.8947 中的

另一份文书，这是用下面将要说明的略式格状（即一种格式用纸）上写的字号。称为略式格状的用纸与普通的状式格状相比，书写批示的空间更为狭窄。字号写在文书的最后部分，即批示之后。在这份文书中，批示共有 5 行，因为在狭窄的空间里写不下，所以几乎要占用捕衙写入字号的地方。这些批示避开了字号部分，说明字号是先写上的。因为如果是内衙先将批示写在格状上，之后由捕衙写上字号，应该是捕衙一方避开批示才对。

**图2　略式格状（No.8947）**
指示由五行构成，倒数第二行为捕衙戳记与字号。

以上考证的结果，说明巴县的做法与《福惠全书》所记以及黄岩县的实际实行的文书处理流程不同，诉讼文书在送往内衙之前，先由捕衙编写字号。因此，可以断定那些批示不准的文书，尽管并未保留，但同样编写了字号。

但是，还必须再进行一个考证。因为以上所说的那种编写字号是所有称为状式格状的文书和一部分略式格状，它们不过是全部诉讼文书中的一部分而已。巴县诉讼文书采用的文书样式大致有四种，即状式格状、略式格状、衙内格状和无格状，以下对它们分别加以说明。

第一种，普通的状式格状，基本上所有的状式格状都要字号。这是同治年间巴县最普通的诉讼文书，为六面的折本，采用专门印刷的固定格式。第一面最上端为横书的"状式"两个大字，左下角盖着代书戳记。这种戳记是官府在任的知县制作的印章，用以代替书写、代替诉讼当事人誊写诉讼内容、收取费用等时候。据此，一方面可以保证该文书不是由讼师做成的，另一方面，通过这一过程对诉讼文书是否适格进行初步的审查。捕衙戳记一般盖在右侧（图1）。第二面为事先印刷好的方格纸，竖排，一行25个字，共有8行，合计200个字，诉状的内容就书写在这一格式用纸之中。第三面书写被告、被禀人、证人的姓名及日期。第四面到第五面书写知县的批示。最后的第五面到第六面印刷有提起诉讼的各种禁止事项。这是《未信编》所载的样本，也是在《太湖厅档案》《黄岩档案》和《淡新档案》等文献中所见的诉讼文书基本上大同小异，为当时的普通诉讼格式。《福惠全书》将这种格状称之为刻印状或格状，其大字书写的"状式"二字是其显著特征，这也是将其称为状式格状的缘由。

第二种样式是略式格状。这种样式是状式格状的简化，只保留前一种样式第二面的方格部分和第四面知县批示的部分。而且，只印刷纵向的竖线。初次提出诉状的人一般使用状式格状，而此后当事人已经了解了诉讼禁止事项，也不再需要进行审查并盖代书戳记，因此原则上当事人第二次以后提出诉状时，可以采用略式格状。当然，这只是原则而已，有些明显是新提诉讼的也有使用这种略式格状的，这种诉状与状式格状一样也需要编写字号，但也有不写字号的。表2中"略式格状数"仅为编有字号的诉状的数据。

第三种是衙内格状，是用巴县县衙门内部使用的公务用纸所写的诉讼文书。这种用纸很像是现代政府机关或企业内部使用的印刷的格式公笺。在衙门工作的差役在遵照知县的指示写报告时使用这种格式用纸。胥吏或差役在自作原告提起诉讼时也使用这种衙门内的公务用纸书写诉状。例如，某份衙内格状所诉之事是，"役（差役）妻在家，被贼私开箱内，窃去银簪一只银挖耳一支"等，因此"恳签究追虚坐"（《盗窃》No.10368）。如果是民间人士的话，必然会使用状式格状或略式格状提出诉讼，但因该原告是衙门内的人，所以采用这种格状。这种书状不编写字号。

如前所述，负有纳税义务的农户如果拖延不交，乡约或差役（催差）替其垫交，之后，提出"代某某交付税负，向其索要却不曾返还"的诉讼。这种情况同样属于负有公务之人提起的诉讼，因此一般也使用衙内格状。

第四种是无格状。官府之间的往来公文，一般使用无线格的用纸。此外，有团练的责任人团首或监正这种头衔的人以及作为商人团体的行会的首脑等有身份的人，在提出禀状时有时也使用这种用纸，这种书状也不写字号。

当然，以上的区别都是原则上的，实际上，四种样式中使用哪一种有时是很灵活的。有时团练的负责人抓捕盗贼后送到衙门时的文书也不是用无格状，而是用写有字号的略式格状（《盗窃》No.10370）。其中采用状式格状或是略式格状的灵活性很大。此外，略式格状中，尽管大多数都是内容相同的诉状，但有的附有字编号，有的则没有字号。或许是因为附加字号的诉状比不加字号的诉状提出的费用更高吧。就像现在中国邮局的挂号信一样，当事人选择挂号信的理由是这样送达会更加安全可靠。民众之所以选择捕衙挂号的诉讼文书，可能是希望会得到更加安全可靠的保管。

表2包括同治朝的13年间，巴县县衙门的捕衙中所有明确编有字号的文书。[115]据此，可以看到同治五年（1866）中期开始到同治七年间，采用略式格状提出诉讼的很少。这似乎是官府鼓励民众不要使用略式格状的结果。从字号的数字可以看出，同治五年（1866）最少有大约七千件文书，而同治六年则至少有1万件文书。同治六年以及同治七年的数字如果是官府鼓励民众不要使用略式格状的结果的话，那么就是说除衙内格状和无格状之外，还有总数达1万多件的诉讼文书——民众通常使用的诉讼文书。而且，可以以这个数据为基础，推算出每年全部诉讼文书的数量。

那么，全部词状即全部诉讼文书中，状式格状与略式格状中有编号的占有多大的比例呢？换言之，诉讼文书中既有编写字号的，也有没有字号的，所有的加在一起，巴县一年间到底提出多少件诉讼呢？

如果只说结论，可以推算出同治年间一年间提出的诉讼文书

---

[115]　文书的字号按照以下原则排列，本文亦按照这一原则计算：（1）新的一年从正月起改换新的字号；（2）在某一年度内，如果知县发生更换，原则上改换使用新的字号，如同治二年四月，王臣福继张秉塈之后任知县。三月二十三日文书的字号为癸字第1243号，根据我个人的调查，这是目前所知张秉塈日期内最后的字号。同样十一月十六日文书的字号为4824号，显示的是从三月末之后，到四月初开始重新编写字号，从1号开始截至当时为4824号。这个日期以后的数值不十分明确，这样当年的状式格状数至少也有6067件，实际上应该更多。但是，在田秀栗任知县的同治九年八月，当字号达到6000号以后又开始重新编号。同年十二月，李玉宣新任知县之后，继续使用了田秀栗的新字号；（3）在同治七年五月底、王宫午在任中，"捕衙挂号讫"变为"捕衙验讫"，而随之编号也重新。

表 2　《巴县档案（同治朝）》状式格状数与略式格状数

| 年份 | 状式格状数 | 日期（农历） | （档案号） | 略式状式数 | 日期（农历） | （档案号） | 计 | 知县 |
|---|---|---|---|---|---|---|---|---|
| 同治元年（1862） | 5775 | 12 月 26 日 | （No.8512） | 2821 | 12 月 28 日 | （No.14420） | 8596 | 张秉堃 |
| 同治二年（1863） | 1243<br>4824<br>（6067） | 3 月 23 日<br>11 月 16 日 | （No.14423）<br>（No.14481） | 511<br>1814<br>（2325） | 3 月 8 日<br>12 月 3 日 | （No.14422）<br>（No.6811） | 8392 | 张秉堃<br>王臣福 |
| 同治三年（1864） | 5195 | 12 月 22 日 | （No.14483） | 2942 | 12 月 26 日 | （No.8633） | 8137 | 王臣福 |
| 同治四年（1865） | 3322<br>3687<br>（7009） | 7 月 22 日<br>12 月 24 日 | （No.8620）<br>（No.8627） | 1638<br>1445<br>（3083） | 7 月 30 日<br>12 月 15 日 | （No.8602）<br>（No.14432） | 10092 | 王臣福<br>黄朴 |
| 同治五年（1866） | 3800<br>3094<br>（6894） | 7 月 9 日<br>12 月 21 日 | （No.8634）<br>（No.14436） | 581 | 2 月 9 日 | （No.8615） | 7475 | 黄朴<br>瞿为芬 |
| 同治六年（1867） | 8040<br>2246<br>（10286） | 10 月 3 日<br>12 月 25 日 | （No.8454）<br>（No.8714） | | | | 10286 | 瞿为芬<br>王宫午 |
| 同治七年（1868） | 4664<br>800<br>4791<br>（10255） | 5 月 15 日<br>6 月 28 日<br>12 月 23 日 | （No.6978）<br>（No.8740）<br>（No.6953） | | | | 10255 | 王宫午<br>王宫午<br>金凤洲 |

续表

| 年份 | 状式格状数 | 日期（农历） | （档案号） | 略式状式数 | 日期（农历） | （档案号） | 计 | 知县 |
|---|---|---|---|---|---|---|---|---|
| 同治八年（1869） | 3421<br>3997<br>322<br>（7740） | 6月10日<br>11月29日<br>12月23日 | （No.14446）<br>（No.8763）<br>（No.8784） | 186<br>545<br>（731） | 5月13日<br>11月28日 | （No.14407）<br>（No.8805） | 8471 | 金凤洲<br>王燕琼<br>田秀栗 |
| 同治九年（1870） | 5817<br>3928<br>（9745） | 8月3日<br>12月29日 | （No.14423）<br>（No.6957） | 377 | 6月22日 | （No.8823） | 10122 | 田秀栗<br>李玉宣 |
| 同治十年（1871） | 7994 | 12月26日 | （No.14454） | 840 | 8月26日 | （No.8883） | 8834 | 李玉宣 |
| 同治十一年（1872） | 8287 | 12月26日 | （No.7044） | 272 | 6月29日 | （No.8908） | 8559 | 李玉宣 |
| 同治十二年（1873） | 4062<br>3907<br>（7969） | 闰6月25日<br>12月21日 | （No.14426）<br>（No.8946） | 200 | 闰6月20日 | （No.14464） | 8169 | 李玉宣<br>王鳞飞 |
| 同治十三年（1874） | 1835<br>5315<br>（7150） | 5月10日<br>12月29日 | （No.8959）<br>（No.14472） | 126<br>1437<br>（1563） | 5月11日<br>12月19日 | （No.14416）<br>（No.14416） | 8713 | 王鳞飞<br>李玉宣 |

说明：本表的读法参照注115，知县的姓名根据《民国巴县志》卷6职官记入。

数量大约在 12000 份至 15000 份左右。[116] 这个数据说明我们此前采用的计算方法完全没有错误,据此得到的数据大致也是适当的,但也不得不承认确有可能估计略微偏高。[117]

再来看每年的诉讼件数。如前所述,《巴县档案》中清乾隆年间至宣统年间的所有案件都根据分类按照年代列出了目录,这种分类包括:《内政》《司法总类》《命案》《地权》《房屋》《借贷》《欺诈》《家庭》《妇女》《继承》《商贸》《凶殴》《盗窃》《租佃》《赌博》《烟泥》《水运》《工矿》《宗教》《契税》《移关》《其他》共 22 个项目。根据年度对各种各样的数据进行统计,即表 3 中"新事案件数"。《内政》的中心是所谓行政文书。《司法总类》不收录个案。《移关》是指巴县以外的各官府移送来的文书(移文)或者交送人或物时附带的文书(关文),基本不包括巴县本地发生的事案的诉讼文书。《契税》是契约文书与税捐合一的分类,其中与诉讼案件有关的大约占 80%。档案中非诉讼的部分包括《内政》《司法总类》《移关》与《契税》在内约占不到 20%,除此之外,其他 19 个分类的数据加起来就是表 3 中的"新诉讼件数"的

---

[116]　将《巴县档案》中的《命案》《地权》等分类抽出来,以此为样本计算出整体的比例,每个项目之间不可能有太大的偏差。本文根据这些分类,将各类别中的文书数据其在全部文书数中所占的比例分解出来,由此选定样本数。例如,从文书数量最少的《继承》《水运》中各抽取一个样本,按此比例,从文书数量最多的《盗窃》中选出 132 个样本,然后分别考证各分类中有字号的文书所占的比例,原则上所选的样本均为同治元年(1862)的文书。

[117]　例如,乾隆五十二年(1787)湖南省宁远县,汪辉祖根据自己的体验称"三八收辞,日不下二百余纸"。据此,我从前推算他每年接受的文书是大约 1 万份,可能估计略高了。之所以这样说,是因为宁远县的户数在嘉庆二十一年(1816)为 23366 户,与此相对,同治年间的巴县户数约为 12 万户。目前并无否定乾隆年间宁远县一年接受近万份诉讼文书的充分依据,但是根据现有依据看,一年接受近万份的数据确实显得过高。汪辉祖所言可能估计略高了。他所称"日不下二百余纸",可能是事实,不过是指在三八放告下,最多时一天接受多达 200 余份,如果省略了"最多时"这种限定,就可能夸大其词了。此外,根据《巴县档案》,这个时期,这个县也确实实行三八放告,因此民众提出诉讼文书的日子在一年间实际上是十分分散的。

数据。[118]

据此，同治朝的 13 年间，诉讼最少的同治十一年（1872）有
863 件，最多的为同治六年有 1357 件，平均每年诉讼件数合计约
1098 件。文书档案保留至今，无疑有一些已被废弃和遗失，所以
统计表明的数据只能作为每年诉讼总数的基础数值。例如，根据
表 2 所示，同治元年和同治十一年的诉讼文书件数并非少于其他
各年。但是，从表 3 可以看出，这两年的诉讼文书件数都在 800
件左右。这也许说明，同治元年和十一年的诉讼文书有被废弃和
遗失的情况。在基础数据中还应加上《内政》类中包含的若干件
诉讼。这样，根据残存的档案，同治朝的 13 年间平均年诉讼件数
为 1000 件到 1400 件左右，应没有太大的出入。

此外，这一数据只是新的案件，基本上没有包含不准或后
面要讨论的做未准处理的案件。《巴县档案》保留下来的主要是
"准"即受理的诉讼文书。"准"即为受理，在文书处理的过程中
基本上相当于"立案"。立案亦称为立卷。立卷是指负责该案件的
胥吏对相关文书建立案卷，为以后的审理做准备，也就是从这一
阶段开始，案件就真正成为案件。有关的档案将永久保管，如果
一份文书不能"立案"，那么这一文件就不构成已经提到的事案件
数，也不构成诉讼件数。《黄岩档案》的场合，新提起的诉讼中
大约有占 20% 的文书明确"不准"——不予受理。未准的案件数
量更大。如果是这样，《巴县档案》中初次提起诉状的很多不能

---

[118]　如果对分类逐一加以考证的话，可以看到《命案》《地权》《房屋》《借贷》《欺诈》《家
庭》《妇女》《继承》《商贸》《租佃》《赌博》《烟泥》《水运》《工矿》《宗教》《其他》所
收录的多为诉讼案件或几乎都是诉讼案件。《盗窃》所收的各种案件多数采用状式格状与
略式格状，也有不少衙内格状或无格状的文书。这些案件多数为现代意义上的刑事案件。
其中有些只是团练提出的被害情况报告，有些甚至连被告的名字也没有（No.10362）。还
有一些尽管有被告的名字，但以后并没有进行审判或判决。这种事案与所谓诉讼案件的
概念不尽相符，因此包含这些事案的数据与其称为诉讼件数，不如称为事案件（转下页）

立案，换言之，并未向原告、被告发出传唤，也没有采取让仵作前去验伤、验尸等措施。因此有必要注意，这种不立案的案件是一个相当大的数字。也就是说，每年提起的新诉讼件数为1000—1400件，基本上只是予以立案的数字，从残存的档案看，这是一个最低限度的数据。进一步说，通常一个诉讼往往要持续两三年，这样算来，每年间实际进行的诉讼数量无疑为这个数字的数倍。

每年1000—1400件的数字，仅仅具有这样有限的意义。如果以这一最低限度的数据为基准，能否推算出生活在巴县的人每年多大程度上参与诉讼呢？如果将各种要素综合加以考量进行推断，不妨假定一件诉讼中一个家族为原告，另一个家族为被告。同治年间巴县的户数在同治元年（1862）约12万户，同治十三年约为134000户，平均为126600户左右。[119] 同治年间，巴县每年最少

---

（接上页）数更为合适，故本文使用"事案件数"这一用语。但是，很多情况下，团练以禀状报告逮捕犯人、提起诉讼，或者被害者个人以禀状将其作为犯人带到官府时，被害者也需要以"原告"的身份立场接受讯问。在这种情况下，实际上并无严格的民事案件与刑事案件以及民事诉讼与刑事诉讼的区别。《凶殴》和《水运》类所收的事案中一部分也是如此。因此，本来应该叫作"事案件数"的案件也包含在"诉讼件数"内。

另一方面，在《内政》中所包含的事案并没有包含在"诉讼件数"中，其理由是。第一，购入的《巴县档案》中本来没有包含《内政》部分，因此，这里所收录的事案无法确认；根据目录中显示的事案名称判断，《内政》部分的事案约15%是某种诉讼案件。第二，四川省档案馆常常将原为同一件案件中所含文书中的一部分分离出来作为一个时间独立登录。本文的目的是推算年间诉讼件数的程度，因此，将《内政》部分所包含的诉讼数整体不予计入，主要是为了将一件案件重复计算的部分加以抵消。

[119] 前注15，曹树基《中国人口史 第五卷 清时期》，第275页，《嘉庆四川通志》记载，嘉庆十七年（1812）巴县户数为75743户，这是可以采信的依据。此外四川大学历史系、四川档案馆主编《清代乾嘉道巴县档案选编》（成都，四川大学出版社，1996年），下册第341页，根据道光四年（1824）进行的保甲调查获得的数据，巴县城内及乡村包括本地人和外来人口共计有82053户。道光四年较之嘉庆十七年距同治年间更近，这一数据应与实际相差无几，故本文以这一数据为基准。

此外，根据《重庆市志》第一卷（成都，四川大学出版社，1992年），第774页所记宣统二年（1910）户口调查结果所得数据，巴县户数为191394户。曹树基也认为宣统二年的数据是可信的。本文计算出道光四年（1824）到宣统二年的86年间平均户数增加约为0.9897%，并据此进行推算出同治朝13年间的平局户数为126600户左右。

有 1000—1400 件左右新起诉，并予以立案的诉讼。假定原告为一户、被告为一户参加诉讼的话，我们可以简单地计算出，每年大约每 40 户或 60 户中有一户提起新的诉讼并予以立案，参与诉讼。此外，假定每年有 1000 至 1400 件左右新立案的诉讼发生，每一件原被告各一人计算，每年约有 2000 至 2800 人与新起诉案件发生关联。然而，实际的诉讼很少只是原告一户、被告一户的情况。在同治元年，巴县的原被告合计五六个人名记录在案的情况非常普遍。如果是这样，每年每 40 至 60 户中一户参与新的诉讼只是一个最低限度的数据。如前所述，纳税诉讼案件常常有 10—20 人一次成为"被告"。他们被作为"被告"起诉时，"赌控"（诉讼到底）好像已成为家常便饭。清末同治年间，生活在巴县的人不仅仅是自己的家庭作为原告或被告涉讼，而且很多人还不得不作为证人、近邻、团联关系人等名目出庭。假如每 40 至 60 户中有一户作为当年新受理诉讼案件的直接当事人的话，那么，没有立案的原告，加上得知自己被诉的被告，涉讼人数的比率就更高了。再加上人们频繁地听到自己的亲属、近邻参与诉讼的传闻，可以想象，当时的人们确实生活在与诉讼近在咫尺的社会环境中。

　　以上是对清代的一个地方，即同治年间的巴县的诉讼案件数量进行考察的结果，旨在从量的角度对当时诉讼社会的特征加以论证。以下，本文将继续从质的角度对这一诉讼社会进行考察。

表 3　《巴县档案（同治朝）》所见的新事案件数与新诉讼件数

|  | 同治元年（1862） | 同治二年（1863） | 同治三年（1864） | 同治四年（1865） | 同治五年（1866） | 同治六年（1867） | 同治七年（1868） | 同治八年（1869） |
|---|---|---|---|---|---|---|---|---|
| 内政 | 220 | 131 | 105 | 84 | 79 | 93 | 116 | 89 |
| 司法总类 | 14 | 6 | 9 | 8 | 4 | 3 | 8 | 16 |

续表

| | 同治元年<br>（1862） | 同治二年<br>（1863） | 同治三年<br>（1864） | 同治四年<br>（1865） | 同治五年<br>（1866） | 同治六年<br>（1867） | 同治七年<br>（1868） | 同治八年<br>（1869） |
|---|---|---|---|---|---|---|---|---|
| 命案 | 27 | 55 | 59 | 65 | 52 | 67 | 57 | 33 |
| 地权 | 52 | 87 | 80 | 91 | 78 | 131 | 102 | 138 |
| 房屋 | 4 | 7 | 17 | 10 | 8 | 12 | 6 | 8 |
| 借贷 | 28 | 44 | 61 | 54 | 59 | 60 | 60 | 65 |
| 欺诈 | 174 | 210 | 207 | 221 | 193 | 206 | 205 | 208 |
| 家庭 | 11 | 31 | 18 | 22 | 23 | 32 | 37 | 32 |
| 妇女 | 80 | 97 | 107 | 112 | 106 | 128 | 133 | 121 |
| 继承 | 1 | 2 | 2 | 1 | 1 | 4 | | 4 |
| 商贸 | 29 | 38 | 34 | 39 | 47 | 51 | 44 | 47 |
| 凶殴 | 106 | 99 | 92 | 138 | 109 | 139 | 97 | 99 |
| 盗窃 | 207 | 288 | 281 | 334 | 328 | 368 | 221 | 158 |
| 租佃 | 22 | 39 | 43 | 34 | 30 | 22 | 19 | 35 |
| 赌博 | 12 | 12 | 14 | 20 | 23 | 30 | 17 | 21 |
| 烟泥 | 11 | 11 | 6 | 11 | 11 | 4 | 8 | 5 |
| 水运 | | | 2 | 5 | 4 | | 4 | 3 |
| 工矿 | 5 | 5 | 1 | 7 | 2 | 3 | 4 | 5 |
| 宗教 | 1 | 8 | | 2 | 1 | 3 | 6 | 2 |
| 契税 | 17 | 9 | 22 | 15 | 11 | 23 | 17 | 17 |
| 移关 | 54 | 46 | 75 | 98 | 85 | 115 | 124 | 113 |
| 其他 | 97 | 87 | 103 | 72 | 66 | 79 | 116 | 106 |
| 新事案<br>总计 | 1172 | 1312 | 1338 | 1443 | 1320 | 1573 | 1401 | 1325 |
| 新诉讼<br>件数 | 881 | 1127 | 1145 | 1250 | 1150 | 1357 | 1150 | 1104 |

| | 同治<br>九年<br>（1870） | 同治<br>十年<br>（1871） | 同治<br>十一年<br>（1872） | 同治<br>十二年<br>（1873） | 同治<br>十三年<br>（1874） | 同治<br>其他 | 同治无<br>记录 | 总计 |
|---|---|---|---|---|---|---|---|---|
| 内政 | 74 | 72 | 60 | 66 | 76 | 15 | 16 | 1296 |
| 司法<br>总类 | 6 | 3 | 6 | 1 | 6 | 1 | | 91 |

续表

| | 同治九年（1870） | 同治十年（1871） | 同治十一年（1872） | 同治十二年（1873） | 同治十三年（1874） | 同治其他 | 同治无记录 | 总计 |
|---|---|---|---|---|---|---|---|---|
| 命案 | 54 | 55 | 65 | 56 | 71 | 20 | | 736 |
| 地权 | 88 | 113 | 83 | 69 | 89 | 25 | | 1226 |
| 房屋 | 12 | 5 | 14 | 10 | 7 | 1 | | 121 |
| 借贷 | 97 | 53 | 45 | 62 | 41 | 11 | | 740 |
| 欺诈 | 241 | 186 | 153 | 181 | 145 | 31 | 10 | 2571 |
| 家庭 | 26 | 23 | 14 | 22 | 19 | 3 | | 313 |
| 妇女 | 121 | 98 | 65 | 112 | 81 | | | 1361 |
| 继承 | 5 | | 3 | 2 | | 2 | | 27 |
| 商贸 | 53 | 39 | 25 | 26 | 39 | 14 | | 525 |
| 凶殴 | 131 | 122 | 63 | 85 | 60 | 10 | | 1350 |
| 盗窃 | 216 | 211 | 202 | 191 | 261 | 26 | | 3292 |
| 租佃 | 38 | 33 | 18 | 19 | 25 | 9 | | 386 |
| 赌博 | 29 | 15 | 23 | 20 | 13 | 3 | | 252 |
| 烟泥 | 6 | 5 | 6 | 10 | 10 | | | 104 |
| 水运 | 1 | 2 | | 2 | 2 | | | 25 |
| 工矿 | 3 | 3 | 3 | 9 | 6 | 1 | | 57 |
| 宗教 | 5 | 5 | 3 | 5 | 1 | 1 | | 43 |
| 契税 | 16 | 15 | 9 | 9 | 18 | | | 198 |
| 移关 | 57 | 60 | 65 | 63 | 101 | 19 | | 1075 |
| 其他 | 97 | 103 | 71 | 89 | 65 | 31 | 9 | 1191 |
| 新事案总计 | 1376 | 1221 | 996 | 1109 | 1136 | 223 | 35 | 16980 |
| 新诉讼件数 | 1236 | 1083 | 863 | 977 | 949 | | | （年平均）1098 |

说明：

（1）目录为同治十四年或同治十七年的档案，包含在"其他"内。

（2）目录中内政之下包括外交、军事、财经、工交、农林、文教、社会等项，均属于内政类。

# 六、清代同治朝巴县的缠讼与渎讼

一方面，清末的档案或记录地方官判决的判牍中，常常可以看到"缠讼"的表述，即形容某个诉讼就像一团乱麻一样没完没了。这个用语不仅是地方官，而且诉讼当事人自己也经常用来贬低对方当事人，并经常与健讼、好讼等词一同使用。缠讼之类的现象在宋代就已经出现。[120] 如果说健讼和好讼的表述仍不足以揭示出中国诉讼社会的特征的话，那么缠讼可以说是解释这一特征的一个关键词。

另一方面，地方官的批示中使用较为频繁的还有一个"渎"字。地方官在训谕民众提出如此之多的诉讼和毫无必要的诉状时，常常批示曰"毋庸多渎"。渎是指对上不尊重之意，即亵渎，"毋庸多渎"即对于拥有绝对权力的本官，无须提出毫无必要的诉状加以亵渎。"渎"字在《太湖厅档案》和《巴县档案（乾隆朝）》中都经常使用，当时在这种场合，地方官用一个"渎"字加以训诫，尚有一些效果；但是，及至《巴县档案（同治朝）》的时代，地方官反复以"毋庸多渎"等语训谕当事人，已经完全无效。"渎"字含有缠讼一词所没有的含义，也反映了清代诉讼社会的一个方面，与现代社会的滥诉一语意义相近。史料上"冒渎""多渎""晓渎"等词的使用也非常普遍，此外还有使用"渎控""渎诉""渎告""渎讼"等用语的。因此，本文姑且用"渎讼"一词代替"渎"字。

---

[120]　陈柏峰《缠讼、信访与新中国法律传统：法律转型时期的缠讼问题》，《中外法学》第 16 卷第 2 号，2004 年。

## （一）"未准"的领域

根据一般理解，清代的诉讼文书在衙门接受之后，知县或作为其秘书的幕友书写批示，由此将"准"即受理的，与"不准"，即不予受理的文书分开，[121]《福惠全书》也是如此记载的。根据这种理解，通常认为一旦文书被接受，衙门就会马上做出某些处理。

但是，在文书上只批示"毋庸多渎"与批示"不准"二字有很大的不同。这样说，从《巴县档案》可以看到，"毋庸多渎""毋遽兴讼""不必捏伤呈渎"等批示，毫无疑问，这种批示的意思是目前不予受理。尽管如此，通过一而再，再而三地反复提出诉状，最后被受理的情况，即复活的案件，依然存在。除去已经受理、正在审理的案件外，作为"新案"提出的诉讼被批示"不准"后，同一当事人继续提出诉状而最终被受理的案件却几乎完全没有发现。已经受理、正在审理的案件中，原告或被告提出的诉状上批示"不准"的很少见。这个"不准"表明，知县认为可以无视或不再考虑此状。在我阅读过的《巴县档案（同治朝）》所收录的文书中，作为新案提出的已批示"不准"，最终又得以复活的仅只一件而已，即《租佃》No.13650。而且，如果仔细查考，这是因为诉讼的对方当事人"被殴"，反过来起诉才使该案得以受理，即虽然已经做出"不准"批示，但又作为特殊情况被"复活"。但如果对方的诉状不予受理，则"不准"的文书很快就会被废弃。

不用说，虽然被批示"不准"，但当事人为了使其受理而再次提出同样的文书的可能性是存在的。例如，《樊山批判》中一度

[121]　例如，滋贺秀三《淡新档案の初步的知识—诉讼案件に现れる文书の类型［关于淡新档案的初步知识——诉讼案件所见文书类型］》，同《续·清代中国の法と裁判［续·清代中国的法与裁判］》（东京，创文社，2009年），第35页。

"不准"的案件,当事人再次提出诉状,而最终仍被批示"毋庸饰渎干咎。此呈仍不准"。[122]《黄岩档案》中也可以看到几件同样的实例(No23.40.58)。在《巴县档案》中也可以看到新案虽然被批示"不准",但当事人仍然毫不畏惧地再次提出相同诉状的事例。但是,正如《樊山批判》所见的案例那样,巴县的案件一旦批示"不准",实现复活的即使不是绝无,也只是极少的例外。假定不是如此,如果《巴县档案》也同《黄岩档案》一样,在新案中明确批示"不准"的案件占全部案件的20%的话,那么在大量保留下来的文书中必然会有不少复活的案件。

与此相对,没有明确批示"不准"的案件有时确实是可以复活的。虽然同样当面受到批驳、没有受理,但必须看到,有没有明确批示"不准"之间存在很大的差别。在当时的巴县,没有明确批示"不准"的案件被称为"未准",即尚未受理的意思。所谓"未准",既非"准",亦非"不准",可以理解为介于两者之间的状态。不用说,作为"未准"案件,由于没有当面受理,诉讼文书并没有转发给负责处理案件的部门。在保管一段时间之后,就会被废弃。某件在两年后实现复活的文书中提到,由于"未准呈词,不发房立案,事隔两年,仲主批呈难寻",就是这案是"未准",因此很难找到两年以前提出的文书(《巴县档案(乾隆朝)》《借贷》No.1021)。

正是这种未准而时时能够复活的做法,成为导致清代的诉讼中渎讼与缠讼相互交错的要因。这一点从以下的案例中可见一斑。

同治元年(1862)八月二十九日,64岁的寡妇李吴氏作为"新

---

[122] 《樊山批判》卷二,批许则喜呈词,《历代判例判牍》第11册(北京,中国社会科学出版社,2005年),第60、65页。

案"提出一份诉状，称因娘家的母亲去世，其弟吴星平从她那里按照市价 65 两银子赊欠了一副棺木，据说该棺木原是李吴氏为自己的后事所准备的。然而，其弟一直只还过 13 两而拖欠其他两银子未支付。她前往催促还钱，却被其推倒殴打，腰和肋骨被打伤，小腹被踢，导致其吐血几乎死去。李吴氏请求官府验伤追究其罪责。对此，知县批示"该欠银两为数无多，仰仍凭证理讨，不必捏伤呈渎"，未予受理。

但是李吴氏于闰八月二十五日作为"旧案"再次提出诉状，称已遵照批示将原证人请到处理，但其弟仍然未返还欠款，并以先前诉讼未准，叫嚣即使诉讼百次也不会还钱（"藐批未准，吼称任百控"），还往自己身上泼冷水令自己伤风，乃至旧伤复发，不能进食已经濒临死亡。为了数十两银子竟欲令其生死两隔。本人绝非好讼之人，实乃被逼无奈，不得不诉。

这次，知县没有加以斥责，批示"候验伤察夺"，也就是说正式受理了此案（《借贷》No.3480）。由此可见，这个案件李吴氏第一次提出诉状时确实"未准"，但通过原证人等的处理，向对方据理索求遭到拒绝，因而再次提出诉求，结果最终被受理了，使得初次提出的诉讼文书得以复活，并一直保留至今。

在此顺便提及该案最后的结果：

十月五日，据派去验伤的仵作报告，李吴氏的伤已经平复，故没有做出验伤报告。简而言之，她所称伤重濒死的说法完全是夸大其词的谎言。尽管如此，李吴氏仍于当天提出了诉状，称：

> 今伤已验明。（吴）星平恃无票唤，胆敢乘刑仵回辕，串同李先达统不识痞党多人，寻氏子捉害，图泄叠控之忿，氏子潜匿，未遭毒手。……氏因前伤未愈，气激转沉，卧病难

起，云云。

显然，李吴氏仍然毫无顾忌地继续撒谎，对此，知县批示曰：

现据刑仵禀，称该氏伤已平复。仰仍遵批，凭证清理。毋庸滋讼。

根据这三份诉状和知县的批示，可以说明以下几点：如果没有明确批示"不准"的案件，而是批示要求当事人借助保证人解决纠纷的情况下，可以视为"未准"。从后面将要考证的刘氏家族的遗产继承诉讼可以看到，原告刘元庆作为"新案"提出诉状，知县批示由宗族集会处理（"凭族集理"）。对此，亲属中的房长也提出了一份文书，称"遵批禀复"。但是尽管有这种由亲属应知县的批示加以处理的回复文书，也仍然可以认为是"未准"案件。因为刘元庆在五天之后再提出的诉状里，明确写到初次提出的文书为"未准"。此外，针对名为刘元坦的人提出的"新案"诉状，知县做出很长的批示予以劝谕，要求其停止兄弟之间的骨肉相争，由同族人公正处理。但是，尽管有如此恳切详细的批示，这同样仍属于"未准"的文书，因为在刘元坦以后继续提出的诉状中，他也指出从前提出的文书是为"未准"（《家庭》No.6940）。

这种命令由保证人、中介人、亲属及近邻进行调处的批示，在《巴县档案（同治朝）》中非常多，但那样的批示都是不能认为"准"即受理的。那么如果明确批"准"的案件，会做什么呢？一般官府会派出验伤验尸的仵作，或者传唤关系人等。总之是一系列作为公权力应该明确采取的处理案件的行动，这也是一种宣言的形式。而未准的案件，如果原告不再继续提出诉状，也没有根据批示对案件做出处理的保证人或亲属的回复的话，案件一般自然就消失了。如前所述，在这种情况下，很多已经提出的诉状很快就会被废弃。

假定如此，那么这种"未准"或介于准与不准之间的状态很可能覆盖了相当大的范围和领域。然而，像李吴氏那样因为多种因素叠加最终逆转而被受理的情况也很多。在清末巴县的场合，这正是导致没完没了的"缠讼"或者"渎讼"之事态泛滥并不断扩大的要因。以下，将以债权回收诉讼和遗产继承诉讼案件为例，对这一问题进行进一步的考察。

### （二）债权回收诉讼

首先来看一件围绕债权回收进行的诉讼案件，因为由此引发的争议显然是当时民间最为频发的诉讼类型，例如前述老寡妇李吴氏的诉讼。《巴县档案（同治朝）》《借贷》分类中收录了共740件诉讼案件，此外《商贸》《欺诈》或《赌博》等分类中也包含大量与债权有关的案件。有关这一问题，可以参照王志强在本书第十三章的研究。[123]

有一个比较简单的案件经过大致如下：

玉器商人蒋洪顺于同治元年（1862）四月十一日作为"新案"提出"告状"，告发掌柜李双发有140余两银子的货款未交纳，并写明了两名证人以及当时应其请求主持调解的两个人的姓名。对此，知县做了批示："着仍凭证清理。毋辄兴讼。"（《商贸》No.8493）这就是前面所说的"未准"的案件。在做出这种批示的情况下，官府并未采取任何如讯问被告人等处理，这说明当事人

---

[123]　本书，第十三章，王志强"官方对诉讼的立场与国家司法模式"。

只能依靠证人或中介人，通过自己的力量解决纠纷。

"被告"李双发为了对抗原告的起诉，于四月二十三日自作"原告"，以蒋洪顺为被告提出诉讼，文书上也盖了"新案"的戳记。李称自己才是受害人，因蒋洪顺尚欠自己工钱若干未付。对此，知县批示"工银细故。着仍凭证理讨。毋遽兴讼"，仍然未准。

时隔一天，四月二十五日，蒋洪顺再次提起诉状，称已经依此前的批示再次与李双发讲理讨要欠债，但对方仍未归还，所以不得不再提旧诉。这次，知县明确批示"候唤讯察追"，要求传唤关系人，案件最终被受理。

到五月七日，知县发令传唤有关人员，继而，五月十二日李双发提出"诉状"（盖有旧案戳记）。在这种场合，"诉状"是指被告的答辩状或反诉状。根据这些文书，六月二十六日，知县对当事人进行了讯问，七月一日，被告李双发承认双方债务相抵之后，还欠对方 40 千文。原告蒋洪顺也提出了"结状"（誓约书）。此案就此了结。

本案原告蒋洪顺提出的文书共有告状、禀状、结状等 4 份，被告李双发提出的文书包括告状、诉状和结状共 3 份。在《巴县档案（同治朝）》中，此案可以算是结案比较容易的一件，判决亦是以原告一方胜诉而告终。但李双发请求的未支付的工钱问题在判决中并未提及。

然而，以上只是一个比较简单的案例；实际上，大多数案件并非如此。

通常，债权索取诉讼都像这样由原告首先在告状中提出谁欠自己多少钱未返还，或尚欠多少商品货款或工钱，谁是证人，等等。但是，对这种诉求，知县通常像前面所说的那样，批示"着凭证清理。毋得率渎"等。无论所涉金额是十两还是百数十两，几乎都是这样处理。但仔细考虑一下就知道，原告在诉讼之前肯定已经借助诉讼的证人或者借贷时的保证人等多次请求偿还借欠或债务，因此，这种批示其实毫无意义。通常，即使再次求助证人等进行调解，往往也无济于事。蒋洪顺再次诉讼时，只字未提证人调解之事，结合其他案件的情况考量，他或者是在衙门内找到了熟人帮助，或极有可能是做了贿赂打点。

普通的原告一般会怎样做呢？他们常常为了索回欠款和债务到被告家索要，然而往往不仅不能如愿，而且会反遭殴打，不得不再次提出诉状。或者，从一开始就是因索债被打而告状的也很常见。这时，单纯的金钱借贷等债权案件往往已发展为《大清刑律》中规定的斗殴案件。这样知县就必须派人前去验伤，以确认伤情是否属实，程度如何。派去验伤的人就是仵作。不过，仵作在多数情况下都是呈报说未见到本人，无法验伤并写出报告——"未与书（仵作）晤面，无凭开阅"；或者像前案寡妇的情况那样，"伤已平复，无凭开阅"。假如仵作没有见到受伤者，知县就会批示"显系捏伤"，这样，多数情况下诉讼就很难有所进展（No.3476）；有时知县会批示"查验并不晤面，显系捏伤妄控。候集讯察究"（No.3500）。在这种情况下，谎称被打之人即使确实真的被拖欠债务，通常也不敢出庭。而知县也并不想进一步深究。无论如何，《借贷》和《商贸》类里收录的案件大多数就这样不明不白地结束了。

同治十二年（1873）十二月十八日，商人杨世柱提起诉讼，告交易对手魏敦五有100千文赊欠货物的货款没有支付，他前去索要，却遭到殴打。但直到第二年，知县才派仵作前往验伤，仵作的验伤报告直到二月二日才做出，称"杨世柱伤痕业已平复，无凭开阅"。后杨世柱见验伤后仍迟迟不传唤，久等无讯，再次提出诉状，请求尽快传唤当事人。对此，知县批示："验明该具呈，伤已平复，且事甚细微，尽可投凭团证以理向讨。毋得捏词复控取累。"（《商贸》No.8954）于是，这件诉讼就此结束。

杨世柱索要的100千文钱，按当时的比率换算相当于60—70两银子，这并非"甚细微"的金额。且验伤结果也并非"未与书（仵作）晤面，无凭开阅"，不过是"伤已平复"。知县对有斗殴之事非常清楚，却以债权问题替代了斗殴问题，并进而将伤情的大小加以替换，从而大事化小，就此使诉讼终结。

从这件诉讼中可以发现，单纯的债权问题几乎很难达到做出公开判决的地步，也就是说，即使提起诉讼，大多数争议也得不到解决。对这样的债权诉讼，知县首先会做出"凭证以理向讨"的"未准"批示。如果事态不发展到斗殴事件或捏伤事件，就很难进入审判。这种状况对期待通过诉讼解决债权争议问题的当事人无疑会产生很大的负面影响，使得他们不得不打消诉讼的念头。实际上，有此类诉求的人数相当多，可视为一个庞大的潜在诉讼预备队，而《借贷》《商贸》类档案所收录的案件，只不过是当时此类纠纷的冰山一角罢了。

在借贷时设立中介人或保证人，本是世间为了尽可能避免诉讼而建立的重要措施。然而，如果不幸这种中介人或保证人无法发挥作用，原告就不得不以遭到殴打为由提起诉讼。由于原告经常使用遭到殴打这种谎言，以增加诉讼的理由和气势，官府本来不得不经常对这些诬告者进行处罚。不过，除了诬告过的当事人通常不受处罚之外，近邻和亲属即使为当事人做了伪证，官府也会对他们网开一面，宽宥他们的责任。这种情况在当时非常普遍（《商贸》No.8486）。至少一般档案中没有记载对他们有过任何处罚。

此外，从这些案件中可以看到，原告、被告同样都对知县，即法官公然撒谎，这已成为理所当然之事。或者可以说，撒谎之风相当盛行。当事人看待知县的目光毫无敬畏之感，而是极其轻慢。这也正是知县不得不断斥之以"毋庸多渎"的原因之一。例如，有人告状说：

> 娄国辅等复索钱文不遂，将蚁（原告王万福）凶辱。蚁妻牟氏理劝，被伊等凶凌，掀蚁妻跌地，致落五个月之胎孕。

此案为同治三年（1864）二月十五日提起的诉讼，仵作在一个月之后的三月十八日才做出报告。报告称：

> 验明王牟氏并无伤痕。据王牟氏吐称，伊□年二月初七日产下胎孕，业已丢去无存，无凭查验。（《借贷》No.3472）

虽然原因不明，但仵作是在事件发生许久后才去验伤的。估计这对夫妇预想到这种情况，于是在做戏吧。

这些被归入《借贷》和《商贸》类的金钱纠纷的第二个特征是，地域共同体的纠纷调解功能很弱，甚至几近于无。这一点与乾隆朝和嘉庆朝并不一样。这里所谓共同体是指如团练这样的组织。或者不如说，团练本身根本不具有解决内部纠纷的能力。例如，当团练内的人借了公款不还时，团练自己不得不提起诉讼。由此可见，团练内部解决其成员间的借贷纠纷的能力是值得怀疑的。称为谦让团的团练成员刘元芳借了 10 千文公款，每月利息为几文，连本带利一共 13 千 200 文钱，对此，知县莫名其妙地批示"惟为数无多。仰仍凭团理讨"。即使如此，刘元芳还是没有还钱，团练的负责人总监正再次提出诉状。知县对此批示："候签唤讯追。"而案件至此就终结了。有可能是刘元芳惧怕官府讯问最终还了钱，或者采用了什么其他的对策（《借贷》No.3495）。这个案件涉及团练的公款，且仅有 13 千 200 文钱欠款，但团练内部无法自行解决，一度不得不走上诉讼之路。这说明，巴县的共同体的调解功能弱化，无疑也是其诉讼多发的重要原因。

下面，通过介绍一件与债权问题有关的案件，看一下诉讼中到底存在哪些具体问题。

这一案件的全部过程如下（《借贷》No.3545），并分别用英文字母表示其发生的顺序。

孙德禄以周以江为保证人向曾怡昌支付了 180 两银子做保证金（押银），获得了佃农的权利。后来发现，这块土地实际上并非曾怡昌本人的土地，而是由其管理的江西省吉水县同乡会（吉水会）的共有土地。同治三年（1864）春天，在开始春耕时，原先租种这块地的佃农谢仁和却拒不退地。也就是说，曾怡昌也曾收取了谢仁和的押银，即租种土地的权利保证金，但双方并没有进行任何退佃的协商。事后查明，实际上曾怡昌和谢仁和之间也发生了诉讼。

这样，孙德禄为了从曾怡昌那里要回押银，将曾怡昌及保证人周以江一起告到官府（A：二月二十二日）。对此，知县一如既往地批示"着凭团证理落。毋得率渎"。孙德禄按照批示再次讨要未果，于三月二十九日再次提起诉讼（B）。这次的批示是："尔凭遵批集理。曾怡昌胆敢占抗不场，殊属藐违可恶。候即唤讯究追。"

然而，曾怡昌尽管接到了传唤的令状，却躲到女婿家里拒不出面。到了六月份，这个案件发生了急转直下的变故。孙德禄妻子由于无法要回押银，携带幼子以及嫂子黄氏一起来到曾怡昌家，据守在曾家不走，以迫使其还债。这时，据说曾怡昌教唆儿子对其嫂黄氏施与暴力，导致黄氏精神不安。六月二十日，孙德禄的幼子突然死亡，其后二十三日，黄氏亦暴毙。两人的死亡都被归咎为曾怡昌的责任，孙德禄要求传唤曾怡昌的儿子和女婿（C：六月二十四日）。

第一次讯问于六月二十五日进行。其结果是知县做出判决，对曾怡昌课以"械责锁押"，并限其5天内必须向孙德禄返还168两银子及3500文钱。同时决定，如果曾怡昌违反判决的话，将传唤讯问吉水会当年的会长（第一次讯问）。然而，曾怡昌还是没有还钱。八月二日，知县进行了第二次讯问，判决曾怡昌必须在10日内还清欠款，并同时传唤吉水会会长和佃户谢仁和进行讯问（第二次讯问）。

此后，案件的发展越发复杂，根据时间顺序将经过简要记述如下：

D：八月十八日，曾怡昌提出诉状（被禀：孙德禄、周万兴）答辩称：他已经将孙德禄的押银交给了曾义生，而后者却逃跑了；是讼棍周万兴唆使孙德禄告自己的。

E：九月三日，江西吉水会所在的团练四位负责人联名提出禀状，称曾怡昌被拘禁、衣食无着，先后三次请求吉水会裁断，后又向四位团练请求裁断。佃户谢仁和对其借贷进行了清算，但以曾怡昌的名义向吉水会借的公款93两，尚未归还。

第三次讯问：九月九日。

F：九月九日，曾怡昌提出禀状（被禀：孙德禄、谢仁和、余璋、曾体聪、曾澄彩），称谢仁和借款之事，经讯问查明。堂侄曾体聪、曾澄彩曾从曾怡昌处借银3600两与养老膳银270两。同时蠹役余璋故意拖延案件应答之事。

G：九月九日，谢仁和提出禀状。称去年八月曾怡昌曾以"恶佃欺主"的罪名对自己提起诉讼，讯问的结果证明实为诬告，并已经做出判决。曾怡昌本人欠人粮食和银两不还，反倒毫无证据地说自己曾三次向他借钱。自己所借的实际上是吉水会的公款。

第四次讯问：九月九日。判决在 10 天之内，曾怡昌应该向孙德禄支付 20 两，吉水会的夏永顺等人和谢仁和各向孙德禄支付 40 两。并将曾怡昌锁押。

H：九月二十六日，吉水会的夏永顺等人提出禀状。称曾怡昌所做恶事与本会无关，不应由本会支付 40 两。

I：九月二十八日，谢仁和与谢仁礼两兄弟联名提出禀状。称前一年，即同治二年（1863），曾怡昌曾将谢仁和与谢仁礼作为对手提起诉讼，他们与孙德禄的诉讼并无关系，不应支付 40 两。

第五次讯问：十一月三日。判决曾怡昌在 5 天之内，向孙德禄支付 20 两，在此期间继续锁押。同时改判夏永顺等人和谢仁和各向孙德禄支付 30 两。

J：十一月九日，谢仁和与谢仁礼提出禀状，主张不能支付 30 两，但称可将耕牛卖了返还 10 两，其余无力支付。

K：十一月九日，吉水会的夏永顺等人提出禀状。称曾怡昌曾向知县提诉吉水会会员，要求判还借款，得到知县批准。不过，吉水会会众有 200 户之多，而且会银不多，但是如果能够断绝与曾怡昌的关系，会众们或许可能同意用会银支付曾怡昌的欠款。

第六次讯问：十二月二十六日。判明：曾怡昌应支付 20 两，但只付了 8 两。夏永顺等人未支付 30 两。谢仁和应支付 20 两，但只付了 10 两。

L：十二月二十九日，曾怡昌提出禀状（被禀：孙德禄、谢仁和、谢仁礼、周万兴、四厢团正蒋洪顺等 5 人），要求返还被孙德禄霸占的家财，锁押恶佃谢仁和兄弟，并将其逐出住所。

M：同治四年（1865）正月十九日，孙德禄提出禀状（被禀：曾怡昌、夏永顺、裴万昌、光裕茂、谢仁礼、谢麻二）。称曾怡昌、夏永顺等人仍未支付欠款。

N：二月十五日，曾怡昌提出禀状，告称他已于年末支付了20两，但黄氏的尸体仍放在自家。

O：四月八日，孙德禄提出禀状，称因为各方仍未支付全部款项，故黄氏的尸体仍不能安葬，不得不继续放在曾家。

P：五月九日，曾怡昌提出禀状，称自己被吉水会的新会长刘两仪愚弄，家产尽失，房东声称要售卖自己租住的房屋，请求尽快将黄氏的尸体搬走，并讯问唆讼的周万兴。

Q：五月十九日，曾怡昌的房东寡妇吴刘氏提出禀状（被禀：曾怡昌），称曾怡昌租住在自家，但有四个月的租金尚未支付，已拖欠银20两。且黄氏的尸体放在自家的房屋中堂，臭气熏天，无法忍耐。因夏永顺等人还不支付孙德禄欠款，致使尸体迟迟不能搬走。

第七次询问：六月二十日。判明：曾怡昌已付完20两，谢仁和已付完10两。判决：谢仁礼还应支付10两，夏永顺等还应支付39两。

R：六月二十七日，曾怡昌提出禀状（被禀：吉水会的夏永顺等3人），称自己为江西省人氏，夏永顺等想要将自己从吉水会中彻底除名，才能提供30两赞助，此举无论于天理人情实属过分。

S：七月十九日，夏永顺提出禀状，称代曾怡昌支付30两，请将其从吉水会中除名。要求曾怡昌出具收据。

同治四年七月十九日，孙德禄、曾怡昌、夏永顺三人各自提出结状，同意就此解决纠纷，终结诉讼。

通过这件围绕押金返还进行的诉讼，可以看到以下令人瞩目的特点：

第一，提出的诉状多、关系人多。孙德禄初次作为新案提出告状时，为同治三年二月二十一日。他与被告曾怡昌以及吉水会的夏永顺三人提出结状同意纠纷解决，则是在翌年的同治四年七月十九日，中间经过了 1 年 5 个月时间，共计提出 19 份诉状，其中原告 5 次，被告 6 次，吉水会负责人夏永顺 4 次，佃户谢仁和等 3 次，此外，被告的房东吴刘氏也提出了一次。包括最后提出的 3 份结状，这一案件共提出了 22 份诉讼文书。

这样，形式上是一个诉讼案件，但当各种各样的纠纷卷进来之后，问题开始复杂化，被告人数也不断增加，争点也很难限定。比如，孙德禄告状中"被告"一项中，本来只写了曾怡昌及担任保证人的周以江二人。但是，到了黄氏去世的阶段，提出的禀状中"被禀"中除此二人之外，又增加（"添唤"）了曾怡昌的女婿廖老耶以及参与殴打的其子曾二，接着，在一份文书中又将一名身份不明的陈妇的名字也加了进来。在 19 份诉讼文书中，被告和被禀的人，即因各种原因被诉的人共计达 17 人之多。

在八月十八日曾怡昌提出的禀状中，除了"被禀"的孙德禄之外，还写上了唆讼的周万兴的名字。然而，尽管曾怡昌以讼棍之名起诉了周万兴，但在六月二十五日初次讯问以及此后的所有讯问中，周万兴都没有被作为嫌疑人传唤到场。也就是说，曾怡昌以讼棍之名起诉周万兴有可能是一种诬告，不过曾怡昌本人似乎也并未因这一诬告而受到任何惩罚。在诉讼进行中，当事人为了证明自己的"正当性"或减轻自己的罪责，作为一种战略，往往会尽可能把可以利用的人牵扯进诉讼。这样，曾怡昌起诉的人为 2 人 +4 人 +6 人 +3 人，共 15 人。

此外，一旦提起了一场诉讼，相关的人都会将其作为良机，趁机把很多纠纷混在一起加以解决。最典型的例子是曾怡昌所租住房屋的房东吴刘氏，她本来与这个诉讼毫无关系，但也将这场诉讼视为一个好机会，趁机提出曾怡昌还欠其房租 20 两的禀状。吉水会负责人们也认为这是一个转祸为福的好机会，可乘机与曾怡昌断绝关系，将其从同乡会中驱逐出去。同样，佃户谢仁和也充分利用了这一诉讼。

知县在这里几乎是无足轻重的角色。例如，在第四次讯问时，知县做出判决，令曾怡昌向孙德禄支付 20 两银子，谢仁和与夏永顺等人应向孙德禄各支付 40 两银子，但谢仁和与夏永顺无论如何都拒不服从，知县批示："银数无多，尚不难于措办。既经劝谕，应即遵照，毋得饰词推诿，违延率渎。"这些措辞几乎完全感觉不到什么权威性。一个月之后，在第五次讯问时，谢仁和与夏永顺等人必须支付的款项数额都降到了 30 两。

确实，被告曾怡昌被判决了在还款期限内应该支付负债，而且受了锁押之刑罚。然后，当事人们提出了结状，而本案就宣告终结了。就像此前举例的掌柜未交货款的诉讼一样，债权问题也这样有时在某种程度上得到了通过审判解决，所以诉讼不停。但是我们如果认为，这个诉讼是通过判决被告曾怡昌一方败诉而终结，据此做统计，那么那样的理解不正确，而且这样的统计也为了理解同沿年间巴县的诉讼是什么的，几乎毫无意义。

最富有意味的是，本案中黄氏之死所起到的作用和带来的结果。本来，在这类诉讼中女性历来具有重要的作用。孙德禄向曾怡昌索取预付的押银未果，于是令妻子携幼子及其嫂黄氏一起到曾家坐守索债，请求返还押银。估计妇女们可能都是自愿参与的，因为她们也会理解，如果只请求返还押银而打官司也押银不返。尽管所谓遭到殴打这种虚假诉讼，并无什么大的作用。但如果真的遭到殴打，的确是可以有效地推进诉讼。因此，在这种与债权债务有关的纠纷诉讼中，当事人使用这种手段司空见惯。正因为如此，这些女人才会豁出命去要债。据孙德禄诉称，黄氏受到了曾怡昌之子的"凶凌"，但是到底被"凶凌"的程度如何，则不得而知，因为连一次验伤验尸也未进行。事实是，几天之后黄氏死去了。从孙德禄在二月二十一日第一次起诉曾怡昌，到三月二十九日再次起诉，当时已经过近三个月时间。假如没有黄氏之死这一契机，这个债权纠纷通过诉讼得不到解决的可能性极大。

　　黄氏之死被孙德禄等人最大限度地加以利用：孙德禄在黄氏死后马上将尸体抬到曾怡昌家的中堂陈放，任其腐烂，臭气熏天，也拒不埋葬。由此对债务人曾怡昌施加压力，使其最终无法忍受，不得不返还了 20 两。即使这样，孙德禄仍未将尸体抬走，直到迫使吉水会的夏永顺等人也支付了 30 两之后，才终于将尸体抬走。

　　《巴县档案（同治朝）》《命案》中，有女子出嫁后突然死亡的案件。媳妇的死对于夫家而言是大不利，很多情况下甚至被作为谋杀提起诉讼（No.2078）。在夫家不得不将情况报予其父母后，对娘家而言，女儿的死可能正好成为一个提起"欺诈诉讼"或"图赖诉讼"的"良机"。寺田浩明在本书第 10 章中介绍了若干此类案件。[124]读起来使人感到这些父母"连死人（尸体）都不浪费"的厚颜无耻和顽强精神。从表面上看，孙德禄当然有权收回已经支付的押银，他本来无疑是受害人，但他所使用的手段是比"欺诈诉讼"或"图赖诉讼"差不多。因为，黄氏之死与债权纠纷之间本来毫无关系，他也并未请求官府验尸，但却不失时机地将黄氏之死作为"良机"，"连死人都不浪费"。此外，吉水会的

---

[124]　本书，第十章，寺田浩明《自理与解审之间——清代州县层级中的命案处理实况》。

夏永顺等人、佃户谢仁和以及房东吴刘氏也都最大限度地利用了这一"良机"。

### （三）遗产继承诉讼

接下来，要考察的是当时同样频发的围绕遗产继承和家产分割的诉讼。以一个案例为例，在若干亲属家族间的诉讼中，这个刘氏家族间发生的案件与"缠讼"之语非常契合，对于理解何谓缠讼，具有非常深刻的意义。

首先，先简单描述一下这个案件的始末（《家庭》No.6940）。

刘氏家族居住在距离重庆 60 公里外的地方。[125] 刘光先是一个大地主，他与前妻之间生有两个儿子，与后妻蒋氏之间生有四子。刘光先生前，于道光元年（1821）将为了养老而保留的膳田以外的田产均分给 6 个儿子。道光二十五年（1845），刘光先去世，6 个儿子将膳田均分。由于第二个儿子刘元庆急需现金，在道光二十五年将自己所有的土地卖给了兄弟们。当年各方将上述事由记录在一纸契约中，并且约定"倘有不遵，许令受累者，执约禀官"。此后，其母蒋氏于同治六年（1867）三月去世。

刘元庆在同治七年（1868）闰四月二十九日作为新案初次提起诉状。他主张还有部分未分割的土地，母亲蒋氏以明显过低的价格收买了自己名下的土地，接着又以母命将剩下的共有土地除自己以外的其他四个兄弟均分，其做法实属不当。故将其弟刘元晖、刘元坦以及侄子共 6 人作为被告告到官府。我们根据道光元年（1821）的契约和第二次讯问后知县做出，令不得对遗产进行

---

[125]　即使是同一个原告和同一个被告提出的诉状，究竟是距离重庆城 120 里还是距离 160 里都各不相同，这里姑且采用 120 里，即 60 公里之说。

再次分配的裁定，可以看来，刘元庆的诉讼不过是为了获利而强词夺理、图赖诉讼。这一年，他已经是 68 岁的老人。

对于刘元庆提起的诉讼，知县批示"着仍凭族集理"，这意味着"未准"。宗族长老刘友堂等三人按照知县的指令，附上道光三年（1823）与道光二十五年的两份"约"，向知县做了回复，并称"均属和好，不知讼何由兴"。这个回复几乎毫无意义。

刘元庆所告的被告之一是刘辅臣。在看到刘元庆的诉讼以"未准"告终之后，刘辅臣于五月二十五日自作原告提起新案，理由是刘元庆之子曾向其借贷 10 两银子未还，而且不顾叔侄关系殴打作为尊亲属的本人。于是，这一家产分割的问题同样也开始向斗殴事件发展。由此，他的诉状被受理了。此后，刘元庆、刘辅臣、刘元晖、刘元坦等陷入了诉状的混战之中，这里谁是原告、谁是被告已经无法分清。第一次讯问一再推迟，直到十一月七日才进行。十月五日，刘元晖提出诉状，对刘元庆的儿子刘天训等提起反诉，同时指名将刘王氏作为必须传唤的人。对这份诉状，知县做出了以下批示：

> 查戴王氏即刘王氏，前据具诉，批准集讯。因何不即投到。且查此案已延四月之久，两造首禀以及府控不下二十余张，竟未一讯。是否图告不审，抑系贿差延塌。似此同室操戈，缠讼不休，案无结日，天良何在。

从闰四月二十九日，刘元庆初次提出诉状，到十月五日的这份诉状为止，算下来各方一共向县里提出的诉状达到 18 份之多。其间，尽管刘元庆的诉讼一次也没有在巴县开庭审判，但他却直接到重庆府提出了上诉。如果加上这份上诉状，那么，在不到 6

个月的时间内，原被告双方合计一共提出了 19 份诉状。这确实可称得上诉状大会战，正如知县所言，实属名副其实的"缠讼"。

这里先描述一下刘元晖要求传唤的刘王氏。刘王氏实际上正是导致这场缠讼的关键人物。在知县看来，刘元晖和刘元庆的诉讼都是她所采取的战略，而且正是她教唆并期待的结果。

刘王氏本来是戴氏之妻，30 岁时再婚成为生员刘元坦之妻，而刘元坦当时已有二妻。刘王氏提出诉状称自己为刘元坦的侧室，在接受讯问时则答称自己为妾。她多少读过一些书，而且好像有很强的经营手腕和交际能力，刘元晖称她是导致"缠讼"的关键人物且具有很大威力，提出了份若干旨在贬低其人格的诉状。其中一份得以保留下来，内容称刘王氏再婚之前曾经在重庆城内经营栈店（旅馆），刘元坦为了"应试"曾在此投宿，由此两人之间发生恋情。之所以说她多少读过一些书，是因为刘元晖所提出的文书中提到"抄戴王氏与刘元坦勾奸情诗单"，她不顾刘元坦已婚，仍向其赠予七言绝句情诗，而刘元坦则以七首诗回赠。后二人成婚。刘元坦对此加以反击并为刘王氏辩解，称两人结婚时有一族长老刘进光为媒妁人，以证明其关系的正当性。

之所以说刘王氏有很强的经营手腕和交际能力，是因为刘元晖和刘元坦之母蒋氏发现了其才能，让其代替病弱且致力于科业的刘元坦，负责家中的各种经营和对外交际，据她自己的申辩，蒋氏为了褒奖其辛劳，曾特意赠送大米作为奖赏。

回到刘王氏与诉讼的关系上来，刘元晖在提出的诉状中极力贬低刘王氏，告其好讼、不守妇道；同时作为其主谋诉讼的证据，将其从咸丰十一年（1861）到同治七年（1868）所涉足的共 12 件诉讼逐一列举出来，并多次将刘王氏称为戴王氏，以强调其再婚的不道德性和身份不当。该诉状最初的两段是：

一、咸丰十一年九月，刘元坦以串卖凶阻控赵元汇弟兄一案。临审，戴王氏即刘王氏名捏夫元坦有病，自恃能言舌辨，代夫投审，跪堂三次，缠讼二年，被张主（知县张秉堃）辱骂，始结。

一、同治元年五月，刘元坦以乘危占搂控胡自堂、张德春等一案。临审，戴王氏又即刘王氏名捏夫有病替审，跪堂四次，缠讼四年，王主（知县王臣福）辱骂，始结。

据此可知，从咸丰十一年（1861）到同治七年（1868），8 年的时间内，刘元坦及其妻刘王氏提起或参与的诉讼共达 12 件之多，其中多数似乎是刘王氏挑唆其夫参与的。假如按照刘元晖所言进行计算，那么他们在同治三年、四年、七年这几年，每年同时参与了 4 起诉讼。由此可以理解当时的巴县是一个怎样的诉讼社会。

刘元坦及其妻刘王氏在 8 年的时间内提起或参与 12 件诉讼的事情未必是刘元晖等人的诬告，因为刘王氏自己提出的辩护文书中也包含这类内容：

为缕晰呈明事。缘咸丰三年，氏□□刘元坦其劳心家务，自四年冬月二十七日□□□请凭族戚，即将外事交氏经理。连年先后得……奉姑命，因为铁厂与赵元济构讼来渝。……氏以一门二请控诉案。是年发匪扰境，氏姑搬寨，被人搂抢什物谷米。氏夫刘元坦因控胡自堂在卷，夫旋包病，氏禀请代质。二年氏以设关搂搪，上控于府宪，系刘香亭（刘元晖）、刘辅臣、魏清奇作干证，侄刘锡三为抱告，均属有卷可查。

刘王氏指出，刘元晖和刘辅臣是当下正在进行的诉讼的对手，而他们当时则是自己诉讼中的证人。这些人非难自己好讼，正说明他们自己的人格有问题。刘王氏对自己8年间参与12件诉讼的事情未予否认，将其中哪些案件是自己正当起诉的，哪些是受亲属所托做证人的，分别一一列出，认为所有案卷都保存在衙门中，应该进行调查。她的态度毫无愧疚之感，而是显得堂堂正正。

十一月二十二日，知县进行了第二次讯问，并做出裁定，将去世的蒋氏所有的年收入460石的租田分为十等份，每份为46石，其中一份分给刘元庆作为其养老之用，同样的一份分给刘元坦作为偿还其与蒋氏共同经营的铁厂所负债务，剩下的八份平均分给第三房刘元晖、第四房刘元章之子刘天策等、第五房刘元东之子刘天乐等和第六房刘元坦等，各方对此达成了合意。讯问后审判记录中特别记明，刘元庆"不应再分"。所谓"不应"是指其本来已经无权再分得财产，此次之所以分给其蒋氏遗产的十分之一，并不是因为严格遵守兄弟之间继承份额应该均等这一普遍公认的原则的结果，而是由于同胞兄弟见其贫困而照顾其养老而为。简而言之，刘元庆迄今所进行的诉讼不过是"图赖诉讼"而已，对他来说上述裁定与合意正好是无理蛮缠的结果。

这个问题看起来是解决了，案子好像可以就此终结了。但是，刘元庆与刘元晖们则不同意。十二月十四日，又进行了第三次讯问，官府要求刘元芳将一族中有关系的人集合在宗祠中，继续进行协商。担当调解的刘元芳对官府做出了以下回复：

> 无如戴王氏利口唆离，居倾产业，用同姓不宗之刘万成引诱天训，赴省上控，碍难禀复。

　　由此可见，亲属间的调解功能在这里已经完全瘫痪。而知县对此回复的批示是：

> 即戴王氏刁唆家长刘平臣（刘元坦）藉争财产，缠讼不休。已属不守妇道，姑念妇女无知，未予深究。乃竟执迷不悟（悟），尤支刘万成引诱刘天训赴省上控。纵能利口强辩，凡事不外乎理。

　　知县同样认为，直到省城上诉缠讼不止，不过是刘王氏在兴风作浪而已，其批示只是在重复刘元芳的回复，自己却并未提出任何解决方案，似乎是在掩饰自己的无能。

　　知县虽然认定当事人越过府一级而直接向省城的布政史提起上诉是由刘王氏一手造成的，但并没有对她采取任何措施。可以认为，刘王氏到省会成都进行诉讼必然利用了讼师，而且，她从咸丰十一年（1861）到同治七年（1868）的 8 年间共涉足 12 件诉讼，肯定也是依靠了讼师的帮助，而她本人看起来甚至比讼师更精通诉讼的窍门。当时的地方官已经对讼师进行了严厉的弹压，并且非常担心他们死灰复燃。[126] 所谓"姑念妇女无知，未予深究"固然是地方官在批示中经常使用的措辞，但时任知县的金凤洲有可能对刘王氏心怀恐惧之感，或者说担心如果对刘王氏深入追究，最终可能会陷入她的圈套。无论如何，令人难以理解的是，知县一方面将刘王氏视为这次缠讼的罪魁祸首，另一方面却未对她采取任何处罚。作为法官和调解人的知县，其威严和力量完全不知

---

[126]　邱澎生《18 世纪清政府修订〈教唆词讼〉律例下的查拿讼师事件》，《"中央研究院"历史语言研究所集刊》第 79 本第 4 分，2008 年，第 665 页。

所踪。看来，不能有效发挥纠纷解决功能的，不仅仅是亲属间的调解，知县本身也是如此。

此后，当事人之间的诉状大会战以及相关的讯问并没有衰减，反而在刘元庆于同治八年（1869）五月去世后再次进入高潮。因为，刘元庆的妻子将丈夫之死视为难得的"良机"，继续展开了新的"图赖诉讼"。刘元晖等人并未将年收入 460 石的田地的十分之一分给刘元庆。刘元庆作为年近 70 岁的老人，其去世本来属于自然的衰老之故，但是其妻却称丈夫是受到了刘元晖等的"威逼"，被气毙的，并以此为由提起了诉讼（同治八年五月十三日）。

接着，刘元庆之妻又到省城的布政使提起上告（六月十日）。在八月十九日提出的诉状中称，其夫被刘元芳和刘辅臣"凶辱凌逼，掀跌倒地，气急身亡"，俨然是被二人所杀害一般。这与迄今为止在《巴县档案（同治朝）》《命案》中屡见不鲜的利用某人的死而进行的"图赖诉讼"如出一辙。刘辅臣和刘元晖等好像在刘杨氏以及刘元坦和刘王氏之间采用了离间战术。此计成功后，刘辅臣、刘元晖与刘杨氏之间达成了调解，而这些人则一致对刘元坦和刘王氏提起了诉讼。根据文书中明确写明的日期可以看出诉讼的持续时间，一份保存下来的诉讼文书日期为同治九年二月八日，这说明至少在当时这件诉讼尚未解决。

刘元庆初次提起诉讼是在同治七年（1868）四月，所提出的诉讼文书最后的一份日期是同治八年十月二十一日，这说明这个诉讼至少在近两年之后仍在继续进行。从诉讼开始到当时已经过 18 个月时间，其间双方所提出的诉状共计 40 份之多，加上调解人所提出的两份文书，18 个月间共提出 42 份诉讼文书。如果再加上截至同治九年二月各方到府、道、省等处上诉（上控）的诉状，合计总数肯定会超过 50 份。

　　这里必须考虑的问题，与其说是诉状的数量，不如说是关于诉讼实质的问题。这个诉讼中到底哪方是原告，哪方是被告完全不得而知。刘元庆提出的诉状表明刘元坦、刘王氏似乎以某种方式参与其中。而在他第一次提出的诉状中列出的"被首"之一，即是刘元坦。这无疑也是一种所谓诉讼战术。

　　另外，上诉（上控）也多次进行，刘元庆甚至在一次也没有在县里进行讯问的情况下就直接到重庆府提起了上诉。而且如前所述，刘元庆之妻在丈夫去世后又到省城成都布政使那里提起了上诉。实际上，到同治八年（1869）三月为止，刘元晖一方也到重庆府提起了上诉刘王氏（同治八年六月三十日刘杨氏的禀状）。在宋代的场合，当事人经常从县里到上级官府的府、州或路提起上诉，其结果往往会推翻原判决，这也成为当时社会健讼的要因之一。但是，从《巴县档案（同治朝）》看来，府和省官府所做的大多只不过是命令县府对该案件加快进行审讯而已。可见上诉只是进一步促进了实质性的缠讼罢了。

　　刘氏一族的遗产继承诉讼，确实可称得上名副其实的缠讼和渎讼。巴县的缠讼和渎讼，往往是发生在像刘氏这样的家境富裕的人有纠葛的情况下。知县对诉状的批示往往是"毋庸多渎"（同治七年六月十四日）、"慎勿固执缠讼伤和"（同治七年七月九日）之类的命令，但是似乎毫无作用。刘元坦本为生员，被批为"恃身列胶庠，瞒案岐控……似此逞刁健讼，殊属卑鄙"，"毋得多渎"（八月八日），但是他毫无惧怕之态，仍继续不断地提出诉讼。知县对刘元庆的遗孀刘杨氏批示："氏年已六十余岁，不得呶渎。"（同治八年八月十九日）但不到两个月，她就又提出了诉状。由此可见，知县几乎毫无权威可言。

　　最成问题的是知县对刘王氏的处理。一方面他明明认为该女无疑就是该案缠讼不止的元凶，但另一方面却对其未做任何处罚。她的存在比讼师还具有危险性，或者其身后隐藏着讼师的身影也未可知。刘王氏本人针对她在 8 年间参与 12 件诉讼的谗言提出辩解，其内容清楚地表明，她善于将对手的谗言直接转化为证明自己正当性的依据，作为反击的话语而用之。根据其辩解，她完全没有做任何违反法律之事。

从诉讼件数和诉讼文书的数量可以看到，将清末的巴县称之为诉讼社会是恰如其分的。加上以上的若干案例中所显示出的诉讼的复杂性以及讼师的身影，进一步证明了诉讼社会的真实存在。

# 结语

中国诉讼的多寡及其形态与其统治方式有着密切的关联。所谓统治方式是指迄今多次提到的专制统治体制。从东汉的乡亭一级的设置所导致的诉讼多发，到宋代以后围绕征税和徭役负担产生的大量诉讼，都是这种统治方式导致的结果。宋代的"纠论""纠决"之类的做法可以令人联想到秦代的密告制度。如果专制统治下的纠纷解决机制能够有效运行，那么，诉讼当事人不仅会服从地方官的权威，而且亲属邻人的调解也可以发挥积极作用。尽管地方官的审判与民间调解往往被理解为相互对立的纠纷解决方式，但实际上并非如此。

专制统治这一概念，通常容易被理解为贬义，但其实未必如此。以诉讼制度而言，作为一种很早就向广大民众开放的司法制度，恰恰是专制统治体制特有的方式。民众间的纠纷如果不能依靠共同体或中间层次的群体得到抑制，必然会凸现爆发。中国古代会出现"无冤的理念"、发达的上诉制度以及禁止告状不受理的法令，都与这种统治方式有密切的关系。在日本江户时代，京都的市民如果想提起诉讼，首先必须通过町役这种街道（町）的负责人，如果有人未经过这种程序而提出诉状，则会被要求撤案只能先在町内提出相关文书。[127] 美国式的诉讼社会是随着现代化过程中共同体的治理控制能力逐步衰落、导致诉讼多发而形成的结果；而在古代中国，则由于这种共同体的控制力过早地衰落、而形成了诉讼社会。

从居延汉简中可以看到，与债权回收有关的案件在 2000 多年前就已经多发，这一点具有很深刻的意义。显而易见，与债权有关的纠纷正是从古代到现代民间最为多发的纠纷类型。但是，根据《巴县档案（同治朝）》所见，这种类型的纠纷能够真正进入诉讼的却为数不多。这正是由于当时此类案件过多，即使提起诉讼并进行审判也很难获得有效的判决。甚至诉状的受理本身也十分困难。

那么，为什么这类纠纷不能有效地得到解决呢？因为在诉讼案件整体增加的同时，涉及人命、盗窃、斗殴等案件也在大量增加，而这些案件必须优先处理；因此，户婚田土等类案件就被推到次要地位，并往往不予受理。表 3 在一定程度上显示出了这一情况。此外，通过《珥笔肯綮》这一明末出现的讼师秘本中《财本私债》的有关内容，也可以发现一些值得注意的信息，该书中的诉讼范本中提到与债权有关的诉状，然后加以如下的注意：

> 此系小事，多难告准。故词内叙事间话多者，布情以动人

---

[127]　前注 105，秋山国三《近世京都町組発達史［近代京都町组发达史］》，第 205 页。

也。（负本坑生事）[128]

也就是说，由于与债权回收有关的诉讼"此系小事，多难告准"，因此必须动之以"情"，然而为了感动法官，恐怕需要花费相当一番功夫才行。

《巴县档案》或《太湖厅档案》中并未收入大多数"不准"的诉状（即明确不予受理的文书），或者"未准"（即被委婉地搁置的案件）。因此，例如债权回收案件中，究竟有多大比例的诉状被受理实际上不得而知。幸而，《黄岩档案》中包含"不准"或"未准"的诉讼文书，据此可以对实际处理的案件加以确认。

《黄岩档案》中的78件（文书78份）中，与债权回收有关的有17件。其中被受理的案件数只有两件而已。而且其中一件还是与名分有关的，另一件则是与征税有关的案件。也就是说，请求债权回收的诉状中真正被受理的只是个别特殊案件。作为纯粹的债权回收案件而被受理的则完全没有。注意考察官府对这17件案件的批示，发现基本上都以某种理由作为"不准"（不予受理）或"未准"而被驳回。例如，一件诉讼中，被告侵吞了15块银圆未还，诉状上的批示为"既有票据给执，又有抱还之人，尽可自行邀同向讨，毋庸遽请饬追。票揭还"[129]。提出这一诉状的原告尽管有债权凭证和中介人，但仍然收不回债权，因此才不得不提起诉讼以求获得裁判，但知县明知如此，反过来仍要求其依靠票据和中介人解决，并以此为由驳回了诉讼。

---

[128] 前注96，邱澍生论文，第249页。前注96，夫马进论文，第18页。

[129] 前注112，第167页，No.47。此外，《黄岩档案》中判断为可能是债权回收案件的包括：No.1、No.2、No.19、No.22、No.31、No.34、No.40、No.41、No.42、No.43、No.46、No.47、No.48、No.53、No.55、No.58、No.70。其中No.1和No.22两个为受理案件。

　　笔者此前已经对《巴县档案（同治朝）》之《借贷》《商贸》中有关债权回收的案件诉讼中通过批示"凭证理讨"之类而未准的方式及其所具有的效果进行了考证。除了这些以未准处理的诉讼文书外，直接做不准处理也很多。这样看来，这种方式确实可以有效地减少诉讼案件的数量。不仅是《借贷》《商贸》中包含的案件，本文前面所举的小佃农孙德禄要求返还押银而与曾怡昌所进行的诉讼案件，虽然归在《借贷》分类中，但在《租佃》类中也同样出现了。《商贸》中仅收录有关商贸交易的案件，但与土地买卖相关的则收录在另外的《地权》类中。当时，土地虽已出卖，但卖主却并未让出土地而引发的纠纷相当多。在这种情况下，巴县知县还是要求当事人"仰仍凭中，理令退佃，搬迁了事。不必兴讼取累"（《租佃》No.13668）。

　　此前提到的同治年巴县每年诉讼文书的数量约为 12000 份到 15000 份，正式受理作为档案保留下来的新的诉讼件数为每年 1000—1400 件左右。从以上情况看来，这些数据只是大量潜在的此类纠纷中显露出来的冰山一角而已。根据纠纷的实际情况，恐怕当事人本应提出的诉状会是这个数字的数倍之多。然而，官府通过采用以上那样的"不准"或"未准"的方法，确实使诉讼数量被压了下来。康熙帝或雍正帝自己带头违反《大清律例》的"告状不受理"条款，并命令部下"务必不要多接受词状"，但是，巴县采用的方法，即将词状批为"不准"或"未准"加以驳回的方法，既不违反法令，又能够减少诉讼，确实不失为一种非常巧妙，或用贬义表述称为非常狡猾的手段。我们此后从官箴书或地方官的政治记录中看到诸如"本地健讼，一日提出诉状达几百枚""日不下二百余纸"等记载时，必须意识到这个数据表面之下所存在的庞大的诉讼后备军的事实。

此外，提到官方针对诉讼多发而采取的遏制对策，一般人首先会想到对讼师的取缔。但上述这种植根于诉讼制度本身的"不准"与"未准"的做法，无疑也是一种减少诉讼的行之更有效的对策。

清末通过近代化司法制度改革，在省会城市或类似重要城市设立了地方审判厅。经过辛亥革命之后，在民国三年（1914）再次对新设立的审判厅进行了大规模的整合，在巴县也设立了地方审判厅。巴县地方审判厅的管辖范围，除了江北厅被缩减掉之外，基本上与清代巴县相同。据民国政府司法部所做的统计，民国四年（1915）巴县地方审判厅新受理的案件，即"新受受理案件"民事案件为 1679 件，刑事案件为 1281 件，共计 2960 件。[130] 这个数据比同治年间受理的案件相比较而言，约 40 年间增长了 2.5 倍。清末光绪新政以后的司法制度改革所导致的诉讼方面的变化，是一个重要的问题，需要慎重地加以研究。同时，这一时期巴县人口的增加的因素也需要加以考虑。但是，如果可以进行一定的假设的话，那么可以说导致案件激增的原因之一，是在清代备受抑制的诉讼，在民国变得比较容易受理了。换言之，同治年间每年 1000 至 1400 件诉讼数是已经经过复杂的"不准"与"未准"的处理之后的结果。而那些烦琐的"不准"与"未准"之类的处理程序，现在变为仅经过形式上的审查就可以受理了，这无疑正是司法近代化的一种表现。在我们所处的现代社会，一个债权回收纠纷无论是否有证据、是否发生斗殴，法院都必然会受理。在这个意义上，如果单单以史料中显示的诉讼件数为依据，与现代美国、近代的欧洲以及中国相比较，那么将古代中国定位为诉讼社会还

---

[130]　司法部总务厅第五科编：《第二次刑事统计年报 中华民国四年》（1918），《第二次民事统计年报 中华民国四年》（1918）。这份史料由田边章秀氏提供，特此致谢。此外有关地方审判厅的研究可参见本书第十一章，田边章秀"民国北京政府时期的覆判制度"。

是罕讼社会的这种考察，似乎显得毫无意义。

　　然而，一旦像巴县那样，诉讼件数增加超过了一个衙门能够承受的处理能力时，诉讼与审判的形态必然发生显著变化。同治年间的《巴县档案》就是一个明证，这一时期与乾隆嘉庆期不同，那些确有必要进行诉讼的人为了使案件能够得到受理，不得不通过夸大其词、编造谎言而达到这一目的。正如上述债权回收诉讼实例所看到的那样，使案件被作为斗殴案件受理，这种强烈的动机必然导致人们的行为更加粗野，在审判中间往往会出现像原告孙德禄那样以尸体作为筹码的粗暴做法。

　　滋贺秀三曾经说过，他在阅读《淡新档案》时有一种印象，注意到这个社会非常粗暴，民事纠纷往往伴随着暴力行为。[131]笔者仅仅阅读过《淡新档案》的一些案件，每次读来，对其中事件的印象与《巴县档案（同治朝）》受理的案件给人的印象完全相同。在巴县这样的移民社会中，确实自始就充满了这种粗暴的风气。在这一点上，笔者同意滋贺对《淡新档案》的印象。然而，滋贺忽视了一个重要的问题，就是他所阅读的《淡新档案》恐怕只是光绪时期的资料。也就是说，民事纠纷时时伴随着暴力行为，很有可能只是某一特定时期的偶然现象。之所以这样说，是因为以巴县而言，从同治期上溯一百年，即乾隆嘉庆时期，这里的诉讼和审判与百年之后的情况大相径庭。这时，以皇帝名义赴任的知县的统治还是卓有成效的。专制统治的方式与"无讼"的理念至少比较接近，并较好地发挥了作用。在同治时期所看到的粗野风气和暴力行为之所以显得特别引人注目，恐怕正是因为诉讼多发

---

[131]　滋贺秀三《清代州県衙門における訴訟をめぐる若干の所見—淡新档案を史料として［关于清代州县衙门诉讼的若干见解——基于淡新档案的考察］》，前注121，同《续·清代中国的法与裁判》，第64页。

才使得审判的样式发生了变化，而审判样式的变化又改变了诉讼本身的形态。也就是说，对于《淡新档案》和《巴县档案（同治朝）》中所显示出的当时当地的人在纠纷解决的过程中，经常伴有采用暴力的倾向，有必要加以注意。本文第六小节所提到的事例，也证明了这一点。正是由于这种情况不断重复，并相互作用，才将巴县变成了一个缠讼和渎讼的世界；人们在诉讼与审判的过程中也越发热衷于采用粗暴的行为。不仅如此，同治年间的巴县人，看待作为调停人和法官的知县的目光实在是相当轻慢的。这一点从他们在知县面前毫无顾忌地公然撒谎，而所谓"图赖诉讼""虚假诉讼"之类的东西屡见不鲜这些事实中可见一斑。与此同时，这里讼师活动的范围也在不断扩大。

中国的司法近代化，就是以这些事实为前提而开始进行的。

（范愉 译）

# 第二章　长沙东牌楼出土木牍
## 与东汉时代的诉讼 *

籾山明 **

## 序言

这篇小文试图通过出土文字史料的研读，以窥见东汉时代后半期的诉讼和社会的某一面。出土文字史料，尤其是官文书的长处，在于会告诉我们从传世文献史料无法知道的"平凡的事"。官文书中谈到的行政、诉讼案件往往涉及老百姓的生活、官吏的日常业务等，并逐一记录负责机构对其案件所做的行为，其中包括很烦琐的常用句之类。然而出土官文书虽然有这种长处，但毕竟也不过是其机构所涉范围内之事的积累而已，不会告诉我们很大的历史潮流。本文为了弥补这个缺点，从传世文献筛选提出其出土史料所处时代的特色现象，以说明当时的时局。诉讼案件和时局评论、下层官吏的报告书和史书告诉我们的社会现象，我们通过这些不同的通道窥见东汉后半期的诉讼和社会的一斑。另外，本文是笔者曾经以《东汉后半期的诉讼与社会》为题发表的论文（籾山2011，以下简称为旧稿）的改订版。凡是本文与旧稿解释不

---

* 原题为《後漢後半期の訴訟と社会—長沙東牌楼出土一〇〇一号木牘を中心に〔东汉后半期的诉讼与社会：以长沙东牌楼出土1001号木牍为中心〕》。

** 执笔时为元埼玉大学教养学部教授，现为东洋文库研究员。

同之处，都以本文的说法为笔者目前的见解。

## 一、东牌楼七号古井（J7）与出土简牍

2004 年 4 月至 6 月，湖南省长沙市中心五一广场东南侧的大厦建设区域内先后发现自西汉至明清古井 35 口。其中 7 号古井（J7）出土了一批简牍史料，整理者称之为"长沙东牌楼东汉简牍"。根据发掘报告（长沙市文物考古研究所 2006，以下简称为《报告》），东牌楼 7 号古井北距出土三国吴简的走马楼 22 号古井为 95 米，东北距出土西汉简牍一万余枚的走马楼 8 号古井为 110 米。此周围还发现了明代王府的夯土基础、战国时期的夯土城墙等。据此可以推测，以五一广场为中心的区域从战国至明清一直为历代官署所在地。

东牌楼 7 号古井现残存井口距地表深 3 米，口径 1.2 米，井口至井底现存 7.6 米。井内堆积按土质、土色及包含物可分为五层，简牍出土于第二层至第五层。发掘简报（长沙市文物考古研究所 2005，以下简称为《简报》）及《报告》根据出土陶器的残损情况推测，下部的第三层至第五层是当时古井使用时的堆积，上部的第一层和第二层是废弃后的堆积。然而我们很难想象把大量的简牍废弃在正在使用的水井中。关于古井内的遗物形成过程，恐怕仍有讨论的余地。[1]

---

[1]　关于古井出土的简牍，日本木简学者提出过如下看法，值得倾听："……井，只要在使用，就要保持洁净，像木简那样的所谓垃圾必须不断清理。……如果大量木简从井出土，这不是被扔在井栏内的。其井在被拔掉井栏后变成了一个坑，木简是作为垃圾被扔在这个坑中的。……从遗址的性质来说，被拔掉井栏的井接近于土坑。"（渡边晃宏 2003：9）

　　根据《报告》,7号古井共出土426枚简牍，其中有字简206枚。其中第二层出土的1003号木牍中间大书"临湘丞掾驿马行"，其右侧用小字写"桂阳大守行丞事南平丞印"。这是没有封泥匣（印窠）的检：大字是发信者书写的收信者名和送达方法，其意思是"寄给临湘丞掾，用驿马送"；小字为收信者所写，其意思应该是"用桂阳郡的丞代理的南平县丞印封缄"。[2] 也就是说，这件木牍是封缄桂阳郡给临湘县的文书的检。此外，第三层出土的1056号木牍，上半部分两行写如下内容：

　　　　【临】湘
　　　　廷以邮行

下半部分四行写如下内容：

　　　　【合檄】一封
　　　　东部劝农邮亭掾周安言事
　　　　诣如署
　　　　光和六年正月廿四日乙亥申【时】□驷□亭

　　下半部开头的二字当释为"合檄"。也就是说，这件1056号木牍不是检，而是当时称为"合檄"的文书的一半，如邬文玲所推测，相当于像1001号木牍那样形状的文书的盖子（邬文玲2012）。第1至第3行是"合檄一封，东部劝农邮亭掾的周安陈述，

---

[2]　如图A（见本章末尾附图）所示，1003号木牍左上角残缺，但按照汉简的用法，这个部分有可能用小字写收信时间、送信者名等。

送到上面所写人之处"的意思。这是说明所封缄信的内容的标题。最后一行，从楼兰出土封检的例子推测，是发信时间和送达方法的记录（籾山2015：80-81）。无论如何，这件合檄的发信者是东部劝农邮亭掾，收信者是临湘县，当无疑义。我们再看一件，第五层出土的1158号木牍云："……二月日，遣主者诣府白状，右仓曹李饶当对（……二月［脱数字］日，派遣负责人到郡府说明情况，右仓曹的李饶去回答）。"这种内容的记录一共写七条。[3] 能积累这种内容简牍的地方应该是在郡的管辖下，而且拥有"仓曹"等属吏的机构。也就是说，它只能是临湘县。

此外，第二层出土的1006号木牍是叫"侈"的人写给"督邮"的私信。如下所述，督邮是郡的属吏，但因为其职务是督察，巡视郡内的辖区。寄给督邮的书信和寄给临湘县的文书一起废弃，说明在某个时期督邮在临湘。换句话说，督邮的治所在临湘。鉴于这个事实，我们应该如此解释：7号古井出土的简牍虽然以临湘县廷废弃的文书和簿籍为主体，但其中还包括寄给以临湘县为治所的督邮的文书。

这次出土的纪年简都属于东汉灵帝时期（168—189），其中最早的纪年是建宁四年（171），最晚的是中平三年（186），可以看到灵帝的所有年号：建宁、熹平、光和、中平。东牌楼7号古井简牍是告诉我们灵帝时期地方行政和乡里社会实际情况的第一手史料，拥有无可替代的价值。本文的分析对象是其中标本号为1001号的、有光和六年（183）纪年的木牍。

---

[3] 1158号木牍的第1行能够辨认相当于标题的"□□当对"等字。"当对"的意思是，某个官员如果关于自己的职务受到咨询，对其咨询回答。《汉书·游侠传》陈遵条有一个故事，说有一个部刺史被陈遵强迫参加酒席，向陈遵之母说"当对尚书有期会"（对尚书回答有期限），陈母才让他从后门逃出去。

关于 7 号古井出土的有字简牍，主要参考如下三种图版、释文和注释：

王素：《长沙东牌楼东汉简牍选释》（王素 2005，以下简称为《选释》）

长沙市文物考古研究所、中国文物研究所编：《长沙东牌楼东汉简牍》（长沙市文物考古研究所、中国文物研究所编 2006，以下简称为《东汉简牍》）

长沙东牌楼东汉简牍研读班：《〈长沙东牌楼东汉简牍〉释文校订稿》（长沙东牌楼东汉简牍研读班 2008，以下简称为《校订稿》）

## 二、1001 号木牍的释读

本文的分析对象 1001 号木牍是 7 号古井第二层出土的，长度 23 厘米，宽度 8.4 厘米，保存完整。《东汉简牍》图版五收录原简的黑白照片，彩版二收录彩色照片（图 C，参见本章末尾附图）。木牍的切断面呈凹字形，两端部的厚度是 2.6 厘米，有字的中间底部是 0.8 厘米。这件文书可能是把像 1056 号木牍那样的盖子盖在凹部，以封缄文章后寄出的。若果真如此，这件木牍是合檄的一种。此文件的正文共有十行，但第 9 行和第 10 行间有一行宽的空白。如下文翻译所示，第 10 行写这件文书的概要，相当于册书的尾题简。此外，有字面左端下半部有草书体的大字。木牍背面没有字，墨书"目"字状的框，框内画几条线，呈辐射形。目前不清楚这些线是干什么用的，或许是为防止在此处写字画的吧。

笔者制作释文和白话文译时，不仅参考了上引的《选释》《东汉简牍》《校订稿》，还参考了裘锡圭、伊强、侯旭东的研究（裘锡圭 2006、伊强 2011、侯旭东 2012）。

## 释文

1. 光和六年九月己酉【朔十】日戊午，监临湘李永例（列）：督盗贼殷何叩头死罪敢言之：

2. 中部督邮掾治所檄曰:【民】大男李建自言大男精张、精普等:母妊有田十三石，前置三岁【田】税禾当为百二下石，持丧。葬皇宗

3. 事以（已）。张、普今强夺取【田】八石，比晓张、普，不还田。民自言辞如牒。张、普何缘强夺建田。檄到，亟部吏收摄张、普，实核【田】

4. 所畀付。弹处罪法，明附证验，正处言。何叩头死罪死罪，奉桉檄，辄径到仇重亭部，考问张、普，讯建父升辞，皆曰：

5. 升罗，张、普县民。前不处年中，升 ※ 取（娶）张同产兄宗女妊为妻，产女替，替弟建，建弟颜，颜女弟条。普则张弟男。宗病物

6. 故，丧尸在堂。后【妊】复物故。宗无男，有余财，田八石种。替、建【皆】尚幼小。张、升、普供丧，葬宗讫，升还罗，张、普自垦食宗

7. 田。首核：张为宗弟，建为妊敌（嫡）男，张、建自俱为口分田，以上广二石种与张，下六石悉畀还建。张、普今年所【畀】

8. 建田六石，当分税。张、建、普等自相和从，无复证

调。尽力实核，辞有后情，续解复言。何诚惶【诚】

9. 恐，叩头死罪死罪敢言之。

10. 监临湘李永例（列）督盗贼殷何言实核大男李建与精
诤田自相和从书　诣在所

11. 九月　其廿六日发。


在此，在这个释文的基础上，只对为理解诉讼当事者的关系
有必要说明的地方做解释。至于其他词句的详细考证，请读者参
看旧稿。

第 1 行"监临湘李永例督盗贼殷何"，《东汉简牍》句读为"监
临湘李永、例督盗贼殷何"，认为"监临湘李永"和"例督盗贼
殷何"联名办理此案件。的确，如李明和所指出，将"例"字冠
于官职名之前的例子见洪适《隶续》卷十六所收《繁长张禅等题
名》，如"县船例掾杜长字子阳""夷浅口例掾赵陵字进德"（邬文
玲 2010 所引），因此不能完全否定"例督盗贼"是官名的可能性。
然而第 4 行至第 9 行的报告以"何叩头死罪"开始，以"何诚惶"
结束，也就是说这是殷何单独做的报告，如果认为这是"监临湘李
永"和"例督盗贼殷何"联名办理的案件，与此互相矛盾。在此应
该从《校订稿》和侯旭东的意见，将"例"读为"列"。此句的意
思是监临湘李永把殷何实核的案卷转呈给中部督邮掾。

关于第 1 行的监临湘和第 2 行的中部督邮掾的关系，《东汉简
牍》认为两者是同一官职的别称，裘锡圭和侯旭东认为前者是后
者的属吏。笔者在旧稿中从两者同一说，但在本稿改意见，认为
监临湘是中部督邮掾的部下。因为，其一，"中部"以几个县为监
察对象，而"监临湘"是"监察临湘县"的意思，有特定的监察
对象，"中部"和"监临湘"两者的名称不相称。其二，这件木牍

应该是监临湘寄给中部督邮掾的。第10行下端的"诣在所"是把这件文书"送到在所"的意思，而"在所"，如裘锡圭所说，"当然也是指中部督邮掾所在之所"（裘锡圭 2006：342）。因此，如果监临湘是中部督邮掾，这是监临湘自己给自己"列"的文书。笔者在旧稿中说此三字"表示（其部下的）督盗贼的报告书被送到督邮"，以试图避免发生这个矛盾。但"诣"应该是送给对方的意思，而且无论如何根本没有必要特意说明"这件文书是送给自己的"这种事。因此在本稿中，笔者把"中部督邮（掾）——监临湘——督盗贼"这个指挥系统的存在作为讨论的前提。

第3行"亟部吏收摄张"的释读，从侯旭东的意见（侯旭东 2012：253）。虽然《选释》《东汉简牍》《校订稿》释为"监部吏役摄张"，但根据图版，侯说当可从。"亟部吏"是迅速派遣部下的意思，"收摄"是收捕的意思。附带说，逮捕的对象之一"精普"，各家都释为"精昔"，此从伊强的释读（伊强 2011：411）。

第5行用 ※ 表示的字，邬文玲释为"娉"，认为"※ 取"是"娉娶"即"娶妻"的意思（邬文玲 2010：15-16）。这个释读是她主张原告李建之父李升不是赘婿的一个根据。但根据图版，※ 字的右旁似从"旦"和"寸"，释为"娉"难以成立。这个字表示某种婚姻状态的可能性恐怕仍然存在。

第8行"辞有后情，续解复言"，是督盗贼殷何进行的"实核"的结束句。"辞"意为供述、陈述，"情"意为实情、真相，"解"意为辩明、辩解，此句应该翻译为"如果今后有什么涉及真相的新陈述，我会再次报告其辩解内容"。东汉时代上奏文有类似的结束句，如"增异辄上"（《史晨碑》）、"增异复上"（《后汉书·董卓传》）。李贤注云："知其更增异志，当复闻上。"

写草书体大字的第11行是收到这件文书并启封的中部督邮书

写的笔记。《东汉简牍》将最后一字释为"若",但裘锡圭对此字做考证,指出这是草书"发"字,意为"打开(启封)"(裘锡圭2006：344)。如上所述,这件合檄之所以从东牌楼 7 号古井出土,是因为中部督邮以临湘县为治所。

根据以上的理解,下面翻译全文。

白话文译

A. 光和六年（183）九月己酉朔十日戊午,监临湘李永报告：

B. 督盗贼殷何冒昧地奉告：

　　中部督邮掾的治所发来的檄文说："百姓成年男子李建自己控告成年男子精张、精普等。他说：'我母精姃有田十三石,当时留存三年的田税——相当于禾百二下石,而办了葬礼。现在祖父精宗的丧事已经结束。张、普现在强夺田八石。县吏接连晓谕张、普二人,但他们仍不还田。'百姓自己的讼词如所附文件。精张、精普为何强夺李建的田地？等此檄到了,迅速派遣部下逮捕张、普,查明田地应该给谁。弹劾判罪,清楚明白地附上证据,做正确的判断,汇报。"

　　殷何冒昧地（奉告）：本人按照檄文马上到仇重亭的管区,向精张和精普讯问,讯问李建之父李升的供词。他们说：

　　"李升是罗县民,精张、精普是临湘县民。不清楚是哪一年的事,李升娉娶了精张之同母兄宗的女儿姃为妻,生了一个女儿名叫替。替的弟弟是建,建的弟弟是颜,颜的妹妹是条,普则是张的弟弟。精宗病死,在他的遗体还在堂的时候,精姃也去世了。精宗没有儿子,其遗产有可以播种的田地八石,替、建年龄都还小。精张、李升、精普共同办葬礼,在埋葬完精宗后，李升回罗县，精张和精普自己耕精宗的田。"

他们都承认了殷何查明的如下事实：

精张是精宗的弟弟，李建是精妞的嫡子。精张和李建自己按照双方的人口数瓜分田地，已经播种的上田二石给精张，下田六石都还给李建。精张、精普应当对今年给李建的田地六石负担田税。

精张、李建、精普等互相和解，再也不用根据证据调解。我们尽力核实真相，但如果今后有什么涉及真相的新陈述，我会再次报告其辩解内容。何冒昧地奉告。

A. 监临湘李永转呈过来的，说督盗贼殷何查明大男李建与精张净田的情况并说他们互相和解的文书。（把这件文书）送到（中部督邮掾的）所在地。

C. 九月。其二十六日启封。

## 三、1001 号木牍所见的诉讼的特征

笔者在上节释读的基础上整理一下 1001 号木牍所见的当事者争执的对象和诉讼的过程。李建告精张、精普二人的缘由，笔者通过中部督邮掾的檄文所引李建的"自言"及"实核"案件的督盗贼殷何的报告可以知道。在此从译文中抽出来做概要，其案情大致如下：

精宗的女儿精妞与罗县的李升结婚，生了李建等四个儿女。后来精宗去世，精妞也在埋葬精宗遗体前就去世了。李升和精宗

的弟弟精张、精普等一起办理岳父的葬礼。李升在埋葬完了精宗遗体后回故乡，精宗留下来的田八石由精张和精普占有、耕作。

虽然这是负责讯问的殷何讲述的事实，但既然最后当事者双方都"首核（承认）"这个事实，殷何所讲的内容应该大致符合真相。他们相争的对象是精宗留下来的田八石，李建认为精张、精普不当占有这块田地，于是打了官司。

1001 号木牍中引起我们注意的是李建认为他们相争的田地本是"母之田"。黎石生早已指出，这意味着其父李升是赘婿（黎石生 2006）。对没有儿子的精宗而言，女婿的李升是为得到后嗣招来的赘婿，精宗的家产应该经过精娷传给其嫡子李建。戴炎辉曾说过一个"旧习"，即"赘婿根据招婿婚契约受托为招家生男儿。其男儿在出生的同时不经过任何行为、仪式就成为招家的同宗者，继承招家的祭祀和家产"（仁井田 1942：732）滋贺秀三也对一件南宋判语做过如下解说："赘婿为了分取妻家的财产，以妻子父母的标拨（赠予）为借口。这表明当事者自己认为赘婿不能成为妻家的继承人。"（滋贺 1967：612）他们的言论对本案的理解富有启发性。李升等埋葬完了岳父就回罗县。他是自知自己的这种身份，回家归宗去的吧。[4]

但李建不随其父，在母亲死后继续留在临湘县。他本来被指定为精宗家产的继承人，他留在临湘县可以说是很自然的事。然而在母亲去世、父亲刚归宗的时候，"尚幼小"的李建当然没有独立生活能力，应该被叔祖精张、精普扶养。《风俗通》佚文中有与

---

[4] 邢义田以与丈夫死别的妻子为例，指出生者和死者的关系以埋葬为分界发生变化（邢义田 2011：511）。李升在岳父的埋葬结束后归宗，此事让我们推测相同习俗的存在。

此相似的案例，文章虽然有点长，但在此看一下：[5]

　　沛郡有富豪家公，赀二千余万。小妇子年裁数岁，顷失其母。又无亲近，其女不贤。公痛〈病〉困，思念恐争其财儿必不全。因呼族人为遗令书，悉以财属女。但遗一剑云："儿年十五，以还付之。"其后，又不肯与。儿诣郡自言求剑。谨案：时太守大司空何武也。得其辞，因录女及婿，省其手书，顾谓掾史曰："女性强梁，婿复贪鄙，畏贼害其儿，又计小儿正得此，则不能全护，故且俾与女，内实寄之耳。不当以剑与之乎。夫剑者，亦所以决断。限年十五者，智力足以自居。度此女婿必不复还其剑，当问县官，县官或能证察，得见伸展。此凡庸何能用虑强（弘）远如是哉。"悉夺取财，以与子曰："弊女恶婿，温饱十岁，亦以幸矣。"于是论者乃服。

　　译文：沛郡有一位富豪老翁，他有两千余万的资产。小妾生的男儿年仅数岁，已经失去了母亲，也没有其他的近亲，（正房生的）女儿则缺乏人德。老翁在病重之际想，如果他们争遗产，儿子一定不能拿到。因此老翁把族人叫来，写遗书，把所有财产给了女儿。但他留下了一把剑，说："等儿子到了十五岁，把这把剑还给他。"但（老翁死后）到了那个时候，女儿又不肯给他。于是儿子到郡府告状，索要那把剑。当时的沛郡太守，后来的大司空何武，在受理诉状后，拘留女儿和女婿，调查遗书，然后向掾史说："女儿强横凶暴，女婿的为人也贪婪。老翁怕他们杀害儿子，也想即使儿子得到了财产，也

----

[5] 《风俗通》原文引自《太平御览》卷六三九（刑法部）所引《风俗通》。但其白话文译根据《通典》卷一六八（刑法六·决断）所引文本有所改动。

不能保全。因此暂且把财产给了女儿，但其实这只不过是寄托而已。不应该给女儿这把剑吗？剑本是为了做决断的东西。老翁限定年龄为十五岁，是因为孩子到了这个年龄具备独立生活的能力。老翁已经想到了，此女儿和女婿一定不会还给剑，这样儿子会向县官告状；如果县官能够查明真相，儿子就能够申冤。这平凡的老人怎么竟然能够如此深谋远虑？"何武没收了所有遗产，把它给儿子，说："弊女和恶婿得到了十年的温饱，已经很幸运了。"于是参与办案的人都心服口服。

1001 号木牍所讲的李建的诉讼，其性质也是"宗族扶养的孤儿在长大成人后要求归还自己应该继承的家产"。我们应该将其理解为宗族内的诤田案件。

还有一点值得注意的是，从受理诉状到结案的一系列手续都由督邮掾、督盗贼这种监察系统的官吏办理。在此以他们的行为为中心，整理诉讼的经过和文书的前后关系：

①临湘县男子李建向中部督邮掾告精张和精普。

②监临湘李永把中部督邮掾的檄下达给督盗贼殷何，命令他去仇重亭的管区，拘捕精张和精普，查明真相。

③殷何讯问精张和精普，查明事实，得到精张、精普和李建的承服，实现了他们和解，把以上经过向监临湘李永汇报（以上相当于译文 B 部分）。

④李永以文书把殷何的措施向中部督邮汇报（B＋A 部分）。

⑤中部督邮收到李永发来的文书，并启封（C 部分）。

直接负责讯问的是督盗贼殷何，但李建当初告状要求帮他解决的是中部督邮掾，因此可以说这个案件是督邮掾负责的。督邮掾（以下使用"督邮"这一简称）是郡的下级官吏，掌管属县的督察。督邮与其他监察系统相同，经常巡行叫"部"的管辖区域。[6] 严耕望把督邮的职掌分为督察、督送邮书及奉宣教令、因督察属县附带引申之诸职三类，并说督送邮书为其本职，后以从此派生过来的监察属县业务为主要职务（严耕望 1974：138 以下）。此外，根据罗新研究，督邮亦称督邮书掾，是因为其本来的职掌是督察负责邮书的县吏邮书掾（罗新 2004：309-310）。督邮从西汉后半期开始出现于史书，[7] 到了东汉时代其出现频率显著提高，据此可知督邮在这个时候扩大了其活动范围。督邮的秩录不多，但权力大，而且有时候年少的人就任，[8] 因此接受督察的县吏有嫌恶督察的倾向。东汉的赵晔和范冉在任县小吏时以"奉檄迎督邮"为耻辱，乃遁去（《后汉书·儒林列传下》《后汉书·独行列传》）。陶渊明被要求穿礼服迎接督邮，叹息说"我不能为五斗米折腰向乡里小人"，抛弃彭泽县令的地位回故乡（《宋书·隐逸传》陶潜条）。这个故事也是由督邮和县吏的这种关系产生的。

　　督邮的部下中有督盗贼。这也表明督邮本质上有警吏的性质。郡太守有时命令督邮"案考"亭长的贪污行为（《后汉书·钟离意传》），有时命令督邮逮捕犯了罪的邑长（《三国志·魏书·董卓传》裴注所引谢承《后汉书》）。我们从这些例子可以看到督邮的真实面貌。此外长沙走马楼 22 号古井出土的三国吴木牍 J22-2540 是一份录事掾的报告书，其内容是录事掾奉督邮之敕讯问贪污官米的官吏（籾山 2006：97-99）。对督邮而言，揭发官员的犯罪和贪污

---

[6] 《后汉书·卓茂传》李注所引《续汉书》云："郡监县有五部，部有督邮掾，以察诸县也。"可见督邮掾（督邮）的监察管辖区称为"部"，每部包括几个县。就 1001 号木牍所见"中部督邮掾"而言，他是在来访自己的监察辖区内的临湘县时受理李建诉状的。

[7] 《汉书·尹翁归传》说河东太守田延年看上了尹翁归的能力，任之为督邮。这应该是督邮在史书中比较早的例子。这是在大将军霍光摄政时，约公元前 70 年的事。

[8] 《三国志·魏书·满宠传》说满宠在 18 岁时成为上阳郡的督邮。此外，《后汉书·吴佑传》李贤注所引《济北先贤传》说，戴宏在 22 岁时成为郡督邮。

可以说是核心职务。因此立春日召巡回中的督邮"还府"能成为宽政的象征行为（《后汉书·何敞传》），督邮"不出府门"是统治稳定的证据（《西狭颂摩崖》）。

1001 号木牍所见的"收摄（逮捕）""考问（讯问）""处罪法（确定罪行）"等词语都是当时称为"案治"的刑事程序（籾山 2006）。本案按照这个程序办理当然是因为李建以"强夺取"的罪名告状。但从另外一个角度来说，如此办案是督邮这个警吏才有可能做的。根据经过督盗贼的"考问"查明的实情，精张等人占有田地不能说是"强夺取"。但李建也有正当的理由主张田地应该归他继承，因此即使把他的告状断为诬告，也不能解决问题。笔者推测，到了这个阶段，督盗贼殷何重新想了解决方法，把"处罪法"转换为"和从（和解）"。他考虑了作为精宗的亲弟弟保护田地——而且很有可能扶养李建他们——的精张、精普的功劳，及本来被预定为家产继承人的李建的立场，提出了"口分田（按照双方的人口数瓜分田地）"的调停方案。[9] 也就是说，督盗贼不拘泥于当初监临湘李永所下的"处罪法"的命令，根据"实核（查明事实）"的结果选择了最合适当事者的解决方法。这件文书使用"自相和从"即"互相和解"这个说法，应该是为了强调这是双方同意的结果。[10]

---

[9]　原文"张建自俱为口分田"，如邬文玲所说，当是"精张和李建两方自行协商，按照双方的人口数，瓜分田地"的意思（邬文玲 2010：15）。在陈述中列举所有兄弟姐妹应该是这个原因。但邬先生把"口"和"分田"断开恐怕不妥当，应该把"口分"理解为"按照家属的人口数瓜分"的意思。这是《春秋公羊传》宣公十五年，何休注"夫饥寒并至，虽尧舜躬化，不能使野无寇盗；贫富兼并，虽皋陶制法，不能使强不凌弱。是故圣人制井田之法，而口分之"之"口分"。

[10]　学者们一致认为原文"和从"是"和解"的意思，但没有什么确凿的例子可以证明其解释。著者认为此"和从"是"和协从顺"（两者同意而顺从）的简略说法。在此提出自己的解释，以广泛征求学者的意见。

　　若以上对 1001 号木牍内容的理解大致不误，接下来要做的是把这个史料放在当时的社会情况中做分析。写这件木牍的时代，即东汉灵帝的在位期间（168—189）和其上一代桓帝的时代（147—167）一起被称为"桓灵之间"。范晔给予这个时代的评价是"自桓灵之间，君道秕僻，朝纲日陵，国隙屡启"（《后汉书·儒林列传》）。正如他所说，东汉王朝在这个时期开始走上衰退之路。如果说政情的不稳定引起了宗族内的争执，这种论法太武断了，我们当然不能采取。虽然如此，这件木牍所写的内容反映东汉后半期的地方行政和社会的某一面是可以肯定的。那么这是怎样的一面呢？笔者在下一节把视野扩大到木牍以外的史料，讨论这个问题。


## 四、东汉后半期的诉讼与社会


　　要研究东汉后半期的政治和社会，王符的《潜夫论》是不可忽视的著作。《后汉书·王符传》给这部著作的评价是"其指讦时短，讨谪物情，足以观见当时风政"。关于王符的思想，我们注意到的评价是很严厉的，如"简单地说，他的批评只是批评而已，终究没有能够打破当时情况的现实的指导理念"（金谷 1997：542）。但《潜夫论》即使只是批评，也详细记载了东汉后半期社会和政治的弊病，不失为一部珍贵的史料。根据金发根考证，王符的殁年是桓帝延熹八年（165）以前，《潜夫论》的成书年代是在安帝永初五年（111）和桓帝元嘉二年（152）间（金发根 1969）。皮尔逊也大致同意此说，认为《潜夫论》成书于 140 年代中期（Pearson 1989：31）。根据此说，《潜夫论》批评的对象是顺帝末年到桓帝初年，即"桓灵之间"前夕的时局。虽然其时代比 1001 号木牍的纪年早一个世代，但两者的政治、社会情况应该可以看作是连续的。

从诉讼的角度看，引起我们注意的是被命名为"爱日"的一篇。如"爱日（爱惜日子）"这个篇名所示，成为这篇基调的认识是诉讼夺取民众的劳动时间，以导致国力减退。当今上从三公，下至县道乡亭，以及从事督邮这些有典之司，百姓抛弃农桑而去告状，或因为被官员传唤审问，每天有十万人停止工作。每个诉讼当事者需要两个人送饭，因此每天有三十万人离开本业。将他们按中农来计算，每年有两百万人为此挨饿。这样的话，盗贼无法消灭，太平之世也无法实现。王符指出其原因在于地方行政的如下情况：[11]

第一，本是负责诉讼的郡县官吏以傲慢的态度欺压百姓。王符说：百姓抛弃农桑而去郡府县廷，但如果不是官府指定的时间，官府就不予受理;如果不送贿赂，就无法见到官员。白白拖延时间，等裁判结束，这年的收获就无法指望了。郡县不查明冤情，州的官吏也不予受理，因此百姓牺牲家产奔赴三公府，但公府不能查明真假，只想让百姓浪费时间和经费。

第二，基层官员的贪污导致诉讼的长期化。打官司本来不用去郡府、县廷，乡亭部吏（有秩、啬夫、游徼、亭长之类）也可以公平审案。但现实是他们接受富豪的贿赂，排斥正直的人。同样的事情从县到郡、从郡到州重演，因此百姓最后跑到三公府。公府不能查明真相，暂时把审理的开始时间限定为百日内。但穷

---

[11]　传世的《潜夫论》文本有不少地方由于脱文、衍文、字的讹误等原因难以通读。本文引用《潜夫论》时，主要参考胡楚生:《潜夫论集释》( 胡楚生，1979 )、汪继培:《潜夫论笺》( 汪、彭铎，1985 )，同时参照张觉的白话文译 ( 张觉，1999 )、皮尔逊的英文译 ( Pearson, 1989 ) 及《后汉书·王符传》等。但为了避免烦琐，解释的根据在此一律割爱。

人连十天也不能等，而富豪可以雇人，不仅是一百天，就算是一千天也能够应付。冤屈一直得不到昭雪，在此之前赦令就出来，其案件再也无法审理了。

可惜的是，"日废十万人"这个数字是否属实，乡亭部吏是否果真那么腐败，我们都无法确知。但我们可以确定的是，王符目睹的现实是后世所谓"健讼"的诉讼多发现象，以及无法应付这种情况的地方行政的真实情况。因此王符特意在自己的著作中设一篇，对诉讼多发的弊病敲警钟。[12]

地域社会的实情既然如此，抱有不满的"冤民"在监察系统的官吏来督察时到其官吏处告状，应该是很自然的事。虽然是西汉时代的史料，但《汉书·朱博传》所见的故事生动地描述这种场面，值得关注：

> 博本武吏，不更文法，及为刺史行部，吏民数百人遮道自言，官寺尽满。从事白请且留此县录见诸自言者，事毕乃发，欲以观试博。博心知之，告外趣驾。既白驾办，博出就车见自言者，使从事明敕告吏民："欲言县丞尉者，刺史不察黄绶，各自诣郡。欲言二千石墨绶长吏者，使者行部还，诣治所。其民为吏所冤，及言盗贼辞讼事，各使属其部从事。"博驻车决遣，四五百人皆罢去，如神。吏民大惊，不意博应事变乃至于此。
>
> 译文：朱博原来是武吏，没有经过法律之道。等做了刺史到辖区巡视的时候，官吏和百姓几百人拦在路上向他告状，官署里挤得满满的。部下的从事向他建议，暂时留在这个县，听取告状

---

[12]　《潜夫论》在《断讼》篇也对诉讼进行讨论，其主要意思是为根绝诉讼提意见。此篇与《爱日》篇同样说明王符面临诉讼的频发和长期化这种社会情况。

人的主张，等办完了事以后再走。从事是想就这件事试看朱博的能力。朱博心里明白他们的意图，叫官署外头的人赶快备好车马。等回报车马准备好了以后，朱博出来上车，接见告状人，让从事明确地告诉官吏和百姓："要控告县丞和县尉的，刺史不察黄绶，各自到郡府去。要控告二千石和墨绶的长吏的，等使者巡视辖区回来，到他所在的官署去。被官吏压迫的百姓，以及要诉说盗贼、纠纷的人，分别交付相应部门的从事去办理。"朱博一停下车做了裁决，四五百人就不做告状回去了。其办事如神。官吏百姓非常惊奇，想不到朱博竟然如此会随机应变。

在此需要注意的是，刺史本来的职务是督察"二千石墨绶长吏"即郡太守、县令长，但在这个故事中百姓连窃盗案、各种各种的纠纷等都告到朱博那儿。百姓已经不能指望地方官员，因此期待外来的权力帮他们解决案件。这个故事其实是老从事为试探朱博的能力教唆民众的结果，但如果是王符生活的东汉中期社会，这种情况经常发生也并不奇怪。

1001号木牍中李建向督邮"自言"也可能是因为类似的情况。《后汉书·逸民列传》所见周党的故事作为西汉末的类似案件值得注意：

> 周党字伯况，太原广武人也。家产千金。少孤，为宗人所养，而遇之不以理，及长，又不还其财。党诣乡县讼，主乃归之。

> 译文：周党字伯况，太原广武人。家产有千金。他从小是孤儿，被同宗人收养，但其待遇很没有道理。等到他长大了，同宗人又不还给他财产。周党去乡县告状，族主才归还他财产。

　　周党的案子在"乡县"如意地得到了解决，而李建很有可能没有。李建说"接连晓谕张、普二人，但他们仍不还田（比晓张、普，不还田）"，此口气表示李建的这种不满情绪。[13]李建还使用了"强夺取"这种口气很重的词，可以说是为了让督察之吏觉得他遭到了不正当的暴力，以引起他们的注意。如上所述，督邮本来是负责督察属县的郡属吏，县属吏中有不希望他们来访的倾向。虽然如此，督邮在东汉时代却扩大了其活动范围。笔者认为这可能是因为督邮不仅指导县政的郡，还有要求迅速解决纠纷的老百姓，都期待督邮打破地方行政不起作用的局面。《潜夫论·爱日篇》老百姓去告状、传唤审问老百姓的官吏中有"从事督邮"之名。这表明督邮审判地方纠纷当时已经很普遍。督察之吏审判宗族内的纠纷，可以从这种时代、社会情况来理解。

## 余论

　　在结束小文之前，将督邮和职掌相似的都吏加以比较，并简单整理督邮这个官员的地位。

　　都吏这一称呼见于张家山汉简《二年律令》，在此被受理乞鞫的二千石派遣，负责覆即再审（籾山 2006：105-106）。都吏也见于《汉书·文帝纪》元年三月诏，云："二千石遣都吏循行，不称者督

---

[13]　原文"比晓张普"，《选释》句读为"比晓，张、普"，并将"比晓"二字译为"事情败露"。他认"比"意为"及"，"晓"意为"明"。裘锡圭将此句句读为"比晓张、普"，译为"接连晓谕张、普二人"（裘锡圭 2006：342）。按照这个解释，"比"是"连续"的意思，"晓"是"晓谕"的意思。张、普占有田地从一开始就是很明了的事，因此当从后者的解释。

之。"在此所谓"二千石"指郡太守,可见都吏是属于郡的行政监督官,其所属单位、职务与督邮都很相似。关于两者的关系,严耕望说:"按都吏即大吏……盖秦及西汉初,有事但遣大吏巡行属县。中叶以后始形成督邮察县之制。"(严耕望 1974:138)严耕望的意思是"都吏"是意为大吏的泛称。吴礽骧引用未公开的悬泉置出土汉简,指出汉简中负责监察的官员有时称为都吏,有时称为督邮;据此主张都吏是泛称,督邮可泛称都吏(吴礽骧 2004)。

都吏是泛称这种说法,如黎明钊、马增荣所指出,不能成立(黎明钊、马增荣 2009)。其致命的反证是刻有都吏这一官职的印,如肩水都尉府出土汉简云:"都吏郝卿印。"(505.19)再看吴礽骧论文所引悬泉置汉简 IIT0210①99,"都吏冯卿治所"和"督邮孙卿治所"一起写在同一枚简上,否定了"督邮可泛称都吏"的吴礽骧自己的看法(黎明钊、马增荣 2009:122)。根据这枚悬泉置汉简,都吏是督邮的前身这种说法也应该不能成立。《汉书·文帝纪》如淳注所引《律说》"都吏今督邮是也"只是以职掌相似的"今督邮"为例说明古"都吏"而已。

饶有趣味的是吴礽骧所引悬泉置汉简中出现随从乌孙、罽宾等外国使节的都吏(吴礽骧 2004:177)。乌孙的例子有阳朔四年(前21)、元延四年(前9)的纪年,前者说"送大昆弥使者",即送乌孙王的使者回国。都吏在此应该作为郡太守的代理办事,那么像黎明钊、马增荣一样认为"在郡府中的地位并不低"(黎明钊、马增荣 2009:108)应该很妥当。与此同时,这枚汉简说明都吏的职务不止属县的监察。

既然都吏已经存在,为何还要让督邮负责类似的职务?两者的分工情况如何?从现有史料看,这些疑问只能说是谜。如黎明钊、马增荣指出,"郡府中各职位分工模糊在汉代并不罕见"。(黎明钊、马增荣 2009：122）但上面介绍的随从外国使者的都吏和被陶渊明贬低为"乡里小人"的督邮似乎在身份上有差距。笔者已经介绍，严耕望、罗新认为督邮即督邮书掾，本来的职掌是邮书的督送，这个意见可能是对的。这种小吏竟然后来负责属县的督察，连宗族内的诤田案件都要管。导致这种情况的背后有王符所批评的诉讼多发现象，以及无法应付这种情况的地方行政的真实情况。这就是笔者在本文中提出的假说。

## 引用文献

日文

渡边晃宏（2003）《日本古代宮都の官衙配置の研究［日本古代都城官衙设置分布研究］》，平成 12 年度—平成 14 年度科学研究费补助金基盘研究研究成果报告。

金谷治（1997）《後漢末の思想家たち—特に王符と仲长统—［东汉末年的思想家们：以王符和仲长统为中心］》，《中国古代の自然額と人間額［中国古代的自然观与人间观］》，金谷治中国思想論集·上卷，平河出版社（原发表于 1969 年）。

籾山明（2006）《中国古代訴訟制度の研究［中国古代诉讼制度的研究］》，京都大学学術出版会。

籾山明（2011）《後漢後半期の訴訟と社会—长沙东牌楼出土一〇〇一号木牘を中心に［东汉后半期的诉讼与社会：以长沙东牌楼出土 1001 号简牍为中心］》，夫马进编《中国訴訟社会史の研究［中国诉讼社会史研究］》，京都大学学术出版会。

籾山明（2015）《秦漢出土文字史料の研究—形態·制度·社会［秦汉出土文字史料的研究：形态、制度、社会］》，创文社。

仁井田陞（1942）《中国身分法史［中国身份法史］》，东方文化学院。

滋贺秀三（1967）《中国家族法の原理［中国家族法原理］》，创文社。


中文

长沙东牌楼东汉简牍研读班（2008）《〈长沙东牌楼东汉简牍〉释文校订稿》，《简帛研究二〇〇五》，广西师范大学出版社。

长沙市文物考古研究所（2005）《长沙东牌楼 7 号古井（J7）发掘简报》，《文物》2005 年第 12 期。

长沙市文物考古研究所（2006）《长沙东牌楼 7 号古井发掘报告》，收入长沙市文物考古研究所、中国文物研究所编（2006）。

长沙市文物考古研究所、中国文物研究所编（2006）《长沙东牌楼东汉简牍》，文物出版社。

侯旭东（2012）《长沙东牌楼东汉简〈光和六年诤田自相和从书〉考释》，黎明钊编《汉帝国的制度与社会秩序》，Oxford University Press。

胡楚生（1979）《潜夫论集释》，鼎文书局。

金发根（1969）《王符生卒年岁的考证及潜夫论写定時间的推论》，《历史语言研究所集刊》第 40 本下册。

黎明钊、马增荣（2009）《试论汉简所见的都吏及其督邮的关系》，《中国出土资料研究》第 13 号。

黎石生（2006）《长沙东牌楼东汉简牍〈李建与精张诤田自相和从书〉初探》，《湖南省博物馆馆刊》第 3 期。

罗新（2004）《吴简所见之督邮制度》，北京吴简研讨班编《吴简研究》第 1 辑，崇文书局。

裘锡圭（2006）《读〈长沙东牌楼七号古井（J7）发掘简报〉

等文小记》,《湖南省博物馆馆刊》第 3 期。

汪继培笺，彭铎校正（1985）《潜夫论笺校正》，中华书局。

王素（2005）《长沙东牌楼东汉简牍选释》,《文物》2005 年第
12 期。

郎文玲（2010）《长沙东牌楼东汉简牍〈光和六年自相和从
书〉研究》,《南都学坛》（人文社会科学学报）2010 年第 3 期。

郎文玲（2012）《汉简中所见"合檄"试探》，吴荣曾、汪
桂海主编《简牍与古代史研究》，北京大学出版社（原发表于
2010 年）。

吴礽骧（2004）《说"都吏"》,《简牍学研究》第 4 辑，甘肃
人民出版社。

邢义田（2011）《秦或西汉初和奸案中所见的亲属伦理关
系——江陵张家山二四七号墓〈奏谳书〉简 180—196 考论》,《天
下一家：皇帝、官僚与社会》，中华书局（原发表于 2008 年）。

严耕望（1974）《中国地方行政制度史》上编卷上（秦汉地方
行政制度），历史语言研究所。

伊强（2011）《读〈长沙东牌楼东汉简牍〉札记》,《简帛》第
6 辑，上海古籍出版社。

张觉（1999）《潜夫论全译》，贵州人民出版社。


英文

Pearson, Margaret (1989) *Wang Fu and the Comments of a
Recluse*. Center for Asian Studies, Arizona State University.


附记：

本文原稿曾提交中国古中世史学会第 7 届国际学术研讨会，

会上承蒙林炳德、崔德卿、任仲爀三位先生的评论和意见，在此谨向各位先生表示谢忱。但关于本论文的一切责任由笔者自负。

图A　1003号木牍　　　　　图B　1056号木牍

图C　1001号木牍

（广濑薫雄 译）

# 第三章　隋唐时期相州的司法与社会
## ——"诉讼社会"成立的前提 [*]

辻正博 [**]

## 问题之所在——"诉讼社会"与"健讼"

本章尝试初步考察中国史上"诉讼社会"成立的前提条件。

本章所称的"诉讼社会"是指，这种社会依靠审判解决纠纷的倾向十分强烈，因此平日里经常发生诉讼。当然，诉讼的多寡等，不过是通过比较所得的相对结果。对此，本章尤其关心的问题无非是，在中国史上，选择审判作为纠纷解决的手段，这种倾向的强化始于哪个时代。

一直以来，有关这一问题的讨论，总是以"健讼"这一语词作为关键词。例如，青木敦对于宋代的健讼有如下论述：

> 所谓健讼，若权且给予一个解释的话，它意味着每个人都主动地、积极地、强硬地提起诉讼，它并不具备在制度上可以被共有的意义。当存在某一诉讼状态的时候，士大夫官僚若将

[*] 原题为《隋唐时代の相州における司法と社会—「訴訟社会」成立の前提》。在翻译拙文时，执译的赵晶先生（中国政法大学）指出几处日语原文的问题。本稿据此加以修正，谨此致谢并予说明。

[**] 执笔时为京都大学研究生院人间·环境学研究科副教授，现为教授。

它认定为健讼，那么它就是健讼。我们所看到的记载，不过就是每个作者所具有的对社会、土地以及身处其中的人们的行为的印象罢了。[1]

青木之说的关键在于指出，被当作"健讼"加以描述的现象是作者极为主观的印象。在这个意义上，本章所谓的"诉讼社会"与"健讼"一样，难免也是一种主观的印象。

根据迄今为止的研究积累，可以确认的是，从宋代以降，至清代为止，每个时代的为政者都把"健讼"认定为社会问题，而且江西地区被视为是中心地。[2]

有关"健讼"成为社会问题的原因，迄今为止也展开了各种各样的讨论，如人口增长和商业化所带来的社会结构的变化、伴随着交通活跃、往来频繁而来的治安恶化、土地买卖活跃、土地移转加速、赋税复杂化、移民的流入（随着移居新开垦地区而来的人口增长）等。若是单独考察作为讨论对象的每个时代和地域，那么将这些现象作为健讼的原因的确具有相应的说服力。但是，无论哪一因素，是否能够在某种程度上具有通代的存在性，总是令人感到不安。总之，"健讼"被作为"社会问题"而涌上为政者的心

---

[1]　青木敦《健訟の地域的イメージ—11~13世紀江西社会の法文化と人口移動をめぐって［健讼的地域形象：围绕11—13世纪江西社会的法文化与人口移动］》，《社会経済史学》第65卷第3号，1999年，第4页。

[2]　主要的先行研究，在以下论文：注1青木论文，第3—5页；以及山本英史《健訟の認識と実態—清初の江西吉安府の場合［健讼的认识与实态：清初的江西吉安府的情况］》，大岛立子编《宋—清代的法与地域社会》（东洋文库，2006年），第202—203页。此外，还有翁育瑄《北宋の"健訟"について—墓誌を利用して［北宋的"健讼"：利用墓志］》，《高知大学学術研究報告（人文科学編・社会科学編）》，第65卷，2007年；小川快之《伝統中国の法と秩序—地域社会の視点から［传统中国的法与秩序：源自地域社会的视角］》（汲古书院，2009年）所收的各种论考等等。

头，是在宋代以后，那么在此之前，被视为健讼原因的这些现象是否已经发生了呢？虽然乍看之下存在相同的条件，但是唐代以前并没有把"健讼"当作是一个问题，为何宋代以后就把它认为是严重的事态了呢？本章的问题意识，仅此一点而已。

## 第一节　"健讼"与"滞讼"

所谓"健讼"，也可表述为"好讼""嚣讼""喜讼"等，意思是肆意或者积极地提起诉讼。[3] 频繁地进行诉讼，使得地方官疲于处理。人与人之间存在处理能力的优劣差异，这是没有办法的事情，而往往就会由此产生"滞讼"亦即诉讼事务停滞的事态。

翁育瑄利用文集和地方志所见的墓志，对北宋时期的"健讼"进行研究，其中将"越诉"和"滞讼"作为助长健讼风潮的要素，尤其对于后者，她指出：

> "滞讼"普遍存在于宋代的法文化中，笔者怀疑它是不是恰好是"健讼"的主要原因。通过检证北宋的墓志可知，"滞讼"的解决被作为官僚得意的业绩加以记载，纠纷的仲裁是地方官的重要工作。然而，如此记载、如此表彰，毋宁是对"滞讼"属于一般现象的旁证。[4]

翁氏所提示的墓志史料，一直以来几乎不为法制史研究所关

---

[3]　有关"健讼"之语的由来，参考注 1，青木论文，第 4 页注 6。
[4]　注 2，翁氏论文，第 40 页。

注，因此值得重视。然而，也如翁氏所了解的那样，墓志的记载是为了赞扬墓主生前的德行和治绩，有关健讼的记载也不例外。也就是说，在墓志史料中，有关某一地方是"健讼"之地的记载，不过就是对作为地方官的墓主投身于收拾这种局面的赞赏罢了。

若按照内容对翁氏所介绍的"健讼"事例（计四十三例）进行分类，在大概三分之一（十四例）的事例中，地方官精力充沛地处理案件，从而解决了问题；这个数量略微超过揭发为害作恶的胥吏的事例（十一例）。而且，地方官施以仁政，因此消除了蔓延开来的"健讼"现象的事例也有相当数量（十二例）。

总之，虽然都称为"健讼（好讼、喜讼）"，但它们的内容相当多元，应对之道也不相同。换言之，史料中虽然存在"健讼"，但实际上只不过是指诉讼案件的积压而已，也就是说，这些只是"滞讼"罢了，有能力的后任者为前任的怠慢而善后，并将它作为自己的功绩。

另一方面，也应当重视以下事例：揭发、处罚作为"健讼"元凶的胥吏，由此解决问题。在北宋时代的墓志史料中，也可以确认存在着致使诉讼连续发生的煽动者，他们跻身在官、民之间。

虽然在处理诉讼案件上能力有问题的地方官出现的频率有所不同，但其存在本身可以说是通代的现象。例如，出于陆机之手的《晋周孝侯碑》（《金石萃编》卷一〇六所收。《晋书》卷五八《周处传》亦采录这一记事）记载，在3世纪后半期，西晋统一全国后不久，广汉郡存在"滞讼"的问题：

　　［广汉］郡多滞讼，有经三十年不决者，［周］处以详其枉直，一朝决遣。

从巴郡出发，沿涪水而上，便是广汉郡之所在，这是一个户数大约五千的小郡。据此说法，三十年来的审判被滞积下来，这种情况应发端于三国之蜀汉时期，在王朝交替之间，历代郡太守置之不顾，直至周处到任才予以解决。

## 第二节　隋代相州的司法与社会

在思考前述"健讼"问题发生的条件之后，我认为，若以前代所见来类比宋代出现讼师、哗徒的社会条件、特征，则可以把北齐灭亡后的邺（今河南安阳北）作为可选的一个事例。一方面，北齐王朝灭亡之后，作为都城的邺，其社会结构发生了很大变化，因此既有的秩序也发生了激烈的动荡。另一方面，以粟特人为中心的商业活动依然兴盛。从史料中亦可窥见，存在着那种频繁提起诉讼的人。那么，能否真的确认其背后存在着唆使的讼师、哗徒？

### 一、北齐时期的邺——通过诉讼问题来看

北齐王朝的都城——邺，作为华北的商业中心地，备极繁荣，这一点无需再行说明。[5] 天保七年（556），彭城王高浟成为邺都的长官司州牧，在他的传记中，记载了如下一则故事：

> 转司州牧，选从事皆取文才士明剖断者，当时称为美选。州旧案五百余，浟未期悉断尽。别驾羊修等恐犯权戚，乃诣阁谏陈。浟使告曰："吾直道而行，何惮权戚？卿等当成人之

---

[5]　高敏主编《魏晋南北朝经济史》下（上海人民出版社，1996年），第947—948页。

美，反以权戚为言。"修等惭悚而退。(《北史》卷五一《神武
诸子·彭城景思王浟传》)

在北齐时期的邺也存在"滞讼"的问题，但在其背景中隐约
可见的是"权戚"的影子。负责行政实务的僚属们担心权势者介
入司法行政，由此引起混乱，所以急忙向州牧进言。但是高浟以
严正之论拒之。

> 其时强弱相凌，恃势侵夺，富有连畛亘陌，贫无立锥之
> 地。昔汉氏募人徙田，恐遗垦课，令就良美。而齐氏全无斟
> 酌，虽有当年权格，时蹔施行，争地文案有三十年不了者，此
> 由授受无法者也。其赐田者，谓公田及诸横赐之田。……迁邺
> 之始，滥职众多，所得公田，悉从货易。又天保之代，曾遥压
> 首人田，以充公簿。比武平以后，横赐诸贵及外戚佞宠之家，
> 亦以尽矣。又河渚山泽有可耕垦肥饶之处，悉是豪势，或借或
> 请，编户之人不得一垄。(《通典》卷二《食货典·田制·北齐》
> 引《关东风俗传》)

这一史料为人所知，是因为它显示了所谓的"勋贵"(开国元
勋)与恩倖、外戚把持了北齐的政治与经济，但据此也可以窥知，
在北齐，"滞讼"问题的原因在于政界有权势者造成的土地流动化
(赐田、公田)。在这一背景中，鲜卑系的武人势力(勋贵)与汉
人贵族(接近皇权并经常与皇帝结成姻戚关系，从而成为外戚)、
恩倖互相争霸，这是北齐政界奇特的权力结构。翻阅《北史》，频
繁可见"卖官鬻狱"(亦即用金钱购买官职、以财力左右判决)的
记载，这些基本可以限定于北齐时期。在社会上，贪财的风潮蔓

延，很多居住在城内的商胡<sup>[6]</sup>（粟特商人）对宫廷内部也有一定的政治影响力。<sup>[7]</sup>

## 二、隋代的相州及其统治

### （一）从邺都到相州

隋代的相州是由北齐王朝的首都邺都发展而来的地方城市。在检讨史料之前，笔者想要先回顾一下这个城市形成的过程。

承光元年（577）正月，武帝亲率北周军攻陷邺都，北齐灭亡。皇太后和幼主、诸王被带往长安，许多贵族、士人也被迫向关中迁徙。其结果是，邺都城内到处都是工商业者和乐户。

初，齐亡后，衣冠士人多迁关内，唯技巧、商贩及乐户之家移实州郭。（《隋书》卷七三《循吏传·梁彦光传》）

在北周的占领统治之下，虽然无法像原来那样维持曾经壮丽的宫殿建筑，但是从武帝占领之后开始，在邺（相州）置"宫及六府官"，明确了以它作为原来北齐领土的统治中心地的方针（《周书》卷六《武帝纪》建德六年（577）二月丁未条）。在这个时候，邺可能还保留着与旧都相应的氛围。

然而，翌年六月武帝骤逝，在此情况下，邺城迅速萧条下来。首先，宣帝大成元年（579），相州六府迁往洛阳（东京六府）。一

---

[6]　关于北齐朝统治下粟特人的活动，参考后藤胜《東魏·北齐朝の西域人—西域帰化人研究 その4［东魏、北齐朝的西域人——西域归化人研究（4）]》，《圣德学园岐阜教育大学纪要》19，1990年。

[7]　学界早已了解，在东魏北齐时代的邺城内居住着很多胡人（粟特人），对宫廷内部也有一定的政治影响力。陈寅恪《隋唐制度渊源略论稿》，1946年初版，上海古籍出版社，1982年，第116—123页。

般认为，宣帝想要再建古都洛阳并以它作为帝国的中心。只不过，对于邺城的衰弱而言，更具决定性意义的是，翌年发生的相州总管府尉迟迥的叛乱。发生在宣帝驾崩之后的叛乱，是为了阻止外戚杨坚夺取权力的行为，但在韦孝宽率领的讨伐军前败退，尉迟迥自杀，"其邺城及邑皆毁废之"《周書》卷八《静帝纪》大象二年（580）八月庚午系，相州的治所被移至更南方的安阳。作为东魏、北齐的首都，邺城化作废墟，此后史料所见的"相州（魏郡）"，指的是置于安阳的新城市。

（二）隋代的相州

新置的相州的状况，可以通过出任该州刺史者的故事窥见一二。

梁彦光是安定郡乌氏（陕西省泾川县附近）人，祖父、父亲都曾担任州刺史，可以被视为关陇地方的豪族子弟。他在北周王朝出仕为官，隋朝建立时，成为长安西邻——岐州的刺史，兼领岐州宫监，获得了"甚有惠政"的评价。他带着很好的治绩上任相州刺史，结果却是相当惨淡。

> 彦光前在岐州，其俗颇质，以静镇之，合境大化，奏课连最，为天下第一。及居相部，如岐州法。邺都杂俗，人多变诈，为之作歌，称其不能理化。上闻而谴之，竟坐免。（《隋书·梁彦光传》）

梁彦光的前任之地岐州，风俗、人情都非常纯朴，"以静"，也就是说，无须施行特别的政策，就能够维护境内的治安。可是，统治以"杂俗""变诈"著称的相州，想要适用与关中相同的办法，就无法顺利进行，彦光不久就被罢免了。

所谓"杂俗"，说的是由于各种各样的人集居在一起，产生了像风俗习惯大杂烩一样的状态；而所谓"变诈"，则是指巧舌如簧，擅长诈骗。从儒家的价值观来看，这是工商业者的特征，而作为北齐灭亡后邺都城内的状况，与之前所引用的描述（《隋书·梁彦光传》）极为相似。

如前所述，隋代的相州已不是北齐邺都那样的城市。但《梁彦光传》所描述的相州风俗，却与被北周占领之后的邺城城内基本相同。虽然户口数等大为减少，但可以推测的是，如《梁彦光传》所载，曾经居住在邺都的工商业者移居到了隋代的相州。

后来，梁彦光在被罢免相州刺史之后，经过了大约一年的时间，被任命为河北的赵州刺史。但他上书给文帝，请求再度出任相州刺史，以求改变彼地的"风俗"，并获得批准。当地的"豪猾者"们听说他又被任为刺史，便予以嘲笑，但结果与前次完全不同，彦光在到任之后，马上"发摘奸隐，有若神明，于是狡猾之徒莫不潜窜，合境大骇"，取得了辉煌的业绩。

### 三、"难治"之地——相州的司法行政

有关梁彦光两次统治相州的故事，既显示了他通过怎样的办法维护该地的治安，也提供了当时相州司法行政所面临的问题等信息。

据《梁彦光传》所载，相州城当时处于"妄起风谣，诉讼官人"的状态。为此，梁彦光采取措施，想要改善状况：

> 乃用秩俸之物，招致山东大儒，每乡立学，非圣哲之书不得教授。常以季月召集之，亲临策试。有勤学异等，聪令有闻

者，升常设馔，其余并坐廊下。有好诤讼，惰业无成者，坐之庭中，设以草具。(《隋书·梁彦光传》)

他用自己的钱，设立学校，推进儒家教育，想要"改善"人们的生活。他奖赏遵从儒家思想之人，以严厉的态度对待不学无术、展开自私自利的论辩之人，想要把作为自己理想的儒家价值观灌输给相州的人们。然后，就像是为证明其统治政策的正确性，列传以下一段故事作为结尾：

> 有滏阳人焦通，性酗酒，事亲礼阙，为从弟所讼。彦光弗之罪，将至州学，令观于孔子庙。于时庙中有韩伯瑜母杖不痛，哀母力弱，对母悲泣之像。通遂感悟，既悲且愧，若无自容。彦光训谕而遣之。后改过励行，卒为善士。

这段记载的结语是"以德化人，皆此类也。吏人感悦，略无诤讼"，对那个时代的统治者而言，这才是解决诉讼问题的"王道"。在梁彦光被罢免刺史之后，由樊叔略出任相州刺史。其传记也记载了他采用"以德教化"的方式，治理这个号称"俗薄""难化"的州。(《隋书》卷七三《循吏传》)

然而，统治该地并能够取得治绩的刺史，基本属于例外。梁彦光推行的"教化"，也绝对没有在相州之地深入人心。据长孙平(其父俭为北周的柱国大将军)的传记载：

> 邺都俗薄，旧号难治，前后刺史多不称职。朝廷以平所在善称，转相州刺史，甚有能名。在州数年，会正月十五日，百姓大戏，画衣裳为鍪甲之象，上怒而免之。(《隋书》卷四六

《长孙平传》)

自隋朝创业以来，历代刺史在相州的统治基本都失败了，拥有"甚有能名"评价的长孙平，最后也被相州民众任意摆布，陷入被罢免的境地。

那么，相州司法行政所存在的问题的本质为何呢？梁彦光所面对的是"妄起风谣，诉讼官人"，亦即人们对于隋朝统治的排斥。历代的相州刺史基本就是所谓的"关陇贵族"或"武川镇军阀"出身者（参见表1）。

表1　隋代的相州刺史

| 姓名 | 到任时间 | 籍贯地 | 前任官 | 治绩 | 后任官 | 《隋书》 |
|---|---|---|---|---|---|---|
| 赵煚 | 开皇元年前后 | 天水西 | 大将军 | | 尚书右仆射 | 卷四六 |
| 梁彦光 | 开皇初 | 安定乌氏 | 岐州刺史 | 不能理化 | 免官 | 卷七三 |
| 樊叔略 | 开皇五年前后 | 陈留 | 汴州刺史 | 政为当时第一 | 司农卿 | 卷七三 |
| 梁彦光 | 开皇中 | 安定乌氏 | 免官 | 吏人感悦，略无争讼 | 卒官 | 卷七三 |
| 豆卢通 | 开皇中 | 昌黎徒河 | 定州刺史 | | 夏州总管 | 卷三九 |
| 张威 | 开皇末 | 不知何许人 | 洛州刺史 | | 卒官 | 卷五五 |

相州是交通要冲和工商业繁盛的城市，而他们所面临的统治是以"抑商重农"为宗旨，这一点在以下史料中有清楚的记载：

及上祠太山还，次汴州，恶其殷盛，多有奸侠，于是以熙为汴州刺史。下车禁游食，抑工商，民有向街开门者杜之，船

客停于郭外星居者勒为聚落，侨人逐令归本，其有滞狱，并决
遣之，令行禁止，称为良政。上闻而嘉之，顾谓侍臣曰："邺
都，天下难理处也。"敕相州刺史豆卢通令习熙之法。(《隋
书》卷五六《令狐熙传》)

豆卢通的传记并没有特别记载他作为相州刺史的事迹，但在
《文帝纪》开皇十五年（595）六月的记载中有：

相州刺史豆卢通贡绫文布，命焚之于朝堂。(《隋书》卷二
《文帝纪》)

这一记载与《令狐熙传》的记载之间，前后关系并不明确。不
过，考虑到对他"所在之职，并称宽惠"这一评价，很难认为他彻
底地施行了抑商重农政策。由此可以窥见的是，豆卢通所献虽然只
是当地的名产，却是高级的绫织布料，以吝啬著称的文帝认为他被
相州的工商业者笼络，与他们沆瀣一气，勾结起来实施统治。

薛胄作为相州刺史，"甚有能名"，在任期间，并非没有被认
作是与当地权势者存在相互依存关系的行迹。在炀帝继位之后
（仁寿四年，604），汉王杨谅发动叛乱，其军队东进，薛胄与敌方
的武将交涉，让他把矛头对向其他地方。然而，这位武将被讨伐
军打败，弃军而逃，投奔薛胄。朝廷当然怀疑薛胄怀有二心，于
是将他逮捕。对此，"相州吏人（吏与民）"平素受到薛胄的恩义，
为了报答他，就上京诉冤。结果是，薛胄被免除死刑，配流岭南。
(《隋书》卷五六）

乍看之下，这个故事是显示薛胄作为相州统治者受到吏民爱
戴的美谈。只不过，为了组织大规模的陈情团上京，成功完成这

件事，需要相应的领导权和财力，所以不难想象，相州的权势者
参与其中。更何况，在朝廷看来，相州的地方风气是"俗薄"、
"人多变诈"、"难治"、"人俗浇浮"（《隋书》卷五一《长孙晟
传》）、"民多奸宄"（《隋书》卷六三《卫玄传》），这种"风俗"与
因敬仰统治者的品德而发起行动的那种纯朴截然相反。而且，作
为刺史，其"能名"的评价来自"德治"，这一实态便是坚决推行
"抑商重农"政策。若是如此考虑，当地的权势者就不该有理由去
敬仰薛胄，那么这是否是纯朴的表现呢？

　　总而言之，隋王朝的相州统治因刺史与当地的权势者（工商
业者）达成妥协（勾结）而保持平衡。就司法行政来说，可以发
现存在排斥作为朝廷基本方针的"抑商重农"之策的现象，"妄起
风谣，诉讼官人"。若是刺史拥有坚决执行朝廷方针的实力，那
么反对者就会暂时偃旗息鼓，若是遇到易于对付的刺史，则对他
进行笼络，希望能跟他达成妥协。接受妥协的刺史可以平安地终
结任期，获得"能名"的评价。只不过，在整个隋代，相州始终
被朝廷视为"难治"之地，因此"不称职"的刺史屡有出现（前
引《隋书·长孙平传》），这就说明隋朝派出的刺史必然很难与相州
的工商业者达成妥协。若是结合北齐灭亡时"衣冠士人多迁关内，
唯技巧、商贩及乐户之家移实州郭"（前引《隋书·梁彦光传》）进
行考虑的话，没有了介于两者之间、发挥协调功能的声望卓著者，
或许是这个问题的原因之一。[8]

---

[8]　在隋代实现"无讼社会"的事例中，本地有声望者所发挥的作用并不小，这可从《隋
　　书》卷七三《循吏传·辛公义传》的记载中窥见一斑。辛公义出任位于山东半岛中部的
　　牟州的刺史，受理新的诉讼后，并不委诸书面审理，而是命令当值的僚属坐在一旁，进
　　行询问。若有细节未尽，有必要羁押诉讼当事人时，公义也寄宿在公堂上。有人劝谏他
　　没必要这么做，公义答"岂有禁人在狱而心自安乎"，因此并未采纳。罪人听说这段对
　　话后，就认罪了。而且对于想要提起诉讼者，乡里的耆老就加以教谕，"此盖小事，
　　何忍勤劳使君"，争讼的双方便和解了。

## 第三节　唐代的相州——地域形象及其实态

### 一、相州的地域形象

在隋朝，相州的地域形象来源于北齐时代对邺都的消极印象。《隋书·地理志》也把魏郡"淫巧"的风俗归因于它是北齐旧都。

> 魏郡，邺都所在，浮巧成俗，雕刻之工，特云精妙，士女被服，咸以奢丽相高，其性所尚习，得京、洛之风矣。语曰："魏郡、清河，天公无奈何。"斯皆轻狡所致。（《隋书》卷三〇《地理志·冀州》）

这一地域形象在唐代依然延续。

> 相州（今理安阳县。）……北齐又都焉，改为清都郡，置尹。（后周武帝平高纬也。）后周置相州及魏郡。（自故邺移居安阳城也。）隋初郡废，炀帝初州废，复置魏郡。（自北齐之灭，衣冠士人多迁关内，唯技巧商贩及乐户移实郡郭，由是人情险诐，<u>至今好为诉讼也</u>。）大唐为相州，或为邺郡。（《通典》卷一七八《州郡典·古冀州》）

杜佑根据《隋书·梁彦光传》记述了隋代相州的风俗，应当注意的是，这一风俗在其后依然延续，"至今好为诉讼也"（画线部分）。这一部分未见于《隋书》，可以认为是《通典》独有的记载。《通典》于贞元十七年（801）进呈给德宗，其记载内容大致以天宝年间为时间下限。因此，画线部分所谓的"今"，可见是指 8 世纪前半期。在唐代前半期，相州就是"好讼"之地的形象并无变化。

## 二、唐代的相州

那么，在实际统治者刺史的眼中，唐代相州是怎样的一片土地？

在唐朝历任相州刺史中，其治绩能载诸列传者绝对不多。其中稍微能够引人注目者，是贞观七年（633）作为都督、魏王泰的代理人，以长史身份赴任的张亮和高宗在位时成为相州刺史的许圉师。

张亮出身于郑州荥阳，从秦王府时代起便深得李世民的信任。在李世民与李建成、李元吉进行权力抗争之时，他是策划据守洛阳、联合"山东豪杰"之人。[9]

至于张亮在相州的统治政策，他的传记中载：

> 亮所莅之职，潜遣左右伺察善恶，发摘奸隐，动若有神，抑豪强而恤贫弱，故所在见称。（《旧唐书》卷六九《张亮传》）

亦即以发摘奸隐与抑制豪强为宗旨。太宗鉴于张亮的经历，希望他对包含相州在内的原北齐领土（山东）产生某种程度的政治影响力，因而派他前往。他的统治之策并未改变前节所见的"抑商重农"政策。而在前段史料之后，记载了他辜负太宗期望的丑闻：

> 初，亮之在州也，弃其本妻，更娶李氏。李素有淫行，骄妒特甚，亮宠惮之。后至相州，有邺县小儿，以卖笔为业，善

[9]　关于"山东豪杰"，参考陈寅恪《论隋末唐初所谓"山东豪杰"》，1951年初版，收入《金明馆丛稿初编》（上海古籍出版社，1980年）。

歌舞，李见而悦之，遂与私通，假言亮先与其母野合所生，收为亮子，名曰慎几。亮前妇子慎微每以养慎几致谏，亮不从。李尤好左道，所至巫觋盈门，又干预政事，由是亮之声称渐损。（同前）

俘获张亮继室之心的年轻人是邺县出身的卖笔小贩，大概相当于日本江户时代的"卖糖小贩"，穿着华丽的衣装，边唱边跳，沿街叫卖。而且在嗜好"左道"的李氏之下，拥聚着许多巫觋（实际上是占卜者吧），在他们所传达的神谕之下，李氏可能会干预张亮的统治路线。正因如此，张亮作为统治者的评价就降低了。

另一方面，许圉师的相州统治将以德"教化"作为宗旨：

　　［许圉师］寻转相州刺史，政存宽惠，人吏刊石以颂之。尝有官吏犯赃事露，圉师不令推究，但赐清白诗以激之，犯者愧惧，遂改节为廉士，其宽厚如此。（《旧唐书》卷五九《许圉师传》）

以"宽惠""宽厚"进行统治，也能在隋代相州刺史的统治之道中觅得先例。张亮的做法是用"鞭子"进行统治，许圉师的统治方法则是用"糖块"。以德教化吏民取得了暂时性的成果，许圉师也作为户部尚书回到中央政界。[10]

那么，他们之外的相州刺史有什么治绩呢？从开元年间先后出任刺史的两个人的人物传记可以窥知，相州在开元年间依然是

---

[10]　高宗乾封二年（667），立许圉师德政碑。（《金石录》卷四《目录·唐相州刺史许圉师德政碑》）

"难治"之地。首先是开元二十年（732）前后成为相州刺史的桓臣范的墓志有载：

> 庚午之岁（开元十八年），上在西京，京邑者四方之则，慎择良尹，久难其人。公简在帝心，迁京兆尹。/ 宽猛以济，操割如流，检御权豪，式遏寇盗。……每因承旨，尝有顾问，竟为秉 / 钧多忌，出牧相州。旧传践斯位者，鲜克终矣，皆鬼神为祟，靡不遇灾。公仁德和其庶心，正直通于神道，居然静 / 镇，亟换岁时，改宣州刺史，历荆府长史，复转岐州。（《大唐故左武卫大将军桓公墓志铭并序》[11]）

桓臣范的哥哥是武周朝末年积极发动政变，反对张易之、张昌宗的桓彦范（在《旧唐书》卷九一、《新唐书》卷一二〇中立传）。臣范从京兆尹，左迁为相州刺史。据说，当时由于"鬼神为祟"，出任此职而能平安结束任期者稀少，而臣范安然履职卸任，转任宣州刺史，最终作为西京副留守返回京城。

张嘉祐于开元二十五年（737）成为相州刺史，其列传所见的故事称，相州刺史遇难是由于尉迟迥的怨恨所致。

> 嘉祐，有干略，自右金吾将军贬浦阳府折冲，至二十五年，为相州刺史。相州自开元以来，刺史死贬者十数人，嘉祐访知尉迟迥周末为相州总管，身死国难，乃立其神祠以邀福。经三考，改左金吾将军。后吴兢为邺郡守，又加尉迟神冕服。

---

[11] 赵水森《唐桓臣范墓志的文献学视域》，杨作龙、赵水森等编《洛阳新出土墓志释录》（北京图书馆出版社，2004 年）。

自后郡守无患。(《旧唐书》卷九九《张嘉贞传附嘉祐传》)

张嘉祐成为相州刺史,实际上是在尉迟迥之乱发生后的 160 年左右。据《太平广记》卷三〇〇所引《广异记》称,叛乱失败的尉迟迥一族六十余口的骸骨埋于刺史官衙的一角,鬼魂作祟,使得相州刺史之职成为"凶阙"。知悉此事的张嘉祐就以这一建筑为庙,祭祀冤魂,由此得以终其所任。据墓志载:

> 未几,除相州刺史。殷人心讹,邺守气焰,公载忠信,政若神明,烦苛止除,废典咸秩,特降玺书,赐紫金鱼袋。入计,迁左金吾将军,州人思之,刻石纪德。(《古志石华》卷一一《唐故左金吾将军范阳张公墓志铭并序》)

以不可掉以轻心的相州民众为对手,作为刺史的张嘉祐取得了一定的治绩,其统治之道便是前述的"发摘与教化"。

由此可见,对于相州刺史而言,此地是需要花费相当工夫进行统治的"难治"之地。隋代以来相传的相州的地域形象,可以说是反映了某种程度的实态。

此外,8 世纪后半期以降的相州,作为不安分的藩镇之一,被并入魏博节度使的领地。而如何对该地进行统治,在现存史料中并无清楚的记述。[12]

---

[12] 五代后唐同光三年(925)三月,魏州(现为河北省大名县附近)改为邺都。魏州位于本章所处理的相州东北偏东方向 60 公里以外,在 8 世纪后半期以降,为魏博节度使驻牧之地。10 世纪前半期,魏州也是"好讼"之地,对统治者来说,这也是一个问题很多的城市。参考《旧五代史》卷七五《晋书·高祖纪》"长兴元年(930)二月"条。

## 第四节 代结语——"诉讼社会"的前提

进入宋代之后，相州的"健讼"问题更为明显，这从以下史料中可以窥知：

> 政和元年（1111），以四举进士，推恩授相州／林虑县主簿。到任未几，公摄邑事，发摘奸伏，为政强敏。民有牛万者，顽狡好讼，公私□之，一／日□公有□悖漫，公乃絷之于狱，因挞之于庭，万屏迹，终公去，不复敢犯。有乡书手结□□□□数十人，托修敷灵王庙，聚众諠哗，妄传神语，追呼平民，若官府然，胁取财物，悉入己，有不／从者，辄加侵陵。公廉知其奸，辄遣人收捕，寘于公法，县境肃清。（《京畿冢墓遗文》卷下《李章墓志》。□为缺字部分。）

李章作为县主簿代行知县之职的相州林虑县（现在河南省林州），位于安阳以西四五千米的地方，是太行山麓的小城市。相比于安阳，它的城市规模特别小，设置有产铁的磻阳冶。[13]关于矿业兴盛的地区与"健讼"之间的关系，小川快之业已指出。[14]为了矿产品的运送、销售，与周边地区的人与物的往来变得频繁，因此纠纷与诉讼就屡屡发生。若是如此，那么可以想象的是，相邻的州治安阳也非常有可能发生"健讼"的问题。

根据到前节为止的检讨，隋唐时期相州的地域形象与它的实态之间并不存在太大的背离。若是如此，隋唐时期的相州作为

---

[13] 《元丰九域志》卷二《河北路·相州》；《宋会要辑稿·食货三三之三》"铁"。

[14] 小川快之《宋代信州の鉱山における紛争の構図［宋代信州矿山的纠纷构图］》2001年初版，收入前引《传统中国的法与秩序：源自地域社会的视角》。

"好讼"之地，并未见到"讼师""哗徒"之类，究竟有何缘故？

在唐令的规定中，由提起诉讼的当事人之外的人撰写诉状，亦即代笔书写诉状，是被允许的。即复旧《狱官令》第23条（《唐令拾遗》第776页）规定：

> 诸告言人罪，非谋叛以上者，皆令三审。应受辞牒官司，并具晓示虚得反坐之状。（中略）不解书者，典为书之。

在提起诉讼时，没有识字能力的人，可以由"典（主典）"[15]代笔。而且，代笔者如果随意改变诉讼的内容，就会成为被处罚的对象。

> 诸为人作辞牒，加增其状，不如所告者，答五十。若加增罪重，减诬告一等。即受雇诬告人罪者，与自诬告同，赃重者坐赃论加二等，雇者从教令法。若告得实，坐赃论，雇者不坐。（《斗讼律》第55条）

在律文中出现的"受雇""雇者"，疏议则加以说明"为人雇倩作辞牒，加增告状者"。因此可以认为，在"主典"代笔以外，诉讼之人还可以雇用代书人制作诉状。总之，可以推测的是，在唐代律令的规定中，存在着一类人（代笔业者），他们发挥着类似

---

[15] 复旧《狱官令》27条（《唐令拾遗》，第781页）载"诸问囚，皆判官亲问。辞定令自书款。若不解书，主典依口写，讫对判官读示"，所以可以认为前引《狱官令》所谓"典"与"主典"同义。也就是说，应当解释为唐《名例律》第40条（所谓"四等官连坐法"）所见的"主典"的意思。参考《譯註日本律令》五（东京堂出版，1979年），第235—246页。

于在宋代才登场的"书铺（写状抄书铺户）"[16]的功能。

而且《斗讼律》第 56 条有如下规定：

> 诸教令人告，事虚应反坐，得实应赏，皆以告者为首，教
> 令为从。

这是对教唆他人提起诉讼的处罚规定。起诉的内容若是虚假的，则教唆者被问以诬告之罪；若是真实的，则以诉讼人为主、教唆者为从，给予褒奖。根据这一条文推测，"教令"的行为似乎与《名公书判清明集》卷一二《惩恶门·把持》"责决配状"（胡石壁）中"奸猾之徒"（即讼师、哗徒）的所作所为没有什么区别：

> 大凡市井小民、乡村百姓，本无好讼之心，皆是奸猾之徒
> 教唆所至。幸而胜，则利归己；不幸而负，则害归他人。故兴
> 讼者胜亦负，负亦负；故教唆者胜固胜，负亦胜。

从唐律、唐令的条文可以推测，存在着诉状代笔和教唆诉讼的行为人。因此，在被统治者视为"好讼"之地，而其实态也被认为如此的隋唐时期的相州，也许存在着这种行为人。宋代的讼师、哗徒所引发的"健讼"问题，在隋唐时期的相州也存在发生的可能性。但是，隋唐时期的相州刺史并没有指出存在这种问题。在相州也存在的"健讼"问题，在北宋时期才慢慢明显起来。

迄今为止，"健讼"为何会在宋代中国的特定地区成为问题，

---

[16] 有关宋代的"书铺"，参考陈智超《宋代的书铺与讼师》，《刘子健博士颂寿纪念宋史研究论集》（同朋舍，1989 年）。

这是各种有关宋代"健讼"研究的焦点所在。本章稍微转变一下思路，以"虽然具备相同条件，但为何唐代以前'健讼'问题并不明显"为问题意识，对隋唐时代直至宋代的相州进行考察。其结果指出，即使在相州，'健讼'到宋代以后才成为一个问题，在此之前，这一问题并不明显。有关它的原因，虽然很遗憾，我无法明确指出，但一定是唐代以前不存在、宋代以降才登场、普及的"东西"。例如可以推测，印刷技术的普及和出版业的发展等是原因之一。虽然法典的出版被严格地加以管控，但是作为科举考试所必需的知识，它为社会所需，这也是事实。虽然这个看法实在是很陈旧，但也想作为一个假说予以提出。[17]

（赵晶 译）

---

[17]　叶炜《南北朝隋唐官吏分途研究》（北京大学出版社，2009 年）认为，从南北朝时期后半期开始，到唐前期为止，在这一时期，进行高级的政治性判断的"官"与进行纯粹的文书处理这种日常业务的"吏"开始出现分化。进入隋唐时代以后，后者（亦即"胥吏"）的数量出现飞跃式增长，随之而来的是，无论是在官场还是在社会，"吏"的地位逐渐降低。在思考本章所处理的"诉讼社会"成立的前提时，有必要把从事文书处理的吏员所处的这种社会环境的变化置于心头。

# 第二部

# 第四章　中国近世的亲子间诉讼 *

水越知 **

## 前言

"诉讼社会"是指怎样的社会呢，对这一问题，目前还没有明确的定义。其中，诉讼件数是一个重要指标。前近代的中国有庞大数量的诉讼案件，因此过去就被认为是了不起的"诉讼社会"。不过，从现在通常怀着畏惧而言的"诉讼社会"来看，除诉讼件数之外，诉讼的内容也是一个重要指标。即是说，"诉讼社会"的大致图景是：任何两者关系中所有种类的纷争都能够变为诉讼、甚至连最不适宜诉讼的人际关系都会成为原告与被告关系。在前近代中国，虽然所有种类的纷争都曾被提交法庭，但亲与子之间的诉讼依然是最不适宜诉讼的。究其原因，并不仅仅在于"感情"方面。更要认识到，儒家伦理和以此为基础的包含法思想在内的整个社会系统，都会阻止亲与子在法庭上相争。

在中国法制史研究中，基本上没有从亲子间诉讼 [1] 这一角度

---

* 原题为《中国近世における親子間訴訟》。

** 执笔时为关西学院大学兼职讲师，现为关西学院大学文学部教授。

[1] 在日语原文中，虽然有"亲"、"子"、"亲子"这三个用语，但由于日语与现代汉语在语义和用法上都有一定的差别，因此需要稍加解说。在日语中，"亲"是指父母双亲，或者说可以指父亲或母亲的任何一方，而现代汉语中很少单独使用"亲"这个词指代父母。（转下页）

来论述家庭法的研究。正如"百行孝为本"一语所表达的，自古以来在中国社会中，"孝"思想就具有极重大的意义。对父母与祖先尽孝，是所谓"儒家社会""封建社会"的核心伦理。由该理念支撑的家庭作为基本单位而构成的秩序，被总结为"家父长制的中国社会"。在所有的社会关系都无法确定其稳定样态的中国社会中，家庭（正因为被视作亲子间关系）是几乎唯一一个没有疑问的组织。于是，家庭法被认为是可以贯彻这一儒家伦理的系统，对违反者要据此加以处罚。特别是给违反者加上的"不孝"烙印与重罚，更表明了这一系统的严固性。

桑原骘藏氏所做的经典研究，从法的侧面，对于中国社会中"孝"的重要性，以及历代王朝对于违反者（即"不孝"）的严厉态度，给予了概述。[2] 在其后对中国的家庭法展开论述的研究者们，都论及了对"不孝"罪的处罚，明确了父母在法律上的绝对优势地位。即是说，即使有亲与子在法庭上诉讼的案件，一般认为也是对子的"不孝"给予控诉而断罪的案件。前近代中国没有民事诉讼与刑事诉讼的明确区分，亲子间的诉讼也大都是以"不孝"或其他刑罚为前提的刑事诉讼。因此，先行研究大都关注贯彻了"孝"原理的法律制度，或者探讨"不孝"罪的成立及其具体处罚。与此同时，他们还经常提到：国家意图利用"不孝"罪增

---

（接上页）因此，在本文翻译中，如果指父母双方的话则译为"父母"，如果具体指某一方的话则译为"父亲"或者"母亲"。此外在日语中，"子"一词既指儿子也指女儿，在日语原文中基本没有区别。由于亲子间诉讼的当事者是女儿的例子虽然很少，但也存在，因此可以翻译为"子女"。不过，由于本文所引用的史料和事例中并没有"女儿"出现，因此统一译为"儿子"，以方便读者理解。此外，与"亲""子"这种单音词不同，"亲子"一词在现代汉语中依然存在，而且大致意义相同。因此本文同样使用"亲子间诉讼"一词，而不译为"父母子女间诉讼"。

[2]　桑原骘藏《中国の孝道—殊に法律上より観た中国の孝道［中国的孝道：法律所见中国的孝道］》《桑原骘藏全集》第三卷（东京，岩波书店，1968 年）所收。

强父母的权力，以此来安定秩序。[3]

　　在此，最合适的例子是清末同治四年（1865）发生的，湖北省某地某位士人同其妻子一起笞打母亲的事件。桑原骘藏氏在研究中给予了介绍：在皇帝的严命下，士人夫妻被活生生剥了皮。不仅如此，甚至连地方官、亲戚、近邻都一一被处罚。桑原氏将其作为"从孝治主义出发，对不孝的行为给予超乎想象的严厉处罚"的具体事例。[4]但是，与这一事件几乎完全同时，在四川省重庆府的巴县发生了另一起诉讼，继母起诉儿子，儿子也反诉并且詈骂继母，最终地方官对继母给予了处罚。而且这类案件不只有一件，同样的亲子间诉讼发生了好几起。我们从现存的巴县档案史料中，得知了这些诉讼的存在。即是说，即使在前近代的中国，也能够看到亲与子在法庭上相争的场景。

　　对于以儒家伦理为基础的中国社会而言，这无疑是极严重的事态。对于这种亲子间诉讼的实态，一直以来几乎无人论及，但我认为这是法制史与家庭史上必须进行研究的重要问题。近年，柳立言氏将此作为宋代家庭史研究的一环，对亲子间的纷争诉讼给予探讨，指出了几个特征。[5]根据柳氏的观点，在宋代的亲子间

[3]　对于亲子间纷争，与刑法和家庭法相关的研究不遑枚举。对于这个问题的通史式的研究，有桑原骘藏注2前揭论文，仁井田陞《中国身分法史［中国身份法史］》，复刻版（东京，东京大学出版会，1983年），同《補訂中国法制史研究 奴隷農奴法·家族村落法［补订中国法制史研究 奴隶农奴法·家族村落法］》（东京，东京大学出版会，1980年）；滋贺秀三《中国家族法の原理［中国家族法原理］》（东京，创文社，1967年）；瞿同祖《中国法律与中国社会》（北京，中华书局，1981年）等经典研究。这些研究大体上厘清了亲子间纷争的法制问题以及历史脉络。

[4]　桑原骘藏注2前揭论文，第39页。关于此一逸闻，桑原氏是参照了如下著作：John Henry Gray China: a history of the laws, manners, and customs of the people, Macmillan, 1878, pp.237-238。

[5]　柳立言《子女可否告母？——传统"不因人而异其法"的观念在宋代的局部实现》，《台湾大学法学论丛》第30卷第6期，2001年，《从法律纠纷看宋代的父权家长制——父母舅姑与子女媳婿相争》，收入柳立言《宋代的家庭和法律》（上海，上海古籍出版社，2008年）。此外还有前揭书中所载的诸论文。

纷争中，已经有不少由儿子控告父母的诉讼案件，父母败诉的例子也屡屡可见。而且，儿子控告的对象往往都是继母。因此他认为，在宋代，继母的地位开始动摇了。

在研究中，柳氏虽然明言其意图是对作为明清时代家庭关系基础的宋代家庭进行分析，但却完全没有论及这一特征在明清时代是否得以持续和发展。此外，他分析所依据的史料大都是南宋的判例集《名公书判清明集》（以下简称《清明集》），但若要探究亲子间纷争的性质，单单利用法庭上解决的案件是不够的。因此，史料的范围也必须扩展到小说以及笔记等。此外，还需要对柳氏整体论点的关键——即纷争增加的原因是依据父系原理进行的家庭再编——进行再考察。

本文以同治年间的巴县档案作为考察的主要史料，同时与外围史料相对照，目的在于描画出宋代以降至于清末的亲子间诉讼的实态，同时也希望尽可能回答"亲与子双方通过诉讼获得了什么""各自是如何主张其立场的"等问题。


## 第一节　与不孝相关的法令与处罚

### 一、"不孝"罪的定义

本节首先就亲子间诉讼中的焦点问题——"不孝"罪加以探讨。在《孝经》五刑章中有著名的"五刑之属三千，而罪莫大于不孝"一节，雄辩地说明了"不孝"罪的古老起源，以及其罪行的重大性。不过，在实际的审判中，对于怎样的行为会被认定为"不孝"这一问题，含糊的部分还有很多。一方面，《唐律疏议》（以下简称为《唐律》）中对于"不孝"的论述是"善事父母曰孝。

既有违犯，是名'不孝'"，[6]即"孝的违犯者＝不孝"这种特别粗疏的定义。另一方面，《唐律》中还列举了与"不孝"相关的具体事例。即是说，就"不孝"罪的内容而言，除违反儒家伦理这一"不孝"的定义之外，还必须认识到"不孝"罪的多层性，即存在作为个别违犯行为的"不孝"罪。

先来看违反儒家伦理的"不孝"的定义。《孟子》中有"不孝有三，无后为大"一句，经常为儒家诸人所引用。孟子虽然没有言及三不孝的具体内容，但东汉赵岐的注中有：

（1）阿意曲从，陷亲不义。

（2）家穷亲老，不为禄仕。

（3）不娶无子，绝先祖祀。

这三者被归为"于礼有不孝者"。[7]但在现实中，真正会发展为亲子间纷争的不孝，与其说是没有后嗣，更应该说是儿子的行为不端。同样是在《孟子》中，有对日常生活中五种不孝的论述，为以下五条：

（1）惰其四支，不顾父母之养。

（2）博弈好饮酒，不顾父母之养。

（3）好货财，私妻子，不顾父母之养。

（4）从耳目之欲，以为父母戮。

（5）好勇斗狠，以危父母。[8]

在日常生活中，大概都能见到以上这些行为。以上行为虽然受到社会的直接指责，但却很难认定其犯罪性。不过在秦汉时代，只要被称作"不孝"，便会立即被判处死刑。对于这种法律上"不

---

[6]《唐律疏议》卷一《名例律一·十恶》。

[7]《孟子》离娄上，以及东汉赵岐注。

[8]《孟子》离娄下。

孝"罪的具体行为,若江贤三氏列举了"企图杀害父母"、"懈怠经济援助"以及"在亲丧中有性犯罪"等条,这些都被当作是"破坏亲子关系的犯罪"。[9]

在法典中,最早对"不孝"定义做出系统说明的是《唐律》,其后的法律大都以此为基准,没有大的变化。《唐律》在开首的名例律中,将"不孝"列为"十恶"之一。具体列举的"不孝"行为如下:①告言(告发、控告父母);②诅;③詈;④别籍异财(在父母生前就分割财产别居);⑤供养有阙(没有充分供养父母);⑥居父母丧,身自嫁娶(在父母的丧中嫁娶);⑦作乐释服从吉(在服丧中脱去丧服,换上吉服,举办宴会);⑧匿不举哀(隐匿父母的丧事);⑨诈称死(诈称父母死)。以上九种。但唐律并不像秦汉时代那样全部处以死刑。在《唐律》中相当于死刑的是①、②、③,其他有徒刑、流刑等,其中⑤供养有阙为"徒二年",是处罚最轻的。此外,不包含在十恶的"不孝"中,但与此相关的罪,在各篇律中都有条文规定。例如十恶的"恶逆"中就包含有谋杀亲条,斗讼律中有殴打祖父母、父母条,这些场合都处以斩罪。[10]

其中,在诉讼的场合下,最重要的是禁止告言,即后世称为"干名犯义"之罪。"干名犯义"是禁止触犯名分,即禁止家庭内的卑幼起诉尊长。在"干名犯义"中,最重的莫过于子诉亲的情况。《唐律》中,对于起诉父母、祖父母,原则上是处以绞刑,即

---

[9]　若江贤三《秦漢律における'不孝'罪[秦汉律中的"不孝"罪]》,《东洋史研究》第 55 卷第 2 号,1996 年。

[10]　若江贤三《〈元典章〉及び〈唐律疏議〉に見られる前近代中国の'不孝'罪[《元典章》和《唐律疏议》所见传统中国的"不孝"罪]》,《爱媛大学法文学部论集(人文学科编)》第 2 号,1997 年。

使在告发父母犯罪的场合也是同样。这一点被宋代《宋刑统》、元代《元典章》所继承。[11]与"干名犯义"相为表里的"亲属容隐"原则（作为儿子，隐匿父母和尊长的犯罪），也是传统上一直存在的。在《唐律》《宋刑统》中记载的能够告发的例外，只有谋反、大逆、谋叛等国家重罪，以及告发母亲杀害父亲这一情况。[12]即是说，"干名犯义"是对诉讼中亲子间地位差异进行规定的决定性原则。

一方面，这些"不孝"罪都列举了具体的行为；但另一方面，毫无疑问其中还存在着相当暧昧不明的部分。例如詈骂父母是相当于死刑的重罪，但是骂到什么程度算作罪，其标准并不明确。最典型的是斗讼律中"子孙违犯教令"条。对于"教令"有各种解释，依据森田成满氏对于清代教令的详细研究，教令的内容是劝诫不法行为、劝行妥当行为等"对生活的全面指导"。其具体内容涵盖很广，包括从赌博、盗窃等犯罪到浪费、浪荡等道德过失。[13]可以说，这一规定给予了父母一方在法律上相当有效的王牌。总体而言，"子孙违犯教令"可谓是轻微的"不孝"罪，但在清代也要被处以发遣（遣至边境地带的流罪），这一处罚并不轻。

如上所述，明文规定的"不孝"罪确实存在，但其内容尚有很多暧昧不清的部分。因此，以此为标准进行的审判缺乏稳定性。其中最明显的是"子孙违犯教令"条，由于该条是将法律条文中没有具体规定的违背儒家伦理的行为都看作"不孝"，因此可以控制儿子的所有行为。不过，由于包含了太过广泛的行为，反而在处理个别案件时不得不对事情加以斟酌，结果正如以下所见，其

---

[11]　《元典章》卷五十三《刑部·禁例·禁止干名犯义》。

[12]　中村茂夫《親属容隠考［亲属容隐考］》，《东洋史研究》第 47 卷第 4 号，1989 年。

[13]　森田成满《清代家族法に於ける教令の秩序とその司法の保護［清代家族法中教令的秩序及其司法保护］》，《星药科大学一般教育论集》第 15 卷，1997 年。

处罚缺乏一贯性。

## 二、地方官的处罚——惩罚与教化

中国历代王朝对于"不孝"，原则上都表现出严罚的姿态。这是一脉相承直至清末的同一系统，而且不时还伴随着极端情况。但另一方面，如若江贤三氏指出的，与直接判处死刑的"秦律的不孝罪"不同，由于汉代开始重视儒家的德治，一部分"不孝"变为教化的对象，结果不是处以死刑的"不孝"罪事例也增加了。[14]经过虚心考察可知，以"不孝"作为诉讼理由的案件千差万别，其中也存在着由于父母的恣意而产生的诉讼。如果全都加以严罚的话，地方官也必然抱有疑问。在审慎态度的基础上对"情理"给予最大的考虑，是作为"民之父母"的地方官的理想形态。对此，最具有象征性的是东汉仇览的故事，后世的官箴书中亦时常言及这一先例：

> 览初到亭，人有陈元者，独与母居，而母诣览告元不孝。览惊曰："吾近日过舍，庐落整顿，耕耘以时。此非恶人，当是教化未及至耳。母守寡养孤，苦身投老，奈何肆忿于一朝，欲致子以不义乎？"母闻感悔，涕泣而去。览乃亲到元家，与其母子饮，因为陈人伦孝行，譬以祸福之言。元卒成孝子。[15]

---

[14]　若江贤三注 9 前揭论文。若江氏认为此时已经"伏流水化"的"秦律的不孝罪"在《唐律》的十恶中得到集大成，再次获得了法体系的主流地位。

[15]　《后汉书》卷七十六列传六十六，循吏列传。援用仇览故事的文献还有南宋的《清明集》卷十，《人伦门·母讼其子而终有爱子之心不欲遽断其罪》；真德秀《西山先生真文忠公文集》卷四十，《潭州谕俗文》；明代张萱《西园闻见录》卷八十六，《刑部三·明允》；杨昱《牧鉴》卷四，《应事三》等，在各个时代都有例子。

在其他书中也记载了仇览将《孝经》授予不孝子，令其诵读的故事。[16]具体方法姑且不论，从该事例中可以看出，对于不孝之事必须以教化来处理。[17]由此看来，对于"不孝"，从很古的阶段开始，严罚与教化便是并用的手段了。

唐代以降，这一状况也基本未变。过去的研究认为，在《唐律》对不孝做出严厉规定的基础上，宋代，特别是到了南宋，由于道学家们对孝道的宣扬，结果处罚变得更加严厉。[18]作为证据的例子是，宋代的某个地方官将殴打父母的儿子绑上石头沉入河中，以同样的方法对三人进行了处刑，"于是一邑大惊，俗骤变"[19]。这虽然是非常极端的例子，但称赞这样严罚的人确实存在。另一方面，也如很多论者承认的，在宋代以降的判例中，对"不孝"的处罚往往止于轻罪。在南宋《清明集》的判例中，《宋刑统》中相当于"徒二年"的"供养有阙"刑罚，被大幅减少为"杖六十"，[20]甚至还有令其诵读《孝经》一个月的处罚。[21]

从地方官的立场而言，不孝之事是关系到秩序根本的问题，不能等闲视之。但在实际处置的时候，对于应该如何解释"孝"

---

[16]　《后汉书》循吏列传的注中所引谢承《后汉书》。

[17]　而且，选择教化的另一个要因，是考虑到有可能因不孝诬告而误对孝行者施以冤罪的处罚。经常被引用的例子是所谓"东海孝妇"的故事。该故事出自《汉书》卷七十一于定国传。由于婆婆的诬告，孝妇被处以死刑，结果其冤魂导致连续三年的大旱。对于此种对规制了地方官的意识的报应说，霍存福在《复仇报复刑　报应说——中国人法律观念的文化解说》（长春，吉林人民出版社，2005年），第9章《刑官报应说》中有论及。

[18]　郭东旭《宋代法制研究》（保定，河北大学出版社，2000年），第8章第2节《家庭法》；黄修明《论儒家孝道伦理对唐宋司法诉讼文化的作用及其影响》，《宋代文化研究》12（线装书局，2003年）。

[19]　陆佃《陶山集》卷十四《朝奉大夫陆公墓志铭》。

[20]　《清明集》卷十，《人伦门·叔以恶名加其舅以图兔罪》。此外，在《宋刑统》中对"子孙违犯教令"的规定也是"徒二年"。

[21]　《清明集》卷十，《人伦门·读孝经》。此外，对于应该处以重罚的"不孝"者，如果是父母唯一的扶养者的话，通常是会免死刑而处以流刑之类的减刑。

的大原则并加以处罚，却经常在严罚与教化之间摇摆。严罚与教化，两方都有明确的根据，而且都有可作为模范的先例存在，于是审判便只能依靠地方官个人的裁量了。不过，如果彻底实行严惩，则很可能产生由于父母诬告而导致的冤罪；如果只实行教化，则会放纵不孝者，甚至可能引起更加严重的事态。基于这个背景可以看到，由于"不孝"罪的定义暧昧不明，统一的处罚是不可能的。

## 第二节　亲子间诉讼概观——以《巴县档案》为中心

在上一节中，沿着历来法制史研究的成果，对以"不孝"为中心的家庭法进行了概述。但在实际的法庭中，亲子间的纷争是怎样进行的，最终会达到怎样的结果呢？本文将利用四川重庆府的《巴县档案》数据，对亲子间诉讼的实态进行概观。再与柳立言氏所分析的宋代家庭内纷争的特征进行比较，希望能够描绘出清末亲子间诉讼的图景，及其与宋代的异同。本文所利用的《巴县档案》，是同治朝"家庭"类的档案群，其编号由 No.6782 至 No.7094，共313 件。[22]

首先，对数据进行数量分析。同治朝"家庭"类有 313 件档案，单从件数考虑，在同治朝《巴县档案》的一万数千件之中，占 2% 左右。其中确认为亲子间诉讼的案件有 116 件，不到全体的 1%。由于其他分类中也包含有亲子间诉讼，因此其比重会稍微增

---

[22]　不过，这并不都是完整的文书，其中有仅一页或几页的无法判断内容的断片。也有同一个号码的档案中有多个案件的情况。总数目是按照目前档案馆的整理号码来计算的。

加。[23]不过本文主要是以"家庭"类（包含大多数亲子间纷争）为研究对象，对其中116个案例进行讨论。[24]此外，同治年间共有13年，116件亲子间诉讼平均为一年8、9件。而在同一个档案中包含多次起诉、反诉，来回重复的情况也很多，因此实际的诉讼次数要大幅增加。亲子间诉讼在诉讼全体中所占的比例虽然不大，但也并非多么罕见的诉讼。

进一步对这116个案例进行统计分析。若论原告、被告的关系，则大部分诉讼中都是父母作为原告，即由父母提起诉讼。此外也有由亲族或近邻提起的诉讼。但是儿子作为原告的案件则一件也没有。再细论的话，父对子的诉讼有48件，母对子的诉讼有60件，由母亲提起的诉讼稍多。此外，没有直接血缘关系的养子、义子等成为被告的案件有27件之多，其中继母起诉儿子的类型有16件，在当中属于多数。[25]即是说，据资料分析，母子间的诉讼，特别在母亲是继母的情况下，诉讼很多。再进一步，由于儿子的反诉而导致诉讼全面展开的案件有9件，其中8件是继母与儿子间的诉讼。可见，在父亲死后，继母与儿子之间较容易发生纠纷。在柳立言氏对于宋代的研究中也显示了同样的倾向。[26]

其次，对诉讼理由进行分析。如果援用柳氏的研究进行分类，则有（1）违犯教令、（2）詈言、（3）擅用家财、（4）放弃养老、（5）殴伤等主要的理由。[27]更具体来说，则（1）相当于"不务正

---

[23]　例如"赌博"这一类中就包含了很多。
[24]　本文中的统计对象只是亲子间的诉讼。以"不孝"为争论点的诉讼，本也包括孙子、媳妇、女婿等，但是这些与纯粹的亲子关系相比，更需要考虑完全不同的因素。因此，在此不予处理。
[25]　此外，近邻亲族起诉的案件有5件，原告不明的案件有3件。
[26]　柳立言注5前揭《从法律纠纷看宋代的父权家长制——父母舅姑与子女媳婿相争》。
[27]　此外，柳氏还举出"非法性行为""继承"，合计有七个分类。在本文中，由于把父母与女婿、媳妇的诉讼排除在外，因此把"非法性行为"与"继承"排除在考察对象之外。

业"的赌博、酒色、散财、吸食鸦片等各方面的行为不端。大多数案件中都含有违犯教令的内容，大抵在诉状中表示为"不听约束"这类语句。[28]（2）、（5）那样的骂詈、斗殴等直接伤害，在多数情况下是与（1）联动发生的，并没有作为诉讼理由加以区分的意义。但从法律规定而言，（2）、（5）是严重的情况，因此会采取调查伤害的措施。顺带一提，被儿子殴打的大都是母亲。像（3）、（4）那般擅自分割财产，懈怠对父母的抚养义务等情况，当然也属于"十恶"的不孝，因此原本就不是轻罪。[29]不管什么理由，在诉状中将作为被告的儿子称为"逆子"或"不孝"等，都是带有儒教名分意味的表达。

诉讼的结果是怎样的呢？与滋贺秀三氏对于《淡新档案》的分析相同，[30]其中最多的是没有明确的判决，知县在诉状上做了"候拘唤讯究"类的批示，随后发出了命令传唤的"票"，但就此中断了。在116件中有65件是如此。此外，只检视伤便结束了，或者只有法庭传唤的名单，甚至连"票"都没有，完全不明所以的案件还有17件。即是说，全体七成以上的案件是没有明确

---

[28] 不过，由于赌博之类单独便是重罪，因此经常会当成别的案件处理。

[29] 此外，对于士大夫阶层来说，服丧与丧仪中的失礼是重大的事件。但是仅从《巴县档案》来看，在民众层次上，除了不负担丧仪费用之类的金钱纠纷外，基本没有看到其他问题。由于失礼问题而受到具体处罚的情况，例如《元典章》中不孝的事例大都是官僚、胥吏阶层由于违反服丧之礼，而受到解任或除名的处分。大岛立子在《元代における'孝'と'不孝'——奖励と罚则［元代的"孝"与"不孝"——奖励与惩罚］》（《爱大史学》第15号，2006年）中将其原因归结于儒家官员努力以"儒家的规范"来要求自己的姿势，不过也保存了适用于民众的可能性。一般士大夫层的态度认为，民众触犯了与服丧和葬礼相关的"不孝"也是不得已的事情。例如元末的孔齐《至正直记》卷二《不葬父母》中论述了七年没有葬母者，直到赠给了金钱才终葬。其中并没有对其问罪的记载。

[30] 滋贺秀三《清代州県衙門における訴訟をめぐる若干の所見—淡新档案を史料として［关于清代州县衙门诉讼的若干见解——基于淡新档案的考察］》，《法制史研究》第37号，1987年。

结果的。

对于有明确结果的案件，在此亦分为几类。一类是知县只给"家内细事，毋用出诉。着族内处理"等批，命令父母与亲族自行解决的案件，共有 4 件。而主要由亲族提出"注销"，即申请取消诉讼的案件有 6 件。除此之外的案件，基本都有不同程度的刑事处罚。[31] 其中最重的刑事处罚是"笞责、枷示一月"（No.7082），此外都是掌责，最多是笞责。

其中最有特点的是"存案"这一类型。"存案"虽然通常指将案件档案化，但在此却有着更多的意义。即是说，一方面，在诉讼的阶段，并不需要立刻给予处罚，但是为了预防今后再犯而给予"存案"。父母在起诉儿子的时候，虽然是以普通的"具首状""具禀状"等形式，但在要求"存案"的时候则书写成"具存状"。这样，如果儿子再犯，则将过去"存案"的情况写入新的诉讼状中，成为担保诉讼正当性的根据。[32] 虽然不清楚这一担保的有效期限是多久，但有例子（No.6929）显示同治五年（1866）的存案在同治七年（1868）的诉讼中是有效的。在另一诉讼中，也存在于六年后再次言及的情况（No.6954）。另一方面，虽然有对"存案"不予承认的情况，但这是在知县判定父母为逃避责任的时候，所书的批语为："毋得仅请存案了事"（No.6828），"不得呈请存案免累"（No.6975）。

在此，基于同治年间《巴县档案》的"家庭"类案件，对亲子间诉讼进行概论。把握诉讼主导权的父母将儿子称为"逆子""不孝"，试图将其纳入适用"不孝"罪的案件中，这一点与

---

[31]　只到审讯的录供便结束了的有 3 件。
[32]　李艳君《从冕宁县档案看清代民事诉讼制度》（昆明，云南大学出版社，2009 年），第 116 页。

《清明集》相同。在宋代曾经出现过的儿子起诉父母的诉讼，但是却不见于此。但儿子反诉的事件屡屡发生，则是与宋代共通的现象。而且，由具体的诉讼理由和案件内容来看，纷争的原因也与柳氏的分类大致重合，内容亦相似。由这点可见，宋代与清末的亲子间诉讼的社会基础是基本相同的。

但在另一方面，自然也有不同的部分。例如在巴县，提起诉讼的父母往往对于儿子的行为不端毫无办法，并没能展示出父母的权威。当然，这是诉讼中独特的修辞法，但像"存案"那样的手法，确实可谓是非常消极的预防措施。可见仰仗于官府力量的父母似乎不少。不过，清末地方官所实施的处罚，大都只是形式性的措施，并没有像《清明集》中的地方官那样意图禁绝"不孝"行为，也看不到教化的热忱。在中国家庭史、家庭法研究中，像这样漠然的父母权威与诉讼结果的亲子间诉讼图景，是迄今为止未曾见到过的。在下节中，将收集更加广泛的史料，关注档案所描绘出来的亲子间诉讼的其他情况。

## 第三节　亲子间诉讼中亲子双方的地位

### 一、父母的起诉——诬告的危险性

虽然亲子间诉讼大都是从父母的起诉开始，但是从法的角度来说这并不仅仅是诉讼的开始。即是说，在原告是父母的场合，从起诉的瞬间起原告就占有各种各样的有利地位。例如原则上官员必须受理，[33]而且在最初阶段就要将其作为与"人伦风化"相关

---

[33] 《清律》刑律《斗殴下·殴祖父母父母》。

的重大事件来受理。虽然不是所有父母的起诉都会得到法庭裁断，但从起诉这一时刻开始，本身就已经有了警告意味。此外，只要父母起诉，便自动对儿子加以处罚的情况也很多。在清代，只要父母提出"呈请发遣"，那么不孝子就会立刻被发遣，即判处流罪。[34]由于这样的结果是能够预计到的，因此对于父母而言，伴随着诉讼而来的负担也许没有通常的那么重。

不过，令父母诉讼增加的最大原因是，父母即使诬告儿子也不构成罪。说到底，"不孝"的认识大多是主观性的，因此在父母恣意的诉讼中包含着很大的诬告危险性。但是，《明律》《清律》中对于祖父母、父母诬告子孙者规定为"勿论"，即不予追究，明确地显示了名分的差异。[35]自然，这是父母单方面的权利，即使儿子有正当的反诉，原则上也是不被认可的。即是说，在亲子间的诬告问题上，父母在法律上的优位是绝对性的，这会带来比普通诬告更大的弊害。

这种由父母起诉所引发的危险性，其实已经被社会广泛地认识到。即使是官员，也认识到了这种危险，因此《明律》问刑条例中规定：在继母起诉儿子的场合，必须听取近邻与亲戚的意见，要特别慎重地给予调查。[36]此外，在笔记与小说中，以父母诬告为题材的故事也有好几例。

例如在明代小说《初刻拍案惊奇》卷十七"西山观设篆度亡魂　开封府备棺追活命"中，讲述了一个著名的判案故事，明察的地方

---

[34]　《清律》刑律《断狱·有司决囚等第》条例。另可参照王云红《论清代的"呈请发遣"》《史学月刊》2007 年第 5 期。

[35]　《明律》刑律《斗讼·干名犯义》，《清律》刑律《诉讼·干名犯义》。

[36]　《明律》刑律《斗殴·殴祖父母父母》问刑条例。

官看穿母亲的诬告，救出了孝子。<sup>[37]</sup> 这一故事的梗概是，开封府的寡妇吴氏，年轻的时候丈夫就过世了，与12岁的儿子刘达生相依为命。亡夫百日忌建醮之时，吴氏借着招来道士妙修之机，与其私通奸情，之后持续三年。达生长到15岁，知道此事后，尽力阻止二人密会。吴氏便与妙修商量如何弄死达生，妙修建议吴氏以"不孝"罪控告达生，将其置于死罪。此时妙修所说的话如下：

> 此间开封官府，平日最恨的是忤逆之子，告着的不是打死，便是问重罪坐牢。你如今只出一状，告他不孝，他须没处辩。你是亲生的，又不是前亲晚后，自然是你说的话是，别无疑端……况且你若舍得他，执意要打死，官府也无有不依做娘的说话的。

这自然是小说的世界。不过从律文的规定与实际案件来看，这个道士的话也是可信的。例如其中认为"是生母的话，则无妨"，这与在继母的场合下必须慎重调查正相对应。虽然这是以亲生父母不会诬告这样的预设为前提，但实际上亲生父母诬告儿子的事情也是有的。清末道光年间，在汪士铎《汪梅村先生集》中，便有地方官识破母亲诬告儿子以刀伤母的故事。<sup>[38]</sup> 若由《巴县档案》中的例子来看，有父亲起诉儿子不孝，而祖父则起诉父亲，认为所有的不孝事都是因父亲有精神病而捏造的（《巴县档案（同治朝）》之《家庭》No.6942）。对于亲生母亲控诉儿子，重庆府

---

[37]　这个故事是以《新唐书》卷一百二十八《李杰传》中看穿母亲诬告的故事为基础的，在五代和宋代的《疑狱集》《折狱龟鉴》《棠阴比事》等审判故事集中都有收录。此外，在明代《明镜公案》奸情类中"李府尹遣觇奸妇"中登场人物的名字虽然不同，但故事的情节相同。

[38]　汪士铎《汪梅村先生集》卷七《记李太守事》。

知府则批"情词支离拉杂",并命令调查是否是"亲生之子"(同No.7024)。在继母的场合则更加严格,有知县直接批"不无捏砌之弊"的情况(同No.7073)。此外,《巴县档案》中还屡屡见到兄弟之间的诉讼却伪以父母名义进行"诬告"的例子。[39]这些案件大多数是由滥用父母告状的绝对性所致,因此变成了亲子间诉讼的大弊害。

## 二、儿子的法庭战术——如何应对父母的诉讼

下面从儿子的立场来看亲子间诉讼。在诉讼中,儿子被置于极为不利的位置。父母则有着广泛的诉讼自由,能采取诉诸孝观念的法庭战术。相反,儿子在被起诉的瞬间就已经处于极不利的处境。此外,如果被判"不孝",最高可能会处以死刑。而且只要儿子起诉父母,就会被问以"不孝"罪。况且,父母还可能会诬告。即是说从任何一个侧面来看,诉讼中都没有对儿子有利的点。那么,在亲子间诉讼中,儿子是怎么来应对的呢?

### (一)诉讼·刑罚的回避

儿子所采取的第一种法庭战术,就是尽量让父母不要起诉。不过由于这是日常生活中的情景,在史料中很难保存下来。在此,以小说为例来看这种诉讼之前的努力。

在小说中,亲子间诉讼将要发生的时候,每每有诉讼的专家"讼师"登场,为陷入困境的儿子一方提供建议。例如在民国初期写成的以清代讼师为主人公的《四大恶讼演义》中,由于被情人迷住,不孝的儿子在吵架之后殴打了母亲,即将被母亲告发。于

---

[39] 例如《巴县档案(同治朝)》之《家庭》No.6887中,一开始,父亲廖登良起诉次子廖洪银,其后母亲廖林氏又起诉廖登良的诉讼,是长子廖洪才假借父亲的名义的捏告。类似的例子还有No.6932、No.6955、No.7087等。

是他跑去向传说中的讼师谢方樽求助。谢方樽在狠狠敲诈他了一笔钱之后接下了这个案子。他把儿子藏在自己家里拖延时间，并去反复劝导那位母亲息怒，让其不再想去起诉。[40] 在这个故事中，谢方樽欺骗母亲的诡辩当然很有趣，但更有趣的是，从一开始正面劝告就失败了，最后变为拖时间的方法。这当然只是小说，但此前类似的逸闻也有好几个。可以认为，在父母起诉的场合下，有效的手段是很少的，而小说读者公认的最好解决办法就是稳妥地让父母撤销诉讼。

此外，也有周围亲族与近邻进行调解的情况。《巴县档案》中，在父母起诉前，儿子拜托周围的人进行调解的案例屡屡出现。例如在 No.6975 案件中，母亲刘伍氏将要起诉儿子刘成富，刘成富由于害怕被法庭传唤，便拜托亲族与"团绅"（充任团练干部的绅士，即地方有力者）劝导母亲说"系初犯，将身图免送"，并且订立了不再作恶的文约。不过，对档案中的不孝子而言，这样的调解也没有意义，后来他再次犯了其他恶事。

如果不能顺利地阻止父母的起诉，而诉状又被受理了，那么儿子就要被法庭传唤。在这时能够采取的一个战术便是"不应传唤"。在《巴县档案》中有一些引人注意的案件，虽然地方官派遣了差役传唤，但儿子拒绝出庭，因此变得纠缠不清。其中应该也有最终没出庭便结束了的情况。[41] 不过，即使不应传唤也有可能被"存案"，或者被"呈请发遣"，因此这并不是绝对安全的措施。

如果没有回避的方法而只能出庭的话，那要考虑的就是如何

---

[40]　《笔记小说大观》（台北，新兴书局，1983 年影印），17 篇 6 册。

[41]　此外，还有如《巴县档案（同治朝）》之《家庭》No.6845 中，儿子（被告）的利益相关者将其隐匿起来的情况，或者如 No.6830 那样，在发出了对儿子（被告）的传票之后，儿媳以剃刀自杀相威胁，要求父亲（原告）撤销诉讼的情况。据滋贺秀三注 30 前揭论文，如果三个月都没有审理，事实上就相当于撤销了诉讼，可见拖延时间也是相当有效的战术。

能以轻罚了事。在这种时候，还是要依靠讼师的智慧来解救儿子的困境。有一个著名的故事，殴打并导致父亲断齿的不孝儿子去找讼师寻求建议，讼师建议他编造一个理由："被父亲咬了，但父亲的牙齿太弱才折断的。"结果这样的理由果然骗过了地方官。[42]此外，《清稗类抄》中记载有光绪元年（1875）的故事。也是不孝子向讼师哀求，讼师便模仿儿子的笔迹在其手心中写道"妻有貂蝉之貌，父生董卓之心"，让他在法庭上默默展示。这自然是借用《三国演义》中董卓强夺义子吕布爱人的故事，但在此却奏效了，地方官最后叱责了父亲。[43]虽然这都是小说中的故事，但前者取自清末官箴书《平平言》中被采纳论述"讼师可畏"一节，应该有一定的真实性。[44]

前文所见被母亲诬告的刘达生，连去委托讼师的时间都没有，就立刻被拘引至法庭去了。他一到法庭就顺从地承认了自己的不孝，没有做任何抗辩。进行审判的河南府尹李杰看到达生的态度，对他不孝的事产生怀疑。但询问母亲时，母亲却坚称"小妇人情愿自过日子，不情愿有儿子了"。因此，府尹李杰让其去买棺木。其后，李杰还是希望母亲能够后悔，因此尝试说服她，"既只是一个，我戒诲他一番，留他性命，养你后半世也好"，"死了不可复生，你不可有悔"，但是母亲却根本不愿改变主意。不过，由于李杰私下派出的密探看到了母亲与道士一起庆贺的举动，便明白这是诬告。最后，府尹对道士处以仗刑，将其打杀，而母亲则因儿子的请求而免罪。

---

[42] 凌濛初《初刻拍案惊奇》卷十三《赵六老舐犊丧残生 张知县诛枭成铁案》，冯梦龙《智囊补》卷二十七《啮耳讼师》。

[43] 徐珂《清稗类抄》狱讼类《讼师伎俩》。不过，在道光年间写成的吴炽昌《客窗闲话》卷四《书讼师》中就已经有了这个故事。

[44] 方大湜《平平言》卷三《讼师可畏》。

另一方面，以同样的故事为基础，在《明镜公案》奸情类"李府尹遣觇奸妇"中，被母亲告发的儿子立刻向讼师哭诉，希望拜托讼师书写"诉状"。这时候，讼师言：

> 若依此诉，便得不孝之实。母告不孝，你本罪重。若诉出奸来，而道士不认，你该万死矣。

随后讼师建议儿子先认罪受打，若如此，则母亲与道士的奸情一定会暴露出来。这个意见，便是以诉讼为职业的讼师的实际考虑。就连前文中将父亲诬为董卓的讼师，也说"子无诉父之理"，不建议正面反诉。[45] 即是说，如果被父母起诉了，那么尽力为孝子之行，以此引起地方官和父母的怜悯，才是有效的法庭战术。如果这样做，那么最后便是：

> 今蒙审讯、沐把小的笞责押候。实系错了、只求格外施恩。[46]

在很多的供状中，都是像这样直接地承认自己的错误。虽然供状中的语言都是套话，但是如果儿子能够全心谢罪，从而圆满地解决案件，这对于当事者而言，也是一个理想的结果。

（二）反诉

我们再来看对于父母的起诉，儿子明确主张自己的正当性并且相争的情况。在中国的诉讼中，被告会为了主张自己的正当性，而对于诉讼提起"诉"（即反诉）。原本在中国的传统法之中，对

---

[45]《清稗类抄》狱讼类《讼师伎俩》。

[46]《道光二十八年一月初四萧李氏等供状》，《清代乾嘉道巴县档案选编》下（成都，四川大学出版社，1996年），第481页。

于父母起诉的反诉行为，有非常大的限制。通常认为，为保护自己而提起反诉是不被认可的，这一点在后边的"积极的起诉"中还会得到再次确认。[47]

在《巴县档案》中，对于父母的起诉提起反诉的事例，是真实存在的。但反诉的对象只限于继母，而且如果不够慎重的话还是会受到严惩。例如某个对于继母提起反诉的儿子，由于在诉状中批评继母"刻薄不贤"，结果被地方官掌责了。[48]

因此，如《巴县档案》中屡屡显示的那样，更加安全的方法是通过起诉周围的人而间接地进行反诉。特别是以父亲为对手的时候，需要更加复杂的战术。例如被父亲起诉的二儿子，便以母亲的名义对长子提起了反诉。[49] 由此可以窥见当时用尽各种手段的法庭斗争。

传授这种法庭战术的，大概就是如前文《明镜公案》中那样的讼师群体。明代所谓的《讼师秘本》中记载的内容，则是更加确实的证据。虽然以父亲为对手的时候，要比以母亲为对手的情况更难提起反诉，但是在夫马进氏所介绍的明代讼师秘本《珥笔肯綮》中，还是记载了父亲诬告儿子的时候儿子的反诉状。其中，被起诉的儿子，又起诉弟弟教唆父亲诉讼，通过采取新的诉讼来回避自己被诬告的不孝罪。特别是该书评语指出，"父告子，律无招诬之法。故诉者只可推与他人，使官中可从轻路断去"[50]。在讼

---

[47] 在《唐律》中有"自理诉"，即当受到一定范围内亲族长辈的侵害时才有可能提起的诉讼。不过，祖父母、父母不包含在内。

[48] 《巴县档案（同治朝）》之《家庭》No.6836。

[49] 《巴县档案（同治朝）》之《家庭》No.6887。

[50] 觉非山人《珥笔肯綮·刑·诉不孝》。参见夫马进《讼师秘本〈珥笔肯綮〉所见的讼师实像》，《明清法律运作中的权力与文化》（台北，联经出版公司，2009 年），第 29—30 页。还可参见邱澎生《觉非山人〈珥笔肯綮〉点校本》，《明代研究》13，2009 年，第 277 页。

师的指导手册中存在这样的话，可见在当时这种战术应该是常规
手法。

此外，在明代后期出版的审判类实用书《三台明律招判正宗》
记载的诉讼词状文例中，也有儿子反诉状的文例。该文例是与
"告继子"的起诉文例相对的。"告继子"的文例中设定了养父控
告继子不听教戒，而且殴打养父，这本身就是很典型的内容。而
在反诉的例文中，继子则反诉这个案件是"冤诬"：

> 后娶庶母某氏，生弟某，致生妒心，意图独占家业。枕言
> 唆父害身，某日无故捉身毒打。情急奔走，父逐，手揪发，口
> 咬肘，透骨痛极。悞扯门牙。[51]

自然，反诉避免了对原告父亲的直接诉讼，而是控诉由于庶
母教唆，自己才会受到父亲平白无故的指责，还主张引起诉讼的
契机也是偶然事件。此外，明代后期的诉讼秘本《新锲萧曹遗
笔》[52]中亦有同样内容的文例，该书中附有的判决则是对继父的批
语"今后宜尽父道"，可以说暂时达到了避开"不孝"罪的目的。
反诉的内容虽然都与公案小说相混杂，但这也显示了儿子的反诉
其实已被地方官、讼师等广泛的司法相关者认识到了。

### 三、积极的起诉

到此为止，本文讨论的都是被父母起诉的儿子的应对，相反，

---

[51] 《新刻御颁新例三台明律招判正宗》（日本国立公文书馆内阁文库所藏）卷十二上栏
　　《继立类》。

[52] 《新锲萧曹遗笔》（万历二十三年序刊本，蓬左文库所藏）卷二《继立类·告继子》。
　　参照夫马进《讼师秘本〈萧曹遗笔〉の出现［讼师秘本〈萧曹遗笔〉的出现］》，《史
　　林》第77卷第2号，1994年。

有没有儿子积极地控告父母的罪行呢？"反诉"是不得不主张自己的正当性，而积极的起诉，则因为儒家伦理中包含"亲属容隐"原则而受到更加严格的限制。

由历史上来看，禁止儿子诉讼父母的"干名犯义"律，在《明律》中得到了一定的缓和，不再对讼亲的儿子立刻处以绞刑。如果诉讼的内容是事实的话，则处以"杖一百，徒三年"，而非死刑。根据中村茂夫氏的研究，儿子的告发与"亲属容隐"规定正相反，将《清律》与《唐律》比较的话，则鼓励容隐的场合减少了，而有告发义务的场合则增加了。[53] 在这些部分，《明律》与《清律》也是共通的，实际上《明律》才是大的转折点。不过，正如柳立言氏引用众多判例所论述的那样，积极的诉讼亦很可能是从宋代开始广泛流行的。[54]

柳氏特别关注的事件是，宋初端拱元年（988），有民安崇绪状告继母抢夺亡父财产一案。这时有一派意见认为应该以起诉母亲之罪判处安崇绪死刑，而另一派意见则从安崇绪的亡父和生母的立场出发，认为应该让他继承亡父的财产，以便对生母尽孝。最后，皇帝宋太宗修正了律的适用范围，采取"超法规的措置"，使安崇绪免于处刑。这在法制史上是一个重要事件。[55] 在《清明集》以及其他的史料中，也经常能看到儿子或者养子起诉继母的例子。[56] 可见至少在宋代，官员可以根据情况受理儿子起诉父母的案件，并且制裁父母的罪行。在《朱子语类》中记录了朱熹与弟

---

[53]　中村茂夫注 12 前揭论文。

[54]　柳立言注 5 前揭《从法律纠纷看宋代的父权家长制——父母舅姑与子女媳婿相争》。

[55]　《文献通考》卷一百七十《刑考九·详谳》。参照宫崎市定《宋元时代の法制と裁判機構［宋元时代的法制与审判机构］》，《宫崎市定全集》第 11 卷（东京，岩波书店，1992年）；柳立言注 5 前揭论文中将其称为"九八八年先例"。

[56]　柳立言注 5 前揭《从法律纠纷看宋代的父权家长制——父母舅姑与子女媳婿相争》。

子黄干之间的问答，正是展现这一状况的意味深长的史料：

> （黄干）直卿云：“其兄任某处，有继母与父不恤前妻之
> 子。其子数人贫窭不能自活，哀鸣于有司。有司以名分不便，
> 只得安慰而遣之，竟无如之何。”
>
> （朱熹）曰：“不然。这般所在，当以官法治之。也须追出
> 后母责戒励，若更离间前妻之子，不存活他，定须痛治。”[57]

其后朱熹又谈及自己做地方官时的经验：

> 因云：“昔为浙东仓时，绍兴有继母与夫之表弟通，遂为
> 接脚夫，擅用其家业，恣意破荡。其子不甘，来诉。初以其名
> 分不便，却之。后赶至数十里外，其情甚切，遂与受理，委
> 杨敬仲。敬仲深以为子诉母不便。某告之曰：‘曾与其父思量
> 否？其父身死，其妻辄弃背与人私通，而败其家业。其罪至
> 此，官司若不与根治，则其父得不衔冤于地下乎！今官司只得
> 且把他儿子顿在一边。’”[58]

这一问答意味深长。从中可以看到，南宋的地方官由于感受
到两者（儒家伦理的名分与实际的亲子间纷争）之间的巨大矛盾，
因此认为必须弹性地处理。虽然不清楚朱熹允许反诉这一点对于
后世到底产生了多大程度的影响，但这与之前普遍认为的基于儒

---

[57] 《朱子语类》卷一百六《外任·浙东》。
[58] 《朱子语类》卷一百六《外任·浙东》。据柳立言研究，朱熹在其后弹劾唐仲友时，举
　　 “子告母奸”作为社会败坏的一个理由。而且，虽然一般而言朱熹的法思想是重视“三
　　 纲五常”，但在这个故事中却几乎没有涉及这一点。

家伦理的严格处罚有很大不同，是所谓重"情"的考虑。在这一场合下，则是重视继母的私通罪，认为更应该保护亡夫的名誉与儿子的继承权。也许正由于看到地方官的这种弹性姿态，讼师秘本《新锲萧曹遗笔》中所载的"求谕继母帖"，也不是从正面告发，而是采取"恳请谕亲"的陈情形式。[59]不过不管哪种情况，都必须注意到诉讼的对象是继母。

可见，虽然儿子的积极起诉要比想象的更为频繁，但由于"孝"的问题横亘其间，无限制的诉讼是不可能的。儿子起诉父母的情况，多是以继母、养母作为对象，而起诉生母乃至父亲的情况则是例外。[60]在受理诉讼的一方，又如何呢？尽管有宋初安崇绪的先例，但原则上还是不容许受理对于父母的诉讼。[61]不过，由朱熹的话可以窥见，在现实的层次上，地方官大概也有弹性的应对措施。

## 第四节　亲子间诉讼发生的背景

### 一、父母权力的不稳定性

既然亲子之间的法律地位截然不同，诉讼就变成了父母展示自己权力的场所。不过若据此认为亲子间诉讼都是以坚如磐石的权力为背景的话，事实也并不尽然。实际上，对于不孝之子，也有很多父母无法随心地进行惩罚。南宋应俊的《琴堂谕俗编》中

---

[59]　《新锲萧曹遗笔》卷三《说帖类·求谕继母帖》。

[60]　作为变例，还有在父亲死后才起诉的例子，参照滋贺秀三注3前揭书第185—188页。

[61]　例如，根据《明太宗实录》卷三十二、永乐二年六月乙酉的记事，由于某地方官在处理子诉母案件时不但没有追究子的罪过就受理了，而且还问了母亲的罪。永乐帝大怒，将起诉的儿子以及地方官一同治罪。

便有一节史料，很好地展现了对于不孝子无可奈何的父母的苦恼：

> 五刑之属三千，罪莫大于不孝。然世固有不孝之人，而未
> 尝受不孝之刑者，何也。渝川欧阳氏尝论之曰："父母之心本
> 于慈爱，子孙悖慢，不欲闻官。"谓其富贵者恐贻羞门户，贫
> 贱者亦望其反哺，一切含容隐忍，故不孝者获免于刑。[62]

简而言之，世上虽然有不孝者，但是父母不起诉的原因，有感情、家庭名誉和经济贫困三个理由。反过来说，如果没有这三点抑制的话，诉讼便有可能。在实际的诉讼中，很多情况下这三点确实是关键。

感情这一点虽然很难论证，不过继父母与儿子之间的感情大概确实容易变淡。而家庭名誉这一点，诸多前人已经论述了：在起诉到法庭之前，父母在家庭内进行的处理，即所谓私的制裁——有时候甚至有杀害的情况——是得到法律认可的，即是说家庭内的处理是可能的。根据以孝思想为基础的秩序，这被认为是更加简便的处理方式。一方面，实际上，自古以来就容许父母杀害不孝子，甚至到了清代，只要不是对完全没有违犯教令的儿子的"故杀"，因惩罚而导致死亡的情况也是被容许的。轻微的如笞打之类的制裁更是理所当然，只要儿子不因此死亡，就不会被特别问责。不过从诉讼案件来看，必须注意到，对儿子没有力量加以制裁的老人或者母亲充当原告的情况很多。另一方面，虽然父母还保有生杀予夺的权力，但是制裁权却在慢慢缩小，逐渐变为由

---

[62] 《琴堂谕俗编》卷上《孝父母》。对于《琴堂谕俗编》，有小林义广氏的译注《宋代地方官の民衆善導論—〈琴堂諭俗編〉訳注［宋代地方官的民众善导论——《琴堂谕俗编》译注］》（东京，知泉书馆，2009年）。

国家代行制裁。[63]换言之，国家变为接受父母的请愿而代行处罚的机关，结果父母不施行私的处罚而提起诉讼的情况就自然增多了。

在这三个理由中，对于父母而言，最严重的自然是经济贫困。在本文第一节中列出的诉讼理由中，作为背景出现的几乎都是对父母的抚养义务问题。当然各个案例情况不同，但对照律文而言，相当于④"别籍异财"（虽然别居不被认可，但只要父母许可，家产分割是可以的）与⑤"供养有阙"。虽然在很多情况下这两条是联动的，但对于无财产的最贫困层而言，"别籍异财"一条毫无意义。不过，即使是贫困层也不能免除扶养义务，因此"供养有阙"与"不能养赡"就成了罪状。不只是经济贫困，如果由于其他犯罪被惩罚以至于不能扶养，致使父母因绝望而自杀的话，也必须追究其责任并给予严惩。[64]

以上强调的是扶养义务。其背景是：在社会福利不完备的前近代中国，一般的想法是"养儿防老"，即通过养育儿子来安定老后的生活。[65]对于老人而言，由于只能依靠成年儿子的收入，如果儿子不遵己意，或酗酒或赌博以致荡尽家产的话，那自己的生活就立刻陷入危机。禁止"别籍异财"的目的并不只是实现儒家理念或者辅助家父长权力，必然还有改善老人的不安定生活这一意图。但实际上，父母健在时就将财产分给儿子乃是普遍的做法。分家的方法是，父母或者以养老为名义保留一部分耕地，或者拥有从

[63]　仁井田陞注3前揭《補訂中国法制史研究 奴隷農奴法・家族村落法［补订中国法制史研究 奴隷农奴法・家族村落法］》，第354页，瞿同祖注3前揭书第9—11页，森田成满注13前揭论文。

[64]　中村茂夫《清代刑法研究［清代刑法研究］》（东京，东京大学出版会，1973年），第230—233页。

[65]　关于宋代的扶养意识，有柳立言《养儿防老——宋代的法律、家庭与社会》、柳立言注5前揭书所收。关于明清时代，则可参照赵全鹏《清代养老制度》（西安，西安出版社，2003年）。

儿子那里定期获取一定数量金钱的权利。[66]不过在很多情况下，这都成了空头支票，从而引起亲子间纷争。在这个背景下，父母的支配权便减弱了。即是说，虽然在财产分割之前，父亲作为家长拥有经济的支配权。但是在财产分割后，其地位产生了逆转，变成了虽称为家长却毫无经济权利的老人。

对于母亲，尤其是继母而言，这个问题更为严重。在亲子间诉讼中，儿子正面相争的案件几乎都是以母亲为对手，特别是围绕着丈夫死后的财产，母亲与已经成人的儿子之间的纷争更是多见。如柳立言氏所言，宋代以降，由于寡母的财产权慢慢变小，母对子的优势逐渐减弱，纷争发展为诉讼的情况便增多了。我以为这样一个理解思路是妥当的。[67]于是，将来要成为家长的儿子，与当时作为代行家长的继母之间，各自全力坚持自己的主张，便产生了纷争。[68]

可见，亲子间诉讼发生的第一原因是：近世之后，父母实际上失去了使其权力得以稳定的基础。无论体力上，还是经济上，父母都失去了能够压倒儿子的力量，剩下的只是由儒家伦理带来的权威而已。残存的手段，也只剩要求官府确保自己的经济权力。为了贯彻自己的主张，最好的手段便是推重"孝"的理念，以使儿子服从。

在《琴堂谕俗编》的后段，应俊论述到，吞声饮恨的父母，

---

[66] 滋贺秀三《家の法律的構造［家的法律构造］》，注3前揭《中国家族法の原理［中国家族法原理］》所载，还可参照赵全鹏注65前揭书，第180—184页。

[67] 仁井田陞注3前揭《中国身分法史［中国身份法史］》，第824—827页；柳立言注5前揭《子女可否告母？——传统"不因人而异其法"的观念在宋代的局部实现》《从法律纠纷角度看宋代的父权家长制——父母舅姑与子女媳婿相争》。

[68] 柳立言注5前揭《子女可否告母？——传统"不因人而异其法"的观念在宋代的局部实现》中论道，继母的权利有"持有权""使用权""监管权"，而"继承权"是属于儿子的。以"九九八年先例"为契机，"继承权"变得更为优先。

其怨情会上感于天，以此来训诫不孝。但是实际上，不孝子的故事是无穷无尽的。恐怕笔记与小说中所见的虐待父母的儿子，正是对家庭内实际掌握权力的儿子们的描写。虽然这些故事中的儿子们，都被谴责为不可原谅的不孝者而被施以天罚，但是对于现实中困窘的父母而言，天罚并非可以依靠的惩戒。也许正因此，才会有那么多的父母去叩法庭的大门。[69]

## 二、民间调停机能的界限

在亲子间的纷争中，尚无法确定到底有多大比例的案件被提交到法庭上。自然，并非所有的纷争都会被提交法庭。一般认为在法庭之前，人们便会努力求得稳当的解决。在明代的官箴书《居官水镜》中，某位父亲在起诉儿子的时候，地方官为了让父亲冷静一下头脑，再三以"与汝妻谋三日""聚乡党亲戚正告之"等理由驳回他的起诉。[70]一般认为，历代的地方官一贯的方针是令他人居中调停，尽量让不孝事件不要提交法庭。在地方官看来，亲子间诉讼多是家庭内的细事。而以"不孝"总括的诸多事件，也包括从重大案件到单纯的亲子吵架事件的极广范围。当然，原本"不孝"就是重大的罪，连亲族与近邻都有告发的义务。但地方官并不希望告发，毋宁说是采取将事件交还给亲族和近邻处理的"民事不介入"态度。那么，亲族与近邻社会对于不孝者的制裁、教化机能，到底在多大程度上有效呢？

---

[69] 在古代中国，不孝子据说会受"天罚"，遭雷劈而死。即使幸运地正常死去，死后也会落入地狱遭受折磨。从知识人的笔记中的记载来看，他们应该也认为这是理所当然的。在民众则更加明显，有不向官控而是向神控诉不孝子的故事（元·刘熏《隐居通议》卷三十《鬼神》），还有道士丘处机宣称用雷来惩罚不孝子的故事（《元史》卷二百二《释老传》）等，这些应该都有相当的抑止效果。

[70] 刘明俊《居官水镜》卷二《批词类·批王思惠讼子卷》。

　　由宗族[71]对于不孝者施加私的惩戒与"审判"一事，已经由仁井田陞、滋贺秀三两氏以及徐扬杰氏进行过详细论述。[72]其观点概括如下：首先，对于违犯国家法律与亲族规定的子弟，亲族在国家的公的惩罚之前就先施加惩戒。这时祠堂（共同祭祀宗族祖先的场所）变为临时法庭，族长则执行审判官的职能。当父亲无可奈何地向宗族控诉时，不仅要惩戒不孝子弟，还要追究父亲疏于教戒的责任。[73]

　　以上都是明了记载在宗规，或称作家规的宗族规定中的。当然，各个宗族其内容各有不同，其中有订立极详细的制裁内容的宗规。据徐扬杰氏引用《义门陈氏大同宗谱》中便有"庄首庄副妄使钱谷，决杖二十，并罚苦役一年。子侄酗酒，笞五十，赌博、斗殴、淫于酒色，杖十五至二十，罚苦役一年"[74]的规定。或者，以宗族内解决为前提，在重大案件或者再犯的情况下，决定告官的事例也很多。此外还有对"不孝"事件施行特别惩罚的规定。据光绪年间安徽合肥的《邢氏宗谱》，有"子孙抗违祖父母父母教令及缺养，责三十；骂祖父母父母及纵妻妾骂者，责五十"，最后还规定"不孝之大者，送官处置"。[75]在此虽不能详论，但劝"孝"

[71]　在此是将宗族与亲族两个概念区别使用的。亲族除父系的同族外还包括母方和妻方的姻族，两者范围有差异。

[72]　仁井田陞注3前揭《補訂中国法制史研究 奴隷農奴法·家族村落法［补订中国法制史研究 奴隶农奴法·家族村落法］》，第289—316页；滋贺秀三《清代中国の法と裁判［清代中国的法与审判］》（东京，创文社，1984年），第二《刑案に現れた宗族の私的制裁としての殺害［刑案所见宗族的私刑——处死］》；徐扬杰《宋明家族制度史论》（北京，中华书局，1995年），第6章《宋明律例和封建家族制度》。

[73]　仁井田陞注3前揭《補訂中国法制史研究 奴隷農奴法·家族村落法［补订中国法制史研究 奴隶农奴法·家族村落法］》，第336、346页。

[74]　徐扬杰注72前揭书，第221页。

[75]　多贺秋五郎《宗譜の研究 資料篇［中国宗谱的研究 资料篇］》（东京，东洋文库，1960年），第737页。

与戒"不孝"是宗族结合理念的根基，在任何一个宗规中都是必须书明的。在宗族内被断为"不孝"的，有可能最终被送官处置，这一点对子弟来说也具有威慑作用。

不过，宗族的私的惩戒是否能完全承担下级审判所的全部职能呢？对这一问题，还必须持保留意见。众所周知，宗族的凝聚力与规制力是各不相同的，随着时代与地域不同也有大的偏差。根据《巴县档案》，地方官确实希望能够把"不孝"事件尽量限制在亲族内解决。不过，当亲子间诉讼被带上公的法庭时，虽然已经超越了亲族的解决能力，但在这个阶段，宗族还是有可能申请把成员间的诉讼撤回来。不过在印象中，亲族成员不断参与，助长混乱的案件，其数量要远超过撤回的案件。

依靠近邻对于不孝事件的调停惩罚，也存在公与私的两种。在正式制度上，元代的社长，明代的里长与老人进行的审判是很有名的，[76]"不孝"正是由社长与老人进行审判的"户婚田土"类的细事。明初，在作为老人制基础的洪武帝的《教民榜文》中，区分了"十恶"与"非十恶"，规定官府只处理前者（第十一条）。由于"不孝"是十恶之一，本应属于官的审判范围。但在其他的条中，"子孙违犯教令"却是交给老人处理的（第二条）。实际上，据中岛乐章氏介绍的例子，有老人对于不服从父母的儿子处以了"笞挞四十"的惩罚。[77]这正反映了有可能处以死刑的重大"不孝"

---

[76]　关于元代社长、明代老人的研究有很多。对于社长，有太田弥一郎《元代社制の性格[元代社制的性质]》，《集刊东洋学》第23号，1970年；中岛乐章《元代社制の成立と展開[元代社制的形成与发展]》，《九州大学东洋史论集》第29号，2001年。对于明代老人，可参见中岛乐章《明代郷村の紛争と秩序──徽州文書を史料として[明代乡村的纠纷与秩序──以徽州文书为史料]》（东京，汲古书院，2002年）；三木聪《明代老人制の再検討[明代老人制的再研究]》，《明清福建农村社会の研究[明清福建农村社会的研究]》（札幌，北海道大学图书刊行会，2002年）所收。

[77]　中岛乐章注76前揭书，第122页。

罪与轻微"不孝"罪之间的二分。当然，在《教民榜文》中并没有明确规定其区分标准，但其意图不正是要保持传统观念上处理"不孝"时的任意性吗？即是说，在官的一方要将"不孝"的处理推到民间去的时候，只需要将其认定为"教令违犯"就可以了。不过由于老人等制度长时间没有发挥作用，因此本应止于民间的案件就起诉到官方那里了。

　　根据《巴县档案》，在起诉不孝的时候，首先必须向亲族与近邻报告。在起诉至官的状子中，如固定格式般，都会写有"族戚教诫不改""蚁迭投族团理诫不改"之类的话。因此，亲族近邻必然会在对不孝事件的调停、惩戒中出场。若亲族近邻介入其间，则在诉讼状中便有不少言辞，用来表明是由于亲族与近邻解决不了，以及调停没有成功，才导致对于不孝行为的诉讼发生。也有的案件，在其中附上的调停阶段文约中就写明了：当不孝子（有时候也包含其父母）再度因为"不孝"而导致浪费或行凶时，亲族或近邻就向官府告发。[78]不过，这也可以说是父母一方的法庭战术。即根据固定格式，在向官方提起上诉之前，必须实行亲族与近邻的调停、惩戒，而这便是父母对"已经做了该做的事情"的宣称。

　　在同治年间的巴县，每年有8件左右的亲子间纷争被提交至法庭。对于这一数量，虽然很难加以评价。但如果将广泛的亲族间诉讼（即"骨肉诉讼"）都包含的话，其数量一定是数倍以上。那么，这就不能不让人怀疑宗族的调停能力。在此能见到的，是父母、亲族、近邻、地方官之间，围绕对不孝子弟的处理，互相

<hr/>

[78]《巴县档案（同治朝）》之《家庭》No.6975、No.7006、No.7090。此外，虽然没有附上文约本身，但在诉状中言及缔结了文约的案件还有数件。而且，在No.6908的继母与儿子的财产纷争中，是缔结了双方都可以接受的文约，确定了继母的应得份额。

间转嫁责任的景象。父母的权威不是绝对的，亲族、近邻的规制力也不能对不孝者起作用，不足以阻止父母的诉讼。结果，能够做出某种决定性处置的就只剩下地方官了。因此，只要纷争在持续，亲子间纷争就必定会在某一时刻走向公的诉讼。

### 三、"无讼"的理想与亲子间诉讼

地方官的统治理想之一是没有诉讼的状态，即是所谓的"无讼"。这样的状态在现实中当然是不可能的，不过地方官们作为儒教的知识人，至少必须以"无讼"为目标不断努力。特别是亲子间的诉讼，更是最不应当存在的诉讼类型。

一方面，这种想法的一般化，与其说是导致对不孝进行严惩，毋宁说更与追求教化的温情措施相通。这一温情措置的形式，在某种程度上也随时代发生变化。正如东汉仇览的故事揭示的，在较古的时期，重点是放在对不孝者的再教育上。对被诉的不孝者进行谆谆说教，有时还让其诵读《孝经》。而宋代的例子，则是以理进行教谕，理性的态度是非常显著的。另一方面，通过诉诸感情，让父母失去继续诉讼的意愿，从而使事件得以解决的例子也在逐渐增多。唐朝有一则故事说，地方官韦景骏对于母子互诉的案件，因悲叹自己对百姓的教化不够而至于"呜咽流涕"，仍授以《孝经》，于是母子感悟，儿子亦变为孝子。[79]此外，翻检明清时代的墓志铭与地方志文献，也可以看到许多地方官解决亲子间诉讼的例子，其中与韦景骏相同的"垂泪哀求"的情况更为多见。[80]此

---

[79]　《新唐书》卷一百九十七《循吏·韦景骏传》。

[80]　举一两个例子，如吕柟《泾野先生文集》（道光十二年刊本）卷三十四《故海州知州龙坡李君墓志铭》中记载知州亲自到母子家中垂泣，自责"子之不孝，令之过也"。还有邓显鹤《南村草堂文钞》卷十九《湖南新田县知县王君死事述》中，也记载知县叩胸自责号泣，诉讼母子亦感动哭泣，最终"母子如初"。

外，通过绳缚、责打等威胁手段而解决的案例也存在。具体的方法虽然各式各样，但共通的都是诉诸亲与子之间的"情"，使其在下达明确的处罚之前就撤消诉讼。

对这一理想更加直接的论述，存在于类似行政手册一样面向地方官的官箴书中。例如元代的官箴书《牧民忠告》中，有"亲族之讼宜缓"一条，论述了要加入情的因素才能圆满解决亲族间的诉讼。[81] 此外，更进一步的意见有清代中期的《图民录》，其中"骨肉兴讼当有以感动之"一条，以通过"天理""民彝（人伦）"触动感情为先，若此无效才能使用次善的方法，即以审判区分曲直。[82] 即是说，以审判来解决并不是最优的，取消诉讼才是最善的解决。

即使是到了审判阶段，也还是以温情的圆满解决为优先选择。因此，官箴书中还有引导至温情判决的指南。在清末的官箴书《州县初仕小补》中，以类似于公案小说般的问答形式，进行了非常具体的说明。其中论述了在亲诉子的场合下如何施行法庭询问，并通过情来使亲子双方得以悔悟的方法。由于稍嫌冗长，在此简略引用，以见地方官据情进行审判的理想形态：

> 凡送子孙忤逆者，当喊控时，正在气怒之际，自必极言其子之凶恶，万难姑容，决意恳请当堂处死，以绝后患。凡遇此等之案，男则问："其妇是原配，是继娶，共有子几人，此子是谁所生"，女亦照前讯问。若是继娶，则问："其有无亲生之子，现年若干，曾否娶妻，同居与否"，逐一讯明，情弊自然显露。[83]

---

[81]　张养浩《牧民忠告》卷上《亲族之讼宜缓》。
[82]　袁守定《图民录》卷二《骨肉兴讼当有以感动之》。
[83]　褚瑛《州县初仕小补》卷上《忤逆不孝》。

其后，假设是亲生子的情况下的问答：

> 若是亲生之子，然后剀切劝谕："骨肉之情不可造次，须知既死不能复生，追悔莫及。"倘仍言不要，则问曰："既如此能无悔乎"，必曰无悔。又曰："正在气忿，不可执迷，吾与尔严加教训，使之改过孝顺，可乎。"必曰："此子恶极，断不改悔，恐遭不测。"曰："姑试观之。"即命将其子带至堂上，指其父母曰："此尔何人。"必曰："是父是母。"

于是一边讯问儿子，一边等待父母的态度变化：

> 又曰："尔知父母送子忤逆不孝，要生即生，要死即死乎。"必曰："知之。"曰："既知之，何为而犯也。"必曰："不敢。"曰："若无此事，尔父母焉肯送尔忤逆，必欲置尔于死。本县亦无如之何，惟有将尔打死，以绝后患。"即令去衣重打之。暗窥其父母有无怜惜之意。

然后开始实际地责打儿子。当打得皮开肉绽、血流遍体之时，儿子便开始哀求恩赦。这时候，地方官道：

> 我亦不能自作主张，试恳尔父母如何。

儿子于是便哀求父母。此时，父母如果没有异议的话，便是怒气已经消去。如果仍有不允许的情况，地方官则曰：

> 今日姑且免死，先行羁押，听候严办，庶免尔父母生气，

本县亦免遭逆伦重案。

然后立刻架上刑具拘禁起来，令父母归家。父母看到儿子满身是血，便起了怜悯之情，希望儿子不死。而儿子备受责打，也认识到官府的严格而心惊胆战，此外还知道了"王法无亲，父母为重，不敢放肆冒犯也"。

就这样教谕了父母与儿子双方之后，便到了具体解决事件的阶段了：

> 押候数日，自有亲族呈请保释，一再饬驳不准，使知起灭不得自由，然后当堂严加训饬，仍令重打。亲族自必叩恳，乃曰："看尔等之面，姑宽宥之。倘再不知孝顺，送案立毙杖下，万不再宽。"仍责成保人、亲族人等曰："如敢再犯，即惟尔等是问，稍有不遵，速为送案究办，毋得容隐，致干并究。"取结保释。

这样便解决了一个案件。此外，还稍微附言："倘是前妻之子，或庶母继母有子控告，前情则当斟酌而行。要在当事者因时制宜，相机酌办，不可一律拘定一概而论。"

以上便是温情判决的整个图景。既出色地缓和了父母与周围人的感情，同时也宣示了官府的严厉，还能使自身避开"逆伦重案"。其中，语言的细节部分与看穿母亲诬告的著名审判官李杰的台词相似，很可能是参考了公案小说之类。而诚切地窥探亲子双方的态度，将感情诱发出来，这简直是理想的过程。由墓志铭中再三记载这类事情也可知道，这样的解决是理想的，也是应该大书特书的事例。正由于这是应该称赞的事情，所以才记录了下来，而日常的情况则需要另外考察。

目前清楚的是，即使被定为"不孝"罪，免刑的情况也有很多。在明清时代的刑案中，到了儿子要被处刑的阶段，父母由于后悔而申请取消诉讼的例子也不少。在国家这一方，也会预计到父母感情的变化。在明代，与彻底遵照律的条文行刑相比，毋宁说因皇帝的"好生之德"而来的"恩"更为重要。[84] 此外，《明律·问刑条例》中也规定，在由于辱骂双亲而被控告的情况下，如果父母"告息词（取消诉讼的申请）者，奏请定夺"，则可以免去刑罚。[85] 在《巴县档案》中，对于初犯、二犯的情况，地方官一般也只是叱责，至多加以少许责打便释放了。对于地方官而言，必定是希望在这期间能修复亲子间关系，停止儿子的不孝行为。正是通过这样的方法，地方官在消极却不断地追求着理想。不过，即使有这种难得的温情，如果不孝者再三地犯"不孝"，那么大都还是会被施以惩罚的。

总结而言，亲子间诉讼频繁发生的一个要因是：在"孝"原理的背景下，无论在伦理上，还是在法上，父母都占有绝对的优势地位。基于这种情况，虽然能够带来对家父长权力统治的想象，但实际上，很多父母对于儿子的"不孝"感到胆怯这一现实也浮现了出来。既然允许父母自行实施惩戒，本来没必要因提起诉讼而负担风险。但是，实际上对父母而言，不仅有被儿子伤害或詈骂之类的直接被害，在经济上也屡屡被迫处于从属地位。为应对这一问题，对"不孝"罪提起诉讼既是父母拥有的绝对权力的证明，同时却也可以说是几乎唯一的一种方法。诉讼的结果如果真的判处儿子死刑的

---

[84]《皇明条法事类纂》卷三十六《不孝二次三次不准息词及听信后要查勘例》。
[85]《明律》刑律《骂祖父母父母》问刑条例。

话，那自己年老后的危机就必然更加严重。而从原本的感情来说，真心希望处死儿子的情况也必定很少。因此，经过地方官的惩戒，或者经过之前的诉讼施加警告，促使儿子反省，这是最应该期待的结果。如果考虑到父母的这种心情，那么正如地方官怠慢或民间调停机能不全这两个因素一样，地方官重视温情的倾向，难道不也是使亲子间诉讼增加的一个重要因素吗？

# 结　语

原本应该在家庭内处理的亲子间纷争，在诉讼的场合变成了公的事件，并且将亲族与近邻社会中许多人卷入其中，这一状态，已经构成了"诉讼社会"本身。但是，在法律地位上有着绝对差别的亲与子，为何要进入法庭呢？即是说，在本应由"孝"思想贯彻的社会中，除非假定其他要素存在，否则亲子间诉讼的发生是绝对没有必要的。

正如近代知识人所共同批判的那样，以"孝"思想为根据的中国亲子关系，在儿子看来是极为残酷的现实。以此思想为基础的法律也是极为残酷的。"不孝等于死刑"，"不能告发父母的恶行"之类，在现代的观点看来只能是明显的权利不平等。不过，如果只将其作为前近代中国社会的特征，以"这是儒家伦理的根本，因此是自然的"来作为结论，那么问题并没有真正解决。不可否认的事实是，这个过于残酷的系统维持了两千年以上，如果仅仅以儒家教育和法律来使儿子处于隶属地位，那么很难想象该系统在这么长的时间里都没有破绽。在此，除去与现代不同的价值观之外，难道不是还有某种巧妙的运用吗？换言之，在以亲子间诉讼为顶点的亲子间纷争中，是不是有能够缓和这种过度残酷的机制存在呢？

在法律上，随着儿子的法律权利慢慢扩大，儿子的反诉、起诉行为也自然增加。特别是死去丈夫的母亲，其财产权更是屡屡与儿子的财产权相冲突。与此对应，父母为防止权利被侵食而提起的诉讼案件也自然增多了。作为审判方的地方官，也由于没有绝对的标准而总是流于温情判决。可以说这也是造成诉讼增多的要因之一。简单来说，根本上是由于国家对于"不孝"罪同时展现出严罚与轻罪这两种处置的暧昧态度，或者说这种"二重标准"带来了混乱。

对于"不孝"来说，"二重标准"的本质是什么呢？是应该还原到儒家与法家等法思想的差别呢，还是由于惩罚对象的士大夫与民众的差异，即是说还原到教化层次的不同呢？对于这一问题，有各式各样的见解。但是在最实际的意义上，在诉讼中，"刑事"与"民事"是没有区分的。看起来是并非重大事件的"民事"案，也可能由于进入"不孝"罪的范畴而立刻成为重罪。相反，即使是詈骂、暴力等相当于重罪的"不孝"，也有可能被纳入"违犯教令"这种"民事"的案件中。而且，这些都是包含具体诉讼内容的完全个别性案件，根本不可能被普遍化。如果这些正是混乱的原因，那么当然可以认为是必须要加以改善的。但是，笔者认为"二重标准"的维持具有某种更重要的意义。

作为诉讼当事者的亲与子，正是巧妙地利用这一暧昧性，努力寻求对自己有利的结果。父母只希望确定自己的权利，惩戒一下儿子就行了，并不希望对儿子处刑。只要诉讼得到受理，就构成了足够的警告。此外，即使提交法庭，地方官也会实行温情判决。而在儿子一方，则苦于因"不孝"而陷入极危险的境地，因此也会向温情判决屈服。地方官则不时地提示一下严罚，以展示权威。于是，可以说三方都是以"父子（母子）如初"这一结果为目标，在预定的调和过程中各自扮演着自身的角色。即是说，通过"二重基准"的维持，地方官一方面掌握着严罚的威慑可能性，另一方面则实际上在谋划着转变为保护儿子权利的温情处理。

如果将儒家伦理当成死板规则进行审判的话，那么对妻子与儿子而言都是悲惨的状况。一方面，历代王朝宁愿付出这种牺牲，也要优先维持家父长制的秩序，这确实是真理。不过另一方面，也必定存在某种钟摆式的反作用，用来缓和这种不均衡。在此，虽然并不清楚是否有"法律下的平等"这种法意识。但是，公案小说之中父母的诬告故事，是从世俗舆论方面对法制的一种批判。明代以后逐渐活跃的讼师，也屡屡对儿子伸出援助之手。而后，最重要的是委托地方官进行的裁量。地方官对于"不孝"罪并不使用统一的标准，而是依据具体的案件进行判断。周围的士大夫们也有时对严惩表示赞赏，有时对温情判决加以喝彩。在这一矛盾的现象中，一面是以儒家伦理作为秩序的基础，另一面又有着某种"看不见的手"，对弱者（法律地位上的弱者）的权利施行保护。

（凌鹏 译）

# 第五章 为何要诉"冤"
## ——明代告状的类型[*]

谷井阳子[**]

## 前　言

　　滋贺秀三指出，清代的诉状（当时一般称之为"告状"，本文以下亦称"告状"）重点在于"自己如何受到冤抑的陈述上"，[1] 陈述"对方如何不法，而自己又是如何遭受不当欺压即冤抑之情"占据诉状篇幅之大半。[2] 当时民众到官府陈告时一味强调自己所受的"冤抑"，在如今亦为我们所熟知。

　　寺田浩明以"冤抑"为关键词，为清代民事审判全像提供了一个模式图。[3] 他认为，原则上希望互让共存但却无端遭受"不当欺压而被扭曲"的民众，和为遭受"不当欺压而扭曲的起诉者冤抑进行昭雪"的审判官这一图示，是通过审判解决纠纷的一个应有模式。

---

\* 原题为《なぜ「冤抑」を訴えるのか—明代における告状の定型》。

\*\* 执笔时为天理大学文学部副教授，现为教授。

[1] 滋贺秀三《清代中国の法と裁判［清代中国的法与审判］》（创文社，1984 年），第 153 页。

[2] 滋贺秀三《続·清代中国の法と裁判［续·清代中国的法与审判］》（创文社，2009 年），第 34、35 页。

[3] 寺田浩明《権利と冤抑—清代聴訟世界の全体像［权利与冤抑——清代听讼世界之全像］》，载《法学》第 61 卷第 5 号，1997 年。

　　笔者对寺田氏认为的陈告理由是当事人一方超过双方互让的限度"过于欺压",而审判官则担任恢复均衡的角色这一民事纠纷解决模式本身没有异议,但笔者不能同意把当时告状中所见的"冤抑"表达看作民事纠纷的正当性(其实是对方的不当性)之根据,并把当时的民事诉讼理解为"冤抑‐申冤型审判"的看法。民事诉讼中陈告"冤抑"之情,并非陈告者对对方的"过度欺压"正确或夸大其词的陈述,而是企图偷换案件性质的措辞。"冤抑‐申冤"的逻辑不但不体现民事审判依据,更确切地说,恰恰是揭示了当时作为审判依据的正当性的缺失或不确定性。

　　"冤抑"之语,对于古代中国当政者而言无疑意义重大。只是从当政者的立场看,"冤抑"与土地纠纷之类"民事性诉讼"却风马牛不相及。事实上审判官即便受理并解决了"冤抑"之情的告状,他也未必就意识到这是在"申冤"。在官方史料的民事性判决中几乎见不到"申冤"一词。所谓"冤抑""申冤",本来就是不该用在土地纠纷"欺压"是非之类简单诉讼公书中的用语。尽管如此,但为什么诸多告状都非得用"冤抑"一词呢?笔者认为这点非常重要。

　　笔者认为,民事性诉讼中"冤抑"申诉形式的形成过程,与民事秩序无关的制度性背景起着作用。当政者重视的事态以及与此相关的政策,总是和民众需求有一定差距,但民众又无力去改变当政者的政策,为了自身利益民众只能顺着官方的思路间接地来处理问题。申诉"冤抑",就是该处理方式的一个表现,如实地反映了当时社会的诉讼形态。

　　为了证明这一点,本章从研究积累深厚的清代上溯至明代进行探讨,因为明代"冤抑""申冤"观念和相关的政策方针更为清晰明了。清代虽然基本沿袭了明代制度,但在政策方针上,清王朝独有的政治思想也占一定比重并明显地反映在所继承的明代制度中，所以有些问题就会比较复杂。

在以下第一部分中，将论述明朝的政策一方面非常重视消除"冤抑"，而另一方面却把民事性诉讼作为与"冤抑"无关的事件冷漠对待。第二部分论述朝廷致力于发现和救济因"冤抑"而受苦的民众，并出台了系列制度，但关于民事性诉讼，却连受理理由和受理依据也没有明示。第三部分论述提起诉讼的民众在充分知晓官府的态度后，就有必要想方设法使当政者在诸多告状中受理自己的申诉，并获得有利的判决。文章最终试图说明，官府以之为己任的职责与民众对官府的需求之间存在分歧，而该分歧不可调和的性质，使得需求量最大的民事裁判的不安定性一直无法改善。

## 一、"冤抑之事"与"争论之事"

清初沈之奇所著《大清律辑注》中记载"有冤抑之事而陈告曰诉，有争论之事而陈告曰讼"。[4] 作为传统或在当时，"诉"和"讼"是否普遍做了区分权且不问，将"冤抑之事"与"争论之事"分开一事却明确体现了古代中国传统的诉讼观念。从孝妇蒙冤而致三年干旱的故事（《汉书·于定国传》）可以看到，假若无辜民众的冤抑没有昭雪，上天就会降下灾异以示警告，昭雪冤抑乃是当政者重要的职责。与此相对，对于单纯争论性诉讼，较之正确审判更加重视"无讼"（《论语·颜渊篇》）。同样是来自民众的陈

---

[4]　沈之奇《大清律辑注》刑律，诉讼，开头上注。

告，但对于当政者来说两者的分量却相差悬殊。

明初洪武帝颁布的政策就显示了对"冤抑"与"争论"截然不同的态度，认为减少冤抑是天子的职责。《皇明祖训》记载："凡听讼要明。不明则刑罚不中，罪加良善，久则天必怒焉。"[5] 皇帝命令府县官要正确审理民人词讼，[6] 要以"罪奸治顽，申冤理枉"为己任，[7] 若法司受财枉法"致令冤者不伸枉者不理"与犯人同罪。[8] 洪武帝曾宣告，掌刑名者审断不当"使冤者不伸枉者不理"如有知晓定责以重罪。[9]

洪武帝认为，如果法司府州县官尽职尽责，民众岂有冤情，有冤案而不审理则是因为主管官员有问题，因此很早就设置了御史台和按察司御史台（后改称都察院、按察司）监察朝廷内外官僚。[10] 而"辩明冤枉"就是监察御史、按察司的职责之一。[11] 从监察官的职责设定以及其后颁布的条例来看，这里所谓的"冤枉"一般是指由于官员的过错或者腐败造成的冤罪。

洪武帝在设置监察机关的同时还进一步致力于解决民众的呈诉。洪武元年（1368）末，依照传统置登闻鼓于宫城午门外，并令监察御史一人监看。"府州县省官及按察司不为伸理，及有冤抑重事不能自达者"，允许其击登闻鼓直接提起控告，[12] 而且还规定监察御史应即刻申诉上奏不许阻遏，违者治死罪。诉讼虽然原则

---

[5]　《皇明祖训》祖训首章。
[6]　参见《明太祖实录》吴元年七月丁丑条。
[7]　参见《御制大诰》开州追赃。
[8]　参见《御制大诰》官民犯罪。
[9]　参见《御制大诰》谕官无作非为。
[10]　参见《明太祖实录》吴元年十月壬子条。
[11]　参见《大明律》刑律，断狱，辩明冤枉。此可谓继承了元代有"冤抑"可向御史台申诉（《元典章》刑部，讼称冤从台察告）的制度。
[12]　参见《明太祖实录》洪武元年十二月己巳条。

上"皆须自下而上陈告"，但当地方官和监察官不公审理，或由于"冤抑"无法通过正常的渠道申诉时，允许民众向皇帝直诉。除此之外，洪武帝不仅允许官员还允许普通民众直接上奏言事，关于"四方陈情建言，申诉冤枉，民间疾苦善恶等事""告不公不法等事"，[13] 原则上任何人都可以通过通政司进行控告。

但是关于登闻鼓，则规定"户婚、田土诸细事皆归有司，不许击鼓"，民事性诉讼从最初就被排除在奏诉对象之外。[14] 而通过通政司的控告估计亦是如此。但是奏诉的大门一旦打开，结果是各种各样户婚田土细事纠纷一拥而至。于是到了洪武末年，朝廷就以京城越诉案件数量剧增为由，颁布了有名的《教民榜文》，命"户婚田土、斗殴相争一切小事"由本里的老人、里甲处理。朝廷认为京城越诉虽多，但归根结底都是户婚田土类的小事，于是采取了事先排除的方针。

在元代，各种"婚姻、家财、田宅、债负"如果不是"违法重事"的纠纷，也是规定"听社长以理谕解"。[15] 理由是民事性诉讼不值得采取"妨废农务，烦紊官司"的正规审判程序，而《教民榜文》的方针估计就是继承了这一宗旨。

洪武帝认为，"户婚田土、斗殴相争"辩其曲直对于官吏来说绝非难事，[16] 府州县解决不了并非审断困难，而是由于官吏的不法。如下文所述，虽然当政者对官吏的不法非常重视，但是认为"户婚田土、斗殴相争"的小事本该"互相含忍"，即便是"被人凌辱太甚、情理难容"，甲里、老人也能妥善解决，最初采取的就

---

[13]　《诸司职掌》通政司，通达下情。

[14]　参见《明太祖实录》洪武元年十二月己巳条。《明史》刑法志二表现的是"非大冤及机密重情不得击"。

[15]　《元典章》刑部，诉讼，听讼，至元新格。

[16]　参见《御制大诰》奸贪诽谤。

是不让官府受理的方针。[17] 洪武帝允许民众奏诉是为了救济重大且性质严重的事态，而民事性诉讼别说奏诉就连官府受理都不值。

那么何谓重大且性质严重的事态呢？首先，是指相对于"户婚田土"的"强盗人命"重案。放跑重罪犯固然问题最严重，不过奏诉所救济的主要对象是蒙冤受罪之人。朝廷为昭雪"冤枉"命令官员的最主要的工作是慎重审理"死罪重囚"，及时防止因冤罪或轻罪长期入狱而有可能横死狱中的"淹禁"事件发生。明代继承了前代在死罪处决程序上慎重的传统，洪武十四年（1381），为"革天下刑狱壅蔽之弊"向各地派遣御史将重罪者送京师大理寺评议，[18] 目的就是如该敕谕所言"御史职在司法申理冤抑"，意在昭雪冤抑。这样做的理由就如俗话所说的"人命至重""死者不可复生"[19] 那样，凡涉及人之生死问题上决不容忍官员的不法。《御制大诰》以极刑威慑官吏禁止受贿放走囚犯，[20] 同时也三令五申严令禁止虐待囚徒和不正羁押。[21]

下面探讨当政者对贪官污吏虐民问题的态度。《教民榜文》指出六部以及府州县官府"儒非真儒，吏皆猾吏"，为一己私利而"倒持仁义、殃害良善"是民众到京师越诉的原因。洪武帝认为皇帝任命的官员以及官府名下行使权力的吏役贪污腐败、求私利鱼肉百姓是冤案发生的源头。《御制大诰》说，各地官吏榨取民财已经到了"民间词讼，以是作非，以非作是，出入人罪，冤枉下民，啣冤满地"的地步。[22] 因此，洪武帝规定，此类"啣冤无诉"

---

[17]　参见《教民榜文》。

[18]　参见《明太祖实录》洪武十四年十月癸亥条。

[19]　例如《明太祖实录》洪武十四年五月丙申条的上谕。

[20]　参见《御制大诰三编》官吏长押卖囚。

[21]　参见《御制大诰续编》枉禁凌汉，《御制大诰续编》刑狱，《御制大诰续编》再诰刑狱。

[22]　参见《御制大诰》积年民害逃回。

如因官吏从中阻挠导致下情不能上达者，一经发现将以极刑严惩，[23] 同时若有布政司及府州县官欺压民众，民众得以联名"赴京状奏"。[24]

不仅是官僚吏役，如果地方势力的"豪强""势豪"滥用权势欺压民众也都视为恶性事件。洪武帝认为这些"豪强"之所以能够专横霸道，不是与官府相勾结就是根本连官府也管不住了，就其性质比单纯的官僚吏役贪污腐败更为严重。洪武帝曾下旨，如果城市乡村，有"起灭词讼"把持官府或"拨置官吏害民者"，民众可"赴京面奏"。[25]

对于上述诸事，通过皇帝命令的形式明文规定可以进行揭发，或是向皇帝提起直诉。当然，作为正规的诉讼程序即便是"冤抑"也应该遵循"逐级审理"的原则禁止越诉，[26] 但若事有缘由且又被认可的则可以免其罪责。作为实例，洪武帝曾下旨，免除因父亲无罪被捕被送京城，其子为救父越诉之罪的事例。[27]

对于不符合相关事由的越诉案件洪武帝则多次出台了禁令[28]，洪武二十一年（1388）的《教民榜文》就是为彻底解决轻微事件的越诉奏诉屡禁不止而出台的对策。

就这样，官府一方面积极地受理有关重大"冤抑"和作为其根源的官吏腐败、地方权势专横的申诉，而另一方面对民事性诉讼则持轻视或是无视的态度。这一立场直至永乐年间也没有多大变化。

---

[23]　参见《御制大诰》谕官无作非为。
[24]　参见《御制大诰》民陈有司贤否。
[25]　《御制大诰》耆民奏有司善恶。
[26]　参见《大明令》刑令，以及《大明律》刑律，诉讼，越诉。
[27]　参见《明太祖实录》洪武十五年十月癸卯条。
[28]　参见《明太祖实录》洪武十五年八月辛巳条，同十五年十月戊戌条，同十七年四月壬午条。

永乐六年（1408），皇帝对经三法司复审后的三百余名死囚特地下了"若有冤抑许自陈"的谕旨。[29]永乐帝认为，三百余人未必人人皆得实情，若一人不实则死者衔冤，所以要求从容审理，"一日不尽则二日三日，即便十日亦可，必使无冤"。永乐帝的这一谕旨充分体现了明朝对冤抑中最为严重的"因冤至死"案件的官方见解。众所周知，永乐帝作为个人对违背自己旨意的人极其残酷，但作为国家的皇帝而言他既不希望也不允许有一个人"衔冤"而死，亦有受理过冤罪者家属击登闻鼓鸣冤案件的事实。[30]

永乐九年（1411），考虑到被关押在地方监狱的人即便有冤也很难击登闻鼓鸣冤，所以永乐帝特地派遣官员复审，[31]为防止轻罪"淹禁"的现象，还下旨审录囚犯。[32]

对于陈告官吏枉法和豪民横暴，永乐帝也一贯持积极的态度。对"有司分外科征，非理虐害，或豪势之家恃强凌弱"的，许其告至官府，如果官府不理则许其持《御制大诰》上京师呈告。[33]永乐九年（1411），屯军因在京师操练无法耕作，但卫官还是照收子粒（屯租），申诉后无人受理迫不得已击打登闻鼓。结果，不仅屯军的奏诉得到认可，卫官受到了处罚，而且获得了"凡屯田军以公事妨农务，悉免征子粒"的圣谕。[34]

对于不涉及重大案情的一般性诉讼，永乐帝同样采取尽量不予受理的方针。永乐元年（1403）再次确认了越诉禁止令，之后

[29] 参见《明太宗实录》永乐六年十一月丁巳条。

[30] 参见《明太宗实录》永乐七年六月甲辰条。

[31] 参见《明太宗实录》永乐九年四月癸巳条。

[32] 参见《明太宗实录》永乐九年十一月丙子，同十二月辛丑条。

[33] 参见《明太宗实录》永乐九年正月甲子条，《明太宗实录》亦载"比年各处闲吏群聚于乡，起灭词讼，揽搅官府，虐害平民，为患不小"并采取对策（《明太宗实录》永乐二十年八月壬寅条）。

[34] 参见《明太宗实录》永乐九年九月壬午条。

的永乐三年重申了《教民榜文》的该项规定。[35]但从重复颁布禁令可以推测这些禁令并没有取得什么实效。到了永乐二十二年"顽民动辄赴京越诉，及逮问十率五六不实"，[36]于是规定若是不重要的奏诉皆交由巡按御史、按察司审问。尽管奏诉最终都得以受理，而来京越诉的数量却并未减少。

为了防止户婚田土类小事的越诉，永乐十年（1412）规定，对于"越诉虽得实而据律（越诉事体之罪）当笞罪"者免除其笞罪，并授给北京周边田土使其耕作。朝廷认为"奸民好讼由无恒产"，所以将北京周边多余之地让他耕作亦可开发土地，乃一石二鸟之策，[37]正如因知县平均赋役"民用无扰，诉讼亦简"[38]所表述的那样，认为民事性诉讼繁多的根本原因在于贫富差距。如果当政者认为大多数诉讼都是因无恒产而无恒心的民众万般无奈才提起，那么当然也就不会认真受理这类诉讼。

## 二、"重罪"与"细事"的政策

明中叶以后，在制度上对民众诉讼中可能存在的"冤抑"案件采取更加积极的措施，而对于单纯的"争论"继续保持漠视态度。

府州县以上的官员每天必须将消除冤狱铭记心上。时任应天巡抚的海瑞曾命令各府州县对所有囚犯不论"其人有无诉状，不必本院（巡抚）有无批行"皆应详细审问，若有冤情要即刻报

---

[35]　参见《明太宗实录》永乐元年二月癸丑，同三年二月丁丑条。

[36]　《明太宗实录》永乐二十二年五月戊子条。

[37]　参见《明太宗实录》永乐十年正月壬子条。

[38]　《明太宗实录》永乐十五年三月丙申条。

告。[39]作为原则"民之父母，顾忌观望，坐视冤抑，可以为民父母哉"，海瑞更是要求下属即使没有"诉状（反诉状）""批行（命令下属对案件进行的审理）"也要调查，因为冤抑一般通过向同一府州县提交新的诉状（想必当时官员更替频繁）或是向巡抚、巡按提交诉状（包括转发回来的奏诉）受理，常有不知申诉方法或申诉之路受堵而无辜含冤蒙屈的可能。明代中期，以死刑犯为主要对象，建立了定期对全国囚犯统一进行审录（再审）积极减少冤抑的制度。

京师每年审录罪囚始于天顺三年（1459）。[40]每年霜降之后，刑部、都察院、大理寺三法司共同复审重囚，即"朝审"。此前是各地每逢灾年奉命复审重囚。这是基于"天降灾谴，多感于刑罚之不中"[41]天人感应思想，其宗旨是促进发现隐藏的冤罪。地方的罪囚审录在成化初年成为定例，并经成化朝逐渐完善最终作为一种制度得以确立。[42]

在该制度下巡按御史和都司、布政司、按察司以及分巡道、分守道一同对其管辖之下的各衙门收押的罪囚进行复审。每年，府州县官都要将在监囚犯的审讯记录全文资料整理成案卷，对囚犯逐个预审并分别注明"情真（无误）"，"矜疑（有酌情量刑的余地或有疑点）"或者"亏枉（误判）"。确属"情真"无异议者，仅送书面报告而不移送囚犯。虽系"情真"但提出异议的囚犯和

---

[39]　参见海瑞《备忘集》卷五，续行条约册式。

[40]　参见《明宪宗实录》天顺八年十月甲申条。

[41]　《明英宗实录》正统八年六月丁亥条引翰林院侍讲刘球的上奏。

[42]　以下，关于作为审录制度以及它的副产物的法律解释的统一，参见谷井阳子（A）《明代裁判機関の内部統制［明代审判机构的内部统制］》，载梅原郁编《前近代中国の刑罰［前近代中国的刑罚］》（京都大学人文科学研究所，1996年）；谷井阳子（B）《明律運用の統一過程［明律运用的统一过程］》，载《东洋史研究》第58卷第2号，1999年。

"矜疑""亏枉"的囚犯，须要提取犯人并寻齐证人，确认囚犯本人无误后送交巡按会审场所。

以巡按为核心的会审官员参照案卷，再次提审囚犯和证人。会审结果也分为"情真""可矜""可疑"以及"亏枉"等情形并报告朝廷。对于"可矜""可疑"以及"亏枉"的，需要说明理由请求减刑或者释放。对于死囚，判定"情真"的上报朝廷，经三法司审议之后由皇帝裁决定刑。如果已确定为死刑的囚犯下次巡按会审依然判为"情真"的将被执行死刑。但实际上除罪大恶极的犯罪外，巡按一般不愿签发行刑命令，即使签发行刑命令后只要临刑前申冤也可以再次审录，由于没有临刑申冤次数限制，也有同一死囚审录了几年（根据情形甚至是几十年）的现象。其间当然也有不少瘐毙狱中者，但也有经多次审录，"情真"判定逐渐动摇最终列入减刑对象的事例。

每年的审录活动需要花费很多的劳力和财力。到了成化后期，在每年的会审之外又设立了每五年一次由刑部、大理寺派遣官员进行同样的审录制度。五年一次差官审录派遣的是详熟刑名的官吏，以期比每年的会审更加谨慎。也就是说，在通常审判制度之外新设置了高成本的审录制度，[43] 而支持设置实施这一制度的动机，就是把发现并纠正冤假错案作为官员的责任。

反复细致地复审重罪死囚也促进了律例解释的统一及贯彻实施。审录中要解决的问题不仅是事实认定，还包括律例解释和适用错误。从当时审判记录看，当时一般官吏对律例用语及适用规

---

[43] 另外，犯人的生活费原则上由自己负担，贫穷拿不出钱的人由官费养活。一旦犯人累积，这个囚粮就会成为地方财政的负担。但是，即便如此，主张严格使用死刑执行的人，仅限于像张居正这样的例外的政治家，而且成了批判的对象。即使是"情真"的死刑犯，比起故意杀人而施加压力，寻求囚粮的筹措方法的做法被看作更符合良知（参见前注谷井阳子［B］，第 59 页）。

则大多不甚了解。嘉靖九年（1530），派遣到南直隶进行审录工作的刑部郎中应槚等曾指出，通常审理案件官员都对律例"随意解释，恣意引用"，上奏请求对他们进行指导。事实上，在政策层面统一律例解释并贯彻普及律例适用标准始于其后的万历年间，而在律后附以官方解释则要推至清代以后。但是，朝廷严格律例适用的方针出现于确立审录制度的明代后期，并逐渐得以实现。

只是以上政策都仅对重罪死囚，对于笞、杖刑之类轻罪以及连笞杖刑程度都不到的民事性诉讼，除了想方设法地减少其数量外看不到其他更重要的政策动向。众所周知，里甲、老人担任轻微审判的制度一直没能确立，明中期府州县成了公认的地方基层审判机关。而这并不是因为政府重视民事诉讼，仅是里甲、老人的审判机能没能发挥应有作用的缘故而已。上至皇帝朝廷高官，下至府州县官依旧保持轻视民事性诉讼的姿态。嘉靖八年（1529），两淮巡盐御史朱廷立曾对商人颁布禁约，其中"戒斗讼"就是提醒商人聚在一起容易引起纠纷，"往往因而斗殴、争讼，甚至破家亡身"。[44]他认为诉讼就是和斗殴同列的无谓争执，就是吵架，所以提起诉讼之前要冷静深入地分析其中是非利害"各宜含忍"。[45]这就是当时官员对民众最基本的教谕。

尽管大明律禁止"告状不受理"，[46]但实际上毫无疑问，告状受理与否全由负责官吏决定。其理由如同"禁讼则民有抑郁之情，任讼则民有拘系之苦"[47]所言，是更多考虑到受理案件所带来的

[44]　嘉靖《盐政志》卷十，朱廷立禁约。
[45]　薛应旂《方山薛先生全集》卷五十三，公移七，晓谕齐民。
[46]　《大明律》刑律，诉讼，告状不受理。但是，因为规定"斗殴、婚姻、田宅等事不受理者，各减犯人罪二等，并罪止杖八十"，所以只适应于轻罪的民事案件即使不受理实际上也不受罪责。
[47]　吕坤《实政录》民务卷三，有司杂禁。

弊害。"民间苦事，莫甚于株连"[48]，一旦卷入官司不但累及他人，更何况万一被长期羁押或就此瘐毙，那就成了一桩典型的"冤抑"。所以从致力避免"冤抑"的立场看，不受理非重罪诉讼也有正当理由。

拒绝受理造成的问题就是，非但没能减少诉讼反而增加了越诉。有司不受理户婚田土诉讼或者审断不公势必导致越诉民众增加，如果处理不善，就会"文移浩繁，奸狡得计，抑且亏损田粮，无益公家"[49]，从全局来看造成国家损失。

明末佘自强从地方官的立场出发，劝地方官员尽量受理诉讼。首要理由就是，如果不准理会导致越诉盛行反而徒添缠绕，而第二点理由居然是"不要害怕多受理案件"。[50]佘自强的第二个理由与明代特有的罚赎制度有关，[51]在明代除了传统的收赎以外，从笞杖刑到杂犯死罪，根据犯人财力有通过当时规定的劳役（后改为纳银）赎罪的制度，所以科处赎罚越多，官府收入越多。

佘自强认为，"盖朝廷设立官府之意，原为民间分忧息争，使之一一和解，今人不知设官之意，止知准状为取钱之媒，故只以多准为讳，不知我之心至虚至平，原非状状不放空之心，虽多准何害"。

可见当时以罚银敛财为目的的诉讼受理已成理所当然，反而出现为洁身自好不愿受理案件这等令人啼笑皆非的现象。定民纷止民之争原是官府本职，却竟然被忘记到需要特地确认的地步。

官府如果没有意识到定纷止争、促民"和解"的职责，那么

---

[48]　《实政录》风宪约卷六，听讼。

[49]　台湾历史语言研究所藏《大明成化年间条例》"越诉田土等项问罪通计起数将本等（管）司府州县官吏取招住俸例"（成化十七年正月）。

[50]　佘自强《治谱》卷四，词讼门，准状不妨多。

[51]　参见滋贺秀三《中国法制史論集》（创文社，2003 年），第 232—235 页。

地方官就会把审判作为是对民众的一种恩惠，甚至还会把受理诉讼看作是官府和民众讨价还价的一种手段。如前引吕坤曾经建议，对于未纳税者的告状即使再有道理，即使有上司批行也不要理睬，以此作为解决州县租税滞纳问题的方法。[52]

这种想法背后包含的观念就是，但凡诉讼，大半是民事性诉讼，而正因为是民事性诉讼所以无关紧要。对于当事人来说即使是民事性诉讼也是很切实的问题，因此才会有像越诉、诬告纠纷这类的申诉，而这一点朝廷当然也知道。成化六年（1470）正月，兵科给事中官荣上奏，[53] "各处刁徒" 频繁诉讼，扰乱官府恼怒良民，究其本源都是些争夺 "家财、田地" 的琐事纠纷，提议遇到这类诉讼，有必要尽量公正地审问斟酌，查看分产文书和买卖契约，如果确认分产后分居五年以上，田地买卖实卖过割年久的，不许强迫现所有者重复分与支付。这一提议后来被采纳并通达了各地方。

最主要的健讼原因是围绕土地财产的纠纷，作为抑制健讼的必要手段就是公正裁决。为此最自然的想法就是设定统一标准，如果不管何时何地申诉都同样判决，那么抱着侥幸心理反复无理诉讼之徒必然减少。史料能看到的仅仅是关于家产分割田地买卖之后再次分割、支付等问题提出的 "分居五年" "实卖过割年久" 这么一个大致的标准。但即便如此，如果将这具体标准通过大量民事案例积累整理并整合形成民事法的体系，并在全国统一适用，或许就能有效地防止了 "健讼"。

但是实际上，有民事性审判具体判定标准的案例很少，而且

---

[52]　参见《实政录》民务卷四，征收税粮。
[53]　参见《大明成化年间条例》分定家产重告者立案不行例（成化十九年十二月）。

未见普及贯彻的迹象。上述案例也只是因成化十九年（1483）山东一知州上奏各地实际审判没有照章办事才结合同类案例进行的通达。[54]和重罪案件不同，民事案件除了有上司批行之外既不需要上报审判结果，也不存在类似重囚审录的统一复审。对于经常诉讼的问题，只是偶尔有官员意识到才会提出一些权宜之策，但在通传之后并无确认各地是否照章办事之法。正如有人说，像大明律笞罪规定几乎从来没有被引用过一样，[55]对于一些轻罪案件并没有严格的适用律例。如果从一开始就没有认真贯彻律例，那么律例解释、适用统一、新案例整理等等就更无从谈起。对照追求判决统一的重罪案件，事实上民事案件的审判一直不被重视，全凭地方官员的自由裁量。

## 三、申诉"冤抑"的必要性

如果有人要到官府陈告，那么就有必要对上述政府方针以及该方针下官府的态度心领神会，选择对自己有利的方式陈告。特别是民事性诉讼这类"细事"，因为一直没有统一标准，很有可能根据诉讼对方当事人以及诉讼方法不同，结果差异很大。因此在诉讼方法上下功夫的余地很大。

明初以来一直被视为问题的奏告和越诉，确实有人是因为下级机关不予理睬不得已而为的因素，但也有很多是为求得对自己有利结果而采取的策略。尽管禁令再三但奏告依然盛行，原因在

[54] 参见《大明成化年间条例》分定家产重告者立案不行例（成化十九年十二月）。这个事例整理成文并收录在弘治《问刑条例》中。

[55] 参见《实政录》风宪约卷六，提刑事宜，听讼。

于，奏告哪怕是被当作户婚田土之类的小事遭到拒绝也会比一开始就从下级机关诉讼更有效果。

　　奏告案件如果不是事关重大就会发给巡按、按察司，他们往往又会发给地方衙门来审理。越诉也是一样，很多批行至属下的地方衙门。因此，虽说是奏告或者越诉，就实际审理的地方而言大多与按照通常程序向府州县起诉的相同。[56]但是，地方官对于经奏告然后发回下面审理的案子，在审理时常常会偏向于原告方，[57]奏告方在审理开始时就占据了优势。不仅仅是奏告，向上级机关越诉也是一样。吴遵在《初仕录》里面说审理上级发回的案子时"亦不可阿承上司偏护原告以长刁风"。[58]

　　审理本身并非不公平，但州县官员对待自己受理的"自理"案件和从上司处发来的"批行"案件确有差别。因为上司批行的案件不能耽误，须比自理案件优先审理。审理也须慎重，自然也就要花费时间。[59]不仅是在对当地州县官员有不满的情况下可以奏告和越诉，还可以是一开始就推动诉讼进程的有效手段。[60]

　　为此，很多情况是，与案件无关的人也来积极参与奏告和越诉。除了奏告外，唆使他人陈告、代作虚伪告状之人存在已久，更还有与事件并无直接关联的人却来代替原告起诉的。洪武时期

---

[56]　然而，有时上司自己亲自动手，也有不是批行到当地州县而是其他州县的。在这种情况下，案发地的地方官有可能干预（刘时俊《居官水镜》卷三告示类"桐城到任禁约"中"禁越诉以免拖累。……如词批本县，先行责治，后方虚心问理。如上司亲提或批行别县，本县亦不即解发，仍申请原词批县，追出刁唆之人，并本犯枷号重责痛惩之后，亦与虚心问理"）。

[57]　参见《皇明条法事项类纂》卷三十九，在外告革前及不干己事照在京立案不行……发落例。

[58]　吴遵《初仕录》刑属，公听断。

[59]　参见《治谱》卷四，词讼门，初到审讼。

[60]　作为"上司人犯"，被牵连进去的人的损失更加严重（《治谱》卷四，词讼门，上司词状）。

明令禁止过这类事件，[61] 到了明代中叶，特别是奏告越诉多次成
为取缔对象。例如天顺元年（1457），对与本人无关（不干己事）
或以赦前事言告者，或是因琐事申诉歪曲事实、诬告十人以上的，
或是以建言为由把小事情捏造成重大案件上奏的，雇人送文书的，
受人之托送达文书的，"将本犯并主使教唆捏写本状之人"一并严
厉惩处。[62] 正统期到成化期，多次出台这样的禁令并再三强调。[63]

　　这些禁令最终被收入弘治《问刑条例》的条文，"代人捏写本
状教唆或扛帮赴京，及赴巡抚、巡按并按察司官处，各奏告叛逆
等项机密、强盗、人命重事不实，并全诬十人以上者"充军。另
外《问刑条例》还规定"凡将本状用财雇寄与人赴京奏诉者，并
兜揽受雇受寄之人"充军或口外为民。

　　从这些条例来看，最迟在明代中叶就有人收受钱财来兜揽从
代作告状到赴京师奏告之事。从"扛帮""兜揽"这样的用语可以
推测，代告已经成为生意或者是作为一种合伙投资。[64] 而这类代告
行业的存在让明初就有的奏告繁多问题变得愈加突出。前引条例
中将"奏告叛逆等项机密、强盗、人命重事不实，并全诬十人以
上者"作为犯罪来处理正是反映了这类奏告极端夸张捏造过多的

---

[61]　《明太祖实录》洪武十五年八月辛巳条记载，江西、两浙、江东的民众，代人起诉的
　　　很多，现已经禁止。洪武二十一年（1388）的《教民榜文》将拿与本人无关之事重新
　　　起诉的刁顽之徒作为惩罚的对象。

[62]　参见《皇明条法事类纂》卷三十九，禁约捏写词讼并吏典犯罪脱逃为民例。同卷
　　　三十九"原籍词讼并告革前不干己事俱立案不行"记载，天顺八年（1464），"近见江
　　　西、浙江、广东、四川、湖广等处刁泼军民，将原籍户婚、田土、私债、斗殴、抢夺、
　　　人命等情，来京奏告，多系革前不干己事"。

[63]　正统八年（1443），三令五申禁止越诉的同时，对于不干之人及主使教唆、捏写本状
　　　者，杖一百、发成边卫。这是对以前禁令的"申明"，即再确认（《明英宗实录》正统
　　　八年正月辛巳条）。

[64]　夫马进在《明清时代の讼师と诉讼制度［明清时代的讼师与诉讼制度］》（载梅原郁编
　　　《中国近世の法制と社会［中国近代的法制与社会］》，京都大学人文科学研究所，1993
　　　年）中，谈到清代讼师的"包揽讼词"（第 452—453 页）。

现象。"全诬十人以上"才作为犯罪，也就是说诬告十人以下或者即使十人以上但部分内容属实的就不追究，[65]可见这种现象太过普遍，历代官府抓不胜抓，最后只好不予理睬。

考虑到奏告的特征，这种夸张捏造盛行的事态也有其不得已而为之的一面。奏告原本只是针对投诉无门的"冤抑"或产生"冤抑"的官吏腐败、土豪横暴等这类重大问题诉讼时所允许的例外程序。所以为了演出"重大问题"，就有必要捏造叛逆或人命、强盗之重事，还要把很多人都卷进来显得饱受徒奸恶党欺压。而作为明朝当局，只要不是相当恶劣也都默认了这些把戏。

至明代中期因为奏告比通常的诉讼进展顺利，所以奏告作为一条诉讼捷径，其中很多都是以代告为业的人操办，也逐渐形成了内容极端夸张虚假捏造的固定的告状风格。

对于一般的诉讼，稍迟于奏告也开始出台同样的禁令。成化三年（1467）出台了禁止"在外司府州县"诉讼恩赦前的事或与本人无关的事的命令。[66]一方面成化四年对于奏告以外的诉讼，鉴于在数量上不可能把所有代作告状或是教唆的人都充军，而且刑罚欠均衡，所以做了减轻刑罚的修改。[67]另一方面将别人的诉讼作为营利手段的人随处可见，而之所以能在各地活动也是因为朝廷没有太当作问题而已。

这样的诉讼职业者一般被称为"讼师"。[68]被官府敌视的讼师不仅仅是代作告状，他们还精通审判的结构，用欺诈的方法歪曲

---

[65]　弘治十七年（1504），出台了关于争户婚、田土、钱债等一切私事诉讼，牵连到七八十人以上的不管虚实都必须受理的法令（《大明律直引》所载问刑条例）。

[66]　参见《皇明条法事项类纂》卷三十九，在外刁顽驾（架）空告讦并不干己事……断结例。

[67]　参见《皇明条法事项类纂》卷三十九，在外诬告十人以上者……问发边远充军例。

[68]　关于讼师，参照注64所引夫马进论文。

是非，为了使雇佣自己的诉讼当事人更有利于从暗中操作审判。能具备这样知识和实力的讼师当然人数有限，也不是谁都雇佣得起。可是当时一般打官司时，首先必须提交的告状都要请专门代作人书写。

在中国古代很早就确立了受理书面诉状的习惯，但同时整个古代，这样的书面诉状一般由当事人以外的人代写。《唐律》中规定"诸为人作辞牒加增其状，不如所告者，笞五十"。[69]"辞牒"是其前条规定的"告事辞牒"，即告状。按照当时的识字率，理所当然大多数人要请他人写告状，也有可能官府常设了类似后代的"代书"。代书者写的内容与申诉者自身的申诉不一样，是因为代书者对内容进行了修改。[70]也就是说，在当时代书者一般并不按告诉者自身的叙述，而是按照自己的想法来撰写诉状。

元代官府设了"状铺"代写告状，令其"书写有理词状，便知应告不应告言之例"。"书状人"们往往根据谢礼的多少来决定早写晚写，写富人的告状是"自与粧饰词语，虚捏情节，理虽曲而直"，写穷人的告状则"虽有情理，或与之削去，紧关事意，或之与减除明白字样"。[71]代书常与官府交往，并且精于诉讼又实际处理大量诉状，比起平日无缘诉讼的一般人，对审判中符合"情理"的事情和"紧要"的事情更详熟。代书告状的人多鱼龙混杂，当然也会有人把代书作为"摇钱树"，代书告状时添油加醋也在所难免。

清代也有公设的代书并始终存在，但明史料中经常出现的代作告状者，基本上都是一些官府不承认的代书。当政者敌视的虽

[69]　《唐律疏议》斗讼，为人作辞牒加状。
[70]　参见刘俊文《唐律疏议笺解》（中华书局，1996年），第1665—1666页。
[71]　《元典章》刑部，诉讼，书状，籍记吏书状。

然是通晓审判内幕的讼师，但据明末的佘自强说[72]江南州县提出的告状多数出于"流棍、卜算者之手"，他们按"门类底本"书写词状以此得钱为生。因此"谎状无情十张而九"。即当时的告状多数是从事占卜等行业、串行各地的人作为副业做成。其中虽会读写但并非精通诉讼，仅依照参考书做成的告状在当时占据了多数。

这所提及的"门类底本"当然就是所谓的"讼师秘本"一类。以《萧曹遗笔》为代表的讼师秘本从嘉靖到万历初开始广泛流传，出版了很多翻刻本和再修本。[73]《五车拔锦》[74]《三台万用正宗》等日用类书也有所采录，讼师秘本被以各种形式汇编后充斥民间。参考讼师秘本采录的文例和用语集，书写的话"谎状无情"占了大半也在所难免。讼师秘本所教的皆是远离所诉讼之事实的极端措辞。如果参照这样的底本采用极端措辞的告状"十张而九"的话，就说明这已成为当时告状的一般样式。

讼师秘本的告状样本来是一部分涉讼者故意采用吸引官府眼球的词汇著成。其广泛流传的后果就是状词"非耸动视听不被受理"，[75]并成为一种普遍现象。于是称不上"讼师"的"境外无名人士"并非有意识的，只是认为告状理应如此书写就按着范本罗列了"谎状无情"。

讼师秘本的用语最大的特点的是"刺激性""挑衅性"，这一点一目了然。但是这样具有"刺激性""挑衅性"的用语并非单纯的夸大想要申诉的事实，而是具有独特的方向性。

---

[72] 参见《治谱》卷四，词讼门，告状投到状之殊。

[73] 夫马进《訟師秘本〈萧曹遺筆〉の出現 [讼师秘本《萧曹遗笔》的出现]》，载《史林》第 77 卷第 2 号，1994 年。

[74] 东京大学东洋文化研究所藏。由汲古书院作为《中国日用類書集成》第 1、2 卷影印刊行（1999 年）。

[75] 注 73 所引夫马进论文，第 31 页。

明末的日用类书《五车拔锦》体式门在"珥笔文锋"中收录了撰写告状的方法。以该史料为例便可十分清楚写告状时应该强调的方向性。该史料载录的"硃语"即作为词状宗旨的常用套语分为"土豪""斗殴""婚姻""奸情""户口""钱债田产""财本""人命""贼情""官员""乡宦""吏书皂快""地方交（教）唆"这几种类型。"婚姻""户口""钱债田产"等民事纷争的理由和"斗殴""人命"等犯罪行为中作为起诉的理由可以理解。可是特别的是"土豪""官员""乡宦""吏书皂快"等起诉特殊对象时的分类占了一定的比例。尤其是"土豪"被放在分类的开头，所载的用语数也很多。

再来看"土豪"类告状文本的文例，"前段"是以某人本恃强横不遵法纪，结讬衙门鱼肉民众，互相包庇开始。"后段"总结为前记恶者聚众持械，强闯民宅，家中什物劫掠一空，以致全家流离失所，生死不保。所谓"土豪"就是勾结官府集结手下，采用暴力方式威胁一般人的生命财产之徒。总而言之，就是国家警戒的"豪强""势豪"等地方势力。

看来地方官、吏役、地方势力三天两头地作为被告或是与被告勾结的反面角色。《萧曹遗笔》的"硃语"在列举对方当事人称呼时，首先是"衙门类"的"酷官""虐官"，列举了官僚、吏役，其次是"乡宦类""大户类"，"平人"和亲戚关系则放在了后面。现实中与其说是以官吏和大户为对象的纷争比平人和亲戚多，不如说只要有可能把官吏和大户都告，就会尽量把他们扯进来。

即使诉讼的直接理由不是官吏的不公正或土豪的横行霸道，也似乎要加上体现这样的背景的词语，即便是作为最常见的诉讼理由的户婚田土，在书写文书时亦如此。例如：在"婚姻类"中，"势恶因觑某妻姿艾，节被起心谋奸未从，讵恶公然肆强，统众夺占为妾，陷民失配，情切何辜"；在"钱债田产类"中有，"辄父出外身单，毒被倚富操奸，捉某挟买虚钱实契，恃篋腹棍某为诓（证？），统众辖佃，标田夺租，致陷一家衣食绝望，情痛何堪"。[76]"统众"强夺取他人妻女财产的必定是"土豪"干的坏事。

如前所述，民众的诉讼中，准许奏告的是备受重视的是重大"冤抑"和作为其原因的官僚吏役的不法以及与之勾结的土豪的横行霸道。作为官府，"申冤理枉，上下皆有责焉"[77]。一旦发现冤情，官府必须受理。所以，即便仅仅是民事性纠纷的诉讼，只要和官吏、土豪的不法相关联就可以申诉冤抑。即使诉讼的名目不是"土豪横暴"，只要称被告人为"豪恶""刁豪"等，用"率众""强霸""恃伊豪势"等类似的语句来点缀，就能够通过暗示以皇帝为首的当政者存在他们警戒的社会性压迫，从而引起对告状的注意使案件得到受理。[78]

诉讼的程序从投告状开始，根据告状决定受理或者不受理。有些情况下在这个阶段官员就会做出相当于简易判决的裁断，所以告状非常关键。清初的黄六鸿指出，没有知识不能读写的民众肯定雇人代为写告状，往往是"伤一牝豕，辄以活杀母子为词"——明明是伤了一只怀孕的母猪，诉状里会写成"活杀母子"，所以观其讼牒，就是皋陶也要被激怒，但讯其口供，就是包公也会无可奈何地发笑。[79]当时，一般习惯是用极端的夸张手法撰写告状，而在审理时再口述实情。明末的余自强指出初告和后来的投文在事情的重大性上相差悬殊，后来投到小事才是真事节，要据

[76]　参见《五车拔锦》卷二十四，体式门，珥笔文峰。

[77]　《实政录》民务卷三，有司杂禁。

[78]　一般为了申诉受理需要讼师的代作呈词（注64所引夫马进论文，第456、457页）。

[79]　参见《福惠全书》卷三，戒代书。

此审理。[80]不论自理还是上司的案件，若是对告状较真，那恐怕人人被问诬告徒罪[81]说的就是上述告状的风格。

告状内容与真正诉讼内容不一致虽是个问题，但从诉讼一方看，如果告状不能使官员动情，那连讲真话的机会都没有，也是事出无奈。总之只要告状准理，即使是田土、钱债之类"细事"，也能恳求官府主持公道。所以告状是打开官府诉讼之门的钥匙，特别是受人之托的代书，如果官府看完告状而不准理的话实在讲不过去，所以底线就是官府能够准理。

因此相比表明争论的事实和主张，告状更重要的作用在于让官府准理案件。《萧曹遗笔》中作为撰写词状的要领是：让人乍一看立刻为我方不能坐视，然后必能为官府受理。[82]如果是这样的话，势必要看透官府关心之事，并且顺其心思控告对方的罪行或者给予其这样的印象。事实上专门的讼师不只局限于官府的一般的倾向，更会探查具体现任官员的意旨所向然后见机行事。佘自强说，刁民害人，"每每视官府意旨所向，如官府清淤田，即以漏报淤田，假首害人。如官府清军屯税契，即以漏屯漏税，假首害人，故状不可轻信"[83]。

只要申诉冤抑或者暗示冤抑的可能性，就涉及了官府的基本责任。即使十之八九是虚妄之事，但对于官员来说本管内民有冤屈哪能坐视，即便对自己的审判有自信，也很难确信视线外的胥吏、衙役以及地方权势是否胡作非为。一旦官府为了慎重起见本着确认的态度受理告状的话，那么诉讼的第一难关就攻克了。作

---

[80]　参见《治谱》卷四，词讼门，告状投到状之殊。
[81]　同上。
[82]　参见《萧曹遗笔》法家管见。
[83]　《治谱》卷四，词讼门，状不可轻信。

为原告如果多少受到仗势欺压，那么在审问时能够申诉，即便欺压本身不实，也能把自己认为有理的原本的诉讼宗旨讲出来。所以比起肯定作为"重事"受理的人命、抢劫的案件，被彻底轻视的民事案件更有必要演绎成"冤案"。

一般的民事性案件的告状通常把重点放在偏离诉讼主题的暴力欺压上，其实这与诉讼主题无关，是想方设法要让官府受理的权宜之计。为了使一张诉状得以受理，就必须在行文中增加让官府感到必须受理的内容。既然民事纠纷一般作为"细事"不受重视，那么需要给官府留下印象的并非诉状是否符合情理，而是"重大冤抑"。

这样的花招一旦有效，势必大部分诉状都会申诉"重大冤抑"。因为当时的诉状并非体现原告自身的言辞，而是受雇的代书遵循范本写成。

# 结　语

在近现代的市民社会，民事审判之所以被认为具有重要意义，是因为它担负着保护每个市民权利的重大使命。但是，在古代中国却不认同该类审判的意义和重要性。民事性纠纷对于民众的生活来说其深刻意义不言而喻，但是在古代中国却不存在把审理这类纠纷看成是公权力的主要义务之一的政治思想。于是，古代中国的民事诉讼当事人就认为他们的申诉本来就是不值得认真受理的小事，这是一种特有的心理弱点。

另外，关于人命强盗等重罪、无辜民众的冤罪和官吏土豪欺压民众的诉讼，则备受重视，甚至皇帝也亲自干预。虽然同样是来自民众的诉讼，但在当政者看来，却与民事性诉讼有着截然不同的差异。而这种差异仅仅是事情重大性上的差异，并未视作根本性质上的差异，至少在诉讼程序上没做区别。于是，为了引起当政者对自己诉讼的关注，提起民事性诉讼的当事者一般尽可能把诉讼与当政者重视的问题挂钩。基于上述缘由，作为申诉方法就是牵扯上易与民事纠纷有牵连的地方权势的横暴，编造因受其欺压之害而蒙受"冤抑之情"。辗转各地的专业代书的存在，更促使了这样的申诉方法的广泛普及。

　　笔者认为，古代中国民事性诉讼中申诉"冤抑之情"的案件多，与其说是显示了民事秩序的应有形态，不如说是当事人将其改换成非民事性案件的结果。这一现象显示了作为民事性诉讼起诉的正当性之薄弱。即使确信自己受到了不当对待，也不能被保证有向官府起诉的正当性，为了确保受理只好附和当政者的思维。但案件一旦被受理并能进入到审理阶段，那么展开的主张就未必仅限于写入词状的"冤抑之情"。事实上，很多民事诉讼无论从社会地位还是财力上看，都没有明显差距的同类人之间产生的纠纷，即使从户婚田土案的判牍来看，以一方滥用有利地位欺压另一方作为决定案件关键的判决也并不多见。[84]

　　佘自强认为，关于田土诉讼的审判"虽风俗不同，天理人情，大约所争不远，在人审酌之耳。"[85] 按照天下共通的"情理"，由审判官吏按照其自身的认识进行审理，也就是说，作为断案的依据是审判官吏的良知。那么所谓的"良知"又是何物呢？或许即

[84]　例如，明末的颜俊彦的《盟水斋存牍》中所见的与"讼债""争产""争田""争继"有关的判语等。同书中针对"土豪"与"胥蠹"之罪的判语和户婚田土关系的判语分别进行分类、载录。我们可以看出，当时认为土豪和胥役利用社会的立场做恶事，与一般的民事纠纷问题的性质是不同的。

[85]　《治谱》卷四，词讼门，田土。

使查看很多的判例也只能是推测出大致方向。如果在每个审判前没有明示所应依据的具体标准，且事后也没有对此进行探讨的话，当然就不可能形成统一标准。这就使民事性审判的判决容易出现偏差，结果就是促使期求侥幸的诉讼多发。

虽然民事性诉讼对于民众来说有着重要的意义，但却被官府所轻视。这种轻视导致审判的不确定性，而不确定性又引发更多诉讼。不断地以原本与民事诉讼无关的"冤抑之情"起诉的现象，既是民事诉讼正当性观念没有形成的表现，也是其结果。

（何东 译）

# 第六章 "乡土社会"还是"好讼"社会?
## ——明清"好讼"社会之形成及其诸面相<sup>*</sup>

陈宝良<sup>**</sup>

## 序言:从"乡土社会"说起

从社会学的视角出发,对中国传统社会的本质加以探讨,无疑已经形成一个较为普遍性的看法,亦即中国的传统社会是一个"乡土社会"。费孝通对中国"乡土社会"的研究表明,在乡土社会里,一说起"讼师",大家就会联想到"挑拨是非"之类的恶行。一个负责地方秩序的"父母官",维持礼治秩序的理想手段是教化,而不是折狱。于是,在乡村社会里,打官司也成了一种可羞之事,表示教化不够。在乡村里碰到矛盾,最为看重的是调解。而所谓的调解,其实又是一种教育过程。[1]林端对传统中国的法律文化做了进一步的申述。他认为,在传统中国社会中,由于法律受到儒家伦理重礼教、讲人情的制约,无不决定"调解"比"判决"更为重要。换言之,儒家伦理所倡导的"讼则终凶"的思想,最终证明乡土社会的本质就是一个"反诉讼的社会"。基于

---

\* 原题为《「郷土社会」か「好訟」社会か?—明清時代の「好訟」社会の形成およびその諸相》。

\*\* 西南大学历史文化学院教授。

[1] 费孝通《乡土中国》(北京,北京大学出版社,1998年),第54—58页。

此，中国人立基实际体认的传统，就是"怕上法庭、视兴讼如蛇蝎、鄙视法律、反对法律等的疏离心态"。[2] 而中国台湾学者劳政武则对中西法律文化下的观念差异做了有益的比较，认为现代西方的"权利本位"观念，是鼓励人们去争权夺利，甚至以"别让您的权利睡着了"为标榜，实在是鼓励兴讼。而"中国固有法系之胸襟为弥讼至上，并且有扶弱抑强之设想"，亦即"对于官吏贪赃枉法予以重罚，严禁为现任官员立碑；反之，对老耄幼弱愚蠢者有宽宥之制，对欠债果属贫困得折扣还钱等是。"[3]

毫无疑问，将传统中国社会定义为以"无讼"为主体的"反诉讼"社会，大抵反映了中国的实际状况。值得指出的是，历史研究固然需要这种概括社会本质的社会学理论的指导，但更应关注历史上社会形态的动态变迁，变迁的内在"理路"，并进而阐释其成因。基于这种意识，关注传统中国社会诉讼的历史事实，则尤显必要。究其原因，中国台湾学者张德胜对"社会原理"的解释，无疑具有启发性的价值。这就是说，尽管传统社会中的儒家"力主教化"，希望通过"规范内植，使个人主动服膺"，但是，基于社会控制的角度，单纯的教化并非是万能的。个人欲望的存在，最终必然导致与代表社会要求的规范有所抵触，于是"任何社会均会采用某些外逼手段，促使成员就范"。[4] 其实，所谓"外逼手段"，就是法律的强制性制约乃至裁判。就此而言，对传统中国的

---

[2]　林端《儒家伦理与法律文化——社会学观点的探索》，（台北，巨流图书公司，1994年），第28—29、218页。

[3]　劳政武《从法治观点看本书》，载《清代名吏判牍七种汇编》（台北，老古文化事业股份有限公司，2000年），附录，第11—12页。

[4]　张德胜《社会原理》（台北，巨流图书公司，1986年），第242页；Dennis Wrong, "The Over-socialized Conception of Man in Modern Sociology", *American Sociological Review*, vol.26,1961, pp.183-93.

"和解",亦并非尽能造成"完美或圆满的结果"。至于其理由,萧公权已经给出了如下答案:"在专制帝政的统治下,在全体人民分成几组显然有别之单元的社会里,彼此不同的利益是不免要存在的。想把这些利益——尤其是统治者与臣民、绅士与平民、不同的地缘、种族或职业团体间的利益——加以调和,永远是办不到的;因此人与人之间,或团体与团体之间发生冲突的可能性也就永远存在。"[5] 即使是传统中国法律体系中所经常采用的"扶弱锄强"之法,尽管被当时的一些地方官视为"为政大体",但亦并非完全可以达臻"无讼"的理想境界,反而会造成"不待出官,而胜负已决",以及"荐绅窨辱,奸豪得志,长刁殃民"。[6] 其言外之意,就是会引发民间的"好讼"之风。

由此可见,尽管儒家知识分子追求一种"无讼"的理想境界,而明清社会的现实状况却是一个"好讼"的世界。于是,"无讼"的理想与"好讼"的现实必然会产生冲突。冲突的结果,则是"息讼"观念的出现乃至在具体司法事务中的实践,以及"好讼"社会的最终形成。

## 第一节 "好讼"社会诸面相

无论是官方记载,还是民间史料,无不证实明清时期已经形成为一个"好讼"社会。在明清史料中,"好讼""喜讼""健讼""嚣

---

[5] 萧公权《调争解纷——帝制时代中国社会的和解》,载氏著《迹园文录》(台北,联经出版事业公司,1983年),第151页。

[6] 余自强《治谱》,卷四,《词讼门·忌偏事》,载《官箴书集成》(合肥,黄山书社,1997年),第2册,第122页。

讼""刁讼"已经成为一些出现频率较高的词汇。更有甚者,至清代,时人已经将"积年健讼者"称为"讼油子",而且此类健讼之人的广泛存在,更是成为滋生擅长"刀笔"之讼师的温床。[7]

明清时期作为一个好讼社会,除了词讼繁兴这一外在现象之外,其诉讼内容乃至形式也开始出现一些新的转向。为示明晰,拟从下面六个方面加以考察。

## 一、民告官之风的形成

按照明代原先的制度,民讦官长,就会受到"量加责罚"的处理,而且法律规定,妇女除非是犯了奸恶杀人或者毁骂舅姑之类的不孝之罪,否则都可以免于提问。显然,这是为了维护官长的尊严,并力图避免妇女在公堂上抛头露面。正统初年以来,出现了一股民告官之风。据当时行在刑部上奏,"近者民讼官,多摭拾妻妾幼女,幸其受辱,以快私忿"。[8]这是诉讼之风的一大变化,也是官民等级制度趋于松懈的反映。

越诉现象的普遍出现,足以证明民间百姓已经对基层官员不再信任,希望直接通过上司衙门替自己伸张正义。这显然也是民告官风气的侧面反映。按照明代制度,军民词讼必须遵行一种"自下而上"的制度,决不允许越级上诉。我们并不否认,明代中期以后普遍存在着因人教唆而上京告御状之例,但必须指出的是,明初很多人上京告御状,大多确有其莫大的冤屈。这无疑与明初的法令之严大有关系。从明代的史料记载可知,当时有专门的法

[7] 徐珂《清稗类钞》(北京,中华书局,2003年),《狱讼类·讼师有三不管》,第3册,第1190页。

[8] 《明英宗实录》(台北,历史语言研究所校印本,1966年),卷四十,正统三年三月甲辰条。

令规定,凡是身有冤屈,上京告御状,必须"卧钉板",否则就"勿与勘问"。[9]由此可知,告御状者必须具有一种牺牲精神,而支撑这种牺牲精神者则是身受莫大的冤屈。

但自宣德以后,民间已有一些所谓的"奸顽小人",往往因为私怨,就捏造虚词,擅自动用"实封",或者募人赶赴京城递状,以致廉吏良民,也被诬枉。这种风气在四川尤其盛行。宣德四年(1429),宣宗下谕行在都察院右都御史顾佐,要求他出榜告示天下。其大意如下:自今以后,只有事涉"机密重事",而且有"实迹"可寻,才允许"实封奏闻"。至于其他一般性的案件,必须遵守自下而上的原则。假若仍然越级上诉,甚至不问虚实,法司有权加以惩治,而且必须追究主使教唆以及代书词状之人,处以"俱杖一百,并家属悉发戍辽东"之惩罚。此令被列入定例,必须永远遵守。[10]

入清,汤斌在任陕西潼关道副使时,曾设立"抱牌陈告"制度,允许百姓通过正常司法程序对当地赃官加以控告。[11]康熙二十三年(1684),汤斌出任江苏巡抚,在他上任以后的告示中,对诉讼案件的上告程序做出了明确的规定,其中涉及民告官的有下面三条:其一,民间百姓控告贪官污吏,若无"赃迹实据、过付确证年月日期",不准受理。其二,百姓控告官员额外私征苛派赋

[9] 如《明史》有下面记载:"孝女诸娥,山阴人。父士吉,洪武初为粮长。有黠而逋赋者,诬士吉与官,论死,二子炳、焕亦罹罪。娥方八岁,昼夜号哭,与舅陶山长走京师诉冤。时有令,冤者非卧钉板,勿与勘问。娥辗转其上,几毙,事乃闻,勘之,仅戍一兄而止。娥重伤卒,里人哀之,肖像配曹娥庙。"事载《明史》(北京,中华书局,1984年),卷三百一,《列女一》,第7692页。

[10]《明宣宗实录》(台北,历史语言研究所校印本,1966年),卷五十三,宣德四年夏四月庚子条。

[11] 汤斌《汤子遗书》,卷七,《禁约事》,载汤斌著,范志亭、范哲辑校《汤斌集》(郑州,中州古籍出版社,2003年),上册,第411页。

役，若无"款项数目、年月证据"，不准受理。其三，若是越级上诉问案官员徇情枉法，也必须具有证据，并按照程序上告。若是案情牵涉到人命、强盗，照例由该管州县通申批审。未经该管州县官断结，不许越告。如果控告断案官徇情枉法，必须"开明日月、伤证赃仗"，据实陈告，违者不准。[12] 从上面三条规定不难发现，只要有真凭实据和"确证"，再按照规定的程序"据实陈告"，民间百姓上告"贪官污吏"、官员"额外私征苛派"以及"徇情枉法"，均被予以承认并且得到受理。

### 二、家族内诉讼案件趋于频繁

宗族内的家长、族长与地方的里老，是平息与调解地方诉讼的主体力量。尤其是宗族制度的广泛存在，更是体现了明清社会"以德治国"的教化理念。

基于这一理念，很多明清官员与学者，大多倡导在宗族内部解决成员之间的纠纷。如清人袁钧就认为，家族内兄弟之间的纠纷，理应在宗族内自己加以解决，而不应该诉诸法律。他说："故兄弟有不可理喻者，诉于宗族，宗族断不听，则执之祠堂，又不率，不齿于族可也。"针对这种看法，有人表示担忧，并加以质问道："宗族未必皆贤能，彼或强词夺理，宗族又不能治，奈何？"袁钧答道："若然，彼词足伸于宗族，安知不伸于官耶？岂官之疏远，反能愈于宗族之亲切耶？则奈何以身与彼为尝试耶！"有人又质疑道："宗族知其非，而势不足以临之，惟官为宜。"袁钧道："若祖宗皆以彼为非，则彼诚非矣，吾又何必深校而不乐处于是。"有人又质疑道："宗族或偏向彼。"袁钧道："不能人人偏向，其君

---

[12]　汤斌《汤子遗书》，卷九，《晓谕事》，载《汤斌集》，上册，第 552 页。

子直我，我亦足矣。"[13] 这就是说，"宗族之亲切"，远胜于"官之疏远"。而刘时俊更是著有《续情说》一篇，认为地方官员遇到宗族成员之间的忿争，不应该"直操一切决断之，全无调停意"。若是如此，即使处断公正得当，那么彼此之间的恩情，终身异世很难再加接续。为此，他主张，若是有父子、兄弟、族属、亲邻因忿争而上告到衙门，地方官员理应委曲处分，善言劝解，"每事须以解纷为主，对兄劝友，对弟劝恭，对亲邻劝和睦"。唯有如此，"不惟息一时之讼，且阴消数世祸云"。[14]

　　值得引起关注的是，在明清两代，家族内已是争竞成风，因为财产之争而引发的诉讼案件渐趋频繁。根据明人李乐的记载，明代湖州府乌程县就已经出现了"父有剥尸之惨，子不蒙笞责之辱"的"一大灾异事"。事情经过大抵如下：当时乌程县有一"里人"，父亲死后已下葬一年余，突然向县衙门上告，声称是亲叔打死了自己的父亲。知县不察，就准了词状，下令"挖尸检之"，结果"毫无伤痕也"。[15] 这是侄告亲叔之例，且家族内已经毫无孝道可言。至明末，在苏州府太仓州，"父子相狱，兄弟争讼"之事，[16] 已是相当普遍。至明末清初，学者张履祥的记载也足以证明，当时"盛族之事，溃裂极矣"。究其原因，就是因为"始焉劫夺，继焉讦讼"。有时家族内的官司，甚至会迁延四五年，经历十多个衙门，其结果则是"世业各已荡然，室家莫不播徙。"[17] 清初

---

[13]　袁钧《瞻衮堂集》，卷十，《静寄东轩一家言》，载张寿镛辑《四明丛书》（扬州，广陵书社，2006年），第15册，第9012页。

[14]　刘时俊《居官水镜》，卷一，《杂说·续情说》，载《官箴书集成》，第1册，第597页。

[15]　李乐《见闻杂记》（上海，上海古籍出版社，1986年），卷九，第738页。

[16]　冯贞群纂《钱忠介公年谱》，崇祯十一年戊寅条，收入《钱忠介公集》附录，载《四明丛书》，第5册，第2844页。

[17]　张履祥《杨园先生全集》（北京，中华书局，2002年），卷九，《答颜司李》，上册，第264—265页。

学者汤斌在任陕西潼关道按察副使时亦曾坦言，陕西民间"重利轻伦"，已成一时风俗。百姓大多因为区区小忿，导致兄弟或叔侄之间争讼不已。[18] 清人袁钧更是直言揭示："自利之说起，而兄弟有致争讼者。"不仅如此，甚至出现了"今有父在，而兄弟交争，至于经官者"。[19] 作为儒家传统统治基础的家族，其内部因为财产之争而广泛引发诉讼，就不仅仅是"俗之衰也"，而是更可证明好讼风气一经形成，已经逐渐动摇了家族基础。

为示说明，下面不妨详引一则案例，借此说明，明清两代家族内的诉讼已是蔚然成风。这是明代典型的家族不和案例，始于族内成员觊觎家产、互相仇视，最后演变成一件京控之案。根据姜准的记载，这个案件发生在浙江温州府永嘉县。案件的经过大致如下：王景纯，与他家族内的叔父王阳德关系交恶。万历二十八年（1600）夏天，王景纯窥知王阳德抱疾沉重，唯恐其亡之不速，就修书一封，书信中揭发阳德的阴私，将书信密封，派人前去当面呈上，其目的就是希望阳德看完书信后发怒，让病势转剧。不久，阳德死，阖门为之抱恨。转眼到了赴吊之日，阳德家的婢妾辈打算对景纯加以殴辱，幸亏被景纯事先知晓，方才避去得免。族内有一位叫王光范的人，是阳德的再从之子，对景纯的险恶用心极其愤慨，拟报仇泄愤。次年正月，宗祠祭祀祖先，先期在祠堂门上贴出榜文，拒绝景纯参与祭祀。景纯知道后，斗胆前去，以示自己无畏。于是，王光范等人将景纯从祭祀人群中揪了出来，将其冠裳毁裂，甚至乱捶辱骂，以泄投书之憾。经此挫辱，景纯怀恨在心，打算借机报复。当他访知箬岙寿昌寺僧人道裙，历年

[18]　汤斌《汤子遗书》，卷七，《华州详吞业杀命事》，载《汤斌集》，上册，第428页。
[19]　袁钧《瞻衮堂集》，卷十，《静寄东轩一家言》，载《四明丛书》，第15册，第9012页。

来上告王光范占据寺庙产业，却没有赢得官司，于是就教唆道裙具奏于朝，株连并及王光著、王光美等人，假借申冤之说，以遂其一网打尽之计。道裙上奏之本，列诉光范侵占本寺田地 300 余亩，且大小僧徒悉遭捆缚捶挞，其中又列 15 款罪状，包括欺君罔上、逼债杀人、侵占官民田地、掘坟拆屋，牵连到的人还包括王光普、王维宸、王维萃、王维宅，郑绅、陈山等。除此之外，还说光范积赀有 200 余万，收藏违禁宝物、古今名人书画难计其数，并接受皇亲张鹤龄贿谢金银与内府异宝无算，而且他的亲戚、奴仆吴一畿、宗方、王继显、王继蔼等，家赀共 50 余万，希望借此歆动明神宗，能够准其所奏，籍没他的家产，用心相当险恶。

万历三十一年（1603）秋天，道裙赍本前往京城，借助王景纯的儿子锦衣指挥王名世替自己做主。九月四日，正好内庭赏功遣徒，行童倪伸混同工匠进入午门内，执本声冤。立刻就被西厂旗校缉获，上奏明神宗，批发刑部审断。当时王光范有族弟王光普，正好任录事之职，在京城通贿决司及用事诸人，为之斡旋。于是，大理卿郑继之等覆奏，认为本中所开王光范等人的恶行毫无指证，完全出于周敬予主使，就将道裙杖惩，枷号还俗，倪伸则发口外充军，周敬予另行提结。不久，道裙死于枷次，倪伸死于狱中，案件暂告审结。[20] 从此案中不难看出，家族中小小的龃龉端，有时甚至可以演变为京控，甚至还可以张大其事，将地方僧人以及朝中官员牵涉其中。

## 三、土地诉讼案件渐趋增加

明清两代官方教化理念乃至司法规定，通常将田土一类的民

---

[20] 姜准《岐海琐谈》（上海，上海社会科学院出版社，2002 年），卷十四，第 247—248 页。

事诉讼归于宗族、乡约、里老调解的范围。毋庸讳言，在明清两代的立国之初，由于国家控制力量的强大，宗族、乡约、里老显然发挥了其应有的作用，此类争竞多因调解而息讼。然在明清两代的中后期，土地诉讼案件开始逐渐增加。

在明代，一般认为诉讼案件中最难以处理的是田地诉讼类。其中关于田地诉讼，其情状更是变幻不一：或凭借权势而强占他人土地；或借助田地界限相连而加以吞并；或已将田地卖出，而重新将土地另卖；或见他人将荒地开垦，一旦有了收成，又前去告争；或贿嘱牙保，而假称"虚钱实契"，否认土地买卖关系的存在。更有甚者，则是将他人的田产投献势豪之家，"聚众相杀，图赖人命，蓦越诉告"。[21]

在浙江淳安，民间一直有"山无界，直凭赖"的说法。这反映了当地民间词讼中争山比例的增加。山地因为四至不清，无可查据，而且真正的业主不过是数年才登山一次巡查，再加上相邻业主也很难凭问，于是山地往往成为当地人们争夺乃至混赖的主要财产。即使经过官府多次判定，还是竞论争讼不断。根据海瑞的统计，淳安县民事诉讼案件中，"每状十纸，争山必居五六"[22]，其中的比例相当之大。在福建邵武县，明末关于田地、宿债此类涉及经济纠纷的诉讼案件也在不断增加。万历四十一年（1613），吴姓出任邵武知县，就发觉田地、宿债的争讼相当普遍。邵武当地风俗，置田者称"田骨"，佃田者称"田皮"，各自费价若干。年代一久，因为田骨权与田皮权的混淆，卖田之家，"辄告增价，讼不肯息"。此外，邵武的一些"乡市无知"，为了图赖宿债，或

---

[21] 《明宪宗实录》（台北，历史语言研究所校印本，1966 年），卷三十三，成化二年八月辛丑条。

[22] 海瑞《海瑞集》（北京，中华书局，1981 年），上编，《兴革条例·吏属》，第49—51页。

者因为与人争讼败诉，就采用一种极端的做法，就是吃断肠草，倒卧到对头人家而死，他们的子弟和族人，就"哄夺健告，以为利"。[23]

至清代，"健讼"之风，更是"大半起于田土"。在田土的买卖过程中，确乎如史料所言，田价时值有贵贱，田土买卖的时限亦远近不一，价贱而添，年近而赎，则是人之常情。然令人称奇的是，在宝山县月浦镇，"乃有田价已足，岁月已远，刁徒动以侵占为名，至乡民谨愿者多讼师煽之"。[24] 相同的情形也存在于浙江天台县。时任浙江天台知县的戴兆佳更有如下揭示：天台县民情刁诈，明明是中保、地契明确无疑，而且田产也久经割绝，却又假借"债尾叠剥""暂时契抵""丢税陷粮""追找完粮"等名头加以争讼，纷纷抱牍上告，纠缠不已。等到对簿公堂，则又"十无一实。"[25] 虽说相关的土地诉讼"十无一实"，但此类涉及家庭财产官司的增加，不能不说是"好讼"社会的真实反映。

## 四、妇女出面告状风气的形成

按照传统的观念，妇女应该减少出头露面，尤其必须顾惜自己的"颜面"。即使是牵涉到奸情案的妇女，当时官场的通行准则亦是不到万不得已，不令妇女到官。究其原因，一方面，完全出于传统的礼教规定，亦即所谓的"阃言不出，礼有明文"，或者说"妇女之道，首重三从"，借此达臻"别男女之嫌，杜奸淫之渐"；另一方面，正如清人万维翰所言，妇女出头露面，一旦成为习惯，

---

[23] 吴甡《忆记》（杭州，浙江古籍出版社，1989 年），卷一，第 388 页。

[24] 张人镜纂《月浦志》，卷九，《风俗志·风俗》，收入上海地方志办公室编《上海乡镇旧志丛书》（上海，上海社会科学院出版社，2004 年），第 10 册，第 191 页。

[25] 戴兆佳《天台治略》，卷十，《一件叠剥栖房等事》，载《官箴书集成》，第 4 册，第 221 页。

顽钝无耻，就有流变为"肆行无忌"的危险。[26]

但事实并非如此。明清史料已经明确显示，当时妇女出面控告、出入公庭之举已经蔚成风气。根据清代栾城知县桂超万的揭示，"夫男兴讼，妇女出头"，已成栾城的一大"恶习"。而在兴化县，很多"狱讼"之兴，亦多"使妇女出头"，而且"相习成风，恬不知耻"。[27]妇女出面告状，或者率领妇女在途中"肆行混搅"，其起因大多不是人命官司，而是为了"蝇头之利"，甚至不过是"雀角之嫌"。更有甚者，即使是"忝在绅衿之列"的家庭，其妇女亦"罔顾廉耻之防"，"使母露面于公庭"，"纵妇挺身而健讼"。[28]至于妇女出面兴讼，其目的则正如当时史料所言，不过是"恃妇逞刁，希图泼赖"，或者"乡里中偶有口角，辄率妇女途闹，以为莫之敢撄"。[29]

明清家庭内男子"恃妇逞刁公庭"，或者说妇女"涉讼"风气的广泛出现，起始不过是因她们的父亲与丈夫纵容所致，但随着此类习气的深入人心，到后来她们的行为，即使是自己的父亲与丈夫亦逐渐不能制约，最后导致"街坊口角，村舍纷争，一家有事，亲族随之，众口难调，蔓延不了"。[30]这是身为父亲与丈夫这些男子始所未料之事，却是"好讼"社会的典型症候。

### 五、僧人涉讼案件之增加

按照常理，作为已经出家的僧人，自应云瓢雨笠，到处为家，或者闭门修斋诵经，保持一种六根清净的本色。

---

[26]  万维翰《幕学举要·奸情》，载《官箴书集成》，第 4 册，第 739 页。

[27]  桂超万《宦游纪略》，卷二，载《官箴书集成》，第 8 册，第 346 页；周石藩《海陵从政录·劝民十约》，载《官箴书集成》，第 6 册，第 233 页。

[28]  桂超万《宦游纪略》，卷二，载《官箴书集成》，第 8 册，第 346 页。

[29]  周石藩《海陵从政录·劝民十约》，载《官箴书集成》，第 6 册，第 233 页。

[30]  周石藩《海陵从政录·严禁妇女途闹》，载《官箴书集成》，第 6 册，第 247 页。

从明清史料尤其是一些法律文献来看，僧人涉讼案件确有渐趋增加的趋势。若对明清僧人涉讼案件细加剖析，大抵可以分为以下两类：

一是僧人因为涉及通奸、强奸乃至杀人之事，而被人起诉。这是僧人主观的犯罪行为而导致的被动涉讼。二是僧人因为诸如房产、田产、池塘等财产之争，甚至为了"衣钵"一类的"细事"而主动兴讼。这是值得关注的社会现象。如浙江天台县，僧人会明，与俗家告争房产；僧人秀峰，因为田产买卖过程中缴纳赋税问题，而与买家发生争讼；更有僧人，与民间百姓为了争夺池塘而"兴讼"。[31] 又如山东蒙城县，僧人性慧，已经是年近八十的老僧，却因为"衣钵细事"，亦即为了向高士周讨要衣钵，不惜弄虚作假，"具控公庭"。[32]

为了对僧人涉讼案件有更进一步的了解，不妨详引清康熙年间发生在福建莆田的一则案例加以说明。据载，从康熙二十九年（1690）八月到康熙三十年三月，福建莆田一直无雨。十四、十五两天，才下了两次小雨。至二十三日，莆田城乡再次祈雨。这天晚上，才又下了一场小雨。连日早晨冷清，中午起北风，到了晚上，风才停息。为此，有人到处张贴"粘字"，其中云："囊山寺于去岁十月再建后殿并钟楼，竖梁次日即起大风，吹损冬稻失收。钟能招风，风水攸关，致日日北风。定四月初五日，通郡百姓尽往毁折后殿并钟楼，不可坐视，自贻伊戚。"至四月初五日，城中、南北洋、下里等处万余人蜂拥而入，僧人越墙而走。百姓搜缉奸僧，见到寺中鱼肉、美酒、女衣、脂粉、军器、木棍，不计其数。初七日，囊

---

[31] 戴兆佳《天台治略》，卷十，《一件势豪占吞事》《一件僧秀峰具》《一件背据屠僧等事》，载《官箴书集成》，第 4 册，第 216、221、223 页。

[32] 陈朝君《莅蒙平政录·为恶棍坑杀朽命事》，载《官箴书集成》，第 2 册，第 787 页。

山寺住持觉正赴凤山寺祈雨坛，投文给文武官员，状告涵江许南哥、刘庄、林明九等八人。各官对他加以斥责，道："通郡万余人，为风水齐毁尔寺，何故独扳此八人？"下令不收其状。

五月十一日，囊山寺兴工再建佛殿，竖扇架梁。僧人身穿白衣，作法祈祷。次日，即起北风，日甚一日。为此，城乡到处又出现了"粘字"，声称定于二十二日到囊山，再次拆毁寺庙。至这天早晨，僧人全躲避远处。百姓万余人蜂拥而至，将寺庙佛殿拆毁烧除。僧人觉正的胞侄正好建了大厦在附近居住，众人殴打其侄，并拆毁其屋。自此以后，就很少再有北风。

为此，僧人觉正、晓慈等前往福州鼓山寺，投文鼓山寺住持，哀求其代自己赴总督说情。总督下文行府拘讯。僧人告曾荣、姚君岳、雍眉、陈公衮为首拆毁寺庙。六月初九日，经陈知府审讯，曾荣、姚君岳扳扯刘开、林明九等11人，巡司又拘解5人，共20人。自十一日开始，涵江、黄石罢市三日。十五日，城外老少千余人恳求官府将一干无辜之人释放。十七日，审问刘开、林明九，各责打三十二，枷号一月。其余9人各责打二十八，一起释放。巡司所拘的5人亦一同释放。曾荣4人候详再议。至于奸僧云云，并无对质，只能作罢。刘开、林明九二人在鼓楼下枷号，城乡百姓一起具呈，恳求将他们释放。

七月初，王总兵请泉州府高知府饮酒，中间谈及囊山寺之事，认为与刘、林二人无干。高知府往省城，途经涵江，百姓跪道哀投。高知府至江口，修书一封给陈知府，说及此事。十六日，陈知府将赴省城，将他们各自责打十六，加以释放。八月，觉正赴兴泉道，状告刘开一干共18人。将刘开再次拘到，责打三十，余者责打二十，放回。九月，觉正又赴按察司再告，准拘。十月，觉正赴总督催呈，总督批文，要求按察司尽快将此案审结。为此，陈知府前往省城参加会审，并向按察司进言："诸僧不守五戒，茹荤酗酒，致干众怒。佛殿钟楼屡拆屡盖，实关通郡风水，不可狥情。"为此，按察司向总督上了一道详文，称："诸人已经道府发落。钟楼佛殿既经屡折，不许再盖。"总督阅毕详文，做出批示，云："着府县踩勘详夺。"

康熙三十一年（1692）正月，陈知府丁母忧，泉州府同知范弘遇署知府印。二月，范知府、董知县踩勘囊山，最后给总督上了一道详文，云："囊山寺钟楼有伤风水，应行禁革。其大法殿向有风水之谣，被邻县荡折无遗，不必令其重建。所供龙牌法殿，已属荆榛，亦难轻议兴复。只存回廊、精舍四五十间，半为焦土，宜令僧人起盖，栖止焚修，不许怀仇挟忿生事，以放火故烧房间为词，使僧民两便。"总督阅后，做出批示，云："依议如详，缴。"至三月二十五日，出示通告，此案才最终审结。[33]

从上可知，此案的起因，在于囊山寺的钟楼、佛殿影响到当地的风水，致使当地北风不止，并使庄稼歉收。其间，在案件审理过程中，亦曾涉及僧人的世俗化生活。囊山寺僧人的兴讼，尽管起因于寺庙佛殿、钟楼被民众拆毁，然僧人的兴讼不已，以及僧人涉讼案件的增加，说明明清僧人群体不过是贪、嗔、痴三途尚未泯灭的"野狐禅"，是佛教世俗化的真实反映，且更是"好讼"社会形成的重要佐证。

## 六、地域性"好讼"之地的形成

在明清时期，"好讼"固然已经成为社会的普遍现象，但更值

---

[33] 陈鸿、陈邦贤《熙朝莆靖小纪》，载中国社会科学院历史研究所清史室编《清史资料》（北京，中华书局，1980年），第1辑，第115—117页。

得关注者，则是地域性好讼之地的形成，诸如江南、江西、浙江绍兴、福建泉州等地，均成为闻名于世的好讼之地。

明代地方诉讼风气，一般来说，江南盛于江北。同是江南，又以江西为最盛。对此，明人张弼有过如下比较。他认为，就天下观之，南方文风胜于北方。北方寡讼，而南方之诉讼则相当频繁。若以南方加以比较，江西之文风显然胜于其他各地。然令人奇怪的是，其他各地"寡讼"，而"江右之讼实繁"。这是什么原因？张弼小心地做了下面推测，认为江西那些"习经好文之士"，不务"正业"，反而"工为口语，巧于讦讪"，[34] 才导致江西好讼之风的盛行。

从明代正统史料记载来看，江南的民风显然是以刁伪为其特征。于是，也就出现了"词讼动饰诈欺"的现象。诉讼活动采用欺诈的方式，其小者表现如下："或伪作契券，揩改簿约，以负财赖业；或本因喧争，诬称打夺，本因索债，便作劫掠。"[35] 而其大者则体现为以人命诬陷人，其目的在于希望官府对此进行重新开棺检尸。官府一旦准理这样的词状，被告就会被当作凶手，破家受刑，苦恼百般。经过多次审讯，最后确知是诬告，而原告也招认是诬陷，但所受之刑不过是徒罪而已。正如海瑞所言，"所诬之刑，不能少偿被诬之毒万分之一"。[36] 这更导致诬告成风。

此外，如福建泉州、浙江绍兴等府，均是好讼成风。如在明代，福建泉州原本"民淳讼简"，为此而被人称为"佛国"。其后却发生了变化，以致"旧俗浸改，讼牒动以数百计"："或上司行

---

[34]　张弼《原讼》，载黄宗羲编《明文海》（北京，中华书局，1987 年），卷一百三十一，第 1318 页。

[35]　陈槐《闻见漫录》，卷上，《警官箴四》，载《四明丛书》，第 13 册，第 7508 页。

[36]　海瑞《海瑞集》，上编，《续行条约册式样》，第 256 页。

部，环遮马首而噪者，络绎也。于是为郡县者，转苦其难；而为节推专刑名者，益不得辞其劳矣。"[37]即使是泉州府属下的晋江县，古称"民淳讼简"，号称易治。然自成化以后，"今之词讼，一日或投数十百纸"。[38]清代的绍兴，更是"奸民"辈出，"其俗习于刀笔，以健讼为能，每驾词以耸听"。史称每逢放告之期，"多至二三百纸。状内多引条例以为言，谓如是可以挟制也"。[39]

上述六个方面的阐述，无不说明明清时期确实已经形成了一个"好讼"社会。这是一个相当明显的社会变迁现象，亦即从"乡土社会"转向"好讼"社会。清朝人龚炜已经真实地记录下了这一变迁：在礼教秩序稳定的乡土社会里，村民言及官吏，"俱有怖色"。然在"好讼"社会里，一旦家中"小裕"，便开始与胥吏"亲热"。遇到"小故"，更是"辄控吏一二事，遂视公庭如熟路"。[40]乡村已经如此，那么城市更是可想而知。在"好讼"社会里，一方面，案牍日繁已经成为普遍现象，而且多为"无情之诉"，亦即上诉者虚假成分越发增多。如戴兆佳自任浙江天台知县以后，披阅的呈诉，共计"千有余纸"。在这千余件司法案件中，"或假人命，或捏奸情，或因小事而以大事装头，或以微隙而以重情控告，或牵累多人，欲逞圈诈之私，或词连妇女，图泄一时之忿，或事属赦前，不填年月，或案经久结，另换新题"，大多还是不实之诉。[41]另一方面，则是"嚣竞成习"，"三尺童子，皆有

[37]　蔡清《虚斋蔡先生文集》（上海，上海古籍出版社，1991年），卷三，《赠节推葛侯报政之京序》，第823页。
[38]　蔡清《虚斋蔡先生文集》，卷三，《送县尹邓侯述职序》，第824页。
[39]　卢文弨《抱经堂文集》（北京，中华书局，2006年），卷三十，《浙江绍兴府知府朱公涵斋家传》，第398页。
[40]　龚炜《巢林笔谈续编》（北京，中华书局，1997年），卷下，《陆清献息讼示》，第228页。
[41]　戴兆佳《天台治略》，卷七，《严禁刁讼以安民生事》，载《官箴书集成》，第4册，第172页。

上人之心，一介匹夫，每多傲物之态。反唇诼语，辄起争端；至性天伦，遽为残毁。"[42] 而究其"好讼"的目的，很多还是"争货利"，或者说"争财"。于是，为了"一木一石之微"，可以"驾词控告"；为了争夺"货利"，可以"不认亲朋"；为了"尺部斗粟之熏心"，可以"称兄弟为买奴"；其目的分明是"争财"，却可以"妄云抢劫"。[43]

## 第二节　"好讼"社会成因分析

欲究"好讼"社会之成因，必须先剖析诸多诉讼案件的源起。明清两代，词讼日渐繁多，无疑已成一种趋势。至于导致词讼繁多的原因，则因论者的不同，而使其概括各有差异。这说明诱发诉讼日繁的原因相当复杂。

清人王又槐所著《办案要略》，对诉讼的源头乃至变迁加以条分缕析，可以作为讨论的基本依据。根据王氏的记载，诉讼的源起，显然由于民间调解的失败。这就是说，很多诉讼案件的源起，原先未必都是"不法之事"，"乡愚器量偏浅，一草一木，动辄争竞，彼此角胜，负气搆怨"。一旦产生争竞，民间百姓首先想到的是寻求族邻、地保的"排解"。假若族邻、地保果真能善于调处，委曲劝导，那么争竞的双方就会心平气和，最终归于"无讼"。事

---

[42] 黄六鸿《福惠全书》，卷十一，《刑名部·劝民息讼》，载《官箴书集成》，第 3 册，第 332—333 页。

[43] 戴兆佳《天台治略》，卷十，《一件捐基造仓事》，载《官箴书集成》，第 4 册，第 222 页；潘月山《未信编》，卷三，《刑名》上《灾荒停讼示沈临汾稿》，载《官箴书集成》，第 3 册，第 72—73 页；陈弘谋辑《学仕遗规补编》，卷三，《仕学一贯录抄》，载《官箴书集成》，第 4 册，第 573 页。

实并非如此。在调处的过程中，一旦不当，往往"激而成讼"。除此之外，尚有下面诸多原因导致诉讼案件的兴盛：一是地保人等，希图从诉讼案件中能够分肥，甚至幸灾乐祸，唆使两造"成讼"；二是两造原本不愿兴讼，但因旁人扛帮，误听谗言，因而"成讼"；三是"平素刁健，专以斗讼为能"，他们往往遇事生发，诱使两造兴讼；四是专有一些人，捕风捉影，"凭空讦讼"；五是有些人讹诈不遂，"故寻衅端"；六是平常与人积下嫌怨，借诉讼"泄忿"；七是有人看到他人孤弱可欺，以讼事加以陷害。[44]

当然，"好讼"社会之形成，尚有一些特殊的地域性原因。从史料记载可知，清代三吴一带流行这样一句谚语，叫"图准不图审"。何以如此？清人王有光曾以青浦、嘉定两县为例，做了详细的剖析。两相比较，青浦县每年的"词讼事件"，岁以"百计"，而与此相邻的嘉定县，则岁以"千计"。究其繁简相悬的原因，尚应从两县衙门处理诉讼案件的差异说起。一般说来，词讼可以称为"官司"，此称迄今尚有遗存。其实，"官司"一称，仅仅局限于官方衙门的一面，亦即通过诉讼，以求衙门官员判别曲直。而在清代，词讼又俗称"官私"。所谓"官"，指"情理之曲直"；所谓"私"，指"经差之使费"。换言之，诉讼双方一方面必须由官府加以剖理曲直，另一方面又不得不面对案件具体承办人员的盘剥。在青浦县，差役使费，通常是由原告、被告共同支付，而且支付可以从缓。而在嘉定县，差役的使费则只由被告支付，而且"倾家而不顾"。于是，青浦县的百姓，因为"一时之忿"，"缓则渐销"，或者经过人们居间调解，最后不至于形成诉讼案件。与此相反，嘉定县百姓为了避免自己成为"后控"的被告，就争先

---

[44] 王又槐《办案要略·论批呈词》，载《官箴书集成》，第4册，第769页。

向衙门呈递状纸，亲友解纷不及，亦不便于解纷。为此，就不免"装点情词，以图一准"，只是为了"泄忿"，至于"质审之虚实"，就不在考虑之列。[45]嘉定县诉讼案件之繁，其因盖由于此。

尽管兴讼的"情事"亦即所谓的原因不一，但除了调解失败而导致诉讼之外，上面的其他诸多成因，无不显示出明清"好讼"社会的基本特点。以此为思路，不妨对"好讼"社会形成的基本原因加以具体分析。除了上面的说法之外，如果对明清时期的法律史料细加分析，当时词讼繁盛的原因，尚可从以下几点加以具体探讨。

## 一、商业化、城市化导致教化体制形同虚设

在以礼教等级秩序为宗旨的"乡土社会"中，通常采用的是一种教化先行的准则。与之相应者，则是一整套的教化制度，亦即通过乡约、里老、申明亭、旌善亭以及宗族等直接实施教化，进而调解民间的争端、纠纷。时至明清两代，商业化、城市化的发展已是不争的事实，由此而引发人情的诸多变化：一是人情趋于狡诈。清代学者纪昀称，"人情狙诈，无过于京师。"[46]现存钞本《行商遗要》亦云："窃思近来世道，人心大变，不学孔孟，尽效墨翟。"又云："昔年人皆亘古，你仁我义，交游信实，说一不二，渐渐人生刁狡，弊端两生。"[47]而按照清末人吴趼人的看法，当时的城市已经成为一个"鬼蜮世界"，无论是官场、士类，还是

[45]　王有光《吴下谚联》（北京，中华书局，2005年），卷四，《图准不图审》，第113—114页。

[46]　纪昀《阅微草堂笔记》（重庆，重庆出版社，2005年），卷十七，《姑妄听之》三，第413页。

[47]　《行商遗要》，钞本，原藏山西祁县晋商文化博物馆，转引自史若民、牛白琳编著《平祁太经济社会史料与研究》（太原，山西古籍出版社，2002年），第533页。

商家等，无不都是以狡诈为事。真正的"忠厚君子"，似乎已经只能从乡下人当中去寻找。[48]二是人情趋于势利刻薄。明人姚旅云："今人知有轩冕，不知有道德。盗跖衣冠，莫不膻慕焉；丐人而孝友，敬之者寥寥也。"[49]明末清初小说《鸳鸯针》的编辑者，从"狗不咬君子"这句俗语中，借此证明当时已经形成一种只重外表衣饰的"势利"习尚。[50]只重官位、钱财，不重道德、孝友，这确实是一种开天辟地的怪风俗。三是作假成为时尚。清末人吴趼人曾有一句出自愤慨的话，即"本来作假是此刻最趋时的事"。何以言此？这也有事实根据。这是因为，在清末，即使是命案的供词，也同样出现了造假的现象。[51]其实，在明清两代，假命案、真敲诈已成一时风气。

就此而言，明人海瑞对于词讼日渐繁多的原因分析，堪称一针见血。海瑞认为，词讼繁多源于下面两点：一是风俗日薄、人心不古以后，民间百姓的求利意识日渐增强，为了利益，不惜经常兴讼；二是伦理不惇，传统的维系家族内和谐的伦理关系，在遭到私利的冲击后而变得千疮百孔，上下等级关系一旦破坏，难免就会使在家庭温情面纱下的争执暴露在大众面前，成为赤裸裸的诉讼关系。[52]

世俗人情的诸多变化，最终导致"市道"的形成。所谓市道，主要指市场交易中赤裸裸的金钱关系。一方面，市道开始向各种社会关系渗透。按照通常的说法，买田收租是儒家之"捷径良

---

[48]　吴趼人《二十年目睹之怪现状》（北京，人民文学出版社，2006年），第五十八回，第486页。

[49]　姚旅《露书》（福州，福建人民出版社，2008年），卷六，《华篇》，第146页。

[50]　华阳散人编辑《鸳鸯针》（沈阳，春风文艺出版社，1985年），第二卷，第一回，第69页。

[51]　吴趼人《二十年目睹之怪现状》，第四十八回，第405—406页。

[52]　海瑞《海瑞集》，上编，《兴革条例·刑属》，上册，第114页。

方"，既不废清修，又不染"市道"。但至清代，在业主与佃户之间，"莫不以狙诈相尚"，实与"市道"无异。[53]另一方面，正如明人许梅屋所云："子怨父贫，兄攘弟富，妻妾视丰俭为悲欢，奴仆视盛衰为勤怠。"[54]"市道不在门外"，而是已经逐渐渗透到温情脉脉的家庭伦理关系之中。

　　按照传统的观念，安上治民，莫善于礼。《易》有"辨上下、定民志"之说，孔子有"为国以礼"之论。换言之，只有贵以治贱，贱以承贵，如身之使臂，脉络相贯，体统相维，而后才能"名分以肃"。然而人情之变化，以及市道对家庭与社会关系的冲击，最终导致传统等级制度趋于崩坏。明朝人王叔杲通过对浙江湖州、嘉兴二府风俗的考察，已经敏锐地观察到了风俗变化对礼教等级秩序的冲击。在他看来，"文盛则风靡而好竞，地饶则民逸而忘善"。正是因为江南具有"文盛""地饶"两大特点，才导致"风靡而好竞"，"民逸而忘善"。风俗发生如此转向，必然影响到传统的等级秩序，进而出现下面的现象："士嚣于庠，民嗥于市，贻诟于缙绅，上闻于朝宁，吏于其土者不能一日安于其官。"[55]这部分反映了礼教等级秩序失控的历史真实。传统伦理纲常受到冲击，同样可以相关的史料加以证实。如明代史料云："近年子叛其父，妻离其夫，妇姑勃蹊，昆弟侮阋，奴不受主命，冠履倒置，比比皆然。"[56]可见，在父子、婆媳、兄弟、主奴之间，当时确乎

---

[53]　咸丰《南浔镇志》，卷二十一，《农桑》，转引自中国人民大学清史研究所、档案系中国政治制度史教研室合编《康雍乾时期城乡人民反抗斗争资料》（北京，中华书局，1979年），上册，第62页。

[54]　万表《灼艾集》，下，引《省约三章》，载《四明丛书》，第27册，第16672页。

[55]　王叔杲著、张宪文校注《王叔杲集》（上海，上海社会科学院出版社，2005年），卷九，《郡侯见弦汤公擢浙西宪使序》，第206页。

[56]　汪天锡辑《官箴集要》，卷上，《宣化篇·明纲常》，载《官箴书集成》，第1册，第270页。

产生了一种秩序变动。传统秩序的动荡，显然也是摆在清代统治者面前的重大难题。乾隆十六年（1751）六月二十五日，礼部右侍郎秦蕙田从"乡里棍徒怀挟私愤，纠众罢市，甚至凌辱长官，无所顾忌"，以及"顽佃抗租"等诸多事实中，不禁感叹"以贱凌贵"的"刁风""恶习"的形成，已是一种无可挽回的趋势。[57]乾隆十二年五月二十四日，乾隆皇帝从当时诸多的动乱案件中，诸如福建有罗日光抗租拒捕之案，山东有张怀敬聚众殴差之案，江南有王育英号召罢市之案，广东有韦秀贞拒捕伤人之案，山西安邑、万泉有聚众抗官、守门索犯之案，不得不承认"民气渐骄"的事实。[58]

好讼、健讼风气的出现，究其原因，还是因为申明亭、旌善亭之类教化体系的形同虚设。[59]明初教化与法律合一。在教化体制健全的形势下，民间很多争竞，往往是在里老的调解下得以圆满解决，根本用不着诉诸法律。而一旦教化体制徒具形式，那么民间百姓就只好抛弃教化，诉诸法律。

礼教秩序与诉讼行为显然是一种相反相成的关系。若是礼教秩序稳定，自然会形成一种温情脉脉的"反讼"社会。反之，"好讼"社会的出现，必然基于礼教失序的前提之上。而"好讼"风气对传统伦理所形成的冲击，就是最好的例证。清人裕谦曾著

[57] 朱批奏折，转引自《康雍乾时期城乡人民反抗斗争资料》，上册，第3、4页。

[58] 《清高宗实录》卷二百九十一，转引自《康雍乾时期城乡人民反抗斗争资料》，上册，第5页。

[59] 如宣德年间，陕西按察司佥事林时言："洪武中，天下邑里皆置申明、旌善二亭，民有善恶，则书于此，以示劝惩。凡户婚、田土、斗殴常事，里老于此判决，彰善阐恶，最是良法。今各处亭宇多废，民之善恶不书，无以劝惩罚。凡有争斗小事，不由里老，辄赴上司。狱讼之繁，皆由于此。"又正统三年（1438）六月，顺天府宛平县上奏，亦言"本县旌善、申明二亭，年远废弛，其基址皆沦为民居"，云云。参见《明宣宗实录》，卷八十六，宣德七年春正月乙酉条;《明英宗实录》，卷四十三，正统三年六月乙未条。

《戒讼说》一文，从十个方面阐述了好讼之害，其中有下面两点揭示了好讼对传统伦理之冲击：其一，"伤天伦"。他认为，父子、兄弟、夫妻，本来应该"天亲至爱"，一旦"或意见不合而相责备，或钱财费多而相怨尤，或事涉牵缠而株连坐累"，引发一种诉讼，就足以伤及"天伦"。其二，"失家教"。他认为，仁、义、礼、智、信"五常"，是家教的基础。人一旦"好讼"，就会居心刻薄、事理失宜、挟怨忿争、倾赀破产、欺诈百姓，"五常"皆失，进而致使"家人妇子之见闻"，无非恶习，很难"内外和顺"，最终导致"悖常而乱德"。此即"讼之足以失家教"。[60]

　　从明清两代的史实来看，家庭内由争竞而引发的诉讼案件已日渐增加。如明代的辽东，时人已有"患其族大而常相争"之忧。[61]无论是"悖论伤化"之说，抑或"悖慢淫乱"之论，不仅仅说明"衣冠禽兽"遍及于世，更可证明"好讼"对传统伦理关系构成不小的冲击。[62]

　　清代的很多史料亦足以证实，"好讼"风气可以引发传统伦理等级制度的松懈。如史称："妇有长舌，欲竦人怒，居然诬执翁奸；子有兽心，不论天伦，竟敢明证父罪。"[63]这是诉讼对传统婆媳关

[60]　徐栋辑《牧令书》，卷十七，《刑名》上《戒讼说》，载《官箴书集成》，第7册，第394页。

[61]　贺钦《医闾先生集》，卷三，《言行录》，载《四明丛书》，第12册，第7246页。

[62]　如清初人汤斌在任陕西潼关道按察副使时，曾有言："本道省览民词，见凌孤逼寡，诈奸诈盗；爱富欺贫，逐婿停婚；兄弟阋墙，妇姑谇语，悖伦伤化之事累累见告。"清末人汪康年亦载："近来风俗日败，悖慢淫乱之事见于报及成为讼案者，不知凡几。大率在大家学子，官场尤甚。而大孝奇行，反在至贫极苦之人，故特著此，以愧衣冠而禽兽者。"相关的记载，参见汤斌：《汤子遗书》，卷七，《禁革乱俗以正伦常事》，载《汤斌集》，上册，第417页；汪康年《汪穰卿笔记》（北京，中华书局，2007年），卷四，《杂记》，第161页。

[63]　潘月山《未信编》，卷三，《刑名》上《灾荒停讼示沈临汾稿》，载《官箴书集成》，第3册，第72—73页。

系、父子关系的冲击。又云:"或以奴仆胁主人,或以顽佃诬业主,或以卑幼制尊长。"[64]这是"好讼"对伦理等级制度的冲击。

## 二、社会流动加剧了"好讼"风气的形成

所谓"社会流动",大致可以分为纵向流动与横向流动两个方面。明清时期,社会流动相当频繁,进而加剧了"好讼"风气的形成。

科举选官制度的存在及其普及,是明清两代纵向社会流动的基础。奔走于科举一途的士人,固然不乏成功者,但更多的还是失败者。这些失意于科场的士人,为了谋生而不得不从事诸多其他的职业,其中就有不少充当"讼师",或出入地方衙门吃荤饭,或替人打官司。[65]

至于横向的社会流动,则以区域间的人口流动为主要表现形式。通观明清两代的史料,已经足以证明,大量流动人口的存在,事实上对于"好讼"社会的形成不无助益。以凤阳府天长县为例,当地的"民性"虽较之盱眙"尤为易使",然慢慢与扬州相近,"质愿渐入虚浮,力本日趋末艺"。随后,江西、福建、苏州、歙县等地的"流奸",往往因为躲避罪责而逃到天长县,藏匿于铜城、汊涧、扬州村等镇上,"结党煽祸,起灭教唆,而争讼渐烦"。[66]又如扬州府之高邮县,无论手工工匠,还是商人,大多不是"土著",而是来自"浮寓"。其结果,则导致"迩或习为健讼,

[64] 陈弘谋辑《学仕遗规补编》,卷三,《仕学一贯录抄》,载《官箴书集成》,第4册,第573页。

[65] 相关的探讨,可参见:陈宝良《明代儒学生员与地方社会》(北京,中国社会科学出版社,2005年),第334—342页。

[66] 顾炎武著,谭其骧、王文楚、朱惠荣等点校《肇域志》(上海,上海古籍出版社,2004年),《南直隶·扬州府·高邮》,第1册,第349页。

喜俯张而寡情实"。尤其是高邮湖以西及靠近泰州邻境之地，更是"嚣陵不易制"。[67]

尤其值得注意的是，徽州人大量外出经商，人生阅历渐趋丰富，更是平添了不少"好讼"的习气。这些徽州商人虽然身处他乡，然一旦遇到乡里争讼，就"不啻身尝之，醵金出死力，则又以众帮众，无非亦为己身地也"。此风所及，影响甚大，以至江西人外出经商，"亦多效之"。[68] 可见，借助商帮力量参与诉讼，已经成为徽州商人与江西商人的惯例。

### 三、讼师与"好讼"风气相辅相成

讼师的大量出现，显然与当时的好讼风气相辅相成。[69] 在地方官员的眼里，这些讼师通常被认定是"放刁把滥之徒"，而且大多"皆系奸民猾吏"。至于他们平日所行，则是"专窥觇官府差错，采摘富家过失，或自身陈告，或教唆他人，兴灭词讼，把持官府"。[70] 又明代史料言："农人多不知法，或少争竞，则奸者诱讼之，足及公门，而官吏卒隶皆喜，曰：'我佃户来矣。'"[71] 可见，农民原本"少争竞"，正是因为"奸者"的"诱讼"，才导致他们

---

[67]　黄中坚《征租议》，载《蓄斋集》，卷四，转引自《康雍乾期期城乡人民反抗斗争资料》，上册，第25—26页。

[68]　王士性《广志绎》（北京，中华书局，1981年），卷二，《两都》，第34页。

[69]　关于明清讼师，其中最有建设性的研究成果当推日本学者夫马进教授。其相关的研究成果，分别有：《明清时代の讼师と诉讼制度［明清时代的讼师与诉讼制度］》，载梅原郁编《中国近世の法制と社会［中国近代的法制与社会］》（京都，京都大学人文科学研究所，1993年）；《讼师秘本〈萧曹遗笔〉の出现［讼师秘本《萧曹遗笔》的出现］》，刊《史林》，第7卷第2号（1994年）；《讼师秘本の世界［讼师秘本的世界］》，载小野和子编《明末清初の社会と文化［明末清初的社会与文化］》（京都，京都大学人文科学研究所，1996年）；《讼师秘本＜珥笔肯綮＞所见的讼师实象》，载《明清法律运作中的权利与文化》（台北，联经出版公司，2009年）。

[70]　汪天锡辑《官箴集要》，卷上，《宣化篇·治刁》，载《官箴书集成》，第1册，第271页。

[71]　孙世芳等纂修《宣府镇志》（明嘉靖刻本），卷二十，《风俗考》。

"足及公门"。

　　无论是明洪武年间所定的教民榜文，还是随后的官员建言或榜文，无不倡导一种"息讼"的观念。按照当时规定，凡是民间词讼，采用一种"自愿息讼者听"的准则。法令规定，凡是"事不干己而相告讦"，或者"官吏罗织以媒贿赂"，均必须受到惩罚。若是"果有冤抑实情"，则可以"以次陈诉"，或者果真全家被害，才允许亲族邻居申诉。然自正统以后，根据南直隶巡抚周忱的上奏，这种息讼观念已经遭到了冲击，以致狱讼腾涌。究其原因，则主要是"刁民"的出现。而其形式则主要表现在下面两个方面：一是"图赖人命"，因为只要牵涉到人命，就可以耸动官府，惊吓小民；二是"牵连杂事"，因为只要是杂事，终究会很难治理，可以借此欺诈取财，甚至牵制官府。即使事情败露，被充军摆站，或纳米运砖，又可以逃潜，变换姓名，重新欺灭词讼。[72]

　　这种唆讼之人，一般被称为"刁徒"，而且专门以"刀笔"为职业。关于"刁徒"，明人李开先有详细的揭示。他认为，这些刁徒无不以"衙门为养身之窟，刀笔为肥家之资"，甚至"因一事而牵扯数十事，告一人证佐数十人，有累岁不结之狱，千金立破之家。"[73] 从万历十三年（1585）奏定的《真犯死罪充军例》中可知，当时已经广泛出现了唆讼或起灭词讼的"讼棍"。这些讼棍大多是"刁军""刁民"或"无籍棍徒"。其从事的活动主要有以下三个方面：其一，专门挟制官吏，陷害良善，起灭词讼，结党捏词缠告，把持官府，使官府不得行事。其二，私自串结，将原本与自己并不相干的事情，捏写本词，声言奏告，恐吓钱财。其三，

[72]　《明英宗实录》，卷三十九，正统三年二月庚午条。

[73]　李开先《闲居集》（北京，文化艺术出版社，2004年），卷十二，《足前未尽》，载氏著《李开先全集》，中册，第869页。

代人捏写本状，声称要奏告叛逆等项机密，或者是捏称人命、强盗等项重事，教唆或扛帮他人赴京城告御状，或者到巡按御史、按察司处告状。[74]

至清代，讼师参与民间诉讼活动亦相当频繁。在官方文书中，讼师通常又被贬斥为"讼棍"，或称"打网游棍"。他们靠讼事"衣食是赖"，若是一日无讼，则一日无生财之所。他们"架词妄控，多半空中楼阁，变幻离奇，批不胜批，驳不胜驳"。然讼棍敢于如此俦张者，其根本原因还是在于"图准不图审"，包准不包赢。所以，"一准即和，既和又告者相随属也"。如莱阳县知县庄纶裔莅任伊始，就严办讼棍不下数十起，其中有名有姓者分别为刘云起、于绍堂、刘德盛、于绍南、刘全甲、刘黄云、夏朋儿、王绪庆、展正仁、左裕昆、左建章、王即三、崔显俊、程仁格、吕云年、崔成九、刘东溪、任焕文、鲁有宗、隋兰香、盖华廷、刘培十、郑王氏、张史氏。[75] 至于那些"打网游棍"，一旦碰到上司词状，更是"将平日仇人，不论事之相干、无干，一概俱入在内，甚至一张状，单款纷纷，牵连数十人者"。[76] 清初人汤斌在任陕西潼关道按察副使时，同样认为当地诉讼盛行的恶风，究其原因，还是因为"刁民心怀奸伪，志在得财"。[77]

在明清时期，讼师的存在主要基于代书人的缺陷。在民间诉讼官司中，代书人在替人书写状纸之时，其词往往质而不文，不能打动地方官员，导致官员不予受理。鉴于这一原因，民间百姓

---

[74]　怀效锋点校《大明律》（北京，法律出版社，1999 年），附录，《真犯死罪充军例》，第 319—320 页。

[75]　庄纶裔《卢乡公牍》，卷二，《示谕严拿讼棍告文》，载《官箴书集成》，第 9 册，第 574 页。

[76]　余自强《治谱》，卷四，《词讼门·上司词状》，载《官箴书集成》，第 2 册，第 110 页。

[77]　汤斌《汤子遗书》，卷七，《特禁恶风以安良善事》，载《汤斌集》，上册，第 339 页。

不得不"谋之讼师"。自明代以来，嘉定县的"健讼"之风一直兴盛不已。最早是沈天池、杨玉川两位讼师，有"状元""会元"之号，以科名头衔自炫诉讼技能。其后，又有金荆石、潘心逸、周道卿、陈心卿等讼师，其诉讼技能较之沈、杨二人稍有不逮，但也算得上是讼师行中的"能品"，甚至将自己所撰写的状词比拟为《战国策》《左传》与《国语》，显然也是相当自负。[78]

讼师行业组织，始于宋代的"业觜社"。至明代，分别出现了"躲雨会""三只船"之类的讼师组织。[79]入清以后，讼师组织更是大张，随之出现了"破靴党"。

破靴党显然起源于地方儒学生员吃"荤饭"之风，亦即生员出入衙门、包揽词讼。清人戴兆佳就言及浙江天台的士人，一旦成为生员，"便寻荤饭，结纳胥掾之欢，引同心于刀笔滑稽舆厮之伍，藉通好于盘餐，因而出入衙门，包揽词讼，武断乡曲，侵蚀钱粮"。[80]而破靴党一称则起源于明代。如明陆人龙所编《型世言》小说记："次日王秀才排了'破靴阵'，走到县中，行了个七上

---

[78] 殷聘尹编《外冈志》，卷一，《俗蠹·讼师》，收入《上海乡镇旧志丛书》，第2册，第14—15页；张启泰纂辑、陆世益编《望仙桥乡志稿》，《民蠹》，收入《上海乡镇旧志丛书》，第2册，第27页。按：关于沈天池、杨玉川两人的史事记载，明崇祯年间编《外冈志》与民国时期编《望仙桥乡志稿》，两书稍有差别。《外冈志》记云："昔维沈天池、杨玉川有状元、会元之号，近则金荆石、潘心逸、周道卿、陈心卿，较之沈杨虽不逮，然自是能品，其一词曰'此战国策也'，其一词曰'左国语也'，其自负如此。"《望仙桥乡志稿》记云："昔维沈天池、杨玉川有状元会之号，近金荆石、潘心逸、周道卿、陈心卿较之沈杨虽不逮，然自是能品，其一词曰此'战国策'也，其一词曰此'左国语'也，其自负如此。"两相比较，民国《望仙桥乡志稿》文，显然由明《外冈志》抄撮而成。惟抄录过程中，在"状元、会元"之间，脱漏一个"元"字，致使让人误认为明代已经出现了"状元会"一类的讼师组织。两志记载之异文，幸得夫马进教授报告知，在此谨表谢忱。
[79] 相关的探讨，参见陈宝良《中国流氓史》（北京，中国社会科学出版社，1993年），第117、178—180页。
[80] 戴兆佳《天台治略》，卷四，《再行劝勉以端士习事》，载《官箴书集成》，第4册，第124页。

八落的庭参礼。"[81]可见，"破靴"二字，主要形容堕落秀才的穿着打扮。至清代，清人杨光辅已经将破靴党定义为"生监之不守分者"。[82]至清末，吴炽昌记载："江右有所谓破靴党，侪张为幻，无所不至。讼者咸师事之，坏法乱纪，此其极也。"[83]显然，破靴党已经成为讼师的领袖集团。

### 四、代书人成为一种合法职业

所谓"代书"或"代书人"，主要指替人代写诉状之人。在明清两代，为了避免出现唆讼这种现象，在法律上严厉禁止"唆讼"。[84]法律规定，若是教唆词讼，就会被处以"与犯人同罪"。但法律同样存在着下面的补充条款，就是假如见到别人不能申冤，再出来替人打官司，这不在"教唆"之例。究其原因，告状之状词，其最大的功能就是"达情"。民间百姓有了冤抑不能申雪，只能"借词以达之"。但是，对于状词内容，官方也严格限制"浮言巧语"，下令禁止"无情之词"。鉴于此，民间百姓在诉讼过程中，只能选择"代书人"替自己陈情。[85]至于替人代写词状，法律也给以适当的区分：凡是在所写词状中有"增减情罪、诬告人"的行为，法律予以严厉禁止，但如果仅仅是替人写词状，而并没有在词状

---

[81] 陆人龙《型世言》（北京，中华书局，1993年），第二十六回，第363页。

[82] 杨光辅《淞南乐府》（上海，上海古籍出版社，1989年），第173页。

[83] 吴炽昌《客窗闲话》（长春，长春时代文艺出版社，1987年），卷四，《书讼师》，第69页。

[84] 从某种程度上说，海瑞在巡抚应天时设立口告簿，其本意就是为了杜绝唆讼现象。海瑞认为，健讼之风的盛行，其根源在于唆讼之人的出现，但其根本原因则为"口告不行"，一些人通过写状或教人打官司，就可以从中渔利。所以，海瑞在任应天巡抚之时，决定设立口告簿，凡是不识字百姓不能写状纸，允许他们可以当面口陈，不必再用状诉。参见《海瑞集》，上编，《督抚条约》，上册，第251页。

[85] 张启泰纂辑、陆世益编《望仙桥乡志稿·民蠹》，收入《上海乡镇旧志丛书》，第2册，第27页。

中对罪行加以增减,那么不在"教唆"之例。[86]可见,合法地替人写状纸,明清两代并未加以禁止。

　　从明代的实际情况来看,在一些县衙门的门口,确实聚集着一批写状之人。时日一久,此类替他人代写词状的写状人,逐渐成为一种合法化的职业。有些在衙门口写状的人,甚至变为一种职役,进而得到了官府的默许。[87]而在清代,"代书"作为一种职业,地方官已经将其列入定期考核之列,希望借此取代讼师之职。

　　尽管代书已经作为一种合法职业,而且法律亦禁止其对原告诉讼情节加以增减,但从当时的史实来看,代书显然亦不乏"驾虚谎告"之习。以浙江天台县为例,当地百姓诉讼成风,通常喜欢以极其琐屑细微之事装点虚情,写呈控告,甚至将十余年前李、柯两位县官任内久经审断之案,带叶牵枝,重新说起,连篇累牍,刺刺不休,以至于原、被告的名字,更翻迭换。此等习俗,固然因为"小民刁健"所致,但亦因代书"驾虚谎告,教猱升木之故"。[88]换言之,代书确乎成为"好讼"社会形成的又一幕后推手。究其原因,一方面,在吴、楚、江、浙等地,替人代写诉状之人,"多出于流棍卜算者之手",他们"各有门类底本,在境外无名之人,以此得钱为生。在本县告状刁民,利于害人打网"。[89]为了得钱、打网,他们必然会增减情词。另一方面,按照清人黄六鸿的说法,代书又"类多积年讼师,惯弄刀笔"。所以,"伤一牝羵,

[86]　怀效锋点校《大明律》,卷二十二,《刑律》五《教唆词讼》,第180页。

[87]　西周生《醒世姻缘传》(上海,上海古籍出版社,1981年)第九、七十四回,第137—138、1056页。

[88]　戴兆佳《天台治略》,卷七,《一件严伤代书事》,载《官箴书集成》,第4册,第171页。

[89]　余自强《治谱》,卷四,《词讼门·告状投到状之殊》,载《官箴书集成》,第2册,第110页。

辄以活杀母子为词；恶少强奸，诱女以连辱见释"。[90]

### 五、讼师、地棍、衙蠹之勾串

从明清两代史实来看，讼师、地棍、衙蠹，均是凭借衙门吃饭之人，而三者之勾通合流，更是造成"好讼"社会的成因之一。

讼师唆讼，上面已有阐述，在此就地棍勾结衙蠹参与诉讼事务加以钩稽。地棍专以讹诈谋生，然亦不乏参与地方诉讼事务之例。如清代浙江仁和县，地棍"竿牍则代写代投，呈状俱包收包准，往往无事生为有事，小事变作大事，即使两造愿息，此辈钳制不休"。更有甚者，他们甚至"描模印信，捏造伪牌，假扮相公，携带仆从，或公然结党提人，或设局拿讹诈害"。[91]清人汪辉祖亦云，地棍一旦"讹借不成"，就"造端讦告"。所告之事，尤以"首赌、首娟"为主。事本无凭，却可以"将宿嫌之家一网打尽。无论冤未即雪，即至审诬，而破家荡产相随属矣"。[92]据清人尹会一的记载，河南的恶棍大多"出入衙门，武断乡曲，颠倒是非，闾阎受其荼毒，良善何由安枕"。[93]而在兴化，地棍更是采用一种"搭台"诉讼之法，讹索地方百姓。所谓"搭台"诉讼，就是"每遇乡懦家稍温饱，即有一种不法棍徒，惯行假捏事由，装点情节"。简言之，就是不顾事实，自己搭台，自己演戏。他们"不遵告期，串通书吏，专俟承值之日，或朦混传辞，或颠预喊

[90] 刘兆麒《总制浙闽文檄》，卷六，《饬禁棍徒诈骗》，载《官箴书集成》，第2册，第575—576页。
[91] 刘兆麒《总制浙闽文檄》，卷六，《饬禁棍徒诈骗》，载《官箴书集成》，第2册，第575—576页。
[92] 汪辉祖《佐治药言·严治地棍》，载《官箴书集成》，第5册，第319页。
[93] 尹会一《健余先生抚豫条教》，卷一，《士民约法六条》，载《官箴书集成》，第4册，第699页。

禀，但图一准，出票签差，便可肆行讹索"。等到所欲既餍，"随以一和了事"。[94]

比较而言，讼师以唆讼为职责，地棍以讹诈为职业，而衙蠹则为讼师、地棍的内应。如清人汪辉祖云："唆讼者最讼师，害民者最地棍。二者不去，善政无以及人。然去此二者，正复大难。盖若辈平日多与吏役关通，若辈藉吏役为护符，吏役藉若辈为爪牙。"[95] 正可谓一语道破天机。此外，如清代史料言："书役勾串地棍，择殷实而捏以奸、赌等事，诬告娑索。劣员任用，不加约束，最为民害。"[96] 清人刘衡云，"讼师、地棍、店主"，全与书役"狼狈为奸"。[97] 如此等等，无不证明讼师、地棍、衙蠹已经趋于合流，共同左右着地方诉讼社会。

## 结论：从"无讼"到"好讼"

明清两代，究竟是"乡土社会"，还是"好讼"社会？显然是一个见仁见智的问题。毫无疑问，明清两代是一个社会的变迁时期。若以法律诉讼为视角，社会史层面确乎发生了巨大的转向，亦即从"乡土社会"逐渐向"好讼"社会转变。

那么，对明清"好讼"社会又当如何看待？就社会史的层面而言，正如清朝人黄中坚所言，明清时期是一个"横逆"的社会。所谓"横"，就是"强凌弱，富欺贫"；所谓"逆"，则为"贱妨贵，

[94] 周石藩《海陵从政录·严禁搭台讹诈》，载《官箴书集成》，第 6 册，第 244 页。
[95] 汪辉祖《学治臆说》，卷下，《地棍讼师当治其根本》，载《官箴书集成》，第 5 册，第 282 页。
[96] 不著撰者《治浙成规·严肃吏治各条》，载《官箴书集成》，第 6 册，第 645 页。
[97] 刘衡《州县须知·札各牧令严禁蠹役由》，载《官箴书集成》，第 6 册，第 97 页。

小加大"。[98]按照传统的观念，为治之道，关键在于使民各安其分，亦即上下、贵贱、贫富之和谐相处。这正好是"乡土社会"的基本特点。一旦小民"犯上无礼"，亦即礼教秩序的沦丧，就会导致社会的动荡不安。"好讼"风气的形成，显然与"横逆"社会桴鼓相应。

尽管明清很多地方官员受传统的"无讼"观念的左右，希望通过"息讼"而"养民财力"，而且民间百姓遇到细末琐事，亦希望通过调解而和息。然值得关注的是，民间百姓一旦"情关迫切，势难缄默者"，还是不得不"赴官鸣控"。[99]再加之明清社会的巨大变迁，最终导致"好讼"社会的形成。

在剖析明清"好讼"社会时，下面三点无疑值得引起格外关注并加以重新认识：其一，按照传统的观念，讼师这一职业显然被归于"莠民"之列，地方官员还刻意加以渲染，将"好讼"风气的形成归于讼师之唆讼，借此推卸在任期间的责任。平心而论，讼师固然有唆讼及与衙门书役勾串的一面相，但明清讼师行业团体的出现，以及独立于衙门之外的司法角色，无不使其具有向近代律师转化的另面相。其二，传统中国的法律，以伦理为立法的基础。如细玩《大明律》的立法宗旨，无不体现一种重视伦理的特色，亦即"导人修德"，"刑以弼教"，其目的则是使人趋于"仁"。但从明代中期以后的司法实践来看，伦理因素开始逐渐消解，亦即"典狱司法"之官在具体的司法实践中，不再受传统伦理思想的约束，而是"因子而杖父，由侄而刑叔伯，以弟侄故而

---

[98] 黄中坚《征租议》，载《蓄斋集》，卷四，转引自《康雍乾时期城乡人民反抗斗争资料》，上册，第25—26页。

[99] 黄六鸿《福惠全书》，卷三，《莅任部·考代书》，载《官箴书集成》，第3册，第257页。

罚及其兄"。[100] 这显然也是一种新动向。其三,在明清两代,无论负责诉讼审判的地方官员,还是参与诉讼的民间百姓,并无"民事"诉讼与"刑事"诉讼的概念,仅仅是将"狱讼"之事分为以下两类:一是"要者",亦即紧要的讼事,包括人命、强盗、逃奸诸事;二是"小者",亦即因微末小事而引发的诉讼案件,包括户婚、田土一类的诉讼。[101] 但一至清末民初,上海租界的华人居民,对法律已经有了自觉的意识,亦即不再是只知守法的"愚者",而是成为"借法律以养成社会良好习惯"之"公民"。这种公民意识的存在,一方面体现在他们已能明确区分"民事"与"刑事"之别,知道"命盗斗殴应向捕房控告,钱债人事应向会审公廨控告",另一方面则已知悉官吏不可"私逮擅逮",传统的公堂衙门"牌票拘人"属于一种"私拔人"的违法行为。[102]

综上所述,尽管儒家传统的"无讼"观念在明清两代仍有遗存,而且部分渗透到当时的司法实践中,但就明清时期的社会现实而言,确乎可以称之为"好讼"的社会。于是,"无讼"的理想与"好讼"的现实必然产生冲突。其冲突的结果,则使明清两代的学者对"无讼"重新进行理性的思考。其思考的结果,就是认定"无讼"并非是一种无为而治的理想世界,而是通过具体的"听讼"过程而达到司法公正。于是,随之而来的则是"息讼"观念的流行,以及"息供""省词讼"一类司法实践行为的普遍化。

所谓"好讼""健讼",其实尚蕴含着下面两层意思:一是随着朝廷法律通俗化的进程,固然使得一般民众在知法以后不再触

[100] 陈槐《闻见漫录》,卷上,《明圣制二》,载《四明丛书》,第13册,第7493—7494页。
[101] 相关的看法,可参见黄六鸿:《福惠全书》,卷十一,《刑名部·总论》,载《官箴书集成》,第3册,第326页。
[102] 姚公鹤《上海闲话》(上海,上海古籍出版社,1989年),第46页。

犯法律，但同时也使一部分百姓在遇到不平之事时，知道通过现有的法律程序，诉诸公堂，以维护自己的权益；二是民间百姓一旦懂法，为一些纠纷而诉诸法律的事例就逐渐增多，以致诉讼成风，诉讼案件日趋繁多。按照传统的观念，明清时期"好讼"社会的形成，固然是"讼"在流变过程中所产生的弊端，与"无讼"的理想形成明显的冲突。若换一角度加以思考，明清"好讼"之风的存在乃至流行，何尝不符合"讼"的原始真精神，即通过"讼"这一程序而"攻乎不公者"，亦即对现实社会不公正现象的一种反抗。

（何东 译）

# 第七章　把持与应差

## ——从巴县诉讼档案看清代重庆的商贸行为 *

现存十一万三千余卷《巴县档案》中有大量工商人户承应官府差事的诉讼内容，堪为反映清代重庆工商铺户活动极为珍贵的资料，至今未见人专门系统研究过。既有研究只有刘铮云从雍正年间赋税制度的变革入手，对官给私帖与牙行应差的关系做了考察；刘君从商人角度，对差役的种类、应差规则、差役扰害做过简要论述。[1] 而诸凡承值应差的社会背景、承值应差与行业把持的关系、官府的断案依据等，均未涉及，甚至将承值应差的范围仅局限在牙行方面。因此，相关研究方面仍有很大的学术空间需要填充。

理论上说，法律条例更加注重禁止把持行市，明代官府那种通过当行、承值等勒索工商铺户的做法业已废止，而改用按市价两平收买。然而有清一代，重庆一地与承值本质上相近的应差，在各行各业却普遍存在。应差如何具体实施？为什么重庆的工商

---

* 原题为《把持と応差——巴県档案から見た清代重慶の商貿訴訟〔把持与应差：从巴县档案看清代重庆的商贸诉讼〕》
** 南京大学历史学院教授。
[1] 刘铮云《官给私帖与牙行应差——关于清代牙行的几点观察》，台北故宫博物院编《故宫学术季刊》第 21 卷第 2 期，2003 年 12 月，第 107—123 页。刘君《清前期巴县城市工商业者差役初探》，《历史档案》1991 年第 2 期，第 87—92 页。

人户不像其他地区的工商业者，甘愿承受这种剥夺性的应差？或者说应差以什么为条件，在什么样的背景下展开，又带来了怎样的后果？重庆大量的商业诉讼正是因应差而起，对于此类诉讼官府又是如何裁决，为何会做出这样的裁决？这些都是值得关注和需要讨论的。

## 一、重庆工商铺户之承值应差

清代重庆各行各业均须承应官府的公事差事，几近无一或免，而非仅仅牙行一业。依据《巴县档案》，我们可以获知清代重庆工商人户承应官差的行业、范围和程度。

牙行，如杂粮行：应纳川东道和重庆府江北巴县驿马以及马豆等差徭。[2] 乾隆五十八年（1793），因军差浩大，七家牙行商议，合开一行，每客卖货一石，牙行抽银六分，以四分作为行用，二分"以为办差补用"，后来减为五家，共同"应办各大宪差务无违"。[3] 道光中期该行减为三家，议立行规，同行声称："课差为重，三行轮流应办逐月各衙差料。凡我三行如遇料价昂贵，值月不得推诿违误。倘误差不应，任二行主禀官，不得私受徇情。"[4] 将承应差务视为重要大事。

山货牛皮杂骨铺：山货行代客买卖牛皮牛胶生意，遇有军务

---

[2]《杂粮行规》，《道光二十年二月十四日刘文远禀状》，四川大学历史系、四川省档案馆主编《清代乾嘉道巴县档案选编》上（以下简称为《选编》上）（成都，四川大学出版社，1989年），第246、380页。

[3]《道光三年六月二十四日刘顺远禀状》、《道光六年六月王宗信等禀状》，《选编》上，第378、379页。

[4]《杂粮行规》，《选编》上，第246页。

与牛皮铺同办。[5] 凡遇军务，运送火药枪炮子桶所用牛皮包裹，都由山货行协同牛皮行户承认，"每皮一张，营中照例发价银二钱□分"。嘉庆二十四年（1819）议定章程，凡现开牛皮铺一户，各自捐银三十两，公举殷实值年首人，归总生息堆积。[6] 大约乾隆末年，经县令讯断，山货行每年帮给广货行银四十两，以资应差之需，到嘉庆十三年时，已历二十余年，实行不辍。[7]

铜铅牙行：凡有铜铅抵渝，必由该行投票，赴经历司查验，归行发卖，上纳国课，承办差务军需，法严任重，例禁私商。[8] 乾隆四十一年（1776），从湖北解到重庆火药等项陆续不绝，该行议定抬送办法，同行铺户帮出运夫运价，除府衙发给饭食钱外，凡运夫一名，每铺需出钱八十文，县衙指令："一切粮鞘、军装、火药等项，俱关紧要。所有派夫自应遵照旧规一体派办，随时办解。"[9] 道光初年，营中移文重庆府催取铅斤，每年票注三千斤给行承办，陆续呈缴，应办差务。[10]

点锡行：乾隆三十二年（1767）公议："点锡归铜铅行，设有公秤，于买客名下每包支银一钱六分，以便支应差务。立有约据，钤盖县印，历久遵行。"[11]

木行：府试时提供条木，县考时负责文场修理。[12]

棉布行：乾隆后期该行禀称，"开设布行，代客买卖，量货取

---

[5]《道光十五年三月十八日陈宏盛等供状》,《选编》上，第369页。
[6]《嘉庆二十五年五月二十二日巴县告示》,《选编》上，第367页。
[7]《嘉庆十三年六月十三日巴县告示》,《选编》上，第362页。
[8]《道光二十一年十二月十三日杨向陶禀状》,《选编》上，第309页。
[9]《乾隆四十一年六月初五日巴县申册》，四川省档案馆编《清代巴县档案汇编》乾隆卷（北京，档案出版社，1991年），第39、40页。
[10]《道光五年五月二十九日杨洪川禀状》,《选编》上，第313页
[11]《道光二十八年九月重庆府禀》,《选编》上，第310页。
[12]《嘉庆二年八月陈正书禀状》,《嘉庆二年八月十九日陈正书禀状》,《选编》上，第322页。

用，以资国课。每布一卷旧例取用二钱，其二钱内抽取二分帮贴行户，以资国课差徭"。[13] 道光二十年（1840）确定，渝城布行五家，每捆布取厘金钱十二文，各铺帮费供应公廨差务。[14] 同年又定，买卖土布交易，每布一匹帮给行户差钱一文，照广布成规，向卖客抽取，令铺户买者将钱扣留，以作应差之需，不得因循怠惰。中路布帮来渝投行者，每捆抽取行用，依照老例，帮给差钱十二文。[15]

棉花行：嘉庆九年（1804）该行称，以买卖所验挼同样花归作管行之费，任凭自售，聊资衣食，并承应上下往来银鞘差务，成规久定。[16]

瓷行：嘉庆六年（1801）议定，凡瓷货投行发卖，俱属梓里，经纪牙用仍照旧规外，本行厘金减半。本客粗瓷每只三厘，细瓷每只一分六厘，照数归公，以资行用。或有差徭杂费，归行承办，以公项内每年帮给银二百两，免其侵移客本之患。过江水客，无论粗细瓷器，正常助银外，仍旧捐交厘金归行，每只六厘。阳奉阴违者，一经查出，另罚修葺码头，资助银两每只瓷器二分，以充公用。[17]

烧酒行：据乾隆年间邓宗榜禀称，请领牙帖开设烧酒行，代客买卖，输纳税课，供应县衙和理民府两署差务。[18] 若各县客民"运来酒缸投行发卖……每两取用银三分，以作纳课应差之费。自卖自兑，每缸买客给用银五分，卖客给用银四分，此为行户帮工佃

[13]《乾隆五十六年四月初十日巴县告示》,《选编》上，第344页。
[14]《道光二十年三月二十六日巴县札》,《选编》上，第345页。
[15]《道光二十年八月十五日巴县告示》,《选编》上，第346页。
[16]《嘉庆九年杨祥光告状》,《选编》上，第338页。
[17]《嘉庆六年五月浙江会馆碑文》,《选编》上，第251页。
[18]《道光十三年二月十四日陈世明禀状》,《选编》上，第384页。

租食度"。[19]

水果行：嘉庆五年（1800）广泰水果行户禀称，其代客买卖生理，凡县衙所需梨果，应酬无辞，梨果价值每两行户收取用银三分，以作纳课应差之费。[20]

丝行：原来"代卖丝斤，并无差务"。乾隆二十二年（1757）广货行户禀明将彩绸拨丝行分办，而各衙旗帜所用白绸俱系官府出价，绸号代为购买。乾隆四十六年因为总督到重庆，始需绫绸，巴县县令指定约坊向丝行借办，后来成为惯例，遇有差务就向丝行借用。同治时，道府、府署及巴县各衙一切红彩及过境客官一切日行应用，凡有公干，差役奉票随时取用，多年无违，业户因停贸歇业也不放过。[21]

很明显，随着时代的推移，承办差事和需要交纳差费的牙行行业在不断扩大和增加。

商货铺户，如炭铺：七门炭户七家公办铅局官炭，文官各衙门需用炭斤，由各门炭户分办，后来不断有炭户歇业，杨美等二门炭户与千厮门炭户公议，人少差多，分办不便，改为轮流值月，合力公办，炭价均分。但仍有千厮门炭户只愿认办道署炭务一处，其余不理。[22]

竹子铺：乾隆四十四年（1779）该铺禀称，竹子生理，均投渝发卖，凡衙署票取大小竹子应差，均由值日行户应办，陈规久定。[23]

---

[19]　《道光二十二年十月二十三日王立兴禀状》，《选编》上，第 385 页。

[20]　《嘉庆五年五月初四日秦广泰禀状》《道光十二年十二月十六日陈文斗等复状》，《选编》上，第 385 页。

[21]　《丝店抗差案》，《巴县档案（同治朝）》商贸，日本京都大学夫马研究室影印件，编号 8948。

[22]　《乾隆二十五年五月十八日杨美等禀状》，《选编》上，第 318 页。

[23]　《乾隆四十四年四月十六日合州安居甘王奇等禀状》，《选编》上，第 328 页。

篾席铺：乾隆后期，应办文武各署大小差务，垫办篾席数千条。[24]

牛烛店：每年承办县、府试牛烛牌灯等项，毫无违误。[25]

百货杂铺：在木洞镇产米之区，"凡镇中酒房、油房、屠户办理差务"，每肉一斤给银二分二厘，清油一斤给钱五十文，酒一斤给银一分八厘。[26]

生产加工匠作行业，按照有些工匠的说法，重庆"惟铺家应差，工匠并无差务"。[27] 实际上各行各业多有差务。

如木箱铺：板厢木铺生理，承办道、府各衙差务并文武院试及过境官员应用厢板差务。该行原由首事抽取干货药厢并松杉杂厢钱文应差，后来设立众合公号承差，连开设大木铺之家而售卖药厢者也需交纳帮差钱。[28]

染房：渝城染房共有五十四家，承办万寿及春秋祀典文武衙门一切差务。[29]

炉铁厂：红炉四厂，据说"起自康熙年间，历系打铁为业，应差无误"，[30] 承差历史已经很久。有人承充厂头，办理文武各衙铁器差事，不敢抗违。乾隆六十年（1795）因镇压苗民，承差苦乐不均。[31] 嘉庆后期因"差务浩繁"，该行"邀同四厂铁炉人等集庙公议，一年一换"。[32]

---

[24]《乾隆五十八年八月初八日朱廷标等禀状》，《选编》上，第 328 页。

[25]《道光四年三月十九日赵俊认状》，《选编》上，第 398 页。

[26]《乾隆五十八年八月酒坊油坊屠行差务章程》，《选编》上，第 381 页。

[27]《道光二十四年八月二十二日廖洪兴等禀状》，《选编》上，第 247 页。

[28]《木箱铺为承差诉讼案》，《巴县档案（同治朝）》商贸，编号 8887。

[29]《道光十一年二月二十八日刘龚氏告状》，《选编》上，第 355 页。

[30]《嘉庆十六年四月十一日巴县告示》，《选编》上，第 300 页。

[31]《乾隆六十年十月厂头杨聚升、杨正光告状》，《选编》上，第 298 页。

[32]《嘉庆二十四年杨护泰等禀状》，《选编》上，第 303 页。

铁匠铺:嘉庆时该行称，开设铁行，马掌炮位应用，凡应差务，每斤毛铁领银一分，从来有案。[33]

锡匠铺：开设锡匠铺打造锡器生理，凡各衙门大小差务以及迎官、考试等项，俱由该铺轮流值月当差，每日人数二十余名，或十四五名，各处分用。[34]

打造铜瓢铜灯盏铺：该铺称，渝城共有五家，凡遇大小差务，以及学院新宪到任需用铜瓢、灯盏，均应应差，不敢抗违。[35]嘉庆十年（1805）该行设立老君庙胜会，凡于入行开铺者，必须上会应差。[36]

雕漆匠：道光时该匠称，开设油漆铺多年，应办文武各宪差务无违。[37]

弹花铺：全城弹花匠，分为新旧两铺，各弹各花，各应差务。新弹花铺承办文武各署大差军装弹花差务。[38]

圆桶匠：同行议定章程，"每年轮流举签首人，原议章程，新添一人上街入会，出钱一千二百文"，作为举办鲁祖会费用，并"应办文武各衙差务，历来无紊"。[39]

泥水匠:道光后期，余德沛等"承充泥水匠头，应办各衙差务，及大宪临渝差徭"。[40]

砖瓦窑户：上中下三窑，历来承应文武差务、学宪考试，并饥

[33]《嘉庆十四年四月十五日刘源盛等哀状》,《选编》上，第297页。

[34]《乾隆四十四年三月初八日巴县告示》《乾隆五十六年十二月万义元等禀状》,《选编》上，第311页。

[35]《嘉庆十年十一月二十八日胡起先存状》,《选编》上，第312页。

[36]《嘉庆十年十一月二十八日胡起先存状》,《选编》上，第312页。

[37]《道光十四年十二月初三日彭泰兴等禀状》,《选编》上，第336—337页。

[38]《嘉庆十五年鲍长发等禀状》,《选编》上，第240页。

[39]《道光三年三月初六日陈国才等禀状》,《选编》上，第325页。

[40]《道光二十五年十一月余德沛、程万洪供状》,《选编》上，第248页。

馑雨坛粥厂大差，贴钱四五十串。[41] 大河窑户，五人按名各值一月轮流办理。载运窑货到渝发卖者，嘉庆初年议定，每年各户帮出差事钱十二两。[42] 三窑共同认办差务，取用浩繁，"大差三窑贴银六七十两，小差贴银二三十两，至微亦必需钱三五千文，均系三窑摊派，议有程规"，数十余年，"毫无违误"，"因窑货历年差务，向议程规，每岁各窑共帮差务银陆拾两正，以应差务"。[43]

印刷铺：乾隆初年，据说匪扰差繁，陈元顺之祖承办督宪、学宪临渝裱糊差务，只领饭食，凡是江津和巴县两县各属文筒纸札、各局印票，归其承卖。[44]

服务行业，如花轿铺：两帮合办文武各署加班夫差，送席抬盒。[45] 嘉庆十三年（1808）议定，凡有花轿生意，上钱两千文，以作文武各署应差之费，后因生意淡泊，复议花轿生意只上钱一千两百文，以充差费。[46]

饭店：乾隆五十七年（1792）蒋轩扬诉称，其在麻柳场开设饭店生理，承充场头，"本年五月官船过境，雇夫八名，应送每名工钱一百六十文，原系出自铺户，久有成规。众铺俱皆乐从，惟资荣山仗恃刁健，不惟不帮，反把持张考荣等四人分文不出，以致客长余泽周同蚁禀经木洞牛主"。[47] 毛柱斌等禀：充当客长，遇公办差，"兵丁酒饭食费及汛主下程，蚁等铺民办公，况亦无几，每

[41] 《道光八年三月初三日陈洪泰等禀状》，《选编》上，第332页。

[42] 《嘉庆十八年九月十八日居义里快头周文禀》《徐德先等合约》，《选编》上，第330页。

[43] 《道光七年三月十八日徐德先等诉状》《徐德先等合约》，《选编》上，第331、320页。

[44] 《道光 年正月廿六日陈元顺禀状》（原文缺年份），《选编》上，第322页。

[45] 《嘉庆十四年三月十六日李向荣禀状》，《选编》上，第394页。

[46] 《嘉庆十四年三月二十四日王世华诉状》，《选编》上，第395页。

[47] 《乾隆五十七年七月二十九日居义里场头蒋轩扬诉状》，四川大学历史系、四川省档案馆主编《清代乾嘉道巴县档案选编》下（以下简称为《选编》下，成都，四川大学出版社，1996年），第238页。

户出差银廿四文，开销酒肉饭食各项，通场清算，并无浮收。初五日，蚁等收钱，有场内陈文光与陈升自号陈（承）头，逞凶强暴，阻霸通街，不许帮结差钱"。[48]

茶担：渝城茶担生意，自嘉庆年间以来集议规章，凡挂招牌茶担，以三十七家为准，招牌顶替，不添不减，以便承认文武各衙春秋祭祀及各大宪临渝差务，每年轮签首事经理差务，并酬神演戏，至今三十余年无恙。[49]

运输业船户：承办装运粮米火药、铅弹所需差船，同业"议举殷实练达强壮首人三名，每年轮流体德办公"，至嘉庆后期一直无误。[50]凡是到渝之船，查路之远近，船之大小，装载量之多寡，"公同酌议，按规每次照船收取"，其中部分就作为差费。每船大者一千两百文，少者几十文，名目繁多琐细。[51]具体承办差务事项，规定得同样十分具体。道光十五年（1835）和二十五年，官方还分别对五门拨船帮和各地船帮承应常差、兵差做出了出船的详细规定。[52]

其他如金钩匠、大小木作、白披桶匠、铜页作坊、钱纸铺、玻璃铺、磨坊等，皆声明承有差务。总之在重庆，凡牙行、铺户、匠作加工业、生活服务业，以及运输业等，皆需承值应差。

上述工商各业铺户的承差形式，牙行，如棉布行，按交易布匹数收取行用，杂粮行按交易粮数抽取行用，烧酒行按交易数量

---

[48]《乾隆五十八年十月初七日正里九甲客长毛柱斌、朱仁雄禀状》，《选编》下，第238页。

[49]《道光二十八年七月二十七日李和顺告状》，《选编》上，第374页。

[50]《嘉庆十五年十月初九日巴县告示》，《选编》上，第406页。

[51]《嘉庆九年三河船帮差务章程清单》《嘉庆九年八省局绅公议大河帮差务条规》，《选编》上，第402—404页。

[52]《道光十五年巴县五门拨船帮出船应办差务单》《道光二十五年各船帮常差、兵差抽取清单》，《选编》上，第414、417页。

收取行用，水果行按季出帮差钱，山货牛皮杂骨铺开行时捐银，铜铅行解交铅斤每铺出钱，瓷行在交易款中抽取厘金，点锡行在卖客名下收钱。大体上分为三种：或开行时交钱，或交易时扣钱，或按季出钱。如作坊，木箱铺基本上由首事一人或数人按销数抽收钱文，铜页作坊抽取厘金，锡匠铺轮流值月应办差事，炉厂设立厂头应差，一年一换，窑户按窑大小摊收差费，打造铜瓢铜灯盏铺开铺者交上会钱以作应差之用，圆桶匠推举签首人，入会时交钱以作应差之用。按销售数量，或开铺时交会费，或按规模交钱。如铺户，大体上轮办为多：炭户公办轮值，竹子铺由值日行户应办竹子，铺户或共同轮值，或由值日行户应办，大体上是轮办。服务业，如茶担每年轮签首事经理差务并酬神演戏，花轿铺按每笔生意交行，船户公举首人按年轮流承办。虽然出值应差形式五花八门，实际上分为两大类，或者出钱，或者出人出物，本质上都是基于任土作贡的理念征收差徭。

## 二、重庆工商铺户承值应差之背景

上述各行各业承应官府差事，成为重庆城市工商人户的沉重负担，有着极为突出的社会背景。道光二十六年（1846）巴县县衙发布告示："渝江为水道通衢，商贾辐辏，船艘往来，官长送迎，差务络绎，或遇兵差过境，急报飞驰，稍有迟误，干系均属匪轻。"[53] 档案材料显示，清代重庆的差事，较之同时期的任何地方似乎都要繁重复杂。由上叙述可知，重庆的差事按其内容，大致

---

[53]《道光二十六年五月二十一日巴县告示》，《选编》上，第418页。

可以分为如下三大类。

第一类是地方官府差务。对于工商人户来说，承应地方官府的差务，行业、范围和负担比重，都是较为固定的。

巴县为重庆府附郭县，在《清史稿·地理志》中列为"冲、繁、难、倚"。[54]该地的文武大小衙门，主要有学政试院，川东道署，重庆府署、同知署、经历署、通判署，巴县署、县丞署、典史署、巡检署、府、县学教谕训导署、重庆镇署、中营游击署、中营守备署、左营游击署、左营守备署、右营守备署，等等。[55]这些衙门麇集在巴县一地，当地差务负担已然不轻。

这些衙署的运作和修葺，需要民众特别是工商人户提供差役负担。乾隆二十八年（1763），重庆府为修筑城垣，下令绅士商贾人等捐助，谕文称，该府与巴县段令倡率捐俸，"而所资正多，不能无藉于此都绅士商贾人等"，因此，或土著，"或新迁，或行商，或坐贾，或取地租房租，或运本收息，或取□□居奇，或贸迁有无，化通货贿，凡有事重庆城者，皆与兹城之□有关，勿谓非一己一家务，互相推也"。此次城垣修理，共募捐银23584余两。[56]

乾隆五十四年（1789），巴县县衙有工程，发出派差取物单：差令泥水[匠]头速拨匠人多名，赴朝天门；着令木匠头速拨匠人四名，赴朝天门；着令竹行户速办大尾竹五十根，送浙江钱局立等应用；取十景中碗和盖盆各三副送县；取桐麻两百斤，立等送县。[57]遇到地方工程，巴县县衙同样勒令县中铺户匠人提供人力货物，抵达指定地点。这种做法，与明代的当行应值做法类似。

---

[54]《清史稿》卷六十九《地理十六》（北京，中华书局，1977年），第2212页。

[55] 乾隆《巴县志》卷二《廨署》，第3—5页。

[56]《乾隆二十八年重庆府捐修城垣引文及捐册》，《清代巴县档案汇编》（乾隆卷），第315、321页。

[57]《乾隆五十四年闰四月二十七日巴县派差取物存照》，《选编》上，第328页。

　　承差对于官吏来说，是公开的获利机会，而官吏往往通过不公开的途径，从行户铺商那里获得好处。而且按照惯例，巴县县令的额外收入不菲。据道光初年县令刘衡说，"巴县向有行户验帖之说，旧例每次可得三四千金"。刘衡担心"行户为累客商，竟毅然革之"。[58] 巴县额设牙行，雍正二年（1724）请颁司帖一百五十二张，征收行帖银二百两左右，乾隆后期实征牙税银一百八十八两五钱。[59] 嘉庆六年（1801）核查，开行者只有一百零九张，[60] 牙税银应该更少。可是直到道光时，居然县令仅凭验帖，就能获得三四千两银的好处，其平时从行商铺户头上所得，恐怕更难计数。

　　丛集在衙署中数量惊人的衙役，更要从工商人户的应值承差中获得谋生之资和非分之利。巴县地方各种衙署员役，额设与其他府州相似，共为二百九十四名，其中巴县县衙为一百零三名。[61] 然而实际上，重庆特别是巴县县衙的员役，现在所知是全国最多的。嘉庆末年，籍隶四川的监察御史程伯銮奏报，"查各衙门服役公差，便有定数，乃川省各州县粮快两班，多至千人，分为散差、总差、总总差名目。闻欲充当总差一名，用顶头钱或累千数，若非异取民膏以充私囊，何肯拼重费而入公门。故俗有'差头换举人，举人倒补一千银'之谣。倚官作势，贻害平民。积案之拖延，上控之繁多，未必不由于此"，[62] 可知已在千人左右。程伯銮的说法大概还留有余地，实际的情形是，刘衡任巴县县令时，因

[58]　刘衡《蜀僚问答》，"陋规有必不可收者革陋规之法"条，《官箴书集成》第 6 册（合肥，黄山书社，1997 年影印本），第 154—155 页。

[59]　乾隆《巴县志》卷三《课税》，第 39—42 页。

[60]　《嘉庆六年六月二十四日巴县牙行清单》，《选编》上，第 253—256 页。

[61]　乾隆《巴县志》卷三《丁粮》，第 19—28 页。

[62]　《四川总督蒋攸铦奏折》附二《陕西道监察御史程伯銮奏折》，《选编》下，第 221 页。

"巴县县衙役七千"，一年后"退散六千七百余人，存者寥寥百余人"。[63] 一个小小的县衙，衙役多至七千人，工食收入并无额定编制，自然皆需从百姓头上搜括，而工商人户承值应差，是衙役谋食获利的重要途径。

由于大差繁役需要不断供应，当地人户数较少无法满足需要，因此牙行大多是外省人领帖且富有家赀者。[64] 众多的衙役需要供养；衙役借机谋利，皆使重庆铺户承差负担沉重。

第二类是军国要务大差。这又可以分为两种。

一种是额定的重要差务。清代前期，重庆是四川全省乃至长江上游水路运输的最大中心，来自云贵等地的矿产、木材等货物，都以重庆为转运枢纽。如运送京铜，嘉庆、道光年间，每年额定运送京铜大约两百余万斤。[65] 又如运送铅斤，贵州出产的白铅，乾隆二十年（1755）部定，每年额办两百万斤之外，再拨一百八十万斤运赴汉口，以备各省采买，乾隆二十三年加增至三百四十万斤，以后每年均在两三百万斤。道光初年，每年解部及备用销售各项之外，余铅增至五百余万斤，运赴汉口。[66]

另一种是特定的军务大差。重庆一地，前后承担军国重务大差中极其艰巨的是三次较大规模的战役，每次都对巴县的工商人户造成了极重的额外负担。

第一次是康熙早期的平定三藩之役。三藩之乱爆发，四川部分地区失陷，从康熙十二年（1673）末到十九年夏，影响长达七年之久。在此期间，地方官府和人民承担了沉重的差务。地方志

---

[63] 刘衡《蜀僚问答》，"先审原告例有专条"条，《官箴书集成》第6册，第153页。

[64] 据《嘉庆六年六月二十四日八省客长禀状》（《选编》上，第254页）称，嘉庆六年（1801）查，"渝城各行户，大率俱系外省民人领帖开设者"。

[65] 《川督琦善札》，《选编》上，第436—437页。

[66] 《川督戴三锡札》，《选编》上，第435—436页。

书记载，焦映汉"康熙十九年知巴县，才识明敏，任事实心。吴逆之变，大师云屯，巴当冲要，映汉百计撑持，修战舰，造浮梁，制炮车，团练乡勇，安插难民，军需要务，无不一呼立办"。[67]此"军需要务，无不一呼立办"寥寥十字，不知让工商人户付出了多少差务负担。同时期的资阳知县张沐，在当时"羽檄如织"、资阳人户稀少的情况下，入山招抚，"量为调发，夫驿足供"。[68]当地民众的军差负担十分沉重。

　　第二次是乾隆早中期的平定大小金川之战。乾隆十二年（1747）初定金川，劳师二载。乾隆三十六年至四十一年平定大小金川，如魏源所论，"金川地仅千里，不及准、回两部十之一二，而用兵亦五年，用帑金至七千万。功半而事倍者，则以天时之多雨久雪，地势之万夫莫前，人心之同恶誓死，兼三难而有之"。[69]实际用银6160万两，调集十四省营、十八路土司满汉屯土官兵129500余员，调派民夫462000人。[70]事在四川，重庆工商户承担的差务自然特别繁重。

　　乾隆三十六年（1771）为征剿金川，承应夫差、搬运军装等，重庆府向府城门面铺户收费，"大街铺面，每铺收银八分，中街铺户收银六分，后街小铺收银四分，每月按铺派收两次"，后来因为钱贱夫价加倍，大街铺面"派收钱一百六十文，中街铺面收钱一百二十文，后街铺面收钱八十文"。[71]乾隆三十七年为进剿

---

[67]　同治《巴县志》卷二《名宦》，第 55 页。

[68]　《国史贤良循吏儒林文苑传·国史循吏传·张沐传》，光绪刻本，第 9 页。

[69]　魏源《圣武记》卷七《土司苗瑶回民·乾隆再定金川土司记》（北京，中华书局，1984 年），第 308 页。

[70]　郑栖山编纂《平定两金川军需事例·总略》（北京，全国图书馆文献缩微复制中心，1991 年影印本），第 5 页。

[71]　《乾隆五十九年八月廿七日朝天党乡约朱世林等禀》，《选编》下，第 238—239 页。

小金川，巴县县令谕示："仰合城铺店居民人等知悉：此系军行大事，嗣后遇有火药、军装到渝，除本县发给每夫饭食钱八十文外，尔铺店商民人等，遵照向例，务各踊跃妥协办送，毋得观望推诿，致误军行。"[72] 乾隆四十一年，京兵过境，"差务浩繁"，炉厂急急推举杨正国充当厂头，赴案具认差务。[73] 同年，为迎送凯旋大军，巴县县衙转发重庆府札文，"封雇送兵下楚船只"，要求"查明头船水手人数姓名，并何项船只，每船约坐若干人之处……立等查核"。[74] 同年，乡约何其祥禀称：大军所过"场内铺户四十余家，俱系小本营生，界连壁邑，通省大道，上接来凤驿，下至白市驿，凡有差务毫不敢违"。[75] 地方民众特别是城市铺户为金川战役承受了繁重的差徭负担。

第三次是嘉庆初年的镇压白莲教战事。嘉庆元年（1796），白莲教在四川起事，清廷大规模调动两湖、陕西、广东、山东等地官兵进剿。自白莲教起事的嘉庆元年直到九年被完全镇压，[76] 重庆承担的差务一直未停。嘉庆十五年，巴县船户追溯："缘小河各帮船户，向来原无专责，因嘉庆三年逆匪滋扰，不时动兵剿除，无人承办装运粮米火药、铅弹所需差船，前任道府各宪传谕身等船户，议举首人，应供纳绎差徭，身等遵谕，议举殷实练达强壮首人三名，每年轮流体德办公，至今无误。"[77]

---

[72]　《乾隆三十七年—四十一年巴县等为金川战役采办硝磺文三则·（一）十月巴县谕示》《清代巴县档案汇编》（乾隆卷），第39页。

[73]　《乾隆四十一年正月十日李秀章呈状》，《选编》上，第296页。

[74]　《乾隆四十一年正月初九日重庆府札》，《清代巴县档案汇编》（乾隆卷），第378页

[75]　《乾隆四十一年走马岗街何其祥具首荆兵经过各地抗不帮差案》，《清代巴县档案汇编》（乾隆卷），第254页。

[76]　民国《巴县志》卷二十一《事纪下》，第43—44页。

[77]　《嘉庆十五年十月初九日巴县告示》，《选编》上，第406页。

　　此外，乾隆六十年（1795），湖南永绥苗民石三保等造反，攻陷乾州厅，同知宋如椿等战死，福康安前往征剿，重庆工商业者也曾提供差徭。乡约禀，"因苗匪不法"，由其承办铺户夫差，铺户 2048 户，收过铺户钱 1049 户，999 户未收，共收钱 93 千 257 文，扣除发放夫价钱，"不敷钱四百一十三文"。[78]

　　一旦因重大战事而需要提供差务，而这些差务只能落实责令到百姓头上。清代巴县人丁，康熙四十六年（1707），经改编只有 12 里，每里十甲，其中"亦鲜土著"，"楚、豫、两粤之人为多"。[79] 到乾隆二十三年（1758）编审，"现编人丁一万五千六百三十八丁，盛世滋生人户口人八百九十八丁，永不加赋"。[80] 道光四年（1824），经调查，巴县城乡全部人口数，为 82053 户，386478 人，而合计"城内二十八坊、城外十四厢"的城市人口，则为 17850 户，65286 人。[81] 巴县的人口构成，多系铺户，所谓"巴邑城市及各场镇半系铺家"。[82] 这些铺户，巴县县衙认为，"渝城为诸货聚集之区，商民贸易获利颇厚"。[83] 数量稀少相对贫穷的在籍人丁，自然无力承担繁复的差务，有能力承担的只有被视为获利颇厚的工商铺户。于是所有大差的负担，或者说因承差而造成的损失，都转嫁到工商铺户头上。

　　嘉庆十一年（1806）巴县知县禀称，前任知县易令为承应赴闽往回汉屯官兵行装、船只、盐菜等项，差务浩复，垫支用银 8175 两，因碍于例案，不能照数开报，仅造册拟报销 6298 两，实

[78]　《嘉庆元年四月初五日朝天党乡约黄绍全等禀》，《选编》下，第 240 页。
[79]　乾隆《巴县志》卷二《乡里》，第 26—27 页。
[80]　乾隆《巴县志》卷三《丁粮》，第 13 页。
[81]　《道光四年巴县保甲烟户男丁女口花名总册》，《选编》下，第 340—341 页。
[82]　刘衡《庸吏庸言·保甲章程》，《官箴书集成》第 6 册，第 215 页。
[83]　《乾隆三十二年巴县详册》，《清代巴县档案汇编》（乾隆卷），第 322 页。

际却只允许报销 4675 两，共亏贴银 3501 两，"在于公项挪移垫发"。经其向催，易令将尾数 501 两措缴，而尚有 3000 两"据称无力赔缴"。该令提出，查照廓尔喀、苗疆及达州教匪各起军务报销银两办法，"均于通省各官养廉内，按年摊赔归款"，请将易令所亏"银三千两，分作五年，无论正署，计在任之日摊认"。[84] 此次不能如额报销说明，清廷制定的额定报销数与实际支出数有较大出入，地方官府承应差事肯定要赔贴，最终要转嫁到工商人户头上。如嘉庆十六年六月，川督常明奏称：各省协川饷鞘过境，及各州县逐日解送出省人口，都得官为应付，"而川省额设夫马，既不能如他省……每站给银五分，口粮一分，而市价则……约需六钱。遇夫马短少之时，雇值尤须增贵……县官廉俸只有此数，办公每形竭蹶，力难再添赔累，势不得不借资民力"。[85]

清廷剿灭川楚白莲教起义后，重庆的战事负担事实上仍未停止。仅据民国《巴县志》的记载，道光以后兵燹仍然赓续不断，地方均有差务。

第三类是朝廷与地方不时之需。如各级官员的迎送。乾隆后期，军机大臣福康安到重庆一次，光花费的执事费和夫差费等就高达钱 89 千 627 文。[86] 又如朝廷采办楠木等所谓钦工要件。乾隆四十七年（1782），为采办钦工楠木，重庆府发出札文，称："凡有木商在境买放木植，即着地方官押令开放来渝，以便采买保木。每商名下给谕帖一张，交伊地方官交给，□木植来渝采买。"[87] 次年，巴县县衙发出差票："票差本役前往江北镇，即传包头、长路、

[84]《嘉庆十一年十一月二十七日巴县禀》，《选编》下，第 214—215 页。
[85]《嘉庆十六年六月十一日川督常明奏折》，《选编》下，第 215—216 页，
[86]《迎接中堂福执事单和夫差领壮单》，《选编》下，第 243—245 页。
[87]《乾隆四十七年四月重庆府札》，《清代巴县档案汇编》（乾隆卷），第 378 页。

驾掌、锯匠、木匠、桡厂、船厂、篙竿、栋杆、篷匠、地席、绞棍等各头，并铁匠头，火速随票赴案，具认承办楠牌事件。事关钦工要件，慎勿推延。"[88] 面临钦工要件，巴县县衙急急发出差票，要求相关铺户匠工到衙应差，根本不提应差有何报酬待遇，同样与明代的当行应值无异。此外，地方官府的不时之需难以悉数，都得工商铺户随时应承。

## 三、重庆工商铺户承值应差之负担

重庆城的工商铺户承应官方的差事，按规定多数项目是付以报酬，或以市买形式付以银钱的。如木洞产米之区，凡镇中酒房、油房、屠户办理差务，县衙按"每肉一斤给银二分二厘，清油一斤给钱五十文，酒一斤给银一分八厘"付款。[89] 如水果行，嘉庆五年（1800）秦广泰上禀，担心以后发价悬殊，请求县衙将所取梨果价格规定下来，"批示立卷，永定章程"。[90] 表面上承差有报酬，实况如何呢？

档案显示，官定价格或官方所付报酬通常不足，承差往往赔贴累累。山货牛皮铺，据陈宏盛禀，其"祖辈历开牛皮铺，乾隆三十六年金川军务，始认三营军差牛皮包装火药桶。嘉庆年间教匪滋扰，蚁等亦照前认差，贴用血本四千金"。[91] 杂粮行，嘉庆

---

[88] 《乾隆四十八年三月初八日巴县差票》，《选编》上，第250页。

[89] 《乾隆五十八年八月酒坊油坊屠行差务章程》，《选编》上，第381页。

[90] 《嘉庆五年五月初四日秦广泰禀状》，《选编》上，第385页。

[91] 《道光十五年二月十四日陈宏盛等禀状》，《选编》上，第368页。

时镇压白莲教，奉委调办，赔垫失业，并未违误军需。[92] 铜铅行，嘉庆二三年白莲教造反时，重庆铸炮需铜铅二十万余斤，据该行禀称，俱系该行办理，"虽属发价，不无贴赔"。[93] 砖瓦窑户，道光八年（1828）窑户禀称：上中下三窑，长期承应文武差务、学宪考试，并饥馑雨坛粥厂大差，贴钱四五十串。自乾隆四十二年（1777）起攻打金川，往来兵丁伙食船只，取用窑货，大约贴差银四百余两。嘉庆九年（1804）攻打白莲教，县令取用石灰缸八万只坚固九门，窑户贴差钱四百千钱。累次应差，负欠累累。[94] 花轿铺，嘉庆十四年该铺禀状，"两党合办文武各署加班夫差，送席抬盒，连年差务浩繁，负债一千余金难还"。[95] 棉布行，因贸败差繁，道光时倒塌一行，只剩一行勉应，该行请求将"所有应办差徭，土布各店应如何帮贴之处，应令八省客长邀集妥议"，[96] 要求分承差务负担。木行，嘉庆二年，陈正书禀称，县考修理文场，承办木植，负欠亏本共银三百余两，只领过五十两，仍欠二百余两。[97] 木厢铺，同治时曾义发一人承差，因"连年挪借垫办，负债二百余金，无从措偿"。[98] 锡铺，乾隆四十四年，锡匠铺吴耀南等禀控，凡是各衙门的大小差务以及迎官、考试等项，都由其轮流值月当差，"每失去锡件，苦难尽言，累折血本"。[99] 丝行，业

[92]《杂粮行规》，《选编》上，第246页。

[93]《道光五年六月十四日杨洪川禀状》，《选编》上，第313—314页。

[94]《道光八年三月初三日陈洪泰等禀状》，《选编》上，第332页。

[95]《嘉庆十四年三月十六日李向荣禀状》，《选编》上，第394页。

[96]《道光二十年三月二十六日巴县札》《道光二十年五月十日八省客长禀状》，《选编》上，第345页。

[97]《嘉庆八年四月二十五日张元甫禀状》，《选编》上，第322页。

[98]《木箱铺为承差诉讼案·曾众合供》，《巴县档案（同治朝）》商贸，编号8887。

[99]《乾隆四十四年三月初八日巴县告示》，《选编》上，第311页。

户因缴秤停贸歇业乏钱备用，无法交差钱，最后县断仍令交费。[100]

船帮，道光二十五年（1845），该帮称：嘉庆八年（1803）八省客长议举三河船帮承应差务以来，"今数十载，连年兵差杂务，三河负账数千金，捐利未赏。近因年久，渠、保、遂、合四帮船户，前遵后违，难归划一。诚恐差临有误，只得恳恩赏委八省客长酌议章程，差务有着，庶无违误。"八省客长在调查报告上证实："惟年年兵务、大差冗繁，虽抽取厘金支应，各帮犹负多金未填。"[101]五门拨船，道光十五年该帮禀称，"先年苗教军务，办差受累，负欠不浅。现应日行长差，开单呈电，差票成捆"。[102]道光十五年规定，小河四帮船户"凡遇迎接各大宪以及军务大差，自甘雇备船只当差，其余一切杂差，仍前平雇"，船户负担才有所减轻。但道光二十五年，八省客长呈称，重庆水次码头，"商贾货物，上下往来，络绎不绝，均需船载。每逢省大宪按临，军需重务，封条一发，河下纷纷，无论商船已雇未雇，上载未上，藉端需索难堪"。[103]可见船户的差务负担极为沉重，而且面临军国重需，承应差务，绝对无条件服从，对于商业贸易当是沉重灾难。

承差即使规定了承办物资的价格，但定价并未随着物价的上涨而相应调整。乾隆二十六年（1761）炭户杨美等呈文，官拨承差炭价，乾隆十二年定为每百斤二钱二分，而实际工本银已达三钱四五分，承差亏折三分之一。乾隆二十八年，铅局只发二钱五分，秤又高压，"常将百斤之炭押作六七十斤过秤不等，花户穷黎，实难典身办公，各自逃生"，炭户"折本将半，意欲不领"，

[100]《丝店抗差案》，《巴县档案（同治朝）》商贸，编号8948。
[101]《道光二十五年五月二十二日巴县告示》，《选编》上，第417页。
[102]《道光十五年八月廿七日刘永宁等禀状》，《选编》上，第414页。
[103]《道光二十五年四月二十八日省客民禀状》，《选编》上，第416页。

而"铅局炭斤，蚁等不办，则慢公受谴，办则折本无填，情出两难"。[104] 说明随着物价上涨，官拨差价远远不足，炭户办差亏贴累累，多不愿意承担差务。道光五年（1825）据禀："今岁客铅每百斤价卖八两有零，中宪仅发价银三两五钱，民□苦贴赔，因难出口"。[105] 丝行承办彩绸，乾隆五十九年时，每两议银一两二分，尚在添赔，而丝价倍增时，仍然发价只有八分。而且承办巴县县衙的白绸，价未发领，以致丝行"实难应办"。[106] 后来，丝行因无力开设只得缴还部帖。[107]

　　即使发价，官府常常短少价银。嘉庆十年（1805）铁行刘源盛称，其"在渝开设铁行生理，凡应差务，每斤毛铁领银一分，从来有案"。去年以来共奉票承办毛铁九百四十斤，打造马掌炮位应用。应领银九两四钱，却只发银七两五钱二分。于是请求，"蚁等开设铁行，名大利微，且应差领价，数经久定"。后查出前此有人捏名冒领了银两。[108] 乾隆三十一年（1766）修理川东道衙署，窑户谭腾辉承办差务，遵照县票，向城内铺户借砖五千八百五十块，用去运费两千钱，后来装运还店，水脚钱一千两百文，向县衙要求领取，未获批示。[109]

　　衙役上下其手乘机渔利，更是常态。或短价勒买，或勒要帮差钱文，或将应差之物私卖，或将差物拖欠不还，甚至自开行铺，巧取豪夺，转嫁负担，或倚仗声势，欠债不还。差役在随票取用

[104]　《乾隆二十六年七月十三日炭户刘名卉等禀状》《乾隆二十六年七月十三日巴县申》，《选编》上，第318页。

[105]　《道光五年五月二十九日杨洪川禀状》，《选编》上，第313页。

[106]　《乾隆五十九年十月廿九日丝竹户屈绍祖等禀》，《选编》上，第347页。

[107]　《道光五年九月十四日江有朋缴帖状》，《选编》上，第348页。

[108]　《嘉庆十年四月十五日刘源盛等哀状》，《嘉庆十年八月初五日刘源盛等禀状》，《选编》上，第297页。

[109]　《五月十八日窑户谭腾辉禀状》，《清代巴县档案汇编》（乾隆卷），第328页。

过程中勒索诈取，更是常事。巴县县衙每票总是交代，差役不得藉差索诈。嘉庆八年（1803）就曾告示："查河差役小甲，藉差封船为名，因此磕索船户，图分肥囊，扰累难堪。"[110]官府一再要求，正说明此类现象广泛存在。

在重庆，通行的做法，牙行钱由县衙各房书办承包。嘉庆十八年（1813），据工房书办李星吉禀状，重庆额设牙行一百五十余家，书房内经理八十二家，因有事故歇业者，每年课税不足，由书吏垫办批解。该地牙行，均有开张固定地点，定例不许移地把持，但"礼房经理之牙户段锦丰，不寻原地开设，竟敢违例把持，商同集义行同行挂牌，名曰'人和行'，大张生贸。但集义行系书房经理，书查牙户严忠已故，系伊弟严惠顶开纳课。今伊等私串一局，两帖一行，锦丰意存霸占行道，而严惠亦从中每年取利三百五十两，将来必使集义帖悬行失，万难招募，累书垫赔国课匪轻"。[111]李星吉的禀状透露了极为重要的信息，巴县的牙行钱居然由包房书办承包收取。书吏承包牙行，就为其违例把持、卖富差贫，提供了便利条件。因此，从书吏衙役角度而言，自然是办差事务越重，其上下其手的空间愈大，获利也就愈多。巴县县衙署白役多至七千人，繁多的差役正是其赖以存在的基础。

因为办差赔亏累累，以致不少行业、人户视承应差务为畏途，或不愿应差，或互相推诿，尽量逃避。如炭户，人少差多，多不愿意承应。[112]又如窑户，嘉庆十八年（1813）九月李正才禀状："蚁上河开设砖瓦窑户，共有十余家人，向来应办各署差务，十年挨次轮流做月无异。今本月初一日，恩票取砖三百块送府应用，

---

[110]《嘉庆八年四月初一日巴县告示》，《选编》上，第402页。
[111]《嘉庆十八年十月十三日李星吉等供状》，《选编》上，第364页。
[112]《乾隆二十五年五月十八日杨美等禀状》，《选编》上，第318页。

蚁以下值，殊谭世英等各窑户互相推卸。"[113] 再如船户，巴县县令就曾抱怨船户"每遇重大差事，则互相推诿"。[114] 此外，如下述实例所示，承认差务的药箱铺之间矛盾重重，都在设法避差，抗交差费。

## 四、官府对于承值应差诉讼之裁断

既然承应差务给广大工商人户带来极重的负担，但为何仍能实行不辍？巴县档案反映出，在审断相关诉讼时，官府大体上秉持如下原则。

一是赋予相应行户铺商经营特权，严格划定经营范围。

打造铜瓢铜灯盏铺，该行禀称，设立老君庙胜会，凡于入行开铺者，必须上会应差，"开铜帐钩铺之辈不应差务，不得打造蚁等铜瓢、灯盏，蚁等亦不得打造伊等帐钩，历来年久，毫无混乱"。[115]

红炉四厂，嘉庆九年（1804）议定，大小尖油钉、癞油钉、条铁等，归四厂办卖，应酬差务；而大小满油空钉、靴钉、角钉、船锯钉、平钉、船钉、眼钉等项，由南邑陈家场办铁货的吴广和办卖，不应差务。[116]

印刷铺户，因承认督宪、学宪临渝裱糊差务，只领饭食，而印刷工匠工资由铺户支付，因此凡是江津、巴县两属各地文筒纸

[113] 《嘉庆十八年九月李正才禀状》，《选编》上，第329—330页。

[114] 《道光二十六年五月二十一日巴县告示》，《选编》上，第418页。

[115] 《嘉庆十年十一月二十八日胡起先存状》，《选编》上，第312页。

[116] 《嘉庆十六年四月十一日巴县告示》，《选编》上，第300页。

札、各局印票，均归该铺承卖。[117]

木箱铺，先由该行首事抽取干货药厢并松杉杂厢钱文应差，后来设立众合公号承差，不但药箱铺同行要交差钱，甚至连开设大木铺之家而售卖药箱者也需交帮差钱。县衙应木箱铺要求出示，只准五家药箱铺户造卖大小药箱，别家不得私造。为了约束，县衙特意赏给众合查牌，众合执牌赴各号查明数目，照数给钱。[118]

金钩匠与铜铅行，道光五年（1825）五月初九日贺正兴禀称，城中两帮金钩匠，穷苦手艺，朝夕勤劳，以为仰事俯蓄之计，自康熙年间其先辈就曾充当各宪差务，设炉倾铸银铺熬渣，金铺地渣、丹房地渣，以及废铜铅锡等项，皆归其设炉倾铸，勒碑于储奇门外，定有成案，历今百余年，毫无紊乱。可只是开行代客买卖，不能设炉倾铸的铜铅行，阴毒阻止客户，有货不让本行倾铸，如不出示禁止，复还旧规，"文武各宪差务"也无力承当。而铜铅行等回禀称，每年承应营中差铅，只因铅少价昂，势难措办。现在只有客来丹渣煎丹后回收出来的些许铅斤，方能稍应差务，但仍不能足数备用。巴县县衙批示："营中差铅数目，自应查照旧章办理，毋得藉词推诿，致干提究。"后经李成章等理明，"凡客货丹渣必由行过秤，发交金钩匠贺正兴等倾铸正块，仍照成议，斤两归客，交行发售，两无异议，各安各业"。重庆府允准此裁定，出示晓谕。道光六年，金钩匠等控告杨洪川，凡有客货丹渣来渝，不肯过秤，等到将渣熔铸成铅，又不给票，以致客货无法销售。如此做法，明系图夺倾铸行业，"归伊垄断独登"，请求做主。巴县县衙于道光十三年出示："仰渝城往来商贾人等知悉：嗣后尔等

[117]　《道光 年正月廿六日陈元顺禀状》，《选编》上，第 322 页。
[118]　《木箱铺为承差诉讼案》，《巴县档案（同治朝）》商贸，编号 8887。

贩运铜铅来渝销售，务要遵照旧规，投行交易，不得借以下游过江为词，私相交易。牙行铺户亦不得挨越紊乱行规。倘敢仍蹈故辙，许该行户指名具禀，本县以凭差拿究惩，决不姑宽。"[119] 铜铅行试图以办差困难的理由挨越业务，设炉倾铸，这种做法与其经营范围不符，损害了金钩匠的利益，于是涉讼。涉案双方都承应了差务，在这种情形下，地方约保和官府都主张各归各行，明确划定经营范围，双方都不得违规，丹渣和成铅均需由铜铅行过秤，而倾铸仍归金钩匠铺。在共同承差的原则下，铜铅行的过分诉求没有获得官府的认可，金钩匠和铜铅行仍在各自的范围内经营。

红炉四厂，起自康熙年间，历系打铁货为业，应差无误。乾隆六十年（1795）十月厂头杨聚升、杨正光告状：其"承充厂头，办理文武各衙铁器差事，不敢抗违。近因征剿苗贼，有新厂、老厂、真武场、陈家场、玉隆场，以及南邑等处铁货来渝发卖，抗不帮差……（县批）：铁钉买卖，并非盐茶指定口岸可比，南邑铁货赴渝发卖，应听客便。杨正光等何得藉厂争阻，讦讼营汛，情殊刁妄，候唤讯究……（又批）：零星铁货买卖从便，并非炉厂可比，毋许借差阻勒。应讯察究"[120]。到嘉庆九年（1804），广和等故智复萌，县批："嗣后尔等办铁货来渝，务各遵照旧例发卖，一便应差，毋许推诿误公，亦不得任意垄断。"[121] 到道光十年（1830），又有黄资生私贩光油钉子来渝发卖，挨夺了承应差务的王金美等人的应卖之货，于是涉讼。县衙审讯裁断："南川县与红

[119]《道光十年五月初九日贺正兴禀状》《道光五年五月二十九日杨洪川禀状》《道光五年七月十六日李成章等人息状》《道光五年九月重庆府告示》《道光六年六月二十三日萧东初等禀状》《道光十三年巴县告示》，《选编》上，第313—315页。

[120]《乾隆六十年十月厂头杨聚升、杨正光告状》，《选编》上，第298页。

[121]《嘉庆十六年四月十一日巴县告示》，《选编》上，第300页。

炉厂各买各货，彼此不得搀越旧规。"[122]

　　锡匠铺，乾隆四十四年（1779）三月萧吉泰、吴耀南等禀控，其"在城开锡匠铺生理，凡各衙门以及迎官考试等项，具系蚁等轮流值月当差，每失去锡件，苦难尽言"，而有人"毫不当差，售货获利，蚁等急公，反致停货"，请求示谕严禁。巴县县衙照准，出示："嗣后不许私在宅站打造锡器，沿街并较场摆卖，致使开铺者积货难销。"[123]乾隆五十六年十一月十四日万义元、张三才禀状："在渝开设锡匠铺，打造锡器生理，轮流值月，应办差事。前因各署差务浩繁，又兼外来野匠肩挑锡担，每日游街，无论行站以及居家铺户人等，觅伊打造锡器等项，或□设摊摆卖锡器，脱身事外，毫不当差，以致蚁等于乾隆四十四年以恳赏示禁事禀请禁革，勿许外来野匠在街钻造锡器等情，在前刘主案下，蒙批：准示禁。"[124]

　　桶铺，道光五年（1825）五月十三日徐双发控诉，陈金全等称："伊现奉有行帖，在辕应差，每月要帮伊之差钱五百文，每年共派勒要蚁钱六千文。不遂，平白架以违议乱规，诬控蚁名为徐木匠在案。沐批：着邀凭同行善为理处，毋得率请拘究。伊控见批未准，并不凭众说理，反听党棍王天德、陈大顺、魏双太等主使，又捏抗理反凶，谎禀蚁在案，差唤合诉。"陈金全等人出具结状："沐断明：大小木及园（当为圆——引者）桶铺，日后各做各行，不得违规滋事。"[125]

---

[122]《道光十年十一月十一日王金美等供状》，《选编》上，第304—305页。
[123]《乾隆四十四年三月初八日巴县告示》，《选编》上，第311页。
[124]《乾隆五十六年巴县禁止外来锡匠游街包揽案·（二）十二月初三日巴县告示》，《清代巴县档案汇编》（乾隆卷），第266页。
[125]《道光五年六月初二日陈金全等人结状》《道光五年五月十三日徐双发诉状》，《选编》上，第326页。

拨船业，邓万海、邓永宁叔侄原在太平门码头经营"拨装叙帮各行栈客货"，也即专门承揽长途货运业"叙府帮"船只在太平门码头的装卸货业务，并"应办差务"，道光五年（1825）又先后买下太平门码头附近两笔地产、铺面以及由徐恒吉、周应龙两位卖出的"拨船生意"。当时在储奇门外同样从事拨船业务的李顺彩，接了拨运红花的业务，邓等认为李"紊乱帮规"，强霸他们装运叙帮红花、山货的业务，而李也"应差无违"，认为该业"历有旧规，拨运客货，以客发票为凭"，因而互控。巴县县衙先令太平门和储奇门厢长、五门拨船帮会首调解，后做出裁断："今后云泰栈红花归储奇门拨运，西昌、吉叙两栈红花归太平门拨运。如云泰栈客移寓西昌、吉叙两栈，红花仍归储奇门拨运；其西昌、吉叙两栈客移寓云泰栈，红花仍归太平门拨运……日后不得争论滋事。"[126]县令以进出商货的货栈所在地而决定了涉讼双方的经营范围，正式承认拨船业者的营业地盘，同时等于剥夺了客商选择拨船业者的权利。

上述事例说明，凡是承应了差务的工商铺户，县衙均赋予其相应的经营特权，并严格划定经营范围，不许或防止未承差务者攫夺业务。在涉讼裁断时，官府依据经营范围，维护承差者的利益。

二是满足行户铺商要求，规定或强调一切交易均需入行，以免偷漏税款，并且明确行用，既约束牙人，又勒令交易者遵守。客商或其他卖货者如不入行交易，牙行收入减少，所以牙行特别强调所有交易必须入行。实际上这是在以应差为条件，维护同行的切身利益。

[126]《道光十二年六月邓万海禀状》《道光十二年六月初四日李顺彩告状》《道光十二年六月二十七日李顺彩等供状》，《选编》上，第410、409、412页。

铜铅牙行，道光二十一年（1841）十二月，该行杨向陶拿获吉陵号在外贩运黑铅三千余斤，控告到官。[127]

生丝行，凡是交易均入丝行，丝行收取行用二厘，以纳税课，据说年久无紊。道光初，有商人装运山丝前往重庆，并不照前规例投行发售，而是私相交易，规避行用，城中的丝铺，也各自装自卖，以致丝行几乎虚设。为此，道光二年（1822）丝行蒋晋侯等呈文，请求县衙示禁。县衙颁发告示："嗣后装运山丝、水丝各样丝斤来渝，务须投行发卖，以资该行抽用完课，承应大小差事，勿许买卖二家私相授受，致坏成规。自示之后，倘敢不遵，许该行户等指名赴县具禀，以凭按律惩治，决不宽宥。"[128]

棉布行代商客交易，收取行用，后因交易量大，改由布铺帮贴银两。实行过程中，因各布铺普遍玩法，并不遵用三联照票，拦铺私自交易，布铺和客商固然减少了交易费用，但布行代收税课也形同虚设，布行和国税都受影响。乾隆五十六年（1791），布行禀报巴县县衙，要求仍用三联票法，严饬布铺归行帮贴，并严禁私相买布。巴县县衙饬令八省客长公议。该客长议定，今后各店不必帮贴银两，各店只论经手卖布若干，每布一卷旧例取二钱，其中抽取二分帮贴行户，以资国课差徭。而所卖之布仍须到行，标名图记，若无图记，即系透漏。巴县县衙对此八省客长所议，一律照准。[129]

烧酒行，乾隆年间邓宗榜请领牙帖开烧酒行，代客买卖，输纳税课，供应巴县、理民两署差务，该行一再要求"投行发

---

[127] 《道光二十一年十二月十三日杨向陶禀状》，《选编》上，第 309 页。

[128] 《道光二年五月初三日巴县告示》，《选编》上，第 347—348 页。

[129] 《乾隆五十六年四月初十日巴县告示》，《选编》上，第 344 页。

卖"。[130] 王立兴在承继其父的牙帖时就向巴县县衙申明：该行代客买卖旧规，行户置设较准山货行秤一把买卖酒斤，秤系十六两一斤，每斤一五折扣，价值足色银九七天平现交，并无折扣，"其各邑客民运来酒缸投行发卖，行户包兑客账，不得驼骗，每两取用银三分，以作纳课应差之费。自卖自兑，每缸买客给用银五分，卖客给用银四分，此为行户帮工佃租食度。倘有射利灭行之徒，私以缸罐买卖过酒，准行禀究"。[131]

瓷器行，嘉庆十四年（1809）黄合顺贩卖瓷器到渝，因货尚未齐，未曾入行，就被瓷行控告到县。经街邻理剖，黄合顺照数完纳，然后任客拨行，均皆悦服。[132] 嘉庆十八年，又有余正兴私卖瓷器银四十余两，被人控告，巴县断令缴银一两五钱作为行用，而且批示："嗣后瓷器务须投行发卖，不得再行私卖。"[133]

油行，嘉庆十三年（1808），刘合顺等串通附近油贩以及各栈房拦截私卖，被油行控告到官。经官府讯断：油斤运渝例当投行发卖，刘合顺等自将桐油四十八篓结领，投行照市价发卖，今后务须投行出售，不得私行买卖，倘敢再犯，自甘坐罪。[134]

杂粮行，曾有土豪地棍绰号滚子者，"冒充牙行，哄商欺行"，同行向县衙控告，获示谕禁革。道光中期，滚子"仍前不法，硬多纠伙匿行夺市，在沿河两岸巡逻如梭，私揽客货，奸骗客商"，又不顾及牙行课差责任。同行于是请凭客帮，汇集同人公议，整

---

[130]　《道光十三年二月十四日陈世明禀状》，《选编》上，第384页。
[131]　《道光二十二年十月二十三日王立兴禀状》，《选编》上，第385页。
[132]　《嘉庆十四年十一月刘明玉息状》《嘉庆十四年十一月初四日张志德禀状》，《选编》上，第371页。
[133]　《嘉庆十八年四月十一日李星聚结状》，《选编》上，第372页。
[134]　《嘉庆十三年八月十二日刘合顺等结状》，《选编》上，第382页。

理旧规，永定章程。[135]道光二十年（1840），运麦到渝发卖的刘廷秀反控牙行刘长荣等，当其运麦"投行代售，每石勒索用银八分，又把持行市，每石只给价银四两"。[136]县断仍然勒令所有运粮入渝者均需投行发卖。

上述各业涉讼经营纠纷的裁断表明，官府告示都是以"嗣后各守定规，恪遵旧例，勿许搀越截卖，希图垄断"，"务须投行发卖"为原则。[137]投行交易，收取行用，体现出应差行户的根本利益。

三是对差事内的把持予以支持认可，尤其是巴县县衙，对承应差事的行业之把持行为和诉讼都持支持态度。

所谓把持，法律有相应的规定。弘治年间定例，并为《大清律》所沿用："各处客商辐辏去处，若牙行及无籍之徒，用强邀截客货者，不论有无诓赊货物，问罪，俱枷号一个月。如有诓赊货物，仍监追完足发落。若监追年久，无从陪还，累死客商，属军卫者，发边卫；属有司者，发附近，俱充军。"[138]

乾隆元年（1736），清廷颁令："大小衙门公私所需货物，务照市价公平交易，不得充用牙行，纵役私取，即有差办，必须秉公提取，毋许借端需索。如有纵役失察，交部分别议处，其衙役照牙行及无籍之徒用强邀截客货者，不论有无诓赊货物例，枷号一月，杖八十。如赃至三十五两者，照枉法赃问拟，所得赃私货物，分别给主入官。"[139]

---

[135]　《杂粮行规》，《选编》上，第246页。

[136]　《道光二十年刘廷秀禀状》，《选编》上，第381页。

[137]　《嘉庆十三年六月十三日巴县告示》（该告示年月日据原文而加——引者）、《嘉庆十三年八月初八日巴县告示》，《选编》上，第362、382页。

[138]　黄彰健编《明代律例汇编》卷十《户律七·市廛》"弘治问刑条例"条，台北"中研院历史语言研究所"专刊之七十五，1994年影印，第577页。

[139]　光绪《大清会典事例》卷七百六十五《刑部四十三·户律·市廛》，"把持行市"条（北京，中华书局，1991年影印本），第428页。

乾隆三年（1738）奏准："奸猾铺户，动辄纠集党类，敛分齐行，名曰'公议行规'，定价值若干，平色若干，少有贬价售卖者，众铺家探知，同声附和，罚备酒席，需索多金。通行直省有司，多方晓谕，严加禁止。如奉文后尚有齐行长价等弊，地方官确行查究，分别首从，照把持行市律加等治罪。如地方官役有借端扰累行户者，该督抚亦即严行查参。"[140]

明清律令都规定："凡买卖诸物，两不和同，而把持行市，专取其利，及贩鬻之徒，通同牙行共为奸计，卖物以贱为贵，买物以贵为贱者，杖八十。若见人有所买卖，在旁高下比价，以相惑乱而取利者，笞四十。若已得利物，计赃重者，准窃盗论，免刺。"[141]

按照上述相关清代律条的规定，如下四种情形属于把持：牙行以强制手段邀集客货，迫令客户交易；大小衙门公私所取货物不按市场价格付款；铺户买卖货物，控制价格，卖物以贱为贵，买物以贵为贱，勒令同行遵守，稍有违犯即强行处罚；同行公议行规，统一价格，同时涨（落）价格，垄断行市。其中除第二种情形外，都属商业经营把持。

对照上述律条规定，巴县县衙在审理诉讼时，赋予相应行户铺商经营特权，严格划定经营范围，实际上已是承认和许可清政府所反对的行业把持。同时，法律规定，官府需用货物，如果不以市价收买，或者动用衙役牙行等人并不"秉公提取"，即属以官府的权势把持行市，应按《大清律》"把持行市"律拟罪。巴县县衙在落实朝廷重大差务时，并未做出全部的相应财务安排，不可

[140]　光绪《大清会典事例》卷七百六十五《刑部四十三·户律·市廛》，"把持行市"条，第429—430页。

[141]　《明代律例汇编》卷十《户律七·市廛》，"把持行市"条，第579页；光绪《大清会典事例》卷七百六十五《刑部四十三·户律·市廛》，"把持行市"条，第426页。

能"秉公提取",或少价,或短价,或拖欠,让工商人户赔贴;在地方差务的应值上,更是强令行户铺商无条件承受,凡是从事买卖生理者,均需承应差务,所以巴县县衙的很多行为,实际上皆属把持。巴县县衙在判定商业铺户牙行的诉讼时,也从来不以是否"秉公提取"为考虑因素。具体说来,又可分为四种情形。

第一种情形,对差事范围内的把持完全支持。

乾隆四十四年(1779),锡匠铺控告,说有刁奸之徒,并不住居锡铺,而各在宅房、站房私行打造锡器,沿街设摊摆卖,在校场摆卖者尤多,"毫不当差,售货获利";而锡匠铺急公承差,反致货停,情法不容,请予示禁。巴县县衙立即支持,出示道:"嗣后不许私在宅站打造锡器,沿街并校场摆卖,致使开铺者积货难销。倘敢不遵,许各铺户扭送赴本县。"[142]乾隆五十六年,锡匠铺再次禀称,近来又有外来匠徒,仍蹈前辙,扰乱行规,不遵示例,"逐日挑锡担在街遍游,又在校场摆卖锡器,钻夺生意,兜金脱囊",请求出示,务须坐铺生理,一体当差。[143]巴县县衙又一次按锡匠的要求出示禁谕。锡匠铺的行为与要求固然是行业把持,但因其承应差事,故县衙予以支持。

大小木匠铺与圆桶匠铺,据说一直"不得混做,各认差事,不敢违误"。嘉庆十六年(1811),有范姓木匠紊乱成规,私造圆桶发卖,同行控告,巴县县衙断令各做各行,不许紊乱。圆桶匠铺内部,同行议有章程,凡新添一人上街,需出入会钱一千两百文,以做鲁祖会费用,应办文武各衙差务。道光三年(1823),姜占和等上街卖货,陈国才等向其收取入会钱,姜说其不应当差,

---

[142] 《乾隆四十四年三月初八日巴县告示》,《选编》上,第311页。
[143] 《乾隆五十六年十二月万元义等禀状》《乾隆五十六年十二月初三日巴县告示》,《选编》上,第311—312页。

也不应出入会钱，予以拒绝。陈国才等将姜所有货物及卖货钱取去，因而互相控告。道光五年五月，开铺贩卖杂木杉树做木桶发卖的陈金全等，称其"奉有行帖，在辕应差"，要开铺做柏木黄桶发卖以及代做加工木桶的徐双发每月出帮差钱五百文，每年共需交六千文，遭到拒绝，告到县衙。县断："着邀凭同行善为理处，毋得率请拘究。"双方继续互控。同年六月，县讯结案："开设圆桶木货铺生意，历有行规，若有新开，仍入会合同应差"；徐双发"原系大小木货，不应私做圆桶发卖违规"，"大小木及圆桶铺，日后各做各行，不得违规滋事"。[144] 在这起大小木作和圆桶匠以及圆桶匠铺内部的诉讼中，巴县县衙两次审断，大小木作与圆桶匠，各做各货，不得混做；凡是新开铺家，均需交入会钱，以合同应差，明确无误地对差事内的把持条规予以认可和支持。

砖瓦窑户，上中下三窑，窑户轮流办理文武衙门差务，而对载运窑货到渝发卖者，强令出帮差钱。嘉庆初年，有张胜文载窑货到渝发卖，被值月首人以抗差告发，经讯明，每年各户帮出差事钱十二两，五窑仍然均办差务，不得推诿。[145] 道光四年（1824），合州人杨秀贵装运窑货到渝，不知渝城窑货历有差务，未给差费，被窑户控告。巴县断令:载货来渝，应给差费，所有窑、货两家不得短价诓卖，不得借故生非。道光六年（1826），窑、货两家又互控，杨秀贵答应承应文武考场差事，临期却不运货，致误差事，窑户被责。县令讯断，勿许在城诓夺乱卖，躲逃误差，若杨秀贵运货来时，可以扭禀到案。道光七年（1827），杨秀贵运

[144] 《道光三年三月初六日陈国才等禀状》《道光三年三月初八日姜占和告状》《道光五年四月初五日陈金全等禀状》《道光五年六月初二日陈金全等人结状》，《选编》上，第325、326页。

[145] 《徐德先等合约》，《选编》上，第330页。

货到渝城时，果然被扭禀。审讯后，新窑户只得具结，如数承交差瓦，不得妄争滋事。[146] 在长期的诉讼过程中，窑户坚持，运货到渝发卖，必须交纳差费，否则就是垄断诓夺；而在窑户内部，凡新开者必须帮交窑货，否则不予开业。对此诉求，八省客长和巴县县衙都全力支持，几十年来一直未变。在窑户、八省客长与巴县县衙看来，不应差务而想卖货、开业，就是垄断把持。

泥水匠自有程规，凡入会者需出会钱一千文。而砖瓦铺，"借公浮派，每人勒要出钱七千二百文"，砖瓦铺自己出钱十二两。泥水匠穷苦，无力入行。砖瓦铺雇泥水匠做活，每日工价应给钱六十文，而扣去应差钱三十文。等到文武衙门有差事，却都由泥水匠承应。泥水匠不甘，控告到府衙。府衙下县审讯，判定：泥水匠只许帮工，不得揽写生意，而砖瓦铺是匠头，雇匠赴各衙应差，除饭食外，每工给钱五十文，民间生意每工给钱六十文，学徒每工给钱四十文，而砖瓦铺所收，每工包饭食钱一百文，倘米价高昂，每工钱一百二十文，民间杂活日食随主，每工钱八十文。[147] 在砖瓦铺一统把持的情形下，手艺营生的工匠不能直接揽活，而必须通过砖瓦铺的中介，工价大打折扣，但泥水匠也通过诉讼争回了一些工资待遇。

清中期重庆五十四家染房，定有规程，承办万寿及春秋祀典文武各衙门一切差务。嘉庆年间，重申规程，开设铺房，必须隔离三十家之外，以免诓夺生意。道光五年（1825）邵如松在仅隔何裕昌铺十余家处开设新铺，经同行具控，断令邵如松搬移。道光十年又有瑞丰号违规设铺，经众行理谕搬移。道光十一年

---

[146] 《道光七年三月十八日徐德先等诉状》《道光八年三月初三日陈洪泰等禀状》《道光十七年三月二十七日袁长顺等结状》，《选编》上，第333页。

[147] 《道光二十五年十二月程万洪、余德沛等供状》，《选编》上，第248—249页。

（1831）正月，黄德成与张同禄合伙，先要顶用长泰染房招牌，未能如愿，就在长泰染房对门开设泰生染房，长泰染房主孀妇刘龚氏投鸣行众理断。同行尚德泰等剖断黄德成等违规，不准开设。黄德成等不允，刘龚氏禀控到巴县县衙。巴县县令讯断，仍照向规，令搬隔三十家再行开设。两造出具遵结。但黄德成难觅新址，长泰染房寡妇幼子，无人经理，又欠债累累，情愿搬迁。央请街坊邻居卿义盛等，再三理劝黄德成，可将搬迁之费作为帮助刘龚氏搬移之费，其泰生染房可以不搬，实为两得其便。泰生允承给刘龚氏搬移银二十三两，刘龚氏收领，请求销案。这次因为特殊情况，结果圆满，但违规设坊之事仍时有发生。后来又有朱正福违规开设，经雷大兴等控县，照令前案押令移开。道光十八年（1838），又有梁清润在吴泰顺染房二十四家处开设，吴泰顺投告会首，众人两次集理，剖断其移地开设。[148]染房开设虽然时有违规之事发生，染房同行常以"有絫旧规，差务何当"为辞维持旧规，[149]巴县县衙每次也总是批准染业同行的理剖，一概以是否承差为原则，勒令遵照旧规。

　　拨船业，道光十五年（1835），"供应文武各衙门差使"、在太平门码头从事拨运客货的谭世顺等，遭到当地推架横江渡人王正常等人的阻拦，不许其拨运，告到县衙。县讯时，五门拨船帮禀称："五门拨船历经八省客长议设，装拨客货，应办各署差务，及过境兵马人差，原有旧章。"县断"仍照旧规装运各号货物，不得滋事"。[150]在这起纠纷中，由于五门拨船承应差事，而推渡之人未

[148]　《道光十一年二月二十八日刘龚氏告状》等，《选编》上，第355—357页。

[149]　《道光十八年三月十三日吴泰顺告状》，《选编》上，第357页。

[150]　《道光十五年八月初四日胡道贵等禀状》《道光十五年八月十五日谭仕顺等供》，《选编》上，第413页。

承差事，因此官府支持五门拨船帮的独占市场的要求，而排除推渡之人的经营资格。

白披桶匠帮，工匠六十余人，定为招牌二十一块，"开工时，工匠必由会首公派，每牌工匠三人，不得多雇，同做同歇，以均生路，支应差厘，成规久定"。同治十三年（1874），该行李广发雇请匠师熊全等工作，被同行工吏陈受典派匠宋意江等捉押扭禀到案。而李广发回诉称，当年府宪示谕"桶铺不得立堆揹霸"，现在陈受典勒迫其加入公共"堆金"（范按：在手工业、商业中，同行集资称"堆金"，因而在这里工匠称"公堆"。为免歧义，做上述改动），未能如愿，因而蓄意指使匠司"捉押狡朦，不容多匠做艺，显图霸揹漏厘。匠司向无额数多寡，随铺雇倩，何至滥规"。巴县县衙两次审讯，断令今后"仍照旧规，不得紊乱，如果不遵，即捡原案差送审严究"。[151] 巴县县衙维护该行关于工匠人数的苛刻行规。

第二种情形，对差事内的把持支持认可，但不准过分扩大其范围。试看以下数例。

例一：道光二十二年（1842）八月，纽扣铺户谢永兴购买泸州铺户纽扣两箱，同行黄裕成控告其紊违作房匠艺帮规，巴县县令批："谢永兴违背帮规，不难邀凭同艺人等理令仍循其旧完事，毋庸涉讼。"黄乃邀请客约与永兴理论，永兴不依。黄再次禀控到县衙。而县令批："查渝城各帮，除有差务者，不准违规参越（疑为搀越——引者）外，其余并无帮规之说，且百货流通，尔第敢私设章程把持行市，殊属刁健。"[152] 巴县县令的批示非常清楚，只有

---

[151] 《白披桶匠互控案》中所收《宋意江等禀》《李广发独霸缠害叩讯严究事》《宋意江等供》，见《巴县档案（同治朝）》商贸，编号8981。

[152] 《道光二十二年八月二十三日黄裕成等禀状》，《选编》上，第244页。

承应差事的各业才有帮规，可以把持，而其他各行的所谓帮规都是私设章程，属于非法把持行市。反过来说，承应差事者如有帮规就可以把持，官府理应支持。这一点，可以作为我们理解其时重庆府特别是巴县县衙判定何为把持的基本依据。

例二：前述乾隆六十年（1795）十月，炉厂厂头杨聚升、杨正光等控告有人"包揽南邑各客，私投伊铺发卖铁货，垄断独登，抗差不帮"，巴县县令在呈词上批："零星铁货买卖从便，并非炉厂可比，毋许藉差阻勒。应讯察究。"[153] 巴县县令批文的词意非常清楚，承应差务以外，就不得以差务为名，阴行把持，如果以控告他人把持为词，反属阻勒把持。黄广顺等是铁铺，不承差务，杨聚升等正是以承差为借口，一再控告黄广顺垄断把持，试图将不归其范围内的外地铁货销售也纳入办差范围，而官府只对差事范围内的把持行为予以支持，所以杨聚升等所求自然得不到官府的支持。嘉庆九年（1804），曾于乾隆末年贩铁到重庆的南邑铁铺户吴广和，炉厂厂头说他"故智复萌，霸卖抗差"，于是红炉四厂齐集行站公议，明确承差和售货范围。但到嘉庆十六年，炉厂厂头谢国文、佘贵等禀称，唯恐日久弊生，是以请求给示，永定章程，俾各遵守。而县衙批："嗣后尔等办铁货来渝，务各遵照旧例发卖，一便应差，毋许推诿误公，亦不得任意垄断。"[154] 道光十年（1830），嘉定府的铺房黄资生到陈家场贩买铁钉，后来寄存在重庆仁和门内行内，被炉厂厂头王金美等查知，说他们从前议有成规，现在承办差务，小油二琢、三油等钉是炉厂应卖之货，就以违规贩卖名义控告到县。后来两造具结：南邑陈家场贩有光油钉

---

[153] 《乾隆六十年十月厂头杨聚升、杨正光告状》，《选编》上，第298页。

[154] 《嘉庆十六年四月十一日巴县告示》，《选编》上，第300页。

子二包来渝发卖，以后陈家场尖油、癞油钉子不得复行贩买来渝发卖。[155] 炉厂因为办差，从乾隆末年到道光十年，一直有力地把持着对相关型号铁钉的发卖权利，而不容铺户特别是未承应差务的铺户将铁货贩卖到重庆，只要稍有逾越行为，就被其控告到官，而且总是获得官府的允准。当然巴县县衙在批准不办差的铺户不得贩铁来渝的同时，也对炉厂"任意垄断"的企图提出警告，说明县衙只对承差范围内的经营权利予以保护，而不允许无限扩大这种范围。

例三：如前所述，重庆的弹花匠，分为新棉花铺和旧棉花铺两种，各弹新旧棉花，各应差务，不能搀越。嘉庆二年（1797），旧棉花铺余通成等弹新花，被控官责惩。嘉庆十四年（1809），旧棉花铺王德顺又让其铺匠人到新棉花铺弹旧棉花卷子，也被告官受罚。到嘉庆十五年（1810），弹旧棉花的匠人十余人，无论新旧，在街包弹，以致影响了新棉花铺生意，新棉花铺梁续兴等为此告到县衙，请求仍循旧章，新旧各弹。问题是这些匠人的行为并不在原议行规的范围内，所以旧花铺王德顺等回诉，工匠只是在铺外苦力营生，与弹棉花铺无关，并不受规条约束，梁等行为是"心怀垄断独登"。匠人陈永坤等也上禀称，他们应棉花铺雇请，旧铺弹旧花，新铺弹新花，不得紊乱，而如果上街，随人所请，无论新旧都弹，他们只得工钱，不受棉花铺新旧两行条议约束，梁等"计图垄断独登"，断绝匠人工食。同年，县令审断：旧花铺日后不得弹新棉花条子、卷子，新棉花铺亦不得弹旧棉花铺旧花条子、卷子；至于各工匠上街，勿论新旧，随人雇弹，各有

---

[155] 《道光十年十一月十一日王金美等供状》，《道光十年十一月十四日黄资生结状》，《选编》上，第305页。

攸归。[156] 县判既维持了棉花铺的原议规章，又对工匠上街，随人所请，新旧皆弹做出支持，对棉花铺的过度把持做出了限定。

例四：咸丰九年（1859）至光绪元年（1875）间，重庆从事代客买卖业务的大河小河两帮水果行户为争夺经营揽卖客货而攘利的诉讼，前后历时十七年。[157] 大小两河水果行户代卖客货，长期存在纠纷，在官府的裁定下，议定遵照旧规，各卖各货，无得争竞，凡遇承办差徭，大小两河各值一月，勿得推诿。如大小两河有贩货来渝，仍照旧规帮差，亦不得额外需索。但大河帮行户张洪发等人，因差务浩繁，屡屡突破双方公议的规定，到小河帮从事卖货的地段揽货，而且据说估勒行用，鲸吞差款，诓骗客商货款。张洪发先是于咸丰九年控告小河行户周五、陈朋等，要求他们在甘蔗上市季节出帮差钱，后来于同治二年（1863）到小河帮地段争卖水果，并为承应差事，与小河帮唐光德、侯兴顺等涉讼。经县衙讯断，判令差务各值一月，轮流办理，不得紊乱。后来张洪发又上禀县主，与小河帮彼此商议，央请十团监正李行发等，在东岳庙理明，两造遵规，各卖各河，永定章程，不得混乱，议定水果按季出帮差钱的条款。到同治八年，侯兴顺故绝，小河帮众公议蒲炳林、蒋洪顺经理，张洪发又以差务浩大，欲求更议规程。同年八月，双方邀请客帮朱祥太等，仍请李行发等相商，再行酌议，每季水果加增差钱。同治十一年（1872）九月，张洪发趁唐光德身故，又到小河帮地段揽卖商户聚源森之货，而亏欠商户，吞款匿踪，害得聚源森等向小河帮行户蒲炳林等索讨货款，蒲炳林等遂将张洪发告到县衙。讼案几经双方控诉，直到光绪元

---

[156] 《嘉庆十五年梁续兴等告状》《嘉庆十五年王德顺等诉状》《嘉庆十五年陈永坤等禀状》，《选编》上，第239—241页。
[157] 《水果行户为办差抽用互控案》，《巴县档案（同治朝）》商贸，编号8909。

年（1875）正月，知县李玉宣告示：大小两河水果帮买卖客货人等，务须遵照断案，帮差纳课。大河客货只准向大河帮交易，小河客货只准向小河帮交易，各专责成，以杜争竞估骗，并遵照公议条规从事，以期公平，永远遵行而杜祸端，各宜禀遵毋违。陈规再次得到明确重申，诉讼才似乎告一段落。而又有一些肩挑莲藕的贫民小贩，大河小河两帮又试图对其征收差费，形成新的讼案。

这个案件，在所有应差诉讼案中富有典型意义。因为涉案双方是水果帮内部经营不同地段的两方，双方都承担了差务，巴县县衙分别赋予他们经营固定地段的揽卖业务。涉案的大小河两帮都是在声明应差无误的前提下展开诉讼的。如果攘夺违规，行用无着，差务就无人承应。大河帮张洪发也常以差务浩大为理由，屡屡要求增加帮差费用，甚至一有机会，就逾规到小河帮控制范围冒揽客货，以多收行用。而小河帮也是因为承应了差务，才得到官府的一次次支持，得以维持住垄断小河地段卖货业务。每次接到禀控，县衙总是令约保"查明旧规""遵照旧规"办理，维持以前县衙的判决，认可承应差务下的把持。只要差费有保障，县衙是不会改变成法的，因为既有成规是落实差费的有效保证。

大小河两帮行户虽然在从事卖货和征收差费方面长期存在矛盾，但是在对付本非在承差范围的肩挑自卖莲藕的贫民小户方面，意图和做法却完全一致，他们都以差务为辞，联合起来禀控小户，试图将其纳入交纳差费的卖货范围，令其帮交差费。这同时也几乎就是清代重庆各业行户的做法和努力的方向。

值得注意的是，涉案双方，甚至所有卷入这起旷日持久的诉讼的各方，乃至《巴县档案》中所涉及的商贸诉讼，几乎都没有提到行业把持问题。如道光后期县令所批："查渝城各帮，除有差务者，不准违规参越（疑为挽越——引者）外，其余并无帮规之说，且百货流通，尔等敢私设章程把持行市，殊属刁健。"[158]这位巴县知县的看法很有代表性，只要是承差，得到了官府的批准，就可以挽越违规；而不承担差务的行业，私设章程，就是把持，为律条所不容许。重庆的商贸行业，实际上就是在将交纳差费视为当然而无视商牙把持的前提和实行中运营的，为了应付差事，重庆地方官府的做法，根本不能反对行业把持。

上述几起讼案都说明，在差事的名义下，行规得到有力维护，把持的程度日趋严重，但把持的范围也得到一定的限制。

第三种情形，承应差事实际上就可挽越把持。

重庆城内外牙行，有山货、广货及其他各行之分，各按定例卖货，互相不得挽越。乾隆末年，熊吉庆的山货行带卖布匹，虽数量有限，广货行的王西昌将其控告到巴县县衙，县衙断令山货行每年帮给银四十两，以资应差之需，二十余年相安无事。嘉庆十二年（1807），王西昌行内私售红花，被熊吉庆等侦知，议令罚戏未唱，以致山货行不肯再出帮费，两行互控。嘉庆十四年，巴县县令断令：今后仍照原断，山货行每年帮给银四十两，以资办公，所有红白各花不许广货行挽越紊乱，倘有违犯，许各行户指名禀控，而且出示："嗣后各守定规，恪遵旧例，勿许挽越截卖，希图垄断。"[159]

重庆城内的牛皮铺，乾隆三十六年（1771）平定金川时开始认当三营军差牛皮包装火药桶，嘉庆年间又承当镇压白莲教差务，后有韩永盛等四家请帖设行，同认军差。道光十一年（1831），陕西人孔茂公开设山广货行，揽卖牛皮牛胶生意，韩永盛等认为其

[158]《道光二十二年八月二十三日黄裕成等禀状》，《选编》上，第244页。
[159]《巴县告示》等，《选编》上，第362页。

未办过军务，将其控告到县衙。知县高学濂讯断，孔茂公等不许揽卖牛皮牛胶生意，孔茂公后答应同办差务。道光十五年（1835）二月，遇有军装，营主取用牛皮，孔茂公等却躲差不办，牛皮行垫支了银一百五十一两，差事结束，牛皮行同人将其告到县衙。经审断，判令孔茂公等照派应差。孔茂公遵断，允诺措银补给。[160]

　　为承应差事，木箱铺之间也长期存在纠纷。曾义发一向做板箱木铺生理，承办各道、府衙门差务并文武院试及过境官员应用箱板差务。道光二十六年（1846），县衙讯明，由曾义发抽取干货药箱并松杉杂箱钱文应差。咸丰七年（1857），因余永大亏欠公项，并将公置地基红契当银，曾义发与陈义兴等将其禀控到官。同治五年（1866），曾义发等又告发余永大抗差不办。经县衙讯断，差务由曾义发、陈义兴等五家承办，曾义发等为此设立众合公号承差。县衙示谕：只准此五家造卖大小药箱，别家不得私造。后来陈义兴等逃匿在外，由曾义发一人承认差务，据说连年挪借垫办，负债二百余两，无从措偿。同治九年（1870），曾义发发现娄大顺、聚源美售卖药箱，要求其交差费，遭到拒绝，曾将两家告到县衙。县衙断后未能切实执行，曾义发于同治十年（1871）八月再次禀官，而且提出辞去差务。县衙批示："案甫讯结，应即遵断，照章应差，毋得率恳辞退，违误干咎。"[161] 此案显示，因为承差赔贴，承应差务的药箱铺之间矛盾重重，都在设法避差，抗交差费；属于小木作的药箱铺收取差务费的范围，扩大到了已经另有差务的大木作，实际上承认了药箱铺的把持行为；只要交了差费，官府认可原来规定不做药箱的铺户也能从事此项业务，可见县衙全以

[160]《道光十五年三月十八日陈宏盛等供状》，《选编》上，第368—369 页。

[161]《木箱铺为承差诉讼案》，《巴县档案（同治朝）》商贸，编号 8887。

是否承差为前提，甚至赋予药箱铺特权，持有查牌，可以到各铺查数收费；当大差来临时，官府加快理讼速度，勒令铺户三日内交费；当承差铺户提出辞呈，差务有可能落空时，严词拒绝铺户的辞差请求，官府的裁断体现了差务在地方官府理案时的重要分量。

这几起讼案反映出同一个事实，即只要承应差务，就可搅越把持，从事相应的卖货业务。山货行本与广货行有别，不能兼营布匹，而在交了帮差费后就可兼营，历经二十余年无事。广货行不交差费，就不能兼营红花业务，否则山货行也要以此为口实拒交帮差费。同样，山货行不能揽卖牛皮牛胶生意，而如果答应承差就可从事此项业务，一切以此为准。这几起讼案清楚地反映出，论定是否是把持，全以是否承应差务或是否出过帮差费为转移，承应差务就可以搅越兼营，不承差就不能越界，就是把持。

第四种情形，反对紊乱旧章之把持。

道光十二年（1832）十一月，张松盛欲新开榨房，乡约戚德善、铺民徐占先等以有碍风水为由予以阻挠。可是早在嘉庆年间周天明在白市驿开设榨房，举人傅嘉乐将周控到府衙，知府石批："查风水系术士虚妄，生意关民生实计。士子欲其科第，只在安分读书，不在风水……该场现有油榨房三处，独不令周天明开设，其中显系借端滋事。旧立碑文，本属无稽之谈，殊属可笑，并图一并发还。"而是时巴县县令却批："张松盛着另迁善地，毋得违众干咎。"[162] 嘉庆年间的重庆知府反对把持，而道光中期的巴县知县却认可把持。很明显，巴县县令不想改变旧章，尽力维护旧章之把持。

前述铜铅行与金钩匠的诉讼，实际上也是如此。重庆府和巴

---

[162] 《道光十二年十一月十九日张松盛告状》，第335页；《巴县分县批》，《选编》上，第336页。

县县衙都反对紊乱行规，产生新的把持。

重庆府有时则对巴县县衙支持把持做出折中处理。在重庆，点锡行向来附在广货行内，乾隆三十二年（1767）同行公议归铜铅行，凡过秤买卖，于买客名下每包取银一钱六分，以应付官差。这些公议，立有约据，钤盖县印，得到官府的认可。道光二十七年（1847），在重庆开设铺号的江西客商聂广茂、聂广顺等，购买金声振点锡四包，遭到生员铜铅行彭辅仁的阻拦，称系私行买卖，禀控到巴县县衙。巴县县令查吊行帖，并无点锡字样，断令仍照旧规，听客自便结案。彭辅仁以差难赔累，再次呈控到县。县令批令八省首事妥议，查照旧章禀复。该首事胡起凤等有意偏袒，劝谕聂广茂等归行出银。聂广茂等不服，上控到重庆府。府衙札饬由县再审。县令批斥聂广茂健讼逞刁，予以戒责，断令点锡照旧归行过秤应差。聂广茂等再次禀控到府衙。[163] 在这起聂广茂具控彭辅仁案中，关键在于对聂广茂等买卖行为性质的认定，聂广茂等坚持自买自卖要出银应差是蠹棍弊诈，而彭辅仁、八省客长以及巴县县令都认为同行公议规章，凡是买卖过秤都应归行出银，否则差务无人承当。问题是聂广茂等在当地开铺，确与外来客贩不同，无须到行过秤。在这起案件中，铜铅行帖中并无点锡业务，显然是乾隆时公议后定下来的做法，点锡行内自买自卖，又与客货必须投行发卖有别，铜铅行彭辅仁之做法，明显有攘夺点锡行业务之嫌。巴县县衙却不治以把持之行为，反而责罚点锡行，其因就在于铜铅行以"差难赔累"为要挟。重庆府深知巴县县衙之断决难以服人，但若不依铜铅行，则"差务无人承应"，于是采用折中做法，既承认铜铅行的把持做法，又开点锡行一些生路，在

---

[163]《道光二十八年九月重庆府禀》等，《选编》上，第310页。

收取过行费上改变成章，减轻为原来的一半，以平衡双方的利益。很明显因为承差，铜铅行被赋予把持经营的权利，因为收取的行用中相当部分是差务费用，而点锡行交易若不入铜铅行，差费就会减少，影响到差事承应。

大量实例显示，所有案件的审理，巴县县衙对差务之承担最为关注，对把持行为之默认，远甚于府衙，对承应差事的相关行业的偏向也更突出。这可能取决于差务最终是由巴县县衙而不是重庆府来完成的。

正是在差务的名义下，重庆的牙行底气十足，排除一切违规行为，而且也总是得到了官府的支持。民间各行本来各有行规，在经营范围、生产规模、度量价格、招收学徒等方面做出详细的规定，而在官府差务的名义下，重庆各行各业的行规均得到官府强力支持，更加合法，也更加强化有效。

总体而言，在官府的全力支持和维护下，重庆的行商铺户可以承差为名垄断经营，也可以承差为名把持价格。如窑户，开设冰橘糖房的官世茂，一月需用瓦钵数千个，而只能向窑户徐德先等购买应用，而“德先辄称应酬差事，一味把持抬价，且以漏烂损坏之钵卡勒”，糖房若向外地或别的窑户购买，德先等“聚众把阻，藉差唬吓，酿祸不休”。[164] 还可以承差为名多收钱文。如花轿铺，“往往于乡民花轿进城时，诈称帮办差务，勒取钱差四五千及六七千文不等，如不允给，或掣旗锣等件作抵，方准放行，任意恃强苛索钱文”。[165] 甚至还可以控人抗差限制同行。如茶担，自嘉庆年间起，重庆茶担定以三十七家为限，招牌顶打，不添不减。

[164] 《道光十二年五月初一日官吴氏禀状》《道光十二年六月二十八日卢立生等恳状》，《选编》上，第332页。
[165] 《道光十年二月十九日巴县告示》，《选编》上，第396页。

道光二十七年（1847），信奉天主教的张万元伊仗其师父牛裕发之
势，私挂茶担出租招牌，认办各衙差务，只是因奉教，未曾出给
庄会文钱。次年春天，张万元的差务工资被该会李和顺等以"滥
规抗差"而分吞，张向讨取，和顺等反要收庄银会银，将张扭送
到县衙。在李和顺的干预下，县衙谕令"张万元日后不得另添茶
炊招牌，仍照原规章程"。[166] 判定商判定贸行为是否属于把持，裁
断权既不操于经营者，也不操于商贸同行，而完全操于官府之手。

　　综上所述，在清代重庆，无论牙行、铺户，还是匠作加工业、
生活服务业，以及运输业等，皆需承值应差，而非如人所述，仅
在牙行一业。而重庆各业承应官府差事，较之同时期的不少地方
似乎都要繁重突出，有着更为复杂的社会背景。

　　重庆城的工商铺户承应官方的差事，按规定多数项目是付以
报酬，或以市买形式付以银钱。然而官定价格或所付报酬，远远
不敷所需，承差往往赔贴累累，给承应差务的众多工商人户带来
极重的负担，但承差却实行不辍，其根本原因在于官府予以承担
差务的工商人户相应权利。官府在审断相关诉讼时，一是赋予承
差行户铺商经营特权，严格划定经营范围，不许或防止未承差务
者抢夺业务，一旦涉讼，官府依据经营范围维护承差者的利益；二
是满足行户铺商要求，规定或强调一切交易均需入行，以免偷漏
税款，并且明确行用，既约束牙人，又勒令交易者遵守；三是对差
事内的把持予以支持认可，对承应差事的行业之把持行为和诉讼
都持支持态度。

　　分析重庆的大量商贸诉讼案件，对照清代律条有关行业把持

[166]《道光二十八年七月二十八日张万元诉状》，《选编》上，第 374 页。

的相关规定，巴县县衙的审理过程和结果，实际上已是承认和许可清政府所反对的行业把持。然而判定商贸行为是否属于把持，裁断权既不操于经营者，也不操于商贸同行，而是完全操于官府之手。官府判案的依据既不是大清律令，也不是官衙告示，而单凭是否承应差事，是否遵守同行约定。为了应付差事，重庆地方官府的做法，根本不能反对行业把持。总之，有清一代重庆商业呈现出来的面貌，是在承应差务下的把持，官府以经营上的独断权低偿甚至无偿地要求工商人户承应差事，而工商人户则以承应差事获得了把持或垄断经营的特权。

如果将重庆工商人户的应差与江南等地进行比较，重庆应差与把持互为条件的特征更为明显。在江南等其他地区也有官差，但大多是在特殊时期（如明末清初、同治克复后），或特定行业如木竹、船运、生活服务业等。在江南等地，承差并没有明定标准落实在各行各业中；而在重庆，各行差务有明确范围，负担有明确定额，恪守无违。在江南等地，承差并没有与经营权利联系在一起，互为义务和权利；而在重庆，两者被官府和工商行户同业有机地、自然地联系在了一起，互相呼应。在江南等地，买办和承应差务中的短价勒价行为，遭到广大工商人户的抵制与控诉；而在重庆，各业视官府差事为当然，恪守不渝。在江南等地，承差以及承差过程中的消极因素也引起地方官府的重视，予以明令禁止或适度限制，工商人户与地方官府有协作的一面，但也充斥抗争；而在重庆，承差商户与巴县官府基本一致，承差各业与非承差行业的态度截然分明。[167]中国各地情形不一，呈现出来的商业面貌千姿百态，很难一概而论。商业经营纠纷研究也当作如是观。

---

[167]　参见拙著《明清商事纠纷与商业诉讼》第 6 章（南京，南京大学出版社，2007 年）。

# 第八章　清代的京控
## ——以嘉庆朝为中心[*]

阿　风[**]

清朝嘉庆四年八月二十八日（1799 年 9 月 27 日），嘉庆皇帝发布谕旨，要求"嗣后都察院、步军统领衙门遇有各省呈控之案，俱不准驳斥"，[1] 这条谕旨被认为是清代"京控"中具有"分水岭似的决定"，从而导致"上诉潮水般涌来"。[2] 那么为什么嘉庆四年发布这样的谕旨，这样的谕旨对于清代的京控有什么影响？嘉庆朝开始的京控扩大化的原因何在？本文将对这一系列问题展开探讨。

## 一、什么是京控

### （一）京控的概念

什么是"京控"？《清史稿》中有简明的解释：

---

[*]　原题为《清代の京控—嘉慶朝を中心に》。

[**]　中国社会科学院历史研究所研究员。

[1]　中国第一历史档案馆编《嘉庆道光两朝上谕档》（以下简称《上谕档》）4-310:882（第 4 册，第 310 页，第 882 条，广西师范大学出版社，2000 年）。

[2]　Jonathan K. Ocko, "I'll Take It All the Way to Beijing: Capital Appeals in the Qing", *The Journal of Asian Studies* 47, NO.2 (May 1988):219-315）。中译本见高道蕴（Karen Turner）、高鸿钧、贺卫方编《美国学者论中国法律传统》（增订版，清华大学出版社，2004 年），第 512—551 页。

凡审级，直省以州县正印官为初审。不服，控府、控道、控司、控院，越诉者笞。其有冤抑赴都察院、通政司或步军统领衙门呈诉者，名曰京控。[3]

"京控"是上诉程序的一个审级，即案件经过州县、府、道、司、院审判，当事人仍然不服，赴北京的都察院、通政司或步军统领衙门呈诉，故称京控。《清史稿》同时也提及"叩阍"：

其投厅击鼓，或遇乘舆出郊，迎驾申诉者，名曰叩阍。[4]

"叩阍"包括两种情况，一是"投厅击鼓"，二是"迎驾申诉"，都是直接向皇帝申诉。不过，清代多是"迎驾申诉"，除在京城"迎驾"外，当皇帝巡视地方，去盛京、东西陵祭祖，京城寺庙进香，以及往来承德避暑山庄时，都可能有人"迎驾申诉"。因此，叩阍不一定都发生在北京。

虽然"京控"与"叩阍"有所差别，不过当时两者是作为一类案件来处理的。《清史稿》中写道：

京控及叩阍之案，或发回该省督抚，或奏交刑部提讯。如情罪重大，以及事涉各省大吏，抑经言官、督抚弹劾，往往钦命大臣莅审。发回及驳审之案，责成督抚率同司道亲鞫，不准复发原问官，名为钦部事件。[5]

---

[3]　《清史稿校注》卷一百五十一《刑法三》（台北，商务印书馆，1999 年），第 5 册，第 3990 页。

[4]　同上。

[5]　同上。

由此可以看出，从审理的程序上来看，"京控"与"叩阍"并无实质性的差别。从广义上来说，"叩阍"就是京控的一种特殊形式。

### （二）"京控"的历史

传统中国的法律，很早就明确了"自下而上"逐级上告的规定。《唐律疏议》规定告状"应经县而越向州、府、省（尚书省）"，"其越诉及官司受者各笞四十"。[6] 如果在尚书省仍然不能解决，则可以上表、邀车驾、挝登闻鼓、立肺石等形式向皇帝直接申诉，[7] 此外，唐代还有匦函制度，[8] 臣民如果"有冤滞未申，或狱讼失职"，可以投匦上告。[9] 宋代的法律延续了唐律的规定，同时制定了更为完备的上诉制度，其中规定经监司审理不当的案件，则可以上诉到尚书省、御史台等。经过以上的上诉程序以后仍然不服判决者，也可以通过登闻鼓院与登闻检院进呈御状。[10] 元代也规定"诉讼人先从本管官司、自下而上、依理陈告"，也可以赴"省部陈告"，而"不得越诉"。[11]

在明代，这种来京告状的行为被称为"京诉"。明朝建立之

---

[6] 《唐律疏议》卷二十四《斗讼·越诉》，刘俊文点校（北京，中华书局，1983 年），第447 页。

[7] 《大唐六典》卷六《尚书刑部》，陈仲夫点校（北京，中华书局，1992 年），第 192 页。《唐律疏议》卷二十四《斗讼·越诉》，第 447 页。

[8] 关于匦函制度，参照：杨一凡、刘笃才《中国古代匦函制度考略》，《法学研究》1998 年第 1 期。

[9] 宋敏求编《唐大诏令集》卷八二《政事·刑法·申冤制》（北京，中华书局，2008 年），第 473 页。

[10] 参照：石田肇《北宋の登聞鼓院と登聞檢院［北宋的登闻鼓院与登闻检院］》，《中嶋敏先生古稀記念論集［中岛敏先生古稀纪念论文集］》（汲古书店，1980 年），第 307—325 页。

[11] 《元典章》朝纲卷一《典章四·政纪·省部减繁格例》。洪金富校注本（台北，"中研院"历史语言研究所专刊110，2016 年），第 1 册，第 275 页。

初，朱元璋在颁行的《大诰》中强调如果地方官吏"私下巧立名色、害民取财，许境内诸宿宿人等……联名赴京状奏备陈"，[12] "有司不如命者，民赴京诉"。[13] 不过，这些专门针对官吏不法行为而制定的特别法令，并不持久。洪武一朝，也多次申明严禁越诉。[14] 洪武三十年（1397），颁行《大明律》，明确规定了越诉与叩阍行为要受到惩罚。

> 凡军民词讼，皆须自下而上陈告。若越本管官司，辄赴上司称诉者，笞五十。
>
> 若迎车驾及击登闻鼓申诉，而不实者，杖一百。事重者，从重论。得实者，免罪。[15]

到了宣德年间，宣德皇帝一度对于"越京陈诉"行为采取了相对宽缓的方针。宣德八年（1433）三月，皇帝曾要求法司"自今讼得实者，毋究越诉之罪"，以免"民含冤无告"。[16] 不过，到了景泰四年（1453），针对当时越诉"诬者过半"的情况，规定"其越诉于京者，无问虚实，悉杖遣口外充军"。[17] 天顺八年（1564），又明确规定"如有蓦越赴京者，法司治以罪，仍将所告情词，发回本处问理，不许辄便拟奏"。[18]

---

[12] 《御制大诰·民陈有司贤否第三十六》，吴相湘辑《明朝开国文献》（台北，学生书局，1966 年），第 1 册，第 42 页。

[13] 《御制大诰续编·遗牌唤民第十五》，吴相湘辑《明朝开国文献》，第 1 册，第 117 页。

[14] 《明太祖实录》卷一百四十九，洪武十五年十月戊戌（台北，历史语言研究所校印本），第 2352 页；《明太祖实录》卷二百三十二，洪武二十七年四月壬午，第 3396 页。

[15] 黄彰健《明代律例汇编》卷二十二《刑律五·诉讼·越诉》（台北，历史语言研究所，1979 年）下册，第 853 页。

[16] 《明宣宗实录》卷一百，宣德八年三月壬申，第 2247 页。

[17] 《明英宗实录》卷二百三十一，景泰四年七月癸酉，第 5057 页。

[18] 《明宪宗实录》卷一，天顺八年正月乙亥，第 10 页。

当然，以上的规定是就越诉而言。明代的法律同时规定"凡军民词讼，皆须自下而上陈告"，如果经过巡按、巡抚及布、按两司官员问理，再来京申诉的话，"免其问罪，给引照回"。不过，同时规定了"户婚田土等项干己事情"，即使"曾经上司断结不明"，但来京控告，除"给引照回，奏词转行原籍官司，候人到提问"外，也要问罪。[19] 在明代的统治者看来，"户婚、田土、殴斗、相争之事，既非君王之所当亲。老小残疾妇女雇倩之人，又非奏对之所宜须"。[20] 所以户婚田土案不应该前来京控，否则治以越诉之罪。

清初的法律继承了明代的规定。顺治八年（1651），清世祖曾颁布谕令，明确了逐级上诉的规定，"若总督、巡抚、巡按不准或审断冤枉，再赴都察院衙门击鼓鸣冤。都察院问果冤枉，应奏闻者不与奏闻，准赴通政使司衙门具本奏闻"。并要求刑部将此谕令"刊刻告示、广布通知"。[21] 对于户婚田土讼案的京控行为，清朝的法律则采取了相对宽缓的政策。虽然乾隆三十四年（1769），清朝政府曾纂定条例，对户婚田土讼案来京控告行为"治以越诉之罪"。[22] 但到了乾隆五十六年（1791），清朝政府又改定条例，删除了这一规定，而以"曾否在本省各衙门呈告有案"来决定是由刑部审理，还是解回本省由督抚审理，或是派钦差大臣审理。[23] 对于案件的性质不再明确区分。

[19] 黄彰健《明代律例汇编》卷二十三《刑律五·诉讼·越诉·弘治问刑条例》，第 853 页。
[20] 《皇明条法事类纂》卷四十《刑部类·见禁因犯不得告举他事·老幼抱奏原籍词讼行追壮丁勘问例》（东京古典研究会，1966 年影印），第 191 页。
[21] 《清实录·世祖实录》卷五十八，顺治八年七月己亥，第 3 册，第 462 页。
[22] 薛允升著述，黄静嘉编校《读例存疑重刊本》卷三十九《刑律·诉讼之一·越诉》，引《乾隆三十七年律例馆按语》（台北，成文出版社，1970 年），第 4 册，第 983 页。
[23] 同上。

### （三）以往的研究成果

有关清朝的京控，美国学者欧中坦（Jonathan K. Ocko）做了开拓性研究。他在 1988 年发表的《千方百计上京城：清朝的京控》一文中，对于清代京控的性质、京控的效果和京控的原因进行了全面而系统性的研究。他首先指出，直到清代，才建立起完善的京控制度。京控与监察弹劾在功能上是相互配合的。京控者的目的就是争取皇帝对于本案的关注，在京控者看来，由皇帝特旨交审，可以迅速平反冤屈。对于京控的原因，欧中坦认为如同"清朝其他许多制度一样，京控制度是 18 世纪的人口爆炸及其对官员和人民两方面造成的相应压力的牺牲品"。嘉庆皇帝为了广开言路，命令受理所有的京控，从而使上诉如潮水般涌来。对于京控的审理，欧中坦认为督抚与钦差大臣不同，他们过于忙碌，不会对于审理京控给予优先考虑，只能委托下属官员审理。从整个清朝来看，"绝大部分上诉是徒劳无益的"。20 世纪 90 年代以后，清朝的京控开始受到更多研究者的关注。赵晓华的《晚清讼狱制度的社会考察》专章考察了晚清的京控制度。[24] 胡震等探讨了发审局的性质以及晚清京控中的妇女的诉讼资格与涉讼原因。[25] 2011 年，李典蓉的《清朝京控制度研究》[26] 一书出版，成为近来全面研究清代京控制度的研究成果。作者是从整个清代行政司法体系出发，分析京控制度的确立与变化，其中分析了官民各个社会阶层在京控过程中扮演的角色，并将妇女、疯子、官员等特别的京控原告作为范例，分析他们是如何利

[24]　赵晓华《晚清讼狱制度的社会考察》（中国人民大学出版社，2001 年）。

[25]　李贵连、胡震《清代发审局研究》，《比较法研究》2006 年第 4 期；胡震《诉讼与性别——晚清京控中的妇女诉讼》，《近代法研究》第 1 辑（北京大学出版社，2007 年）；胡震《晚清京控案件研究——以〈光绪朝朱批奏折〉为中心》（北京大学博士研究生学位论文，2006 年）。

[26]　上海古籍出版社，2011 年。

用京控来申诉冤屈的。作者大量地利用了军机处、内阁的纪录，整理了一千多件京控档案，内容十分翔实。此外，还有崔岷的嘉庆朝山东京控研究，[27] 以及林乾对京控中的讼师的研究，[28] 都从不同的角度揭示了清朝的京控现象及其背后的原因。

欧中坦以来的清朝京控研究，由于大量档案资料的公布，研究成果卓著。一些重要的问题都得到了关注。不过，大多数的研究者都认为清代京控繁多的原因是清朝行政与司法制度存在着结构性缺陷，而 18 世纪以后人口增长、社会矛盾的深化又加剧了京控。但关于这种结构性缺陷的具体内容，还缺乏明确的说明。诸如"吏治腐败""官官相护"等结论还是略显宽泛，流于表面化。

本文将以清代京控"潮水般涌来"的嘉庆时代为中心，探讨嘉庆时代京控扩大化的过程及原因，说明清朝政府的应对策略及其效果。并对比明清两代的行政、司法制度上的差异，指出监察制度的不完善乃是清代制度的结构性缺陷，而京控繁多的现象与此有着密切关系。


## 二、嘉庆朝的京控


### （一）嘉庆皇帝与京控的扩大化

1796 年 2 月 9 日（嘉庆元年正月初一），爱新觉罗·永琰受乾隆帝禅位即帝位，改名颙琰，是为嘉庆皇帝。初登大位的嘉庆皇帝，面对在位 60 年、文治武功均很辉煌的太上皇乾隆皇帝，很难率性

[27]　崔岷《山东京控"繁兴"与嘉庆帝的应对策略》，《史学月刊》2008 年第 1 期。

[28]　林乾《从叶墉包讼案看讼师的活动方式及特点》，《北大法律评论》第 10 卷第 2 辑。

而为。直到嘉庆四年，太上皇乾隆病故，嘉庆皇帝迅速处决了权臣和珅，才真正执掌了大权。嘉庆朝初期，白莲教起义日益扩大，社会面临着严重的危机。嘉庆皇帝认为造成这些危机的原因是"和珅任事日久，专擅蒙蔽，以致下情不能上达"。[29]因此，要"广开言路"，以使下情上达。嘉庆四年正月初八日，皇帝下旨要求奏事的文武官员"嗣后陈奏事件，俱应直达朕前，俱不许另有副封关会军机处"。[30]嘉庆四年三月，又"定道员密折封奏例"，[31]准令各省道员亦得具折奏事，扩大了直接奏告者的范围，目的是"广咨询之路，原以除壅蔽之端"。[32]同时，嘉庆皇帝也将当时不断增加的"京控"看成是"民隐上通"的一种途径。嘉庆四年八月，他要求所有京控俱要奏报，不准都察院、步军统领衙门擅自驳斥京控案件。

嘉庆四年八月二十八日，内阁奉上谕。向来各省民人赴都察院、步军统领衙门呈控案件，该衙门有具折奏闻者，有咨回各该省督抚审办者，亦有径行驳斥者，办理之法有三。似此则伊等准驳，竟可意为高下。现当广开言路，明目达聪，原俾下情无不上达。若将具控之案，擅自驳斥，设遇有控告该省督抚贪黩不职及关涉权要等事，或瞻顾情面，压搁不办，恐启贿嘱消弭之渐，所关非小。嗣后都察院、步军统领衙门遇有各省呈控之案，俱不准驳斥。其案情较重者，自应即行具奏，即有应咨回本省审办之案，亦应于一月或两月视控案之多寡，汇奏一次，并将各案情节于折内分析注明，候朕披阅，倘有案情较

[29]《上谕档》4-33:72。
[30]《清实录·仁宗实录》卷三十七，嘉庆四年正月丁卯，第28册，第418页。
[31]《清实录·仁宗实录》卷四十，嘉庆四年三月戊辰，第28册，第480页。
[32]《上谕档》4-438:1238。

重，不即具奏，仅咨回本省办理者，经朕看出，必将各该堂官交部严加议处。著为令。钦此。[33]

　　原来京控案件，都察院、步军统领衙门根据案情或"具折奏交"，或"咨回各该省督抚审办"，或"径行驳斥"。皇帝认为都察院等擅自驳斥案件，会妨害"言路"，引发"贿嘱消弭之渐"。因此，谕令都察院等"俱不准驳斥"。同时要求咨回本省案件，也要定期汇奏。

　　嘉庆四年（1799）谕旨发布以后，"来京控诉之案，迨无虚日"。嘉庆六年六月，嘉庆皇帝曾经重申"越诉治罪"的规定，要求"各省督抚将赴京控诉之律例通行刊刷出示，俾刁健之民知所儆畏"。[34]这一命令实际上是对于嘉庆四年谕令的重新调整，以规范京控行为。不过，终嘉庆一朝，皇帝一直对于京控采取比较宽容的态度。在皇帝看来，"此等具控民人，若非冤抑莫申，何至远来赴诉，即使健讼者十居七、八，亦岂无一、二衔冤负屈之民以实情上诉乎"。[35]嘉庆二十五年，山东巡抚钱臻奏请将来自山东省的京控户婚田土之案以及未在本省控告、投审过的重案，一概驳斥。皇帝批评说："若真有含冤负屈者，悉皆壅于上闻，是因噎废食也。"[36]

　　嘉庆四年以后，京控案件数量迅速增加。都察院等衙门"每隔数日，辄有封奏"。[37]仅仅根据《嘉庆上谕档》中不完全的统计，从嘉庆四年到嘉庆二十五年间，由都察院等衙门奏交的京控案件达千余件，平均每月有四五件。而咨交的案件由于没有记录，

---

[33]《上谕档》4-310:882。

[34]《上谕档》5-320:830。

[35]《上谕档》8-146:348。

[36]《上谕档》25-224:624。

[37]《上谕档》14-335:802。

无法确知详细数量。不过，嘉庆十一年御史茅豫上奏说："近来民人进京控案日渐增多，每月除奏事外，咨交十余件至二三十件不等。"[38] 实际上，咨交的数量要远远超过奏交的数量。

## （二）京控的受理与审理

嘉庆四年，皇帝要求都察院等衙门不准擅自驳斥京控案件，成为京控案迅速增加的契机。面对不断增加的京控案件，嘉庆皇帝主要还是在原有制度框架内，查办京控案件。

### 1. 京控的受理

京控的受理机构主要是都察院、步军统领衙门，直隶总督有时也会盘获来京控告之人，从而也被动地受理了京控。[39] 理藩院同时受理并审理蒙古等少数民族的京控案件。[40]

都察院是最主要的京控受理机构。告状人向都察院提出呈词后，一般先由京畿道御史口讯，然后核稿，提出奏交或咨交意见。如果是奏交的话，都察院长官要根据情况提出交审建议，或交督抚，或交钦差大臣审理。最后由满、汉都御史在奏文上画稿同意，然后奏请皇帝裁决。[41]

---

[38] 《上谕档》11-961:2042。

[39] 嘉庆五年（1800），直隶总督胡季堂奏报，盘获来京具控的湖北民人崔珍（《上谕档》5-19:50）。嘉庆十八年（1813），直隶总督温承惠"盘获身带呈词，意欲赴京湖南民人周大宾"（《上谕档》18-79:212）。

[40] 例如，嘉庆三年（1798），图默特旗四等台吉阿萨拉之父到理藩院控告，认为其子并未谋死胞伯卓里克图。理藩院先派人前往会讯，查出卓里克图因病身故，"并无谋死情节"。皇帝认为此案"事关伦纪、重辟罪名出入，必须彻底审明"，于是委派直隶总督胡季堂与兼署理藩院侍郎特克慎同往该处"详细推鞫，务得实情"（《上谕档》3-156:495）。

[41] 嘉庆十一年（1806）六月，都察院左都御史熊枚与左副都御史陈嗣龙因山东民妇盛姜氏京控一案是否立即奏交产生意见分歧，发生争执。陈嗣龙随后参奏熊枚。皇帝派军机大臣庆桂等调查此事，根据熊枚与陈嗣龙两人的供述，可以知道京控案在都察院的流程。参照：《上谕档》11-447:946、11-448:947、11-449:948、11-450:949。

步军统领衙门是京师的治安机构，也是京控案件的主要受理机构。例如，嘉庆四年（1799）十月十六日，"步军统领衙门盘获江西民人曾斗魁，起出呈稿一纸，内系控告藉差派累等事"。[42] 嘉庆十九年（1814）五月，盛京已革生员陈起云"来京欲行呈控，经步军统领衙门盘获"。[43] 嘉庆十九年九月，步军统领衙门"盘获欲行叩阍之革弁彭应奎"。[44] 这些人都是步军统领衙门例行盘查时抓获的可疑分子，结果发现他们都怀有呈词或有京控的企图，在这些人未控之先，即行抓获。从受理京控的数量来看，步军统领衙门与都察院基本相当。

关于"奏交"与"咨交"的标准，一般认为案情重大，要奏请皇帝指示裁决，则需奏交。而一般案件，则咨回本省查办。嘉庆十一年（1806）六月，都察院左副都御史陈嗣龙曾说过："都察院呈控命案，历次均系奏办。"[45] 可见在都察院对于涉及命案的京控，一般均会奏交。[46] 从嘉庆朝奏交案件的内容来看，除了人命重案以外，多是有关贪赃枉法、重征勒收、冒捐冒考以及与教匪有关的案件，还有一些多年未结积案也奏交皇帝裁决。这些奏交案件实际上也反映出都察院等部门确定奏交、咨交的标准。

2. 京控的审理

在嘉庆朝，对于京控的审理主要采取三种方式：一是发交地方督抚（包括盛京、吉林等将军），二是委派钦差大臣审理，三是由刑部审理。

---

[42] 《上谕档》4-393:1108。

[43] 《上谕档》19-380:1007。

[44] 《上谕档》19-701:1815。

[45] 《上谕档》11-450:949。

[46] 嘉庆十五（1810），有三件事涉人命的案件，当时都察院径直咨回本省，未曾具奏。皇帝知道后，认为不妥，多位都察院堂官被交部察议。参照:《上谕档》15-575:1532。

关于交办地方督抚的案件，在确定交审机构时，充分考虑到回避原则，以免官官相护。一般来说，如果原告越诉，未曾在省一级审理，则会交回本省官员审理。如果曾经在巡抚处审理的话，则会交总督审理，反之亦然。如果原审督抚离任，则会交由新任审理。此外，京控案如果事涉漕务，也有可能交由河道总督审理。[47]

不过，即使皇帝特旨交办督抚的京控案件，督抚也很少亲自审理，一般是交由藩、臬督同首府、首县，或者另外委员审理。嘉庆十年（1805），安徽寿州民人刘荣光京控，事涉寿州武举张大勋家毒毙三命一案，皇帝特交两江总督铁保亲审此案。但铁保先是委江宁藩司，再委江苏臬司督同苏州知府、长洲知县等官员审办，铁保本人从来没有亲审过此案。[48]针对督抚层层递委属员审案的情况，嘉庆十一年，皇帝发布敕令，将奏交与咨交案件分开处理。其中奏交案件，"一经奉旨，交该督抚审办，即与钦差无异"，而咨交案件，"该督抚查明刑名、钱谷事由，亦惟准分饬两司，依限审结，不得再行转委所属"。[49]按照这一敕令，奏交案件指定督抚亲审，咨交案件则督抚可以根据案情委派藩、臬两司审理。

嘉庆皇帝亲政之初，曾采取与乾隆皇帝不同的策略，"不肯轻派在京大臣前往审讯，即交省省督抚就近查办"，以避免钦差之中"不能检束者"需索陋规，勒索使费，等等。不过，到了嘉庆五年（1800），他发现"各督抚等于交办案件、率以审系虚诬一奏塞责"，"是该督抚等非庇护所属。即有意从轻。所审案情。未可尽

---

[47]　嘉庆十四年（1809），山东平原县民妇张李氏在步军统领衙门京控，事涉浮收漕粮，因为曾经在山东巡抚吉纶处呈诉过，所以皇帝谕令当时驻扎在济宁的河东河道总督马慧裕审理。参照：《上谕档》14-140:346、14-320:762。

[48]　《上谕档》10-708:1688、12-84:167。

[49]　《上谕档》11-961、962:2042。

信"，所以也应该不时委派钦差审案。[50] 在皇帝看来，"钦差审理控案，原恐外省听理词讼未能公允，致小民冤抑，是以特派大员前往讅办"。[51] 嘉庆朝深受皇帝重用的一些大臣，如祖之望、金光悌、韩崶等都曾受命为钦差大臣，审理京控案件。

当然，外派钦差大臣，也并非一案一派。一般来说，顺路办案或留在当地继续办理新交审案件的情况很多。例如，嘉庆十二年（1807），周廷栋、广兴为钦差大臣在山东审理京控案件。当时山东的京控案，多交由他们审理，共计查办案件有 13 起之多。[52] 实际上，京控案件的急速增多，事事派遣钦差，无论人力，还是物力都无法承受。嘉庆十四年，皇帝说："因近年控案愈多……若皆派员前往，不胜繁扰。且京、外并重，部院中亦需人办事，不便多令旷职。"所以再次强调督抚"经朕特旨派办，即与钦差无异"，应当公正审案。[53]

即便委派钦差大臣，也不一定如皇帝所想，公正无私。嘉庆十二年前后，山东京控繁多，皇帝特派广兴等为钦差大臣，赴山东审案，结果广兴"觥法贪婪、纵欲败度"，特别是审讯李瀚分家一案，索贿高达白银 8 万两之多，[54] 最后各案并罚，广兴被处极刑。不仅钦差索贿，地方官吏也以钦差办案为名，"浮开差费"，所以嘉庆皇帝说："可见外省官吏竟乐以办差为靡费开销之地，名为利人，实则利己，竟成贪官要钱之一巧法。"[55] 钦差办案本为平反冤

---

[50] 《上谕档》5-215:556。

[51] 《上谕档》12-204:424。不仅皇帝有这种看法，当时的民众也对钦差有很大的期望。嘉庆十七年（1812）七月，湖南人萧万育京控，在呈状内有"请呈御览、奏派钦差"之语。参照：《上谕档》17-250:713。

[52] 《上谕档》13-744:1796。

[53] 《上谕档》14-335:802。

[54] 《上谕档》14-87:201。

[55] 《上谕档》14-82:194。

抑，反而为害地方。

京控案件，如果事涉地方官吏，皇帝在交审的同时，一般会将涉案的地方官员先行解任，以便提讯，如果无罪再开复原职。嘉庆四年（1799）十二月，湖南巴陵县民谭学教来京控告府县浮收漕粮，皇帝传谕湖南布政使通恩将知府、知县先行解任，然后再行亲自查办。[56] 在嘉庆朝奏交的京控案件中，如果事涉地方官员，并有实据，多先行解任。

有些京控案，如果皇帝觉得案情重大，或疑点甚多，也有由刑部审理的情况。例如，嘉庆十四年五月，山东即墨县武生李泰清来都察院呈控胞侄李毓昌在江苏淮安府山阳县查赈时中毒身死一案，皇帝认为此案"疑窦甚多"，决定将人证解京，由刑部审理此案。[57]

除一般的京控案外，叩阍案件一般由军机大臣先行口讯，再会同刑部（包括行在刑部）审理，如果无须交办地方审理的话，由军机大臣会同刑部按照律例定罪，最后奏请皇帝裁决。例如，嘉庆十年，回民洪明宜因为表弟洪湛大在盛京巨流河充当夫役修筑御道时被岫岩城防御英福派人打死，遂在路旁叩阍。嘉庆皇帝将此案交由军机大臣会同盛京行在刑部审讯。[58]

3. 京控的奏结情况

"各省交审事件甚多，而奏结者甚少"，[59] 这实际上也是京控案的一个困局。嘉庆十二年，根据给事中茅豫的上奏，清朝政府明确规定了奏交、咨交案件的审理期限。

————

[56]《上谕档》4-540:1499。

[57]《上谕档》14-276:661、14-291:696、14-292:697。

[58]《上谕档》10-501:1186、10-502:1187。

[59]《上谕档》12-145:316。

钦交案件，以提齐人犯之日起，限四个月。咨交案件，仍照旧例，以接奉咨文之日起，限四个月。其限内有难结缘由，钦件咨报军机处，咨件报原交衙门。奏结后，将展限月日申报吏部。其无故迟延、逾限不及一月者，将该督抚罚俸三月。一月以上，罚俸一年。三月以上，降一级调用。半年以上，革职。[60]

但这样的规定，实际上很难彻底地执行。嘉庆十六年（1811）七月，都察院将各省逾限未结的咨交案件情况上奏，其中"其逾限未结及上次展限已逾仍未审结者"，山东省自嘉庆十二年起有76件，直隶自嘉庆十三年起有27件。皇帝在谕旨中说"外省疲玩积习，总不悛改，率皆视为泛常，任意积压"，要求督抚"上紧查催审办"。[61]

即使奏结之案，也多有将"原告审虚"，[62]以"诬告审结"。[63]当然，其中有些案件确实是诬告不实，也有些案件则不了了之。嘉庆十年，直隶建昌县民孟于氏来京控告本县知县"受贿得赃、枉出人命"，受命审理此案的钦差大臣广兴，曾两赴建昌县审理此案，"审属全虚"。[64]皇帝也两次寄信给广兴，指出其奏报的案情中漏洞百出，对其草率定案的行为加以申饬。后来广兴第三次审案，推翻以前的判决结果，使案情大白。[65]此案虽然是由钦差审

---

[60] 《清实录·仁宗实录》卷一百九十七，嘉庆十二年五月丁未，第30册第349页；《上谕档》12-145:136。

[61] 《上谕档》16-416:1039。

[62] 《上谕档》5-323:837。

[63] 《上谕档》8-203:526。

[64] 《上谕档》10-336:698。

[65] 《上谕档》10-336:789。

案，但如果不是皇帝坚持，根本无法使案情水落石出。

### （三）京控者的策略

都察院、步军统领衙门等衙门收到呈状后，根据案情轻重，分别奏交、咨交、驳斥（嘉庆四年禁止）。在京控者看来，奏交的意义最大，[66] 毕竟皇帝特旨交办，地方承审各官必须谨慎对待。因此，采取何种手段使自己的控告能够奏交，实际上具有非常重要的意义。

#### 1. 状词中牵告、诬告

都察院等衙门是否奏交、咨交，主要取决于案情。正如前文所述，除人命案例行奏交外，其他奏交的案件中多有官吏贪赃枉法、重征勒收等内容。因此，京控状词中常常有牵告、诬告的内容，目的就是引起重视，从而奏交。

牵告就是将与自己无关的事情牵连控告。例如，嘉庆十六年（1811）三月，罗牛氏叩阍，状告本家兄弟牛文隆谋害其夫。她同时说"至我呈内所告王镇刚杀死黄氏丈夫，并未问罪，反将黄氏监禁，此事本与我无干，因黄氏同在四川监狱中听得他说，我所以一并牵告"。[67]

对于官府来说，有时反而对于牵告的内容更为重视。嘉庆十六年十月，直隶沧州民人王大有在步军统领衙门呈控张自明"殴伤伊父王其祥身死、贿买顶凶"一案。同时"首出彭姓等盐店私卖给湖北三帮粮船盐一万八千余担"这件事。皇帝谕令直隶总

---

[66] 嘉庆十二年（1807）九月，山东武定府青城县贡生董如铎在都察院京控，呈状内写有"叩乞转奏敕交新任巡抚严办示惩"等语，皇帝认为"该贡生既知山东巡抚系属新任，何以不向巡抚衙门控诉，必远赴京师，在都察院控告具奏，待朕特旨交办"。可见告状者京控的目的就是寻求奏交。参照：《上谕档》12-455:1020。

[67] 《上谕档》14-146:378。

督与长芦盐政查办此案外，同时寄信给漕运总督要求调查是否有"粮船夹带私盐"之事。[68]

诬告就是颠倒事实。嘉庆十三年（1808），直隶河间县生员夏文典在都察院控告知县"纵役抢夺、捏禀陷害"。后经军机大臣审实，系刁民"纠众拒官、殴任差役"。[69]后来钦差大臣审讯时，夏文典则辩称"并未在场目击，因伊父兄忽被牵连，不暇细访，遂来京沥诉"。[70]

有些诬告者的目的是讹诈他人。嘉庆八年七月，山东菏泽县捐职从九品武勇靖在步军统领衙门控告江宁布政使康基田在前任江南总河任内短发其银两，此案经两江总督陈大文审理，认为武勇靖"节尽虚诬"，[71]按例以诬告罪发往黑龙江。武勇靖遇赦释回后，改名"武泳清"，于嘉庆二十五年又来京诬控，讹诈他人。而且向被讹诈者写信自称"武老泳视黑龙江为故土，不怕告虚反坐"。皇帝认为"其刁健横肆。尤出情理之外"，遂将刑部所拟"斩候"，改为"绞立决"。[72]

2. 重复控告与翻控

嘉庆五年，盛京的杨和春派遣倪顺来京控告，皇帝降旨由盛京刑部侍郎瑚图灵阿审办，此案经瑚图灵阿审明，"所控全虚，将杨和春问拟军罪"，正在刑部核拟之时，杨和春又遣家人赵禄以"以盛京刑部衙门所讯供词有妆点改饰情弊"，赴京陈告。为了"服杨和春之心"，皇帝再次下旨将此案将交由盛京将军晋昌与奉天府尹穆克登额审理。重复控告的目的希望皇帝另委官员审理。

[68] 《上谕档》16-596:1507、16-597:1508。

[69] 《上谕档》13-245:565。

[70] 《上谕档》13-267:615。

[71] 《上谕档》8-263:688、8-264:689、8-323:842。

[72] 《上谕档》25-219:604。

嘉庆十三年，直隶河间县发生"殴差辱官"一案，结果涉案者主谋不断地派人京控，以混淆视听。[73]嘉庆十七年七月二十五日，有直隶人徐慎庭来步军统领衙门为其伯父与堂兄申冤，二十七日，其堂嫂徐黄氏又来都察院京控。[74]

### 3. 激迫之辞

嘉庆十一年（1806）六月，正定县生员王之选等人到都察院控告本县勒折车马、草料等事，状词有"现在吏役增至二千余名，勒索滋扰，兼之连年荒歉，穷蹙难堪，将来不测，实因偪兴，恐致绝处生变"等语。嘉庆皇帝认为状词中写有这些话语，实属谬妄。他指出："该生员民人等近依畿辅，均应明晓大义，即使地方官苛敛病民，一经申诉，无不立为查办，何至出此激迫之辞"。[75]

### 4. 呈词封固

嘉庆四年六月，为了广开言路，嘉庆皇帝曾下旨规定，遇有奏事者自行缄封的奏章，军机大臣及各部院官员等"即应将原封呈览，不许私自拆阅"，目的是"杜壅蔽而昭慎密"。[76]但到嘉庆四年十一月，由于候补捐纳微员以及平民等纷纷具奏投递，而内容又常与"公事毫无裨益"，于是下旨要求"不得妄行封奏"，但并未完全禁止平民封章奏事。[77]

不过，有的京控者却利用了这个漏洞，将"呈词封固"，以直达御前。嘉庆十七年十一月，安徽民人夏松遣其子夏以粹将呈词缄封，投递于都察院。都察院官员不敢拆封，原封入奏。皇帝对于这种"挟制投递衙门不敢拆阅"的行为十分震怒，要求安徽巡

---

[73]《上谕档》13-310:729。

[74]《上谕档》17-281:810、17-284:822。

[75]《上谕档》11-475:997。

[76]《上谕档》4-193:563。

[77]《上谕档》4-438:1238。

抚在定案时，如果所控得实，也要将原告按律治罪。如果所控为虚，则要加倍治罪。[78] 此事发生的第二天（十一月初三日），嘉庆皇帝要求刑部核议，拟定条例，严禁"呈词封固"，认为这种行为"较之道旁叩阍、冲突仪仗者，其情节尤为可恶"。随后刑部议奏条例规定，如果"呈词封固"，必须开略情节。如果"如所开略节与原呈相符。而所告又得实者，照冲突仪仗妄行奏诉例加一等。发边远充军"，就是说这种行为较叩阍处罚更重。如果所控为虚，则依应得之罪加重处罚，"如系应拟笞杖枷号徒罪者，即发极边足四千里充军"，如果"不肯开具控情略节，即行掷还"。[79] 不过，同年十二月二十日，皇帝又对刑部议奏的条例提出修改建议，他认为如果"奸民""所开略节，未必皆与封词符合"，接收的官员无法查考，也会造成"案无巨细，悉以上闻"，所以要求文、武及监察官员，如果有民人呈递封章，一面将封章具奏，一面将呈递者送交刑部押禁。皇帝查阅封章后，再根据案情轻重，或按刑部制定的新例[80] 治罪，或加等治罪。刑部提出的"开呈略节"一条，则被删除。

"开呈略节"虽然是一条短命的条例，不过，京控者却迅速知道了这一新例。就在这一条例废除的当天，山东民人韩万全投递封章时，就"开呈略节"。皇帝对此甚感奇怪，要求刑部查清此事。[81]

5. 老幼妇女状告

传统中国法律对于老、幼、废、疾、妇女及工匠、乐户等类

---

[78]《上谕档》17-424:1217。

[79]《上谕档》17-425:1220。

[80]《上谕档》17-483:1410。关于刑部最终遵旨纂定的"封递呈词"新例，参照：薛允升著述，黄静嘉编校：《读例存疑重刊本》卷三十九《刑律·诉讼之一·越诉》，第4册，第985—986页。

[81]《上谕档》17-484:1414。

人实行赎刑，体现了"悯老恤幼，矜不成人，宽妇女而贷贱役也"[82] 的基本原则。虽然法律规定限制这类人群参与诉讼，但并非完全禁止，[83] 因此这种优待原则有时也被滥用到京控之中。

嘉庆五年，江西民人黄学万在步军统领衙门控告其父兄被县里无辜监毙，此案交由两江总督费淳审理。在上谕中，皇帝特别提到："现在具控之黄学万年仅十四，因伊父、伊兄俱各监毙，在本省不能申诉，奉伊母命来京控告，自有冤抑情事，决非虚捏。"[84] 嘉庆十年，洪明宜在盛京叩阍，他在供状中说自己年八十岁，[85] 这也符合律例中规定的可以收赎的"老"的年龄。

嘉庆十五年（1810），山东民妇张杨氏在道旁叩阍，呈控其子在县狱中身死不明。此前，张杨氏曾三次来步军统领衙门京控，均经山东省审明，"照妄诉律治罪"，但因系妇女，得以收赎。为了限制这种叠次翻控的行为，皇帝谕令，"嗣后如遇妇女叩阍审属虚诬者"，即治以应得之罪，不准收赎，以免恃妇翻控，遂成定例。[86] 但此例仅对叩阍者而言，妇女到都察院等衙门京控仍然可以按例收赎。

### 6. 叩阍

"叩阍"是向皇帝直接陈述。叩阍者除申冤外，亦有求赏、上

---

[82]　沈之奇《大清律辑注·附在外纳赎诸例图·图后注》，怀效锋、李俊点校（法律出版社，2000 年），第 47 页。

[83]　《大清律例》规定："其年八十以上，十岁以下，及笃疾者，若妇人，除谋反、叛逆、子孙不孝，或己身及同居之内，为人盗诈侵夺财产，及杀伤之类，听告，余并不得告（以其罪得收赎，恐故意诬告害人）。官司受而为理者，笞五十（原词立案不行）。"参照薛允升著述，黄静嘉编校：《读例存疑重刊本》卷四十《刑律·诉讼之二·见禁囚不得告举他事》，第 4 册，第 1018 页。

[84]　《上谕档》5-447:1147。

[85]　《上谕档》10-500:1187。

[86]　《上谕档》15:466:1229。

书而叩阍的情况。[87] 与一般的到都察院等衙门的"京控"不同，叩阍申告，无论是否属实，叩阍者均按冲突仪杖治罪。[88]

与乾隆皇帝相比，嘉庆皇帝很少出巡，所以嘉庆朝叩阍的情况并不是很多。不过，由于叩阍后，无论是人命重案，还是户婚田土细事，多由军机大臣问讯，或交刑部，或特交督抚审理。[89] 所以有机会的话，许多人也是不计后果而叩阍。嘉庆十年，皇帝巡幸陪都，"山海关外跸路经过地方道旁叩阍呈诉者不一而足"。[90] 嘉庆十六年春，皇帝恭谒西陵、巡幸五台山，沿路叩阍者达12人之多。[91]

清代中期，旗人叩阍的情况尤多。这固然与旗人和皇帝之间存在着主子与奴才之间关系，也与旗人叩阍处罚较民人为轻有关。嘉庆十四年（1809）六月，镶蓝旗满洲已革护军德升保因为生活艰难，于是叩阍，"要求见主子，想讨个差使"。军机大臣庆桂经过讯问后，认为"德升保合依冲突仪仗，杖一百，发边充军。例杖一百，近边充军，系旗人，照例折枷，俟枷满之日，鞭责落，交该旗领回，严行管束，毋任再滋事端"。旗人叩阍，可以按例折

---

[87] 例如，嘉庆十六年（1811），直隶唐县人张得新，"因想求皇上赏我银钱好养母亲，所以在道旁跪求"。见《上谕档》16-155:406。

[88] 当然也有皇帝特别恩准不予处罚的事例。乾隆四十六年（1781），浙江汪进修叩阍，所告得实，免其治罪。嘉庆十四年（1809），甘肃民人张升则叩阍，所控得实，"加恩照汪进修之例，即予省释"。同时将"张升应得军罪，即将伊弟张杰照议发遣"。（薛允升著述，黄静嘉编校：《读例存疑重刊本》卷二十《兵律之一·宫卫·冲突仪仗·条例·谨按》，第3册，第456页；《上谕档》14-499:1254）。嘉庆十六年春，嘉庆皇帝巡幸五台，沿路叩阍者不断。其中温继儒、温宣先后叩阍，皇帝后来念其申冤情切，而且跪递呈词时，"未敢高声喊诉"，所以"着加恩免其冲突仪仗之罪"（参照:《上谕档》16-166:427、428）。

[89] 嘉庆十四年（1809），甘肃安化县民人张升因为与兄弟争产，地方官审断不公，于是来京叩阍。此案如果在都察院控告的话，因属户婚田土之案，一般会咨交本省。正是因为叩阍，所以特交陕甘总督审理。参照:《上谕档》14-131:321。

[90] 《上谕档》10-553:1301、10-611:1449。

[91] 《上谕档》第16册，第130—171页。

枷、鞭责，领回本旗看管。[92]

# 三、京控扩大化的原因

关于清代京控与京控扩大化，最主要的原因还是制度方面存在缺陷，其次则是民众的诉讼意识增强。人们在"申冤"的过程中，不断增强了诉讼意识，而生员、讼师等群体为谋私利，又成为京控扩大化的重要力量。

## （一）制度层面的分析

1644 年，清军入关后，为了实现对全国的有效治理，清朝政府继承了很多明代的制度与法律。不过，经过顺治、康熙朝的调整，雍正朝的改革，以及乾隆朝对于各项制度的巩固，到了 18 世纪末叶，嘉庆皇帝即位时，清朝的制度建设已经基本完成，形成了自己的特点。

清朝政府机构包括"在京"与"外省"两个部分。在京的中央政府机构包括六部、都察院等行政、监察与司法机构，还有管理外藩、少数民族事务的理藩院以及管理宗室事务的内务府等。地方政府除东北、西北、蒙古、西藏外，共设有 18 行省，分设督抚（封疆大吏）、藩臬（通省大员），其下则设有道府（方面大员）、州县（亲民之官）。

从清朝皇帝的角度来看，理想的政治构造就是以皇帝为中心，

---

[92] 《上谕档》14-336:803。后来皇帝在上谕中认为庆桂"折枷发落，尚觉过轻"，因此，除枷号、鞭责外，将德升何发往密云驻防当差。参照：《上谕档》14-339:811。

中央"特设内阁，综理枢机，六卿分职，各率其属"，[93] 而地方则以"人君总其成于上，而分其任于督抚，督抚总其成于上，而分其任于州县。州县者，民之司命，而又与民最亲者也"。[94] 其中督抚集地方行政、司法、监察等权于一身，是整饬地方的核心。康熙皇帝就认为："大臣廉，则督抚有所畏惮，不敢枉法以行私；督抚清正，则属下官吏操守自洁虽有一二不肖有司，亦必改心易虑，不敢大为民害。"[95] 在皇帝看来，"各省设立督抚、司、道、府、州县等官，于民间词讼，果能持平听断，据情申理，何至蓦越来京渎控"。[96] 因此，如果有人京控的话，实际上也就意味着地方的行政与司法环节出现问题，从而导致京控。

1. 停止御史巡按成为京控之滥觞

"京控"是上诉体系的一个组成部分。由于传统中国的行政长官同时也是司法长官，所以上诉不仅是对官员的审判不满，同时也意味着其行政能力受到质疑。嘉庆皇帝将京控作为"广开言路"的措施之一，以使下情上传，实际上也说明皇帝有通过京控来监察地方官吏的目的。嘉庆六年（1801）山东巡抚和宁、嘉庆七年江西巡抚张诚基均由于京控案而被处分，[97] 这都是通过京控来监督地方大员的实例。清代同治、光绪年间发生的"杨乃武冤案"最后通过京控得以平反，其中一个原因就是太平天国之后，清朝中央政府有通过京控加强控制地方督抚的目的。[98]

---

[93]《上谕档》9-211:579。

[94]《清实录·高宗实录》卷二百一十七，乾隆九年五月庚子，第 11 册，第 792—793 页。

[95]《清实录·圣祖实录》卷八十三，康熙十八年七月壬戌，第 4 册，第 1053 页。当日正是康熙十八年（1679）七月二十八日京师地震后两天，康熙皇帝召集大臣，宣读上谕，列出六条积弊，认为只要部院大臣与督抚清正廉洁，自当尽除积弊。

[96]《上谕档》12-70:144。

[97] 关于张诚基"冒功邀恩"一案，参照:《上谕档》7-349:887、7-412:1036、8-12:35。

[98] 赵晓华《晚清讼狱制度的考察》，第 218 页。

清朝初年，在确立督抚制的同时，也延续了明代的巡按制度。明代的巡按"代天子巡狩"地方，职责包括"审录罪囚""吊刷文卷""稽查庶政"等等，并有权举荐、惩治地方官员，[99]职责重大。在明代，府州县不能解决的案件，常常上诉至巡按。而且巡按年年变更，还有巡仓、巡漕、巡江等专差御史，也受理民间词讼。巡按御史实际上成为定期的钦差大臣，代表中央到各地考核官员、清理词讼。清朝顺治八年（1651）正月，顺治皇帝开始亲政后，也十分重视巡按的作用。[100]当年三月十日，都察院条议巡方事宜，明确了按臣之差额、出差之限期以及对于按臣的考核方法。[101]三月十六日，顺治皇帝发布谕旨："倘总督、巡抚、总兵等官，有不公不法、蒙蔽专擅、纵兵害民、纵贼害良等事，许巡方御史，即行纠举。"皇帝认为"御史为朕耳目之司，所以察民疾苦及有司之贤不肖也"。[102]不过，督抚与巡按职能有冲突，而且满汉官僚之间对于停止御史巡按一直存在争议。顺治十年，郑亲王济尔哈朗上疏，认为巡按受属员献媚，参劾不力，所以要求停止御史巡按，顺治皇帝同意了郑亲王的建议，停止御史巡按。[103]顺治十二年二月，又有宗人府府丞原毓宗条奏，请求恢复御史巡方。经过大臣会议，决定恢复御史巡方。[104]此后御史巡按，旋停旋复。到了顺治十八年五月，也就是顺治皇帝去世后不久，经兵部尚书管左都

[99]　《明史》卷七十三《职官二·都察院》，第6册，第1768—1769页。

[100]　关于清初顺治皇帝重视巡按的情况，参照：山本英史《清朝の江南统治と地方势力〔清朝的江南统治与地方势力〕》，岩井茂树编《中国近代社会的秩序形成》（京都大学人文科学研究所，2004年），第237—280页。

[101]　《清实录·世祖实录》卷五十五，顺治八年三月丁亥，第3册，第437页。

[102]　《清实录·世祖实录》卷五十五，顺治八年三月癸巳，第3册，第439页。

[103]　《清实录·世祖实录》卷七十五，顺治十年五月甲戌，第3册，第590页。

[104]　《清实录·世祖实录》卷八十九，顺治十二年二月庚申，第3册，第701页。

御史事阿思哈条奏，清朝政府正式停止御史巡按。[105]

　　停止御史巡按后，都察院的御史不能如巡按一样亲历地方，无法了解地方情况。三藩之乱平定后，康熙皇帝曾经允许科道官员可以风闻奏事，[106] 但对于他们一直深怀戒心。康熙五十二年（1713）九月，皇帝训谕说："言路不可不开，亦不可太杂。明朝国事，全为言官所坏。"[107] 正是由于皇帝对于言官存在着这种成见，如果他们风闻奏事，有时会受到严厉的处罚。例如，雍正四年（1726），浙江道御史谢济世风闻言事，参奏"巡抚中之第一"的河南巡抚田文镜，结果获罪被遣戍阿尔泰。[108] 此后科道官往往采取消极言事的办法保全自己，或者"缄默不言"，或者"毛举细故"，沦为"建白"之官。[109]

　　不仅御史的权力受到约束，雍正元年又"诏以六科隶都察院，听都御史考核"，[110]"台（都查院）省（六科）合而为一"。[111] 至此，在明代政治中"纵横已极"[112]的台省官员权威已经丧失殆尽。嘉庆七年，给事中陈昌齐上奏，认为"各省督抚并无稽查之人，行止难免专擅，请加学政以稽查之衔。遇督抚有迟压蒙混等弊，随时

---

[105] 《清实录·圣祖实录》卷二，顺治十八年五月壬子，第4册，第64页。

[106] 《康熙起居注》，康熙二十六年十一月二十日乙未，第2册，第1682—1683页。

[107] 《清实录·圣祖实录》卷二百五十六，康熙五十二年九月甲戌，第6册，第533页。

[108] 参照：《清实录·世宗实录》卷五十一，雍正四年十二月甲子、乙丑，第763—766页.

[109] 嘉庆九年（1804）六月，皇帝上谕说："近年各科道等多有摭拾浮词，毛举细故，封章入告，徒博建白之名，而敷陈毫无实际。且每遇查办事件，率于事后纷纷条奏。"（《上谕档》9-219:599）。嘉庆十四年正月，皇帝也提到御史"惟知毛举细事，或更改成例，以博建白之名"（《上谕档》14-24:67）。

[110] 纪昀等撰《历代职官表》卷十八《都察院上》（上海古籍出版社，1989年），第337页。

[111] 《清史稿校注》卷一百二十二《职官二·都察院》，第4册，第3288页。

[112] 明万历四十一年（1613），户部郎中李朴上疏云："台省纵横已极，各衙门皆为所把持，大僚束手。"叶向高《蘧编》卷七，《北京图书馆藏珍本年谱丛刊》第53册（北京图书馆出版社，1999年），第715页。

举奏"。嘉庆皇帝对此严加斥责，认为以学政"稽查督抚，亦非朝廷体制。前明设立巡按，最为有名无实"。如果给学政加衔，"岂非于督抚之外又添一巡按乎"。[113] 可见清朝的皇帝一直对明代的言官深怀戒心。

清初为了加强督抚事权，停止了御史巡按。但作为封疆大吏的督抚与作为钦差大臣的巡按御史身份不同，"有按臣可行、而抚臣不便行者"。虽然皇帝不断强调京控案件特交督抚审讯，"即与钦差无异"[114]，但这只是皇帝的一厢情愿。停止御史巡按后，不仅削弱了中央对于地方的监察能力，同时也将本来可以由巡按在地方解决的一部分诉讼案件推到中央，加重了中央政府的负担。清代中期积案繁多、督抚徇庇属员等现象产生与停止御史巡按有着密切的关系，而这些问题恰恰是京控繁多的主要原因之一。

2. 裁撤推官削弱了地方政府的审判能力

府是明清时代的中层政府机构，起着承上启下的作用。明人吕坤说："府，非州非县，而州县之政，无一不与相干。府官非知州、知县，而知州、知县之事，无一不与相同。"[115] 与知县掌一县之事不同，明代的府官存在着分权的倾向。知府为长，同知为贰，通判、推官为佐。特别是府推官，"职专理狱，通署刑名文字。不预余事。凡有解到罪囚，必先推详实情，然后圆审。各衙门不许差占"。[116] "推官，郡之下佐。所理者，一郡之刑耳。"[117] 明代的府

---

[113]　《上谕档》7-245:642。

[114]　这类话语在嘉庆皇帝交给督抚审理京控案件的谕旨中，频频出现。如《上谕档》17-212:621、17-292:843、17-483:1408 等等。

[115]　吕坤《新吾吕先生实政录》（明末影钞本）卷一《知府之职》。《官箴书集成》第 1 册（合肥，黄山书社，1997 年），第 425 页。

[116]　《大明令·刑令》，张卤辑《皇明制书》（东京，古典研究会，1966—1967 年），第 25 页。

[117]　程敏政《篁墩文集》（正德刊本）卷二十七《赠推府李君之任徽州序》。

推官是地方政府中的专职司法官员，在明代地方裁判体系中，推官的地位十分重要，州县不能解决的案件，特别是户婚田土细事，上诉到府衙，常常由推官审理。不仅州县上诉案件，而且上诉到巡按的案件，也常常会转给邻府推官审理。同时，与知府相比，推官任职时间稍长，对于地方情形更为了解。

　　清朝初年延续了明代的地方行政管理体系。但到康熙六年（1667），清朝政府进行地方行政改革，重新划定行省，并裁撤地方守巡及府推官：

　　　　吏部题，议政王、贝勒、大臣九卿科道等会议裁官一疏，应将河南等十一省，俱留布政使各一员，停其左右布政使之名。至江南、陕西、湖广三省，俱有布政使各二员，驻扎各处分理，亦应停其左、右布政使之名，照驻扎地方称布政使。其各省守巡道一百八员，推官一百四十二员，俱照议一并裁去。[118]

　　除江南、陕西、湖广分省外，各省守巡道及府推官一并裁去。分省或有管理便宜的原因，但将府专职的司法官员——推官裁撤，对于地方行政带来不便。康熙七年三月，福建总督祖泽溥疏言：

　　　　向例各府推官，赴省承问钦件。今推官奉裁，事归知府。但知府有地方专责，不便轻离。而同知、通判，事务稍简，以之按季轮班、赴省承问，是亦详慎刑名之意也。下部议行。[119]

---

[118]《清实录·圣祖实录》卷二十三，康熙六年七月甲寅，第4册，第315页。
[119]《清实录·圣祖实录》卷二十五，康熙七年三月己亥，第4册，第351页。

按照惯例，推官常常赴省审理中央交办的案件。现在推官奉命裁撤，事权归于知府。但知府是地方长官，不能随便离开。所以只好将由同知、通判轮班赴省。实际上，同知、通判不仅也有专责，而且"理狱"也非其所长。所以，裁撤推官，不仅削弱了府的司法审判能力，同时也影响到省的司法审判。

3. 督抚无力肃清积案

清初停止御史巡按与裁撤推官之后，省级、府级政府的审判能力大受影响。其最直接的结果就是各省积案问题，而积案被认为是产生京控并导致京控扩大化的重要原因。积案包括督抚、藩臬、府州县以及其他专职衙门的积案，以及京控奏交和咨交的积案。

从嘉庆四年（1799）开始，皇帝就不断发文要求封疆大吏饬令州县审案按限完结，[120] 努力减少各地积案，但效果有限。嘉庆十二年二月，江西巡抚金光悌奏报江西积案情况：

> 巡抚衙门未结词讼即有六百九十五起，藩司衙门未结者二百六十八起，臬司衙门未结者有五百八十二起，盐粮各巡道未结者有六十五起。[121]

仅仅省城附近衙门未结案件就达 1600 余起，如果加上府州县的未结词讼，皇帝慨叹说"殆不下万余起"。在总结积案的原因与后果时，皇帝说：

> 乃外省习气，督抚等养尊处优，不思勤以率属。其初到任

[120]《上谕档》4-241:698。
[121]《上谕档》12-86:170。

时，亦往往以清理积案为言，迨在任既久，仍复狃于积习，相率效尤。所谓纸上谈兵，何益于事。以致属员等固知儆惕，任意废弛，于地方事件毫不介意，案件积压，狱讼滋繁，小民等冤屈莫伸，讦告愈炽，是以赴京控案。[122]

积案的原因在于督抚不"勤以率属"，而积案的后果之一就是小民赴京控告。

为了减少不断增加的京控案件，嘉庆皇帝以金光悌上奏为契机，谕令各省督抚清查积案。特别是新任督抚到任伊始，首先要详细查明该省积案，一面设法审办，一面据实上奏。[123] 此后，各省督抚开始上报清查积案情况。嘉庆十二年（1807）五月，直隶总督温承惠奏报总督衙门"自理词讼未结者五十七起"，藩司、臬司两衙门自理词讼"未结者均积至二百数十起"。同年六月，福建巡抚张师诚奏报福建巡抚衙门未结词讼有"二千九百七十七案之多"。[124] 正是因为各地积案情况非常严重，所以嘉庆十二年七月，江苏巡抚汪日章奏报本省藩臬两衙门未结之案均不过数十件及数件，皇帝反而怀疑江苏省官员"希图少报，得免处分"，因此在上谕中警告说："将来别经查出，其获咎更重矣。"[125]

不过，清理积案，事必涉及前任督抚藩臬，常常会引起官场上的连锁反应。例如，金光悌清查江西积案，前任江西巡抚秦承恩因此受到"革职留任"的处分，[126] 而这时秦承恩为刑部尚书。嘉庆十二年六月张师诚清查福建积案，嘉庆元年以后历任巡抚，除

[122]《上谕档》12-86:170。
[123]《上谕档》12-86:170。
[124]《上谕档》12-321:670。
[125]《上谕档》12-357:763。
[126]《上谕档》12-111:222。

姚棻、田凤仪已经身故，费淳在任时间较短，未受处分外，汪志
伊（时任湖广总督）、李殿图、温承惠（时任直隶总督）三人均受
处分。[127]直隶总督温承惠清查直隶积案，原任直隶臬司，新任山
东藩司、护山东巡抚杨志信被革职留任，[128]但温承惠自己也因曾在
福建巡抚任内七个多月、积案竟达三百余件，而被交部议处。皇
帝讽刺温承惠说："所谓责人则严，自待则宽，看来竟系通病。"[129]
嘉庆十三年闰五月，新任河南巡抚清安泰上奏河南清查积案情况，
现任藩司齐布森因为任内积案达117起，以"阘茸"被降调入
京。[130]不过，十三年六月，新任浙江巡抚阮元奏明浙江未结词讼
情况，前任浙江巡抚清安泰任内"批发未结词讼三百二十二案"，
因此，清安泰等官员被交部议处。[131]

　　清理积案，会牵涉众多部院大臣、封疆大吏、通省大员。皇
帝也认识到如果全部按照规定严加惩处的话，将会造成大员"简
换乏人"。所以只好"姑念此系外省相沿积习"，于是加恩，或降
级留任，或革职留任。[132]嘉庆十二年（1807）开始的清查积案运
动，只有河南藩司齐布森等少数官员被真正革职或降职。

　　终嘉庆一朝，积案问题一直无法根治。虽然少数督抚藩臬，
力行清理，产生了很好的效果，但这种依靠督抚藩臬个人的努力
无法持久，一旦久任或迁任，情势就会发生改变。嘉庆十二年五
月，吉纶出任京控大省——山东省的巡抚，到嘉庆十三年正月，

---

[127]《上谕档》12-475:1060、12-494:1111。
[128]《上谕档》12-263:569。
[129]《上谕档》12-321:670。
[130]《上谕档》13-279:648、13-280:649。
[131]《上谕档》13-333:782。
[132]《上谕档》12-263:69。

其"提审并饬属审结积案七百余件"，使该省"控案寥寥"。[133] 不过，这种情况并没有维持多久，到了嘉庆十五年九月，"都察院、步军统领衙门近日所奏来京控告案件，亦系东省十居八九"，以至皇帝称山东巡抚"令京中代办东省案件，日不暇给"。[134]

嘉庆二十年（1815），和舜武出任山东布政使，他与山东按察使程国仁共同清理积案。到嘉庆二十一年正月，山东前后积压之117件咨交京控案全部审结，使山东省京控繁多情况为之一变。[135] 不过，嘉庆二十一年九月，程国仁改任甘肃布政使，二十二年七月，和舜武升任山西巡抚。他们离任后不久，山东积案、京控的情况又急转直下。嘉庆二十三年四月，山东按察使温承惠上报说"未结之案有四千余件"。嘉庆皇帝只好将刚刚出任河南巡抚两个月的和舜武改任山东巡抚，希望能够再次通过和舜武的个人努力来改变山东省的情况。

和舜武到任后，立即提出"勒限清厘积案并京控案件、酌议分提审办"一折。其办法就是按照案件的性质，分别交相关部门亲自审理，勒限结案。如钱粮专交藩司亲审，命案专交臬司亲审，"兼涉钱粮人命者，巡抚亲提审讯"。同时规定州县"抗延不解"犯人、证人，则"立即指名严参"。[136] 和舜武的办法短期内效果十分明显，不到两个月，山东便呈现"控案寂然"之象。[137] 到嘉庆二十三年十二月，"山东巡抚衙门积案一千三百七十四起。自和舜武到任后。先后审结一千一百二十起。臬司衙门积案六千八十余

---

[133]　《上谕档》13-32:77。
[134]　《上谕档》15-457:120。
[135]　《上谕档》20-694:1786。
[136]　《上谕档》23-250:653。
[137]　《上谕档》23-289:749。关于和舜武在山东清厘积案的情况，参照：崔岷《山东京控"繁兴"与嘉庆帝的应对策略》。

起。温承惠到任后审结五千四百余起"。[138]

和舜武清理山东积案成果，使嘉庆皇帝更加确信"息讼之道。全在地方大小官吏、勤于听断。果能案无留牍，曲直较然，则政平讼理上控之风，将不禁而自息"[139]。不过，嘉庆皇帝这种乐观的情绪没有持续很久。嘉庆二十四年（1819）四月，和舜武病故于山东巡抚任上，山东的积案与京控再次恶化。嘉庆二十四年九月，新任山东按察使童槐参奏前任温承惠"于历任交代积案、并伊本任内交审及招解提审批发各案，积有一千余起之多。以无辜牵连羁押者，共有一千三百余人"。[140]和舜武的事例实际上也说明了仅仅依靠某些督抚藩臬个人的努力，无法根本改变积案情况。嘉庆皇帝似乎也意识到这一点，在嘉庆后半期的谕旨中，他多次使用"唇焦舌敝"一语，说明自己已经多次告诫群臣，不要因循怠玩，然而"诸臣总未能领会，仍各怠玩居心，悠忽度日，诚不可解矣"。[141]实际上，依靠督抚难以解决积案问题。

4.山东专局的成立

清理积案的目的不仅仅是列出积案的数量，而是解决积案。但事实证明，解决积案"言之甚易，行之甚难"。[142]在明代，巡按御史承担着清理词讼的职责。清初停止御史巡按以后，事务尽属督抚。然而，督抚及藩、臬、首府等官员亦有专责，如果奏咨案件的数量过多的话，常常就会造成积案。为了解决积案问题，一些地方大员也开始尝试设立新的机构来清理积案。嘉庆十二年二月，江西巡抚金光悌关于清查江西积案的上奏中，提出在"省

---

[138] 《上谕档》13-616:1688。
[139] 《上谕档》23-289:749。
[140] 《上谕档》24-504:1481。
[141] 《上谕档》19-703:1818。
[142] 《上谕档》12-254:547。

城设立总局，督同藩、臬两司遴派明干委员赶紧清查，分别核办，勒限完结，无再逾缓"，皇帝当时在上谕中同意了金光悌的建议。[143]

金光悌是刑部出身的官员，深得嘉庆皇帝的信任，嘉庆皇帝评价他"练习法律，办事认真"。[144]他在由刑部左侍郎出任江西巡抚之初，嘉庆皇帝曾经在交办京控案件的同时，语重心长地告诫金光悌说："该抚前任京职时，曾屡次出差，均能秉公审断，此时外放巡抚，断不沾染外省习气，稍有瞻徇，或仅派属员审讯。"[145]作为刑部出身的官员，金光悌深知清理积案的艰难，提出了设立专门机构以清理积案。不过，金光悌上奏一个月后，御史邹家燮上奏"各省清厘积案请归各衙门亲查核办、毋庸设立总局名目"一折，认为"外省民间控案，全在督抚大吏饬令地方官随时速为审理"，如果将州县积案，提至总局审办，"道途远近不一，纷纷递解，致滋繁扰。而每一案中原被中证，牵涉多人，即听审人等盘费食用、守候经时。亦已重受其困"。对此奏议，皇帝表示赞同，认为清理各省积案，"惟在该督抚等力行何如耳"，而"不必另设总局名目，致滋弊端"。[146]从而否定了金光悌的提议。皇帝仍然希望在现有的政治体制内，将清理积案的任务寄托在督抚藩臬等地方大员身上。

嘉庆十七年（1812），山东巡抚同兴上奏说，由于讼狱纷繁，并且多为京控案件，而委审之员仅有首府（济南府知府）、首厅（济南府同知）二人，难以清理，所以决定将"长于听断"的兖州

---

[143] 《上谕档》12-86:170。

[144] 《上谕档》17-473:1373。

[145] 《上谕档》12-71:145。

[146] 《清实录·仁宗实录》卷一百七十六，嘉庆十二年三月戊午，第30册，第312页。

府知府、武定府知府饬调来省四个月，审理案件。嘉庆皇帝对这种做法提出批评，他指出：

> 东省未结各案，皆系该抚及臬司应行亲提督审之事。即案件繁多，亦只可委省会府厅州县帮同审办，何得将现任实缺知府，辄行调省办理。该府各有本任及所属州县，其应办之事不少。一经调省，则伊等本任事件，又将委之何人？势必耽延积压，日渐废弛。是省垣之旧案未清，而外府之新案已积……迩来各直省均有积案，若皆如同兴所奏，将实缺知府调省审办，致旷本职，成何政体。[147]

前文已经说过，清初各省常常抽调各府推官到省城审理中央交办的案件。不过，由于康熙六年（1667）裁撤推官，其事权归属知府。而知府有地方专责，巡抚将地方实缺知府调到省城审案，所以皇帝认为这种做法不成政体。皇帝虽然否定同兴的做法，但考虑到同兴所奏亦是实情，提出了如下的建议：

> 东省候补各员中，谅不乏才具明晰者，同兴尽可于未经得缺人员内遴员委审，再同臬司亲身督办，何患积案不逐渐清厘耶。[148]

皇帝提出可以由候补官员审理京控案件，这实际上是京控审理的一大转变。到了嘉庆二十五年（1820），经山东巡抚钱臻奏请，山东设立专门审理京控案的"专局"：

---

[147]　《上谕档》17-236:667。
[148]　《上谕档》17-236、237:667。

> 嘉庆二十五年六月二十七日，内阁奉上谕，钱臻奏，请暂
> 设局员审理控案一折。东省控案繁多，巡抚亲提审讯，亦不能
> 无帮同问供之员。著准其暂设专局，将京控各案，由该抚亲提
> 人证到省，督同局员秉公审讯。即臬司童槐总司局务，所派局
> 员祇准于候补道府、丞倅州县中遴委，不得调用现任人员，致
> 荒本务。钦此。[149]

钱臻提议设立专门审理京控案件的"专局"，局务由臬司总司，局员则于候补道府、承倅州县中选用，他们在巡抚的监督下审讯京控案件。

专局的成立，固然可以使督抚从繁忙的京控案审理中解放出来。但问题在于，由候补官员组成了一个不在国家正式"经制"之内、没有固定俸禄的机构来处理京控案件，这本身就是督抚推卸责任、不重视京控案件的体现。[150]清朝地方行政与司法的核心是督抚藩臬，京控的产生是督抚与各级官吏造成的。如果督抚都无法解决的事情，成立一个专局更是无法从根本上解决问题。从嘉庆四年（1799）开放京控，到嘉庆二十五年山东专局的成立，表明嘉庆皇帝依靠督抚体制解决京控案的政策陷入了困局。

### （二）民众的好讼意识

"好讼"是从官员的角度来说的，是官员们对于民众诉讼情况的一种认识，因此"好讼"也是一个相对的概念。宋代以来，"好

---

[149]《上谕档》25-274:772。

[150] 道光朝以后，各省纷纷依照山东专局形式设立专门审理京控案件的机构（亦称发审局或谳局），逐渐成为各省常设的审理京控案件的机构。参照：李贵连、胡震《清代发审局研究》；李典蓉《清朝京控制度研究》，第102—133页。

讼之风"就不断见诸记载。[151]入清以后，这种局部地区的健讼之风扩展开来，成为全国性的风气。[152]关于清代嘉庆年间民众好讼，特别是频繁京控的原因，可以归结为以下三个原因。

### 1. 吏治腐败

嘉庆十二年（1807）六月，福建巡抚张师诚奏报"闽省巡抚衙门未结词讼，至有二千九百七十七案之多"。皇帝在给张师诚的谕旨中写道：

> 至（张师诚）所称闽省民风刁诈，往往有一命盗之案，任意诬扳。且有寻常事件，架词耸听。而讼棍等从中播弄，又复利其不结。所谓图准不图审者，实有此弊……又所称民风虽属好讼、如果地方官听断公平、则逞刁挟诈之徒、亦不难令其心服等语。尤属正本清源之论，甚得要领。果能实心实力，照此办理，亦何虑积案不清，锢习不改。[153]

无论是张师诚，还是嘉庆皇帝，都认为"民风刁诈"是好讼的

---

[151] 关于宋元时代的健讼之风，参照：宫崎市定《宋元时代的法制と裁判機構—〈元典章〉成立の時代的·社会的背景［宋元时代的法制与裁判机构——《元典章》成立的时代、社会的背景］》，《东方学报》第24册（京都大学人文科学研究所，1954年），第115—225页；赤城隆治《南宋时期的诉讼——"健讼"与地方官》，《史潮》16号，1985年，第4—25页；刘馨珺《明镜高悬——南宋县衙的狱讼》（台北，五南图书出版股份有限公司，2005年）。关于明清时代的好讼之风，参照：夫马进《明清时代の讼師と诉讼制度［明清时代的讼师与诉讼制度］》，梅原郁编《中国近世の法制と社会［中国近世的法制与社会］》（京都大学人文科学研究所，1993年）。中译文见王亚新等编译《明清时期的民事审判与民间契约》（北京，法律出版社，1998年），第389—430页。

[152] 山本英史《健訟の認識と実態—清初の江西吉安府の場合［健讼的认识和实态——以清初江西吉安府为例］》，大岛立子编《宋-清代の法と地域社会［宋至清的法与地域社会］》（东洋文库，2006年），第170—212页。中译文见中国政法大学法律史学研究院编《日本学者中国法论著选译》（中国政法大学出版社，2012年）下册，第576—601页。

[153]《上谕档》12-321：670。

原因。不过，他们也认为如果正本清源的话，地方官听断是否公平才是关键。嘉庆十二年（1807），都察院上奏河南罗山县范锡爵所控命案，该案曾经控司（臬司）三次，控院（巡抚）三次，而司、院"俱不过一批完结"，而对于批交之府州及委员等办案情况，"经年累月不复严催"。结果就是"小民等节次上控，总不为申理，又安得不来京赴诉耶"。所以皇帝指出："近来各省告案纷繁，人但知告讦之风，起于民之刁健，而不知正由官司阘茸有以启之也。"[154] 吏治腐败、审断不公、官吏疲玩的结果就是小民好讼。

### 2. 生监涉讼

生员、监生等常常依恃其特权，直接参与诉讼。生监涉讼有时是为了维护自己群体的利益，或者地方的利益。例如，嘉庆六年年底，山东金乡县发生的皂隶子孙冒考，导致四百余童生罢考的事件，而武生李长清的京控成为扭转此案的关键。[155] 嘉庆十三年，直隶河间县发生聚众殴差案，河间县生员夏文典、夏光中等人多次来都察院京控，试图颠倒是非，其目的是阻止知县"设立保约，以均差役"。[156] 嘉庆十七年二月，山东武生陈殿元、监生王思学、民人路昌宁分别到都察院京控，状告长清、济阳二县"浮收"勒折。[157] 在京控案件中，生员，特别是武生来京告状的情况非常普遍。

### 3. 幕后推手——讼师

讼师唆讼也被认为是嘉庆朝京控繁多的一个重要原因。嘉庆

---

[154]《上谕档》12-323:676。

[155] 关于此案，岸本美绪曾有翔实的讨论，参照：岸本美绪《冒捐冒考诉讼与清代地方社会》，邱澎生、陈熙远编《明清法律运作中的权力与文化》（台北联经出版公司，2009 年）。

[156]《上谕档》3-240:550、13-274:637、13-310:729。

[157]《上谕档》17-56:170。

皇帝曾多次谈及讼师与积案、京控的关系。

> 至外省控案滋多，总由讼师挑唆播弄。而地方官以所控多虚，并不速为清理，因循延搁，讼师愈得肆其伎俩，借此渔利肥己，以唆讼为营生之计，无所底止。[158]

> 近日东省讼棍盘踞各州县，其势与南省包漕之刁生劣监，同一伎俩。大意专为从中牟利。每遇民间有一讼案，必先就彼商谋。而该讼棍利欲熏心，不顾理之是非，事之大小，即为代作呈词。架轻为重，造无为有。所谓图准不图审，但取一时耸听，而案之究竟如何，且置为后图。[159]

山东省的讼棍与江苏省的包漕生监，他们以"唆讼"为生。这两省京控繁多，与这些群体的活跃有着密切的关系。

不过，虽然认为讼师是京控的推手。但一般的京控案中很少发生原告供出讼师的情况。相反在很多京控案，特别是叩阍案中，原告常常说"没有人代出主意，怂恿我进京呈诉"[160]等类似的话语。虽然原告很少提到讼师，但并不说明京控繁多与讼师无关。嘉庆十七年（1812），发生了长芦盐砠案，揪出了讼师魏三（即魏瑞麟）唆使天津船户京控一案，可以初步了解讼师与京控的关系。

魏三是直隶生员，在京津一带充当讼师，其与都察院副都御史诚安的家人、天津盐运分司的衙役以及户部、都察院的贴书等均有联络。他首先鼓动天津船户段善庆在巡漕御史处呈控盐商添重盐码，后来段善庆被刑部收押质讯。他又鼓动其弟段善和说，

[158]《上谕档》12-494:1111。
[159]《上谕档》25-214:594。
[160]《上谕档》8-36:89。

"如要救出汝兄，须得赴京再告"，又说用他的呈子"包管释回，还得便宜"[161] 等。嘉庆十七年（1812）十一月，段善庆来京控告，在刑部受审时供出了魏三，刑部又派人从魏三寄居的北京法兴寺中搜出抄录的有关天津盐码案的谕旨等书证，魏三等人幕后唆讼一事遂被揭露出来。最后魏三被革去生员身份，发往极边充军。与魏三有联系的生员、书吏、僧人等十余人均受到严厉处罚。[162]

除了原告供认外，词状中也可以看出讼师的影子。嘉庆二十年六月，御史孙升长奏称"来京上控各呈词，字迹语句，如出一手"。[163] 因为讼师们熟悉受理京控各衙门的规则，知道奏交、咨交的标准，润色状词的笔法也都有相似之处。

虽然官府试图打击讼师的行为，但事实上证明很难根除这一群体。"讼师的存在是深刻地扎根于明清时期政治制度之中"，"在地下世界畅通无阻"，由于社会的需求，他们"会源源不断地产生出来"。[164] 而且由于他们是讼师，打击他们存在着更大的风险。嘉庆八年，安徽臬司珠隆阿"查拿讼棍"，结果疑犯之一陈接三咬破手指，写下血书，由人送至两江总督衙门鸣冤。嘉庆皇帝认为"珠隆阿为人勇干，是其所长。惟地方事件，未能细心讲求，往往不知大体，以致物议纷滋，于外任殊不相宜"，于是将珠隆阿调到京城，以五品京堂补用。[165] 珠隆阿查拿讼棍，却因此去职。

---

[161]《上谕档》17-389:1116、17-396:1142。

[162]《上谕档》17-389:1116、17-396:1142

[163]《上谕档》20-280:783。

[164] 参照：夫马进《明清時代の訟師と訴訟制度［明清时代的讼师与诉讼制度］》，王亚新等编译《明清时期的民事审判与民间契约》，第 415 页。

[165]《上谕档》8-389:1025、8-424:1096。

### （三）嘉庆皇帝个人的原因

在清代皇帝中，清仁宗"尤留意刑狱，往往亲裁"。[166]嘉庆四年（1799）正月十五日，刚刚执掌大权几天的嘉庆皇帝召见刑部侍郎熊枚，"谕以刑名事务"，就如何"引律断狱"提出建议，要求刑部应该"按律科断、法归划一"。[167]足见其对于刑名事务的重视。嘉庆时期重用的一些官僚，如祖之望、金光悌、韩崶等皆刑部出身，熟悉刑名事务。

嘉庆四年京控改革以后，都察院等衙门奏交的案件发交督抚或钦差大臣时，皇帝常常会在谕旨中提出具体的办理意见。虽然皇帝要求都察院在上奏案情时采取客观的态度，但皇帝在给承审官员的谕旨中则常常加入皇帝个人的想法。例如，前述嘉庆十年建昌县孟于氏京控案，皇帝根据钦差大臣广兴的奏报，多次向广兴发出指示，分析其办案的缺失与自相矛盾之处。当此案最终查清后，皇帝在谕旨说"果不出朕所料"，并对如何拟罪提出了具体的意见。[168]这一案件实际上一直是皇帝在遥控审理。这也体现出嘉庆皇帝个人的性格。

在嘉庆去世的前一天，也就是嘉庆二十五年七月二十四日，平泉州租户王立明（原籍山东招远县）在皇帝来热河的路上叩阍，皇帝要求随行的军机大臣进行提讯。[169]七月二十五日，也就是嘉庆皇帝去世的当天，亦曾下旨要求江苏巡抚陈桂生审讯俞景韶京控案。[170]这是《上谕档》中当天所记载的除了遗诏以外唯一的一件政事。嘉庆皇帝对于京控案件的关注，可谓"死而后已"。

[166]《清史稿校注》卷三百五十九《列传》一百三十九《论曰》，第 12 册，第 9587 页。
[167]《上谕档》4-21:55。
[168]《上谕档》10-336:789。
[169]《上谕档》，嘉庆二十五年七月二十四日。
[170]《上谕档》，嘉庆二十五年七月二十五日。

　　不过，京控的发展却与嘉庆皇帝的想法大相径庭。本来在嘉庆皇帝看来，只要各级官吏，特别是督抚大员等勤于政事，京控与积案问题可以消除。但他对督抚大员的能力与想法估计不足，也对民众的好讼意识估计不足。京控的开放，实际上也成为导致京控扩大化的原因之一。

# 结　语

　　清朝的制度建设，其出发点与明代不同。明初朱元璋"惩元季吏治纵弛"，[171]加强对于对官吏的监督是其制度建设的出发点，包括地方三司分权、御史巡按、六科参奏等制度的确立无不体现出这一点。而在清朝的皇帝看来，"为治之道，首重得人"。[172]"国家设官分职，首重得人。"[173]"得人"是清代制度建设的重要出发点。皇帝的目的就是通过"公而忘私"[174]"视国事如家事"[175]的大臣来管理国家。清初为了加强督抚事权，不惜停止御史巡按，这是中国历史上监察制度的一次重大变革。这不仅削弱了中央对于地方官员的监察能力，也使得本来由巡按御史承担的清理词讼职能上移到中央，都察院等机关不得不直面民众的申冤诉求。

[171] 《明史》卷二百八十一《列传》、第一百六十九《循吏》，第 24 册，第 7185 页。

[172] 《清实录·世宗实录》卷六十四，雍正五年十二月丁亥，第 7 册，第 979 页。

[173] 《上谕档》13-59:133。嘉庆皇帝多次提到"得人"问题。例如，嘉庆十八年（1813）十一月，皇帝说："国家设官分职，期于得人。"（《上谕档》18-365:1091）嘉庆十九年三月，皇帝又说："为政在于得人。国家设官分职，内由卿尹以及曹司，外由督抚以及守令，咸得其人，则庶绩咸熙。"（《上谕档》19-267:722）

[174] 乾隆三年（1738）三月十五日，乾隆皇帝曾指出："国家宣猷敷政，首重得人。而以人事君，公而忘私者，乃人臣之大义。"《乾隆朝上谕档》（北京，档案出版社，1991年），第 1 册，第 258 页，第 812 条。

[175] 《上谕档》19-871:2232。

面对潮水般涌来的京控案件，皇帝或派钦差，或交督抚审理。由于钦差审案的时间与次数都十分有限，所以绝大多数京控案的承审者都是督抚等地方大员（再层层递委属员）。皇帝一直对地方大员抱有厚望，希望他们通过振作来肃清积案、减少京控。在皇帝看来，"直省督抚、果能各率所属，虚衷以平案牍，冤抑者立时昭雪。诡张为幻者，按律惩治。并严挐讼师，毋使播惑乡愚。断无舍近求远、来京妄诉之理"。[176] 不过，正是督抚整饬地方不力，才导致京控的扩大，与地方利益攸关的督抚根本没有解决京控案件的积极性。随着京控案件的增加，地方积案现象开始日益严重，这反过来又导致了京控的扩大，从而陷入了恶性循环。

根据《嘉庆朝上谕档》中记录的京控案可以看出，嘉庆中期以后的奏交案件，皇帝也多是一批了事，许多奏交案件，皇帝指示："此案着交某某（总督或巡抚）亲提人证、卷宗，秉公严审，定拟具奏。原告某某该部照例解往备质"，[177] 很少再就案件提出具体的审办意见。皇帝本人已经如此，更无法期待地方督抚有所作为。到了嘉庆二十五年（1820），嘉庆皇帝最终同意了山东巡抚的奏请，成立由候补官员组成的审理京控案件的专局，山东专局的成立，正式宣告嘉庆皇帝依靠督抚体制解决京控的失败。

嘉庆二十五年七月四日，也就是嘉庆皇帝去世前21天，贾允升上奏"各省京控案件请降旨不准发还"一折，嘉庆就此在上谕中解释自己在嘉庆四年颁布的"不准驳斥"的法令"系指案情重大者而言"，并非京控案件"悉皆奏、咨办理"。并认为所有案

---

[176] 《上谕档》13-32:77。
[177] 例如，嘉庆十七年（1812）二月有山东人樊京、王致行分别来京控告，皇帝下旨："此二案著交山东巡抚同兴亲提人证卷宗，秉公严审，定拟具奏。原告樊京、王致行该部照例解往备质。"（《上谕档》17-45:132）

件"必当一概准理。岂不益长刁风。倍增讼狱。拖累株连。流弊更大"。[178] 也许晚年的嘉庆皇帝认识到当年颁布的法令也有很多流弊，因此重新进行了解释。[179]

终嘉庆一朝，在皇帝与一些督抚的努力下，还是平反了一些京控案件。皇帝对于肯于办案的官员大加褒扬，加以重用。一些失察的官员受到处分。不过，一些京控案平反所产生的示范效用，却又在不断刺激着民众开始京控，人们都将申冤的最后希望寄托到京控之中。

---

[178] 《上谕档》25-282:796。

[179] 嘉庆二十五年（1820）以后，京控案件，除奏、咨以外，京控案件"经都察院驳斥、不准，将呈词发还者颇多"，即系遵此谕旨而办理。参照：薛允升著述，黄静嘉编校《读例存疑重刊本》卷八《吏律之二·公式·事应奏而不奏·条例》，第2册，第213页。

# 第九章　传统中国行政诉讼的一个场景：民告官
## ——以旌表烈妇和举人身份问题为分析对象[*]

伍　跃[**]

## 序　言

　　本章将在分析案例的基础上，探讨曾经发生于传统中国晚期的与行政事务有关的诉讼问题。

　　在现代社会之中，当个人、法人或者其他组织认为行政当局做出的行政行为侵犯了自身的合法权益时，可以依据法律规定提起行政诉讼。司法当局在行政诉讼的受案、审理和执行等过程中也必须遵守相关法律的规定。[1] 这就是说，为保护自身的合法权益而向司法当局起诉国家或某一政府机构等行政当局，是法律赋予公民的，并且给予保护的合法权利。那么，此类诉讼在传统中国是否存在呢？或者说是以何种形式存在的呢？

　　到目前为止，中国法制史研究十分关注民事诉讼与刑事诉讼，

[*]　原题为《近世中国における行政訴訟の一齣—「民告官」—烈婦の顕彰と挙人身分の保全を例に》。

[**]　执笔时为大阪经济法科大学教养部教授，现为国际学部教授。

[1]　例如，日本的《行政事件訴訟法》（昭和 37 年［1962］5 月 16 日法律第 139 号，最近一次的修订是在平成 27 年［2015］），中国的《中华人民共和国行政诉讼法》（1989 年 4 月 4 日第 7 届全国人民代表大会第 2 次会议通过，同日由中华人民共和国主席令第 16 号公布，1990 年 10 月 1 日起实施，最近一次的修订是在 2015 年）。

取得了很多值得注目的成果。相比之下，学界对与行政问题相关的、以行政官员一方为被告的诉讼却涉足不多。例如，瞿同祖在他关于中国法律与社会的研究中，主要研究了与家族和婚姻等有关的法律规定，在关于清代中国地方行政问题的研究中，仅仅将知县审理的诉讼区分为民事与刑事，没有涉及与行政问题有关的诉讼。[2] 张晋藩在关于中国法制史的一系列研究中，以相当的篇幅详细论述了行政法规的编制，但是没有言及涉及行政问题的诉讼。[3] 另有研究者认为，由于"封建专制的政治体制使皇帝、官吏及政府凌驾于百民之上，平民百姓是谈不上与官府以平等身份相待的问题，法律中只规定其义务，而不规定其权利，更没有规定在其基本权益受到侵害时百姓有控告官府违法的权利"，故得出了如下结论，即"在中国传统社会的政治结构中是不可能产生现代意义的行政诉讼的"。[4]

在中国传统社会中，当然不曾存在过"现代意义的行政诉讼"。相信学界在这一点上是有共识的。但是，我们透过史料可以发现，在昔日中国的司法和行政实践中，"平民百姓"虽然在法律地位上没有也不可能受到"官府以平等身份相待"，但是他们的"权利"却是并非完全被置之不理，也确确实实地存在过很多由"平民百姓"提起的涉及行政问题的诉讼。例如，围绕着赋税徭役的负担方法、漕粮运送费用的征收以及官府的横暴行为发生过很

---

[2] 瞿同祖《中国法律与中国社会》（北京，中华书局，2003 年），导论，第 1 页。瞿同祖《清代地方行政（修订译本）》（北京，法律出版社，2011 年），第 183—192 页。

[3] 例如，张晋藩担任总主编的《中国法制通史》（北京，法律出版社，1999 年）中的相关部分。如第 7 卷，明，第 2 章"行政法律"，第 42—72 页；第 8 卷，清，第 8 章"顺治、康熙时期的行政法"，第 83—126 页；第 15 章"雍正，乾隆时期的行政法"，第 345—386 页；第 22 章"嘉庆，道光时期的行政法"，第 685—703 页。

[4] 李曙光《晚清职官法研究》（北京，中国政法大学出版社，2000 年），第 134 页。

多诉讼，它们就难以归入"命盗"或"户婚田土"一类的刑事诉讼或民事诉讼。这些诉讼通常被归入"民告官"一类的官司，属于庶民控告官府和官僚的诉讼。但是，关于这一类诉讼的实际状况，尚未得到足够的重视。

传统中国，特别是清代晚期的国家统治形态的特征是，以"全知全能"的知州知县为基础的"一人政府"负责管理包括审案在内的国家行政事务和庶民的日常生活。[5]《清史稿》对知县的职责是这样概括的："知县掌一县治理，决讼断辟，劝农赈贫，讨滑除奸，兴养立教。凡贡士、读法、养老、祀神，靡所不综。"[6] 在这种情况下，存在着刑事或民事之外的诉讼并非是什么不可思议之事。实际上，在中国传统社会中，庶民们在户婚、田土、人命、贼盗等民事和刑事的案件之外，对于一些关系到国家行政的问题也常常使用诉讼的手段，借以维护本地或自身的利益。

我们在历史资料中可以发现，有些时候庶民兴讼的目的之一是催促官府履行其应该履行的法律义务。兹举一例。同治四年（1865）三月，杨恩寿之六兄杨彤寿自广西桂林府阳朔县（作者注：今属广西壮族自治区桂林市阳朔县）调署同省玉林州北流县（作者注：辖区大致相当于今广西壮族自治区玉林市属下的北流市）知县，杨恩寿以刑名幕友身份随同办理刑名。[7] 同治五年五月，他在日记中有如下记载：

　　　初七日晴，午后大雨。……

[5]　瞿同祖《清代地方政府》（修订译本），第 25 页。

[6]　《清史稿》第 12 册（北京，中华书局，1976 年），卷一百十六，职官志三，第 3357 页。

[7]　杨恩寿《坦园日记·北流日记》（上海，上海古籍出版社，1983 年），第 106、168—169 页。《大清缙绅全书》（清同治五年夏季京师荣禄堂刊本），第 4 册，第 40b 页。

初十日晴，午后大雨。……

十四日 阴雨。批昨日告期呈词二十二张（作者注：清代有"三八放告"的制度，昨日适逢十三，故收告词）。邑有诸生夏延牲者，平时主宋学，集门徒数十人，不作时文，高坐讲学，以诚正格致为宗，盖端人也。昨忽递纸，以乃祖遗有田业滨水，倡议报灾减粮，其实并未成灾也。且广西通省，因陈文恭公（作者注：陈宏谋曾任广西巡抚，卒谥文恭）奏免丈量，由百姓自行报税，例不报灾。夏生欲创二百年未行之事，遂批斥之。闻夏生所求蠲者，仅民米二升五合耳。贸然倡是举者，有人啖以利，使之开端耳。

清代，当发生自然灾害的时候，受灾地的地方官要按照法律在规定期间内向上司报告受灾的情况，即"报灾"。违者轻则"罚俸"，重则"革职"。[8]诸生夏延牲关于"报灾减粮"的"倡议"是在"三八放告"之期以"呈词"形式提出的，负责刑名的幕友在处理时与其他"呈词"同样使用了"批"的形式。我们由此可以看出，当时的官府是以对待诉讼的形式受理这一"倡议"的。无疑，这个仅仅要求"减粮""民米二升五合"的"倡议"明显不同于那些有关人命强盗和田土婚姻的诉讼，属于一种要求行政当局履行职责的诉讼。

在这种相对平稳的诉讼之外，还存在着就行政问题的上控和京控，乃至以叩阍形式直接向皇帝告御状的情况。例如，乾隆二十六年（1761）九月，陕西省榆林府怀远县（作者注：今陕西

---

[8]《（钦定）吏部处分则例》（海口，海南出版社，2000年，故宫珍本丛刊第283册影印清乾隆年间刊本），卷二十二，灾赈，报灾逾限，第137页。

省榆林市横山区）人李进章以该县知县谈恕行"科派草豆马匹，不发价银"，在直隶保定府新安县（作者注：即今河北省保定市安新县）向巡幸途中的乾隆皇帝叩阍直诉，被问以"冲突仪仗妄行申诉"之罪。道光八年（1828）八月，新疆乌鲁木齐的"民人王子发"千里迢迢来到京师，欲行叩阍，控告迪化州昌吉县（作者注：辖境大约相当于今新疆维吾尔自治区昌吉回族自治州昌吉市）当局"浮收粮石、勒交银两、科派车辆、短给价值等情"，结果被步军统领衙门盘获。[9] 这两例都是纳税人认为行政当局的措施侵害了他们的权利，故而循告状的方法要求上级官衙给予纠正。

我认为，上述的这些官司用现代的概念可以称之为行政诉讼。前者要求本地的行政当局履行"报灾"的职责，后者则要求上级行政当局纠正下级行政当局的违法措施，所有这些大致相当于当今行政诉讼法律规定的如下受案范围，即认为行政机关的行为侵犯了"财产权等合法权益"，以及"对征收、征用决定及其补偿决定不服"。总而言之，就是告状人认为行政当局的违法行为（作者注：不作为或者行政决定）威胁到其自身的财产权，故而就行政问题进行提起诉讼，要求行政当局给予保护或纠正。[10]

恰恰是因为社会中存在着这一类诉讼，一些讼师在他们的"秘本"中也记述了"心得"。夫马进曾经利用明末讼师觉非山人的《珥笔肯綮》介绍过两个关系到徭役制度的兴讼事例，其一是"贿避脱役"，其二是"恳补消乏"。前者是编审徭役时"卖富欺贫"，导致徭役负担不均的事例，后者是因里内甲首逃亡，导致各

[9] "中央研究院"历史语言研究所藏清代内阁大库档案（以下简称为内阁大库档案），第181303、129534 号。

[10]《中华人民共和国行政诉讼法》，第 2 章，第 12 条。

里之间徭役负担不均的事例。[11]

　　现在，如中国法制史学界通常将传统中国的"命盗"案件称为刑事案件，将"户婚田土"称为民事诉讼一样，我们也很想了解传统中国的人们对上述这些与行政有关诉讼的称呼。遗憾的是，到目前为止，我们尚未发现类似于"命盗"和"户婚田土"那样的，可以用于概括与行政有关诉讼的历史上的固有名词。但是，既然我们已习惯于将"命盗"称为刑事，将"户婚田土"称为"民事"，那么虽然"行政诉讼"并非传统中国实际上曾经使用过的固有名词，但是并不妨碍我们将其作为一个用于分析的概念。借用这一概念，我们可以观察新问题，即曾经存在于传统中国的、与行政问题有关的诉讼案件，可以加深对清朝末年中国国家及其行政机构的存在形态，乃至民众与国家关系等问题的认识。

　　本章将要分析的案件发生于"光绪新政"之后。"光绪新政"概指光绪二十七年（1901）之后清朝政府为推行君主立宪制度而实施的一系列改革。在法律方面，清政府为了引入近代的司法制度，对《大清律例》进行了修订，并且聘请日本法律学者开始编纂刑法和民法。本案发生的光绪三十四年至宣统元年（1909）之间，堪称政治上的过渡期和激变期。除了光绪皇帝和慈禧太后相继离世和宣统皇帝登基之外，清朝政府还公布了《钦定宪法大纲》，宣布实施预备立宪。笔者之所以将目光对准了发生于这一时期的案件，就是因为希望了解当时的人们如何思考与行政问题有关的诉讼案件，希望了解他们是使用何种言说来表述此类诉讼的，由此观察和分析清朝末年中国社会中此类诉讼所具有的特性。

---

[11]　夫马进《讼师秘本〈珥笔肯綮〉所见的讼师实像》，邱澎生等编《明清法律运作中的权力与文化》（台北，联经出版公司，2009年），第9—33页。

在本章中，将以围绕身份问题的争讼为例，探讨清朝末年中国的行政诉讼问题。以下，首先简单地概述本章中将要涉及的烈妇与举人的身份问题，随后比较详细地介绍围绕着旌表烈妇和要求恢复被褫夺的举人身份而展开的一场诉讼，最后就此进行探讨。

## 第一节　"烈妇"和"举人"

本节的主要探讨两种身份。其一是"烈妇"。

"烈妇"亦称作"列妇""节妇""烈女"和"列女"等，通常指那些为恪守贞洁不惜牺牲生命的妇女。清朝政府赓续了传统的做法，以国家的名义旌表此类妇女。当出现了此类妇女的时候，其亲族和"里邻"等相关人士要联名以文书形式向地方官"公举"。地方官在确认了事实之后，取具"甘结"[12]（作者注：即"里邻"的保证书）和记载了具体情况的"事实册"[13]，并附上本人的"印结"（作者注：即钤有官印的保证书），以文书形式向上司报告。[14]例如，乾隆十六年（1751）十月，陕西省汉中府西乡县（作者注：今陕西省汉中市西乡县）的知县刘灼向中央政府提交了记载县内5名"节妇烈女"的"事实册"。[15]道光三年（1823）山东省莱州府平度州（作者注：今山东省青岛市所属之平度市）的寡妇王高氏"在高粱地边挖菜"，适有同村李小幅"赴坡看守庄

---

[12]《直隶册结款式》（清代乾隆年间直隶布政使司刊本），公举节妇结式，第69a-b页。
[13]《直隶册结款式》，节妇事实册式，第70a页。
[14]《（光绪）钦定大清会典》（台北，新文丰出版公司，1976年影印清光绪二十五年石印本），卷三十，礼部，第303页。黄六鸿《福惠全书》（合肥，黄山书社，1997年，官箴书集成第3册影印清康熙三十八年金陵濂溪书屋刊本），卷二十四，典礼部，旌表节孝，第496页。
[15] 内阁大库档案，第155972号。

稼”，"见其姿色尚好，起意图奸"。李小幅"上前向王高氏拉扯，嘱令前赴高粱林内玩耍。王高氏不依喊骂，李小幅畏惧逃避"。事后，"王高氏哭泣回家，向母高郝氏诉述，并称无颜见人，定欲与李小幅拼命。高郝氏当向劝慰"。王高氏终因"羞忿莫释"，"于是夜乘高郝氏睡熟，前赴李小幅门首，投缳殒命"。事发之后，"地保"史凤桃向平度州知州做了报告。平度州知州在前往现场勘验之后，认为王高氏"捐躯明志，节烈可嘉"，向莱州府知府建议旌表，"以维风化"。这一报告经过山东省按察使司和山东巡抚，最终以"题本"的形式上呈给皇帝。[16] 由此可见，地方官的认定报告是国家旌表"节妇"或"烈妇"的第一步。换句话说，地方官对"捐躯明志"事实的认定和向国家建议旌表"节妇"或"烈妇"属于其"职掌"范围，即行使法律赋予其行使公权力的行政行为。

在收到地方官的认定和建议之后，国家要决定是否对该"节妇"或"烈妇"进行旌表。在中国传统社会中，旌表是国家荣典之一，是用于表彰具有忠孝节义等社会公认美德之人的行政措施。"节妇"或"烈妇"也包括在内。通常由地方官为该家庭颁赠匾额，有时甚至可以得到皇帝恩赐的匾额。国家还规定每月由地方官向该家庭发放"口粮银两"。[17] 此外，还有可能获准在门前建立"牌坊"，其部分费用（作者注：约银 30 两）由官府负担。[18] 受到如上恩荣的妇女的姓名和事迹会被收录于地方志或官修史书的"烈女传"中。对于被认定为"节妇"或"烈妇"的妇女和其亲族来说，国家的旌表和获颁的匾额，乃至矗立在门前的高大牌坊是

---

[16]　内阁大库档案，第 015591 号。

[17]　《（乾隆）钦定户部则例》（海口，海南出版社，2000 年，故宫珍本丛刊第 286 册影印清乾隆年间刊本），卷一百一十五，蠲恤，优恤节孝，第 260 页。

[18]　瞿同祖《清代地方政府（修订译本）》，第 258 页。陆海《本朝则例类编》（清康熙四十二年刊本），礼部，卷下，旌表，烈妇建坊，第 59b 页。

一种体现了社会价值和社会存在的无上荣光。

本节还将言及的另一身份是"举人"。

举人属于传统中国的功名，即身份资格之一。科举制度之下，最高的功名是进士，其次即为举人。按照制度规定，清代的乡试通常每三年，即逢子、午、卯、酉之年举行一次，合格者可以得到国家授予的举人身份。这一身份，既是学衔，也是进入仕途的出身资格。拥有举人身份之人，如果想更进一步成为进士，则可以循科举制度的规定参加礼部主持的会试。如果想以举人身份进入仕途的话，也可以按照清代国家制度中的相应安排（作者注：例如"大挑"），寻求得到中央或地方的官职。[19]例如，在清代法制史和地方史上的著名人物高廷瑶即为举人出身，后经大挑被任命为安徽省庐州府（作者注：庐州府辖区大约相当于今安徽省合肥市）通判，由此进入仕途。[20]

在竞争激烈的乡试中侥幸获胜的举人们可以享受到国家给予的免除徭役的特权，[21]以及礼仪、司法等方面的优遇。例如，成为举人之后，可以得到官府颁赠的"旗匾银"二十两，用来在门前树立表明举人身份的旗杆，或者将匾额高悬门额。[22]清代乾隆元年（1736）以后规定，"吏卒骂举人比照骂六品以下长官律杖七十"，而辱骂的对象如果是普通民众，仅"笞一十"。[23]如果联

[19] 《（乾隆）铨选汉官品级考》（海口，海南出版社，2000年，故宫珍本丛刊第282册影印清乾隆年间吏部刊本），卷三，第63、65页。

[20] 高廷瑶《宦游纪略》（官箴书集成第6册影印清同治十二年成都刊本），唐树义《诰授朝议大夫广东广州府知府高公家传》，第2页。

[21] 《（嘉庆）钦定学政全书》（海口，海南出版社，2000年，故宫珍本丛刊第334册影印清嘉庆十七年刊本），卷三十二，优恤士子，第447页。

[22] 《（乾隆）钦定户部则例》，卷一百一十九，杂支，科场经费，第321—322页。内阁大库档案，第219285号。

[23] 《大清律例汇集便览》（清同治十年湖北谳局刊本），卷二十九，刑律，骂詈，骂制使及本管长官，第1a、2b页。

想到知县不过为正七品的官职，举人之尊由此可见一斑。在礼仪方面，举人和进士同样享有与知县等地方官对等的待遇，可以在必要时要求面见知县。在知县面前，举人使用的自称是属于同辈之间的"治教弟"。相比之下，岁贡生等只能使用属于后辈的"治晚生"。我们从自称的不同可以窥见身份上的区别。[24]

　　在实际生活中，举人享有的各种特权中最主要的是在司法方面的优待。清代法律规定，生员以上触法犯过者，必须在褫夺功名之后，方可由知县等地方官责惩，若地方官有"擅责"的行为，则由该省"学政纠参"。如上文所述，举人与进士既是学衔，也是进入仕途的出身资格。故《礼部则例》规定，"各省举人犯案，应行斥革，由该省督抚题奏后，知照该部注册，不得迳行咨革"。这就是要求各省督抚不得任意使用咨文直接通知礼部，必须首先以题本或奏本向皇帝请示可否，待皇帝裁可之后，方能通知礼部办理相关手续。《大清律》也规定，当举人或进士触犯国法时，如所犯为"笞杖轻罪"，允许该人"照例纳赎"，当所触犯的刑罚相当于"止杖一百者"时，则"分别咨参除名"。这就是说，举人的身份必须经过一定的手续方能褫夺。[25]由此可见，举人得到来自地方社会的信赖和来自国家的保护，在地方上作为地方势力或利益的代表。如果说知州知县代表着国家权力，即"正式权力"，那么举人和进士等共同构成了在一定程度上可以与其分庭抗礼的"非

---

[24]　张鉴瀛《宦乡要则》（官箴书集成第9册影印清光绪十六年刊本），卷三，官绅各谊手本名帖全式，第155—156页。

[25]　《（道光）钦定礼部则例》（海口，海南出版社，2000年，故宫珍本丛刊第290册影印清道光二十四年刊本），卷五十九，仪制清吏司，举贡生监事故及出继事例，第368页。薛允升著，胡星桥等点注《读例存疑点注》（北京，中国人民公安大学出版社，1994年），卷一，名律律，五刑，第11页。

正式权力"。[26] 由于对举人等科举功名的憧憬已经深入社会，故在光绪三十一年（1905）清政府宣布废止科举之后，举人依然在很大程度上保有社会声望和信赖。

值得注意的是，举人身份与进士身份同样可以享受国家给予的种种优遇，但这些优遇并非可以自动地终身享受。举人因违反国法被国家褫夺功名的例子不胜枚举。例如，乾隆四年（1739）会试时，江西省南安府举人王天球和江南扬州府举人吴枚因"夹带抄表入场"，结果被"照例革去举人，场前各枷号一个月"。乾隆四十八年（1783），直隶天津府静海县（作者注：辖区大约相当于今天津市静海区）举人高肇培诬告他人"阻扰堤工"，且"威逼人命，并编造逆诗"，结果被革去举人功名，并处以"杖一百"。[27]

要而言之，中国传统社会的身份问题主要有两个方面。即如何取得身份和如何保住身份。[28] 本章中将要分析的案件恰恰就是围绕着这两个方面发生的与行政有关的诉讼事件。以下介绍本案的大致经过。

## 第二节　"山阳县冤案"

### 一、资料

记载了本案主要资料的是收藏在上海图书馆的《山阳县陈参令

---

[26]　瞿同祖《清代地方政府（修订译本）》，第 265—267 页。

[27]　内阁大库档案，第 074438、203880 号。

[28]　请参看以下论文：岸本美绪《清代における〈賎〉の観念：冒捐冒考問題を中心に［清代的"贱"：以冒捐冒考问题为中心］》，《东洋文化研究所纪要》（东京大学东洋文化研究所），第 144 号，2003 年 12 月，第 81—131 页；岸本美绪《冒捐冒考诉讼与清代地方社会》，邱澎生等编《明清法律运作中的权力与文化》，第 145—173 页。

挟嫌诬陷孙孝廉案》（作者注：以下简称为《案略》）。铅印本，1 册，编纂者不详。根据上海图书馆的著录，该书的印刷年代为清末宣统年间。每页中央部的鱼尾处标有"山阳县冤案全卷"的字样。

　　"山阳县"为江苏省淮安府的首县，其辖区大致相当于今江苏省淮安市的淮安区，是位于大运河上的交通要地。在清代的地方行政系统中，属于冲繁疲难（冲：交通要道。繁：政务繁多。疲：滞纳税金。难：犯罪事件多）四字俱全的"四字最要缺"。[29] 故该县知县的人事属于两江总督的职权范围，不由吏部铨选。

　　"陈参令"是本案中因被"参"革职的江苏省淮安府清河县（作者注：今江苏省淮安市清江浦区）知县陈维藻，事发当时以署理身份临时代理山阳县知县。"孙孝廉"是本案原告之一的举人孙步逵。"孝廉"为举人的雅称。孙步逵原籍为江苏省淮安府阜宁县（作者注：其辖区大约相当于今江苏省盐城市阜宁县）西乡板湖，同治十二年（1873）以"经魁"获得举人身份，案发时年龄为 70 岁，居住在江苏省淮安府山阳县马厂。[30]

## 二、案件概要

　　本案是围绕着旌表烈妇和取消被褫夺的举人身份而发生的行政诉讼。如果我们将前者视同于现代日本行政诉讼中的"确认行政不作为的违法性的诉讼"，就可以将后者视作"要求取消行政决定的诉讼"，或者视为当代中国行政诉讼中的"认为行政机关侵犯……人身权、财产权等合法权益的"诉讼。我们透过《案略》中收录的各种文书可以知道，本案的起因是一桩人命案件。

[29]《宪政最新缙绅全书》（清宣统元年春季北京荣宝斋刊本），第 2 册，第 54b 页。
[30]《（光绪）阜宁县志》（清光绪年间阜宁陆氏刻字修谱局刊本），卷十，选举，举人，第 2a 页。

### 1. 命案发生

光绪三十四年（1908）十二月十八日，居住在山阳县丰字乡（作者注：距县城 6 公里）的李淮因事外出。其妻为"年三十"的李胡氏。当日深夜，屠户张学柱意图不轨，趁机引诱李胡氏。李胡氏惊觉高喊，其公公李希遇和夫弟李溱赶至，将张学柱捉获，并交给地保牛长看管。当夜，李胡氏"羞愤自缢"，遗下幼女一名。[31]

实际上，如果仅就以上事实来看，本案并不十分复杂。从古至今，此类"强奸未成或但经调戏本妇羞忿自尽案"的案件在社会上可谓屡见不鲜。有人曾经利用清代档案研究了这一问题，指出刑部等中央司法机关仅在乾隆元年（1736）就审理了 399 件此类案件。[32]

根据清代法律规定和案例，因"强奸未成"或"调戏"导致妇女"羞忿自尽"的最高刑法为"绞监候"。例如，乾隆十八年（1753）八月十三日夜，直隶正定州晋州彭家庄之人彭怀旺"探知"邻居翟英"赴集买花"，仅留其妻王氏在家"独处"，故"起意图奸"。"即于是夜逾墙进院，掇门入室。王氏惊觉声喊，怀旺上前，向氏求奸。王氏不允，愈肆喊骂，怀旺畏惧，未得成奸而逸。次早，翟英回家，王氏哭诉。翟英气忿，偕同王氏，齐赴彭怀旺家门首嚷骂。适甲长彭进武路过，翟英告知，令其将彭怀旺拴带送官。彭进武见彭怀旺业已逃避，随将王氏拴带，当经翟英斥责而释。讵王氏因被彭怀旺图奸，羞忿莫释，即于是月十五日晚，乘夫外出，投井殒命。"十六日，翟英报案之后，州差将彭

---

[31]　《案略》，文书 1。

[32]　陈惠馨《传统个人、家庭、婚姻与国家——中国法制史的研究与方法》（台北，五南图书出版股份有限公司，2006 年），第 2 章第 4 节，从清代内阁题本刑科婚姻奸情档案论法律帝国的重建——以"强奸未成或但经调戏本妇羞忿自尽案"为例，第 142—188 页。

怀旺拿获。彭怀旺供认不讳，于次年五月十二日被"依例拟绞监候"。同时，直隶总督方观承鉴于王氏"捐躯明志，节烈可嘉"，上奏建议旌表。[33] 由此可见，相对简单的此类案件的审理通常需要几个月的时间。

但是，本案却因为两个人物的原因而变得相对复杂，最终发展成为当地士绅和当地出身的中央官员也被卷入的大事件。这两个人物就是上文介绍过的"陈参令"，即署理山阳县知县陈维藻和门丁陈荣廷（作者注：一名陈荣）。门丁又被称为"门上"或"司阍"，是长随的一种，主要负责管理出入衙门，尤其是衙门内部的公务区和生活区的出入人员，并且充当州县地方官员与书吏衙役之间的中介，通常由地方官信任的人充当。[34]

2. 命案的审理

上述李胡氏因"羞愤"自杀的命案发生之后，疑犯张学柱曾经通过村内的长老、保有五品虚衔的牛锡福表示愿意私下和解，但被遗族拒绝。死者的丈夫李淮于十二月十九日在乡约刘灼亭的陪同下前往县衙"报验"，即要求官府前往现场勘验。牛锡福授意张学柱将"田产数十亩"出售给牛氏一族，随即"携赀入城，贿赂陈荣，并使地保牛长以索欠逼命具报"。[35] 牛锡福如此安排，其目的就是包庇张学柱。如上文所述，导致妇女因"强奸未成"或"调戏"而"羞忿自尽"的犯人通常被处以"绞监候"。但是，因"户婚、田土、钱债"等"威逼"致人自杀的处罚却仅仅是"杖一百"，"并追埋葬银一十两"。可见，牛锡福等指使张学柱承认

[33] 内阁大库档案，第 041686 号。张伟仁《明清档案》第 187 册（台北，历史语言研究所，1989 年），第 B104705-B104718 页。
[34] 瞿同祖《清代地方政府（修订译本）》，第 120 页。
[35]《案略》，文书 1。

"索欠逼命"的轻罪，就是为了回避适用"绞监候"的重罪，即"强奸未成，或但经调戏，本妇羞忿自尽者，惧拟绞监候"。[36]

署理山阳县知县陈维藻认为死者丈夫所言"不实"，未予采信，"竟置之不验不问"。相反，他认可了牛长的"具报"，按照"索欠逼命"处理，也未到现场勘验。根据清代的制度规定，当发生人命案件的时候，"地方官不即检验，致令尸变者，降一级调用"，对于"故意迟延拖累"的州县官甚至要被处以革职。[37]陈维藻无视《处分则例》中的这些规定，一连数日，未去检验李胡氏的尸身。在此期间，张学柱和牛锡福等"再四"向死者遗族表示愿意私下和解。

在这种情况之下，死者一方自十九日"报验"之后每日"到堂呼冤"。到了二十四日，即事发六天之后，陈维藻才终于命令山阳县典史周域邠前往勘验。根据《处分则例》的规定，上司并非因公无暇亲自往验，随意委派属于"杂职"的典史前往检验尸伤是要受到处分的。《处分则例》规定，"如上司不行查验，率派佐杂官往验者，降一级留任"。[38]

当典史周域邠报告了现场勘验的情况之后，陈维藻在"堂讯"时认定死者李胡氏之夫李淮属于"架命赖欠"，被"重责四百"，[39]命令"收押待质所"，并将疑犯张学柱当堂开释。上文说过，牛锡

---

[36] 薛允升著，胡星桥等点注《读例存疑点注》，卷三十四，刑律，人命，威逼人致死，第606—616页。

[37] 《（光绪）钦定六部处分则例》（清光绪十八年上海图书集成印书局石印本），卷四十三，人命，检验尸伤，第1a-b页。

[38] 《（光绪）钦定六部处分则例》，卷四十三，人命，检验尸伤，第1a页。

[39] 根据清代法律规定，笞刑的上限为五十，杖刑的上限为一百。据此，"重责四百板"属于法外用刑。当然，"重责四百板"之说来自原告一方的说法，具体的情况不得而知。《案略》，文书1。薛允升著，胡星桥等点注《读例存疑点注》，卷一，名例律，五刑，第2页。

福原来设计让疑犯张学柱承认"索欠逼命"的轻罪，而陈维藻却以"架命赖欠"为借口，反将本案的责任全部推给了死者李胡氏和其夫李淮。此判一出，山阳县"一邑大哗"。

### 三、诉讼经过

#### 1. 提诉

宣统元年（1909）正月十三日，听说李淮被重责收押之后，山阳县东乡的"数百人""感动义愤"，聚众商议。他们出于"表节逞凶"，决定由举人孙步遄（作者注：据说是"李胡氏之戚"）和进士张廷栋领衔向淮安府知府应德闳提出"公禀"，指责"张（学柱）为正凶，牛（锡福）为助凶，县（陈维藻）为纵凶"。他们指责陈维藻"毒责"死者之夫，释放了疑犯张学柱。关于本案的审理，原告一方特别强调了四点要求和目的，即"如何昭雪？如何表彰？如何正刑典？如何遏凶暴？重人命而维风化"。[40] 原告一方指斥陈维藻听信牛锡福等之言，将李胡氏的死因归结于"架命赖欠"是"天良丧尽，国法何存"。[41]

在收到原告一方的公禀之后，淮安府知府应德闳在批示中认为，"案情出入甚巨"，没有立即就李胡氏的死因做出判断。仅仅在堂谕中指出"黑夜非索债之时，闺房非索债之地"，要求释放死者之夫李淮和拘禁疑犯张学柱。[42] 应德闳并指出"公正坊保，百不获一，借以考证则可，据以定断则不可"，要求山阳县将张学柱、牛长和其他"人证"传唤到知府衙门"详细推鞫"。本案的原告一方

---

[40] 《案略》，文书 1。
[41] 《案略》，文书 1。
[42] 《案略》，文书 43。

就此认为应德闿本"有意平反"，无奈应某随即卸事离任。[43]

2. 被告（知县）一方的反击

宣统元年（1909）正月十六日，在公禀中被诉的署理山阳县知县陈维藻向署理淮扬海道的吴某提出禀文，将矛头对准了原告之一的举人孙步迻。淮扬海道是管辖淮安府、扬州府和海州的上级官厅。在禀文中，陈维藻指称孙步迻以举人身份为"护符"，在山阳县内"横霸一方"。并说，"淮海两属之稍可饘粥之家，悉受其害，富而懦者，欲买静求安，必得馈赠多金，否则彼指为通匪，筶前宪台谢札饬拿办。……被害者，重则伤身，轻亦荡产。其真正巨匪，彼得其贿赂，转为包庇。……地方官但求彼不多事，亦不敢指摘其奸"。关于李胡氏的自杀，陈维藻辩称，曾经"集讯人证"，得知张学柱不过是向李胡氏追讨猪肉钱，但是李希遇（作者注：即李淮）却认为张学柱意欲不轨，将张学柱交予地保拘禁。张学柱之妻为此向李胡氏"理论口角"，导致李胡氏"气忿自尽"。由于李氏遗族聚集在衙门喧哗，故拘留了死者之夫和疑犯张学柱，并将讯问的情况做了简单的"通禀"，并非最终的"定案"。即便对此有所不满，死者一方可以"上控"，他人不应干涉。因受到孙步迻的教唆，导致很多局外之人赴府上控。他并且向上司说明，"淮属讼棍，伎俩之精，积恶之巨，未有甚于孙步迻者"，建议将其"访拿"。[44]

此后，从正月下旬到二月上旬，有数封告发孙步迻的禀文被提交给两江总督端方。与前述陈维藻的禀文同样，这些禀文也将

---

[43] 《案略》，文书 1、43。
[44] 《案略》，文书 2。在联名提出公禀（文书 1）的人当中还有进士和候补知县等数人。陈维藻在此将矛头对准孙步迻，估计是认为这位年老的举人不堪一击，可以作为反击的突破口。

攻击矛头对准孙步遣。例如，二月初九日，候选县丞金元福等十三人指斥孙步遣"干预山邑学堂、团练、捐务各公事，名曰为公，实则肥己，于山邑大有妨碍"，说他"少年贫寒，不官不幕，非商非贾，忽成大富，其为鱼肉乡民，包讼渔利，已可概见"。结果，由于他教唆词讼，导致山阳县内"颇多幻诉"。还有一封"无名邮禀"称山阳县民众"一闻其名、夫孺皆惊"，列举了孙步遣的八大罪状。

在收到这些禀文之后，两江总督端方的处置是比较慎重的。他批道："如果属实，大为闾阎之害。惟孙举人如此凶横，被害之人必多，自必到官呈控，何以查检本衙门并无上控该举人案据？该士民又何以匿名具禀，由邮局封呈，难保无挟嫌诬讦情弊。"据此，端方要求山阳县做进一步的调查。[45]

随后，陈维藻发出"通详"，说明孙步遣为"土豪兼讼棍"，其手法之阴险远超"大讼"，"使人受其害而不敢告发"，表示要"详细确查"。陈维藻在五月十三日发出第二次"通详"中援引那些指斥孙步遣的公禀，向总督、巡抚、提督、布政使和按察使等封疆大吏和地方大员告发孙步遣为"名讼"，请求尽速"查办"。巡抚和按察使据此做出批示，为了进一步审理此案，决定首先"奏革"孙步遣的举人身份。[46]

3. 原告一方的反论

从宣统元年（1909）二月至四月，支持孙步遣的山阳县"士民"也数次向两江总督递交了"公禀"。在这些公禀中，他们声称那些所谓的孙步遣的罪行均属子虚乌有，具禀者也多是"有名无

---

[45] 《案略》，文书5、6、9。
[46] 《案略》，文书10、15。

人"。他们表示，当地民众为此冤情均感愤怒，要求旌表李胡氏的
"节烈"，并且要求明辨那些对孙步遴的诬告。例如，山阳等县的
举人和岁贡生员共计 22 人在得知巡抚和按察使准备奏革孙步遴举
人身份的消息之后，联名向淮扬海道和淮安府提出"公禀"。他们
在禀文中说明了孙步遴"普及教育、振兴实业"的功绩，指斥陈
维藻和门丁意欲陷害孙步遴，希望保留他的举人功名。[47]

　　进入四月份之后，孙步遴本人也直接向总督提出呈文，指明
知县的门丁陈荣廷是陷害自己的主谋者，希望查明种种诬告，为
自己"昭雪"。[48]

　　针对原告和被告双方的要求，两江总督委派桂某前往调查。
宣统元年（1909）三月二十七日至四月初二日，桂某"改服易装"
前往山阳县进行了实地调查。他在调查后报告了如下几点：第一，
"公禀"中言及的孙步遴的"劣迹"均"无从查确"；第二，李胡
氏确因张学柱的不轨而"羞愤"自尽；第三，死者之夫李淮"欠钱
十八千文"乃出自牛锡福和知县陈维藻的门丁陈荣廷的捏造；第
四，应知府离任之后，继任知府刘名誉曾经几次审理过该案，尚
未"定案"。但是，由于两江总督端方的离任，桂某的上述禀文未
能及时提交。以后，该禀文被署理淮扬海道的吴某随意拿走，导
致下落不明。[49]

　　4. 被告逮捕原告

　　孙步遴因在山阳县感到生命安全受到威胁，宣统元年（1909）
九月初八日在孩子的陪同下来到两江总督衙门的所在地——南京，

[47] 《案略》，文书 8、11、12、16。

[48] 《案略》，文书 13。

[49] 《案略》，文书 22。《大清缙绅全书（己酉春季）》（清宣统元年北京荣禄堂刊本），第 2
　　册，第 54a 页。

希望以越诉方式向两江总督直接提出申诉。二十二日，陈维藻的
"家丁"和山阳县的差役闯入孙氏父子下榻的旅馆，将他们强行带
回山阳县。孙步逵在回到山阳县之后的九月二十三日，向两江总
督提出禀文。他在禀文中说：[50]

> 伏思陈令既经举控，无论所控虚实如何，应归各大宪调
> 查裁判，例应回避。即不当有查举之责，更无再行拘举之
> 理。……以被控之人查原控之人，既以被控之人拘原控之人，
> 古今有此政体耶？

孙步逵在禀文中已经明确意识到这是一场诉讼，为此他使用
了"原控之人"和"被控之人"，即原告与被告的概念，认为知县
作为本案被告本应回避，但却公然抓捕原告，实属不法。

九月二十八日，山阳县和淮安府府下四县的十多名举人联名向
两江总督提出公禀。他们在公禀中说，那些诬告孙步逵的禀文均属
"有名无人"的捏造之物，其目的是陷害孙步逵。他们还指出：[51]

> 况孙已控陈，陈被孙控，孙与陈现处原被之地位。以法律
> 言，陈令理应回避，乃甘冒嫌疑，又何耶？

他们和孙步逵同样认为此案属于诉讼，故而在禀文中使用了
和孙步逵九月二十三日禀文中几乎同样的原告与被告的概念，认
定陈维藻属于被告，要求应该由省级衙门审理这一案件，而不应

---

[50] 《案略》，文书 18。
[51] 《案略》，文书 19。

交由府或道一级的衙门审理。

### 5. 孙步逵的举人身份被褫夺

江苏省的地方当局不仅无视孙步逵和山阳县士民的要求，也没有寻求诱发本案的李胡氏自尽的真相，和被告一方主张的孙步逵身为"讼棍"的事实。负责这一案件审理的行政当局，期望使用强硬手段压制地方的不满。

九月下旬，署理淮扬海道的吴某和江苏按察使左孝同向两江总督提出详文，根据山阳县的"通详"，认定孙步逵属于"素不安分""无恶不作"之人，妄图借李胡氏命案"挟制"官府，正式建议"奏参"他的举人身份。此后的十月二日，吴某发出"告示"，宣布已经根据山阳县的"通详"决定"奏革"孙步逵的举人身份，同时宣布立即逮捕孙步逵，并且接受被害者的控诉。[52]

### 6. 陈维藻的降级处分

在得知孙步逵将被褫夺举人身份之后，淮安府下的"绅界"和"学界"齐声抗议，提出了大量的"请愿书"。其中，包括9名江苏省咨议局议员在内的合计300余人联名向两江总督、江苏布政使和江苏咨议局提出"公禀"，[53]指责陈维藻的诬告行为，要

---

[52] 《案略》，文书24、26。

[53] 《案略》，文书25、28、30、31。江苏咨议局议员选举结束于宣统元年（1909）三月。支持本案原告一方的9名议员如下。

| 姓名 | 籍贯 | 年龄 | 出身 | 近代教育 | 当选时身份 |
|------|------|------|------|----------|------------|
| 王以昭 | 淮安府阜宁县 | 55 | 廪贡生 | | 五品封职 |
| 张延寿 | 淮安府盐城县 | 35 | 廪生 | | |
| 周虎臣 | 淮安府山阳县 | 56 | 岁贡生 | | 候选盐运司，劝学员 |
| 王化南 | 淮安府清河县 | 49 | 附生 | | 劝学所经济员 |
| 朱继之 | 淮安府安东县 | 42 | 副贡生 | | 教育会干事 |

（转下页）

求取消褫夺孙步逵举人身份的决定，并且呼吁由省级衙门再审此案。我们从这里可以看到明清时期以来存在于中国民间的诉讼战术——"闹大"，[54] 也可以推知在其幕后很可能存在着某种形式的组织。

值得注目的还有孙步逵故乡阜宁县"绅学界"顾震东等18人的公禀。他们在文书中认为本案的诱因是李胡氏的命案，孙步逵属于因诬告而蒙冤，要求早日为他"昭雪"。他们在公禀中指出：[55]

　　　孙先控陈，陈遂详孙。在孙一方面似不免多事之愆，在陈一方面已难解挟嫌之谤。……绅伏思压制时代，人习服从，冤无可诉，祸机尚少。自新政既行，热心之士，遭祸尤易，而

---

（接上页）

| 姓名 | 籍贯 | 年龄 | 出身 | 近代教育 | 当选时身份 |
|---|---|---|---|---|---|
| 王立廷 | 徐州府砀山县 | 39 | 举人 | 日本法政大学政治速成科 | |
| 梁棻 | 扬州府江都县 | 42 | 增贡 | | 补用知县 |
| 张鉴泉 | 通州府泰兴县 | 40 | 附贡生 | | 同知衔铜陵县知县 |
| 邵长镕 | 海州府海州 | 46 | 岁贡生 | | 小学堂堂长 |

资料来源：张朋园《立宪派与辛亥革命》（台北，"中央研究院"近代史研究所，1969年），第258—260页；同《中国民主政治的困境：一九〇九～一九四九——晚清以来历届议会选举述论》（台北，联经出版事业股份有限公司，2007年），第235—239页。刁振娇《清末地方议会制度研究——以江苏省咨议局为视角的考察》（上海，上海人民出版社，2008年），第101—106页。

[54]　徐忠明《众声喧哗：明清法律文化的复调叙事》（北京，清华大学出版社，2007年），第203—225页。此外，中国社会中流传有"大闹大解决，小闹小解决，不闹不解决"的说法。
[55]　《案略》，文书28。

地方官吏往往滥用司法权以扩张行政权。一经抵抗，百计诬陷。……方今过渡时代，司法未独立，权限未确定。裁判者每利用羁押上诉者，仍饬县复查，遂致诬告故入，等绪具文，身家财产，任其蹂躏。

以上公禀所说的"诬告"无疑是指地方行政机关的首长对其所管辖的民众的诬陷行为。公禀中还提到当前属于光绪新政后的"过渡时代"，尽管已经开始了司法制度的近代化改革，但因司法尚未完全独立，司法与行政之间的权限尚未有明确的划分，故而在司法实践中，一些审判人员通过滥用司法权来扩张自己的行政权力，除了拘禁上诉之人之外，甚至利用诬告危及他人的生命财产。可见，他们在使用一些登场不久的新概念，如"司法权""行政权""司法独立"等等，对陈维藻的不法行为展开批判。

对于这一"公禀"，江宁布政使樊增祥做出了如下"批文"：

> 既曰讼棍，则必有案可稽。究竟孙步速于此案之外，有无包讼实情？若如禀，前后控孙之人金元福既无其人，姚鸿福又禀请摘释，但以无名邮禀为坐罪之由，无怪该绅等代诉不平矣。……移会淮扬海道奭，归案审察办理可也。

这样，樊增祥将此案批给淮扬海道的道员奭良，命令他传集人证，再次审理此案。

咨议局出现于清末新政，是各省选出的民意代表机构。江苏省咨议局在收到"士民"的请愿文书之后，于宣统元年（1909）十月十六日致电江苏巡抚瑞澂，认为本案属于"冤狱"，并指出，当年曾经调查过本案的淮安府知府应德闳和桂姓委员的报告书是为本案昭雪的重要证据。瑞澂在收到这一电报之后，随即要求淮扬海道确认相关文书的所在。[56]

这样，被逐步"闹大"的事态开始变得似乎对孙步逵稍稍有利。孙步逵本人没有放过这一机会。十月二十八日，他以禀文形式直接向江苏巡抚瑞澂提出申诉，并且就陈维藻其人以及自己的被害原因做了如下说明：

> 盖陈令以刑幕老手，积赀阑入仕途，所至贪残。曾经诖误，旋因运动，率以保全。历任皆以陈荣廷为门丁，实以兄弟为主仆，以冀利不外溢，权自己操。……以一县详膨胀之力，竟至诳蒙奏革，任意株连；以一门丁勾控之力，竟使县详得其证佐；以一县令运动之力，竟至道宪为所转移。县所详道，道为之照转；县所解道，道为之羁押。……当此咨议局，宪政胚胎，能容残忍诡谲之知县，以造成栽污捏砌之奇冤？若不沐提全案，研究确情，举冤永不伸，死难终瞑。惟有愚公移山之志，精卫填海之心，成败利钝，非所逆料也。

根据孙步逵的说明，陈维藻早年曾充当过刑名幕友，以后利用捐纳进入仕途。由于熟谙官场规则且善于运动，故而得以扶摇直上。为了独占利益，陈维藻用其兄弟陈荣廷为门丁。孙步逵的矛头直指署理山阳县陈维藻及其门丁陈荣廷，认为正是他们兄弟二人导致了自己蒙受不白之冤。

江苏巡抚瑞澂在收到这一禀文后做出如下批示：[57]

---

[56] 《案略》，文书 32，33。
[57] 《案略》，文书 36。

查该举业已提道审办，李胡氏一案亦已饬道提审。该举果因李胡氏一案公禀举发开罪于陈令，致被罗织诬陷，一经集讯，是非不难立判。来禀虽称陈令运动，道为转移。然吴道业已交卸，甄道非原参之员，断不至有成见。惟该举既有此语，是在道审讯，即使尽得其情，亦无以昭折服。仰按察司飞移淮扬海道，速将该举被控及李胡氏自尽两案人证卷宗，并勒令陈令交出门丁陆荣廷，派员一并押解来省，发交苏州府督员彻讯明确，据实讯办。禀及抄案并发。仍缴。

此后，瑞澂上奏弹劾陈维藻，认为其人"从幕入官，自恃老吏，遇事偏执，不洽舆情"，建议"以府经县丞降补"。宣统元年（1909）十一月二十四日，清政府以上谕的形式宣布，"调署山阳县事清河县知县陈维藻，遇事偏执，不洽舆情。……著以府经历县丞降补"。[58]

这样，引起淮安府下绅学两界众怨沸腾的陈维藻作为"贪劣不职"的官员，以"遇事偏执，不洽舆情"受到了"降补"的处分。但是，他不仅保住了官僚的身份，而且没有为李胡氏和孙步逵的案件本身承担任何责任。相比之下，原告一方只是达到了一部分目的，但是在解决诱发这一案件的李胡氏的旌表问题，和孙步逵蒙冤被革去举人身份的问题上却没有丝毫的进展。我们从这一结果可以看出，上级衙门乃至国家在解决此类具体案件时，与其说关注事实的真相和追求相关官员的责任，不如说更关注如何安定"舆情"，即安定社会秩序。

---

[58]《案略》，文书37、39。《宣统政纪》（北京，中华书局，1987年），卷二十六，宣统元年十一月甲子，影印《清实录》第60册，第480页。

### 7. 要求恢复举人身份

此后，本案在苏州的发审局前后审理了 15 次。《案略》的编纂者是这样描述审理的情况的：[59]

> 谳员以浙人为多，陈参令之同乡也。又谳员以刑幕出身者方能承审要案，陈参令之同道也。其中如陈维善一员，实与陈参令维藻系同堂兄弟。又翁有成一员，实与陈参令为同乡戚谊。

可见，原告一方认为，发审局负责审理本案的官员几乎都是陈维藻的熟人、同乡或者亲戚，审理的情况不问可知。

《案略》编纂者的上述说明大致属实。发审局在报告审理经过时是这样说的：

> 孙步逵……察其来意，无非因举人详革，心甘不服、希图翻控。但案中情节，实为纷歧，非将解到各人证提同逐一对质，不足以明皂白。……非札催陈荣廷到案，不足以明虚实。

以后，发审局始终以案情"纷歧"为由，坚持要求传唤包括陈荣廷在内的所有人证。[60] 但是，当通过已经被"降补"陈维藻要求陈荣廷到案时，陈维藻推称陈荣廷因母病请假前往上海，"一去未回"，无法令其到案应讯。[61]

---

[59]　《案略》，文书 40。
[60]　《案略》，文书 40。
[61]　《案略》，文书 46。

为了推动这一案件的尽快审理，淮安府绅学两界的人们将案件的概要和审理的情况通报给在北京的"淮属同乡京官"，要求他们向都察院代为申诉。淮安府籍京官们在请人调查之后向江苏巡抚程德全发去呈文，说明"淮北五属绅界学界自治界人士感动义愤，走诉各大宪，表节辩冤。咨议局长复电请昭雪，并函告旅京同人代达御史台。同人恐案情不确，又以狱之未竟也，爰择谨愿者便往调查，具得始末，乃分条详注、以清眉目。俾司法者有所择焉"。他们在呈文中分列18个项目叙述了案情，说明山阳县当局对"烈女"李胡氏命案的处理激起当地民愤，而陈维藻却迁怒于孙步遄，并且指出发审局的"六七谳员只知官官相护，为陈令吴道曲留余地"。在呈文中，淮安籍京官们还指责陈维藻"希图讯无质证"，将李胡氏命案的关键人物张学柱拘禁"饿毙"。[62]

但是，由于发审局始终坚持本案的中心人物陈荣廷必须到案，导致本案在实质上无法进行审理。

8. 向社会申诉

尽管本案的审理情况未能如愿，但是原告一方并未就此罢休。他们最终祭出的手段是将案件的经过和审理情况公之于众，向社会进行申诉。他们收集了本案的相关文书，出版了《山阳县陈参令挟嫌诬陷举人孙孝廉案略》。该书的"识言"，即序文这样写道：[63]

　　谨摘印要件，呈请各宪及本 / 各省咨议局、京外报馆、并海内法学名家，俯赐鉴察，俾知吾苏省审判要案情形如斯。而于呼吁无门，覆盆之下，或蒙诸公矜怜，伸公论而弭私心，表节烈而

[62]《案略》，文书43。
[63]《案略》，识言。

诛贪虐。不独此案罗织者永衔感，即李胡氏亦铭勒九泉矣。

这样，原告们通过编纂和出版本案的诉讼资料，向社会要求扬善抑恶。

## 四、本案所见行政诉讼的形式

本案是起于不满知县对人命案件的处理，要求取消原有判决，并且旌表"烈妇"的行政诉讼。以后，由于原告之一的孙步逵受到本案被告，即署理山阳县知县陈维藻的诬陷失去了举人身份。结果，要求保全举人身份也成了诉讼的内容之一。因此，本行政诉讼的内容是旌表烈妇和保全举人身份。

透过以上介绍的本案经过，我们可以大致窥见传统中国行政诉讼的形式。

### 1.文书形式

原告一方在说明事实经过和陈述主张时通常使用"呈文"或"禀文"。被告一方的署理山阳县知县陈维藻在申明主张时使用了"禀文"和"详文"。"呈文""禀文""详文"在清代的官文书体系中属于上行文书。"呈文"和"禀文"通常是民间人向官府，或者部下向上司提出的文书。"详文"则是部下向上司就某一事项进行详细报告、请求指示时使用的文书。"详文"有相对固定的写作形式，而"呈文"和"禀文"在写作形式上比较随意。[64]

此外，负责本案审理的淮安府知府、两江总督、江苏巡抚对原告和被告提出的各种文书以"批"的形式提出处理意见或指示。

---

[64] 《公牍合表》，《大清直省同寅录》，清光绪三十三年京师槐荫山房刊本。张我德等《清代文书》（北京，中国人民大学出版社，1996年），第142—196页。

例如，宣统元年（1909）正月十三日，孙步逵等山阳县二十余人向淮安府提出"公禀"，要求取消陈维藻的不当判决并且旌表李胡氏。对此，淮安府知府应德闳做了如下批示：[65]

> 张学柱深夜图奸，情原暧昧。登门索债，事极寻常。李淮既不在家，李胡氏何故自缢，就事论此案，纵非逼节，亦必有致死原因。所控如果非虚，则表节阐幽，则在司牧，除奸诛暴，国有常刑。案情出入甚巨，虚实均应彻究。郡属民情诡幻，官斯土者，须别具一副手眼，不可无定见，亦不可有成见。神而明之，存乎其人耳。至公正坊保，百不获一，借以考证则可，据以定断则不可。仰山阳县立提张学柱及牛长父子到案，一面传集人证，详细推鞫，毋稍枉纵，是为至要。切切。禀并发。

这样，淮安府知府应德闳引用了《易经·系辞传》中的"神而明之，存乎其人耳"，要求事发地山阳县的官员在审理此案时既不能无定见，亦不能有成见，提审张学柱和牛长父子等到案，彻究案情。此类手法属于传统中国处理诉讼案件的通常做法。

2. 审理方式

以知县为被告的行政诉讼的审理由知县的上级衙门负责。在本案中，负责审理的是淮安府、淮扬海道和设于苏州的发审局。不过，负责初审，即第一次审理的淮安府在收到了告发知县的公禀之后，只是做出了原则性的批示，随后就将案件发回本案的被告，即山阳县知县，要求他"传集人证，详细推鞫，毋稍枉纵，是为至要"云云。这种做法不仅存在于光绪新政之后的过渡时期，

---

[65] 《案略》，文书1。

而且是没有司法独立的传统中国处理行政诉讼乃至其他刑民案件时的通常做法。这种审理方式恰如包括孙步逵在内的原告一方指出的那样，"司法未独立，权限未确定。裁判者每利用羁押上诉者，仍饬县复查"。也正是如同他们指出的那样，此种审理方式的最大弊害在于，"地方官吏往往滥用司法权以扩张行政权"，官官相护，使得国家禁止"诬告故入"的法律形同具文，百姓的"身家财产，任其蹂躏"。

在现代的司法制度之下，在审理民事或刑事案件，以及行政诉讼案件的时候，"两造"即原被告双方或者其代理人均应出庭应讯。但是，在本案中，被告一方的陈维藻始终没有到案应讯。这一点应该是源于《大清律》中对"职官有犯"的规定。[66]

凡在京在外大小官员，有犯公私罪名，所司开具事由，实封奏闻请旨，不许擅自勾问。

这是为了保护官僚身份的法律规定。从各级官僚的人事权专属于皇帝的大原则出发，当知州知县触犯法律时，无疑应该首先向皇帝报告，请求指示。在这样的法律规定之下，即便是上司也无法用开庭审讯的方法对待部下。

透过本案我们可以看出，与通常的民事案件和刑事案件的审理不同，传统中国的行政诉讼主要是通过原被告双方提出的各种文书进行审理的，而不是在衙门开庭审讯。在本案中，包括孙步逵本人在内的原告一方曾经数度提出"公禀"，要求在省级衙门开庭审理此案。但是，除去最后发审局的审理之外（作者注：由于

---

[66]　薛允升著，胡星桥等点注《读例存疑点注》，卷一，名例律，职官有犯，第20页。

缺乏资料，目前尚未能掌握发审局审理此案的详细情况），没有一次开庭审理。作为被告一方的署理山阳县知县陈维藻虽然被"降补"，但是依然保留了职官身份，故在当时的司法制度之下不可能对其开庭讯问。由此可见，利用文书进行审理是传统中国行政诉讼的一个特征。

## 第三节　行政诉讼与社会

以上，我们通过发生在清末江苏省淮安府山阳县的一个案例，概观了清代晚期中国行政诉讼的实际形态。以下，结合上述概观的内容，进一步考察行政诉讼与社会的问题。

### 一、发生行政诉讼的制度条件

我们通常将发生于传统中国乃至当代中国的行政诉讼简称为"民告官"，其中包括了民众对某官僚提起诉讼，也包括民众对衙门提起诉讼。此类诉讼在传统中国的社会中并非绝无仅有。在传统中国，负责管理民众和社会的地方官，可以在相当大的范围内依法行使公权力（=源自皇帝授权的国家权力）。位于国家行政末端的知州知县的权限就是一个明显的例子。汪辉祖曾说："天下治权，督巡而下，莫重于牧令。虽藩臬道府弗若也。何者，其权专也。"方大湜亦认为"造福莫如州县"，"造孽莫如州县"，地方安危的关键系于知州知县一身。[67]《清代州县故事》记载了应该由知县管理的159

[67]　汪辉祖《学治说赘》（官箴书集成第 5 册影印清同治十年慎间堂刊汪龙庄先生遗书本），福辈之辨，第 309 页。方大湜《平平言》（官箴书集成第 7 册影印清光绪十八年资州官廨刊本），卷一，造福莫如州县，第 596 页；同书同卷，造孽莫如州县，第 596 页。

项各类事务。其中除去"人命"和"田土"之外，还包括了"考成""捐纳""加级""交代"和"科举"等行政业务。[68]

在本案中，山阳县的人们提起行政诉讼，是为旌表"捐躯明志"的李胡氏，以及保全孙步逵因蒙"冤"被褫夺的举人身份。他们此举的理由在于旌表和举人身份都是衙门管辖的行政业务。前者的李胡氏最终于宣统二年（1910）由山阳县"汇请"，被认定了"烈女"的身份，得到了旌表。所谓"汇请"无疑属于知县职权之内的行政行为。[69]

总而言之，传统中国的国家权力在"普天之下，莫非王土，率土之滨，莫非王臣"的理论下管理着社会上的所有可以想象或者尚不可想象的问题。换句话说，这种理念支配下的国家制度和社会体系，正是在传统中国发生行政诉讼的客观条件。受到这种国家权力，具体说来就是当地方衙门统治的普通民众，对该地方官做出的判决，或者该地方官实施的国家行政措施抱有不满的时候，如果当他（或他们）觉得采取通常申诉无法得到解决时，则会使用"民告官"的手段，向上级衙门提诉某一官僚，要求上级衙门取消或更正该官僚做出的判决或行政措施。与民众以聚众闹事或暴动作乱等表明不满乃至反抗的行为相比，提起行政诉讼可以说是民众为维护自身乃至地方利益的最后的和平选择。

---

[68]　蔡申之《清代州县故事》（台北，文海出版社，1970年，近代中国史料丛刊第50辑影印本），第48—49页。此外，曾任福建巡抚的陈弘谋在乾隆十九年（1754）正月对地方官明示了30项"地方所必要之事"。即田赋、地丁、粮米、田功、粮价、垦殖、物产、仓储、社谷、生计、银钱、杂税、食盐、街市、桥路、河海、城垣、官署、防兵、坛庙、文风、民俗、乡约、氏族、命盗、词讼、军流、匪类、邪教。陈弘谋《培远堂偶存稿》（清刊本），卷34，咨询民情土俗三十条谕，第20a—27b页。

[69]　《续纂山阳县志》（民国十年刊本），卷十二，列女二，第28a页。

## 二、行政诉讼的法律依据

在传统中国，普通民众提起行政诉讼，控告官僚或行政机构往往得到国家最高统治者——皇帝的首肯。例如，明代的开国皇帝朱元璋在其编纂的《御制大诰》（以下简称为《大诰》）中有"民陈有司贤否"的规定。根据规定，"自布政司至于府州县官吏，若非朝廷号令，私下巧立名色，害民取财，许境内耆宿人等，遍处乡村市井联名赴京状奏，备陈有司不才，明指实迹，以凭议罪，更贤育民"。[70] 这里的"备陈有司不才，明指实迹，以凭议罪"是指向上级官衙直接提诉，要求"议罪"，即取消或更正下级衙门的"私下巧立名色，害民取财"的不法行政措施。我认为，这也属一种行政诉讼。

朱元璋的《大诰》虽然仅仅适用于明朝初年，但是同样编纂于洪武年间的《大明律》继承了允许庶民"自下而上"地向上级衙门告发地方官员的不法行为的精神。兹举一例。《大明律·赋役不均》有如下规定：

> 凡有司科征税粮及杂泛差役，各验籍内户口田粮，定立等第科差。若放富差贫，那移作弊者，许被贫民赴拘该上司，自下而上陈告。该官吏各杖一百。若上司不为受理者，杖八十。受财者，计赃以枉法从重论。

《大明律》的这一规定在《大清律》中也得到了继承。日本江

---

[70] 朱元璋《御制大诰》（杨一凡《明大诰研究》，南京，江苏人民出版社，1988 年，付录），初编，民陈有司贤否第三六，第 225—226 页。此外，朱元璋还规定了"民拿害民该吏"和"乡民除患"，赋予民众监督官僚的权利，以及将虐民官吏"绑缚赴京"的权利。《御制大诰》，三编，民拿害民该吏第三四（第 408—409 页）；初编，乡民除患第五九（第 239—240 页）。

户时代的学者荻生徂徕将上述规定中的"有司"解释为"府、州、县之官"。根据这一规定，如果"贫民"认为"有司"在"科征税粮及杂泛差役"时未能按照国家规定"各验籍内户口田粮，定立等第科差"，而是"放富差贫，那移作弊"，他们可以循"自下而上"的方式，前赴"拘该上司"（作者注：即相关上级衙门），提起行政诉讼。[71]

我们从上述皇帝的命令和法律中关于行政诉讼问题的规定可以看出，除了旨在利用普通民众对行政部门的官僚进行监督之外，还存在着国家最高统治者维护社会公平和安定的意图。这就是说，国家赋予民众"自下而上陈告"之权，使他们得以使用在国家法制内的合法途径，用和平的方法（作者注：恐怕是最后的和平的方法），倾诉他们的不满，其中尤其是对官僚的不满。通过这种手段，可以表明皇帝和国家是"为民做主"，是民众利益的真正保护者，从而维护自身的权威乃至社会的安定。

这样，我们可以认为，明清时代的法律中存在着通过行政诉讼取消或更正行政措施的途径。也就是说，法律承认并且保护民众就官吏的不法行为提起行政诉讼的"权利"。这种权利距近代法概念下的"权利"无疑相去甚远，但是那种认为传统中国的法律只规定了平民百姓的义务，而没有规定权利的观点多少有些失之偏颇。

实际上，民众在保卫自己的这种"权利"时往往使用"公禀"或"公呈"进行申诉。例如，嘉庆十二年（1807），河南省生员以"公呈"的形式告发"河南布政司经历"在"承办试卷"时"舞弊"。结果，该布政司经历被解任。又如，道光十五年（1835），

---

[71]　薛允升著，胡星桥等点注《读例存疑点注》，卷九，户律，户役，赋役不均，第179页。荻生徂徕《明律国字解》（东京，创文社，1966年），第39页。

江西省建昌府新城县（作者注：今江西省抚州市黎川县）生员孔
广琏因"阻米讹索"受到"惩办"，但是"合县生童为之呼冤，继
又六学士子代递公呈"。江西巡抚周之琦认为，"恐另有别情"，决
定"彻底研究"。同治六年（1867），广东省肇庆府广宁县（作者
注：今广东省肇庆市广宁县）的一部分民众认为当地书吏在征收税
粮时有"浮收"行为，以4名举人为首的当地"绅富"组成了"革
除陋规公局"，"乡间绅富粮户俱给讼费，或一百八十，或一两数
钱"，并且四处散发"白头帖"，并且推举副贡生和生员数人前往
省城广州，向布政司衙门"呈控"。虽然他们最终未能如愿，并受
到了一些惩处，但是"呈控"本身却并不违当时的法律和社会意
识。[72] 和本章中分析的山阳县"冤案"一样，这些事例都是以"公
禀"或"公呈"形式控诉官僚和胥吏的行政诉讼。

　　我们从上述介绍的事例和本案可以看出"公禀"和"公呈"
的性质。"公禀"和"公呈"的"公"应该是与"私"相对峙的概
念，"禀"与"呈"无疑是指"禀文"或"呈文"。由此可见，利
用"公禀"和"公呈"申诉的内容属于地方上的"公事"，而并非
具禀者或具呈者个人的"私事"。

### 三、行政诉讼的复杂性

　　传统中国的行政诉讼常常被简称为"民告官"。这种说法大致不
错，但是却不能完整地概括出那一时期发生的行政诉讼的复杂性。

　　对于无官无位的普通民众来说，起诉以强大的国家机器为后
盾的官吏绝非易事。能够条理清晰、简明扼要地说明事实的原委、

---

[72]　内阁大库档案，第 124231、192425 号。邱捷《知县与地方士绅的合作与冲突》，《近
　　　代史研究》，2006 年第 1 期，2006 年 1 月，第 20—39 页。

自身的冤屈以及对于行政当局的不满，对于那些近似于文盲或本身就是文盲的普通民众来说不啻难于上青天。我们在传统中国诉讼文书中的审问记录里经常可以看到"某房某某叙"的字样，这就是说该审问记录基本上是地方衙门的"某房某某"胥吏按照某种逻辑或某种目的，在该人供述基础上"叙"出的作文。由此可以想象诉讼的困难程度。

对于普通民众来说，行政诉讼的对手不同于民事诉讼时的普通民间人，而是作为国家政权组成部分的地方衙门、可以行使国家权力的官僚以及他的部下。在这种情况下想要求得胜诉或者部分胜诉，必须讲求适当的"战术"。其"战术"之一就是让具有一定社会地位的人，即那些具有某种学衔或者官衔的人充当原告，避免让无官无位的"纯粹"的民众充当原告。采取这种"战术"固然是因为他们具有较好的文字表达能力和理解能力，可以写作并理解诉讼所需的各种文书，更重要的则是他们具有的"一定的社会地位"，后者才是求得胜诉的主要条件。

一方面，在传统中国，生员以上的士绅依据国家法律不得参与诉讼，这也是当时社会的"常识"之一。他们无论以何种方式参与诉讼，都会被认为是"轻国体羞当世"，是社会的耻辱。[73] 但在另一方面，士绅们积极参与那些涉及"公事"的诉讼也被认为是一种"常识"。[74] 我们透过这种矛盾可以窥见传统中国社会中行政诉讼的图景。

瞿同祖曾经指出，士绅们代表着"非正式权力"，他们与作为"正式权力"的官衙和官吏同样承担着维护国家法律制度和社会秩

---

[73]　高廷瑶《宦游纪略》，卷上，第 13 页。

[74]　当然，士绅们在为"公事"进行行政诉讼时并非完全不考虑个人的利益。详见瞿同祖《清代地方政府（修订译本）》，第 296—307 页。

序的责任。这两者之间如能经常保持着一种"合力"的状态，对于国家的统治和社会的安定是最理想的结构。但是，姑且不论国家层面的情况，就地方层面来看，这两者之间的"合力"状态是很难维持的。他们之间在合作与争斗之间维持着微妙的平衡关系。国家和官僚为了维护统治秩序，无疑需要来自绅士的合作。而普通民众又往往将士绅视作"申冤昭雪"的救星。这样，士绅集团就成为社会"上""下"双方共同期待、共同争取的对象。士绅方面对于这些期待和争取自然也心知肚明，并且十分了解自身根据国家制度所享有的特权。当发生涉及地方"公事"的行政诉讼时，他们会在考虑了利害得失之后决定是否参与诉讼，或者以何种方式参与诉讼。

当发生行政诉讼的时候，地方官员将那些辜负国家栽培的士绅视作社会秩序的破坏者，士绅则认为恰恰是地方官员的不法行为破坏了社会的和谐秩序。双方在此发生了对立，士绅以"民"的身份提诉地方官员。

刚才介绍过清代嘉庆年间以后的事例，在此再介绍几个事例。

明朝万历三年（1575），江南徽州府围绕着税金的负担问题发生了"丝绢分担纷争"。将地方官员诉至巡抚、巡按乃至北京的原告之一就是一位地方生员。当他在北京获胜后返乡时，受到了当地民众的欢迎。[75]

汪辉祖在他的自撰年谱中曾经谈到了几件行政诉讼。其代表例之一是"吃漕饭"。"吃漕饭"是指利用政府的漕运而谋利的行为。清代，地方官员在征收漕米的时候，通常要同时征收包括运费和手续费在内的各种经费。但是，如果根据国家规定的经费额度征收的

---

[75]　夫马进《试论明末徽州府的丝绢分担纷争》，《中国史研究》，2000年第2期，2000年5月，第144—156页；《明末反地方官士变》，《东方学报》（京都），第52卷（京都大学人文科学研究所），1980年3月，第595—622页。

话，漕运是不可能完成的。行政当局为了完成漕运这一重要任务，只能在规定之外超额征收相关经费。"黠者"见此有利可图，假意要以违反国家法律规定为由提起行政诉讼，威胁负责漕运的地方官员，向他们要求金钱。而地方官员担心受到处分，便用金钱打点这些"黠者"。结果，"黠者"用那些来自地方官员的"封口费"充当了自己的"岁需"。简而言之，就是利用与漕运相关的诉讼为自己挣得生活费。乾隆三十二年（1767），汪辉祖在浙江省湖州府乌程县（作者注：其辖区相当于今浙江省湖州市吴兴区）游幕时，当地的"众黠首推"的"吃漕饭"的头目是乾隆二十七年浙江乡试的举人吴青华，年仅 21 岁。[76] 高廷瑶也曾谈到类似的事例。安徽省颖州府颍上县（作者注：辖境大约相当于今安徽省阜阳市所属的颍上县）武举李云霄曾经"以义仓虚设，诉其邑宰，得实"，于是发现"讼之可为"。此后，他又起诉知县，理由是"受缙绅某及弟子员某赃私钜万金"，并且将官司打到北京。[77]

在本案中，最初提起行政诉讼，要求取消陈维藻的判决，旌表烈妇的是以孙步逵等为首的 17 名"学绅"，即举人孙步逵和进士 1、附贡 3、廪贡 3、附生 9，以及 5 名"官绅"，即知县 1、教谕 1、训导 3。此后，提起行政诉讼，要求保全孙步逵的举人身份，并最终将陈维藻赶走的是孙步逵原籍阜宁县和居住地山阳县的"绅学界"，以及淮安府、扬州府和徐州府的士绅，其中包括了进士、举人、候选知县和大挑知县等人。"绅学界"团结一致的行

---

[76]　汪辉祖《病榻梦痕录》（清光绪十二年山东书局刊本），乾隆三十五年，第 33a—34a 页。《（乾隆）钦定户部则例》（故宫珍本丛刊第 284 册影印清乾隆年间刊本），卷三十三，漕运，漕粮正耗，第 259 页；同卷，贴赠杂费，第 259—260 页；卷三十四，漕运，粮运程限，第 272—274 页。岩井茂树《中国近世财政史的研究［中国近世财政史研究］》（京都，京都大学学术出版会，2004 年），序章，第 3—12 页。

[77]　高廷瑶《宦游纪略》，卷上，第 26 页。

动是导致陈维藻失职的重要原因。相比之下，官居署理山阳县知县的陈维藻作为本行政诉讼的被告，虽然也有人为他声援，但是无一人享有上述进士、举人那样的资格，充其量不过是"盐经历衔"，此外就是些"文童"和"民人"。我们从这一对立的图景中不难看出，陈维藻未能取得被称作"非正式权力"的、来自当地"绅学界"的支持。考语中的"不恰舆情"就充分说明了这一点。这样，在传统中国行政诉讼的实践中往往呈现着单纯的"民告官"的说法无法概括的复杂的图景。

### 四、向社会的申诉

在司法尚未独立的传统中国，国家在维护社会的秩序同时，还秉承儒家的理念积极地干预着普通民众的日常生活和经济活动。这就是说，国家或者其下的行政组织往往是主动地制定法律和法规，主动地推广实施，并且运用于司法审判或其他行政事务。在这个意义上，传统中国虽然在程度上远远无法和现代国家进行比拟，但是也属于一定意义上的行政国家。对于民众而言，他们可以同这种兼管立法·司法·行政各种事务的三位一体的官僚组织之间进行行政诉讼，但是胜诉的可能性几乎为零。在民事诉讼和刑事诉讼时，国家基本以纷争仲裁者的身份出现在法庭之上。当发生行政诉讼时，国家身为诉讼的当事者，既是被告，又是仲裁者。这种由行政机构自身判断自身的行为是否合法的做法，不妨视为传统中国行政诉讼的特征之一。其关键就是因为行政诉讼是在"司法尚未独立"[78]的司法环境下发生的。如果我们联想到在"被告兼法官"的制度规定之外，还存在着官僚组织内部的互相庇护，

---

[78]《案略》，文书28。

以及官僚所享有的无须出庭应讯的特权，就完全可以理解在传统中国以官僚为对手提起行政诉讼是多么困难。

我们在《案略》中可以看到，当孙步逵等向淮安府知府起诉知县陈维藻之后，陈维藻立即将孙步逵指为"讼棍"，向淮扬海道等上司请求褫夺孙步逵举人身份。这种手法就是"阜宁绅学界"顾震东等18人在"公禀"说的"地方官吏往往滥用司法权以扩张行政权。一经抵抗，百计诬陷"。在本案中，陈维藻虽然受到"降补"处分，但是并未被追究他应负的责任。发审局顽固坚持必须让本案的中心人物——门丁陈荣廷到案，以此搪塞。由于陈荣廷始终未曾到案，致使本案的审理不得不在事实上中断。结果不仅孙步逵的举人身份未能得到保全，包括他在内的原告一方也未能够得到胜诉。

但是，本案的原告一方并没有消极地接受法庭审理中断的现实和结果。他们收集与本案有关的诉讼资料，出版了记录本行政诉讼概要的《山阳陈参令挟嫌诬陷孙孝廉案略》，并且附上了按语。我们从此举可以看出，他们意欲将原本应在衙门内审理的诉讼案件公之于社会。他们原来期待山阳县的上级衙门可以审理此案，故向淮安府知府衙门提起了行政诉讼，但是此后没有得到令他们满意的审理结果。这样，他们将期待转向社会，向社会申诉李胡氏和孙步逵的冤屈。既然在法庭上无法胜诉，于是他们便希望利用社会舆论的压力取得"胜诉"。即便结果依然是未能胜诉，也可以通过向社会的申诉，争取社会舆论的同情，获取在审判机构，即行政当局之外的"事实上的胜诉"。这里所说的社会舆论在当时被称为"公论"或"乡论"。

这种原告一方收集出版诉讼相关资料的做法并非清代末年中国社会所特有的现象。在独特的诉讼社会——明清时期中国——的司法环境之下，原告一方为了证明自身的清白无辜常常使用这一手法。这就是说，是特有的社会环境和衍生于该种社会的法意识之下的产物。因为"公事"身陷囹圄的人也是这样。在明代万历年间江南徽州府发生"丝绢分担纷争"中，程任卿在被处以死刑之后，在监狱中编辑了收录了诉讼相关资料的《丝绢全书》。他在序文中写道：[79]

> 兹录是书，用以传之通邑大都，播之贤人达士。他日有甘庖鱼之腥，而忘其臭者，展卷附膺而叹曰、此子之婴祸，无它肠也，尊祖制也，守旧章也。

可见，程任卿在狱中希望将自己的清白与无辜诉说给"通邑大都"的"贤人达士"，让他们知道自己是为了地方公益，是为了维护国家制度，即"尊祖制"和"守旧章"。

这种情况在被革职的官员要求昭雪平反的行政诉讼中也可以见到。光绪八年（1882）十一月十九日，署理湖北省武昌府蒲圻县（作者注：辖区大致相当于今湖北省咸宁市属下的赤壁市）知县廖润鸿因"乖僻成性，舆论沸腾"被革职。廖润鸿在十一月二十九日得到革职的上谕之后，立即向湖广总督和湖北巡抚提起行政诉讼，要求"更正开复"。在皇帝的上谕已经发出的情况下，此案不仅不可能"更正开复"，即便是开庭审理也是不可能的。但是，廖润鸿并没有放弃努力。他收集了在任中和被革职之后的相关文献资料，"依次编集"了《官蒲被参纪略》。廖润鸿被革职未满一年的光绪九年九月，该书在武昌正式出版。该书序文写道：

---

[79]　程任卿《丝绢全书》（北京，书目文献出版社，出版年不详，北京图书馆古籍珍本丛刊第 60 册影印明万历年间刊本），第 445—446 页。前注 75，夫马进论文。

"倘海内君子，肯垂青睐，或此生名节，赖以不毁乎。"[80]

这样，在以官衙和国家为对象提起行政诉讼时无法期待"全面胜诉"的时候，或者对判决结果抱有不满的时候，原告一方常常将诉讼从法庭搬到庭外，即社会，向社会的"贤人达士"申诉自己的清白、无辜或冤屈，期待着社会舆论做出他们期待的"判决"。为了能够不间断地、广泛地向社会申诉，他们编纂出版了与诉讼有关的资料集，并且附上按语。

这种将法庭内的诉讼搬到法庭外的做法，也是诉讼一方的一种"战术"。除去上述对社会舆论的期待之外，他们熟知当时的官僚任期制度，知道做出目前判决的地方官并不会永远在任。为了在后任地方官处得到满意的判决，故而通过出版诉讼相关资料营造对自己一方有利的社会舆论。这也就是说，目前将法庭内的诉讼搬到法庭之外，是为了今后再将诉讼搬回到法庭之内。我们在这里可以看到这样一幅诉讼长期化的图景，即法庭→社会→法庭→社会……直至得到他们认为满意的结果。

# 结　语

由于史料方面的制约，目前尚无法究明本章中涉及的"山阳县冤案"的全部真相。但是，通过以上的分析，我们在认识传统中国行政诉讼问题，亦即"民告官"问题的具体形态方面至少稍稍向前迈出了半步。

---

[80]《清德宗实录》(北京，中华书局，1987年)，卷154，光绪八年十一月辛卯，影印清实录第54册，第176页。廖润鸿《官蒲被参纪略》(清光绪九年武昌刊本)，自叙，第1a—2a页。

　　笔者通过本章中的分析得到的几点浅见，已经在第三节中做了叙述。最后，就以下两点做补充说明。

　　首先是本案中频繁登场的"冤"的言说。原告一方的士绅们将未能旌表"捐躯明志"的李胡氏，以及孙步逵的举人身份被褫夺均称作"冤"，要求国家政权和社会为此申冤昭雪。这就是说，站在"把告状与审案内在地联系在一起的概念装置"的"告状"的一端的人们，向着站在"审案"的一端的官僚们不停地诉说着"冤"，希望借此唤起官僚们起而为自己"申冤"。他们的"常识"是，如果不使用"冤"的言说，"官僚就不会有行动"（滋贺秀三）。对于他们来说，使用"冤"的言说是实现他们期待目标的有效手段。[81]实际上，在当代中国与行政诉讼有一定关联的"上访"中，"冤"也是上访一方经常使用的概念。[82]这样，我们可以认为，"冤"的言说普遍存在于中国传统社会发生的涉及行政问题的诉讼之中。

　　其次，被统治者在统治者面前绝非永远是被动的存在。

　　近代欧洲是以权利为中心思考法律问题的。而在传统中国却完全不同，"法"与"刑"是统治者掌握的统治工具，统治者制定并公布法律，在统治过程中始终将刑罚作为制裁的手段，并且注重它的强制性。因此，传统中国的"法"主要是由行政上的组织和规则，以及刑法构成的。在这个意义上，以这种"法"为基础的审判以及统治者对人民采取的行政措施都不过是统治人民手段

[81]　滋贺秀三《清代中国の法と裁判［清代中国的法与审判］》（东京，创文社，1984年），第153页。寺田浩明《権利と冤抑—清代聴訟世界の全体像［权利与冤抑——清代听讼和民众的民事法秩序］》，《法学》（仙台，东北大学法学部），第61卷第5号，1997年12月，第1—84页。中文版见寺田浩明著、王亚新等译《权利与冤抑——寺田浩明中国法史论集》（北京，清华大学出版社，2012年），第207—274页。
[82]　陈桂棣，春桃《中国农民调查》（北京，人民文学出版社，2004年），第82—120页。

的一部分。这就是滋贺秀三指出的传统中国法体系或者国家制度的"基本的性格"。[83] 滋贺秀三的分析是十分明晰和概括性的,抓住了传统中国法制度的基本特征。不过,我们还是应该在继承以往中国法制史研究成果的基础上,继续前行。

　　如同笔者在本章中阐述的那样,国家的法制度无疑是"统治人民手段的一部分",但是由于使用方法的不同,它在一定条件下可以变成人民和平地抵抗官僚统治的工具。这就是说,这种法制度实际上是一种双刃剑。国家可以利用其统治人民,人民也可以利用其主张自身的权益。我们在本章中看到,传统中国的民众在面对着具有强大势力的行政当局做出的决定和判决的时候,并非总是被动的。他们当中的一部分人积极主动地思考问题,判断问题,有时会积极地利用国家的法制度,通过诉讼申明自己的主张,维护自身的权益。这也就是说,他们利用诉讼这一合法的武器与统治者进行着没有硝烟的"战斗"。

　　通过本章介绍的清末山阳县的事例和其他事例,我们可以看出,存在于传统中国的行政诉讼呈现出非常复杂的形态。笔者在第三节中已经说明,在行政诉讼的法庭上绝非单纯的"民告官"。将代表国家的官僚作为被告,诉至行政诉讼的法庭的人往往不是纯粹的民众,而是一些保有科举资格或者官僚的任官资格的人们。这就是说,在理论上属于统治者一方,至少也是享受了国家恩义的人们,为了保护本地的利益或自身的利益,利用国家授予他们的一定的社会地位和国家用于"统治人民手段的一部分"(滋贺秀三)的国家法律,将自己的同党同学乃至恩人的官僚告上行政诉讼的法庭。我们从行政诉讼的这种对立图景可以看出传统中国民

---

[83]　滋贺秀三《中国法制史論集[中国法制史论集]》(东京,创文社,2003年),第5—7页。

众与国家的关系的复杂性，以及社会构造的复杂性。

## 附录：《山阳陈参令挟嫌诬陷孙孝廉案略》简目

| 编号 | 题目 | 月日 | 批 |
|---|---|---|---|
| 0 | 识言 | | |
| 1 | 举人孙步遄进士张廷栋等请表彰节烈而惩凶恶公禀 | 宣统元年正月十三日 | 府 |
| 2 | 山阳县陈参令维藻因李胡氏案迁怒公禀呈首举人孙步遄请饬访拿上淮扬海吴道密禀 | 正月十六日 | |
| 3 | 淮安府应太尊亲讯烈妇李胡氏拒奸自尽案内人证堂谕 | | |
| 4 | 烈妇李胡氏之夫李陈明嶽员换结上刘府尊呈 | | 督抚臬 |
| 5 | 山邑文生姚鸿福等六名讦告孙步遄公禀 | | ○ |
| 6 | 候选县丞金元福等十三名讦告孙步遄公禀 | 二月初九日 | ○ |
| 7 | 文生姚鸿福呈明捏名叩求摘释禀 | | |
| 8 | 山邑绅士马炳勋等十五名呈明孙步遄因李胡氏命案为得贿门丁陈荣廷倾陷公禀 | | 藩 |
| 9 | 淮郡东北乡士民无名邮禀讦告孙步遄并条状 | | 督 |
| 10 | 陈参令维藻请委查孙步遄劣迹初次通详 | | |
| 11 | 淮郡东北乡士李荫清等四十余名呈明孙步遄被诬公禀并条状 | 三月二十三日 | 督 |
| 12 | 山邑文生沈步梁等十余名呈明舆情以全善良公禀 | 四月初三日 | 督 |
| 13 | 阜宁县举人孙步遄陈明因李胡氏冤案受祸原委上江督宪瑞呈 | | 督 |
| 14 | 督委桂太尊奉扎查访据实复陈初次禀 | | 臬抚督 |
| 15 | 陈参令维藻请办孙步遄二次通详 | | |
| 16 | 山阳清河阜安东各县举人王恩绎等九名又岁贡江启珍等十三名呈明诬陷缘由上道府公禀 | | |
| 17 | 举人孙步遄呈明诬陷捏控上江督宪张禀 | | 督 |

| 编号 | 题目 | 月日 | 批 |
|---|---|---|---|
| 18 | 举人孙步逵遣子抱告孙为霖呈明惨陷仇手叩乞派委提省讯办上江督宪张禀 | 九月二十三日 | |
| 19 | 山清阜安四县举人顾震福等十余名陈明陈参令维藻私嫌报复请提省讯办上江督宪张公禀 | 九月二十八日 | |
| 20 | 文生姚鸿福陈明被诬叩提集讯上江督宪张禀 | 十月初三日 | |
| 21 | 两江督宪张饬催委员桂守查访禀复扎 | | |
| 22 | 督委桂太尊呈复孙步逵被揭之案遵扎查明业已禀复数月禀稿为吴道索观屡催不还陈令维藻实挟嫌诬揭上江督宪张禀 | | |
| 23 | 陈冬令维藻清释放积匪猾贼颜东晟译 | | |
| 24 | 淮扬海吴道会同臬司清奏参举人孙步逵译文 | | |
| 25 | 山清安等县学界陈明陈参令捏禀耸详请提省质讯上江督宪张电 | 十月 | |
| 26 | 吴道补发招告示 | 十月初二日 | |
| 27 | 颜东卫颜廷光颜承烈等被勾捏禀控词 | 十月初三日—六日 | |
| 28 | 阜邑绅学界顾震东等十八名呈明官绅冲突实由李胡氏命案而起恳请昭雪公禀 | | 藩 |
| 29 | 文生姚鸿福以被诬赴质叩求集讯免累上淮扬海道禀 | 三月 | |
| 30 | 淮安府六属绅学界致江苏咨议局请愿书 | 十月 | |
| 31 | 淮六属绅学界请保释孙步逵严究陈维藻上各宪公禀 | 十月二十三日 | 抚 |
| 32 | 江苏咨议局致苏抚宪瑞电 | 十月十六日 | |
| 33 | 苏抚宪瑞复咨议局电 | | |
| 34 | 苏抚宪瑞饬淮扬海道淮安府将桂守之查应守之判查卷录复扎 | | |
| 35 | 淮扬海道宪桄以孙举老病陈令累详空言无实惟李胡氏案较有关系上苏抚宪瑞电 | | |
| 36 | 举人孙步逵遣子抱告孙为霖呈请提省讯明昭雪上苏抚宪瑞禀 | 十月二十八日 | 抚 |
| 37 | 苏抚宪瑞奏参山阳县陈维藻请降补府经县丞片 | | |

| 编号 | 题目 | 月日 | 批 |
|---|---|---|---|
| 38 | 上谕 | 十一月初十日 | |
| 39 | 淮扬海道夷宪遵查吴道前详与卷不符仍请提省审办以昭折服上两院宪禀 | | |
| 40 | 孙步逵李淮等道苏后迭次审讯堂谕 | | |
| 41 | 孙步逵请据桂委夷道累次禀详雪冤除害查提假名并提陈维藻归案讯办先后禀 | | 抚 |
| 42 | 苏州府何太尊请将颜承烈等交保候讯并诘问夷道如何前详不符桂守如何禀复详文 | 宣统二年三月初一日 | 督抚 |
| 43 | 同乡京官面呈程雪楼中丞孙步逵被冤一案雪略 | | |
| 44 | 淮扬海道宪夷遵扎查案禀复两院并咨臬司文 | | |
| 45 | 孙步逵请提陈维藻归案讯明昭雪先后禀 | | 抚 |
| 46 | 陈参令维藻以门丁陈荣（陈荣廷）是翁令延年所荐已函催查交禀 | | |

○：批者不详。

# 第十章　自理与解审之间
## ——清代州县层级中的命案处理实况[*]

寺田浩明[**]

## 一、前言

以往认为，"传统中国的裁判"系国家、皇帝为维护民间安宁，对于民间所提出的纷争，予以合宜处理，从而恢复全体秩序的一种综合性活动。民间将各种苦衷诉诸国家，而国家解决问题的同一裁判中，一面以公众第三人的立场，各依所需，或适时协调当事人间的利害关系；一面替天行道，处作奸犯科者以相当的惩罚。[1]当然，在社会的真实状况里，或者国家权力介入的形态中，将私权的确立与刑罚的实施两者，视为原理上互异的二事后，民事、刑事裁判制度两立的构想，则碍难成立。

然而，在裁判过程中，亦非不存在任何制度上的划分。无论国家、皇帝如何裁决，仅凭皇帝一人之力，难以处理广土众民下的诸多案件，所以官僚制的分工，势在必行。以清代为例，诉讼

---

[*]　原题为《自理と上申の間——清代州县レベルにおける命案処理の実態》

[**]　执笔时为京都大学研究生院法学研究科教授，现为京都大学名誉教授。

[1]　唯此种并用，与下述案件处理步骤的二分类无关。州县自理的裁判中，为因应利益分配，视案件之必要，可自由对原告、被告的其中一方，施予一定的体罚或拘束（《巴县档案》中最常见者，为掌掴的"掌责"与拘禁狱中的"锁押"）。反之，若系解审案件，则需在判决原案书（"详文"）中，一并提出犯人的刑罚与针对事件背景中的经济纷争（如土地纠纷等）之处理方法。

提出的地点，一开始为州县长官（国家最基层的行政机关。由于可与民间直接接触，又称为"亲民官"。其所辖人口平均约二十万人）。刑罚共分成死刑、流刑、徒刑、杖刑、笞刑五等，倘案件须处以徒刑（有期劳役刑）以上的正式刑罚（重案），则采取较周全的方法（必要的复审制），[2]即由州县长官审理案件事实，并援引适用条文，做成刑罚原案（拟罪）后，交由上司复审;最后，经总督、巡抚以上高官的判断（若攸关人民生死的死刑案件，则逐件递送至皇帝），始执行刑罚。反之，当刑罚可处以杖刑以下，或无须任何体罚时，只寻求解决途径的案件（户婚田土之案，或称"户婚田土斗殴赌博等细事"。绝大多数的诉讼案件，皆属此类，自不待言）时，形势则为之一变，受理的州县长官本人，得以完全掌控案件（称之为"州县自理"。唯当事人对裁判结果不甚满意时，仍许其向州县长官之上司"上控"该案，且几乎无所限制）。后者裁判的核心，在于倾听各当事人的要求（听讼），州县长官衡量各该主张后，给予各人"应得之分"。当代民事裁判所处理的情事，若在传统中国，究应如何处理，以州县自理裁判为题材，加以讨论，自属合理可能。

　　各种事案中，特别是"命案"（牵涉被害人死亡的案件）及"盗案"（窃盗、强盗），州县长官有立即至现场相验（档案史料中记载之验尸）、搜索现场与讯问关系人，并向省内直属上司汇整、

---

[2]　必要的复审制，详见滋贺秀三《清代中国の法と裁判 [清代中国的法与审判]》（东京，创文社，1984 年）。特别是其中的《第一　清朝时代の刑事裁判—その行政的性格。若干の沿革の考察を含めて。[清朝时代的刑事裁判——其行政特性及关于其沿革的若干考察]》。如该文所述，徒刑事案根据督抚的决议，始开始执行；至于流刑事案，则依刑部与督抚的共同决议。唯每年汇整后，须向皇帝报告事案详情（"汇题"），而皇帝则参考其报告，自由更正刑罚。质言之，臣下所决定者，不过为暂时的执行而已。理论上，皇帝仍拥有徒刑以上所有刑罚的最后裁量权限。

报告其处理内容（通详）的义务。此外，命案、盗案案件中，其刑责若未达徒刑，仍需经由上司的复审。[3] 是以州县长官接获案件之初，若循制度进行，则会将最低限度之命案、盗案，与上述户婚田土之案分门别类。处理此等案件的重点，在于衡量各行为的恶性程度，妥适量刑后，再加以执行。从发现案件开始，经调查、法律适用，迄审理结束、执行刑罚等处理过程，亦可与当代的刑事诉讼加以对比。

　　处理案件既然有两种不同的方法，则当局亦要求法官（即官员）采取不同的相应的手段。换言之，当案件系州县自理时，允许，甚至积极要求州县长官，概括行使其处断之权能，自由自在、随机应变指挥诉讼。相对于此，若属命盗重案时，其刑度的科处，则务求全国划一；针对个别犯情，应科以何种刑责，早已事先制定，并颁有巨细靡遗的成文法（律例）。官员在上述必要的复审制（拟罪与复审）各阶段中，负有援引律例（称为"拟律"或"拟罪"）[4] 的义务。若只着眼于成文法之有无与判断之自由度，可以发现，两者的裁判形态，有一百八十度的不同。

　　对于传统中国的裁判研究，以往虽有此局限，但从比较观点

[3]　光绪朝《钦定大清会典》，卷五十五，"户婚田土之案，皆令正印官理焉。罪至徒者，则达于上司以听核"。若已通详，几乎表示，已从上司下令"按拟招解"，必然成为正式的解审处理。至于可以杖刑告终的人命案件（其代表事例如"威逼人致死"），倘将犯人解送至上司处，则未免过于夸大，故实际上乃采用便宜的"详结"方法，仅移送公文而已。铃木秀光《詳結——清代中期における軽度命盗案件処理［详结——清代中期关于较轻命盗案件的处理］》，《法学》63卷4号（仙台，东北大学法学会，1999年），第578—615页。

[4]　《大清律例·刑律断狱》，断罪引律令条，"凡断罪皆须具引律令，违者笞三十"。此种律例的特征与功能（并非刑罚权之根据，其目标在于统一量刑），参阅寺田浩明《非ルール的な法というコンセプト——清代中国を素材にして［非规则型法之概念——以清代中国法为素材］》，《法学论丛》160卷3、4号（京都，京都大学法学会，2007年），第51—91页。相对于此，州县自理裁判的法源，只能以广泛的关键词"情理"加以表示，可参阅寺田浩明论文或注5滋贺氏有关民事裁判之论文。

出发，着眼其中的异同，并在致力于分析传统中国民事、刑事裁判性质 [5] 的过程中，亦厘清不少疑点。唯清代社会中所发生的所有事案中，若以州县长官得否自由裁量为标准，纷争处理的类型，可分为户婚田土之案与命盗重案；倘从严格依律量刑的程序而论，又可分为州县自理事案与必要的复审制事案。此外，清代当然也存有民刑两立的裁判制度（由州县长官一人兼任），而学说史的现况亦近于此。然而，过度惯用民、刑事二分法的论述，能否充分概括历史上的实际情况，则不无疑问。至少在两者之间，仍有一部分尚待说明。而根据事案的分类，可能会先出现以下问题。

的确，从发现事案开始，就命案、盗案两者，各自有相对应的进行步骤，唯绝大多数的搜查与裁判，皆始于被害者提出诉讼（报案）。无论命案概念如何模糊，至少如病死、单纯自杀、意外身亡等案件，并无解审的必要。然而，诚如后述，当时的民众面临此等案件时，似乎将其当作杀人事件而告官。有人死亡的案件经受理后，若未经实际审理，则无从得知应否解审。至于命案、盗案以外的重案，则较无疑义。换言之，就最后的处理结果而言，的确仅有州县自理与解审两种可能。然而，这两种可能并非一开始（犹如事案本身具备的本质）即壁垒分明；而是透过州县层级

[5]　与刑事裁判有关的研究，以注 2 滋贺氏论文为代表。至于民事裁判的研究，如滋贺秀三《判决の確定力観念の不存在—とくに民事裁判の実態［判决确定观念的不在——民事审判的实态］》《民事的法源の概括的検討—法・情・理［民事法源概论——法・情・理］》（收入《清代中国の法と裁判［清代中国的法与审判］》）《清代の民事裁判について［关于清代民事审判］》，以及《続・清代中国の法と裁判［续・清代中国的法与审判］》（东京：创文社，2009 年），以及寺田浩明《権利と冤抑—清代聴訟世界の全体像［权利与冤抑——清代听讼世界的全像］》，《法学》61 卷 5 号（仙台，东北大学法学会，1997 年），第 1—84 页。寺田浩明《中国清代民事訴訟と“法の構築”—『淡新档案』の一事例を素材にして［清代的民事诉讼与“法之构筑”——以《淡新档案》中的一个事例为素材］》，日本法社会学会编《法の構築［法之构筑］》（《法社会学》）58 号（东京，有斐阁，2003 年），第 56—78 页。

的审问后，游移其中的事例始出现分离的情况。若未经解审的案件，以州县自理的方式结案，如此一来，解审案件就成为透过州县层级的裁判后，所"立案"出现的产物。然而，此种分离的结果，经过何种过程？在州县自理型与解审型两种州县层级的处理方法之间，有何重叠之处？又从何处开始分离？为厘清这些问题，重新考察州县裁判实务，自属必要。唯目前为止，多只着眼于一般理解的民事、刑事裁判之两极部分，至于其间所蕴含的问题，[6]则尚未完全突显出来。

　　就史料所见，并非不无理由。19世纪台湾的官厅文献《淡新档案》,[7]乃目前欲了解州县层级裁判实况，最广为利用的档案。其中，可以看到包含人命与窃盗、强盗等多数诉讼文献，以及嫌犯的逮捕、护送，乃至于司法行政报告等相关的上行文、下行文、平行文等。然而，从事件的报告开始，经过验尸、通详、拟罪后并正式解送为止的解审文献，竟无一宗完整保存下来，实令人难以费解。虽有四件已进行至通详，但最后仍因未能逮捕到嫌犯，或者嫌犯病死狱中，最后未获解审。至于宣判强盗首领死刑的两件事案，由于其死刑为"杖毙"，故不同于通常裁判手续，属于即

---

[6]　唯滋贺氏早以"起诉便宜主义"为名，概括指出"知州、知县即便动用法律规定，对当事人晓谕其事件适用徒以上之刑罚，约略警告后，仍常列举情状可兹酌量的情由，在州县自理的范围内……可臻终结的事案亦所在多有"（《清代中国の法と裁判［清代中国的法与审判］》，第247页以下）。中村茂夫氏亦承袭滋贺氏之意见，具体厘清诬告案件与威逼人致死案件中，其后续处理往往不予追究的实际情况；并认为州县长官的动机，系"首先，其目的在于回复、调和当事人双方今后的人际关系，在实现回复与调和的范围内，刑罚应适可而止"，参阅中村茂夫《清代の判语に見られる法の適用—特に誣告、威逼人致死をめぐって［清代判语所见法的适用问题——以诬告和逼人致死为中心］》，《法政理论》9卷1号（新潟，新潟大学法学会，1976年），第32页。此般指摘，或许为最接近此种论点的学说研究。

[7]　《淡新档案》之概要，及其中可见的文献类型，见滋贺秀三《淡新档案の初歩的な認識—訴訟案件に現れる文書の類型［关于淡新档案的初步知识——诉讼案件所见文书类型］》，收入滋贺著《続・清代中国の法と裁判［续・清代中国的法与审判］》。

决即断的例外类型。[8] 换言之，从《淡新档案》中，几乎无法觅得裁判制度理论中，与"命盗重案"、"必要的复审制"有关的线索。至于其他占绝大多数的暴力事件，由于未经解审，随即以适当的体罚，或金钱和解了事。对于此种案件，故亦仅能定义为高暴力性的户婚田土纷争。[9] 此种结果，导致以往的刑事裁判研究对于州县层级审理的描绘，仅止于解审文献中的记载。然而遗憾的是，过去的研究，往往只着墨于经"立案"为命盗重案的案件，再从结尾展开倒叙（仿佛解审事案从一开始即有解审的义务般）。因此，上述问题亦不免相形见绌。

但是，并非所有州县档案，皆有相同的情况。笔者有幸得以阅读四川省档案馆所藏《巴县档案（同治朝）》"命案部分"的微缩胶卷（同治朝共计有一百卷，从卷二中起，迄卷九中止，即案件 No.1388 至 No.2133，总计 736 件，约 18000 节。以下部分，译者简译为"命案部分"）。其中，包括有 70 件的解审案件（约占全体案件之一成）。[10] 囿

---

[8] 有关杖毙之研究，参阅铃木秀光《杖毙考—清代中期死刑案件处理的一考察［杖毙考——关于清代中期死刑案件处理问题的一项考察］》，《中国：社会と文化［中国：社会与文化］》17（东京，中国社会文化学会，2002 年），第 149—173 页。

[9] 从此种观点利用《淡新档案》之研究，有滋贺秀三《清代州県衙门における訴訟をめぐる若干の所見—淡新档案を史料として［关于清代州县衙门诉讼的若干见解——基于淡新档案的考察］》（收入滋贺秀三《続·清代中国の法と裁判［续·清代中国的法与审判］》），其中的第一节"紛争と暴力［纠纷与暴力］"。

[10] 此 70 余件占有全体《巴县档案（同治朝）》解审命案中的多少比例（或者在同时期所有的命案处理中，此 700 余件约占几成的比例），笔者尚未进行精细的探讨。有清一代，全国总计约 1600 个州县。从全国各地集中至皇帝的死刑案件数量，虽未加以统计，然一年若有数千件，每一州县平均应有 2—3 件。在此假设下，同治朝 13 年间 70 余件的（一年平均约 5 件）解审事案中，尽管包含死刑以外的案件，但本身亦不在少数。若假设此 70 余件已接近实际件数，或许亦合乎常理。另在以下篇幅，虽得以一窥巴县的实际情况，但仍旧无法掌握，其是否具备若干的代表性（或者区域上的倾向）。唯其他县的情况，倘与巴县差异无多，则全国命案处理的实际情况，可能不只以下所见，而会牵涉到另一个更大的结论，即：经解审至中央的案件（亦为迄今刑事裁判研究的所有课题），皆须透过此滤网，筛选通过（至于产生何种程度或倾向，自属日后的问题）。

于文献保存的完整性，[11] 笔者的探讨仅止于表面阶段，而未能深入。唯笔者也从中得到不少新发现。故本文拟介绍该档案中的几宗案件，并试图提出以往研究中，就州县自理与解审之间，较不为人所注意的几个问题。

另本文所用的《巴县档案》号码，以同治朝部分的编号（No. 后有四位阿拉伯数字）表示。至于同案卷中所夹带的文献各页，由于未有正式编号，且其整理未必按正确年月日之编排，故以下所示的文献编号，系笔者在文献的现存状态下，以案卷为单位，从案件开始起算的非正式编号，仅供参考。

## 二、解审案件在州县阶段时的处理

### （一）与解审命案相关的州县档案内容

在州县层级中，最后经解审的案件，留有何种文书？若试图利用部分文献，以期恢复当时的全体轮廓，可将相关文献分为三段流程。以下仅简单介绍其概要，至于详细的个别文献，则留待日后进行探讨。

发生人死事件时，最初由死者的亲戚，或者地方上的团邻、乡约等出面报告，同时提出声请验尸的"报状"（典型标题如"为恳验讯究事"）。州县长官（巴县知县，以下简称为知县）受理后，开立验尸命令书的"票"（现存档案中，原则上仅有开立之原稿，然而在"命案部分"No.1478 中，却夹带有"验票"实物）。验尸

[11] 70 余件当中，大多数仅有一件验尸格或详文，或者只有解审送件后的公文而已。从发现事件到解审为止，仅有"命案部分"No.1452、1702、1799、2059 等较为完备，仍未满十例。

现场中所做成者，分别有开头为"勘得"，即现场勘验，以及"验得"，即验尸的相关记录（至于按表填入验尸内容的"验尸格"公文，则因案而异，有附加者，亦有未附加者）。在此之前，知县已对事件关系人（原告、被告、证人）发"票"传唤。此时关系人抵达验尸现场，并对其进行讯问笔录。当日关系人若无法到场，则在预定讯问的列举名单（"验讯名单"）下，注记"不到"。讯问调查（"录供"），系以"据谁某供述，云云"的形式，个别整理出关系人（有时系数人分的笔录统合为一）的供述内容。讯问结束后，死者的亲戚在领取尸体与埋葬的同时，向知县提出"领尸状"。视案件的必要，其他接受讯问的人，有时须开立并提出"结状"。以上系与验尸现场有关的文书。

在法庭（州县衙门）中所进行的讯问文书，则不加以区分其做成时间，约略，并陈介绍如下。首先，有召唤状的原稿，以及开庭时做成与前述相同的"覆讯名单"与"录供"；闭庭后，出庭应讯者（个别或数人联名）几乎全员提出"结状"。[12] 结状的内容，主要是重申应讯者各自接受讯问时，所做成的笔录；当然，每个人提出的结状内容几乎大同小异。若出庭应讯者或关系人，认为法庭讯问的内容有所不满或不足，之后可提出诉状（"呈"或"禀"）；知县并视其必要，再次开庭。以上所进行的流程、次数，虽因案而异，唯最为简易的案件，包括验尸现场实施的笔录在内，一般仍有三次左右的讯问笔录。若透过法庭讯问得以厘清案情，最后则可顺利推导出犯人。为解审犯人，须实施讯问，以为最后的确认；此时，也做成"名单"与"录供"（附有嫌犯画押

---

[12] 《淡新档案》中的提讯名单，常见有地方官草草写就的"堂谕"笔记。唯"命案部分"中，几乎未见此例。例外者甚为罕见，如"命案部分"No.2059 的文书 4 与 9。

的"结状",亦有未附加者)。

　　根据以上资料,开始做成解审的公文。主体公文"详文"(详细记录事件始末与截至目前的审问内容、供述记录,并加以拟罪)与发送公文"申"的原稿(装订两者于固定格式的便签上,成册送出),为解审之中心。护送嫌犯至府("招解")时,当然也有相关公文,亦不时出现为筹措该护送费用("解费",其花费需向犯罪关系人请求)而产生纷争的相关文书("命案部分"No.1475)。[13]

　　至于一开始就存在问题的"通详",依当时制度,应在发现事件后十日内为之。[14]"命案部分"中,的确可见注记有发现事件后十日内日期(若依文书排序,时间相当于验尸现场的讯问记录之后,法庭讯问记录之前)的通详原稿(如"命案部分"No.1667)。[15]但实际阅读事案时,可以发现,从事件的发现到通详为止,相当旷日废时。为了解州县层级命案处理的实际情况,以下就"命案部分"No.2059为例,并详细介绍该案件的内容。

　　遗憾的是,该案件的前半部,有明显的缺漏,亦即欠缺当事人禀报事件发生的文书。根据同治十三年(1874)六月二十四日的法庭讯问调查(文书21。此为本文书中最早出现的讯问调查),该事件为同年五月十四日夜半(另一部分文书的记录为二十一

---

[13]　此外,同一卷宗内虽与州县层级中的调查无关,但附有其他公文,如其后的省会复审,结束后将犯人送返县监狱的公文("命案部分"No.1452)、中央的审理状况,透过上司转送所辖的公文("命案部分"No.1476、1698等),以及秋审案件中,秋审时"存留养亲"的相关公文("命案部分"No.1452、1799、1996)与秋审经恩赦减等时,拨给死者埋葬银有关的公文("命案部分"No.1452、1799)等。倘犯人未经逮捕,亦有要求他县逮捕的移文与为逮捕犯人所作的"赏格"等("命案部分"No.1490、1510)公文。虽然各问题皆颇富深意,但不在本文探讨范围之内。

[14]　滋贺秀三《清代中国の法と裁判[清代中国的法与审判]》,第29页。其依据为光绪朝《大清会典事例》卷八百五十三中的乾隆二十二年议准。

[15]　如前所述,若通详一出,则上司随之下达"按拟招解"的公文命令(札)。此种情形可在档案中窥见一斑。

日），在陈秋田家中的覃洋生（15岁），因某种嫌隙，遭以郑元为首的五人殴打、绑架。并以赎金八千文为释放肉票之条件，将覃洋生监禁他处。此时，仲裁者介入提议，俟覃洋生伤势痊愈后，两方再行调解；全身遭剥光的覃洋生经救出后，返抵住处。讵料五月二十五日晚间，覃洋生因伤势恶化去世。覃家遂在二十七日报案，并要求验尸；而地方乡邻、团约的许姓、王万一等人，亦在同日报案。六月一日进行验尸（该文书23"验尸格"系本案最早附有日期的文书。从随后的文书观之，验尸的同时，已对关系人进行第一次的讯问，但该讯问调查未存）。王万一在此验尸阶段的同时，逮捕、扭送殴人的男性数人，不久后，并逮捕其他在逃男性嫌犯。最后捉拿到案的郑润（30岁），其实在相当早的阶段，即已确定为覃洋生致死的主嫌。透过以上数据，似可立即做出通详，然而，通详的原稿（文书22"详册折稿"及文书17的送状"申文"），却迟至八月十九日，即事件发生的三个月后，始告完成。

　　事件虽看似单纯，做成通详却如此费事，阅读公文后，便能得知个中一二。亦即，覃洋生何故遭郑元等人殴打一事，根据多数证言，乃覃洋生与郑元之妻通奸，而陈秋田提供两人幽会的场所；郑元得知此事后，即托友人前往陈秋田家中，捉殴覃洋生。相对于此，被害人覃洋生的族长覃纯斋（56岁）在六月二十四日的法庭讯问上主张，覃洋生可能在陈秋田家中收取借款时，遭暴力绑架；并在六月二十八日提出禀（文书2）（法庭讯问时，已有一部分证人前往应讯。或许是受到其中郑元证词的影响，而提出禀。郑元供称，其请托五名男子前往殴打覃洋生前，曾招呼过市场的许姓业者），认为掳人勒赎事件的"主谋"，为地方上的"客长"（或系市场管理人）许一堂（26岁），王万一为其同伙。许一堂、王万一等人，则于七月一日提出异议，认为覃纯斋之所以提出，是因为讼师于幕后唆使。知县为解决此胶着状态，定于七月二十二日开庭，并传唤关系人到场。或许不愿具结之故，内部主要人物如许一堂、王万一等人，皆未到场（文书4与5）。知县并重新传唤缺席者到庭（文书6）。为此，许一堂呈上巨细靡遗的禀文，并附带以前的文约，主张覃、许两姓为争夺市场的控制权而对立，过程中，由于瓦解溃败覃姓之势力，故覃纯斋利用本次事件，以雪宿怨（文书7与8）。虽有多数证言为许一堂的主张背书，然若覃纯斋所言属实，许一堂势必难辞其咎。此论点若不加以处理，或者更直截了当而言，倘无法让覃纯斋保持沉默，即便是知县，亦无法解决此案。

在此，八月六日的第三次开庭时，知县以许一堂先前传唤未到（而非归咎于杀人事件的主谋）为由，予以掌责，并解任其客长一职。或许在讨价还价的情况下，也成功让覃纯斋接受事件，即许一堂并非主谋，仅因覃洋生通奸，故遭郑元一伙围殴的说法（文书11之讯问调查，以及文书13—15各当事人所具结的结状）。事件关系人对于事件的认知，逐渐趋于一致。几经波折后，仅剩主犯郑润应处以杀人罪，以及与覃洋生通奸的郑元之妻应处以通奸罪二事，未经解决。然而，从事件发生起算，迄今已经过两个月以上。

即便如此，知县仍未能决定通详。讽刺的是，覃纯斋等人竟于一周后的八月十三日，向巴县的上司重庆府知府提出告状（文书16）。告状的提出，也迫使知县须尽速做出通详。其中，覃纯斋一反之前所主张的结状内容，认为如果有奸，岂不送究，显然系许姓一伙捏造通奸等事，认为主谋为许一堂（并要求将许姓曾向自己挑衅的越例僭修诉讼，即"陈席珍捏诬之案"合并审理）。而重庆知府首次知悉该事件的存在，遂于该状的处理意见（"批"）中，命巴县审理事案，同时命令应照例通报（通详）。知县可能早有准备，八月十九日，以八月六日的讯问调查为基础，做成通详（文书22）。

九月三日，为再次确认，提讯狱中的嫌犯郑润（文书24、25），同时让郑润签署自认罪状的"结状"，结状后有郑润的左手食指印画押（文书26）。覃纯斋等人得知后，九月六日，又向巴县知县提出诉状，认为主谋许一堂漏网，心难甘迫，故坚持与"陈席珍捏诬之案"并案审理（文书27）。唯知县认为已解审事毕（"案已拟办，毋庸多渎"），而未予受理。并乘势于九月十日，备妥拟罪完毕的详文稿（文书15）。[16] 其后，根据先前做出的通详，总督透过重庆府，下达"按拟招解"的命令（文书18。十月十二日的"札"于十月十七日送抵巴县）。此外，重庆府的上司河东道，于十月底下达审理的命令（或许因覃纯斋进一步上控之故）。但实际上已不再开庭，十一月十六日嫌犯郑润与解审书，同时移送到府。

综观全案，即便一开始知县将全案归类为斗殴杀人事件而受理，最后亦如期拟罪，并解审到府；唯进行过程中，却出现许多意料之外的混乱场面。

### （二）讯问过程中的实践：与户婚田土事案处理的类似性

滋贺秀三氏认为，刑事裁判调查（事实认定）阶段的中心特征，乃取得嫌犯之自白。在当时的制度要求下，为执行刑罚，必须具备当事人的自白。州县长官身为初审法官，故"行为人本身最清楚其所为的真相。法官的任务，在使本人心服口服、说出真相"。[17] 反观上述州县裁判的实际情况，却不同于此种广为人知的论说。

---

[16]　此时上司命令虽未送达，然稿中已有上司的命令，以及依照命令进行复审的相关拟稿。至于郑润与郑刘氏（奸妇）的拟罪内容，分别为"合依'非应许捉奸之人，为本夫纠往捉奸杀死奸夫，无论是非登时，俱照擅杀罪人律，拟绞监候'例，拟绞监候"；以及"合依'军民相奸通奸妇，杖一百枷号一个月'例，拟杖一百枷号一个月。系犯奸之妇，杖决枷赎，给本夫领回，听其去留"。

[17]　滋贺秀三《清代中国の法と裁判［清代中国的法与审判］》，第71页。

覃洋生的致命伤，系郑润所为，此一事实核心自始至终皆未改变，所有关系人也未提出否认，包括郑润本人。然而，迄做成通详为止，何以如此大费周章，当然与覃纯斋等人采取的行动息息相关。其问题在于，相较于郑润的行为事实，社会对于该事件的评价更为重要。换言之，包括郑润在内的所有关系人皆认为，该杀人事件起因单纯，乃妻子通奸，而丈夫一伙对奸夫施以暴力。然而仅死者一方的族长覃纯斋数人提出异议，极力认为覃洋生系前往陈秋田家收账时，遭受暴力，背后为许一堂主使。不论何者，单就行为事实而论，覃洋生的致命伤，确系郑润所为，郑润杀覃洋生一事，应论以斗殴杀人。若论及刑罚轻重，无论主张任何背景情事，都无法改变郑润"绞监候"刑度的结果。然而，如果肯认覃纯斋的主张，则涉嫌杀人的嫌犯，可能还有许一堂，覃纯斋的用意亦即在此。是以无论真相为何，一旦覃纯斋如此主张，许一堂势必对此辩白，并向知县说明，两家之间的陈年旧怨，实源于市场中长久以来的权力争夺。仅此，该事件的定位则转移到一定的社会关系当中。起因究竟是因个人因素所衍生的单一偶发斗殴事件？抑或两家之间的争夺战？而覃纯斋等人的要求，到底是由于该事件偶然牵扯到敌对势力，且自家人在事件中身故，故见机意图扩展自家势力，还是一开始即为揭发许姓一方的隐瞒？此事件中，知县为整理此争点，竭尽心力，重点反而不在于取得嫌犯自白。经过几次的辩论后，覃纯斋总算在八月六日的法庭讯问上接受案件的事实，不过为"过度动用私刑所致的偶发事件"，并成功切割案件与两家的社会关系，以求事件得以单独处理。然而，为处理两家的社会关系，原先使用的手段也有所改变，解任许一堂"客长"一职，即与此有关。

针对事件与事件关系人，在数次的讯问中，亦进行各种处置与调整。当然，除逐次释放（"当堂省释"）显与犯行无关者外，若系嫌犯，则随时处以"笞责收押"。第一次开庭时，许姓关系人由于未与覃姓一同"协报"，反而"先行来辕呈报"，知县以此为由（其意义详见后述），予以掌责。第三次开庭时，不仅比对上述覃、许两姓的证言，同时归还、招领覃洋生在绑架监禁时遭夺取的遗物。反复讯问时，与事实有关的供述也渐起变化：最先供出殴妻证言的郑元，其后改为尾随五人一同前往；而一开始掳人勒赎的部分，则在后续的供述中逐渐消失，其所扮演的媒介角色，亦有所变化。或许是受到覃纯斋"如果有奸，伊等岂不送究"意见的影响，最后，事件情况已非一开始的掳人勒赎，反而安插出通奸一事"正要送究"的仲裁角色。[18]

通过反复的讯问，案件的支微末节，当下受到妥适的处理，处理完毕时，则从案件的故事叙述中修剪下来。同时，事件的本身也因为部分的供述修正，而改变事实的样貌，以图简略。经过此番加工，案情终于单纯化，在八月六日的法庭上，包含郑润在内的出庭者全员一致同意，并结状背书。

如上所述，基层刑事裁判现场中所发生的实际情况，即统合、整理各种供述的操作。而早在十几年前，唐泽靖彦氏研究刑部现审档案，在《口耳传承与文字记载之间——清代裁判文书中供述书的文本性》一文中，即提出此般有力见解。亦即，以时间序列堆叠而成的讯问调查，互相产生"为统一诸关系人各种故事叙说之效力"，或者"供述书中官方的言语操作，虽系当事人再次言明

[18] 做成通详或详文时，会加以润饰最后做成的讯问笔录内容。如六月二十四日的讯问调查中，已有郑润的供述内容，并有七月十九日逮捕的记录；然郑润八月一日"在监患病"，于九月一日治愈后，为求谨慎，案卷亦附有做证的"医生""同监犯人"与"禁卒"之结状。此种策略，实为解决"县审分限"，即逮捕后三个月内为之的期限（逮捕日定为七月十九日，扣除一个月的患病期间后，距解审的十一月十六日，仍符合规定的三个月内）之故。

官方早已决定的案件性质，然而原先具备各种面向之事件，却因此统一为单一的故事版本"。[19] 知县在本次的命案处理中，不外乎以"为统一诸关系人的各种故事叙说"为目的，对关系人（特别是针对覃纯斋与许一堂）进行统合。唯唐泽氏此一前瞻性之见解，在迄今的中国刑事裁判史研究中，仍未得到有效的运用。

　　相对于此，中国法制史研究对于民事裁判的外观建构，则有滋贺秀三氏的见解。滋贺氏透过长期的民事裁判研究，指出民事裁判的全像如下：民事裁判之目的，在于"事实清楚，是非分明"。"所谓'事实清楚，是非分明'，一言以蔽之，不外乎就事情之真相，敉平各当事人之主张与认识间的隔阂，并使各当事人达成近乎共识的状态"；"并非自身内在的心证形成，而系达成自己、当事人以及关系人等的共识，此亦为听讼程序的核心目标；由于法官可以恣意行事，故更应直追目标"。[20] 这些描述，竟也出乎意料，符合以上所见的知县形象。

　　至于法庭讯问与结状做成的流程，通常为法官逐步调整、加工当事人相继提出的供述后，统整出一个故事叙述；再由各当事人

---

[19] 唐泽靖彦《話すことと書くことのはざまで―清代裁判文書における供述書のテクスト性［口耳传承与文字记载之间——清代裁判文书中供述书的文本性］》，《中国：社会と文化［中国：社会与文化］》10（东京，中国社会文化学会，1995 年），第 221、228 页。唯该论文对"草供""录供"及"招状"的定义，不同于一般见解，笔者亦不表赞同。

[20] 滋贺秀三《清代の民事裁判について［关于清代的民事审判］》（收入同氏《続·清代中国の法と裁判［续·清代中国的法与审判］》，第 189—190 页）。寺田浩明《法の構築［法的构筑］》《"非ルール的な法"というコンセプト―清代中国法を素材にして［非规则型法"之概念——以清代中国法为素材］》中所提到，在地方官主导下的"公论"形成与统合，实际上并未改变此种论说。若引进"众人"（当事人所处的社会若达成的共识，亦即最广义的"法"）的契机，并作为裁判的基础，则滋贺氏的"调停"论将走进历史。"调停"论（在裁判构造论上）的前提，系州县长官与事案两当事人互相对立；而民事裁判的基础，则在于当事人做出结论的"自发性接受"（即"遵依结状"）。滋贺氏也同时提到，刑事裁判乃"确认犯罪事实的大原则，必须具备犯人的罪状自认"，"若系刑事，则有犯人的自供；若系民事，则为众人的了解"。若改变看法，或许可以得知，滋贺氏的裁判论中，此种犯人自白论的部分，仍然保有当初奠定当事人接受型之论述。

依此提出自己的供述。在此种实际情况下，正如滋贺氏所指出的法官作为，在于达成"就事情之真相，敉平各当事人之主张与认识间的隔阂，并使各当事人达成近乎共识的状态"此一核心目标。此种论调，与唐泽氏所指出的"原先具备各种面向之事件，却因此统一为单一的故事版本"，实为一体之两面。换言之，对刑事案件的处理，严格说来，即当知县拟罪以前，以当事人所处的社会为检视对象时，其进展之本质，实与民事裁判无所区别。

观察公文的全体构成时，可以发现与验尸和解审相关之公文，系命案卷宗所独有；除此之外，可以发现，公文的使用具备以下的共通性。例如民众一开始报告事件发生的"报"，其书状格式实与听讼时的诉状实质相同（其形式上之差异，仅在于诉状中的"呈"字更改为"报"字而已）；知县在书状结尾所书之"批"，以表示自己的意见，并下达处理方法，亦与户婚田土事案的处理并无区别。而法庭讯问有关之各种文书（召唤状之原稿、名单、录供与结状），其形式也与广为人知的州县自理，并无不同。无论是命案，还是户婚田土事案，诉讼首由民众申告；裁判时，则全力传唤相关人等，小至案件之个别细部，大至"从案发地的社会关系来看，属于何种事件"（或者应依何种事件处理），以进行磋商。[21]无论何种情况，开庭一次若仍未能达成协议，不满之一方（抑或双方），以先前的法庭处理有"未尽之情"为由，申诉并提出诉状；该诉状经受理后，随即进入下一回合的开庭程序。另外，当事

---

[21] 当然，案情达成共识，并非代表违反"真相的阐明"。实际的"命案部分"中，案件一旦立案后，至少对于拟罪在案的嫌犯行为，并未见有人为加工或润饰的迹象。由于当事人的观点与利害关系不尽相同，欲使事件达成共识进而对此科处刑罚时，最为稳定确实且接近事理当然的做法，莫过于复原案情的发生事实。唯支持每件裁判的关键，并非事件"实体真实性"，而是聚集众人，取得、统整其供述后，所得到的共识。透过下一节即将分析的金钱解决案例，可以更臻明了。

人若对于州县长官的做法感到不公，即便案件正在审理，仍能无所顾虑，提出上控；提出后，上司则介入其中。

在故事叙述达成一定共识的过程中，登场人物适时接受体罚或经济上之利益的损益分配，亦同时进行。在户婚田土裁判的情况下，达成故事叙述的共识本身，实已等同解决纷争（当事人就堂谕提出"甘愿其遵"的遵依结状时，该讼争实际上已告终结）。对此，命盗重案裁判中，由于故事叙述的环节中，皆存有犯罪行为之认定与处罚的契机，即便解散嫌犯以外的关系人，嫌犯的具体刑责及施行流程（拟罪与解审），仍于官僚制度之内部持续进行。[22] 换言之，在拟罪后的各种史料中，若出现有犯罪者与犯罪者行为的讨论，实乃透过此流程而撷取出的结果。

## （三）招状之不存在：自白的问题

滋贺氏认为，刑事裁判全像的中心，在于上述的取得自白，并认为："如此，法官胸中的心像已定，在可资判断犯人已全然吐实的状态下，向本人宣读该文，并取其画押的文章，乃重新整理罪状，并具备一定格式（原文有注：常使用"不合［无辩解之余地］"字样），此即'招状'……此招状已非单纯的调查、记录，而系自认罪状之意思表示。"[23] 在此所称之"招状"，指清初官箴书中，"一问得一名犯人某，年若干岁，系某府某州某县，某都图籍

---

[22]　此外，在解审事案与自理事案中，故事叙述共识的做成方式，有所不同。前者势必以详文的形式，做成故事叙述的最终确定版；后者（勤勉的知县，整理堂谕做成的文章除外）则在法庭上达成共识，其表现的文字，则以当事人所书的结状中，视处理的必要，分散记录。唯如注 18 所述，官僚制内部所使用的详文，其故事叙述可能有润饰的必要，只是经润饰、改写后的内容，却不一定能够重获当事人的确认（实务运作上，或许也不会转送至包含犯人在内的当事人）。而详文内容，也包含拟罪以后的一部分内容。

[23]　滋贺秀三《清代中国の法と裁判［清代中国的法与审判］》，第 69 页。

贯。状招：某年月日，不合与某云云。……当蒙提吊一干犯证到官，当堂研审，录取口供云云在卷。蒙审得云云各情，允服无词。除将无干人证某某先行摘放，某某等取问实招犯外，结得某某物件，时值估价银若干两。所结是实。某年某月某日招状人某某，背押"[24]，附带犯人画押的文书格式。

　　然而，在本次州县档案的解审案件中，却不见上文所描述，具备此种名称与形式的实物。

　　当然，类似自白调查的公文，并不因此即不存在。以本案为例，通详后、拟罪前的九月三日，法庭上提讯犯人郑润，并取得附有本人画押的公文（文书 26）。程序上，或许相当于滋贺氏所称的"招状"。该文书标题为"结状"，且全文仅有"具结状人郑润。今于大老爷台前为结状事。情覃纯斋等以报恳验究具报覃洋生身死一案，沐恩验讯明确。覃洋生尸躯实系蚁用铁炭条殴伤身死，并没别故。蚁具结备案，中间不虚。结状是实"等简单字样（该公文亦同于其他结状，知县皆批有"准结"字样）。不仅未使用招状特有的"不合"字样，甚至在结状本文，即同日法庭上所取得"今五月间，因覃洋生与郑元的妻子郑刘氏通奸，邀小的往捉，把覃洋生殴身死"的讯问调查中（文书 25），亦不见斗殴背景或原因的关键记载（程度上，或许连关键的"本夫为纠往捉奸，杀死奸夫"，亦难成为本件拟罪的根据）。综上所述，从一开始时，即不存在以其中

---

[24] 《未信编》卷一刑名上，"章程 问拟 招状式"："一问得一名犯人某，年若干岁，系某府某州某县，某都图籍贯。状招：某年月日，不合与某云云，某各不合云云，又不合云云，各又不合云云，亦不合云云，亦又不合云云，却不合云云，却又不合云云。有某不甘，通将前情，首告某衙门某官案下。当蒙提吊一干犯证到官，当堂研审，录取口供云云在卷。蒙审得云云各情，允服无词。除将无干人证某某等先行摘放，某某等取问实招犯外，结得某某对象，时值估价银若干两。所结是实。某年某月某日招状人某某背押。"另《福惠全书》卷十二的《招状式》文亦同。

一件公文代表事件全体，或者以罪人本人的自白书概括事件全体的想法。而在此种情况下，"命案部分"中亦不存在独立的招状。

若循前项分析，首先在裁判本质的层次上，或可指出滋贺氏自白论的背后，法官、犯人、犯罪事实三者，乃并行于同一直线；而法官取得犯人自白，并借此推理案件的真相。若系常习犯（社会的公敌）所引起的强盗杀人等事件，犯人之行为事实，应等同应罚之罪情。然而，如同上述事例，加害人与被害人间在既有的社会联结上，若发生人命事件（毋庸置疑，大部分杀人事件皆属之），则事件将成为目前为止社会关系的一部分；若可资解决，亦成为接下来社会关系的一部分。事例中，将犯罪部分作为犯罪部分，而分离出去，已成为争点之一；在此，所谓犯罪事实，绝非客观上存在，以静待犯人本人的自白。透过裁判所欲探求者，相较于阐明客观事实本身，毋宁为达成共识的案情中，应包含其社会关系的推移过程，或者确立全员对于案情皆已达成共识。是以阻止本人的翻供、关系人的上控，乃至于维持解审公文的安定程度，其最终目的，无非是确保共同认识的达成程度。

当然，在此情况下，为追究犯人的刑责，而有解审、护送的必要；就科刑而言，犯人本身的自认罪状，在制度上也具备一定的基础。如前揭案例中，推导出郑润一人，并令其做成自认罪状的公文。然而所谓的犯罪内容，并非透过郑润一人，即可得到确定，而系法官以当事人所处的社会为对象，共同进行确立与定位。犯人自认罪状，（当然仅止于中枢而已，就构造而言）不过以其中一部分、一环节之状态存在。若论及本案中促成拟罪的关键公文为何，也许是八月六日全部关系人的讯问调查（文书 11）；然而对于已达成的案情共识，当事人能够各自确认者，如八月六日许一堂、王万一与覃纯斋等人的结状，以及九月三日郑润的结状等公文，或许更为关键。即便谈到对于知县的"心服"，亦非犯人一人，而系关系者全体的"心服"。自认罪状类似于开庭后所取得的结状，正确来说，法庭供述（讯问调查）、关系人的结状及犯人的结状三者，实属密不可分。由此，更能表现出此种状态的本质。

如此，"命案部分"中不存在独立的招状，并不足为奇，也找不出积极的理由。欲回答此问题，或许须考虑历史变迁因素。正如谷井阳子氏在其论文《从做招到叙供——明清时期审理记录的形式》[25]中所指出，明清时期的解审公文格式，已产生相当大的变化。因此，统括裁判结果的公文（若系重案，则为解审公文）形态，从明至清，变化亦甚剧烈。明代所采取的方法，乃以主犯（即"招主"）为故事的主体，在"一、问得犯人一名□□□，年□□岁，系□□□县人。状招：……"的格式下，重新构成所有的犯罪事实。相对于此，清代则从头开始，按时间先后，罗列出关系人在验尸现场，或法庭中所做（统整意见，做同一描述）的录供，试图重构案件的事实。[26]而前述《未信编》所载（抑或是滋贺氏自白论中所设定）的招状，有当事人之画押，显然是以招主为中心的解审公文。或许在明清易代的裁判实务中，此种公文做成于调查的最后阶段，详文时再重新誊录。[27]当允许以累积的讯问调查表示案情的来龙去脉，并以此原封不动提出、解审时，公文中具备此种招状的可能性，自当锐减。实际上，"命案部分"中的

---

[25]　谷井阳子《做招から叙供へ一明清时代における审理记録の形式［从做招到叙供——明清时期审理记录的形式］》，收入夫马进编《中国明清地方档案の研究［中国明清档案的研究］》（科学研究费研究成果报告书，课题编号：国09041015，2000年）。

[26]　这两种形式也容易从清代范本中找到。转型期间漫长，且转移为个别进行。转型期间，亦有开头为状招型记述，其后则列举录供的冗长形式。

[27]　如阿风、周绍泉辑校《明代诉讼文书》中，46"万历十年正月十一日与谢世济告争徐八下坞口洪曾得庄基诉状"的7号文书"供状人谢世济"之供状，与49"万历十年祁门县判语"中，一问得一名谢世济的状招，内容完全一致。

详文，皆属于录供列举的形态。谷井氏认为，解审公文中，记有巨细靡遗的供述内容，故政府中央对于基层裁判实务的掌握程度，亦有所强化；然而从基层裁判实务的角度而论，随着解审情报数量的增加，一开始于基层所达成的共识实况，亦原封不动，往上传递。

清初官箴书中所出现的"招状"格式，与其认为系事实认定与调查的本质（自白中心主义？）下，应运而生的产物，毋宁认为，其不过属事案解审的现场中，经要求必须出具的格式而已。[28]进一步言之，重视自白论述后所蕴含的形象，乃体现国家权力，州县长官面临犯罪者，而透过犯罪者自行认罪，以期阐明事件的所有真相（客观事实）。而此种形象，显然为拟罪以后的刑事裁判史料中，倒推所得的刑事裁判全像（或者只适用于处罚欠缺社会联结的常习犯时，其刑事裁判全像）。因此，以此种裁判全像，观察前述命盗重案与户婚田土细事之间的类似时，则不免相形见绌。而状态经如此整理后，则可以判断，以下命案的处理方法，占有何种地位。

### 三、命案未进行解审时的处理方法

#### （一）以自杀或因故死亡结案的案件

与《淡新档案》一样，"命案部分"中的确有许多事案，虽然有人亡故，却未以杀人事件立案（因而未经解审）。其中，也包含

---

[28] 森田成满《清代の人命事案に於ける事实认定の仕组み［清代人命案件中确认事实的方法］》，《星药科大学一般教育论集》18（东京，星药科大学，2000年）指出，招状首先有"为做出有别于事实认定的定拟之要件"，因此，"即便在事实认定的结构中，已经有所理解，仍然须再三确认既得的心证"。此论述持平整理出招状的前后连贯性。

有身故案件中的关系人，先行向县提出死亡事故发生的来龙去脉，如渡船翻覆事故中，有人溺死之案，无名的行脚人病死旅馆或路旁，遭人发现之案等。[29] 但最令人注目者，莫过于一开始即由被害者家属提出验尸申请的事案，以下介绍篇幅较短的三件事案：

"命案部分" No.1401 中的王兴成（27 岁），于同治元年（1862）八月九日提出的"报状"。四日前，王兴成得知出嫁之妹染病已死一事。王兴成前往察看时，其妹已经入殓，但见尸体口鼻尚有血痕，因而请求验尸。知县获知报状后，认为尸已入棺，尔何从查，而批以"显系借死图索，砌词妄控"，唯在此同时，亦命刑房书吏起草开庭所需的传票（文书2）。然而，在同月二十二日，婆家父亲提出反诉，认为："媳妇原患痰疾，过门常发，抹吊寻尽已非一次，而于日前上吊自杀。于是唤来媳妇的母亲等人，看明无伤后，将二五千钱的'埋葬银'交其后夫。由于王兴成等人索钱八千不遂，故透过本次捏报，企图骗取钱财。"两个月后的十一月四日，终于开庭。法庭上的王兴成，仍重申最初主张，并出具"倘验无伤，自甘坐罪"的结状（文书6）。因此，知县只能于一周后，对已经腐烂的尸体进行验尸；然究其结果，只为单纯的自杀。因此，遗体由婆家领回埋葬（文书10）。一个月后，再次开庭审理，此时王兴成终于承认勒索一事，而遭判"掌责锁押"之

---

[29]　文书标题并非使用"报"，而系"存"（"命案部分" No.1571、1604 等），以表达其提出属于备案性质；倘无疑义，知县则批以"准存案"。此外，清律"检验尸伤不以实"条中，有条例"一、诸人自缢溺水身死别无他故，亲戚情愿安葬，官司详审明白，准告免检。……"，值此，若属"自缢溺水身死"，则有告官请求验尸的义务。又《巴县档案》中，知县对于被害人可能因事件而死亡，却草草埋葬了事的案件，认为有未报官即埋葬界内出现的尸体，应加以问罪的前例，而加以斥责之例（"命案部分" No.1601、1696）。至于"命案部分" No.1905（路旁出现饿死的无主者，日后死者却遭他人冒称为亲弟，他人以此为由，向附近居民勒索的案件）中，民间亦认为，为防范可疑案件，有事先提出的必要。

罚（文书 11、12）。

"命案部分" No.1468，系同治三年（1864）一月二十九日，70 岁孀妇的子侄（亡夫兄弟之子）罗廷万（年龄不详）向胡松荣（42 岁）索讨借款时，与对方产生争论。罗廷万因此滚下石岩，将头跌破，故孀妇请求验尸（文书 1）。知县随即决定现场勘验与验尸；在进行验尸的同时，传唤关系人至现场的命令原稿，则做成于二月一日（文书 2）。然而，遭指控为加害人的胡松荣，于二月六日提出反诉（文书 3），认为："罗廷万仅系于别处失脚跌岩毙命，其后罗氏一伙将其尸体移至自己土地界内，嗣因借索不遂，而捏词妄报。"有趣的是，死者罗廷万之胞兄，以其弟因自己失足，"与人无尤"，不忍其弟尸骸暴露为由，于翌日提出"免验"的申请（文书 4 "搁状"）。从奉差前往现场的差役，翌日所提出的复命书中，可以详细得知情况为之一变的理由，即"胡松荣帮给葬费钱五千文，业已和案"。告诉提出后，当事人之间的金钱和解似乎已成立。唯知县仍旧于三月三日开庭。然而其中的讯问调查与结状，内容仅止于罗廷万确系自己失足滚下死亡一事，殆至最后，与"葬费钱"有关的五千文，则未正式言及（文书 6—9）。

"命案部分" No.1477 则始于同治三年（1864）四月十一日刘先荣（50 岁）的"报状"（文书 1）。刘先荣称其胞弟刘先华（年龄不详），遭施大兴（65 岁）执持木棒殴头，于三月二十六日毙命，故请求验尸。对于此诉，知县认为未叙明遭殴身死的原因，且何以事经半月之久，始要求验尸，故批以"显因事后搕索未遂，□（捏？）词耸听，已可概见"。即便如此，知县仍命（刑房）即日准备验尸（文书 2）。翌日，遭指控为暴行嫌犯的施大兴提出反诉，称"刘先华于三月二十五日至本人土内窃取作物，喊逐后自将头颅跌伤，自行回家，于二十七日在家亡故。家属借此索赔，故听从团邻所劝，悯其贫苦，出银二十两以息事。刘先荣等因而食髓知味，捏词翻控，借机敲诈"（文书3。由刘先荣具名，团邻也同时在场的文书11，为三月二十八日的"领尸埋葬文约"，系收受财物时，刘先荣一方所出具的文书，可能与反诉状同时提出）。施大兴之佃户陈春山等人，亦于数日后提出同样的诉状，以支持施大兴（文书4）。其后的五月三日，双方透过诉状互相责问，始暴露刘先荣一方，重搕要银五十两，因而无措一事。最后，在同日的法庭上，全员确认施大兴所言之内容（已出银二十两和解），双方出具"日后永不借尸翻悔生事"之结状后，全案始告终结。

实际上，"命案部分"中的案例，有半数属于如以上三例的情形。而此种案例得以金钱解决，其背后的要因有二。

首先，死者家属一方因经济因素，而执拗要求填补损害。当然，其中也有死者家属勒索金钱，结果遭以"借尸图索"为由惩处之例。然而，当时"有人异常死亡，则应归咎于何者"的想法，普遍为人所接受。当案件束手无策时，将致死之责，归咎于死者的周遭人物，亦非不无理由。特别是在死者家属贫困，而无力负担丧葬费用的情况下，倘有何种要求，则由强者怜悯弱者，捐出慰问金，社会上也应予以帮助。以"命案部分"No.1914为例，原先的提诉理由为索讨借款而遭杀害；相对于此，反诉则认为仅属单纯的上吊自杀。知县进行验尸后，认为确属自杀，并以"捏报命案"为由，掌责死者家属。唯同时亦哀悯其"死于非命"，而委屈加害者支付八千文"超度之资"。

其次，则为支付者一方的弱点。如上所述，当死亡事故发生时，其周遭人等，皆具备最底线的社会性弱点。由于国家主要为死者一方的弱势者发声，并伸张其冤抑，故国法并未袒护此弱点，反而强化其作用。对于将人逼上绝路者，既然须问以"威逼人致死"（刑责为杖一百，追埋葬银一十两给付死者之家）条，如此一来，即便系自杀事件，关系人仍然无法摆脱遭指控为嫌犯或刑事犯罪者的危险性。若支付十两，即可免除棘手之事，即关系人在遭到勒索的阶段时，先行支付十两以图解决的道理，简单明了。[30] 而根据案件的内容，有时所掌握的弱点，似乎无法在此种程度上顺利平息。换言之，《巴县档案》中的此种事例，所在多有，如验尸时所认定的重伤，但该伤确系当事人跌倒所致；以及的确产生暴力冲突（或者完全无法否定），当事人回家后，却（因其他疾病而）病死而告终等例。特别是第三例中的窃盗者死亡事件，若断言其暴行与死亡之间，并不存在因果关系，反而不甚自然。然而，若认定该事件为斗殴杀，则原则上的刑责为死刑，其迫身的危险，又非威逼人致死所能比拟。即便只是单纯的威胁，其效果亦十分强大。如果确实有杀人的情况，根据对方的要求，亦有支付高额金钱的可能。[31] 当然，若事已至此，所进行者，实际上已与犯罪事件中以和解、金钱了结的情况，并无不同。

透过金钱解决的案件，就在一端为纯粹勒索，另一端为纯粹的了结犯罪之间取其定位。唯以上两点要因，本来即属互为表里

---

[30] 以此为目的而自杀者，莫过于人尽皆知的"图赖"。可参考三木聪《軽生図頼考——特に"威逼"との関連について［轻生图赖考——与"威逼"的关系］》,《史朋》27（东京，北海道大学东洋史谈话会，1995 年）等论文。"命案部分" No.1548 为典型的图赖案例；由于老婆为对抗取租而上吊自杀，故原告以地主威逼为由，请求验尸（乡约从中协调后免验，后以减免纳租、支付烧埋银而告终）。或许置案件于不顾，亦能得此处置之故，在"命案部分"中，几无直接以威逼人致死立案的案件。唯"命案部分" No.1770 与 1871 两例，虽言及威逼人致死，然皆属相当身份人士间的讼争，且不知缘故，两者皆无下文。

[31] 最后单纯以自杀、病死或事故死处理的案件中，亦散见高额补偿之例。如"命案部分" No.1993，以"埋葬银"为由，交付八十千文。"命案部分" No.1935 中，告诉主张取账未果，反遭殴死，反诉则认为不过为自杀。虽经验尸，但结果认定过于暧昧，为"生前受伤后，自服洋药身死"。最后仍命加害人支付五十千文的"超度银"，与一年份的二十四千文"工资钱"；法庭上，亦提及借钱七十四千文一事。

的关系，故试图采取由谁威逼、遭谁斗殴杀害的主张，亦无法特定：案件事实是否的确如此，且死者家属主张对加害人加重刑罚；或者是否只透过提高勒索或慰问金额的途径，而试图提出。另外，抵抗支付金钱的一方，也无法做出以下判断：是否纯粹拒绝屈服于要挟与勒索；或者尽管希望透过金钱途径了结事件，但因对方要求的金额过高，是否继续抵抗。当然，还是有怜悯清寒的死者家属，而支付慰问金的案例存在，然而其理由究竟是出于怜悯，或只是以死者家属清寒为由，而趁机迫以金钱解决，亦碍难断定。

当然，在最后以金钱和解告终的事例中，无论何种死亡，最后死因皆以单纯的病死、因故身亡或自杀身亡等了结，而金钱部分则以慰问金处理。然而，透过以下"命案部分"No.1702之案例，可以得知，此种说法并非皆是真相。

该案例一开始的报状部分已不存，从后来的供述部分得知，同治五年（1866）十二月二十七日，幸贵祥（幸遇贵，22岁）提出报状，要求对其父幸合顺（65岁）进行验尸，同时指称，其父亲之死，与洪长生（年龄不详）有关。知县受理当天，做成验尸票之原稿（文书1），然三十日后，幸贵祥与死者幸合顺的夫人——幸李氏（62岁，之后的诉状则记50岁），共同提出免验的请求（文书3—4）。知县亦为之受理，同时出具开庭的差唤传票（文书2）。同治六年一月三日，庭中取得包含死者夫人幸李氏在内的共识，并汇整结状（文书5—9），确认事实为：去年十二月二十五日，幸合顺与洪长生间，因争界而产生口角，幸合顺于其后因酒醉失足跌伤，二十七日身亡，"并没别故，与人无尤"；就所争界址，今后则就地调停，以图解决。倘案件如此即告终结，的确与上述的免验案例，并无不同之处。

翌年一月二十八日，幸李氏突然提出诉状，认为:前次法庭中，洪长生欺负其子"幼愚",而关锁"勒和",伊等要挟其子"如供实情,即要受责",而任伊等蒙混结案;此外,出庭书具结状者,实际上并非幸李氏本人,而是彼等所雇用的假冒者(文书 10)。为此,知县另择二月六日正式验尸,确认幸合顺确系受伤身死。当天进行二次讯问,始确定事实为:幸合顺实另与魏大五(魏铜僖,45 岁)在途碰撞,结果遭殴重伤;魏大五借犯罪现场地主洪长生之空屋,就近延医,调治不好,而魏大五起意"私埋匿报",央求洪长生应允。并得知前次诉讼之幕后,有白琼林介入和解(洪长生交付"掩埋超度费用"之银一百两,以求"息事免讼")一事(文书 11—17)。九日的讯问时,包括魏大五在内,全员确认以上的犯行过程(文书 18—20)。十四日的法庭上,再次确认洪长生曾借款银一百两,白琼林从中,如数转交幸贵祥一事(文书 22—23)。二十六日的法庭上,知县命幸贵祥当堂缴出实际所得的埋葬银六十两,由洪长生如数领讫;而白琼林所经手的四十四两银约(或许为调停费用),则命洪长生回乡揭还了事(文书 24—29)。三月四日,始做成一月二十八日发现私埋匿报事件的通详(文书 30),以及正式的验尸格(文书 31)。二十二日,传唤魏大五一人,进行最后确认之讯问(文书 32—33)。俟接获总督"按拟招解"的批文后,四月八日,知县做成详文,拟以斗殴杀、绞监候(文书 36)。21 日,做成护送命令的点解单;五月中旬,将魏大五移送至府。[32]

　　此案件系发现当事人间的和解后,转而以普通的斗殴杀处理。案件的最后阶段,甚至连一开始"私埋匿报"的事实,亦未曾言

---

[32]　此外,魏大五于省会接受复审后,遭返巴县,然未及具题,即于九月二十六日在监病死。由于病死监犯已经省级的复审,故其验尸须经过较严格的"委员相验"程序。本案中检具有此时的验尸公文和报告书、叙明病死而未能具题的公文及调查魏大五死因是否涉及狱卒凌虐的调查公文。

及。州县自理中，以因故身亡的事件处理，其幕后或许有如前节般的杀人事件；反之，最后以杀人事件立案的事件，其起因亦可能以事故死亡而终结。

### （二）民间交涉与裁判之关系

阅读此种金钱和解的事案时，让人印象深刻者，莫过于事件中有人亡故，当事人之间随即进行来往与交涉。特别是在媳妇死亡的案件中，就一般惯例而言，须先确认并非死于婆家的暴行虐待，故在第一时间通知娘家家属到场。倘有外伤，则有殴杀之嫌；若系服毒身亡，则有毒杀之疑虑；显系自杀时，其原因又有可能出自婆家的威逼。娘家一方对死因若有所怀疑，争论即由此展开，迄结果明确为止，不允许埋葬。[33] 此外，死者家属在得到因口角而死亡，或溺毙、自杀乃至病死前，曾遭何者寻衅等消息时，往往认为对方即为加害人，闯进对方家中（有时也带遗体前往），强硬主张死者可能死于威逼或斗殴杀。若发生骚动，或许街坊邻居也自然而然加入事案。而发生死亡事件后，附近的乡约随即从中斡旋，并形成和解合约的情形，亦不时可见。以"命案部分"No.1651 为例，三月十日的"凭团邻领尸掩埋以息讼端文约"，即以上吊自杀之事件为中心，由约保居间，自杀地的地主出具三千文，以为"衣棺埋葬领行之需"；并以此为条件，要求死者父亲签立"死因仅为单纯的自杀，日后不得异议"的誓约书（文末有约保、地邻及"在见"等 28 名见证人的联名。召集多名证人的目的，或许不在于证明交付区区的三千文，而在于统一附近居

---

[33]　例如"命案部分"No.1958，媳妇死亡翌日，娘家"勒要银五十两，方准掩埋"。但夫家家贫，无法支付，因而拒绝，讼争因此而起。

民的意思。死者之弟因"误听旁唆",向知县要求验尸,始进入诉
讼程序)。此文约并出现于同治三年(1864)三月十九日的法庭讯
问上。合约中约定,以某种名目(埋葬银、超度银、安埋钱),给
付死者家属若干金钱,而家属接受死亡确实源于事故,且不得再
引起骚动。于此,当全体关系人同意不走漏任何消息时,官方当
然不会加以干预,事件可告一段落。

　　然而,如同第三件案例,当被害人死亡后,隔数周后方才提
诉之事案,地方官多少会归责于勒索失败(金钱纠纷)的结果。[34]
此种情况下,若加害人与被害人(乃至于被害人家属间因不满金
额分配时)之间的交涉破局时,死者家属(或一部分)向知县报
告发生死亡事件,并提出诉状,请求验尸。提诉后,当原告一方
若一改态度,请求"免验"(甚至请求"注销"全部案件)时,则
可以得知,在诉讼提出后,双方之间仍持续交涉,且已满足一定
的条件(换言之,请求验尸并提出诉讼一事,从开始时即为促进
交涉运作的手段之一)。若已在幕后成功交涉完毕,则之后的开
庭,不过系公开确认当事者的和解而已。免验之后,心知肚明的
知县,仍会认为再次开庭较妥。由此得知,此种公开确认,实具
有莫大的社会意义。[35]

　　当然,有时也会出现交涉破局,而唐突进入法庭之案例;然
而在此种情况下,实际上甚少验尸。且此时知县在法庭上的处理,
就大部分的事案而言,其实与民间交涉的情形,已无二致。

　　过程中,当事者若请求免验,则知县亦不再对事件内幕做过

[34]　类似案例如"命案部分"No.1507。此外,"命案部分"No.1693 称此种诉讼为"听唆
　　入讼"。

[35]　因此,一开始提出"注销",而非"免验"请求时,知县通常会驳回其请。例如"命
　　案部分"No.1528 所述:"控关人命,虚实应候集讯究明,何以卒请注销。不准。"

度的解释。即便验尸后，确定案件有暴行威逼的可能，若当事者
双方可能透过金钱和解，知县的态度亦未必归结于有人死亡的案
件。以"命案部分"No.1961 为例，当知县确认被害人受伤后翌
日身死时，却仅处以掌责，而不问案件中伤害杀人的部分。法庭
上的处理，反而着重于整理加害人、被害人之间的经济关系。透
过以上三例可知，之所以急于提诉，多半是因为补偿金支付的
问题。倘若知县认为，本次提诉的原因在于补偿金额过低，并
非不无理由，则知县的裁判方向，则会转为增加金额（如"命
案部分"No.1826。在炭坑死亡事故中，死者家属不满团邻所进
行的十二千文和解案。对此，知县引导方向，以二十五千文解
决完毕）。若知县洞悉讼争的根本原因，在于双方约定的和解金
尚未支付时，则会拘留加害人，以督促或强制其支付（"命案部
分"No.1772）。更有甚者，在交涉过程中，知县若发现真正问题，
更会亲自出面解决（"命案部分"No.1762。媳妇服毒自杀当日，中
介随即介入，要求支付娘家母亲五十两的慰问金。而其母于十日后
以死因不明为由，提起诉讼。经调查后，发现多半慰问金，已遭中
介中饱私囊。锁押私吞的中介，同时婆家一方亦上控至府，认为先
前五十两金额过高。最后将慰问金额折价为三十两，并在法庭上移
交款项）。

此外，在有人死亡的事件（或两家之间，以人死为其争论的
话题之一）当中，若涉及催缴借款或纳租等骚动的纠纷，可以发
现，其处理过程会试图联结所有问题，以期一举解决。当死者
系债务人时，则命相对人减少或放弃该贷与债权（如"命案部
分"No.1588，因催款太甚所致的自杀事件中，掌责锁押催缴的一
方后，在法庭上废弃二十两借款字据，再命其支付十两的埋葬银
予对方）。当死者为债权人时，则拘留加害人一方，以迫使其清偿

债务（"命案部分" No.1796 为土地征收过程中自杀的事件，验尸后，锁押相关人；解决后，再命被害人家属领埋尸体）。法庭上的话题，若全集中于解决经济纷争，则有人死亡的事由，只不过为诉讼受理开端之处置而已（"命案部分" No.1649、1650）。

然而，在州县法庭上，倘未能谈妥（或者是协商后，对自己不利）时，原告则再次主张威逼或斗殴，上控至重庆府以上的上级机关（"命案部分" No.1417、1591 等）。不过多数的上控，仍旧发回巴县，经发回的案件，也只能在法庭内或法庭外，以更多的金钱，支付死者家属告终。与"报恳验究"的诉讼一样，以有利于金钱交涉的对策进行的迹象，在上控中亦特别明显（"命案部分" No.1941、2030）。

提起诉讼的同时，当事者之间的交涉仍持续"在外"进行，两者互相激荡下，肯定有所着落。此种裁判与民间交涉的关系，实际上如同多数论者所言的清代民事纷争解决的状态。[36] 从上可知，即便是有人死亡的事件，其意义上，就如同发生同样的案件一般。

户婚田土纷争中，不论官民，除了经济上的利害妥协以外，不当然会出现一定的结论。而上述的案件，不同于户婚田土纷争，其状态的一部分，显然已涉及杀人事件。在杀人事件中，死者家属以金钱和解一事，实为国法明文所禁。律中有"尊长为人杀私和"一条，其事例中的最高限度，为"凡祖父母、父母及夫，若

---

[36]　相关的代表研究，可参照岸本美绪《〈历年记〉に见る清初地方社会の生活 [〈历年记〉所见清初地方社会的生活 ]》,《史学杂志》95 编 6 号（东京，山川出版社，1986年），第 1059—1083 页，及 Philip C. C. Huang（黄宗智），"Between Informal Mediation and Formal Adjudication: The Third Realm of Qing Civil Justice", *Modern China*, 19-3 (Jul. 1993), pp. 251-298。后收录于 Philip C. C. Huang, *Civil Justice in China: Representation and Practice in the Qing* (Stanford University press,1996)。

家长为人所杀，而子孙及妻妾、奴婢、工人受贿私和时，处以杖
一百、流三千里"，规定有卑幼被杀，尊长私和在内的各种受贿私
和情形与刑罚；针对加害人一方提议，或第三者中介其中，获得
中介费（说事过钱）的情形，亦订有相对应的刑罚。[37]换言之，
民间调停一方从一开始，即意图通过金钱和解；原告一方指出犯
罪的原因，终究系为了提高金额。姑且不论此两者，针对犯罪行
为，国家裁判上有最低限度的要求，即不许私和，否则处以刑罚。
在此种裁判下，此种要素究竟能进行到何种程度？或如前节所见，
巴县对于有人死亡的案件，确实曾立案为杀人事件。如此，两者
间发展的分水岭，究系为何？

### （三）刑罚案件的立案途径

在何种情况下，事件会立案为刑事犯罪？"命案部分"No.1702
虽曾循金钱和解的途径，但最后仍以斗殴杀事件立案。而该案件
之所以转为刑事事案，关键并非知县，而系当事人。透过此案，
以便理解立案为刑罚案件之途径。

如前所述，一开始出现的一月二十八日幸李氏提出之诉状
（文书10）主张，虽揭露自行私和一事，但幸李氏对此丝毫不知，
乃其子幸贵祥自作主张；途中偶遇白琼林，始来辕报案。然而，根

---

[37]《大清律例·刑律人命》，"尊长为人杀私和"条："凡祖父母、父母及夫，若家长为人
　　所杀，而子孙、妻妾、奴婢、雇工人私和者，杖一百、徒三年。期亲尊长被杀，而卑幼
　　私和者，杖八十、徒二年。大功以下，各递减一等。其卑幼被杀，而尊长私和者，各
　　（依服制）减卑幼一等。若妻、妾、子、孙及子孙之妇、奴婢、雇工人被杀，而祖父
　　母、父母、夫、家长私和者，杖八十。受财者，计赃准窃盗论，从重科断。（私和，就
　　各该拟命者言。赃追入官。）○常人（为他人）私和人命者，杖六十。（受财，准枉法
　　论）。"此外，奸情部分，亦有禁止私和的特别规定（《刑律·犯奸》，"犯奸"条："私和
　　奸事者，各减［和、刁、强］二等"）。另表面攸关诉讼事项（"公事"）者，一般也有
　　禁止私和的规定（《刑律·杂犯》，"私和公事"条）。最高刑责为笞五十）。

据二月六日洪长生的供述（文书 17），殴打后"当有白琼林劝解，业已各散。迨后幸李氏知觉，把她丈夫送小的家里，就说：'小的在彼朋凶。'不料合顺延于二十七日身死"，可见幸李氏的主张并非事实。实际上，将濒死的丈夫送至洪长生家中（亦即加害者周遭，家境较宽裕者），使洪长生卷入事案者，亦为幸李氏本人。可以想见，幸李氏与白琼林的操作意图，自然在于金钱要求（或金钱解决）。其中，幸李氏特意提出诉状，表明自家有所亏损，应有其他原因。

　　若系如此，可以发现一月二十八日，洪长生一改缄默，向巡役告知"私埋匿报"一事（文书 15。通详与详文中，皆记为"访闻"，即探听而得知此事态）。而幸李氏之所以提出诉状，也不过系对此所采取的迅速对应（私和一事其后若经问及，或可减轻罪状之策略）而已。[38] 事件发生后，洪长生屈服于幸李氏共犯嫌疑的威胁，且听从白琼林的劝解，自行筹措银百两，以掩饰魏大五的杀人事件。然而，一个月后，洪长生或许认为自己已无"朋殴"之嫌，之前付银百两，实为反应过度，因此向巡役全盘托出。返还银百两为之后裁判处理的着眼点之一，即可证实此推论。当犯罪者中的有力者，放弃金钱和解（或者舍弃魏大五）的同时，以金钱和解进行的故事叙述则完全解构。所有的供述，朝向单纯的杀人事件与其断罪，重新建构故事叙述。一月的法庭上，原先异口同声，称幸合顺因酒醉失足的叙述；迄至二月，事件始末则一改为魏大五的斗殴杀。

　　回到前节郑润一案（"命案部分"No.2059）的起因部分，一开始也曾图以金钱要求（金钱解决）。第一次开庭时，掌责前来报

---

[38]　此外，或许因此而奏效，确认本件私和事实的同时，幸李氏当然主张，所有责任应归咎于其子幸贵祥，唯"悯念年幼无知，从宽免究"，而不再加以追问（文书 22）。

案的许家关系人之原因，乃其未与覃家一同"协报"，反而"先行来辕呈报"。而从许一堂的禀状（文书 7）可以发现，"先报"的原因，在于覃洋生死亡翌日，覃香园直接前来"乘即滋索"，故先采取行动。且遭动用私刑的覃洋生，于五月二十五日死亡，在此之前，郑元一伙即曾前往覃家谈判，以八千文为条件，换取释放因通奸而遭监禁的覃洋生。亦即，重新以时序排列，一开始采取行动者，系许姓一方；当其发现覃洋生通奸一事后，随即要求覃姓，进行金钱清算（或因此勒索覃家）。然而，因覃洋生的死亡，覃姓一方转守为攻，对许姓进行取回金钱勒索的行动。当然，许姓亦可选择出面接受覃姓的反击，但事实上许姓不欲卷入覃姓的行动中，故率先逮捕犯人送官。正如前节所见，覃家、许家在法庭上仍持续争执该杀人事件的性质；换言之，立案为杀人事件的最大选择权，在于当事人之间的操作。

清代的法庭运作，无论是民事还是刑事，其媒介皆为州县长官，并建构共同的故事叙述，已如前节所述。更臻肯定的是，此种故事叙述的建构，多半开始于事件发生后的当事者两方。

透过以上诸例可知，同治时期的巴县发生有人死亡的事件时，首先一度探求金钱解决之道，实属常见。且先委由死者家属判断，是较为稳当的想法，亦属普遍（巴县知县掌责许姓，其理由应只有许姓未与覃姓协商，即自行报告杀人事件）。倘加害人一方同意，则故事叙述的建构方向，则直接以金钱和解进行；并采取一定行动，使关系人达成共识。而本节所见的多数案例，即属于此。且参与推动者，似乎并非只有当事人。在"命案部分"No.1702中，即将招解至府的监犯魏大五，认为自己因白琼林之挽说，贪取一百七十两，其中的一百两，交给幸贵祥并在法庭上返还。自己因杀人而获拟绞监候，罪有应得，然白琼林"借案撞骗"，心有难甘（文书 38。另知县以不准饬回），故向知县提出禀状。虽然金额似不符事实，然而事件发生后，有人以金钱为目的，穿梭于关系人之间，最后，自己反而成为事件下的牺牲者。[39]

即便如此，并不代表民间社会皆希望以金钱解决（若只有此种手法，则有此即为已足）。当被害人一方强硬要求，应以刑罚为死者申冤；或者加害人一方，无法满足对方所要求的资力与意志时，当然从一开始，即不存在金钱赔偿的可能性。[40] 金钱和解，的确是调整社会关系的途径之一，但"一命一抵"，即犯罪者家属交出犯罪者的生命，以弥补被害人失去的生命，此种调整、恢复两者之间的关系，仍不失为修复与调整社会关系的充分（或者是官方标准下的）手法。在此，国家作为刑罚主体所扮演的角色，乃接受民间一方的请求。

然而，死者家属一方以及加害者一方的意见，不当然处于一致的状态。关系人个别的利害关系若有所不同，则可能会在以下两者的社会水平上产生主导权之争，即：处理事件的主要故事叙述，应采取金钱解决型还是断罪型？在故事叙述的主干下，如何建立故事叙述的分支？开庭以前，倘仍无法整理出要点，法庭则成为汇集要点的场所。

案件一旦进入法庭，主导整体事件构成的决定权，自归州县长官。既然国家已禁止人命私和，则州县长官认为与民间采取的行动无关，并洞察犯罪要素后，更应积极努力，将案件导向刑罚

---

[39] 为使命案以私和终结，适时的"捏造"自属必要；同时，既有关法庭讯问，则关系人之间，在事前亦须达成一致的口径。根据需求，开始出现编剧与主持全案的指挥角色，及以此为业的好事者。彼等为自己的生计，而致力于"唤起需求"，自属当然。

[40] 实际上，史料中亦有未曾出现金钱和解的案件。例如最为完备的解审案件之一："命案部分" No.1452 中，由于招揽顾客的纠纷，导致渡船人伤害致死，死者母亲直接商请街邻，进而逮捕犯人、验尸、讯问。知县于事件发生后的第十日，做成通详。

的方向。的确，也有此种案例的存在。然而，在"命案部分"中，却有相当多"不了了之"的案件（约30件），如：刃伤争执中，准备以斗殴杀立案时，却突然中断的案件（"命案部分"No.1614）；有忽略当事者的免验申请，仍以斗殴杀为目标，进行立案，但在途中间断的案件（"命案部分"No.1635）；以及斗殴杀案件进行至通详，其后却付之阙如的案件（"命案部分"No.1426）；等等。无论何者，囿于史料所透露的讯息，真相依旧不明，然而只要民间一方对于故事叙述的成形，并不完全执意于断罪型时，即便州县长官意在立案，加害者一方仍可随时提出金钱和解的条件，以压低被害者一方的气焰。只要被害者丧失热情，最后，官方亦难以维持断罪型的故事叙述。[41]

在此种情况下，也许州县长官并无选定断罪型故事叙述的必要。以"命案部分"No.1718为例，知县验尸后，认定该案确属病死，同时采取支付慰问金的举措。对于寡妇之后又主张的"贿验蒙讯"，知县认为先前的处置已属例外，而斥责提诉的寡妇。由

---

[41] 作者大胆认为，通详后犯人"在监病死"案例（如"命案部分"No.1702）的背后，或许情事大致相同。嗣经解审完毕的犯人或秋审犯，在监病死时，上司须派员至县进行确认；若拟罪解审前死亡，则无须确认。借由其他史料得知，知县自身亦可能在事后捏造医生或禁卒的结状（参照注释18）。一旦通详做成后，若当事人之间成立金钱和解，"在监病死"的确是节省其后立案程序，以及统整文书形式的最佳方式。因犯人口角所起的"命案部分"No.1892之杀人案件中，当其中一名犯人在逃时，由地方人士出面，提出和息；唯知县未予理会，仍发出通缉令；此时复发生狱中犯人"在监病死"。法庭重开时，被害人母亲以逃犯死于逃亡为由，答应和解。或许事后以逃亡中或死于逃亡为由，避免立案，系一便宜的处置。至于在"命案部分"No.1751的强盗杀人事件中，知县虽已逮捕所有犯人，并已确认罪状。不知何故，通详中却称尚有不知名的凶犯，未经逮捕。上司几经催促，知县亦只能回复正积极追缉中。殊不知其背后，主犯已"在监病死"，不知不觉中，从犯也遭释放。综上所述，若无处理案件的线索，则无须做成通详，或许是最为安全的方法（如第一节所举的案例）。然而，若上司得知事件，并几番催促，知县则不得不做出通详。此时，知县若尚未掌握案件处理的事态变化，则先以犯人"在逃中"立案（其后，若能归结出断罪型的故事叙述，则改以"逮捕"立案；倘系金钱解决型的故事叙述，其理由则为持续在逃，而后"在监病死"）。

此，可以自然推断出，在知县的诱导下，此种金钱和解的途径，循序逐步进行。[42]

国家对于犯罪者处以刑罚的意义之一，在于一般预防（或者"风俗改善"），应无疑义。但从当事人解决纷争的面向而论，刑罚的意义，其实在于一开始能否为被害者"申冤"而言。若只有"申冤"，其手段不必然只限于刑罚。国家对加害者处以刑罚，以及命加害者赔偿金钱两者之间，并没有无法跨越的鸿沟。以律而言，斗殴杀人犯若准其"留养承祀"者，或经恩赦免其死刑，改为流刑时，则改追犯人银二十两或四十两，给死者家属养赡。[43]甚至从国家的角度来看，即便国家判断后免除其死刑，但对于死者家属，仍有金钱赔偿的必要性。[44]

如此，若当事人的动向趋于金钱和解（当事人自行选择金钱赔偿，以为其申冤方法）时，州县长官未必深入事件的真相。州县长官应采取的合理举措，莫过于在一开始时，尊重当事人之间已成立的金钱和解型之故事叙述，同时促进其共识的成形。当然，当事人一方若有所强迫，自不在允许的范围内。同时，为避免纷

---

[42] 亦有持反对意见的官员，如《樊山政书》卷四的"批渭南县余令禀""批渭南县民王虎儿呈词"中，渭南县知县余绍侨"凡有命案，俱令私和，可恨之至"之意见。当阅读此种案例时，或许会联想到，加害者一方贿赂州县长官（或者州县长官以贿为目的），以达成抹灭事件的目的；然而，亦可能出现金钱可以满足被害者亲戚需求（或者必须考虑到该笔金钱的用途，能埋葬死者，及供给未来生活所需）的情况，考虑其情形，而给予同情的可能。容许私和与贿赂州县长官二事，不当然有一定的关系。国家对于犯罪案件的态度，究竟是定位为"事关风化"的风俗问题，而采取杀一儆百的手段处理，还是定位为只是双方当事人单纯的讼争问题；私和问题的基本对立轴，即存在于两者之间。而前者的前提，则必须在基层的州县现场，具备一定的硬件措施（即搜查人员与警察机关），清朝却不存在此种配套措施。

[43] "犯罪存留养亲"条例6、"戏杀误杀过失杀伤人"条例1及条例6。《巴县档案》中，亦有相关的实务文书，如"命案部分"No.1491、1799。

[44] 就一般预防的效果（或者对国家的方面）而言，除部分事件外，国家自身在各种地方，实行金钱替代刑罚的方法（各朝代所见的赎刑制度，无非为此。另在州县自理的裁判中，亦有以罚金代替体罚的情况）。

争卷土重来，透过法庭，确认双方间的合意确属无逼自愿。双方间的合意无误后，再赋予其官方的外表。

透过法庭，以达成案情的共识，而整合过程中之核心，恰为州县长官本人。诚如第一节所见，解审事案得以其状态进行至解审，但选择故事叙述的主干时，全凭当事人所处的社会之动向；若关系人先发制人，先行确认其他共识时，一般而言，州县长官已无力推翻。此时，州县长官所扮演的角色，则从负责处罚恶行、改善风俗的立场，对于当事人间所达成的共识，不负所望，予以官方确认。如此进行，或许更贴近于实情。

当然，虽称为"达成案情的共识"，但事实却往往不同于案情。部分的案例，或许可称之为阐明真相与共同的确认，唯在假托病死的杀人案例中，一开始所达成的"案情"共识，即属捏造，其"达成共识"的内幕，无非是口径一致而已。对于裁判而言，透过以上诸事例可知，此种差异并非决定性的因素。甚至立案为命案进行解审时，如第一节所见，仍由州县长官主导各种细节的加工，实属常见。由于案件一开始已具备一定的意义，故只须进行程度上的操作、整理，即为已足，如表明自己跌伤、回家时失足落水，以及原因不明的饮鸩身亡等情况的案件；其相对应的处理，也一应俱全。当无法满足要件时，则更动事实，务使共识（评价）得以契合。在单纯的"程度问题上"，并列各种操作。而官方所考量者，并非真相如何，而系达成共识时，有否出现逼勒的情况。

## 四、结论

在以往的传统中国裁判研究中，法官同时具备两种面貌。一为"弱势"的民事法官，恳切聆听民间双方的要求，理解所有情事后，煞费苦心，赋予各自合宜的评价；民间若有所不满，便再次兴讼。一则为"强势"的刑事法官，对于民间所犯的恶行，抱持自信处以刑罚，借此伸张民间冤抑，改善风俗。后者即便留下量刑是否妥适等棘手的问题，然为明确国家应该惩罚恶行一事，法官（或国家）对于社会所进行的"裁判"，更接近片面的"调查"或"惩戒"。而此种分裂性，导致过去民事裁判研究与刑事裁判研究的分离，并产生阻碍。

然而，本文认为，即便系命案，亦为当事人所提出的诉讼之一，所进行者，仍属"裁判"。某人做出恶事，应处以何种刑罚的判断，若属于刑事裁判的宗旨，则操作者并非拥有裁决权的皇帝或高官，而系基层的州县层级。既然同为州县层级所进行（及同时其所承担的辛劳），则与处理户婚田土事案，几无二致。

诚如笔者另文所述，[45] 裁判户婚田土事案的州县长官，无论提诉内容为何，谛听关系者所提出的各种主张后，再以此为基础，确立出全员皆能接受的安定案情。借此，州县长官乃扮演回归平静的角色。其操作虽近似于当事人之间的妥协形成，借此，反而提高"情理"（适于天理，亦适于人情）的价值。唯具体的情理应如何界定，除了无论何者，皆肯认其"适于情理"的原理基础外，并无确切的辩证方法；而"无论何者"的范围，自然而然以事件周遭的众人为界定对象。当然，各种意见若无法归结出一结论（或者有人提出质疑，是否真为天下公论）时，心怀不满的一方，自

---

[45]　参考前揭寺田浩明《中国清代民事訴訟と"法の構築"—『淡新档案』の一事例を素材にして［清代的民事诉讼与"法之构筑"——以《淡新档案》中的一个事例为素材］》与《非ルール的な法というコンセプト—清代中国を素材にして［"非规则法"之概念——以清代中国法为素材］》。

然会将事案呈送至更为广域与高位的层级，以重新审视是否确属"天下公论"（此即上控）。然而，在州县阶段中，若关系人的意见有幸趋于一致，案情则不再前进（已无前进的动力）。

　　至于命案盗案中，刑罚的客观行为并非自然形成，而是社会对于该行为有一定评价，并由此应运而生，此点应无疑义。赋予此评价者，绝非官方一人所为，而系官、民合作，所产生的结果。在解决方法上，正如本文所见，即便过程中发生人命，保护残余的社会关系之方法，以及将行为者停留在过去社会关系中的方法，两者乃同时并存。前者出自指摘该暴力行为属于犯罪，并突显出该人物为犯罪者，应科予犯罪者官方的刑罚；后者则出于判断该暴力行为，是否可能转换为金钱赔偿。无论何种个别行为，皆包含在此种赋予共同评价的运作过程中，故衍生出本文所提出的模式。[46]

　　命案中的金钱解决，绝非民间恣意进行。国家亦密切关心，或者充分参与其中。如"命案部分"中，州县长官所处理的命案内容，大部分属于金钱解决之例。若暂时搁置律例的原则，持平而论传统中国法的实况，传统中国的政府在面临命案时，可能将手法分为金钱解决与刑罚两种。而州县长官以当事者所处的社会为对象，操作拟罪以前的运作过程。

　　当然，州县长官若决定科处徒刑以上的刑罚时，事案则需由上司复审（从物理角度来看，仅州县长官一人，亦无法执行徒刑或流

---

[46]　如注 6 所述，州县长官以州县自理处理重案的举措，滋贺秀三氏称之为"起诉便宜主义"（《清代中国の法と裁判［清代中国的法与审判］》，第 38 页）。广义而言，本文所见之案例亦属其中之一。然而，若问及州县长官只要下定决心，便能将所有事件立案时，透过"命案部分"，仍然不甚明确。律例与成案世界中的讨论，起于应予惩罚的行为（可罚的正当性），是否客观存在；然而，实际上却是随时于现场做成。所以，"起诉便宜主义"，或者"减算型"，即地方官对于民间社会关系的考虑，皆着重于现实情况的"形成"方面之论述。

刑）。复审过程中，上司也可能针对事实认定部分提出质疑，并拒绝向自己层级以上的长官报告（"驳"）。究其原因，多半为犯罪人本人否认（"翻异"）上司所见的详文内容（及相关的犯罪人自认罪状），或者犯罪人亲戚进行同样的上控。无论何者，皆可归责于州县阶段中尚未完全达成共识之故。若事实认定部分发生问题，则可能回到原审，重新进行审理；上司若质疑原审裁判不公，亦可能自行调阅全部公文，传唤所有关系人。无论何者，皆属于重新确认当事人社会共识的运作过程。而必要的复审制中，亦存在此种重复返回现场的契机。当州县长官在达成共识的过程中失误，上司因而介入时，与州县自理事案当事人上控的情况，实属一致（因死者亲戚的上控，本可自理结案的命案亦由此展开）。上司对于州县长官所做的裁判，有通盘的监督权限，其差异只不过在于，系必要的复审制之义务监督，或者是应民众要求的发动监督而已。[47]

无论是户婚田土之案还是命盗重案，官方针对事案所进行者，基本上乃以当事人所处的社会为对象，州县长官所经手（视其必要，可能有更高的权威涉入）的"裁判"。此种裁判，使当事人社会对于经官方确认的案情，达成共识。换言之，支持事案解决的规范基础（即"法"），乃案发现场中，由州县长官领衔，对案件逐一加工（称之为"法"，可能过于个别具体，实际上，每一个案件，皆会形成各自的"事件案情"）。官方受理民众的提诉时，亦不分暴行或者经济上的利害关系；透过一件裁判，灵活处以刑罚或分配利益。在以往区分民事裁判、刑事裁判的讨论中，或许即欠

---

[47] 差异较大者，在于翻异机会的制度性保障意义。实际上，徒刑人犯解送至府，流刑人犯解送至按察使，死刑案件解送至巡抚。就上司对于裁判的监督，或许应着重以下两者：相较于解审后，上司认为事实认定部分有问题，予以驳回之案，可能远不及民间（无论自理事案还是解审事案）的上控；就理论而言，上控制度应可上溯至皇帝。

缺此种较大的共通框架之诠释。而回顾史料上常见的"听讼"一词，竟可以相对应公权力行使的此一过程。[48]

　　然而，在必要的复审制中，也具备强化中央集权的动机。如本文开头所述，必要的复审制所扮演的角色，在于监督裁判，并务使全国的量刑判断达成一致。所谓量刑判断，既须审酌案件情事加以判断，则难以脱离现实；在当代裁判中，则将此一切委由承审法官裁量。然而，传统中国的裁判，除严格要求各犯情与刑责轻重之间的平衡（"情法之平"），并达成全国一致外，裁判官的内心操作（如当代的心证）与对各事案所抱持的判断，亦须统一于皇帝的权力之下。当然，案件数量如此庞大，则做成原案者，势必为基层官员。为使整体运作井然有序，判断标准的明文化势在必行。为此，皇帝制定、颁布巨细靡遗的律例，以为拟罪时的援引来源。然而，正如"有定者律令，无穷者情伪"所言，针对个别情事订定实体法，一开始即有理论上的局限（或者自相矛盾）。越重视"情法之平"，则最后越须仰赖个案而定。最后的判断，仍回归于皇帝或高级官员。当然，只要未确定量刑，即无法执行刑罚。而事案的刑罚经科以徒刑以上，即便其事实认定已无争议，仍须透过逐层复审，至裁决者手中。此即狭义的"断罪"世界。[49]

　　为实现"情法之平"的目标，必须获得逐一事案的来龙去脉。

---

[48]　翻阅官箴书编目，便能一目了然。官箴书中，与命案盗案相关者，亦置于"听讼"编目之下。迄今为止，笔者（多少受民事刑事裁判二分论的影响）主要将"听讼"一语，应用于户婚田土与州县自理的裁判上（如拙文，《权利と冤抑—清代聴訟世界の全体像［权利与怨抑——清代听讼世界的全像］》）。然而，参考刑事裁判的实际状况后，即打破"听讼"的此种界限。笔者在户婚田土处理中的相关论述，实际上亦与本文的命盗处理一致。

[49]　必要的复审制之此种面向，所涉及者，始终为如何统一官僚制司法意思的内部问题。从而，案件在中途经上司驳回时，问题亦无法回归民间。至于以上所述"情法之平"价值的状态、皇帝与官员之间对于量刑判断的互动，以及律例、成案的作用，可参阅寺田浩明《清代刑事裁判における律例の役割·再考—実定法の"非ルール的"なあり方について［清代刑事审判中律例作用的再考察:关于实定法的"非规则"形态］》（收（转下页）

---

然而，并非全部犯人，皆移送至北京，交由皇帝亲自审问；因此可以确认，在某一阶段前的运作，几乎为公文的书面世界。高位者未亲自接触事件，难以判断案件的细部，是否与"情法之平"相妥。在此种不合理下，满目的供述纪录、巨细靡遗的解审公文，始经做成。然而，无论公文内容如何详细，公文本身已属于以当事人所处的社会为对象，所编织出的一种故事。对于应予惩罚的对象、应罚的行为，已全部换上应罚的包装，并赋予社会正当性。相较于量"情"，在实际断罪世界的共同运作，乃不分善恶，以此种从属、疑似的现实为对象，所进行的理性操作。并借此达到全国性的量刑统一。

必要的复审制中，此种针对现场的起因与针对中央的起因，现场进行的事实认定及中央进行的量刑判断，相互交织，最后以复合物的样貌，呈现在裁决者面前。州县长官做成解审公文时，形式上包括经济部分的处理在内，皆已完成最后的处断，等候上司裁决。若将州县长官以上、皇帝以下的官员体制，视为一个裁判主体时，的确属于最后的处断。然而，若言及裁决者的具体指示内容，实际上亦只有下达对某人处以何种刑罚的命令（及执行刑罚的具体方法）而已；除此之外，则多为"余依议"，而不加以议论。据此，最后的裁决者并未直接以当事人所处的社会为对象，进行审理，故就案件处理的细部，亦无法多做评论。

在皇帝官僚体制所运作的裁判中，拟罪以后，以律例操作细腻的理论，不过属于狭义上重罪的量刑决定而已。其讨论的宗旨，

（接上页）入大岛立子编《宋—清代の法と地域社会［宋代至清代的法与地域社会］》，东京，财团法人东洋文库，2006年）及前揭寺田浩明《非ルールの的な法というコンセプト—清代中国を素材にして［非规则法之概念——以清代中国法为素材］》。以上数篇，系根据当时断罪世界的内部理论，对应于现实的"情"，描绘出皇帝及高级官员所进行的流程；其"现实"本身，皆曾一度通过本文所见的"现实"。

自始至终当然只与"刑度轻重"有关。然而，若以此概括传统中国法制的特征，无论褒贬，多少无法正中传统中国法制的核心。当观察州县阶段命案处理的视野提升时，可以发现，传统中国的司法，并非只耽于刑度的上下而已。受理命案后，以其独特的方法进行"裁判"。而裁判的结果，未必归结出刑罚。此种想法，或许有出奇之处，但同时也深化于当时的社会中。在此种裁判形态下，仅一部分案件成为解审事案。如此的过程，方为传统中国法制与裁判的实际情况。

（张登凯 译）

第三部

# 第十一章 民国北京政府时期的覆判制度<sup>*</sup>

田边章秀<sup>**</sup>

## 序言

清末光绪新政以后，清廷尝试进行各种改革，在司法制度方面，为实现撤废治外法权的目的，也展开了谋求司法独立的革新。于是，在审判制度方面，采用了四级三审制，规定裁判机关分为四个等级，以北京大理院立其顶端，其下依次为高等审判厅、地方审判厅和初级审判厅，上诉则限于控诉（译者注：对于第一审判决不服而上诉至第二审审判厅）和上告（译者注：对于第二审判决不服而上诉至终审审判厅）等两个阶段。[1] 且先在各省省城设置高等审判厅，在各省城及商埠设置地方审判厅。[2] 中华民国临时政府成立后，上述作业进一步加速进行，县内也设置了处理诉讼的初级审判厅。在使全国各县皆设有审判厅的目标下，审判厅的数量

\* 原题为《北京政府時期の覆判制度》。

\** 执笔时为京都大学研究生院文学研究科听讲生，现为京都大学文学研究科图书馆员。

[1] 关于清末的司法制度改革与法典编纂全貌，日文研究文献有岛田正郎《清末における近代的法典の编纂［清末的近代法典编纂］》（创文社，1980年）。

[2] 李启成《晚清各级审判厅研究》（北京大学出版社，2004年）；欧阳湘《近代中国法院普设研究——以广东为个案的历史考察》（知识产权出版社，2007年）。

于短期间内急速增加了起来。[3] 当然，并不是说全国各地在一夕之间都设置了审判厅，在未设审判厅的县中，系与清代一样，继续由县知事掌理裁判。不过，整体方针上，确实是以扩充审判厅作为目标。

但是，这项方针在民国三年（1914）间严重动摇。由于审判厅的数量过度急遽扩张，产生了人才欠缺、经费不足的问题，因而导致各方的反对声浪席卷而来。[4] 于是，该年间审判厅遭到大规模裁撤，此前设立的初级审判厅一律废除，地方审判厅亦削减其数，各省至多只留下一至三所审判厅。[5] 因此，几乎所有的县都没了审判厅，甚至连眼前预定的设厅计划都完全取消了。结果，自行政中独立，性质属司法机关的审判厅竟然不满百所。然而，在历代皆呈现出可称之为"诉讼社会"的中国社会中，仅以不足百所且地域上极其受限的司法机关处理所有的诉讼，理当是完全不在当局考虑之内的做法。因此，面对其不足之处，北京政府乃自然地利用起传统的体制，于未设置审判厅的县中，采取了和清代相同的做法，继续施行由县知事等行政官员兼办司法业务的制度。

为此，在制度上明确备置一个供县知事进行裁判的体制，就有了必要。于是，北京政府公布施行了《县知事审理诉讼暂行章

---

[3]　参阅欧阳湘前揭书。

[4]　丁文江、赵丰田编，岛田虔次编译《梁启超年譜長編［梁启超年谱长编］》（岩波书店，2004年）第3卷，第376—386页；Xu Xiaoqun, *Trial of Modernity: Judicial Reform in Early Twentieth-century China, 1901-1937* (Stanford University Press, 2008),pp.133-135 ；李贵连、俞江《清末民初的县衙审判——以江苏省句容县为例》,《华东政法学院学报》2007年第2期，第80—81页。另有论者认为，上海地方检察厅对于民国二年宋教仁暗杀事件的重要证人国务总理赵秉钧发出传唤命令，此事引起大总统袁世凯的不悦，进一步加深了行政机关对于司法的反感。参阅吴永明《民国前期新式法院建设述略》，收入《民国档案》2004年第2期，第67—68页。

[5]　据欧阳湘研究，此期间遭废止的审判厅达二百三十所，免遭废止的审判厅，包含大理院在内，有七十七所。

程》及《县知事兼理司法事务暂行条例》,[6]确立了县知事审理裁判的相关立法规范与实务规定。这套由县知事兼理司法的制度，历经北京政府时期，在大部分的县中获得实施，而北京政府所支配地区的审判厅数量，即使在北京政府末期的民国十五年间，也只有一百五十所左右。[7]

基于上述的理由，欲了解此一时期的司法制度，则不能不厘清县知事兼理司法的制度，而其中，司法权如何监督县知事的司法业务，乃是一个重大的问题。当时的法律界认为，由性质上本属行政官员的县知事兼办司法业务的做法，既会破坏司法独立，在实际诉讼中也将损及裁判的公正性，[8]县知事所做的裁判因慎重不足，很可能造成冤案。[9]另在新闻界中，也有人担心这种欠缺司法独立的情况，对于治外法权的撤废会产生妨害。[10]此外，以法官为首的法律界人士与县知事的学历背景各自不同，法官多有在外国，尤其在日本学习的经验，具备法律素养，[11]相对于此，北京政府时期的县知事多为修习传统学问的旧科举士大夫与旧官吏出身，新式学堂出身者或具备留学经验者仅有少数。[12]由于两者之间有如此的出身差异，故而在法官们看来，县知事所做的判决显得不足信赖，有进行纠正的必要。

---

[6]　民国三年（1914）四月五日大总统令公布，载于《政府公报》，民国三年四月六日。

[7]　日本外务省编《中国治外法权二关スル委员会の报告书［中国治外法权委员会报告书］》（日本外务省,1927年），第235页，附录一"新式中国裁判所一览表（一九二六年现在）"。此外，包括南方国民政府所辖区域在内之审判厅数量，参阅欧阳湘前揭书。

[8]　吴嘉猷《论县知事兼理司法之弊害》,《法律周刊》第24期，1923年12月。

[9]　周承巽《覆判审之覆审决定是否即为撤销原判之问题》(《法律评论》第33、34期，1924年2月17日）。

[10]　《申报》，1920年，杂评二《今后之县司法》。

[11]　日本外务省编前揭书，第281页。

[12]　魏光奇《北洋政府时期的县知事任用制度》(《河北学刊》第24卷第3期，2004年，第183—184页）。

　　纠正县知事所做判决的时机，首先想到的，是利用审判厅审理上诉案件的场合。当然，即使是县的裁判，诉讼当事人的上诉权利也受到法律的保障。不过，在对被告施以重刑的重大刑事案件中，由于期待裁判的公正性，故要求更慎重地审理，若仅在当事人声明上诉的案件中对于县的裁判进行审理，则对于县的监督并不充分。因此，由省的最高司法机关，即高等审判厅审核县所做判决的覆判制度，乃应运而生。

　　本来，对于科处一定程度以上刑罚的案件，即使在清代以前，县的判决也必须经过府及该省按察使和督抚的审理，死刑案件更须经刑部等中央机关审理后，最终由皇帝批准。[13] 沿着这样的历史脉络，由上级机关自动审核县级审判的做法，虽然与审判厅各自独立审理，裁判独立的原则形成鲜明的对比，但在当时似乎被视为理所当然。清代此种由上级机关自动审核州县等行政末端机关所为判决的制度，滋贺秀三称之为"必要的覆审"，而本文就清代以前的裁判审核制度，亦将使用这个术语。附带一提，本文探讨的覆判制度，可以说是援用了清代"必要的覆审"的一套制度，不过，民国时期也存在着与覆判制度有别的"覆审"一词。在民国时期，所谓的覆判，指的是高等审判厅针对县的第一审裁判进行审核的整体过程；至于覆审，乃是覆判的一部分，指高等审判厅审核县的判决后，将该判决发还于县，命之重审，而县据此所为之重新审理。两者易于混淆，需特别留意。关于这一点，拟在第二节中详述。

　　如前所叙，从地域上来看，当时中国的大部分地区都实施着县知事裁判制度，因此，司法上的覆判所具有的重要性，即使就

---

[13]　滋贺秀三《清代中国の法と裁判 [ 清代中国的法与审判 ]》( 创文社，1984 年 )，第 23—31 页。

数量上而言亦有不能忽视之处。然而，关于民国时期的覆判制
度，以往专论亦不可见，仅在县知事兼理司法制度的研究中有所
触及，[14] 至于其具体运作过程为何，此一基本问题点尚不明朗。不
过，就重大案件的判决进行审核的制度，不仅是前述对清代制度
的继承，同时也是中华人民共和国成立以后可以见到的现象，其
特征则因时代各异。此外，民国时期，尤其是北京政府时期，系
司法制度的过渡期，而覆判制度也明显呈现过渡特征，故在思考
民国时期司法制度的特征时，覆判制度也是一个重要的要素。而
关于清代的"必要的覆审制"以及中华人民共和国时期的司法现
象，[15] 当日后从历史的观点来思考这些问题时，覆判制度的研究或
许亦将提供重要的切入视角。因此，本文在厘清覆判制度是根据
哪些法律运作以及如何运作的同时，亦希望探讨其在民国时期的
司法制度中，具有何种意义。

## 第一节　裁判的管辖区分及上诉过程

即使在属于行政机关的县公署中进行刑事裁判[16]时，原则上，

---

[14]　参阅韩秀桃《司法独立与近代中国》(清华大学出版社，2003年)，第261—262页；
　　　Xu Xiaoqun 前揭书，第80—81页。

[15]　关于中华人民共和国成立后的司法与裁判问题，参阅小口彦太《現代中国の裁判と法
　　　[现代中国的审判与法]》(成文堂，2003年)，第17—20、27—37页；季卫东《中国的
　　　裁判の構図—公論と履歴管理の狭間で進む司法改革[中国式审判的构造——公论与履
　　　历管理之间的司法改革]》(神户大学研究双书刊行会，2004年)，第92—110页。

[16]　在刑事裁判中，由当事人的自诉而启动的情形亦不少见，但就杀人及强盗案件，即使当事
　　　人未出面告诉，县知事仍被科予解决事件的义务，甚至在事件发生后五日内，必须向高等
　　　审判厅及高等检察厅进行通报。(参阅民国四年五月六日公布之《县知事办理命盗案限
　　　期及惩奖暂行规则》，载于《政府公报》，民国五年五月九日)在这一点上，相当于清
　　　代的通详。(关于清代的通详，参阅滋贺秀三前揭书，第29页。)

裁判亦于公署内设置的法庭（参照图 1）中公开举行。[17] 在此过程中，县知事得承审员 [18] 之辅助而进行裁判，判决则由两者一起署名，共同负责。[19]

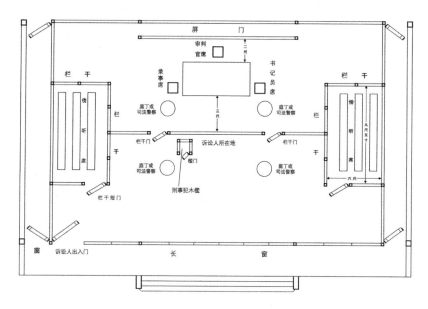

图1　县知事公署法庭设置图

注：本图参照民国五年六月二十七日发布之《设置县知事公署法庭通饬》，收录于《增定司法例规》，第416页。

审理完毕下达判决后，裁判即告初步结束，但被告若不满判决，得向上级审判厅提起控诉。不过，与清代的情况不同，民国

[17]　参阅《政府公报》，民国元年（1912）六月六日，《实行审判公会主义禁止强暴虐令》，以及《县知事审理诉讼暂行章程》第二十六条。

[18]　为辅助县知事进行司法业务，多数的县设有承审员。承审员经县知事保举后，由各省的高等省判厅任命。不过，判决制定时由县知事与承审员联合署名，以及承审员通常处在县知事的强大影响力下等现象，遭到了指摘。详参韩秀桃前揭书，第248—249页；魏光奇《走出传统——北洋政府时期的县公署制度》，载《史学月刊》2004年第5期。

[19]　不过，对于初级管辖案件，承审员得单独审理。参阅民国四年（1915）九月十三日公布之《变通承审员权限通饬令》，收录于《增订司法例规》，第414页。

时期设有上诉期限，在刑事案件中，被告必须于判决宣示后十四日内表明控诉的意愿。[20]控诉的案件通常由县公署移转至审判厅审理，唯依法律预设的犯罪轻重，这些案件被设定了管辖区分，因此担当第二审的审判厅也有所不同。

无论案件属民事还是刑事，根据其重大程度，区分为初级管辖与地方管辖两种。这两种管辖类型的命名，原是为了表明担当第一审的审判厅为初级审判厅或地方审判厅，不过，民国三年（1914）初级审判厅全遭废除后，为表达案件的管辖区分，两个名称仍继续获得沿用。

在刑事案件中，管辖区分以刑罚的轻重划分，初级管辖乃最重主刑四等有期徒刑以下案件，地方管辖则为最重主刑三等有期徒刑以上，包含死刑、无期徒刑的案件。[21]若进一步具体说明，四等有期徒刑指徒一年以上、三年未满之刑，三等有期徒刑指徒三年以上、五年未满之刑。[22]在民国初期的刑法《暂行刑律》中，对于某罪载为"处三等至五等有期徒刑"，若以现在的刑法条文来表达，则会变成"处二个月以上、五年未满之徒刑"。举一具体的犯罪为例，例如，犯轻微伤害罪时，依规定将处"三等至五等有期徒刑"，[23]故为最重主刑三等有期徒刑以上之罪，属于地方管辖的案件。另一方面，制造、贩卖供吸食鸦片器具，乃应科处"四等以下有期徒刑或拘役"[24]的犯罪，故属于初级管辖的案件。

不过，管辖区分终究只是以最重法定刑该当于何种程度的刑期而做划分，并非以实际科刑的轻重作为基准，故初级管辖案件

---

[20]　《县知事审理诉讼暂行章程》第四十条第二项。

[21]　参阅《政府公报》，民国元年（1912）五月十九日，《刑事诉讼律草案》关于管辖各节。

[22]　《暂行刑律》第三十七条。

[23]　《暂行刑律》第三百一十三条。

[24]　《暂行刑律》第二百六十七条。

科处的刑罚未必轻于地方管辖案件。亦即，在前述的例子中，对于某项伤害罪科处"五等有期徒刑六个月"，对于制造供吸食鸦片器具罪则科处"四等有期徒刑二年"的情况十分可能发生。但即使如此，犯制造供吸食鸦片器具罪的案件仍为初级管辖，而实际上科刑较轻的伤害案件则仍属地方管辖。

　　刑事案件的管辖区分，其重要之处在于担当第二、三审的审判厅有所不同。民国三年（1914）以后，初级审判厅全部废除，无论初级管辖案件还是地方管辖案件，皆由县公署或地方审判厅担任第一审，担当第二审的机关则随案件的管辖区分各异，初级管辖案件由地方审判厅审理，而地方管辖案件归高等审判厅审理。至于第三审，初级管辖案件系高等审判厅审理，地方管辖案件则由大理院审理。[25] 这种上诉流程的管辖区分，内容如图2所示。

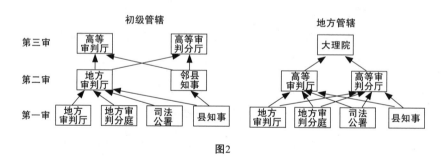

图2

注：本图之制作，系根据《增订司法例规》，第四类　审判　管辖，《申明初级管辖及地方管辖各支系通饬》，第317页；《政府公报》，民国元年（1912）五月十九日，《刑事诉讼律草案》关于管辖各节、《民事诉讼律草案》关于管辖各节。

　　以下，举一具体案例对前述的流程进行说明。在浙江省安吉县所发生的"郑中贵控项昌鉴杀人案"[26] 中，因系杀人事件，故

[25]　参阅《申明初级管辖及地方管辖各支系通饬》，收录于《增订司法例规》，第四类 审判 管辖，第317页。

[26]　吴兴、凌善清编辑《全国律师民刑诉状汇编》（大东书局，1923年），辛编，"郑中贵控项昌鉴杀人案"，第181—195页。

属于地方管辖的刑事案件。本案被害人郑中富于民国七年（1918）
阴历三月九日夜间遭到杀害，其弟郑中贵认为项昌鉴是犯人，向
县提出告诉状，刑事裁判于此开始。犯案的动机，是被害人与项
昌鉴之间向有讼争，因而导致项昌鉴的报复。在此可知，即使是
杀人事件，也有因被害人家属提出刑事告诉而展开裁判的情形。
安吉县公署受理告诉状后进行裁判，认定项昌鉴于郑中富逗留徐
阿毛处时，带领四名同伙捆绑郑中富的手脚，并以柴刀砍杀，乃
判处项昌鉴十年有期徒刑。

　　对此判决结果，被告项昌鉴向浙江高等审判厅提出控诉状，
主张自己无辜，且三月九日至十一日间，姚义坤家举行婚宴，自
己在该处饮酒，有不在场证明。依规定，控诉期限为判决宣告后
的十四日内，而提起控诉须于控诉期限内向高等审判厅提出控诉
状，或者向原审的县提出控诉声明状。[27] 倘使控诉人在上诉期限
内表明控诉意愿，县会将案件移送至该省的高等审判厅或其分厅，
被告也会被向上移送。此外，在未设置审判厅的县中，律师的诉
讼活动遭到禁止，[28] 但自控诉审阶段开始，由于审理移转至高等
审判厅，被告因此得委任律师进行辩护，律师亦可以撰写控诉状。
在本案的控诉过程中，控诉状系由被告自己准备，唯其后律师来
福成参与辩护，又向高等审判厅提出了律师的辩护意旨状。该辩
护意旨状的内容涉及许多方面，但最重要的一点，系指出证人徐
阿毛的证词不能采信。来福成根据县的审理记录，指摘徐阿毛最
初证称不认识被告项昌鉴，亦未目击杀害郑中富的事发现场，后
来却又改变证词，称认识项昌鉴，且杀害之时亦曾目击。据此，

---

[27]　《县知事审理诉讼暂行章程》第 36、39 条。

[28]　参阅民国二年（1913）二月十四日发布之司法部训令四十一号 "凡未设立审判厅地方
　　　诉讼事件暂不用律师制度"，载于《政府公报》，民国二年二月十六日。

来福成主张徐阿毛的证词不足采为证据，被告项昌鉴应该无罪。在书面辩护之后，开始法庭的审理。高等审判厅开庭审理时，被告与证人都出庭了，而与县的审理不同的情况是，被告的律师为了替被告辩护，也出庭进行辩论。此外，检察官亦出庭履行其职务。审理终结后，高等审判厅做出判决，基本上采用律师的主张，撤销了原判决，认定被告项昌鉴无罪。判决的根据，乃此案的唯一证据系证人徐阿毛的证言，但该证言途中更改，若采为证据将发生问题，由于无法证明被告的罪行，故认定其无罪。不过，关于犯行当夜的不在场证明，被告供称当时看见姚义坤家中有人赌博，但姚阿宝等证人对此予以否认，故被告的不在场证明本身遭到推翻。

对于第二审的判决，原告、被告双方若有不服，皆得上告至大理院。本案中，浙江高等检察厅认为被告的不在场证明已遭证人否认，浙江高等审判厅在未有反证否定犯行的情况下做成无罪判决，实属不当，故上告至大理院。针对检察官的上告，律师来福成为项昌鉴提出辩诉状，继续主张项昌鉴无罪。其指出，徐阿毛的证言不能采作证据，故郑中富遭到杀害一事，尚未证明是项昌鉴所为，而姚阿宝等证人之所以否定项昌鉴的不在场证明，系因担心赌博属违法行为，一旦承认确有其事，他们的犯罪行为将被追究。

在原被告双方以书面展开各自的主张后，诉讼进入了大理院的审理。大理院为法律审，仅进行书面审理，又因诉讼制度采三审制之故，一旦审理终了下达判决，裁判即告确定。不过，由于大理院不是事实审，若认定高等审判厅的审理有不充分之处，会将案件发回高等审判厅使之更为审理。在本案中，大理院认为浙江高等审判厅未究明徐阿毛翻改证词的理由，仅因其证词矛盾即判决项昌鉴无罪，系属轻率，故将案件发回浙江高等审判厅。

其后，律师来福成以一贯的主张提出辩诉状，案件在浙江高等审判厅重新审理。不过，尽管推事诘问徐阿毛为何翻改证词，徐阿毛每次供述的理由亦前后不一，故浙江高等审判厅仍以徐阿毛的证词无法采为证据等理由，再次判决被告项昌鉴无罪，判决乃就此确定。

以上是重大刑事案件的上诉过程。接着，就民事案件进行观察。此处所举案例，乃浙江省嘉兴县的"邵颖庄与姚锡卿欠款纠葛案"。[29] 本案中，诉讼当事人邵颖庄的同茂泰木行与姚锡卿的姚义昌板坊长年有交易来往，民国七年（1918），姚义昌板坊倒闭，对同茂泰木行产生了一千五百三十九元的未支付债务。原告邵颖庄向嘉兴县公署提起告诉，请求被告支付一千五百三十九元及迟延利息。被告方面则主张，姚义昌板坊系六人共同出资成立，实际上由出资人之一的管宝珊负责营运；且该债额过巨，难以偿还。对此，嘉兴县公署认可了原告的主张，判决店主姚锡卿负返还责任，应支付债务全额一千五百三十九元及其利息。

对于这项判决，被告姚锡卿不服，向浙江高等审判厅提出控诉声明状。此处需说明的是，本案因诉讼标的金额庞大，故成为地方管辖案件，第二审由高等审判厅审理，但若是金额较少的初级管辖案件，则第二审将于地方审判厅进行审理。

控诉人姚锡卿声明控诉后，复提出上诉状于浙江高等审判厅，其主要上诉意旨为：偿还金额过巨，且命姚锡卿一人负返还责任，实属不当。针对姚锡卿的上诉，浙江高等审判厅劝谕两造和解。结果，原被告双方皆派遣律师为代理人进行协调，和解终于成立，

---

[29]《全国律师民刑诉状汇编》，乙编，"邵颖庄与姚锡卿欠款纠葛案"，第22—28页。

将债权的金额减为一千四百五十元。被告姚锡卿自姚义昌板坊商品中提出等价之物交付同茂泰木行后，双方向浙江高等审判厅提交了和解状。如同本案般，在民事事件中，案件并非仅因审判厅做成判决而终结，若当事人间能成立和解，案件亦能因此获得解决。另外，在审判厅审理的案件中，律师的诉讼活动受到法律认可，事实上，上述两则案例内即可发现律师的深入参与。

## 第二节　《覆判章程》与覆判案件

### 一、民国甫成立后的覆判制度

如序言所述，即使到了民国时期，多数的县仍是以县知事兼办司法业务，因此，从司法的立场来看，有必要以某些形式对于县的审理进行审核。于是，清代所施行的"必要的覆审"得以利用，具体落实为民国时期的覆判制度。另外，序言中已经提过，在民国时期，所谓的"覆判"，指的是对于县的第一审进行审核的整体过程，而"覆审"指的是覆判后县依高等审判厅命令所做的重新审理。

民国以后，各个审判厅的裁判各自独立，判决下达后，若当事人未上诉，该判决即属确定。相对于此，在县知事担当的裁判中，就重大刑事案件，系仿效传统时期的处理方式，由上级机关针对县的判决与审理内容进行审核。

不过，所谓的上级机关，在清代时，是由府、按察使、各省督抚等县的上级机关审核案件，在民国时期，由性质属行政机关的县来办理司法业务，本非应有的做法，因此理所当然地，系由属于司法机关的审判厅来扮演审核机关的角色。具体而言，即是由各省的最高司法机关高等审判厅担当覆判的任务。

民国元年（1912）十月，北京政府公布施行了规范覆判的法令《覆判暂行简章》。[30] 该简章首先明示，在尚未设置审判厅的县进行审理的刑事裁判，必须实行覆判，至于覆判的对象范围，则是由县判决死刑、无期徒刑及一等、二等有期徒刑的案件。对于这些案件，县于审结后十日内，须将包含判决书在内的所有案件相关卷宗送交高等审判厅。高等审判厅通常仅做书面审理，但必要时仍会传唤被告在内的关系人进行讯问。若担当第一审的县与高等审判厅所在地距离遥远，高等审判厅得派遣该厅或其他审判厅的推事进行审理，根据具体情况，也可以派遣其他行政官厅的人员为审理工作，这些受派人员审理完毕后，则以高等审判厅的身份下达判决，发给第一审的县。县收到高等审判厅的覆判判决后，须于三日内对被告为判决之宣告，若诉讼当事人对于判决内容不服，则可以提起上诉。该上诉视为对高等审判厅的第二审判决所为，系上告至大理院。如果上诉期间经过而未有声明异议，则判决就此确定，于各县中做刑之执行，但死刑须向司法部报告，待其裁可而后执行。

民国二年（1913）三月，《覆判暂行简章》经过修正，北京政府公布施行了《修正覆判暂行简章》。[31] 在这部修正简章中，覆判的对象范围未做变更，但明确揭示，必须覆判的案件，乃县的第一审审理终结后当事人未声明上诉者。同时规定，县的判决应于上诉期间经过后五日之内送交覆判，但送交的方式非直接送至高等审判厅，而是由县先将判决等卷宗送至高等检察厅，再经高等

---

[30] 《法令全书》（民国元年），第十二类　司法，第 33 页。

[31] 《法令全书》（民国二年），第十二类　司法，第 53 页

检察厅送交高等审判厅。

　　此外，这个时期的覆判，亦针对原本按清末施行的刑法《大清现行刑律》做成判决的案件，重新依据民国成立后开始施行的《暂行刑律》更定其刑。[32] 由于旧律与新律相较，具有加重刑罚的倾向，故对被告而言，此项作业的影响巨大。以下举山西省的"山西省高等审判厅判决程新发等窃盗一案"[33]，进行说明。本案中，程新发于宣统元年（1909）八月募集同伙，一行七人闯入被害人赵会元家中盗窃，事后程新发、谢竹元、吕凤亭等三人被捕受审。七名实行犯中，仅吕凤亭未入屋内，在庭院担任接运赃物的工作。盗得赃物中，部分变卖为现金，与其他实物一同为七人所朋分。山西高等审判厅认定本案的事发经过为："经事主报明前署县知事王勋会勘缉报，先获吕凤亭、谢竹元，搜获赃物并讯出当赃处所，传主分别认明赎回给领。嗣准前潞城县知事邓车昂查获程新发一名，解经该县讯供，拟议通详。经前署泽州府恩联提犯讯供，与县审无异，即按前清现行刑律将该犯程新发、谢竹元（即解竹云）均如该县原拟，依强盗已行但得财者不分首从皆绞律，拟绞立决。吕凤亭听从行劫，临时在院接递赃物，并未随同入室，事后分得赃物，亦如该县所拟，依寻常盗劫之案其止听嘱在外接递财物并未入室搜赃例，免死减等，发遣新疆当差。"之后，案件送至山西高等检察厅，检察厅认为"情罪相符"，复移送至山西高等审判厅。山西高等审判厅表示县的事实认定与量刑皆属允当，复云：

---

[32] 《大清现行刑律》于宣统二年（1910）五月十五日施行，《暂行刑律》则于民国元年（1912）三月十日开始施行。

[33] 《最新司法判词》，第二卷 高等审判厅，第二类 刑事判词，第389页。

暂行新刑律第二十九条内载"二人以上共同实施犯罪之行为者，皆为正犯，各科其刑。于实施犯罪行为之际帮助正犯者，准正犯论"各等语。此案程新发起意纠劫事主赵会元家得赃，彼时谢竹元与吕凤亭等均各听纠同行，结伙至七人之多，并有拒伤事主情事，其手段之横暴，纯属强盗行为，已无疑义。吕凤亭虽未入室搜劫，而在院接赃，究属帮助正犯防备外援行为，亦甚重要，核与共同实施强盗之行为者并无区别，自应与正犯一体科罪。原判系按前清现刑律问拟，以致首从有轻重之别，第该犯等虽事犯在赦令以前，核其所犯情节，系在不准免除条款之列，若依部颁新刑律施行细则第四条第一款之规定，程新发、谢竹元二人均应拟处绞刑。但暂行新刑律内既有专条，似无舍轻就重之理，自当适用第三百七十三条及第二十九条之规定，比较新旧，科以相当之刑，借昭平允。

乃对被告三人一致科处一等有期徒刑十二年。本案事发于宣统元年，因程新发等三人较早遭到逮捕，故县审理时依《大清现行刑律》做成判决，然后将判决呈送至府，这是基于清代制度所进行的运作。府将判决送至提法司[34]后，该判决又送至检察厅，进而再送至审判厅，这部分则是按照民国时期的覆判程序。科刑方面，旧律中判处死刑者，依照施行条例得处绞首刑，但此处山西高等审判厅适用新律的强盗罪规定，改处被告十二年有期徒刑。

## 二、民国三年（1914）年以后的覆判

以上是民国甫成立阶段的覆判相关规定，由于当时政府正陆

---

[34]　提法司乃宣统年间由按察使改称的机关，掌管一省的司法行政。

续设置审判厅，一心以扩充审判厅的数量为目标，因此这些法令只是打算作为"暂行"之用，一旦全国所有的县都设置了审判厅，或许覆判制度也将失其必要性。然实际上，民国三年（1914）时，裁撤审判厅的工程大规模展开，遂使完整规范县知事兼理司法制度的法令变得必要，于是，北京政府也针对覆判制度重新制定了更加完备的法令，在民国三年七月三日公布施行了《覆判章程》。[35] 该部章程的规定，较前述《覆判暂行简章》更为详细。《覆判章程》的内容屡经修正，尤其在民国七年（1918）与十一年（1922）间分别制定了改定版本，重新公布。[36] 关于这些修正之处，以下在论述必要时，将做适当的说明。

依《覆判章程》的规定，覆判案件的对象乃最重主刑三等有期徒刑以上或罚金五百元以上的案件，这与前述的地方管辖案件范围一致。相较于《覆判暂行简章》规定应覆判案件为科处二等以上有期徒刑的案件，《覆判章程》所定覆判对象的范围较为广泛；同时，相对于《覆判暂行简章》以科刑轻重作为覆判与否的基准，《覆判章程》则将基准置于适用的条文上，亦即着眼于行为人所犯之罪为何。在应为覆判的刑事案件中，若当事人对于县的判决不服，得于判决宣告后十四日内的控诉期间，控诉至高等审判厅，若经过十四日仍未上诉，该刑事案件即转至覆判。县知事对于经过上诉期间的案件，在上诉期间经过后五日内，须将判决文、供述书及案件的证据汇整后，先送至高等检察厅。[37] 不过，与清代不同的是，被告仍继续留置于县，无须移送。高等检察厅审理

---

[35]　《政府公报》，民国三年（1914）七月五日。

[36]　参阅民国七年（1918）四月二十六日公布之《覆判章程》及民国十一年六月二十八日公布之《修正覆判章程》，分别载于《政府公报》，民国七年四月二十七日、民国十一年六月二十九日。

[37]　《覆判章程》（民国七年公布）第一条。

从县送达的资料，针对其认事用法有无问题进行审核，若有问题，则在指摘该判决的同时，并就覆判时如何判决为妥当附具意见书，然后送交高等审判厅。[38] 高等审判厅参考高等检察厅的意见，详细调查供述书及证据，在审核县的拟罪与事实认定是否妥当的同时，若有必要，亦可命令原审的县重新进行调查。覆判的审理终了后，高等审判厅应为核准、更正或覆审之其中一种判断，而此三种判断的内容如下。

首先，所谓核准，乃认为县所做原判决为妥当的判决。在事实认定与法律适用皆无错误的情况下，高等审判厅会做出此核准判决。

其次，所谓更正，如字面意思般，即高等审判厅依其判断对县的原判决内容进行更正的判决。在原审适用法律有错误时，高等审判厅会做出此种判决。不过，其范围限于认定县的原判决科刑过重，或科刑轻重没有变更的情形。就更正判决，高等审判厅会重新做成正式的判决文。

核准与更正的判决皆先送至高等检察厅，经高等检察厅转知原审的县，最终由县对被告做刑的宣告。如果经过上诉期间而当事人仍未对判决声明不服，提起上告，则核准及更正的判决因此确定，在通知被告之后即执行其刑。刑的执行在县进行，其中死刑案件须报告司法部，待司法总长许可后，由原审的县知事执行绞首刑。[39]

最后，在核准与更正程序之外，高等审判厅覆判的结果，若认定县的科刑太轻，或判决的证据不够充分，或事实认定有错误，

[38]《覆判章程》（民国七年公布）第一条。
[39]《覆判章程》（民国三年公布）第七条第一款。

则会做出意味着重新进行裁判的覆审裁定。[40]

　　也就是说，此种围绕着犯罪事实，认为有重新审理必要性的案件，当然包括了重新审理后的科刑较原判决为重，对被告变得不利的情形。[41]而对于做成覆审裁定的案件，其重新审理的方式，由高等审判厅在以下四种做法中择一为之。

　　（一）发还原审知事覆审。

　　（二）发交邻近地方审判厅或邻邑知事覆审。

　　（三）提审。

　　（四）指定推事莅审。

　　第（二）款的规定，适用于不希望由原审衙门进行重新审理的情况。第（四）款的规定，则是因应原审的县位处边境，召集被告及证人等至高等审判厅或其分厅有困难的情形。

　　覆审乃裁判之重审，故须重新传集证人等在法庭进行审理后，下达判决。覆审中做成的判决，应于判决下达后五日内再度送交高等检察厅。[42]

　　对于高等审判厅于覆判中做成的判决，当事人亦得进行上诉。不过，由于当事人原先在县的原判决下达后可能并未上诉，因此，对于覆判及覆审的判决上诉时，受有种种的限制。

　　一方面，被告对于覆判的核准判决不能提起上诉，[43]而就更正判决的内容与覆审后的判决结果，仅限于科刑重于原判决的情况始能上诉，若科刑与原判决相同或较轻，则被告之上诉将无法获准。[44]另一方面，就原告而言，若被告的处刑在更正或覆审中变

---

[40]　《覆判章程》（民国三年公布）第三条第二款。

[41]　不过，民国七年（1918）的修正条文中，此规定有所变更。相关内容，将于第三节中说明。

[42]　《覆判章程》（民国三年公布）第四条。

[43]　《覆判章程》（民国七年公布）第七条。

[44]　《覆判章程》（民国七年公布）第七条。

轻，则可对此结果表示不服，分别提起上告或控诉。[45] 在这些情况下，上诉期间定为十日。

此外，关于检察官的上诉，就第一审的判决结果而言，因该裁判系由县所审理，故不可能发生检察官上诉的情况。而对于覆判的判决，根据民国三年（1914）施行的《覆判章程》规定，检察官对于高等审判厅在覆判中所为的更正判决，以及县等在覆审中所做的判决，得上告至大理院。不过，其后相关规定改变，对于县知事的覆审结果，检察官不是向大理院提起上告，而是向高等审判厅提起控诉。又在民国七年修正后的《覆判章程》中，对于高等审判厅所为之核准判决，亦允许检察官向大理院提起上告。[46]

### 三、覆判案件

以上是关于覆判过程的讨论，下面，则拟观察高等审判厅与高等检察厅在实际案件中，对于县的判决所做出的判断内容。首先，案例为"浙江高等检察厅对于嵊县呈送覆判裴凤金伙同仇杀裴全茂等九人毙命一案意见书"，[47] 系县对于被告裴凤金邀集同伙闯入裴全茂家，杀害一家九人的事件做出判决后，高等检察厅就该判决做成的意见书。此案中，被告未否认罪状，而高等检察厅对于县所做的死刑判决，亦请求高等审判厅下达"属情罪相当"的核准判决。在此种事实认定与量刑判断上皆无可犹疑的案件中，高等审判厅没有必要对县的判决提出异议，因此给予了核准的判决。

其次，就更正判决进行说明。前文曾经提到，做成更正判决的

---

[45]　参阅大理院统字第八百八十号解释例（民国七年十一月十三日），载于《政府公报》，民国七年（1918）十一月二十八日。
[46]　在民国三年（1914）的《覆判章程》中，仅能就覆判所为之更正判决上告至大理院。
[47]　《书状判牍精华录》上，第一编 各级检察厅书类，第 92 页。

前提，是适用法律有误及量刑不妥的情况，但实际上，更正的内容
未必仅止于量刑，而可能涵盖整个刑事处分。在"浙江高等检察厅
对于海宁县呈送覆判李阿大发掘坟墓盗取殓物罪一案意见书"[48]中，
可见其适例。该案中，被告李阿大因盗掘坟墓，在县的裁判阶段，
受十年有期徒刑的判决宣告。该主刑宣告本身并未发生问题，唯关
于县自被告处没收盗掘赃物的做法，检察官认为："（原判）依同律
第四十七条、第二十三条第七款，又起获铜镜等赃物，无主给领，
依大理院统字第七百九十八号解释，应不在没收之列。初判竟依刑
律第四十八条第三款没收之，亦属错误，应请予以更正之判决。"
亦即，更正的对象如本案所示般，也包括了盗取赃物的处置方式。
而且，由检察官举大理院的解释例作为论理依据可知，因大理院的
解释例具有法源的功能，县知事当然必须遵守。

　　再者，就高等审判厅做出覆审裁定的案例进行观察。下达覆
审裁定的原因，包括了科刑失出及事实认定有疑义的情况。

　　关于单纯科刑失出的例子，可见于"浙江高等检察厅检察官
对于南田县判决应万秋等伤害侮辱罪一案核送覆判意见书"[49]一
案。该案的经过为：

　　　　本案被告人叶阿奶于本年七月六日停船鸭嘴埠头，因引盐
　　分所稽查罗达夫于彼父子上岸后，带同巡丁王甲到船检查，乃
　　诈称遗失银钱，诬为该稽查等窃去，报告乡警王邦贤同往索赔，
　　以致互相扭结，撕破罗达夫衣襟。应万秋在旁袒叶攻罗，并用
　　所执潮烟管击伤罗达夫左肱肘，皮硬色红，诉经该县讯验明确。

---

[48]　《书状判牍精华录》上，第一编　各级检察厅书类，第 49 页。
[49]　《书状判牍精华录》上，第一编　各级检察厅书类，第 49 页。

对此犯罪事实，原县以伤害罪判处应万秋"五等有期徒刑二个月又五日"，以伤害从犯及诬告罪判处叶阿奶"拘留四十日、罚金二十元"。然而，针对叶阿奶的科刑，检察官主张，"该被告人叶阿奶既诬罗达夫、王甲两人为窃盗，即系侵害两个法益，自应治以两个刑律第三百六十条之罪。初判仅照一罪科刑，殊为失出"，请求高等审判厅发回原县覆审。亦即，关于犯罪罪数之计算，县认定罪数仅有一个，而高等检察厅认为罪数应认定为二个，故此案属于科刑失出的案件。

此外，当县的事实认定及伴随而来的法律适用产生疑义时，高等审判厅也会做出覆审的裁定。在"湖北刘长友等为诈欺取财案覆判决定书"[50]所涉事案中，县的第一审所认定事实及科刑为：

> 被告人等因向朱登贵之妻朱谭氏借贷不遂挟嫌，于本年阴历二月二十四日夜间，乘朱登贵佃东方永久来登贵家索讨庄钱，经登贵留宿在家，遂邀约在逃之刘道吉等多人前往朱登贵家，将方永久、朱谭氏二人捆缚，诬以有奸，藉以讹诈。经方永久之兄方永长到场，许给钱文，出一期票，始行了事。朱登贵恐刘长友复来滋闹，因令其妻谭氏将家中字据携往娘家暂避。刘长友等闻知，复于中途拦阻恐喝，并将谭氏手中包袱打开，取去祁善斋借字，取钱分用。因判定刘长友等捆缚方永久、朱谭氏为强暴胁迫，实犯刑律第一百六十五条第一、第二两款之罪。其诬称方永久与朱谭氏有奸，任意侮辱，系犯刑律第三百六十条之罪。其赶至中途讹诈朱谭氏身带字据，诈欺取财，系犯刑律第三百八十二条之罪。各依本条处刑，并各依律

---

[50]《书状判牍精华录》下，第七编　刑事判词　诈欺取财罪，第224页。

褫夺公权全部，予以合并执行。

对此，湖北高等审判厅的意见为：捆绑、诬奸不过是为了遂行犯罪目的所使用的手段，"依刑律第二十六条前半之规定，应依刑律第三百八十五条（三人以上诈欺取财罪）处断，初判乃依刑律第一百六十五条第一、第二两款（骚扰罪）及刑律第三百六十条（侮辱罪）处以罪刑，实属错误"。也就是说，县认定被告们犯骚扰、侮辱及诈欺取财等三罪，相对于此，高等审判厅认定被告们触犯的是三人以上诈欺取财罪。又关于方永长发出的票据，高等审判厅指出，刘长友既供述已将该票据烧毁，则应先究明票据的性质为何，然后做出处置。若票据乃具流通性之物，被告的行为即该当既遂，若票据不具流通性，则被告的行为属于未遂。而且，第一审对于被告等向朱谭氏夺取借据的行为，系以诈欺取财罪判决，但高等审判厅认为："本案被告人等于途中将朱谭氏拦阻恐喝，其用强迫手段固不待言，究竟取去祁善斋借据，是否果系被告人等强取而去，抑系朱谭氏当时因被告人等恐喝，自行交出，此点甚关紧要。该借据如果系被告人等强取而去，被告人等在刑律上当然构成强盗罪。如系由朱谭氏自行交出，则被告人等应依刑律第三百八十五条三人以上诈欺取财罪处断。初判对于此点，未行审究。"在此，高等审判厅的推事就犯罪的构成要件持有明确的想法，以之为基准，遂认为县的审理尚未充分探究事实，因而判断其法律适用亦有错误。高等审判厅又进一步说道："查原县记录，六月初五方永久供词内称'把民与谭氏捆住，把民身边庄钱搜去'，又同日朱谭氏供词内称'刘长友们要小妇人出钱一百串方肯放走，小妇人说身边祇有字据，没有现钱，就把包袱把他们开看，刘长友们把祁善斋的二百五十串借字拿去'各等语，此等供词关系重要，原判并未置议，殊为疏漏，原县于覆审时亦应并予审究。"对于原县审理不充分及事实认定暧昧之处，高等审判厅提出了指摘。

看了上述这些覆判过程中检察厅所出具的意见书和审判厅下达的判决，我们可以知道，在覆判中，高等审判厅仔细地反复检阅来自县的第一审供述与判决，审核县是否做了充分的审理，并对于县的事实认定、法律适用与量刑妥当性进行了检讨。尤其，若供述中曾经提到有关犯罪构成要件的证词，但却不见县有调查检讨的迹象时，高等审判厅将认定县的审理并不充分。高等审判厅的此种态度，对于担当第一审的县而言，理应会形成某种程度的压力。

县受到了上述般的指摘后，应该会进行覆审，但是覆审之后，高等审判厅指摘的事实认定不备及法律适用错误处，未必会得到改善。为了克服此种局限，覆审后的判决必须再度送交高等检察厅，若高等检察厅对于覆审的审理内容或判决有所不满，则会如先前说明般地上诉至高等审判厅。其实例之一，可见诸"江西高等检察分厅检察官对于大庾县知事公署覆审判决吕易保杀伤俱发罪一案控诉意旨书"[51]这份高等检察厅的意见书。在本案中，高等检察厅认为县的覆审于事实认定及法律适用上皆有重大错误，因此提起控诉。其指摘：

被告人吕易保于民国六年八月十八日夜间，因同居之郑雷氏、李某氏、何朱氏、阙李氏在厅下打纸牌，前往观看，致与郑雷氏口角，吕易保即在厅下持刀砍伤郑雷氏，并伤及救解之何黄氏，业据何朱氏、阙李氏、何黄氏等一致供明。原判以该

[51]《书状判牍精华录》上，第一编 各级检察厅书类，第52页。

被告意图行窃，杀伤郑雷氏、何黄氏，其认定事实已属极端错误。郑雷氏所受伤害是否于精神或身体有至三十日以上之病，抑系轻微伤害，原审并未详加鉴定，仅凭被害人郑雷氏供称伤痕业经平复，不过间犹作痒等语，即认为合乎刑律第八十八条第二项第五款之废疾，奚足以成信谳？

由此可知，县虽然进行了覆审，但不一定会按照高等检察厅和高等审判厅所期望般地尽力审理。

此外，前文业已指出，高等检察厅对于高等审判厅的判决，得以上诉的方式表达异议。以下举"浙江高等检察厅检察官对于同级审判厅核准翁甲诬告缓刑声明上告意见书"[52]为例，做进一步说明。该案中，县认定被告人翁甲犯诬告罪，宣判缓刑三年，高等审判厅就县的判决，于覆判中做出了核准判决。对于县的判决，高等检察厅论谓：

> 本年七月二十九日定海县第三次笔录，告诉人翁甲供称"拿史阿喜时，共有翁乙、翁丙、翁丁、翁戊及民五人。捉至山脚，有水缸，民与他相扭遂同浸水中是有的，浸入粪缸，实无其事"等语，据其所供，是该民于诬告史阿喜砍毙耕牛之外，尚触犯私擅逮捕罪名，应照刑律第一八二条一项及第三四四条暨二十三条处断。初判仅认为诬告，并宣告缓刑，殊有未协。但翁乙、翁丁、翁戊等均系共同私擅逮捕人犯，既经到案，并无确实反证，竟悉予搁置，不为有罪无罪之判决，尤为疏漏。

---

[52]《书状判牍精华录》上，第一编 各级检察厅书类，第38页。

而对于高等审判厅做出的核准判决，高等检察厅亦主张"既未提讯明确，又不发回覆审，遽予核准，实于职务上之能事有所未尽，拟请撤销原判，发回更审"，据此向大理院提起上告。

如上所述，在县内进行裁判的刑事诉讼中，属于地方管辖案件者，不仅是由高等审判厅，实质上也由高等检察厅进行审核，但两者的意见也可能出现分歧。从民国七年（1918）公布的《覆判章程》来看，可以说，法律明示了检察官对于覆判的参与，而在此意义上，案件获得了更加慎重的处理。不过，更慎重的处理并非仅止于调查有无冤罪的程度，倒不如说，更重要的一点，乃在于高等审判厅与高等检察厅针对设想的裁判程序进行检讨。亦即，审核裁判过程中是否彻底究明重要的证言，是否于认定犯罪事实后无误地适用法律，是否导出了妥当的量刑，又是否将这些认事用法的论据充分地呈现在判决之中。

## 第三节　《覆判章程》的修正中所见的覆判制度问题

以上，是覆判的具体过程。接着，为找出覆判的特征，亦须先指出覆判中做出的各种判决所占的比重。如表1所示，做出核准判决的案件，约占全体案件的三分之一，故有六成以上的案件被迫做了某些的修正。从一方面来看，县所做成的判决及其审理内容中，有六成以上存在某些问题，这可以说是相当高的数值。但反过来说，也正是因为如此，覆判制度才有其意义。从另一方面来看，县知事做成的判决带有问题，在某种程度上是可以预测的。因为当时的县知事们就连按照法定形式做成判决都引以为苦，为此，对于不送覆判的初级管辖案件，无论属刑事还是民事，政府乃通融县知事于做成判决时得不拘法定形式。[53] 从这一点来思考的话，不难想象在包括判决的内容及判决的表现形式在内，判决中会存在许多问题的情况。事实上，也有一些案件是高等审判厅在审理县的判决内容以前，因认为判决的形式本身有问题而下达覆审的裁定。[54] 此种形式面及实质面的不完备，即使有承审员的协助，也未能充分克服。然而，在覆审的裁定中，发还原县重审的情形占了大部分的比例，选择提审而由高等审判厅自身重新审理的情形甚少。亦即，身为法官，即使对于案件抱持疑问，也未选择亲自积极介入，彻底审理，虽然保留了决定权，却又将实际的审理委诸于县。不过，一般认为，这种态度即使在清代亦属同然。[55]

表1　覆判受理件数及已结未决全国统计

| 年度 | 受理件数 | | | 终结 | | | | | | 未终结 |
|---|---|---|---|---|---|---|---|---|---|---|
| | | | | | 覆审 | | | | | |
| | 旧受 | 新受 | 计 | 核准 | | 发还原审知事覆审 | 更正 | 消灭 | 计 | |
| 民国三年 | 983 | 4519 | 5502 | 1586 | 797 | 734 | 2315 | 104 | 4802 | 700 |
| 民国四年 | 749 | 8769 | 9518 | 3304 | 2331 | 2076 | 3574 | 141 | 9350 | 168 |

注：本表根据《中华民国三年第一次刑事统计年报》第三三表"覆判审判衙门别覆判受理件数及已结未决"及《中华民国四年第一次刑事统计年报》第三三表"覆判审判衙门别覆判受理件数及已结未决"作成。

---

[53]　参阅民国三年（1914）十一月二十一日公布之《司法部呈县知事审理简易案件拟请准以堂谕代判决文并批令》，载于《政府公报》，民国三年十一月二十四日。

[54]　参阅，《书状判牍精华录》上，第一编　各级检察厅书类，"江西高等检察分厅检察官对于赣县详请覆判徐得胜等略诱罪一案意见书"，第22页。

[55]　参阅滋贺秀三前揭书，第218页。

此外，北京政府时期，《覆判章程》屡屡修正，这是为了要逐一应对运用时所产生的问题。而借由分析这些修正之处，覆判制度存在的问题应该也会变得清晰。

首先，关于对覆审的上诉，民国三年（1914）公布的《覆判章程》规定，无论是高等审判厅所做的提审、派遣法官进行的莅审，还是地方审判厅或邻邑知县所做的覆审，或原审县知事所行的覆审，就此所为之上诉，皆上告至大理院。[56]但是，大理院的审理原则上是法律审，并不从事犯罪事实之究明，从而，若对于裁判的事实认定产生疑义，会将该裁判发还下级审，命其重新裁判。在此会成为问题的是，覆审裁定中采用最多的方式，即裁定由原审的县知事进行覆审的情况。原本，若是单纯因原判决适用法律有误而进行的覆审，大概不会产生太大的问题，但在证据不充分等因素导致原判事实认定本身出现问题，因而进行覆审的裁判中，能否确实期待裁判的内容获得改善，则有疑虑。具体而言，只要覆判进行期间不发生县知事转任等情事，发回第一审的案件仍将由相同的县知事审理，而如同前一节所述般，在覆审中，审理的内容未必会按照审判厅和检察厅的要求获得改善。因此，在一些上告至大理院的案件中，可能招致以下的问题，亦即"若犹有证据未足情形，不能不发交覆判审衙门提审，重为控诉审程序，殊于诉讼进行稍觉迟顿"[57]。于是，民国四年（1915）六月，关于当事人对覆审判决之上诉，由原本向大理院提起上告，修正为向高等审判厅提起控诉。[58]又同年十月，为减轻诉讼当事人与法官的负担，政府采取了若干对策，例如：针对覆审中犯罪事实明确，

[56]　《覆判章程》第八条。

[57]　《政府公报》，民国四年六月二十五日。

[58]　同上。

仅法律适用有问题的控诉案件，允许高等审判厅仅做书面审理。甚至在担当覆审的县与高等审判厅距离遥远的情形下，允许高等审判厅派推事莅县进行控诉审。[59]

其次，成为问题的是，在覆判中应下达更正判决的案件，其对象范围有所变迁。民国三年（1914）《覆判章程》施行之初，得下达更正判决的案件，仅限于判刑轻重不变或变轻时，[60] 而在民国七年（1918）的修正中，又增加了适用法条无误但处刑轻重不当的情形。[61] 亦即，纵使被告的科刑将变重，高等审判厅也可以做出更正判决。其后民国十一年（1922）公布的《修正覆判章程》，亦因循此项内容。[62] 诚然，若仅因单纯的量刑变更而再度传集证人或重新进行裁判，乃过度耗费无谓的时间与劳力。此外，在覆判中遭加重刑罚的被告，法律仍赋予其上诉的机会，因此，对于被告而言，显然也不能说是不利的修正。

上诉相关规定及更正判决范围的变更，也带有对于诉讼当事人权益的考量，其目的在于使裁判能够更加圆满地进行。

另一方面，覆判的对象范围亦屡次变更。民国三年（1914）《覆判章程》刚施行的时候，覆判的对象范围等同于地方管辖案件，但仅仅两个月后，其对象范围即遭修正，将窃盗罪排除在外。修正的理由是："县知事审理第一审案件属于此种刑事甚多，案情既大抵轻微，审理亦不难精确。"[63] 的确，由于窃盗的范围可能也包括了扒窃等情状轻微的窃盗行为，这样的变更，应该可以说是

---

[59] 《政府公报》，民国四年（1915）十月十四日

[60] 《覆判章程》（民国三年公布）第三条第三款。

[61] 《覆判章程》（民国七年公布）第四条第一项第三款。但不能以更正判决变徒刑为死刑。

[62] 参阅民国十一年（1922）七月一日起施行之《修正覆判章程》，载《政府公报》，民国十一年六月二十九日。

[63] 《覆判章程》民国三年（1914）九月十四日修正内容。

切合现状的应变。

　　覆判的对象范围与地方管辖案件的范围相等，其以法定刑的最重主刑作为基准，但法定刑与实际上科处的刑罚轻重未必成正比，关于此点，已在前述。依规定，部分案件会因实际宣告刑的轻重，而被排除在覆判对象范围外。民国三年（1914）十二月的通饬规定，最重主刑为三等有期徒刑的案件，若宣告四等有期徒刑以下之刑，则不必送交覆判。[64] 不过，这项决定后来被认为流弊甚多，民国七年时，司法部乃发布命令谓，"（此通饬）本系暂时通融办法，试行以后，不无流弊。现在新定覆判章程业奉大总统教令公布施行，依照该章程第一条第一、第二款规定，凡属法定最重主刑为三等有期徒刑以上之刑者，无论判处何项刑名，均应呈送覆判。嗣后各兼理司法事务之县知事审判刑事案件，自应一律遵照新章办理，所有本部三年第一一一八号通饬不得再行援用"，[65] 将其废止，重新规定最重本刑为三等有期徒刑以上的案件，无论宣告刑的程度如何，必须全部送交覆判。亦即，覆判的对象范围曾经一度缩小，但随后再度恢复。

　　由此可知，覆判的对象范围屡屡发生波动。一方面，如果只是考虑到司法权限的确保，其实没有必要缩小覆判对象的范围。但另一方面，如果覆判案件的数量过多，则会超出法官和检察官的处理能力范围，如此一来，不仅仅是覆判的案件，审判厅应审理的全部诉讼都可能发生迟滞。可以说，覆判对象范围的调整，必须同时解决确保司法权限与抑制案件数量这两个矛盾的课题，

---

[64]　《县知事审理法定三等有期徒刑案件办得以堂谕代判决通饬》（民国三年十二月二十五日），收录于《增订司法例规》，第 391 页。

[65]　《法定最重主刑为三等有期徒刑以上之刑者无论判处何项刑名均应呈送覆判令》（民国七年五月十一日），收录于《司法例规补编（第二次）》，第 79 页。

寻求两者之间的折中点。

在此成为问题的，乃是当时审判厅在案件数量方面的负担。首先参见表2、表3，这是京师、直隶的高等审判厅、地方审判厅于民国四年（1915）终结案件数（民事、刑事的第一、第二审）、推事数，与日本东京控诉院、地方裁判所、区裁判所于大正四年（1915）终结案件数（民事、刑事的第一、第二审）、判事数之比较。其中，天津地方分庭与东京区裁判所的推事平均终结案件数，出现了相当极端的数值，不过，由于两者处理的几乎都是轻微的案件，因此至案件终结为止，所费时间应该不多。若以同层级的裁判所进行比较，应该可以说，中国的法官较同时期的日本法官处理了更多的案件。当然，表2、表3仅呈现了法官处理的案件数量，而因每个案件耗费的劳力有所差异，故不能即认为中国的法官较日本法官承受了更沉重的负担。唯相较于日本，中国方面更强烈地要求法官不得堆积诉讼，其明显表现在对于诉讼审理期限的约束上。当时中国的法令规定，刑事诉讼应于公判开始后二十五日内审理终结。[66] 而实际上，当时几乎所有的审判厅中，一年内审理终结案件占当年受理案件总数的比例，都超过了九成，[67] 由此可知，审判厅的确在适当的期间内处理了诉讼。这样看来，高等审判厅下达的覆审裁定几乎都是发回原审的县进行覆审，而罕见采取提审做法的现象，亦可窥知其理由之一端。亦即，由于经常因大量案件而处于应接不暇的状态下，高等审判厅乃未能展现积极介入的作为，于覆审中亲自进行公判。

---

[66] 民国七年（1918）六月五日公布之《刑事诉讼审限规则》（《政府公报》，民国七年六月六日）第一条规定，刑事诉讼应于公判开始后二十五日内审理终结。关于覆判，亦同。又同法第十一条规定，因覆判而发还原审之覆审案件，应于三十日内审理终结。

[67] "各审判厅三年至六年收结案件比较表"，载于《政府公报》，民国七年（1918）九月十九日至二十五日。

## 表2　民国四年终结案件数及推事数

| 审判衙门 | 终结案件总数 | 推事数 | 案件数／推事数 |
|---|---|---|---|
| 京师高等审判厅 | 962 | 14 | 68.7 |
| 京师地方审判厅 | 9135 | 30 | 304.5 |
| 直隶高等审判厅 | 1485 | 13 | 114.2 |
| 天津地方审判厅 | 3051 | 12 | 254.2 |
| 保定地方审判厅 | 919 | 5 | 183.8 |
| 天津地方分庭 | 3109 | 3 | 1036.3 |

注：本表之案件数系根据《中华民国四年第二次刑事统计年报》第七表、第一一表、第二〇表，以及《中华民国四年第二次民事统计年报》第一表、第一〇表、第二〇表。推事数系根据日本外务省编《中国治外法権ニ関スル委員会の報告書》所载"新式中国裁判所一览表（一九二六年现在）"。

## 表3　大正四年终结案件数及判事数

| 裁判所 | 终结案件总数 | 判事数 | 案件数／判事数 |
|---|---|---|---|
| 东京控诉院 | 1474 | 23 | 64.1 |
| 东京地方裁判所 | 4416 | 45 | 98.1 |
| 东京区裁判所 | 21944 | 35 | 627 |

注：本表之案件数系根据《日本帝国司法省民事統計年報》第四一回（大正四年）第三部地方裁判所·第三部第一款第二〇表、第四部区裁判所·第四部第二款第四三表、《日本帝国司法省刑事統計年報》第四一回（大正四年）第一〇表、《日本帝国司法省民事統計年報》第四一回（大正四年）第二部控訴院·第二部第一款第八表、第三部地方裁判所·第三部第二款第二五表。判事数系根据《職員録》大正四年甲（印刷局），第590—598页。

　　此外，如第二节所见，高等审判厅在覆判的过程中不仅审核县的判决书，同时也会审核供述书，以检验县的审理是否充分且妥当，但是县的第一审审理内容似乎并未因此措施而获得改善。

事实上，即使到了民国十二年（1923），在送交覆判的案件中，获核准判决的比例仍仅占全体覆判案件的三分之一，[68]其比率与民国四年相较几无变化。当然，欲提升县的裁判质量，需要有其他许多要素的配合，不过，包含这些配合要素在内，北京政府时期，改善县层级裁判的工作并未取得良好的进展。可以说，正是因为如此，覆判被认为有其必要。

# 结　语

以上讨论了北京政府时期的覆判制度。这个时期的司法，处于财政困难与人才不足的严峻状况下。由于无法在各县都设置审判厅，因此难以达成司法独立的目标。在司法不能充分扮演其角色的期间，政府乃将清代的传统处理方式调整为新式的制度，利用覆判制度以求克服多数地区仍由行政官的县知事进行裁判的状况。在运用这套制度时，经常反复进行改订，既填补了县知事判决的不足之处，同时更进一步维系了整个诉讼制度。不过，清代的"必要的覆审"全然不具备自足完成的性质，乃是一种小事托付下级处理、大事保留给上级核断的权限分配方式，其裁判呈现了极度的行政色彩。与此相对，民国时期的覆判则带有浓厚的司法监督性质。一方面，即使将目光移至现代来看，中华人民共和国的裁判无论在法律规定的层面是何种面貌，与民国时期相比，虽然同样是对于裁判的审核，但其间的方向与力度显然不同。这

---

[68]　参阅《中华民国十二年第十次刑事统计年报》，第三三表"覆判审判衙门别覆判受理件数及已结未决"。

是因为当时正处在一个司法独立的声浪高涨，理念上不可能否定司法独立的时代。另一方面，在民国时期，虽然司法独立受到期待，但政府当局以财源匮乏、人才不足作为理由，终究未充分地普设司法机关。此外，如前一节中所述，可以说，覆判制度本身的功能极度受限，只能发挥治标的作用，而无法成为大力改善整体司法的原动力。说起来，覆判制度乃是这个追求司法独立却未达成目的的时代中所特有的制度；同时，它也可以说是当时的人们在追求的理念与实际状态不一致时，为填补其间落差而巧妙援用传统制度的智慧结晶。到了国民政府时期，与《覆判章程》内容几乎相同的规定仍被采用，[69]《覆判章程》的有用性继续获得认同。不过，国民政府时期并未针对覆判制度进行改良，而是实行了本来应有的司法改良之道，不断地扩充裁判机构。

（黄琴唐 译）

[69]　参阅民国十七年（1928）九月十九日施行之《覆判暂行条例》。

# 第十二章　从民刑混沌到民刑分立
## ——民国初期大理院民事审判法源 *

黄源盛 **

## 序言

在长达两千多年的传统中国法制长廊里，尽管王朝递嬗，立法频仍，但始终未曾出现过一部独立的"民法典"。观乎历朝历代所颁布的法典，从李悝的《法经》到清末的《大清现行刑律》，以当今的法律分类概念，基本上，性质均属"刑法典"；只不过，这些法典的内容往往涵盖了有关民事、诉讼和行政等方面的规范事项，并且大都以刑罚制裁作为其法律效果，因而有被称为"诸法合体、民刑不分"者。实际上，传统中国法制究竟有无"民法"？如果有，是"民刑有分"？还是"民刑不分"？抑或"不分之中又有分"？说法并不一致。[1]

---

\* 原题为《"民刑混沌"から"民刑分立"へ—民国初期大理院民事裁判における法源》，中文系笔者自译。

\*\* 执笔时为台湾政治大学法学院教授，现为福州大学法学院特聘教授。

[1] 关于此类问题的论述，参阅杨鸿烈《中国法律思想史》(台北，台湾商务印书馆，1993年)，第400—403页。张晋藩《清代民法综论》(北京，中国政法大学出版社，1998年)，第1页。此外，日本学者寺田浩明研究清代司法制度，认为虽不存在现代所谓"民事审判程序"与"刑事审判程序"之类程序性质上的区分，但事实上仍有以民事案件和微罪案件为主要对象，州县地方官就拥有最终处理权限的"州县自理"审判；另外有以较重大的犯罪（转下页）

从法制历史的发展面看来，在任何国家的法史学研究中，对于"法的渊源"之探讨都是不可或缺的，甚至是首要的课题，可以说，法制史的研究是从对"法的渊源"论述开始的。关于"法的渊源"，一般习称为"法源"，其含义有广有狭，有哲学性意义的法源、历史性意义的法源以及形式性意义的法源等说，本文指的是裁判官所据以为判决的审判依据，也就是法规范的存在形式。而有关"法源"的解析，有着一条必经的途径，就是要着眼于现实的诉讼场景，透过裁判案例，来揭示什么是被当作审判的依据。[2]

帝制中国时期，并无一部当代意义的正式"民法典"，这已是不争之论，问题是，没有"民法典"是一回事，有无"民事规范"又是一回事，即使有"民事规范"，其间有无所谓"权利与义务对称"的内涵呢？在纷争解决的诉讼过程中有无所谓的"民刑分隶审理"呢？如果有，那是什么？如果没有，那又是为什么？及至晚清变法修律期间（1902—1911），在法理派"参考古今，博稽中外"的强力主导下，引进西方近代法典编纂技术，舶来"六法"区分的概念，清政府才于1911年草就《大清民律草案》，这是中国法制史上首部民事实体法，但也未及颁布，清廷已亡。不禁想问：当时审判官员在面对具体案件时，到底是如何理解所谓"理之曲直"或"罪之有无"的民／刑界限？有关这些问题，深刻论述不多，见解也很多样。

---

（接上页）案件为对象，程序上采取"必要的复审制"，在州县以上的不同级别分配最终处理权限的"命盗重案"审判。以上详参寺田浩明《清代司法制度研究における法の位置付けについて［清代司法制度研究与对"法"的理解］》载《思想》，第 792 号（东京，岩波书店，1990 年），第 179—196 页。

[2] 参阅滋贺秀三《清代中国の法と裁判［清代中国的法与审判］》，其中第四，《民事的法源の概括的検討—情·理·法［民事法源概论的检讨——法·情·理］》，（东京，创文社，1984 年），第 263—304 页。大村敦志《法源·解释·民法学［法源·解释·民法学］》，（东京，有斐阁，1995 年），第 21—78 页。另参阅张正学《法院判断民事案件适用之法则》，载《法律评论》，第 249—250 期（1928 年 4 月 8 日及 15 日）。

　　大理院是民国初期（1912—1928）北洋政府的最高司法审判机关，在其存续的十六余年里，正处于政治、经济、制度、社会与文化过渡的转型期中，它所发挥的司法机制的功能究竟为何？法制历史上的影响及其时代意义该如何评价？世纪末之前，此类课题并未为法学史界所关注，主要原因或与该院完整的判例全文与判决档案之犹未"问世"有关，致有系统的研究无法开展。

　　1997年，笔者着手进行"民初司法档案整编专题研究计划"，期间会同参与该计划的伙伴们，仆仆风尘，赴南京的中国第二历史档案馆及北京、上海、重庆，乃至日本的东京、京都等地的档案馆、图书馆，甚至古本书肆，搜寻材料。夸张地说，几乎"芒鞋踏破、千金散尽"，而换来的只是一堆"故纸"。再经过近十五年的闭门整编，大半光阴与故纸书堆为伍，迄2013年终于接近告成，先后出版了《平政院裁决录存》及《景印大理院民事判例百选》《大理院民事判例辑存》《大理院刑事判例辑存》等法制史料二十余册。[3]

　　本文借着拥有大量的裁判史料之便，拟从实证的角度出发，针对清末司法新制如何从"民刑混沌"到"民刑分立"的开端与转型先做扼要的叙述。而最主要者，是想针对民初大理院民事裁判的法源性再做进一步的阐明，尤其，要对下列几个问题做一些精进的思考：在立法功能不彰及成文法阙如的年代，大理院如何去

---

[3] 《平政院裁决录存》，搜集平政院自民国三年开院时至民国十七年（1914—1928）闭院时止之行政诉讼裁决书，凡187案；另收录民国三年至六年（1914—1917）平政院审理纠弹案件裁决书，共13件。全书凡1324页（台北，五南书局，2007年）。《景印大理院民事判例百选》选自南京的中国第二历史档案馆原档文献中之原卷复印本，间取其楷法道美，其或有法理优长者，意在保存判决原本的遗产，俾供今昔相照，全书凡1017页（台北，五南书局，2009年）。《大理院民事判例辑存》含总则编、债权编、物权编、亲属编、继承编，凡11册（台北，犁斋社，2012年）。《大理院刑事判例辑存》含总则编及分则编，共8册（台北，犁斋社，2013年）。

探寻民事规范的法源？当法源相互冲突时，规范间的效力高下又该如何解决？在民国初期，帝制中国的最后一部传统刑法典《大清现行刑律》，如何改头换面成民事裁判的法源依据？大理院时期"判例要旨"的性质是否属英美法系中的判例法（case law）？是否从事"司法兼营立法"的权宜作为？民国正式的"民法典"尚未出世前，晚清曾有《大清民律草案》的编纂，这部民律草案的性质及地位究竟该如何看待？此外，大理院的民事判决先例在法学方法上的运用，究竟留给世人哪些值得省思的课题？

## 第一节　晚清"民刑分立"的开端与转型

有清末季，沈家本膺命修律后，考虑到新刑典的制定，非旦夕所能完成，也洞察到推行新律的社会条件并未成熟，礼教派人士对草拟中的《大清新刑律》尤横加阻挠，而旧有的《大清律例》又未合时用。在"新律之颁布，尚须时日，则旧律之删订，万难再缓"的前提下，光绪三十四年（1908）正月二十九日，修订法律大臣沈家本、俞廉三等奏请重新进行以前因更改官制、人员调动而中止的对《大清律例》的全面改造工作，期能完成修改、修并、移并及续纂等项。奏云：

> 家本上年进呈刑律，专以折冲樽俎，模范列强为宗旨。惟是刑罚与教育互为盈朒，如教育未能普及，骤行轻典，似难收弼教之功。且审判之人才、警察之规程、监狱之制度，在在与刑法相维系，虽经渐次培养设立，究未悉臻完善。论嬗递之理，新律固为后日所必行，而实施之期，殊非急迫可以从事。

考日本未行新刑法以前，折衷我国刑律，颁行《新律纲领》，一洗幕府武健严酷之风，继复酌采欧制，颁行《改定律例》三百余条，以补纲领所未备，维持于新旧之间，成效昭著。[4]

至此，沈氏乃师法邻国日本往例，将局部修改《大清律例》的原初计划，提升为综合现在通行章程，而对旧有律例做全盘性的大翻修。同时，为使《大清律例》能贯彻其为刑事法典的单纯本务，乃定名为《现行刑律》，[5]企图以渐进方式，确立推行新律的基础。

光绪三十四年五月十八日，宪政编查馆大臣奕劻与法部奉旨议奏沈家本等奏折，对其修法旨趣与所实行方法表示赞同，宣统元年（1909）正月十一日，时任京师高等检察厅检察长的徐谦奏"请将现行刑律参照新刑律妥为核订"，提出新法未实行、旧律未遽废之时，宜编定过渡法典予以调和，并提出五点具体建议：1. 分别民刑。2. 重罪减轻、轻罪加重。3. 停止赎刑。4. 妇女有罪，应与男犯同一处罚。5. 次第停止秋审。[6]同年十二月二十四日，宪

---

[4] 参阅故宫博物院明清档案部编《清末筹备立宪档案史料》下册，（北京，中华书局，1979 年），第 851 页。光绪三十四年正月二十九日《修订法律大臣沈家本等奏请编定现行刑律以推行新律基础折》。

[5] 《现行刑律》的编定，名目上系指光绪三十四年（1908）正月二十九日，修订法律大臣沈家本、俞廉三奏请编定。唯实际上此项编订已开始于初订律奏进之前，即光绪三十一年三月十三日等，以《修订法律大臣奏请先将例内应删各条分次开单进呈折》，分三次奏准，共删 344 条，光绪三十三年十二月七日，又以《修订法律大臣奏遵议满汉通行刑律折》，奏准删改 49 条，经此两次删改之律例文，因其已经奏准之故，除非被修复，当时即已确定失效或被变更，详参《大清法规大全·法律部》，政学社印行（台北，宏业出版社重印，1972 年），第 1679—1744 页。

[6] 详参清史馆《大清宣统政纪实录》，第 26 卷 5、6，宣统元年（1909）正月十一日（台北：华文书局，1968 年）。另参陈新宇"'分别民刑考'——以〈大清现行刑律〉之编纂为中心"，载《法制史研究》，第十期，（台北，中国法制史学会、历史语言研究所主编，2006 年 12 月），第 253—284 页。

政编查馆奏"请饬修订法律大臣另编重订现行律片"，重申以修订旧律为主的渐进方式之同时，也肯定徐谦所列举五端，请旨饬下修订法律大臣按照徐氏所奏，再行考核中外制度，参酌本国情形，详加讨论，悉心审订，另定体例，编"重订现行律"。在此"重订现行律"未颁布以前，现行刑律户役内承继、分产以及男女婚姻、典卖田宅、钱债违约各条，应属民事者，自应遵照"奏定章程"，毋庸再科罪刑。宣统二年四月七日，法律馆、宪政编查馆会奏《呈进现行刑律黄册定本请旨颁行折》，《钦定大清现行刑律》颁行，律389条、条例1327条，附《禁烟条例》12条、《秋审条款》165条。在该奏折中，奕劻特别强调：

> 现行律户役内承继、分产、婚姻、田宅、钱债各条，应属民事者，毋再科刑，仰蒙俞允，通行在案。此本为折衷新旧，系指纯粹之属于民事者言之，若婚姻内之抢夺、奸占及背于礼教违律嫁娶，田宅内之盗卖、强占，钱债内之费用受寄，虽隶于户役，揆诸新律俱属刑事范围之内，凡此之类均照现行刑律科罪，不得诿为民事案件，致涉轻纵。

可以看出，上述徐谦所奏，获得宪政编查馆的支持，尤其是"分别民刑"一项。而宪政编查馆所说的"奏定章程"，即是光绪三十三年（1907）十一月二十九日清廷所颁行的《各级审判厅试办章程》，[7] 该章程第一条规定："凡审理案件分刑事、民事二项，

[7] 宣统元年十二月二十八日清廷再颁布《法院编制法》，《各级审判厅试办章程》与《法院编制法》是清末诸省各级审判厅设立的主要法源依据，依《各级审判厅试办章程》第一一九条规定，该章程的施行期间为自各级审判厅开办之日始至《法院编制法》和《民事刑事诉讼法》颁行止，然由于清廷未能及时颁行正式的诉讼法，故该章程在晚清始终有效，与《法院编制法》抵触的具体条文失其效力。

其区别如左：一、刑事案件，凡因诉讼而审定罪之有无者，属刑事案件。二、民事案件，凡因诉讼而审定理之曲直者，属民事案件。"之后，《上海地方审判厅收理民刑诉讼案件办法通告》乃明确指出："凡关于户婚、田土、钱债、契约、买卖纠葛，但分理之曲直者，为民事。凡关于命盗、杂案一切违犯法律行为，定罪之轻重者，为刑事。"[8]从此，清末筹办地方各级审判厅，分有民事专科，必须明确区分民事案件与刑事案件。

尽管清末民事法律体系仍处于百端待举的草创阶段，民法典仍未通过审议，然而自光绪三十二年（1906）大理寺改制为大理院后，内部组织即已区分"民""刑"两科办事。以1908年的统计资料来看，大理院下设刑科共四庭、民科共二庭。同时，现审案件的统计，也已区分为民、刑案件分计的方式，该年度大理院现审案数统计中，刑事共114件，民事共13件。[9]虽然囿于数据，无法得知大理院区分民、刑案件的标准何在，但民刑程序的分野已逐渐成形。

再仔细翻阅《大清现行刑律》条文，其中确实存在着若干关于民事方面的规定，且就条文的结构形式看，也不再附予刑罚制裁的法律效果，而是独立作为纯粹的民事规范。当然，这样的立法构造也并非从《大清现行刑律》才开始出现，在《大清律例》的律条中已曾有过，只不过这一次扩大了这种趋势。例如《户

---

[8] 其他例如《各级审判厅试办章程》第十四条规定："刑事厅票如左：一、传票 传讯原被告及其他诉讼关系人等用之。二、拘票 拘致犯徒罪以上之被告及抗传不到或逃匿者用之。三、搜查票 搜查罪人及证据用之。"第十五条则规定："民事厅票如左：一、传票 同前条第一项。二、搜查票 因查封时遇有隐匿财产者用之。"又如第三十八条规定了判决书不同的格式与内容。详参铸新公司编译所编纂，《各级审判厅试办章程》（苏州，编纂者刊，1913年）。

[9] 参阅《大理院职官表》及《刑民各庭现审案数犯数年表》，载于大理院编《大理院第一次简明统计表》，光绪三十四年（1908）汇编本。

律·婚姻》"男女婚姻"条例：

> 嫁娶皆由祖父母、父母主婚，祖父母、父母俱无者，从余亲主婚。其夫亡，携女适人者，其女从母主婚。若已订婚，未及成亲，而男女或有身故者，不追财礼。

又如《户律·田宅》"典卖田宅"条例：

> 告争家财田产，但系五年以上，并虽未及五年，验有亲族写立分书已定，出卖文约是实者，断令照旧管业，不许重分再赎，告词立案不行。

清宣统年间，各行省省会、商埠审检两厅，已依次成立，行政、司法逐渐划分，而前面提过，终清之世，清廷始终未曾颁布过任何独立的民事法典，《大清现行刑律》无论就形式结构或实质内容，主要还是刑事制裁的性质。民、刑案件究竟如何区隔？在传统中国法制与新式欧陆法学分类交替的情境中，对于这组"民刑分立"概念的认知，各级审判厅是否能确切地掌握？由于当年留存下来的裁判史料极少，[10] 其详只有到民国初期的各级审判厅裁判文书中去找寻。

可以说，清末虽然在各级审判厅的审理机制内区隔了民、刑案件的分类做法，但由于章程内关于民、刑概念的定义并不十分精确，因此，绝大多数的审判官员面对民、刑案件的界分时，尚无法

---

[10]　晚清留存下来少量的裁判史料中，以《各省审判厅判牍》（上海，法学编译社印行，1912年）较具参考价值，该书由上海法学编译社汪庆祺联合社员将清末省城商埠各级审判厅和检察厅的各种判牍，择其精华，编辑而成。

运作自如。例如，当年主导设立天津各级审判厅的袁世凯就说：

> 各国诉讼，民刑二事，办法迥乎不同，盖民事只钱债细故，立法不妨从宽；刑事系社会安危，推鞫不可不慎。[11]

就连法部大臣在奏《酌拟各级审判厅试办章程》时也道：

> 闾阎之衅隙，每因薄物细故而生，苟民事之判决咸宜，则刑事之消弭不少。惟向来办理民事案件，仅限于刑法之制裁，今审判各厅既分民事为专科，自宜酌乎情理之平，以求尽乎保护治安之责。

细细体会彼等说法，显然认为，相对于刑法，民法只是情节轻微的"民间细故"，而无论民事还是刑事规范的存在，其最终目的也无非都在于定分止争、安宁社会秩序的必要调节手段，从这一点看来，当时所谓"民"与"刑"之间的距离，只不过在一线之隔而已！

## 第二节　无民法典如何进行民事审判？
### ——民初大理院民事纷争解决的法源顺序

时至民国初期，北洋军阀专横，政权更迭频繁，就刑事与民

---

[11]　参阅袁世凯《保定府知府凌福彭卓异引见胪陈政绩片》，载《袁世凯奏议》，卷四十二（天津，天津古籍出版社，1987年）。

商事等法律虽先后设法典编纂会、法律编查会及修订法律馆等机构持续起草，但刑律仍援用蜕变自 1910 年的《大清新刑律》而成的《暂行新刑律》。至于最切于人事的民商事方面，因仍无现成法典可依，而职司审判的推事又不能以法无明文而拒绝裁判，对此，其判决根据的法源性究应为何？理论与实际的运作又是如何？这是一个饶有趣味，也颇值得关切的问题。

一般来说，在英美法系国家，法律系由法院创造，判决即为法源，无待深论。而在欧陆法系国家，法律系由立法机关制定，法院专司审判，其对具体案件所谓的"判决"是否即为具有约束力的法源，争议颇多。而众所公认，传统中国法制，民事法向无独立专典，历代立法者不以刑事、民事判然分离为必要，而并合民事规范于刑律之中。自晚清变法修律至民国初期以来，其间虽曾二度草拟民法典，但因均未颁行，也无正式民法典可言，而当时的制定法只限于少数单行民事法令，当然不足以适应社会的需要。因此，民国初期当遇有法律缺而不备时，大体上是依据下列方法加以救济：

1. 清宣统二年（1910）四月间所颁行的《大清现行刑律》中不与共和国体相抵触的"民事有效部分"。

2. 民国成立以后所公布的民事特别法令。

3. 民事习惯、民法草案、判例、法理及学说等。

由此看来，民国初期民事纷争的审判依据，成文法部分主要系源自《大清现行刑律》中的"民事有效部分"及少数民事特别法规；[12] 不成文法部分则由习惯法、判决例、民法草案、外国立法

---

[12]　参阅黄源盛《帝制中国最后一部传统刑法典——兼论晚清刑事法近代化的过渡》，收录于《刑事法学之理想与探索（四）——甘添贵教授六秩祝寿论文集》，第 505—546 页（台北，学林出版社，2002 年）。

例、人情义理及学说等所构成。要问的是，民事审判法源的先后顺序如何？该由谁来认定？依据什么做认定的基准？

或许是历史的巧合，近代以来，如《德国民法第一草案》（1888）第一条："法律无规定之事项，准用关于类似事项之规定。无类似事项之规定时，适用由法规精神所生之原则。"《瑞士民法》（1907）第一条规定："凡在本律文字，或精神以内之事件，均受本律之支配；如审判官裁判时无可适用之律文，应依习惯法；如无习惯法，应依如审判官自居于立法者之地位所欲制定之规则裁判之，唯应斟酌于学说及法理。"1875年（日本明治八年），《太政官布告》第一百〇三号《裁判事务心得》第三条载称："于民事裁判，无成文法者，依习惯；无习惯者，推考条理而裁判之。"[13]1911年（宣统三年），《大清民律草案》（总则编）开宗明义之第一条，或本于瑞士及日本民法（明治三十一年，1898）的立法例，规定："民事，本律所未规定者，依习惯法；无习惯法者，依条理。"然该草案终大理院时期并未颁布施行，值此成文法阙漏不备，而民事纷争日益繁多之际，法院审理民事案件自苦无明确法源依据。于是，大理院的推事们，于民国二年（1913）上字第六四号判例采取该条的法意，提出解决之道：

本院查：判断民事案件应先依法律所规定，无法律明文者，

<hr>

[13] 参阅我妻荣编集《旧法令集》（东京，有斐阁，1968年），第32页。再参阅大河纯夫《明治八年太政官布告第一〇三號《裁判事務心得》の成立と井上毅（一）（二）（三）［明治八年太政官布告第一〇三号《裁判事务心得》的形成与井上毅]》，载《立命馆法学》，1989年3、4号，1993年1号，1994年2月。另参阅野田良之《明治八年太政官布告第百三號第三條の『條理』についての雑觀［关于明治八年太政官布告第103号第3条《条理》的杂感]》，载《法学协会百周年纪念论文集》，第一卷（东京，有斐阁，1983年）。

依习惯法；无习惯法者，则依条理，盖通例也。现在民国民法法典尚未颁行，前清现行律关于民事各规定继续有效，自应根据以为判断。[14]

此号判例虽非"法律"，却具有拘束力，从此，民事审判法源的顺位因"通例"而定调。然其所谓法律明文、习惯法、条理，其含义各为何？实质的内涵又如何？其所适用的先后次序是否绝对地不容许有例外？与帝制时期的传统审判相比较，新旧的法律、习惯法和条理在形式上与实质上有何差异？大理院的民事判决究竟有何创造性的转化？兹分述如下：

## （一）法律

"法律"的意义如何？依权力分立后的民主共和政体来说，应系指出自国家权力，经有权机关以立法程序所制颁的人类社会生活规范。不过，大理院上述该判例所谓应先依法律所规定的"法律"，是否即采如此狭义的见解，仍须斟酌。

由于民初政局动荡，正式宪法并未产生，《中华民国临时约法》（以下简称为《约法》）第十六条规定"中华民国之立法权以参议院行之"，第二十八条规定"参议院以国会成立之日解散，其职权由国会行之"。故依照《约法》，民初的最高立法机关为国会，其后的《袁氏约法》《曹锟宪法》也都明定法院有"依据法律"审判民事诉讼的义务。然十余年来，国会随政潮浮沉，并未能善尽立法之职，行政机关为应实际的需要，乃径行制定各种法规，颁

---

[14]　详参黄源盛纂辑《大理院民事判例辑存》（总则编），第7—12页，（台北，元照出版社，2012年）。

布施行。其有关民事者，如《国有荒地承垦条例》《矿业条例》
《管理寺庙条例》《清理不动产典当办法》等，皆系中央行政机关
制定颁布者。其有由省行政机关制定，呈准中央最高行政机关者，
如《修正直隶巡按使呈报直省旗产圈地售租章程》是。其有由省
行政机关制定，咨明司法部者，如《奉天永佃地亩规则》是。又
有由司法机关制定，由行政机关核定者，如《京师拍卖铺底人对
于房东借租暂行简章》是。[15] 凡此等规范，无论其名称为条例、
规则、章程、办法，既为名义上"立法机关"所容许，又为实际
之所需要，人民之所遵行，在这样特殊过渡不得已的情势下，谓
其为广义性质的"法律"，似也未尝不可。

　　简要地说，此之所谓"法律"，系指当时最高立法机关及经其
授权或经其容许的机关所订颁的法则，包括条例、章程、命令及
规则等，是当时北京政府所公布施行者，不含各省省政府所颁发
施行的"省令"。而以现代法学观念言，大抵上，法律的效力是高
于命令的。然而，在民国初年，兵马倥偬，国会经常无法正常运
作的情况下，期待制颁完全符合现代"法律"形式意义的民事法
规范显然过于苛求。我们也可以从大理院众多的民事判决中得悉，
特定行政机关所颁布的命令具有与法律相同的效力。不过，难得
的是，在大理院时期，已有法律与命令区分的位阶概念。例如大
理院四年上字第二四六一号判例尝谓：

　　　　本院查前清兼理司法之知县衙门因行政上之必要，固得颁
　　发与法律同一效果之命令，但却不能即以命令消灭特定之债权。

---

[15]　以上各项条规的详细内容，参阅蔡鸿源主编《民国法规集成》（合肥，黄山书社，
　　　1999 年）。另参阅同上注 2，张正学前揭文，第 82—83 页。

推其意，即使知县衙门有发布具法律效果的命令之权，但是此乃行政的权限，并不能改变当事人间私法上权利义务关系。

从上述实务见解看来，大理院已想认真区分法律与命令的不同，认为在私法效果上，凡经法定程序所通过颁发之命令，与法律同具效力，不过，行政长官所发布的"单纯命令"，不但没有拘束法院的效力，对于当事人而言，也无拘束力。[16]

## （二）习惯法

从世界法律发展演进史看，在 18 世纪以前，或因法典未备，或因社会关系单纯，西欧各国几以习惯为主要法源。到 19 世纪，各国法典的制定如雨后春笋般地出现，司法判决乃笼罩在"法典万能"的思潮影响下；20 世纪以降，社会情况多元且变迁快速，成文法已不能单独适应实际需要，因此习惯与条理的地位又与日俱增，成文法、习惯与条理三者间的关系，可以说仍深切难离。

传统中国法时期关于民事规范，如身分、继承及物的关系等规定，绝大部分是渊源于习惯，但文献史料中却罕见"习惯"此一用语，反而常以所谓的风俗、土俗、土例、俗例、成规或旧规等称谓表现出来。[17]事实上，习惯之能存在，足证人心已认知其为合于情理；而法律，理论上应为民意的表现，如果没有正当理由，自不能予以漠视。且社会既有此习惯，人民必习之以为安，法律倘

---

[16]　须再一提的是，大理院十一年上字第 291 号判例云："本院按此项县谕系督促倒号清理债务之办法，即依前清旧制，亦不能谓有法律上之效力。"虽然此则判例是关于前清"命令"的问题，仍可看出，并非所有命令皆有法律拘束力，至少县谕层次的命令便无拘束法院之效力。据上述两则判例推论，大理院似乎认为县知事所发布之命令，关系私法事项者并无拘束力，法院为民事审判者，无须受此等命令之拘束，与"教令"或"省单行章程"不可相提并论。

[17]　参阅滋贺秀三《法源としての経義と礼、および慣習［作为法源的经义和礼、习惯］》，收于同上注 2，前揭书，第 328—352 页。

无其他优位理由，徒为违反习惯的规定，适足以纷乱社会的秩序。所以，法律之顺于习惯者，行之甚易；违于习惯者，自难推行。法律如无明文规定，司法者援引习惯以为断案，显然较容易折服诉讼当事人。

降及民国，为统一适用习惯，北洋政府司法部于民国四年（1915）九月十五日发布"通饬"，要求在司法审判中妥为适用。该"通饬"称："各司法衙门审理民事案件，遇有法规无可依据而案情纠葛不易解决者，务宜注意于习惯。"至于该如何运作，司法部也提出了四项具体主张：1. 各地不无公正士绅，博访周咨未为无补；2. 或事前就某项习惯随时探讨；3. 或于开庭时由厅长礼延公正士绅到庭，就某项习惯听其陈述，以为参考；4. 各审判厅厅长率领民庭推事调查，了解各类习惯，编为记录，并由该厅长汇核详部，本部将以之为编订法规之助幸。[18]

实际上，习惯固以多年惯行的事实及普遍一般人的确信心为其基础，在形式上，仍须透过法院的适用，始能认其具有法的效力。大理院为杜绝争议，早在二年上字第三号的判例，对于习惯法的成立，即言其四个要件：

1. 要有内部要素，即人人有法之确信心；

2. 要有外部要素，即于一定期间内，就同一事项反复为同一之行为；

3. 要系法令所未规定之事项；

4. 要无悖于公共秩序及利益。

透过此号判例，大理院一方面将具有法确信的"习惯"予以

---

[18]　参阅《民事案件应注重习惯通饬》，收于《国民政府现行六法司法法令合编》（第 3 册《民法》），（上海，世界书局，1929 年）。

实定为"习惯法"，同时，也为"习惯法"作为独立法源的要件划出了具体的范围。不过，民初以来，习惯法仅有补充法律的效力，法院并无必须适用的义务；综观大理院历来的判决例，我们发现，当事人在诉讼上所主张的"习惯"，被大理院驳斥的比例，远高于被认可的比例。特别是大理院认为违背公共秩序及利益的习惯为无效，而所谓"违背公共秩序及利益"的意义，是从最广义的解释，非但有悖于社会安宁、公众福利、经济流通、公共政策及善良风俗的习惯，皆包含其内，而且虽无悖于现在的利益，但足以妨碍将来文化的进步及社会发展的习惯，也不能认为有效。因为法律并非仅以维持现在的公共秩序及利益为目的，还具有充实文化生命的使命。例如，大理院四年上字第二八二号判例，对于湖南浏邑习惯，凡卖业必先尽亲房，外姓不得径行夺买之案，表示：

> 卖业先尽亲房之说，则以该邑习惯为据，兹姑不论是否有此项习惯之存在，既属限制所有权之作用，则于经济上流通及地方之发达均有障碍，亦难认为有法之效力。

本案系争事实，源于湖南浏邑旧惯，凡土地买卖，亲房有先买之权，必此等人无意购买，始得外卖。大理院认为：此种习惯不仅限制所有权的处分作用，即与经济的流通与地方的发达均不无妨碍，为公共之秩序及利益计，不承认有法的效力。

其实，习惯是否具有法的效力，在大部分的情况下，往往无法有一个完整理论性的界定，必须透过实际的个案运作来加以厘清。例如：大理院五年上字第一一六七号判例系关于已有妻室者欺饰另娶一案，该案上告人黄少甫先娶程氏为妻，后又欺蒙，另娶被告人黄王氏为妻，虽然上告人黄少甫主张其系兼祧两房，依民间的习惯可并娶，但是这种说法并不为大理院所接受。大理院认为《大清现行刑律》"妻妾失序门"明文规定，有妻更娶者，后娶之妻必须离异归宗，兼祧并娶当然在禁止之列。大理院同时又提到"如果上告人之已有妻室，在许婚当时实已明白通知，则其后重娶被上告人，虽循俗例，名为均系正室，而在法律上要仅有侧室之身份，即不得谓为欺饰"。在本案的判决中，大理院显然就个案判断，限制了习惯的适用。

再值得一提的是，大理院所言的习惯法成立的内容实质要件，对于幅员辽阔的中国而言，"十里不同俗，百里不同风"，习惯法应否更具有地理区域的要件？是否要考虑民族多元性的要件？该由谁来负举证责任？如何为证据调查？习惯法的效力是否一律应低于法律而优于条理？尤其，大理院的判决动辄以所谓公共秩序、公共利益、经济秩序、交易安全等近代西方新的民法概念来作为"过滤"旧习惯的理由，对于一已行之久远，且为某特定族群所充分确信的习惯，是否会伤及人民的法律生活感情而难以推行？就民国初期法制实态而言，是个颇费思量的难题。

事实上，民国初期的中国社会是一个无数旧势力应改造而未改造，无数新势力求生而不得生的时期。部分既存的习惯，常常与社会现实的需要相反，而成为社会上许多新制度与新事业发展的障碍，在此情境下，身为司法机关龙头的大理院乃掌握了契机，往往在判决例中巧妙运用，直接或间接促进这些习惯的改变，似乎不想再给这些所谓的"陋习"有适用的机会。

传统中国关于民事的规范，历来甚多存于习惯，在新的民法典未颁布以前，法院诚有不能不援用习惯的理由。而大理院时期是否以大量的实行习惯，来作为审判的根据？对于所谓有悖于公共秩序、利益以及具有强烈地域色彩的习惯，采取了哪些革新的态度？习惯是否须经司法机关适用于裁判后，始具有法律上的效力？凡此种种，我曾经详加论列过，[19] 此处不赘。

### （三）条理

"条理"一词，看似源自日本近代民法的用语，实则，在古典中国的文献中早已有之。《尚书·盘庚》："若网在纲，有条而不紊。"《中庸·第三十一章》："文理密察，足以有别也。"古人好以"条"与"理"互训，《易·系辞传》所云："仰以观于天文，俯以察于地理，是故知幽明之故。"天上日月星辰的文采，地面山川原野的纹理，各有条理。而在民国以后，始称"条理"，继则称"法理"，乃指从法的根本精神演绎而得的普遍理则。简单来说，"条理"也好，"法理"也好，是法之所以为法的理由或依据，也可以说是法的基础和必备的要素。即适应时代环境需要，合乎理性的公平正义规则，它是法律价值的渊源，含有系统的自然法则之意。其性质为主观乎？客观乎？学说至为纷歧。[20] 一般而言，主观的公平正义观念不能人人尽同，往往因人性论、历史观、价值观乃至方法论而殊异其趣。倘审判官能任意依其主观的理念为断案的基础，则易流于专横武断，甚至涉于离奇荒诞。当事人上诉时，又易为

---

[19] 参阅黄源盛《民国初期的民事审判与民间习惯——以大理院裁判史料为中心的考察》，收于《法制与礼俗》，第三届国际汉学会议论文集（台北，2002年），第109—156页。

[20] 梁启超说："条理者，日本法律上专用之一名词；裁判官于法文所不具者，则推条理以为判决；如我国所谓准情酌理也。"参阅梁著《中国成文法编制之沿革》（台北，中华书局，1957年），第12页。至于"法理"与"条理"有无分别，说法不一。有认为两者意义不同者，其说略以"法理"乃指"客观的正当法理"而言，而"条理"则系指"主观的自然道理"而言，参阅黄right昌，《民法总则诠解》（台北，自版，1960年），第64页。此外，张伟仁对"法和法理"也有深刻的论述，详阅张著，《中国传统的司法和法学》，载《法制史研究》，第9期（台北，中国法制史学会. 历史语言所主编，2006年），第207—209页。

上级法院所废弃。诉讼当事人所信的公平正义，反不易求得，而
判决基础亦易生摇不定的状态。所以，审判官的采用条理，不得
不取则于外界，应寻取社会一般所信的通情达理等具普遍性与恒
久性的是非善恶准则，以为断案的标准。然此种准则自何而生？
从何而来？又不一其说。

　　《大清民律草案》于第一条的按语中说："条理者，乃推定社交
上必应之处置。例如：事君以忠、事亲以孝及一切当然应遵奉者。"
果如其言，条理的意义未免失之过狭。理论上，其义当不止于此。
遍览大理院实际上所采用的条理，除《大清民律草案》和《民国
民法草案》等两次草案内容曾作为条理，酌采适用外，其渊源之
荦荦著者，尚有大理院判例、法律的类推适用、学说见解、外国
的立法例[21]、人情义理与伦理道德规范等，在此无法一一细说。其
中，最有争议的是，"判例"的性质到底何属。这在本章的后阶段
将有较详细的论述。

　　有疑义的是："条理"与传统法时期所强调的"情理"究竟有
何异同？对此有论者指出："条理"与"情理"作为法源，同样具
有"无实定性"的特征，但是"条理"具有较强的规则指向性。
而"情理"通常是指对双方诉讼当事人所面临的具体情境给予充

---

[21]　姚瑞光认为在大理院时期就已经有以外国立法例作为法理而适用的实务见解。其所举
　　　实例有二：第一，大理院十一年统字第 1677 号解释："宣示亡故，在实体法虽无规定，
　　　而该俄侨失踪为时既不甚久，揆诸多数立法例所定年限，尚不足以确定以'亡故'。"
　　　姚氏认为此解释系以外国"多数立法例"为法理依据。第二，大理院二年上字第 151 号
　　　判例：越界建屋，"邻地所有人固得于该屋墙竣工前请求建筑人拆毁或变更其建筑，若
　　　已至竣工后，始行声明异议者，则为顾全社会经济起见，以不许异议人为拆毁或变更之
　　　主张。惟许其调查损害，请求赔偿"。姚氏认此判例系大理院当时依外国立法例，即日
　　　本民法第 234 条第二项但书（建筑完成后仅得请求损害赔偿）做成。参阅姚瑞光《民法
　　　总则及第一条释论》（载台北，《法令月刊》，第 41 卷第 11 期，第 10 页）。

分的考虑，并尽最大的可能予以关照。[22] 这种看法，在大理院的判决例中可以获得验证，例如大理院五年上字第四四四号判例："夫妇析产，在现行法上并无认许之文，而按之条理、人情，亦难照准，故除当事人自行协议外，不得借口家庭不和率行主张分析。"从条理、人情分列来看，大理院似乎认为人情还是有别于条理，无法直接被条理的概念所涵摄。或许也可以这么说，条理具有规范指向的性质，能够透过先例化的方式，使往后的类似个案可以援用；然而情理的性质如同"准情酌理"一词所言，着重的是衡量具体个案的合宜性。

至于如何应用"条理"来调和实定法的不合时宜，大理院有不少的精彩案例，例如《大清现行刑律》"民事有效部分"的"婚姻门·出妻条"，律文曰："若夫妻不相和谐而两愿离者，不坐。"而大理院七年上字第一三二号判例说：

> 按现行法例，夫妇协议离异，应由自身作主，他人不能代为主持。妾与家长协议解除关系，当然应予准用。

又据大理院七年上字第一八六号判例云：

> 妾与家长间名分之成立，应具备如何要件，在现行律并无规定明文，依据条理正当解释，须其家长有认该女为自己正妻之外之配偶，而列为家属之意思；而妾之方面，则须有入其家长之家，为次于正妻地位眷属之合意，始得认该女为其家长法律上之妾，

---

[22] 有关"条理"与"情理"之论述，其详可参阅同上注2，滋贺秀三著，前揭书，第284页。

若仅男女有暧昧同居之关系，自难认其有家长与妾之名分。

夫妇之伦，合之以义，而实联之以情，情已离者，不能强之使合，即强合之，亦无益而有害。上述律文仅规定"若夫妻不相和谐而两愿离者，不坐"。被转化成"夫妻不相和谐，得两愿离异"，意在承认当事人的婚姻自主性；至于家长与妾的关系，在传统伦理法与西方近代权利法的折冲之间，大理院虽仍认许纳妾的存在，但其究与正式的夫妻关系不同，也与一般的姘居关系有别，此种关系亦发生于一种契约，不过，其性质及效力既与婚姻有别，关于此种契约的解除，自不能适用离婚的规定。大理院上开妾与家长得依协议解除关系的判决例，实即由该条类推适用所得的条理。其后，大理院八年上字第一〇六号判例随即指出：

> 现行法令采用一夫一妇之制，如家长与妾之关系，自不能与夫妇关系同论。盖纳妾之契约，实为无名契约之一种，其目的专在发生妾之身分关系，与正式之婚约，其性质显不相同，现行律上关于婚约之规定当然不能适用。凡未生子之妾，无论何时，苟该家长或该女有不得已之事由，均应认其得以请求解约，消灭关系，即其事由发生于缔约以前，而为缔约当时本人所不知者，亦可据以请求解约。

据粗估所得，大理院判决中运用"条理"作为审判依据者，为数相当多，甚至有可能超过"依法律明文"或"依习惯法"者。但其所使用的判决用语并未统一，最常出现者，有依民事法理、民法通理、现行法例、民事法例、民事法条理、现行规例、现行法则、至当之条理、民事法则、民商事条理、民事法之大原则、一般法例以及民商事法例等等。举例来说，诚实信用原则乃民法中重要的"条理"之一，如果从法律进程着眼，其由来已久。《大清民律草案》于第二条曰："行使权利履行义务，依诚实及信用方法。"斯即所谓为"诚信原则"，为司法实务上最重要的概括条款，不仅具有补充、验证实定法的机能，亦为法律解释的基准，乃法律伦理价值的最高表现，犹若滚滚红尘中的淳风良俗，而被称之为民事法律关系中的帝王条款。至于所谓的情事变更原则、权利滥用禁止原则、暴利禁止原理、一般恶意的抗辩、禁止反言原则、不正竞业禁止的法理等，莫不源于诚信原则，也莫不受此大原则的支配。

不过，诚信原则的法理，或吸收于法律明文中，或潜藏于习惯内，终究仅属于一些抽象的价值理念，其如何能让审判者直接适用于个别具体的案件，这是必须仔细体察的。我曾针对大理院十八则有关诚信原则的判例与解释例，做过详细的解析，发现大理院解释法律疑义，往往不厌长篇累牍，论证学理，引证事实，备极精详。至于适用法例，推阐法理，也常常能克服法律无明文，亦无习惯法可援引的窘境，灵活运用条理，创造新的补充规范，尤其善用诚信原则的义理，使民事纠纷的解决益臻合理与妥当。[23]

## 第三节　大理院民事判决例在法学方法上的运用

由于政治大环境以及立法程序和立法技术上的困难，致使一部统一的民法典始终无法产生，而部分零散的特别民事法令也缺

---

[23]　详参黄源盛《大理院关于诚信原则的法理与运用》，收于黄著《民初大理院与裁判》（台北，元照出版社，2011年），第191—234页。

乏统一性，如此一来，民事审判的法源依据自是困境重重。立法机关未能完成的任务，等于推诿给司法机关，特别是职司最高审判机关的大理院。民国初期，大理院面对的是这样的民事法规范多元化的局面。《大清现行刑律》"民事有效部分"、民商事特别法、民商事习惯、民法草案、外国民法的立法例、学说见解，甚至人情义理等都可以作为裁判的依据，而每一种规范又各自为标准，却又无法涵盖全部民事法律关系，不足以建立统一的民事法律体系。杂乱无章的法规范和日滋纷繁的民事案件，置各级审判厅于困厄之境，却也为大理院有所作为提供了历史的契机。

### （一）《大清现行刑律》如何换装成民事审判的法源依据？

民国肇建以后，于元年（1912）即行公布《暂行新刑律》，该律系由宣统二年（1910）十二月间继受欧陆法的《钦定大清刑律》经过删修后而成，施行至 1928 年六月方才寿终，是北洋政府统治时期始终适用的刑法典。吊诡的是，同样制颁于宣统二年间的过渡性传统刑法典《大清现行刑律》，在这段时间，不但没有完全消失于法制舞台上，反而以另一种形式活跃于民国初期的司法实务中。据查，民国甫经成立，在北京宣誓就任临时大总统的袁世凯即于 1912 年三月十日颁令：

> 现在民国法律未经议定颁布，所有从前施行之法律及新刑律，除与民国国体抵触各条，应失效力之外，余均暂行援用，以资信守，此令。

之后，参议院并未批准援用继受欧陆法制而已粗具规模的《大清民律草案》，反而于民国元年四月三日议决：

嗣后，凡有关民事案件，应仍照前清现行律中规定各条理
办理。[24]

由以上两项文件看来，清代已公布施行的一切法律，除与共
和国体抵触者外，概为民国政府所承受。而这项承受，其后亦经
大理院三年上字第三〇四号判例所确认：

> 本院按：民国民法法典尚未颁布，前清之现行律，除制裁
> 部分及与国体有抵触者外，当然继续有效。至前清现行律虽名
> 为现行刑律，而除普通刑事部分外，关于特别刑法、民商事及
> 行政法之规定仍属不少，自不能以名称为刑律之故，即误会其
> 已废。[25]

从编制体例观察，《大清现行刑律》"民事有效部分"，依然沿
袭《大清律例》的旧制，律文以"门"相率，门下分条，条例附
于相关律文之后。或许想问，《大清现行刑律》终究是一部刑事法
典，刑事规范如何能转换成民事规范而被援用？当时既未将"民
事有效各条"一一抉出，纂辑成书，则何者有效？何者失效？援
用时是否会取舍互异而疑义滋生？

实际上，刑法规范大部分是所谓强行的命令或禁止规定，而
依近代民法理念，民事法律行为如果违反强行规定，效力或属无
效，或得撤销。因此，这些原本属于刑事规范的条文，自然而然
地顺势转化成民事的规定而被适用。换言之，在民国初年，若民

---

[24]　参阅《法令辑览》（北京，北京政府印铸局编，1917 年）。另参阅罗志渊《近代中国
　　　法律演变研究》（台北，正中书局，1976 年），第 252 页。

[25]　参阅同上注 14，黄源盛纂辑《大理院民事判例辑存》（总则编），第 18—25 页。

事法律行为属于《大清现行刑律》所不禁止的行为，例如不坐，则转成为有效；至于被禁止的行为，通常被认定为无效或得撤销的法律效果。例如，大理院八年上字第八三二号判例即指出：

> 民国民律未颁布以前，现行律关于民事规定除与国体有抵触者外，当然继续有效；即其制裁部分，如民事各款之处罚规定（例如处某等罚、罪亦如之等语），亦仅不能据以处罚，关于处罚行为之效力仍应适用，以断定其为无效或得撤销。故若引用该律文以判断行为之效力，而不复据以制裁当事人，则其适用法律即不得谓为错误。[26]

举例而言，《大清现行刑律》"民事有效部分"的"户役·卑幼私擅用财条"规定："凡同居卑幼，不由尊长，私擅用本家财物者，十两处二等罚，每十两加一等，罪止十等罚。"上述条文中的二等罚、十等罚本是刑罚制裁，在民国初期被转化成是无效或得撤销的民事法律行为。大理院五年上字第一一八八号判例言："子之私擅处分，须经其父追认，始能有效。"即将其行为视为可撤销的法律行为。至于大理院八年上字第一四八号判例言："卑幼私擅处分家财之行为，为无权行为。"亦即将该行为视为无效行为。而堪玩味的是，上述无效的理论基础并非出于传统父为子纲的身分伦理要求，而是借用非完全行为能力人，其法律行为须得法定代理人之同意，始生效力的西方当代民法观念而来。

如是，由原先的刑事法规转换成民国初期用来断定私权利义务关系的民事规范，看来其承转适用也有其法理脉络可寻，并非过于

---

[26]　参阅同上注 14，黄源盛纂辑《大理院民事判例辑存》（总则编），第 86 页。

突兀。从北洋政府十余年间继续适用《大清现行刑律》"民事有效部分"的内容及其运用实况考察，主要有服制图、服制、名例、户役、田宅、婚姻、犯奸、钱债、河防等部分。此外，还包括了清《户部则例》中部分内容，例如：《户口门》之民人继嗣项3条，《田赋门》之开垦事宜项24条、坍涨拨补项5条、牧场征租项20条、寺院庄田项4条、撤佃条款项8条、滩地征租项11条。举例来说：以"户役门·立嫡子违法条"作为法源者，律文载："凡立嫡子违法者，处八等罚。其嫡妻年五十以上无子者，得立庶长子，不立长子者，罪亦同。"而大理院八年上字第二一九号判决谓：

> 按现行律例，无子立嗣不得紊乱昭穆伦序之规定，原为保护公益而设，应属强行法规，其与此项法规相反之习惯，当然不能有法之效力。本案上告人之于孙全本系属祖孙，昭穆并不相当，无论该地有无以孙祢祖之特别习惯，上告人均不能为全本之嗣，则当初被上告人之故翁书元兼祧全本，无论是否合法，及是否由被继人或亲族会所择立，要非上告人所能告争。[27]

再例如关于借主对于已给付之违禁利息能否追还一事，"钱债·违禁取利条"曰："凡私放钱债或典当财物，每月取利并不得过三分。年月虽多，不过一本一利。并追余利给主。"而大理院五年上字第四五七号判决谓："巧避重利之名，违禁取利行为，其违禁部分无效。"又大理院十四年上字第二五二九号判例进一步指出："取利苟过月利三分，或一本一利，即属违禁，应许借主得请求追还。"

---

[27]　参阅黄源盛纂辑《大理院民事判例辑存》（承继编），第19—21页（台北，犁斋社，2012年）。

此等见解即系本于上述《大清现行刑律》中之违禁取利，追余利给借主的规定而来，姑不论是否妥适，却不能说它毫无相当的根据。

以上相关部分，施行至民国十八年（1929）十月南京国民政府《中华民国民法》公布施行后，才被废止。因此，如果说，《大清现行刑律》"民事有效部分"为民国初年大理院时期的"实质民法"，诚有其道理在。申言之，它虽无民法典或民事法之名，然实为民事有效的实定法规范。从而，在理论及实务上，位阶高于习惯法及条理。而从实证的角度，我们屡屡见到大理院运用《大清现行刑律》的实例，在为数相当多的大理院判决（例）上，在征引某一"民事有效部分"时，每有查现行律例、查现行有效之前清律例、按现行律载等之类的用语，足以支持此项说法。据初步统计，《大清现行刑律》"民事有效部分"几乎每一门、每一条都曾被大理院适用过，且有些条文还是一再地被援用，显见其重要性之一般。[28]尽管如此，"民事有效部分"终究不是以个人权利为本位的近代意义式的民事法律规范。而耐人寻味的是，大理院推事们常以权宜的方式，用尽心力，企图将传统以伦理义务为本位的刑律条文，透过新的法学解释方法，时而将《大清现行刑律》"民事有效部分"中的一些客观具体规定，转化成抽象概括性的原则，使其具有普通适用性，进而使其与近代法学理论相结合，甚至时而将律文旧瓶新装，以解决新时代所产生的社会纷争问题。例如："户役·脱漏户口条"规定，"成丁"的年龄为 16 岁，而大理院于三年上字七九七号判决中则说："十六岁为成丁，有完全行为能力。"

此外，我们也可以清楚地发现，在大理院的判决（例）中，常有意无意地将当代民法私权利的观念导入。虽然《大清现行刑

---

[28]　详参郑爰诹编辑《现行律民事有效部分集解》（上海，世界书局，1928 年）。

律》是帝制中国最后一部传统的刑法典，然而，大理院却常透过近代欧陆法概念来阐释其内涵，结果造成个人权利观念得以蕴含于刑律条文之中。例如将"承嗣"如何处理的规定，转化成"择继权""亲权"，大理院三年上字第一一六〇号判例云：

> 现行律载："妇人夫亡无子守志者，合承夫分，须凭族长择昭穆相当之人继嗣。"等语，寻绎法文，其夫生存时既有立继专权，及其亡故，则守志之妇承其夫分，亦得行择继之权，惟其夫得径自立继，而守志之妇因受以上条文限制之结果，其实施择继之权，原则上应经由族长行使之，至若族长或其他亲族不得守志之妇之同意，而径行为其夫立继者，其所立之嗣，非经守志之妇确认，于法当然不发生效力。

上述判例中所说的"现行律"，乃《大清现行刑律》民事有效部分"立嫡子违法条"的例文："妇人夫亡无子守志者，合承夫分。"所谓"合承夫分"，并非认守志之妇为遗产的承继人，而是指夫亡以后，守志之妇得以"亲权人"的身份，管理及代理处分未成年子承继的家产。本案判决首先依"文义解释"，认为择嗣之权专在守志之妇，如有尊长在，则事实上卑幼择嗣自应得尊长之同意始可，然法律上，尊长绝不能有代守志之妇择嗣之权，大理院巧妙地运用了"论理解释"的方法，将尊长权的范围加以一定程度的缩小。再如将"离异"的事由，转化成"离婚权""人格权"等案例，大理院五年上字第七一七号判例曰：

> 凡妻受夫重大侮辱，实际有不堪继续为夫妇之关系者，亦应准其离婚，以维持家庭之平和，而尊重个人之人格。至所谓

重大侮辱，当然不包括轻微口角及无关重要之詈骂而言，惟如果其言语行动足以使其妻丧失社会上之人格，其所受侮辱之程度至不能忍受者，自当以重大侮辱论，如对人诬称其妻与人私通，而其妻本为良家妇女者，即其适例。

上述判例，虽只言"人格"而未及"人格权"，但通观大理院诸判决例，不妨将人格理解为人格权。如此说来，大理院从原本一部缺乏私权概念的刑法典导出一系列当事人所得主张的民法上诸种权利，这不能不说是古今中外法制史上相当奇特的现象。不过再怎么说，《大清现行刑律》"民事有效部分"毕竟是传统中国刑律性质的法典，所体现的依旧是宗法伦理身分所包含的秩序价值，以之用于解决民国时期的民事纷争案件，其不尽合于社会实际，乃可想见。当兹民事法典未备之时，职司审判者若仍须拘泥于此，终不免会有捉襟见肘的窘状。因此，我们也发现，即如《大清现行刑律》虽有明文，然其规定倘显不合于现实之需要，甚至有碍社会文化之进展时，大理院往往会舍"律条"而不用，另找相当之"习惯"或"条理"以为审判之依据，其详留待后述。

### （二）大理院时期的判例是"司法兼营立法"？

民国初期，大理院在司法过程中的"立法契机"及其"判例的性质"究竟要如何定性与评价？这是个见仁见智的问题。前已述及，近代中国第一部民法典是于20世纪30年代前后，才由南京国民政府的立法院所制颁。因此，在大理院存立的十六年间，就民事案件，并无一部独立的"民法典"可资为审判的依据。从而，大理院在审理具体案件时，外观上看来，似系"任由"法曹依其所信，就该案件为落实社会正义所应适用的具体规范与法理，形成"心证"而下判决，致有学者以之模拟于英美法系国家法制下"法官造法"（Judge-made law）的情形，且遽认为依大理院所制作的判例性质，系属英美法系的判例法（case law）者。[29] 此一说法是否得当？在近代中国法制变革过程中，是否真正出现过世人所称的英美法系国家的"判例法"？

有关大理院"判例"的性质，历来说法不一，除了上述判例法说外，另有习惯法说、司法解释说和独立法源说等。[30] 理论上，我认为宜采"条理说"为妥。当然，判例是不是，或者应不应该成为条理的一种，往往视条理含义的宽狭而定。在民国初期，除大理院外，无论高等审判厅还是地方审判厅，其所做的判决书，除送达诉讼当事人外，皆无公布之方，外界也缺少重视法院判决先例的习惯，大理院虽有判例的刊布，然究其效力如何？法律也无规定。依《法院编制法》第三十五条前段规定："大理院长有统

---

[29] 胡长清："纵谓自民元迄今（新民法实施），系采判例法制度亦无不可。"参阅胡著《中国民法总论》（上海，商务印书馆，1934年），第36页。另戴修瓒："……然民商事等成文法典，多未颁行。当新旧过渡时期，不能无所遵循，大理院乃酌采欧西法理，或参照习惯，权衡折衷以为判例。各法原创略具其中，一般国人亦视若法规，遵行已久。论其性质，实同判例法矣！"参阅郭卫编辑《大理院判决例全书》，戴修瓒"序言"（1931年）。另外，大理院推事郑天锡也说："大理院判决殆采取盎格鲁－萨克逊判例之法术，虽言理处，不无差异，然其准备法律规条之方法则一也。"参阅郑著《大理院判例汇览》，"序言"，（北京，1920年），第3页。
[30] 主张习惯法者，有曾任大理院院长的余棨昌等，余氏谓："判例法乃广义习惯法之一。其所以与一般之习惯法异者，盖一般之习惯法渊源于一般人民自己所为之惯行，而判决法乃渊源于法院之判决。"详参余著《民法要论总则》（北京，北平朝阳学院，1933年），第28页。主张司法解释说者有张生，张氏认为"大理院民事判例"不具有法源性，而"判例要旨"才具有法源性，同时认为把民事判例及其要旨定性为判例法、条理法或习惯法均不妥当，从而主张大理院民事判例要旨性质应为"司法解释"。详参张著《中国近代民法法典化研究》（1901—1949）（北京，中国政法大学出版社，2004年），第66—73页。而采独立法源此说者，有黄圣棻《大理院民事判决法源之研究》（台北，政治大学法律学研究所硕士论文，2003年），第152页。另外，法国籍的法律顾问爱斯卡哈（Jean Escara，1844—1955）亦持类似看法，详参爱著《中国私法之修订》（北京，《法学会杂志》第8期，1922年）。

一解释法令必应处置之权。"是故，大理院解释法令的解释例，经大理院长许可刊布者，固得解为基于大理院长解释权的作用，有拘束下级法院的效力。

然大理院时期的民事判决先例，大部分为"创设性的判例"（original precedents），其性质又该如何解释？按此种创设的判例，系法院于法律有欠缺时，以"补充"方式填补其漏洞，具有创新的意义，与仅系解释成文法或习惯法内容以明法意的所谓"宣示性的判例"（declaratory precedents）有所不同。观诸《大清民律草案》第一条关于民事法律适用的顺序，于法律、习惯法、条理之外，并未明列判例一项即可明白，所以，判例在理论上，实无拘束下级法院的根据，要仅如德、法、日各国法院的判决，可作为条理以补充制定法与习惯法的不足而已。

不过，从目前留存下来丰富的大理院民事判例、解释例全文综合分析，却不难发现，大理院在运作过程中，的确具有"司法兼营立法"的准立法机能倾向。就形式上言，大理院乃试图创造一新法律的基础，始终抱有一种"民法法典化"的理想，企图将判例、解释例营造成"法典"的形式。细细翻阅大理院民事庭所为的"判例要旨"、解释例，虽然是针对个案进行裁断与阐明，在审判者与解释者的心目中，似乎有意形成一些"抽象普遍的规则"，并利用这些规则，把《大清现行刑律》"民事有效部分"、民事习惯、条理都纳入到这一个体系中，使之折中调和，以达到内在逻辑的稳定。申言之，大理院判例的编纂方式，大致上，依各编分列章次，有成文法者依其所定；无成文法而有草案者，依清末修订法律馆各该草案所拟。而若连草案亦阙如者，例如，不动产典权系传统中国固有的独立物权，与近代所谓不动产抵押权的性质迥异；又如习惯法上的先买权、铺底权亦为具有历史渊源的独立物权性质，《物权编》为安顿其在整个民法体系的位置，均不能不另列专章以对。

　　而为了避免体系内部矛盾与便于司法运用，大理院所著成的民事判例、解释例，采用统一的样式加以汇编。根据《大理院编辑规则》规定，民法判例、解释例依准《大清民律草案》的体例结构，以条为单位，按照编、章、节的顺序编排。收入汇编的判决例，略去具体的案件事实，只录入具有普遍规范性的部分，称作"判例要旨"，解释例也采用概括的方式收入。属于同一节而内容相关的判决例、解释例，判例又置于司法解释之前。随着判例和解释例的日积月累，大理院的民事判解汇编，逐渐结集而形成的民事法律体系。如果说，这就是大理院的"立法成果"，也非过言。其结果，"承法之士无不人手一编，每遇讼争，则律师与审判官皆不约而同，而以'查大理院某年某字某号判决如何如何'为讼争定案之根据"。[31]

　　可以察觉到，民国初期的社会，新旧思想正加速交融更替，时势给了大理院机会，大理院似也踌躇于如何创设平允的判决例，以向社会交代。例如，关于婚姻问题，在昔日为父母代订，当时则讲婚姻自由，且因潮流所趋，离婚案件日渐增多，审判机关安能固守旧理而不为所动？尤其，新闻媒体对于新思想极力鼓吹，司法当局也绝不能不顾时代新义。例如：依《大清现行刑律》"民事有效部分"所规定，除男子出外不知主婚人已为订婚，而自定之妻已成婚者外，皆应受主婚人婚约之拘束。然大理院于民国十年（1921）上字第一一五八号判决及十一年上字第一〇〇九号判例中，乃以父母为未成年子女所定之婚约，至子女成年后，苟

---

[31]　参阅同上注29，胡长清，前揭书，第36页以下。

有一方子女不同意者，为贯彻婚姻尊重当事人意思之本旨，自无强令受该婚约拘束之理。至婚约相对人，仅能向订定婚约的父母请求契约不履行之损害赔偿。[32] 自此，成年男女不再受伦理、义务为本位的传统主婚人所订婚约束缚，而未成年子女，也有机会挣脱父母的专断意志，个人、自由主义思潮下的子女的婚姻自主权获得了突破性的确立。尤其是，该等判决文，虽知"法律"有明文规定，由于不合于时代之需，足以妨碍社会文化之进展，大理院并未僵硬地遵守法源的顺位，宁舍"法律"明文，反而优先另觅"条理"以为根据，形式上看似"判决例"，实质上也似"立法"！

表面上看，民国元年至十六年（1912—1927）以来，下级审判厅均奉大理院判例为准据，论实际情形，可以说具有法律的效力，大理院即不啻兼有最高立法的任务。不过，严格说来，大理院的"判例"仍有别于英美法系的"判例法"体制。

首先，大理院的判例是成文法典的补充形式，仅为法院裁判时所表示的法律上见解，并非法规的本体。它一般不能与成文法典的原则和规定相违背，否则无效。换言之，民初时期的民事法源有一个"等级"关系，依序是法律、习惯法、条理，判例充其量只是成文法典原则与规定的具体解释、价值补充和漏洞补充；而英美的判例法，"判例"是主要的法源，而与其他的法源处于"平行"，而不是"等级"的关系，具有不受限制和制约的法律效力。

其次，在英美法系国家法院对于先前判例的运用，常将个别判例的内容区分为不具拘束力的内容（obiter dicta）及具有拘束

---

[32]　参阅黄源盛纂辑《大理院民事判例辑存》（亲属编），第517—519页。（台北，犁斋社，2012年）

力，且有关法律原则与内容的阐述（ration decidendi），而在汇编判例时，也会将各该判例内的法律原则阐述撮出摘要，作为重要的参考。而民国初期由于成文法体系的形式存在，以及法律赋予审判官较大的自由裁量权和类推适用的权利，在判例的适用上，并不一味地遵从"先例拘束原则"（stare decisis）。判例虽然被大理院本身及下级法院广泛援用，但并未严格受制于既判力的拘束。

此外，民国初期的判例，只有大理院可以颁布，所颁布的判例汇编仅录"判例要旨"，并非登刊判决全文。[33] 而又不分主旨、傍论，似"凡认为文句精要，可成为抽象之原则者，即将之摘录为判例要旨"。此仍系抽象的结论，与条文、解释所差无几。反观同时期的其他国家，无论系用判例法的英美法系国家，还是以判例补充成文法的德日法系国家，其所颁布的判例汇编，殆多就该项判决的原案，同时宣布其系争事实、双方所持法律上的理由，而最后乃表明法院所认定的结论以为判决。故所谓"判例汇编"者，实应指包括事实在内的整个案例，而绝非仅止于从判决理由中摘取数句，更易数字，即予"著成"。必如是，建立在主要事实相类似前提下的合法性基础才能显现。

所以，我的结论是，大理院判例的性质，从理论上言，宜属条理；而从实际上看，它具有创新规范、阐释法律及漏洞补充等功能。可以说，实际上创例视同立法。换言之，它具有"裁判的准立法机能"，或者可以说，有"司法兼营立法"的功能倾向，但犹不能说它就是完全等同于英美法系的判例法性质。

---

[33]　事实上，依据《大理院编辑处规则》第六条第二项规定：《大理院公报》"登载判例解释，其要旨及全文一并登载，无要旨可以摘记者，则无庸摘记"。可惜该公报只于 1926 年 3 月、6 月、9 月发行 3 期。

### （三）《大清民律草案》是"准法典"？抑或"条理"？

民国初期，除了《大清现行刑律》"民事有效部分"外，尚须提及者，还有《大清民律草案》以及民国十四年（1925）《民国民律草案》的存在。因《民国民律草案》的草就时间已是北洋政府的末期，致被援引为民事法源者甚少，故暂置不论。至于《大清民律草案》含《总则编》323 条，《债权编》654 条，《物权编》339 条，《亲属编》143 条，《继承编》110 条，总计 1569 条。前三编由日籍修律顾问松冈义正主导起稿，后两编则由松冈氏协同国人朱献文、章宗元、高种及陈箓等人负责草拟。由于在晚清变法修律期间并未通过正式的立法审议程序，也未正式公布施行，自无法律效力，因此，民初参议院否决援用该民律草案。[34] 虽然如此，综览大部分大理院的判决（例），不难发现，《大清民律草案》对大理院的法曹在判决过程中，形成"心证"过程的影响相当大。

也许，大理院的法曹以及原被告双方的在野律师们，依他们当时所受的法学训练，显然是较偏于传统中国法或欧陆法系的思维模式，因此，在处理实际讼案时，很自然地会选择或必须去适用成文法典。但是，在正式民法典及其附属各法尚未订颁，只有两次民律草案存在的情形下，又不得不想尽办法采用此等既成的民律草案，甚至参以各该草案的立法原则及说明，作为断案的法源依据。例如大理院四年上字第二一一八号判例说：

> 然查失火延烧是否需有重大过失始负赔偿责任，在现行法上

---

[34]　参阅《大总统据司法总长伍廷芳呈请适用民刑法律草案及民刑诉讼法咨参议院议决文》，载于《临时政府公报》（1912 年 3 月 24 日，第 47 号），当时，南京临时政府参议院议决通过其他几部前清法律为有效，独《大清民律草案》未被通过援用。另参谢振民《中华民国立法史》（台北，正中书局，1948 年），第 894—901 页。

尚属待决问题，惟即以需有重大过失论，重大过失即欠缺轻微注意之谓，故仅需用轻微注意，即可预见有侵害他人权利之事实而竟怠于注意，不为相当之准备者，即不可不谓有重大过失。

上述所援引的条理依据，在《大清民律草案》中即可找到相同的内涵，该草案《债权编》第八章"侵权行为"第九百四十五条规定："因故意或过失，侵他人之权利而不法者，于因加侵害而生之损害，负赔偿之义务。前项规定，于失火事件不适用之。但失火人有重大过失者，不在此限。"该条的立法理由说："无论何人，因故意或过失侵害他人之人格或财产而不法者，均须赔偿其所受之损害，否则，正当权利人之利益必至有名无实。惟失火如无重大过失，必责令赔偿因失火而生之重大损害，未免过酷，此本条所由设也。"详细比对上引判例所援用的条理，几乎与《大清民律草案》雷同。再如大理院三年上字第一九五号判例谓：

> 上告人引用民律草案第二百零三条："向对话人间之要约未定承诺期间者，非及时承诺不生效力。"第两百零四条所谓："要约经拒绝者，失其效力。前项规定逾两百零二条所定之期间者，准用之。"以及第两百零五条所谓："承诺非对话人之要约，须于要约人所定期间，或第两百零二条内所定期间内承诺之。"的规定，主张其所为书函要约与委任余森庭之面商要约不生效力，不负契约上之责任。

大理院指出：民法尚未颁布，民律草案条文当然不能适用，本案上告人遽引该律草案条文主张，殊难认为正当；本案按民事法条理而论，契约的成立，应于要约到达后相当期间内为承诺之表示，若因行为地或当事人间之通常惯例，或要约人之意思表示，其承诺为不必通知者，则自有可认为承诺之事实时，契约始为成立，否则承诺逾相当期间，于要约既失效力后始行到达者，可视承诺为新要约，其契约并不因而成立。本案大理院虽然拒绝《大清民律草案》的直接适用，但是观其判决理由中所谓"民事法条理"的适用结果，其实与民律草案并无太大差异。另外，例如大理院三年上字六七八号判例：

> 前清民律草案未经颁行，当然不能适用，即作为条理观之，民草五九二条所称依市场价格约定价银等语，亦系指买卖时当事人协议，不径自订定价银而以市场之价格为所买之货之价银者而言，至卖主于出售货物时，已将其所订之价，通知于买客，而买客对于卖主所定之价，并无异议，且收受其货物者，在法律上自可推断买客对于卖主所定之价已合法表示同意，此项价银于法既可认为业经买卖当事人协议订定，即无主张增减之余地。

可以看出，大理院其实是把《大清民律草案》的规定转换成条理来运用，而通览大理院的大多数判决，其适用的条理纵然与民律草案相同者，也从不直接援引民律草案以对，用意似在避免法源位阶错置所可能引发的误会。事实上，此之民律草案代表了当时外籍修律顾问及本国主持草拟法案诸硕学之士殚精竭虑、积累多年之研究调查所得的结晶。唯其既尚为"草案"阶段，作为一个当时在朝的法曹，他们或基于自身的使命感，或本于法律人的理想性格，在适用的过程中，企图检验草案条文的妥当性，甚至企求在将来从草案制定成正式民法典时，积累可供立法者参考的依据。

细读《大理院判决例全书》，[35] 其汇编方式，根据《大理院编辑规则》，略去个案的具体事实，只摘录具有普遍规则效力的"判决理由"部分，并按照《大清民律草案》的编排体例，以条为单位，依编、章、节的结构编排，其编制体例几与《大清民律草案》相同。我常想，大理院法曹虽然口中不说，但对这部民律草案却可能常悬心头，遇有案情及争点相当的讼案，即援引草案的相当条文，当作"条理"，以制作判决。另外，查阅时人所编纂之《大理院法令判解分类汇要》一书，[36] 更进一步将《大清现行刑律》"民事有效部分"之相关规定依附于《大清民律草案》的编排体例之中。例如《户役门》有关私创庵院及私度僧道、《田赋门》有关寺院庄田，附于第三章第三节"财团法人"项下；另如《钱债门》违禁取利条，列于第二编《债权》的第一章第一节之"债权之目标"项下；再如《钱债门》费用受寄财产条及《杂犯门》失火与放火故烧人房屋条，附于第二章"契约"第十三节"寄托"项下等。

至于现今在法学方法论上，为解决实际法律秩序中所遭遇的法律漏洞问题，而有所谓的"法官造法"现象。倘以此类彼，想问的是：当大理院的法官们在从事漏洞补充时，他们究竟想要根据何种条理，来填补所遭遇到的漏洞？

本文在前述中曾列举多项具体的条理，例如夫妻不相和谐得两愿离异，乃至于妾与家长得依协议解除关系、诚实信用原则的法理及其实践、婚姻应尊重当事人意思等原则，面对这些具体的

---

[35]　此书为郭卫所编辑，全书仅有"判例要旨"，而缺乏"判例全文"。（台北，台湾地区司法机构秘书处重印，1978 年）。

[36]　详参黄荣昌编辑《最近修正大理院法令判解分类汇要》"民例之部"，（上海，中华图书馆印行，民国十年八月）。

"条理"，大理院在民事审判中常拿来作为漏洞补充的依据。问题是，它们是否能够回溯或归纳至一个具有圆满性，且具有内部一致性的民事法律体系呢？或许可以这么说，在当时虽尚无成文的民法典，然于大理院推事的心目中，一部"具有圆满性的民事法律体系"的民法典却可能是"隐然存在"的。事实上，大理院三年统字第一四四号解释亦称："民法草案虽未颁行，其中与国情及法理适合之条文，本可认为条理，斟酌采用。"虽然，此民律草案当时只能作为条理而被援用，但引用民律草案而来的条理，其具有的规范效力显已非一般的条理可以比拟，如果这是合理推测的话，民律草案实已具有"准"民法典地位的倾向。[37]

# 结　语

民国初期的法律之所以不能及时制颁，也无法适用于全国，一方面，固与国权不能统一，政府权力基础不稳有关；另一方面，也由于各省军阀任意制定"法规"，干涉司法。北洋政府时期的大理院，在如此恶劣的大环境里，针对当时成文法大量欠缺和诸多不完备的情势下，能不畏其难，大胆采用判决先例以填补法律漏洞的方法，肩负起"司法兼营立法"的双重任务，不仅维护了法制更迭的过渡，而且推动了近代中国法制的前进，诚属不易。而"制定法"与"判例"如此巧妙的结合，亦属民国法制的另类异彩。当下观察，在继受外国法初期，大理院所扮演司法机制的角

---

[37]　此种观点，最早由黄静嘉所提出，本文亦持相同看法，其详可参阅黄静嘉《中国法制史论述丛稿》(北京，清华大学出版社，2006年)，第325—326页。

色，在法制史上的意义相当特殊。

其一，晚清变法修律乃至民国肇建，尝欲步日本后尘，创立法典，自媲德法，然屡修屡废，至民国十六年（1927）尚无所成。十余年来，民事"立法"的枢纽，乃寄望于司法机关，大理院判例实为该期间"私法"重要的审判根据。虽然如此，当时人民对法律的认识程度尚属幼稚，涉讼者类皆争于事实之存否而罕争于法律适用之当否，是以该期间的判例，其所包含的民事法律关系，仅占整部民法的少数部分，而其成长的步调也呈现徐缓的现象。不过，从内容上看，大理院所审判的对象，系是否违背法令的第二审判决，从而，大理院的每一判决，均有法律上意见的表明，而且大都能明确表示法律见解，无推由原审研求的语式，是名副其实的"法律审"。[38]大理院十几年来在权衡中西法理所取得的经验和成就，已为其后南京国民政府的立法院创制民法典奠定下扎实的基础，许多具有指标性意义的民事判例原则，不仅为民法所采用，司法实务上也直接成为私法审判的依据。可以说，倘若没有大理院十多年来的努力，立法院显然无力在初建的短短两三年内就颁行如此庞大的民事法典。

其二，或许是时势因缘，民国初期整个司法界的人员结构已流动变迁，检视大理院推事的出身，大都是从小学习科举事业，甚至博得功名职位者，深具传统学问根底；但重要的是，后来再接受近代西方新式的法学训练，有别于古来的讼师。[39]根据笔者的统计调查，1912年至1927年间，包括历任院长及推事共计八十一

[38]　参阅姚瑞光《第三审民事判决之制作及其改进》（台北，作者印行，2008年），第81—86页。

[39]　参阅夫马进《明清時代の訟師と訴訟制度［明清时代的讼师与诉讼制度］》，收于梅原郁编，《中國近世の法制と社會［中国近代的法制与社会］》（京都，同朋舍，1993年），第437—483页。

人，其中学经历已查清楚者有七十六人。在这些人当中，留学或游学日本法政科者四十七人，赴美国、英国、德国、法国各大学法律科者，分别为五人、四人、三人、一人，而出身自新式京师法律学堂者有十四人，旧式科举出身者有两人。[40] 据此以观，大理院法曹的出身与能力迥异于当时的下级审判厅，人文荟萃；而判决书的制作体例与文体深受外来法律文化的影响，其中尤以日本为最，从目前所留存下来的裁判文书看来，可读性的确相当高。

其三，大理院推事既然大半以上都具有国外的学经历背景，不论是长期留学还是短期游学，他们对于西方近代法学的概念自然耳濡目染。由于当时的民法学多半系透过日本间接输入，而日本无论早期的继受法国法还是中晚期的继受德国法，都是属于罗马法传统下的法律体系，因此，大理院民事裁判中整个法学概念的思维几乎受欧陆法所笼罩。从其判决例中俯拾皆是，所谓意思表示、法律行为、物权行为、债权行为、代理行为、无效、撤销、同意权、人格权、不法给付、法人等术语，对于当今的法律人而言，自是相当熟悉，而这些用语在传统中国法律体系中，却是陌生的语汇。非常奇妙的是，这些欧陆法学新概念经常被大理院的推事们用来诠释传统中华法系下《大清现行刑律》里的律文，而运作起来似乎也还算顺畅。不过，从大理院诸多裁判文书中，似也依稀看到，应用当代法律名词或观念于诉讼中，有时可能是源于当事人或其律师在诉讼过程中的主张，此一现象似显露出，除大理院等司法机构外，当时尚有若干曾经接触或受现代法学熏陶的在野法曹，在"旧法新用"的转化过程中，发挥某种催化作用，

---

[40]　参阅黄源盛《民国初期大理院》，收于同上注23，黄著《民初大理院与裁判》，第52页。

进一步促成大理院以司法判决进行"准立法"的功能。

其四，大理院在民国八年（1919）之前，可以说，几乎大多数的判决都可以作为"判决先例"，然而自该年以后，开始进行"判例要旨汇览"的编辑工作，所谓"判例"系指业经编辑选录的"判例要旨"先例，并不是"判决全文"的公布。而最值得关注的是，各级审判厅的司法人员采用"判例"作为裁判的基础时，也几乎仅以"判例要旨"所表示的文义为准，并未认真比对个案的具体事实以为正确的判断，如此一来，判例抽象化的过程中，是否会造成"逾越个案情境"，甚至是否会造成"判例选辑者的恣意"，而失其判决规范的实质合法性基础，不无可疑。此外，大理院的判例虽然具有深厚的影响力，却缺乏将其内容有系统公之于世的公示机制，以致舆论难以监督，学界亦难以批判。尤其，判例的创废过程并不十分严谨，本来大理院创废判例，必须经过"全院会议"，然而大理院虽有"全院会议"的组织，历年以来并未确切付诸实行，不无流于虚设之憾，难昭公信。当然，此等现象或可归之于特殊的时空背景下的产物，而这样的制度也几乎影响其后国民政府的最高法院以迄于当今中国台湾地区的判例制度。所不同的是，在民法典各编于20世纪30年代陆续颁布之后，由于成文法典的完备，已成为民事审判的主要依据，判例的功能也就相对弱势化。

其五，传统中国的历代律典，有关民事的法源，规范数量既少，也缺乏体系性，可以说，是不完备甚至是含糊的，一般多以概括性的"情、理、法"作为民事纠纷的解决依据；到了民国初期，由于民事、刑事审判法源截然二分，而民商法典未能实时订颁，民事纠纷案件又层出不穷，究该如何应对？让人意外的是，继中华法系倾圮之后，值司法方向迷茫之际，大理院的推事们虽职属冷曹，却清流品高，凭着睿智与胆识，在一片荒野法林中摸索前进，一面济立法之穷，一面求情理之平，倒也建立出一套独特的司法运作模式。而从我多年来整编完成的大理院民事判决例看，就司法机制转型期而言，如何从"民刑混同"过渡到"民刑殊途"，要想探究民事审判的法源依据，其重心显然不在民事法典的有无，而是要在司法实践中去寻绎！

第四部

# 第十三章  官方对诉讼的立场与国家司法模式
## ——比较法视野下清代巴县钱债案件的受理与审判 *

王志强**

中国传统社会中，对通过诉讼解决民事性纠纷究竟持何种态度？[1] 除了各种地域性差异外，官员们相当程度上的"非讼"态度和民间的"好讼"状况，成为一对形式上矛盾的现象。所谓"非讼"，当然并不意味着排斥所有词讼，而是指相对于现代社会或其他国家，中国帝制时代的官方意识形态的表达和司法实践中，对通过诉讼解决民事性纠纷普遍抱持着相对排斥的态度，而更倾向于鼓励通过其他方式解决争议。而民间及实践中的状况，如本书中其他研究所揭示，则呈现出相反的图景，因而构成本书的主

* 原题为《清代巴県钱債案件の受理と審判—近世イギリス法を背景として［清代巴县钱债案件的受理与审判：以近代英格兰法为背景］》。收入本书时，标题和内容均有所修改。
** 复旦大学法学院教授。
[1] 尽管没有现代意义上刑事和民事的区分，但正如既有研究所论，所谓"命盗重案"和"自理词讼"，大致可与此界分相对应。其标准是两者具有不同的审结程序。有学者以王又槐《办案要略》中关于"刑钱之分"的论述作为区别刑事和民事案件的标准；参见黄宗智《清代的法律、社会与文化：民法的表达与实践》（上海书店，2001 年），第 206 页。虽然将各房工作分配的办法作为一种区别标准也未尝不可，但实际上即使在当时，其制度界限也并不明确，这也正是王氏希望厘清之处；而且，王氏谓"若告斗殴、奸伪、坟山争继、婚姻及有关纲常名教一切重事，词内有钱债应追、田产不清等类，应归刑名"（参见上引书），则显然不宜将"坟山争继、婚姻"类由刑房处理的案件都对应于现代意义上的刑事案件。因此，是否通详上报、进入审转复核程序，这一标准更为确定，而"自理词讼"的范围也更与现代的民事相对应。参见滋贺秀三《民事的法源の概括的検討—情・理・法［民事法源概论——法・情・理］》，滋贺著《清代中国の法と裁判［清代中国的法与审判］》（创文社，1984 年），第 264—265、292—293 页（注释 2）。

题，即"中国诉讼社会"。

为了更深入理解中国传统法的特点，特别是对诉讼的态度和立场，比较法的视角具有相当独特的作用。一方面，无论非讼、好讼，都应该是相对而言的状态，即相比于其他时代或地域而形成的定性和判断。既没有绝对的非讼，也不存在绝对的好讼。另一方面，通过比较，可能更生动地展现思想和制度在特定体系中的因果关系及互动结构，显示在某些条件存在差别时，不同社会中实际呈现的不同结果。

本文以同治（1862—1874）初年四川巴县钱债案件的相关档案为中心，[2] 以案件的受理和审判为切入点，并以近代英格兰法为参照，从诉讼程序的角度，展示当时中国官府"非讼"的具体表现，探讨传统听讼中案件受理的特点及民事司法的"冤抑 - 申冤"式形态相应的程序背景，并剖析官方对诉讼的这种态度和实践背后的关联性制度和理念背景。[3]

之所以选取钱债类案件为例，是由于"户婚田土"等其他类别的民事案件中，婚姻、继承以身份和家族关系为中心，而土地案件标的较大，两者在当时社会中的重要程度都较高，而且在制度上也更具有中国本土特色。债务纠纷，特别是小额债务，相对于身份和土地案件而言，受重视程度相对较低，案件中牵涉的极端性冲突相应较少，因而往往更具有典型的民事性。之所以选择19世纪末司法改革前的近代英格兰法作为比较的参照系，是因为英格兰法在程序制度上与中国传统法的对比鲜明，具有更强的类型化比较意义。

---

[2]　四川省档案馆藏《清代四川省巴县档案》（以下简称"巴档"）6—5-3471 至 3548 号。

[3]　关于这种冤抑 - 申冤模式的细致论述，参见寺田浩明《権利と冤抑—清代聴訟世界の全体像 [ 权利与冤抑——清代听讼世界之全像 ]》，《法学》61 卷 5 号，1997 年。

# 一、受理的条件

任何社会都存在冲突和纠纷，公权力的出现和不断强化，为社会冲突和纠纷的解决提供了一种重要而基本的途径，即司法。官方在何种理念指导下、以何种机制接受当事人的诉求，而作为诉讼发起者的原告又如何利用这种机制和理念表达诉求，是任何司法机制都首先需要面对的公共问题。

在近代英格兰司法中，对于各种民事性质的纠纷，当事人通常首先必须选定其希望运用的诉讼程序及相应的法院。原告可以利用刑事案件中起诉方有权出庭做证的优势，[4] 通过刑事程序向对方施加压力、谋求更有利的和解，因而选择利用刑事程序，向治安法官（justice of peace）提出控告，将纠纷作为轻罪案件提交季审法院（quarter sessions）。这种情况并不罕见。[5] 如果争议标的低于四十先令，则在自治性的地方法院起诉，政府并不干预。[6] 如果标的较大，更通常的情况是当事人直接向文秘署（Chancery）的书记官购取令状，然后向相应的普通法法院提起诉讼，[7] 或直接向大法官（Chancellor）主持的衡平法院提出衡平法诉状（bill in Equity）。在中央法院，除了争议标的必须高于四十先令、形式上

---

[4] John H. Langbein, "The Historical Foundations of the Law of Evidence: A View from the Ryder Sources", 96 *Columbia L. Rev.* 1168, 1178-79 (1996). 民事案件的当事人不能做证，理论上是由于其与案件有直接密切的利害关系，为了避免其做伪证；这一规则到 19 世纪中期才被废除。Id., at 1184-86; C. J. W. Allen, *The Law of Evidence in Victorian England* 96-122 (Cambridge, 1997).

[5] Norman Landau, "Indictment for Fun and Profit: A Prosecutor's Reward at Eighteenth-Century Quarter Sessions," *17 Law and History Rev.* 507 (1999).

[6] 这一状况一直延续到 18 世纪。这些民事性地方法院也准用与中央法院类似的制度和程序，特别是陪审团。John P. Dawson, *A History of Lay Judges* 208-86 (Oxford, 1960).

[7] 在御座法院（King's/Queen's Bench）提起民事诉讼，可以直接向该法院要求米德尔塞克斯令（bill of Middlesex）。

的令状选择必须符合相应法院的要求，各法院没有权力拒绝受理案件。在起诉和受理这一阶段，近代英格兰法的特点是法院基本上有求必应，相对处于消极地位。

与此相对，清代中国民事纠纷的起诉阶段呈现出明显不同的特色。当时所有的案件都首先向基层的州县长官提出控告。寻求案件被官府受理，是控告者的第一要务。一方面，《大清律例》"告状不受理"律文：

> 斗殴、婚姻、田宅等事，不受理者，各减犯人罪二等，并罪止杖八十。……其已经本管官司陈告、不为受理，及本宗公事已绝、理断不当，称诉冤枉者，各（部、院等）衙门，即便句问。若推故不受理及转委有司或仍发原问官司收问者，依告状不受理律论罪。

虽然从字面上解释律文，似乎只有罪涉刑罚者，不受理时才会有处罚，但放任各类"斗殴、婚姻、田宅"案件不被受理，显然不是制度设计的初衷。而且，制度上也不允许官府将纠纷委诸乡里处分。[8] 从立法本意看，显然其基本态度是地方官作为"父母官"，自应为民做主，不能推诿逃避。

但另一方面，在实践中，官府是否选择介入，以及以何种方式和程度介入，并不是由当事人主导、官府被动接受的过程，而是基本上由官府所掌控。虽然不能说案件的受理与否并无标准可

[8] 《大清律例》"告状不受理"条例："民间词讼细事，如田亩之界址沟洫、亲属之远近亲疏，许令乡保查明呈报，该州县官务即亲加剖断，不得批令乡地处理完结。如有不经亲审，批发结案者，该管上司即行查参，照例议处。"薛允升《读例存疑》（第4册，成文出版社，1970年），第994页。

循，但这种标准是政策性，而非规则性的。

首先，标的数额并非债务案件的受理标准。尽管确实有些不受理案件的批词中明确提示其理由是"为数无多"，[9] 但实际上案件涉及的标的额度只是一个方面。当事人会极力主张："氏系女流，虽银数十，生死均赖，并非好讼，实出莫何。"[10] 这是基于相同数额的标的对于不同主体可能具有完全不同的重要性。还有案件中，官府敦促判决的执行时称"银数无多，尚不难于措办"，[11] 可见标的不大也可以受理和裁断。加上下文提及的人身伤害情况，标的数额就完全退居次要的地位。

其次，状式虽然发挥了一定的指导作用，但并不完全具有规则式的意义。[12] 各时、各地、各级的状式要求都并不相同，而且包括状式在内的各种关于受理案件的规定并非被严格遵循。例如，道光二十一年（1841）刘森茂诉朱三义等债务纠纷案，列有被禀四名，干证五人，但当时状式分明要求："案非人命、及命案非械斗共殴者，被告不得过三名，干证不得过二人。如牵列多人，除不准外，代书责革。"[13] 该状所控显然并非人命、共殴，但依然得到"候唤讯追"的受理批词。同治元年（1862）钟李氏诉熊宣三案中则列投证七名，但状式也明确要求"干证不得过二

---

[9]　如巴档6—5‑3480—2、3495—2。

[10]　巴档6—5‑3480—3。

[11]　巴档6—5‑3545—21。

[12]　台湾淡新的状式，参见滋贺秀三《淡新档案的初步的知識［关于淡新档案的初步知识——诉讼案件所见文书类型］》,《东洋法史の研究［东洋法史的研究］》（东京，汲古书院，1987年），第259—260页; Mark A. Allee, *Law and Local Society in Late Imperial China* 153‑54 (Stanford, 1994). 其他各地状式情况及其内容，参见邓建鹏《清代健讼社会与民事证据规则》,《中外法学》2006年第5期，第617—620页。本文所涉及的《巴县档案》中，除几乎每案都包括的同治年间巴县状式外，还可以看到当时的重庆府状式和道光年间的巴县状式，分别见巴档6—5‑3543和6—5‑3512。

[13]　巴档6—5‑3512—2。

人；违者不准，代书责处"。[14] 类似不恪守程序性要求而仍被受理的情况，如双行叠写、不用规定状纸等，在实践中也都不乏其例。[15]

有的情况下，连中央的程序法规都并不奏效。如《大清律例》"越诉"条例规定："军民人等干己词讼，若无故不行亲告，并隐下壮丁，故令老、幼、残疾、妇女、家人抱告奏诉者，俱各立案不行，仍提本身或壮丁问罪。"这是沿袭前明、因仍已久的中央性法规。因此，在同治二年（1863）杨李氏诉冯照幅案中，被告强调："切思女子出嫁从夫，夫死从子，且李氏夫在子成，何得恃妇出头？"被告没有依据条例主张"立案不行"，而只是要求传唤原告丈夫及儿子到案，但官府完全置之不理。[16]

另外，诉诸人身伤害往往是有效的策略，但也并非百试不爽。在随机选取的同治初年 78 件钱债案件中，大部分（58 件）在起诉中提到了人身伤害。这显然是因为人身伤害比纯粹的钱债纠纷更容易"耸听"，引起官府注意。[17] 这种情况，与英格兰普通法中民事案件管辖权的拟制（fiction）有类似之处，[18] 但清代中国的夸张

---

[14] 巴档 6—5-3475—2。

[15] 前者如巴档 6—5-3472—2、3491—2、3497—2（均叠写十二字），后者如 3545—35（批词："……违式率渎，此饬"）。

[16] 巴档 6—5-3537—11。

[17] 关于民事案件中的暴力和"耸听"的状况，参见滋贺秀三《清代州县衙門における訴訟をめぐる若干の所見［关于清代州县衙门诉讼的若干见解：基于淡新档案的考察］》，《法制史研究》第 37 号，1987 年，第 38—43 页。这种情况在巴县钱债纠纷的司法案卷中非常普遍。如 1863 年彭祝三诉王天荣案（巴档 6—5-3508—2、5）、1864 年杨李氏诉冯照幅案（巴档 6—5-3537—7）、1864 年邓向氏诉赖星斋案（巴挡 6—5-3542—5）。

[18] 原告先向御座法院主张被告具有侵犯（trespass）行为、应予缉捕，然后再对其提起其他民事诉讼，或向财政法院（Excheque）主张，由于被告不履行民事债务，使其不能向国王支付税收，因此要求该法院介入审理其民事债务。关于御座法院的米德尔塞克斯令和财政法院的"无力支付令状"（quo minus），参见 John H. Baker, *An Introduction to English Legal History* 42-43, 48 (4th ed., Butterworth, 2002).

是当事人的一厢情愿，是希望本来不愿意介入的官府能够重视并提供救济；而英格兰的拟制是原告与法院的合谋，目的是使该法院取得管辖权，扩大其业务范围。法庭方面的态度截然不同。在巴县的钱债案件中，有的为了指控对方不返还债务而又无伤可凭，甚至危言耸听地声称：对方"反舀冷水泼氏，由此受寒，原伤复发，垂危难治，饮食不进，命悬难保"。[19] 而有的并无人身伤害的具控中，则声称对方骚扰威胁。[20] 不过，官府也明知其中存在的不实，有时候会明确批示"该欠银两为数无多，仰仍凭证理讨，不必捏伤呈渎"（着重号为引者所加），[21] 根本就不查验伤情。有的情况下，官府会派人先验看伤情。如果无伤或未能查实，有的就不再受理，[22] 有的则继续查究。[23] 对于并无人身伤害的陈请，官府也未必肯定不会受理。有的呈状中，虽然没有提到人身伤害，但依然被受理，其中一个重要的原因，恐怕是由于当事人一方具有较高的社会地位，如有职员、监生等身份；[24] 还有的本身为上控或关文移交的案件。[25] 1863 年王洪心诉李春芳案中，[26] 原告拦舆以约据指控被告欠债未还，但并无其他伤害和纠纷，仍然被受理。从案卷中看，原告为草帽商贩，被告为渡船经营者，均无特殊背景或需要特别考虑的情势。但可能是由于债务源起于被告擅自挪用原告寄存的钱款，虽后来补立欠据，但并无中、保，两者又不

---

[19]　巴档 6—5-3480—3。

[20]　巴档 6—5-3546—2。

[21]　巴档 6—5-3480—2。

[22]　例如，"伤既平复，毋庸票唤"；巴档 6—5-3474—4。

[23]　如："查验并不肿面，显系捏伤妄控；候集讯查究。"巴档 6—5-3500—4；又参见 6—5-3473—4。

[24]　如巴档 6—5-3503（原告为职员）、3504（职员）、3511（经书）、3515（监生）、3517（职员）。

[25]　如巴档 6—5-3489、3514。

[26]　巴档 6—5-3518。

属于同一社区或宗族，因此对原告而言，缺乏其他追偿手段，所以得到官府的受理和救济。

对于不准的词状，有研究者根据宝坻档案指出，不合情理和事无确证是主要的理由。[27] 但这两项理由，特别是前者，本身就是非常政策性的模糊概念。1863 年王玉泰诉张屠户案，批词称："据呈情节支离，显有别情故；估候签唤查讯，如虚重究。"[28] 同治三年（1864）张余亮诉马必坤案："所呈马必坤图骗诬索恐未尽实，姑候唤讯察究。"[29] 可见事实清晰、证据确凿与否也并非是否受理案件的标准。而且，此状未获受理，再控未必不受理。[30] 同治二年（1863）余庆和诉许殿才案，初状未准，一个月后以同样理由再控，获准。[31] 同治三年（1864）丁复兴诉张元顺案，二月十三日（月日均为农历；后同）之状未能获准，并被严斥："……似此种种闪烁之词，谓非控挟，其将谁欺？不准；并饬。"但三月四日的再次控告获准，理由是："既据一再呈渎，姑准唤讯察究。"[32] 在其他州县档案中可以发现，即使是已经注销的案件，如果不断控告，依然会被受理。[33] 可见，民事性纠纷的准理与否，除非涉及命盗大案，其余都往往是基层官府的政策性裁量地带。

在清代民事司法中，说服官府接受词状是一件需要煞费苦心的差事。从官府的角度而言，规则并不严格，而如果说存在一种

---

[27]　Liang Linxia, *Delivering Justice in Qing China* 63 (Oxford, 2007).

[28]　巴档 6—5-3529—2。

[29]　巴档 6—5-3546—2。

[30]　不予受理可能是"不准"或"未准"。两者的区别，参见夫马进《中国訴訟社会史概論［中国诉讼社会史概论］》（收入本书）。

[31]　巴档 6—5-3519。

[32]　巴档 6—5-3544—5、6。

[33]　滋贺秀三《清代州県衙門における訴訟をめぐる若干の所見［关于清代州县衙门诉讼的若干见解：基于淡新档案的考察］》，第 53 页。

政策性原则的话，那恐怕一方面是尽可能不受理，[34] 另一方面就是
基于双方当事人的身份、实际及可能出现对抗性的严重程度，以
及其他纠纷解决机制的有效性等各种情况综合判断。而根本上，
这完全由官府所主导和掌控。

　　在起诉和受理阶段，清代中国与英格兰近代的情况呈现出明显
差别。理论上，两者都由政府开放将纠纷诉诸公权力的诉讼之门，
而客观上，也确实有大量纠纷产生，并被提交公权力裁断。但与英
格兰王室法院设定标的和管辖权规则后即来者不拒，甚至想方设法
招揽案件的做法不同，清代中国官府抱持着一种闪避和挑剔的态
度。从理念上而言，这当然与中国特色的冤抑－申冤式的民事司
法模式有关：当对方欺人太甚，而周围又无人施援时，只能求助于
青天老爷。[35] 这一方面有力地解释了告状人表达方式背后的理念，
同时从另一方面说明了官府的立场：如果事态没有发展到过分的程
度，如果当事人仍可能通过所在亲族乡里寻求救济，官府就不愿意
插手。而这一理念背后，有着复杂的现实性制度背景。

## 二、民间好讼与官不言利？

　　清代州县官对待自理词讼的排斥态度和受理政策，是否与民
间好讼之风有关？不可否认，巨大的诉讼量当然是促使官府选择
性受理的一个重要原因。但与英格兰的情况相比较之后可以发现，
这恐怕并非真正的原因。

---

[34]　如官箴所论，许多人都反对"滥准词讼"［方大湜：《平平言》卷二"不准之词勿掷还"、
　　　徐栋（编）：《牧令书》卷七"词讼"，王元曦"禁滥准词讼"、陈庆门"仕学一贯录"］。

[35]　寺田浩明《権利と冤抑［权利与冤抑］》，第 892 页。

关于诉讼的数量，相关研究显示，1830 年在英格兰中央和主要地方法院提起诉讼的民事案件总量达到 387400 件（其中中央法院约九万件），平均每十万人提起诉讼 2767 件。[36] 但这一数字不包括教会法庭审理的案件，也不包括刑事案件，即在季审法院的轻罪案件，以及由伦敦老贝利法庭和各地巡回法庭审理的重罪案件，因为如前所述，刑事案件的管辖和处理程序都与民事案件不同。同时，虽然更早期的情况缺乏全面的数据资料，但一些局部的统计显示，上述数据所涉及的 19 世纪早期，是英格兰诉讼数量已大幅下降的相对低位时期。[37] 17 世纪早期在英格兰中央法院提起民事诉讼的数量，就两倍于 19 世纪早期。[38] 这还不是 17 世纪中后期英格兰最好讼的时期。如果根据局部统计和人口标准，那时民事案件的起诉数量更为可观，仅在中央法院起诉的就曾达到每十万人 600 余件。[39]

与此相比，清代中国诉讼的绝对数量确实不小，但相对人口而言，恐怕未必更多。基于《巴县档案》，对同治年间诉讼状况的统计显示，这一时期的呈状数为 12000—15000 件，而实际新控案件数为 1100—1200 件。[40] 两者存在较大差别，是由于清代呈

[36]　C. W. Brooks, *Pettyfoggers and Vipers of the Commonwealth* 77 (Cambridge, 1986).

[37]　Id., "Interpersonal Conflict and Social Tension: Civil Litigation in England, 1640-1830," 和 "Litigation and Society in England, 1200-1996"，同收于 *Lawyers, Litigation and English Society since 1450*, p.32 (fig. 3.4), 68 (fig. 4.3) (Hambledon, 1998).

[38]　1606 年为每十万人 1351 件，而 1823—1827 年为 653 件; Brooks, *Pettyfoggers and Vipers of the Commonwealth* 78.

[39]　以 1670 年左右为例：当时英格兰人口总量约 498 万，较 1606 年的 425 万，增长 17.2%（E. A. Wrigley & R. S. Schofield, *The Population History of England 1541-1871*, p.208-9, 表格 7.8, Harvard, 1981）；1670 年，在民事高等法院（Common Pleas）和御座法院这两个案件数量最庞大的中央法院，进入审理阶段的案件数量共约 3 万件，较 1606 年的 2.3 万件，增长 30.4%（Brooks, *Pettyfoggers and Vipers of the Commonwealth* 76; *Lawyers, Litigation and English Society since 1450*, p.31, fig. 3.3）。

[40]　参见夫马进《中国訴訟社会史概論［中国诉讼社会史概论］》（收入本书）。

状中有大量"诉词、催词",[41] 即被告进行回应和原告催促审理进程的词状。巴县及其他各地档案中都可以看到,每件案件卷宗中,至少有 2—3 件这样的词状,复杂的案件则更多,如刘森茂诉朱三义等债务案的案卷中,词状多达 29 件。[42] 根据道光四年(1824)巴县 38.6 万人、[43] 光绪末 75.6 万人的记载推算,[44] 当地这一时期人口年增长率为 8‰,[45] 因此同治初年当地人口约为 46.7 万,每十万人的呈状数量是 2570—3212 件,而每十万人的新诉案件数大致为 235—257 件。[46] 与前述英格兰的状况相比,真正起诉新案件的词状,无论如何是不算多的。

　　面对同样巨大的讼牍压力,英格兰的法官在数量上并不占优势。从中世纪晚期的 14 世纪至近代的 19 世纪初,英格兰中央王室法院的所有法官通常都不超过 15 名。[47] 而在中央法院的案件,在好讼的 17 世纪中后期,仅在民事高等法院和御座法院这两个中央法院,进入审理阶段的案件数量就达约 30000 件,[48] 而且这还不

---

[41] 夫马进《明清时代の訟師と訴訟制度［明清时代的讼师与诉讼制度］》,梅原郁(编):《中国近世の法制と社會［中国近代的法制与社会］》(东京,京都大学人文科学研究所,1993 年),第 476 页,注释 11。

[42] 巴档 6—5-3512。

[43] 《道光四年巴县保甲烟户男丁女口花名总册》,《清代乾嘉道巴县档案选编》下(成都,四川大学出版社,1996 年),第 341 页。

[44] 《巴县志》(重庆,重庆出版社,1994 年),第 641 页。

[45] 这一增长率的测算,比运用 1953 年数字作为标准得出的 17.9‰(参见曹树基《中国人口史》第五卷,复旦大学出版社,2001 年,第 275 页),对估算同治年间的人口数应该更为准确。这一数值与户口数的增长率有一定差别(参见夫马进《中国诉讼社会史概論［中国诉讼社会史概论］》)。不过,在与英格兰进行比较的意义上,这一偏差没有实质性影响。

[46] 黄宗智根据陕西和宝坻的史料,推断为 50 至 500 件;参见黄宗智《清代的法律、社会与文化》,第 165—169 页。

[47] John P. Dawson, *The Oracles of the Law* 3 (Michigan Law School, 1968). 这些法官的详细状况列表,参见 John Sainty, *The Judges of England 1272-1990* (1993).

[48] Brooks, *Lawyers, Litigation and English Society since 1450*, p.68.

是起诉案件数量。虽然在查证事实的民事巡回审判期间，可以由财政法院的法官和高级律师（serjeant）分担压力，但案件数量仍然非常可观。到 1823—1827 年，上述两个法院的年均起诉案件是72224 件，[49] 而这一期间两院的法官是七名左右，[50] 平均每人要处理近万件。在衡平法院这个只有一名法官的法院，1700—1701 年接受的诉状数量是 5707 件，此前和此后一直保持在 3000—4000千件，到 18 世纪中期才回落到每年约 2000 件。[51] 相比而言，清代巴县知县一年受理的词状虽有 10000 余件，但除去诉词和催词，实际处理的新案至多不会超过 2000 件，而受理并堂讯的案件则还要少得多。这一应对词状的工作量显然少于英格兰民事高等法院和御座法院的法官们，至多与诉讼较少时期的衡平法院大法官大致持平。但英格兰的法官们却并不能，也没有大量地拒绝受理案件。

诉讼收费也是需要考虑的一项重要因素，因为诉讼的收入会影响官方受理诉讼的态度。确实，清代官府标榜其为民父母，在接受词讼时不能由官方直接对百姓科以重费，只能由书吏和差役直接收取各种规费来补贴其用度。[52] 在早期英格兰法中，王室法院对案件进行管辖、提供救济是作为国王的特别恩惠，因此，为取得国王对民事纠纷的救济，要耗资不菲地购买令状，而案件的

---

[49]　Brooks, *Pettyfoggers and Vipers of the Commonwealth* 76.

[50]　Sainty, op. cit., p. 38, 82-3.

[51]　Brooks, *Lawyers, Litigation and English Society since 1450*, p.30.

[52]　巴县的做法，参见李荣忠《清代巴县县衙门书吏和差役》，《历史档案》1989 年第 1 期，
　　　第 98—99 页；光绪末年的改革，参见黄宗智《清代的法律、社会与文化》，第 174—
　　　175 页；Bradly W. Reed, *Talons and Teeth* 276 (Stanford, 2000)。其他地区的规定，如四
　　　川南部县，参见吴佩林、蔡东洲《清代南部县衙档案中的差票考释》，《文献》2008 年
　　　第 4 期，第 164 页。

诉讼费曾是王室的一项重要收入，也是法官的主要收入来源，各法院之间也一度因此展开激烈竞争，巧立名目争夺对案件的管辖权。但后来，支付给法院的起诉费用已为数不多，不再是政府的财政来源。早在 1495 年（亨利七世二年）就立法规定：贫民可以免费提起诉讼，并免费获得法院指定的律师帮助。[53] 即使对于其他人，18 世纪末的一件普通诉讼，法院可收取 7—8 英镑。[54] 而英格兰同时期一名手工业者年平均工资为 60 英镑，[55] 因此支付给法院的费用大约是其一个半月的收入。相比而言，根据清末四川的讼费规定，光绪年间在四川三台县，一般词讼，主要的费用包括传唤费（原、被告各 2000 和 3000 文）、勘验费（各 600 文）和送案费（各 1500 文）；宣统元年（1909）全省统一规定，自理词讼递状费 800 文，审案费一般 10000 文，书差等费最高 1000 文。[56] 而当时一般工匠的月收入是 6000-9000 文，官府收取的讼费同样相当于一个半月左右的收入。[57] 两者相比，其实在近代英格兰受理同样数量的案件，恐怕并不更比中国的官府有利可图，所以英格兰法院未必因此更愿意招揽词讼。

由此可见，与英格兰近代的状况相比，民众健讼和官不言利，

---

[53]　11 Hen.Ⅶ. c. 15; Cf. 3 William Blackstone, *Commentaries on the Laws of England* 400 (1768).

[54]　参见石磊：《论十八世纪英格兰律师费——以普通民事诉讼法院债务诉讼为例》，复旦大学硕士论文（2017 年），第 17 页；衡平法院的收费高且不合理，因此备受诟病；*see* 1 William Holdsworth, *A History of English Law* 424-5, 440-1 (7$^{th}$ ed., 1956); Baker, *op. cit.*, at 112.

[55]　按年均 300 工作日、一英镑折合 240 便士计算。其日均工资为四十八便士；参见 Henry P. Brown & Sheila V. Hopkins, *A Perspective of Wages and Prices* 11 (Methuen, 1981).

[56]　参见鲁子健《清代四川财政史料》上（成都，四川社会科学出版社，1984 年），第 567—568、571—572 页。承严新宇博士提示相关信息和比较思路。

[57]　彭信威《中国货币史》（上海，上海人民出版社，1965 年），第 847 页。

都不足以作为清代基层官员们相当程度上非讼、选择性受理词状的关键理由。除了这两个因素之外，在冤抑－申冤表达模式的背后，导致清代基层官员选择性受理词状的一个关键原因，恐怕是其处理案件的程序和方式。

## 三、从受理到审判

在近代英格兰法民事审判中，延续传统的审判模式，法官们充分利用各种非官方的社会资源，即当事人及其律师以及陪审团。当事人在诉讼程序的启动上具有绝对的控制权，也承担所有的责任和风险，法院在受理时不进行实质性的审查，因此，如果因为错选令状而造成举证方式不利、救济方式错误乃至最终败诉等各种负面影响，都由原告自己承担结果。所以，在起诉阶段，由私人聘请专业法律人士，即律师非常重要。在诉答阶段，他们需要借助律师的帮助，提出有利于自己的法律依据，并为己方的利益解释法律。同时，无论在普通法法院还是衡平法院，当事人及其律师都在事实的证明过程中承担完全责任，自行搜集、提出和说明证据，并反驳对方证据。在普通法法院，当事人方面在证据问题上的压力更为凸显，因为民事案件的当事人不具有做证资格，不能在庭上发表对案件事实的描述，所以必须提供其他的充分证据以支持其主张。法官往往只是这一争辩过程的监督者，并判定事实问题和法律问题的界限。庭审以口头形式为主，庭审的具体过程和双方的证据及事实论证，都不必详细记录在案。事实问题则完全委诸陪审团。另外，对纠纷的救济手段和要求，也由当事人自行提出。如果选择刑事程序，法庭只解决罪与非罪，以及定罪后的量刑问题，不会主动处理民事性的问题，无论是金钱赔偿还是特定履行，都无法通过该程序实现。如果选择民事程序，法院及令状的选择往往与救济方式紧密联系，而金钱补偿的额度、特定履行的要求，都由当事人自行明确表达。无论程序还是救济方式，任何法院一旦受理案件，即按照该法院的程序以及令状或诉状的要求运作，不仅不会主动改变，而且一般也不允许当事人改弦更张。

与英格兰法中法官作为被动裁断者的角色相对，清代中国的州县官在处断民事纠纷时，则完全是一名积极的主导者。从证人传唤、证据鉴别、事实认定、救济方式和程序选择等方方面面，他都需要周到顾全。

在案件受理后，首先是证据的调集和证人的传唤。这一过程由官府启动，由专职人员"验唤查究"。对于常常是为了耸动官听而指认的人身伤害，官府需要派人前往查验。此后或同时，州县官需要签票传唤当事人及其证人。但由于任何一方都可以通过指证无辜而达到骚扰陷害的目的，因此并不是将双方指涉的所有案件相关人都传唤到案，而是需要在被告及双方提出的证人中（如果不止一人）仔细甄别，并随时准备驳回不适当的"添唤"要求，尽可能减少对社会的扰害。这一过程，虽然实践中多由幕友代劳，但最后仍须经长官首肯画"行"，然后才能由差役执行。

常常经过当事人催状的一再督促，案件才能进入审理阶段。这时州县官通过堂讯来承担主要的调查责任，并由此判定事实。在近代英格兰普通法诉讼中，除了概括性诉答（general pleading）外，在存在事实争议时，通常需要通过律师的书面诉答（取代此前的口头诉答）进行多轮次的反复交锋，[58] 形成所谓的"焦点事

---

[58]　其具体形式，参见 9 Holdsworth, *op. cit.*, p.265-76 (3rd ed., 1944).

实争议"（issue），然后提交陪审团裁断。[59] 但清代的词讼中并没有英格兰法中的令状或衡平法诉状这种能够赖以确定法律前提的文件，也没有这种基于法律性的前提要件而对事实范围进行限制，并因而根据相关性原则限制证据提出的过程。因此，双方争议的事实边界非常模糊，任何一方当事人都可以提出其认为有意义的新的事实主张。时人也意识到："每有控近事而先述旧事，引他事以曲证此事者，其实意有专属。而讼师率以牵掇为技，万一宾主不分，势且纠缠无已。又有初词止控一事，而续呈渐生枝节，或至反宾为主者，不知所以剪裁……"[60] 在有的案件中，甚至有杜撰事实以争取程序上的机会的情况，如1863年陈蝦堂诉陈和泰案中，原告为客店经营者，控告陈某及其伙计李某在其客栈住宿时借款、赊账不还，因李某逃逸，故将陈某扭送官府。但被告陈某先坚执他与李某并不相识，只是偶遇后共同住店；在官府裁断由其赔偿后，又提交禀状主张此过程是原告与李某串通诬陷。[61] 如果被告陈某确不知情，那么后一主张很可能是为了禀状后争取更多时间以寻获真正的债务人李某。由于事实边界相对不明确，而且并非由当事人之间互相论争来确定，而是全部都必须由审理的官员来应付双方提出的此类事实主张，即使其未必能成为真正的争议问题，但其工作量也必然大为增加。

事实查证的过程，基本上由基层长官主持并担当其判定的责任。对于如何获知事实真相，各人自有一套经验，但却没有制

---

[59]　该争议事实只能是一个。为控制陪审团，并减少其误判风险，陪审团只裁定该关键事实的存在与否，做出胜诉或败诉的裁决（verdict），但并不具体说明其据以认定的事实；所以，如果事实争议超过一个，陪审团将无从裁断。

[60]　汪辉祖《续佐治药言》，"核词须认本意"。

[61]　巴档 6—5-3504。

度。[62] 最流行而权威的方式，就是通过一些必要的证据，[63] 辅之以传统的所谓"五听"式的心证。目前在档案中看到的堂讯口供记录，大多数案件中是对公认事实的总结性记述，[64] 很多内容是通过不同人之口、用同样的话语对同一事实的重复描述，包括一些"同供"的说法，显然并非实录当时的口头表述。而且，从常识和逻辑而论，当事人及证人说明案件事实后，长官才能做出裁决（即堂谕），但案卷的口供中看到的普遍情况是，当事人和证人逐一陈述事实，而每人的陈述都以堂谕的内容及愿意接受堂谕的表态这一形式结束，因此所谓口供肯定经过了事后的处理。[65] 这意味着中国的州县官及其幕友们不仅必须独立担当起事实判定的全部职责、不能委诸他人（如陪审员），而且还往往需要煞费苦心地对各种供述进行统一加工处理，而不能简单地照录证词，更不能像英格兰法庭那样置之不录。

与此相关，在案件中，解决方案的提出，也是由承审的州县官主导，由其根据具体情况裁量决定，而往往并非在诉状中由当事人明确主张。当然，在钱债纠纷中，当事人的实质要求基本上

---

[62]　如曾经任职巴县的刘衡主张速审，参见刘衡《州县须知》，"禀制宪札询民风好讼应如何妥议章程遵即议复十条由"；《蜀僚问答》，"保富之道莫要于批驳呈词先审原告"。关于事实判断过程中的经验和困境，参见邓建鹏《财产权利的贫困》（北京，法律出版社，2006年），第130—133页。

[63]　关于明清时代民事案件的证据形式，参见蒋铁初《明清民事证据制度研究》（北京，中国人民公安大学出版社，2008年），第44—138页。

[64]　类似的归纳，参见寺田浩明《清代州县档案中的命案处理实态》，台湾大学人文及社会科学高等研究院讲座（2009年3月18日）。承寺田浩明先生示教未刊稿。

[65]　对刑事司法中类似现象的分析，参见 Zhiqiang Wang, "Judicial Reasoning and Political Legitimacy in Early Eighteenth-Century Criminal Justice: China, England and France," *JSD dissertation*, Yale University, pp.19-43, 140-54。当然，自理词讼中的证据一致要求并不如命盗重案中严格，证据矛盾，但仍做出判决的例证，参见注释87-88及其相应正文。

是返还债务，但其具体表达在诉状中并不明确。由于大多数纠纷都以所谓"凶殴"的人身伤害名义出现，因此，笼统地要求"验唤究追"这种申冤式表述，成为呈状中千篇一律的话语模式。英格兰债务性令状中明确指向单一被告，并列明数额主张的形式，[66]在清代诉状中是完全陌生的。被告人往往不止一人，诉讼要求到底是由何人承担何种责任，或其责任（如债务返还）如何分担，到底是惩办行凶者（如果有人身伤害），还是履行某项约定，或是赔偿损失，抑或归还债务，以及是否主张利息，又如何计算，往往诉状中都不置一词。原告完全是一副穷途末路、一切凭官做主的姿态。1864年孙德禄诉曾怡昌重复出佃土地案中，当官府裁断：由收受押银但已无力清偿的被告、被告所在的合会及原佃户三方共同出资归还该项债务，[67]这恐怕对原告来说也是始料未及的结果，毕竟后两者完全不在其告诉范围之内。

　　另外，虽然清代中国也存在命盗重案和自理词讼的区别，但这种程序上的区分基本上由受理的官府来掌握，与英格兰完全由当事人选择截然不同。而且，这一程序往往到裁断做出后才能尘埃落定，因为它以量刑的程度作为标准。所以，在实践中，这一问题州县官也必须周到考虑。一方面，在自理词讼中，人身伤害是吸引官方注意力、促使其受理词讼的重要手段；但另一方面，一旦真的出现伤害案件，如果程度达到法定刑徒罪及徒罪以上，则必须由州县官府上报，不能作为自理词讼处理。基层官府需要在这个环节上做好工作，往往通过从轻量刑而尽可能避免申详复核。

---

[66]　关于相关的令状，如债务（debt）、简约（assumpsit）和类案（trespass on the case）令状的形式，Baker, *op. cit.*, p.540-1, 546-7; J. H. Baker & S. F. C. Milsom, *Sources of English Legal History*, pp.343-4 (Butterworth, 1986).

[67]　巴档6—5-3545。

1863 年刘锡安与刘谢氏互控案中，一方面，刘谢氏由于其子刘武衡涉及窃案而与刘焕然发生纠纷，因此控告刘焕然庇护窃贼、勒索平民及涉及窃案；而另一方面，因债务纠纷，刘武衡将其堂叔、刘焕然之兄刘锡安推跌倒地，后者遂邀集族人，将刘武衡扭送到官。刘谢氏认为刘焕然与锡安兄弟系挟嫌报复其子，因此再度提出控告。根据《大清律例》"殴大功以下尊长"条，[68] 刘锡安系刘武衡大功尊属，因此后者罪当杖八十、徒二年。但事实查实后，官府并未追究其徒罪。一方面，认定刘武衡不应干犯尊长，将其掌责，并要求其回去后当众向刘锡安俯礼（即认错）；另一方面，鉴于其确实贫苦，免其还债；同时，要求刘谢氏和其子撤回对刘焕然关于窃案的控告。[69] 因此，在案件处理的程序类别上，提出控告的原告方既无选择权，更无决定权。除了极端性的情况外，案件审结的程序往往都在州县官府的控制之下。当事人除非真的闹出人命大案，通常即使其夸张事态，甚至确有重情，基层官府也想方设法将案件控制在自理词讼的范围内。汪辉祖则从爱民的角度主张："故寻常户婚、田土细事，总以速结为美，勿听书办鼓簧，轻率详报。"[70] 这当然是为尽可能避免申详后遭到上级封驳而影响考绩，因而成为其在处理词讼时必须顾虑的掣肘之处。

由此可见，从受理到裁断，官府要承担大量的工作，非英格兰法官们可比。在讼累严峻，又无利可图的背景下，恐怕主要正是因为这一程序和责任上的安排，使清代的州县官员们最终惮于

---

[68]　律文："凡卑幼殴本宗及外姻缌麻兄姊，（但殴即坐，）杖一百。小功兄妹，杖六十、徒一年。大功兄妹，杖七十、徒一年半。尊属又各加一等。"

[69]　巴档 6—5-3527。

[70]　徐栋（编）《牧令书》，卷七"词讼"，汪辉祖"省事"。收继婚案件的处理，颇有代表性。参见王志强《清代的丧娶、收继及其法律实践》，《中国社会科学》2000 年第 6 期，第 109—110 页。

理讼。官府包办一切，与冤抑－申冤的理念正息息相通。但物极必反，"父母官"的角色其实无法担负起这种不能承受之重，从而走向了其另一面。

## 四、事与愿违

与官府完全主导诉讼过程相对，当事人在程序过程中的责任，在形式上被压缩到非常小的空间。在形式和理论上，当民众确有冤屈、投告无门时，可以通过申冤式陈请向官府提出诉求。他们不必寻求政府以外的专业性帮助，只需要通过官府指定的代书机构据实说明自己蒙冤受屈的处境，然后就可能获得官府认为适当的救济。但实际上，这种责任的缺位也意味着权利的剥夺，甚至对其诉讼中的地位造成重大不利。

首先，清代诉讼当事人在诉讼中的知情权在制度上缺乏保障。在近代英格兰普通法中，确定事实范围的书面诉答过程实际上还起到了让诉讼当事人知悉对方主张的作用。但在清代，官箴书中曾明确建议，应防止当事人知晓对方的攻防策略和内容，尤其是被告不能直接获得诉状内容。据认为，这样能够有效地防止事先准备，特别是防止讼师插手，而且使官府更容易查知实情。[71] 从同治初年的巴县钱债案件来看，互控状中双方都是各说各话，很少直接就对方

---

[71]　参见黄六鸿《福惠全书》卷十一《立状式》。作者主张在呈状时应要求再附副状一份，但其目的并非作为起诉书副本送达对方，而是防止承办房索勒费用后将原状内容透露给对方。在副状上，"止填注语及被证姓名、住址，而其词不载焉。准状之后，止发副状落房，出票拘审。该房无所庸其勒索，被告无所据为制制，则彼此所云机锋各别，其真情不觉跃然与纸上矣"。副状在存世的清代淡新和黄岩档案中都有保留，但基本上都是正状的（转下页）

控状中主张的事实展开直接的攻防，[72] 所以当事人恐怕并没有获得对方词状的常规途径。他们获知被控，最可能的途径应该是对方直接告知以示压力，以及被传唤时从传票上得到线索。[73] 州县官对呈状的批词，在许多官箴书中都主张应该公示，但有时可能仍需当事人自行抄出。如 1864 年李荣山诉雷泰顺案，原告上控到府，并诉称其初次在府呈词后，其所住客栈伙同差役假称抄出批词，将其扣押在店，勒索钱财，后来"恩批始下，蚁赴房抄出，并无'押发移提'字样"，[74] 可见实践中确是由当事人自行获得，而非官府公示或送达。虽然当事人不了解对方主张可能确有一定好处，"彼此所云

---

（接上页）副本。所以黄六鸿建议的这一做法，后来未必盛行。参见滋贺秀三《淡新档案の初步的知識［有关淡新档案的初步知识］》，第 261 页；田涛等（编）《黄岩诉讼档案及调查报告》（北京，法律出版社，2004 年），第 312—313 页；那思陆《清代州县衙门审判制度》（北京，文史哲出版社，1982 年），第 64 页。不过，词状内容是否正式公布，目前尚无确证，暂且存疑。以当时的呈状数量之多，如果所有状词和批词都誊抄公示，恐怕不太现实。如果榜示，可能仅列当事人、案由和批词。本注释相关论断曾与寺田浩明和郭建教授讨论，谨致谢意。

[72] 1863 年杨李氏诉冯照幅案中，作为共同被告的冯德儒禀状中，对原告提到的人身伤害做出了反驳："蚁与伊乡城远隔，并未晤面，凶伤何来？"但禀状中也明确指出了这一信息的来源："伊以妻杨李氏之名，捏伤架'逆甥凶骗'，诬控在案，沐准查验，始知骇切。"（巴档 6—5-3527—8）这可能是由原告直接提示，或其获知后再抄出批词。同案经传唤后，被告方再次指出："查伊词列笔证秦泰春，蚁境百里之内，并无其人。"（巴档 6—5-3527—11）似乎其看到了原告的呈状，但更可能的是其通过此前一个月签发的传票内容获知了这一信息。参见下注。

[73] 传票上会简要提示告状人和案由，如 1863 年杨李氏诉冯照幅案中，传票上载："……为差唤事：案据节里四甲民妇杨李氏以窃批估骗等情具禀冯照幅等一案……"此后还载明了所传唤的所有人员及其在案件中的身份，如被告两人、主骗一人、原证三人、抱救一人、笔证一人（参见上注，此作"秦太春"）、原禀一人和抱告一人。参见巴档 6—5-3527—9。当时的白话小说《海公大红袍全传》中提到差役在出示传票时勒索当事人，恐怕就是由于当事人希望了解案件诉由及其相关内容；否则作为被传唤人，何以为看票而接受勒索。参见李春芳《海公大红袍全传》，第一回"张仇氏却谋致讼"（宝文堂书店，1984 年），第 72—73 页；转引自邓建鹏：《财产权利的贫困》，第 137 页。关于当时传票的照片及细致说明，参见吴佩林、蔡东洲《清代南部县衙档案中的差票考释》。

[74] 巴档 6—5-3543—5。

机锋各别",[75] 但这种方式模糊了事实争议焦点，使审理中的事实主张可能漫无边际，而且当场不可能及时准备和提出证据反驳对方主张，实际上加大了官府查证事实的工作量和难度。

其次，清代的诉讼成本并没有实质性降低，而且更多地造成腐败和社会矛盾。虽然清代官府并不以诉讼作为营利性事务，但他们在诉讼支出上并没有根本获益。各种形式上应由官府承担的责任及其相应费用，实际上都转嫁到当事人身上，由当事人直接向官差支付名目繁多的费用。收取这些费用的主要目的，是补充政府的财政，[76] 并向收入菲薄的下级人员提供补贴，其正当性本身在当时也并没有疑问。但是，官府为了标榜为民父母、不与民争利的形象，在由官府主导的整个司法过程中，却往往在这个重要环节听任当事人与具体执行人员私相授受，而不是由政府统一进行收支管理，显然是滋生腐败的温床。而且，客观上双方出于诉讼攻防的需要，有了解相关情况的期待，容易造成信息混乱和差役勒索，发生前文所提及的各种串通差役、骗押勒索的情况。这些都大大加剧了当事人的诉讼负担。而有的案件中则显示，在政府将费用转嫁给当事人的过程中造成了更多的社会纠纷。如 1864 年袁清泉诉雷兴隆等案中，对当事人的关押在客店执行，由被押者自费，由某客店承当其责，因此发生欠费，转而产生新的纠纷。[77]

同时，当事人没有专业帮助时常处于不利地位。与英格兰法

---

[75] 英格兰衡平法院的调查，也在一定程度上采纳了这一原则，但仅限于取证过程；参见 Amalia D. Kessler, "Our Inquisitorial Tradition: Equity Procedure, Due Process, and the Search for an Alternative to the Adversarial," 90 *Cornell L. Rev.* 1181, 1216-22 (2005).

[76] 时人还提到，有的地区由绅商捐资作为命案检验费，以免向凶手、尸亲、户邻等人收取。方大湜:《平平言》，卷二"为百姓省钱"。作为官府理当处理的命案尚且如此，对于其余民事性案件，财政之无法负荷而需要收费，可以料知。

[77] 巴档 6—5—3540。

中当事人自行寻求专业帮助的情况不同，清代中国不允许使用除官代书以外的专业人士帮助起诉案件。[78] 虽然在实践中讼师的存在已相当普遍，但并未取得制度性地位，其与意识形态和制度设计之间仍然存在相当尖锐的紧张关系。[79] 循规蹈矩、不寻求专业帮助的当事人并没有因此而获益。他们的词状由于无法吸引官府的重视而不能得到受理，已成为普遍现象。[80]

在清代，从官府的角度而言，一方面是为民父母、大包大揽的主导者角色，但另一方面，实际上只能选择性地实质处理部分民事纠纷，甚至受理后的案件也常常期待其无果而终。案件受理后的冷处理即其表现之一。通常情况下，从官员批状，[81] 到签票、实际验伤或传唤，往往每一环节都相隔多日。在同治初年巴县七十余件钱债案件中，从初次批状、到签发验伤或传唤票之间，相隔十日之内的，仅有九例；间隔十几、二十天是很普通的，有的甚至长达一个半月，[82]

---

[78]　关于当时官代书的作用和地位，参见吴佩林《法律社会学视野下的清代官代书研究》，《法学研究》2008 年第 2 期；邓建鹏《清朝官代书制度研究》，《政法论坛》2008 年第 6 期。

[79]　参见夫马进《明清时代の讼师と诉讼制度［明清时代的讼师与诉讼制度］》；邱澎生《以法为名：明清讼师与幕友对法律秩序的冲击》，《新史学》2004 年第 15 卷第 4 期；同氏：《18 世纪清政府修订〈教唆词讼〉律例下的查拿讼师事件》，《历史语言研究所集刊》2008 年 97 本 4 分。

[80]　参见夫马进《明清时代の讼师と诉讼制度［明清时代的讼师与诉讼制度］》，第 456—457 页。

[81]　目前档案上所载的时间，应该都是批状而不是呈状的时间。一方面，字体与代书的呈状完全不同，而与批词明显更为类似；另一方面，仅在本文所重点涉及的七十余起案件中，其日期尾数从一到十俱全，与传统三、八或三、六、九放告日不符，所以应该是批状日而非呈状日。另外，1863 年刘锡安、刘谢氏互控案中（巴档 6—5-3527），双方的两份告状显示为同一日期，且后状中提及前状的控告，在当时的信息条件和诉讼程序体制下，似乎很难想象两份状词确是在同一天完成。呈状和批状之间的间隔，目前尚未可知，虽然官箴书中有尽快，甚至当场批状的建议（如前引刘衡的相关意见），但有人则认为未必可行，参见方大湜《平平言》，卷二，"放告收词不必当堂批示"。

[82]　如 1863 年王玉泰诉张屠户案（巴档 6—5-3529），十月初六起诉，十一月二十四日才签票。

有的则需要再次呈状催促。[83] 而从签发验伤票到差役回禀，往往
又要十天到大半月的时间。1862 年张玉成诉胡松荣等案，五月十
日签票，到六月二十八日才获得回禀，此时距离四月二十八日初
次呈状已经两月。可以想见，如此之长的时间内，即使所控人身
伤害属实、确实有些轻伤，基本上也已痊愈了。该案最后报验称
"伤已平复"，于是就决定不再继续传唤和审理。[84] 迁延的策略有
时还可以使原告暴露出真正的诉讼意图。1863 年刘香庭诉王大成
案中，原告为职员，以挖放田水、持刀寻衅起诉被告，三月份呈
状获准后签传，同月又再度催状，到七月份才票传，均未堂讯。
到八月，原告再次提出控告，说明事件起因实系债务纠纷，但这
次未能获准。知县批示："王春山有无借欠王韦氏膳银、是否王香
圃等挟嫌伪造约据，着自凭证三面理处寝事，毋遽兴讼。"[85] 从上
述的例证来看，恐怕也未必全因官僚惰性使然，而是确有不得不
然之势。

　　同时，由于大量事实查证的事务无法及时、妥善处理，即使
在案卷中都留下了事实不清、相互矛盾的明显痕迹。如 1841 年初
次批状的多年积案——刘森茂诉朱三义等债务案中，由于债权人
和债务人双方都提出了书面账目，对债务是否清偿各执一词，因
此官府要求"两造协同案证、书差将账逐一对算明白，再行复讯
酌断"。[86] 于是，由经书和差役与双方共同至衙神祠核查账目。核
查的结果，依然是各执一端。再度堂讯时，债务人在供词中依然

---

[83]　如咸丰十一年（1861）邓东堂诉傅张氏案（巴档 6—5-3482），十二月初七准状，
　　　到次年正月二十三日催状，至二月七日才签票；1863 年朱洪诉戴安顺案（巴档 6—
　　　5-3522），九月十日初状批准，十月五日催状，十日签票。

[84]　巴档 6—5-3474。

[85]　巴档 6—5-3517—7。

[86]　巴档 6—5-3512—64。

坚执已见，但官方不知基于何种理由，认定债务人"摊还未楚"，债权人"账本不虚"。债权人方面当时确有一名证人出庭，但其证言非常简单，仅称"钱文未经还楚是实；因清怀说他已经还楚了的，彼此理讲不下，致滋讼端，列小的为证"；但根据常识，要证明未发生的事实，即"钱文未经还楚"，必须否认肯定的，即对方的证据，但实际上债权人及其证人均未提出这样的证据。不过，堂谕中似乎是以这样的裁断方式说服了被告接受："因年久、商寒（指作为盐商的债务人家境已寒——引者注），势难全偿"，酌断债务人归还一小部分（990串中的200串），出保限期还清，其余让免。债权人此前曾承诺将该项还账捐给公用，因为裁决责其让免，所以也允许其不必将归还部分捐出。[87] 这似乎是作为让双方能够取得妥协的筹码。

很显然，真相的查实，对官府来说，有时已成为不可能的任务。官员并不致力于在逻辑上厘清双方都确认的事实和有争议的事实，并以此为前提参照证据确认事实，再依此做出裁决，而是基于大体的评估，提出某种解决方案，但求当事人接受，纠纷能平息。[88]

# 结　语

面对规模可观的大量民间诉讼需求，从官方角度和立场上，传统中国和近代英格兰显示了迥然不同的态度。这是特定国家司

---

[87]　巴档6—5-3512—69。

[88]　滋贺秀三:《清代州県衙門における訴訟をめぐる若干の所見［有关清代州县衙门诉讼案的若干看法］》，第43页。

法模式的伴生物，与政府权力和合法性的基本理念、具体的司法机制及由此产生的各种利益关切和考量密切相关。

在近代英格兰民事司法中，纳入国家正式机构的中央司法系统只是社会控制的途径之一。这些法院及其法官们在当事人要求的范围内行事，实现了司法与行政的分离，其制度特点集中体现于与社会的合作过程中。有大量的案件由地方各种自治性的法院系统处理。如果案情较重大，需要寻求王室法院救济，当事人直接向法院支付相当的诉讼费用，并自行承担律师费用。同时，依靠王室的权威，普通法法院建立了行之有效而成本低廉的陪审团制度，与法院合作处理事实问题。[89] 事实和法律的主张及其相关证据、纠纷救济的要求，都是由当事人及其律师向法院提出，法院在此过程中只承担形式审核、监督庭审以及传唤证人等责任。[90]因此，英格兰的中央法院系统，特别是普通法法院有效地调动了包括当事人在内的各种社会资源，将其有机地纳入司法过程中。[91]"自治"（self-government）与"法治"（rule of law）的结合作为英格兰法的基本特色，[92] 由此也可见一斑。

与近代英格兰相比，在清代中国，虽然每名州县官要处理的民事性诉讼总体数量相对并不更多，但他们却疲于应付。官府为显示其作为"父母官"的家长式权威和恩泽，在形式上大包大揽，

---

[89] 英格兰陪审制度的起源是鉴于其初始阶段的中央权威，能够调动地方资源。Dawson, *op. cit.*, at 301.

[90] 传唤证人是到 16 世纪后期才开始由法院承担的责任。John H. Langbein *et als*, *History of the Common Law* 246 (Aspen, 2008).

[91] 衡平法院则是一个反面的例证。虽然其后期也将事实问题移交普通法法院，由陪审团裁断，也由律师介入其间，但其程序设计的总体原则是由法院承担主导性责任，到 19 世纪成为效率低下、机构腐败而最受诟病的司法机构。

[92] 2 Holthworth, *op. cit.*, at 405 (4th ed., 1936), 4 *id.*, at 133-4 (2nd ed., 1937); Cf. Dawson, *op. cit.*, at 285.

从起诉、调查、确定证人范围、传唤证人，到确定事实争议、查
实真相，直至提出有效救济方案、确定案件类别，都由官府一手
包办。而为了防止州县官滥用权力，还有上控和重案申详复核制
度，特别是后者，直接产生考绩压力。虽然存在民间调处，但与
官方机制分离，并没有像英格兰陪审团制度那样，将民间资源直
接纳入官方的常规性司法机制。这种行政——司法合一的官僚家
长型体制显然不可能完成其设计之初的宏大任务。州县官们不可
能在这种无所不管的程序制度下处理数量庞大的案件。他们希望
尽可能少受理案件、节约行政成本，并尽可能减少职业风险，将
应上报的重案简化为自理词讼。于是，一方面千方百计打击讼师、
压制好讼，一方面加强冤抑－申冤型的意识形态宣传，有选择地处
理民事性纠纷，表现出相当程度的非讼立场。这种状态一直维持
到清代末年。这种结构性关联所展示的普遍性意义，依然值得深
入思考。

# 第十四章　宣判之后
## ——"诉讼社会"视角下的江户时代 *

大平祐一 **

## 第一节　前言

### 一、"诉讼社会"

日本全国的县史、郡史、市町村史之中收录了大量江户时代的民事诉讼史料。江户时代的各类刻本和杂记中也收录了很多民事诉讼资料。此外还有大量至今尚未刊行的档案。我们从这些史料中可以看出，江户时代日本人的生活与诉讼密切相关。不仅如此，这一点从以下现象中也可得到印证：参与诉讼的官吏留下了大量的审理指南，而且为诉讼当事人提供有偿服务的公事师（译者注：公事即诉讼）、公事宿（译者注：指江户时代在江户、大坂等地打官司的人住宿的旅馆，其经营者有时也会从旁协助诉讼）、乡宿（译者注：类似于公事宿）等在当时也为数不少。因此，可以毫不夸张地

---

* 原题为《判決がでたあと—江戸時代の"訴訟社会"像》。本文后来又经过修改，收入作者所著《近世日本の訴訟と法 [ 近世日本的诉讼和法 ]》（创文社，2013 年）一书。译文所据日文文本为该书第五章"判決が出たあと [ 判决之后 ]"。译者感谢夫马进、大平祐一和伍跃等三位老师的指导与帮助。在翻译史料时，译者参考了作者提供的现代日语释文。本文涉及了大量与江户时代日本法制有关的专业名词，由于国内目前相关研究较少，难以查到较为通行的译法。为了确保译文的准确以及读者查找核对的方便，较多的专业名词采取了直译再加译注的方式。读者如想了解进一步的信息，可以参阅作者相关论著。

** 执笔时为立命馆大学法学部教授，现为立命馆大学名誉教授。

将江户时代的日本社会称为"诉讼社会"。[1]

## 二、本文目的

从第二次世界大战前至今，学界在研究江户时代民事诉讼方面取得了很多研究成果。特别是近年来关于大坂町奉行所（译注：町指城市内的区域，奉行所是负责当地民政、司法等事务的机构）的研究取得了令人瞩目的进展。近年，有关大坂町奉行所民事诉讼的珍贵史料被逐渐公开，相关研究也陆续问世，逐渐形成了大坂民事诉讼法史研究的潮流。再加上此前江户法和大坂法的相关研究，有关京都、[2]奈良、[3]冈山藩、[4]广岛藩、[5]德岛藩、[6]和歌山藩

---

[1] 关于将江户时代视为诉讼社会的看法，例如大塚英二认为，"意外的是江户时代也可以说是诉讼社会，诉讼非常多"。参见其 2001 年（平成十四年）11 月 21 日爱知县立大学公开讲座《「国际文化」グローバル化と民族アイデンティティー［"国际文化"全球化与民族认同］》第三次《日本社会史の现场からグローバルスタンダードを见る［从日本社会史研究看全球化标准］》的摘要。http://www.manabi.pref.aichi.jp/general/10003363/0/index.html（2009 年 8 月 24 日）。此外，也有"健讼社会"这样的说法。参见渡边尚志《百姓の力——江户时代から见える日本［百姓之力量：江户时代所见之日本］》（柏书房，2008 年），第 165 页。还有人称江户时代为"诉讼的时代"，高桥敏《江户村方骚动颠末记［江户村方骚动颠末记］》（筑摩书房，2001 年），第 55 页。

[2] 宇佐美英机《近世京都の金银出入と社会慣習［近世京都的金银诉讼和社会习惯］》（清文堂出版，2008 年）。

[3] 本间修平《资料 奈良奉行问合书［资料 - 奈良奉行问合书］》，《法学新报》，第 96 卷第 7、8 号，1990 年。

[4] 藤原明久《冈山藩制确立期における〈民事〉裁判机构の形成［冈山藩制确立期"民事"审判机构的形成］》（大竹秀男、服藤弘司编《幕藩国家の法と支配［幕藩国家的法与支配］》，有斐阁，1984 年）以及《冈山藩评定所における在方公事の裁判过程——冈山藩制确立期を中心として［冈山藩评定所在方公事的审判过程：以冈山藩制确立期为中心］》（《神户法学杂志》第 33 卷第 3 号，1983 年）。此外，还有关于"支配违出入"的研究，参见曾根总雄《蓝玉壳挂金诉讼——元禄一〇年の诉讼を中心に——［蓝玉赊卖诉讼：以元禄十年的诉讼为中心］》（《东海史学》33 号，1998 年），藤原明久《元禄期冈山藩の支配违金银出入に关する一考察——分散をめぐって［关于元禄期冈山藩支配违金银诉讼的考察：以自我破产为中心］》（藩法研究会编《大名権力の法と裁判［大名权力的法与裁判］》，创文社，2007 年）。

[5] 丰田宽三《广岛藩の民事诉讼制度［广岛藩的民事诉讼制度］》，《艺备地方史研究》80 号，1970 年。

[6] 安泽秀一《德岛藩裁许所公事落着帐・裁许御目付扣帐の基础的研究［德岛藩裁许所公事落着帐以及裁许御目付扣帐的基础研究］》，《史料馆研究纪要》第 11 号，1979 年。

田边领[7]、仙台藩[8]、盛冈藩[9]、丹后田边藩[10]等地的民事诉讼研究
也逐渐问世。这样，审判程序、执行程序、审判管辖、审判机构、
司法工作人员、审判相关人员以及和解等与民事诉讼有关的研究
取得了丰富的成果。

　　不过，以往的研究几乎很少关注判决后实际存在的债务履行
问题。以金钱或物品的赔付为诉求的债务诉讼中，作为原告的债
权人和作为被告的债务人，以及做出判决的奉行所都非常关心清
偿债务的判决下达后如何执行的问题。如今这一过程被称为"判
决的实现"。"判决的实现"的问题大致包括：如何履行已经做出
的判决，如何实现债权人的权利，奉行所依据何种程序确保这种
实现。以往的研究主要是基于法令、通达（译者注：指上级机关
发出的通知）、书付（译者注：指江户时代传达将军等人命令的公

[7]　藤原明久《『田辺町大帳』にみえる近世前期田辺町の民事訴訟記録 [《田辺町大帐》
　　　所见近世前期田边町的民事诉讼记录 ]》，《田辺文化財》30 号，1987 年。
[8]　吉田正志《貞享二年および元禄一五年の幕府相対済令と仙台藩金銀出入取捌仕法
　　　[ 贞享二年和元禄十五年的幕府相对济令（译注：相对济令是幕府要求当事者自行处理
　　　纠纷的命令）与仙台藩金银诉讼处理办法 ]》（《岩手史学研究》第 69 号，1985 年 ），《享
　　　保·元文期における仙台藩金銀出入取捌仕法の確立 [ 享保·元文期仙台藩金银诉讼处
　　　理办法的确立 ]》（《法学》第 60 卷第 5 号，1996 年 ），《宝暦期仙台藩の金銀出入取捌仕
　　　法改革 [ 宝历期仙台藩的金银诉讼处理办法的改革 ]》（《法学》第 48 卷第 6 号，1985 年 ），
　　　《仙台藩金銀出入取捌仕法の崩壊過程（一）（二）（三·完）[ 仙台藩金银诉讼处理办法
　　　的崩溃过程（一）（二）（三·完）]》（《法学》第 61 卷第 3 号，1997 年，第 63 卷第 1 号，
　　　1999 年，第 66 卷第 1 号，2002 年 ），《仙台藩の〈沽却〉について（一）（二）（三·完）—
　　　身体限ならびに分散との関連で [ 关于仙台藩的《沽却》（一）（二）（三·完）：破产强
　　　制执行和自我破产以及其关系 ]》（《法学》第 54 卷第 2 号，1990 年，第 54 卷第 5 号，
　　　1990 年，第 55 卷第 2 号，1991 年 ）。
[9]　以上论文经修改后收入吉田正志《仙台藩金銀出入処理法の研究 [ 仙台藩金银诉讼处
　　　理办法的研究 ]》（滋学社，2011 年 ）。
[10]　井田良治《近世譜代大名領の裁許記録と進達書類の作成—丹後田辺牧野家領の公事
　　　出入を例として [ 近世谱代大名领的判决记录和上禀文书的作成：以丹后田边牧野家领
　　　的诉讼为例 ]》（《同志社法学》第 313 号，2006 年 ），井田良治等编《丹後田辺藩裁判
　　　資料（一）—（六）[ 丹后田边藩审判资料 ]》（《同志社法学》第 194、195、196、198、
　　　201、202 号，1986—1988 年 ）。

文）、伺·指令（译者注：向上级机关的请示和上级机关的批示）、
奉行所官吏的指南书、问答书、"相谈书"（译注：江户时代的一
种公文）等资料，通过对判决后执行程序的描述解释这一问题。[11]
这样，我们对江户时代"判决的实现"有了比较深入的认识。

　　但是，利用原告、被告或者其他诉讼相关人员所在的町、村
遗留的史料，研究判决如何实现以及展现当时实际情况的研究并
不多见。[12] 因此，围绕"判决的实现"而展开的当事人活动与奉
行所对应的实际情况尚不为人所知，从更开阔的视角理解判决下
达到纠纷解决的整体实态，进而把握其特征的工作尚显不足。

　　本文将从幕末大坂的史料入手，探明与大坂町民众相关的债

---

[11]　关于大坂的执行程序法，参考石井良助《近世取引法史［近世交易法史］》（创文社，
　　　1982 年）第四章"江戸時代前期大坂の取引法史［江户时代前期大坂的交易法史］"、
　　　第五章"江戸時代後期大坂の取引法史［江户时代后期大坂的取引法史］"，石井良助
　　　《続近世民事訴訟法史［续近世民事诉讼法史］》（创文社，1985 年）第一编《大坂奉行
　　　所中的民事诉讼法》，注 18 引安竹贵彦书第 117 页以后，注 56 引安竹贵彦论文，神保
　　　文夫《近世民事裁判における判例法の形成—『取捌題号』に見る大坂町奉行所の身代
　　　限法［近世民事裁判中判例法的形成:《取捌題号》中所见大坂町奉行所的破产强制执
　　　行法］》（林董一博士古稀纪念论文集刊行会编《近世近代の法と社会—尾張藩を中心
　　　として［近世近代的法与社会:以尾张藩为中心］》，清文堂出版，1998 年），注 12 所
　　　引神保文夫论文。关于京都的执行程序法，注 2 引宇佐美英机书第 2 部第 2 章"京都町
　　　奉行所の内上銀取捌仕法［京都町奉行所的预约金处理办法］"。关于奈良的执行程序法，
　　　注 3 引本间修平资料。关于仙台藩、盛冈藩的执行程序法，注 8、9 引吉田正志论文。关
　　　于江户法，目前可以分别参照石井良助《近世民事訴訟法史》（创文社，1984 年）第一编
　　　第二章"訴訟手続［诉讼手续］"、第三编《近世民事訴訟法の変遷［近世民事诉讼法的
　　　变迁］》、小早川欣吾《近世に於ける身代限り及分散について［近世的破产强制执行和
　　　自我破产］》（《法学论丛》第 43 卷第 5 号，1940 年）、小早川欣吾《近世に於ける身代限
　　　り及分散続考［近世的破产强制执行和自我破产续考］》（一）（二）（三·完）（《法学论
　　　丛》第 44 卷第 1 号、第 2 号、第 4 号，1941 年）。此外，小早川的论文中也有关于大坂
　　　法的论述。注 9 引吉田论文中，也有不少关于幕府法的比较研究。
[12]　我注意到神保文夫在其论文《西欧近代法受容の前提—大坂町奉行所民事訴訟法の性
　　　格について［西欧近代法受容的前提：关于大坂町奉行所民事诉讼法的特点］》（石井三
　　　记、寺田浩明、西川洋一、水林彪编《近代法の再定位［近代法的再定位］》，创文社，
　　　2001 年）中，利用大阪市立中央图书馆所藏《小林家文書［小林家文书］》介绍了与
　　　"判决的实现"相关的两个具体事例（第 165、166 页）。

务诉讼中具有代表性的金银债权诉讼（译注：即"金银出入"）和物品相关诉讼（译注：即"有物出入"），借以分析"判决的实现"的实态及其特征。由此希望能获得一些重新反思以往"诉讼社会"观念的线索。

## 第二节　《目安帐》

### 一、所谓《目安帐》

本章主要使用的史料是大阪府立中之岛图书馆所藏木挽町南之丁《目安帐》（共 1 册，以下简称木挽町《目安帐》。译注：目安就是诉状）和道修町三丁目《目安帐》（共 2 册，以下简称道修町《目安帐》）。这两份材料应该是"町役人"（译注：此处的"町"指城市中的区域，"町役人"为该区域基层自治组织的负责人）所作，记录了町内原告或被告民事诉讼的诉状（概要）和诉讼经过，[13] 也收录了其他各种和诉讼相关的"写""控"和"下书"（译注：分别指复本、底稿、草稿）等材料。在当时的大坂，向奉行提出诉状或者答辩书之前要先带着材料到町会所接受负责町内事务之人即"町年寄"的审查。[14]《目安帐》中收录了被修改后的诉状

---

[13] 金田平一郎在《判例近世大坂私法一斑》一文中，引用了与本章所用《目安帐》不同的其他《目安帐》，介绍说是"大坂的町役所保存的诉讼日记"（石井良助编《中田先生還暦祝賀法制史論集 [中田先生还历祝贺法制史论文集]》，岩波书店，1937 年，第 228 页）。神户市立中央图书馆、关西大学附属图书馆、大阪商业大学商业史图书馆中也收藏了《目安帐》，与本文所用《目安帐》并不相同。由于无法复制或者文献受损严重，本文所用《目安帐》为中之岛图书馆所藏。

[14] 宝历四年《家持借屋每月判形帐 [房东租房每月判形帐]》（京都大学法学部图书室所藏）有如下表述。"诸事之'卖挂'（译注：即赊销），各类'出入'，无论何事，凡向奉行所所诉之事，必须事先书写诉状与返答书，然后呈于町役人之所，在认真调查之后，方可赴奉行所。如擅自直赴奉行所并发现有错误者，可向奉行所提交报告。此事应谨记。"以上是大坂南组农人桥二丁目年寄山田屋五兵卫所作条目中的一条。

和答辩书，我们可以从中了解町会所如何斟酌和修改原稿。道修町《目安帐》中还收录了很多"目安里书"的复本（译注：诉状提交给奉行后，奉行会在背面写明开庭日期并盖章等，标志起诉阶段的结束，这样的文件被称为目安里书）以及被告的"他参留誓约书"（主要内容为诉讼期间不得去其他地方的誓约书）。《目安帐》涉及修改诉状、答辩书以及诉状的受理，应该出于负有确保被告出庭义务的"町年寄"之手。木挽町《目安帐》记载了发生于嘉永三年（1850）七月二十五日到明治三年（1870）闰十月初十日之间的诉讼。[15] 道修町《目安帐》第一册的时间范围是天保十三年（1842）正月初七日到弘化四年（1847）十月十三日，[16] 第二册则记载了嘉永六年（1853）七月二十一日到明治五年（1872）七月十三日之间 [17] 的诉讼事宜。两种《目安帐》总共收录了大约300件的债权诉讼资料。

因为町内居民成为诉讼当事人，故随之而来的各类事务，如对诉状和答辩书的审查、在向奉行所提出的诉状等相关文书的结尾处钤印、确保被告出庭、检查被告患病的情况、传唤相关人员到案等等，负责该町事务的"町役人"会详细记录，以确保处理上没有疏漏。各町的《目安帐》就是这样形成的。通过《目安帐》，我们可以了解"町役人"如何处理与诉讼相关的各类事务。在《目安帐》中，当某案件处理完结之后，文件中会明确记载，或在空白处特意朱笔写上"相济"二字或者盖上"济"字戳记（译注："相济"和"济"都是结案的意思）。大概每记录完一件案件的解决，"町役人"们就会萌生终于又解决了一件的解脱感。

---

[15] 封面右上角写有"嘉永七甲寅年正月"字样。由此可知木挽町的《目安帐》是始于嘉永七年（1854）一月，以后陆续增加的诉讼记录。

[16] 封面右上角写有"从天保十三壬寅年三月下旬"字样。

[17] 封面右上角写有"嘉永六癸丑七月"字样。

### 二、大坂法的实践

通过保存下来的昔日官员们使用的各种指南和问答书，我们得以一窥当时"大坂法"的情况。这些"大坂法书"的代表就是文化二年（1805）完成的《大坂堺问答》。[18] 该书汇集了与民事诉讼相关的堺奉行所向大坂町奉行所发出的请示以及大坂町奉行所的回复，其中详细记载了有关审判管辖、审判程序和执行程序的规定。《目安帐》中收录了丰富多样的案例，不仅有严格按照"大坂法书"规定的"大阪法"处理的案例，也有一些似乎并非如此的案例。从《目安帐》中，可以充分了解"大阪法书"所记载的"大阪法"在幕末现实的平民世界中是如何实践的。

## 第三节　金银借贷诉讼

### 一、序

在《目安帐》之中可以看到有关金钱债权诉讼的各类记载。其中有关"预银"债权和赊销债权的记载屡见不鲜。所谓"预银"，在江户法中指无利息借贷，而在大坂却指有利息借贷。所以，大坂的"预银"实际上等同于江户的"借金银"。[19] 预银作为大阪商人的融资手段得到了广泛应用。请求返还预银的诉讼就是"预银出入"。所谓赊销债权指的是赊买商品之后应支付的欠款，

---

[18]　《大坂堺問答［大坂堺问答］》据安竹贵彦翻刻本。（安竹贵彦编《大坂堺問答—十九世纪初頭大坂·堺の民事訴訟手続［大坂堺问答：19世纪初期大坂·堺的民事诉讼程序]》,《大阪市史史料》第44辑，1995年）。以下引《大坂堺问答》均据该书。此外，关于《大坂堺问答》的内容，石井良助也有详细的介绍（注11引《近世交易法史》，第199页以下）。

[19]　参见注11引石井著《近世取引法史［近世交易法史]》，第132、134页。

赊销作为一种商业习惯已经非常普及。请求支付赊销债权的诉讼就是"卖挂金出入"。笔者将以这两种诉讼为中心，尝试阐释金银借贷诉讼中"判决的实现"过程。

## 二、偿还期限的延长

以下所引的"史料一"记录了嘉永三年（1850）十月二十五日木挽町南之丁的平野屋善五郎向东町奉行所提起的诉讼，他要求桑名町的山口屋庄兵卫返还"预银"一贯六百三十六匁五分（译注：1 贯 = 约 3.75kg，1 匁 = 约 3.75g）。

（史料一）

嘉永三（戊）年（1850）十月二十五日报　东町奉行所

"预银出入"

原告：木挽町南之丁 平野屋善五郎

因病

随从：仁兵卫

被告：桑名町 山口屋庄兵卫

被告于弘化四（未）年（1847）二月向原告借银 9 贯，现有实据。同年三月至去（酉）年九月，原告收到被告还款 7 贯 100 匁，尚欠 1 贯 500 匁。截至前月，被告欠款利息为 136 匁 5 分。合计尚欠 1 贯 636 匁 5 分。

十一月二十五日，双方于东町奉行所当庭对质，判决被告庄兵卫于 60 日内还清欠款。

嘉永四（亥）年（1851）正月二十六日，到期。

安政二（卯）年（1855）正月十五日，原告请求偿还的 1 贯 636 匁 5 分之中，目前为止已经收到被告偿还金六两（相当于银 408 匁），同意免除其余债务。"出入"完结。

　　请求和解结案。完结。[20]

　　根据如上史料，嘉永三年（1850）十一月二十五日，债权人（原告）和债务人（被告）在法庭上对质之后，奉行所判决债务人应在 60 日内偿还债务。由于是金钱债权诉讼，所以判决中明确规定了偿还期限。[21] 本案中的嘉永四年正月二十六日就是债务的偿还期限，但被告却没有履行。四年之后的安政二年（1855）正月十五日，债权人在收到 408 匁之后放弃了其余的债权，偿付最终宣告完结。这样，在判决的偿还期限过期 4 年之后，债务方才最终清偿。

　　如后文所示，根据《大坂堺问答》，当无法按期履行判决偿还债务时，堺奉行所和大坂町奉行所在是否允许延长偿还期限（"日延"）的问题上存在着很大的区别。

（史料二）

　　奉行所开庭对质之后，判决的偿还期限已至，诉讼尚未完结，或者为了促使经奉行所审理（译注：即"吟味"）的诉讼实现和解（译注：即"内济"），如双方提出延长偿还期限，只要延长时间在二十日内均应许可，次数不限。如果诉讼双方在已经通过协商达成谅解而钱财尚未清偿的情况下，请求延长偿还期限、和解结案的话，只要延长期限在二十日以内，应当许可。

---

[20]　木挽町《目安帐［目安帐］》嘉永三年十月二十五日条。

[21]　参照神保文夫《幕府法曹と法の創造—江戸時代の法実務と実務法学［幕府法曹与法的创造：江户时代的法实务与实务法学］》（国学院大学日本文化研究所编《法文化のなかの創造性—江戸時代に探る［法文化中的创造性：探索江户时代］》，创文社，2005 年，第 119 页）。

　　但是，如果当事人之间就诉讼达成谅解并申请延长偿还期限获准后，逾期未能按双方协议执行的话，则视为和解未能成立。如果责在借方，视情况可以要求实施手锁或者拘禁。

　　就此而言，在大坂，如果判决已要求如期偿还，则期满之后不准延期。[22]

　　由此可见，当无法按期履行判决偿还债务时，堺奉行所的处理方法是，如债权人和债务人双方和解后提出延长偿还期限，则20天之内可以任意延期。而大坂町奉行则不同意延长偿还期限的请求。现在，我们姑且将大坂町奉行所的处理原则称作"不可延期原则"。堺法允许不限次数的延期偿还请求，而大阪法恰恰相反，这种区别已经引起学界的注意。安竹贵彦就堺法和大坂法的这种区别有如下论述："在堺，借贷双方如果达成一致的话，即便再审或者偿还期限到期，法庭也认可长达20天的延期偿还。与此相反，大坂则无视当事人的意志直接进入下一阶段的司法程序。"[23] 根据安竹的意见，按照大坂法的"延期不可原则"，即使当事人之间已经达成一致，法庭仍不会认可延期，当事人的意志并不能影响此后的司法程序。换句话说，这就意味着可以申请实施为期30天的"手锁"（译注：拘束双手）或者"押込"（译注：日本中世以后的一种刑罚，在一定期限之内限制外出）。当判决的偿还期限到期时，当事人会就债务偿还问题进行沟通，当意见取得一致时会提交延期申请。但是，大坂町奉行所并不批准。可以说，大坂町奉行所为了督促如期偿还债务，采取了颇为严格的态度。

[22] 《大坂堺问答》一番帐三三（第25页）。此外亦可参照一番帐三二（第25页），一番帐三六（第26页），二番帐七五（第60、61页）。

[23] 注18引安竹著书第217页，注11。

但是，现实中的处理方式似乎却较为弹性。"史料一"中就可以看出判决的偿还期限过了很久之后仍未偿还，在下述"史料三"的事例中也可以看到同样的现象。

〔史料三〕

　　文久元（酉）年（1861）二月二十五日报　西町奉行所

　　"预金出入"

　　（省略诉讼双方住址、姓名及诉讼概要）

　　三月二十五日，双方在西町奉行所出庭，当庭判决被告寅吉于 60 日内偿还债务。

　　五月二十五日，到期。

　　元治元（子）年（1864），（债权人）请求偿还总金额为银756 匁，现已偿还 581 匁，其余金额另立新证文，诉讼结案。

　　四月八日，报东町奉行所请求和解结案，【完结】。[24]

这是文久元年（1861）二月二十五日，五幸町的为屋善助以木挽町姬路屋寅吉为被告，向西町奉行所提出要求偿还"预银"本金利息合计 756 匁的案例。在本案中，偿还并未如期完成。元治元年（1864）四月八日，在已经超期（文久元年五月二十五日）2 年 10 个多月之后，被告方才偿还了部分债务。对于这种严重的逾期偿还行为，奉行所并没有处以 30 天的"手锁"或者"押込"。"史料一"和"史料三"的案例最终完成偿还，而且在向奉行所报告之后均获认可。在《目安帐》中还有很多类似的案例，即逾期偿还债务之后结案的案例。那么，应该如何考虑大坂法的"不可

---

[24]　木挽町《目安帐》文久元年二月二十五日条。此外，引文中【　】的部分为朱笔所书。

延期原则"与其实际处理方式之间的关系呢？

这里应该注意的是，如下所述，《大坂堺问答》中也有提到"不可延期原则"的一则史料。

（史料四）

判决之偿付期限到期时，为了双方自行协商，当事人可向奉行所提出延长申请。当奉行所许可之后，倘又有第三人以债务人为被告提出相关诉讼，且此时前项诉讼尚未完结，则应尽快下达判决指定支付期限，要求尽快偿还。如果尚在偿付期限之内发生类似情况，（奉行所）应当要求前项诉讼结案之后方可提诉。

关于此事，判决的支付期限到期时，大坂奉行所现在对于延期申请不予许可。[25]

史料四主要讲的是另外一种处理方式，即当某一判决的偿还日期到期后，当事人为协商解决向奉行所申请延期并获得批准之后，又出现第三人向债务人提起诉讼时的处理方式。应该注意的是，引文最后提到的大坂町奉行所的处理方式——大阪町奉行所"现在"不认可延期偿还。那么是否可以说，在此之前，当不能如期偿还时，大坂町奉行所很有可能会和堺奉行所一样，批准当事人提出的延期申请。如果这个推断没有错的话，大坂町奉行所应当是从某个时点开始实施更为严格的金钱债务处理方针，不再认可延期。

目前尚不清楚大坂町奉行所采用"不可延期原则"的原因。可

---

[25]《大坂堺问答》二番帐四十三（第53页）。

能是因为频繁的商业交易要求迅速回收债权。也存在其他可能的解释。假如奉行所认可延期偿还，但却又无法保证偿还在延长期限之内一定可以实现，那么就会造成一而再再而三的延长，最终导致判决名存实亡。大坂町奉行所或许认识到这是对于根据"御大法"（译者注：幕府制订的法规与先例）所作判决而进行的"变通"的抵抗行为。[26] 所以，大坂町奉行所对原被告在判决之前的协商，无论次数多少均采取认可的态度，[27] 一旦下达判决规定了偿还期限之后，就不会批准延期的请求。虽不能断言，但大坂町奉行所与堺奉行所不同，采取"延期不可原则"或许有如下的考虑。这就是，大坂町奉行所 [28] 直属于"大坂城代"（译注：江户幕府的一种官职，负责大坂城的诉讼，也监视近畿以西的大名），拥有一定的级别，更加注重政府

---

[26]　八木滋：《佐賀藩大坂蔵屋敷のネットワーク—「家質公訴内済記録」を通して［佐贺藩大坂藏屋敷的网络：基于《家质公诉协商解决的记录》的考察 ]》，《大阪商业大学商业史博物馆纪要》第 9 号，2008 年，第 70 页。

[27]　《大坂堺问答》一番帐三一（第 25 页）。

[28]　大坂町奉行所与京都、伏见、骏府以及长崎、浦贺等地的奉行所不同，可以直接阅览秘密法典《公事方御定书［法院法规 ]》和重要的案例集《御仕置例類集［刑罚例类集 ]》《選述格例［选述格例 ]》。大坂町奉行所和京都町奉行所一样，在京都所司代和大坂城司代之下，发挥着和评定所（译注：江户时代设立的审判机构）相同的作用。参见小仓宗《近世中後期幕府の上方支配—『御仕置例類集』の検討を中心に［近世中后期幕府的上方（译注：京都·大阪等地域）支配：以《刑罚例类集》的研究为中心 ]》，《法制史研究》57 号，2007 年，第 115、116 页，该文的修订版收录于小仓宗《江户幕府上方支配機構の研究［江户幕府上方支配机构的研究 ]》（塙书房，2011 年）。此外，亦可参照平松义郎《近世刑事訴訟法の研究［近世刑事诉讼法的研究 ]》（创文社，1960 年），第 547—552 页。另外，大坂町奉行拥有范围极广的审判管辖权，参见神保文夫《近世私法史における「大坂法」の意義について—大坂町奉行所の民事裁判管轄に関する一考察［关于近世私法史中"大坂法"的意义：对大坂町奉行所民事审判管辖的考察 ]》，载平松义郎博士追悼论文集编辑委员会《法と刑罰の歴史的考察—平松義郎博士追悼論文集［法与刑罚的历史考察：平松义郎博士追悼论文集 ]》（名古屋大学出版会，1987 年），第 311 页以后的部分，尤其是第 336、336 页。而且大坂町奉行所"应该说具有作为堺奉行所上级指导机构的特点"。（参见注 18 引安竹著书，第 132 页。）

的威信。[29]

然而，实践中不能如期偿还的情况可能还有很多。如果看看《目安帐》，就一目了然了。如果严格遵循"不可延期原则"的话，那么司法程序上就会适时启动下一步的强制措施，包括对于债务人采取的30天"手锁"，债务人生病时确认病情以及在此基础上的30天"押込"。这样的话，就会出现大量受罚之人，町人和奉行所可能都不希望面对此种状态。

债权人和债务人之间通常会就偿还问题沟通交涉，结果很可能是当事人同意延期偿还。大坂奉行所尽管在表面上坚持"不可延期原则"，但实际上对当事人沟通之后达成延期偿还的妥协持灵活态度。在《目安帐》中收录了很多逾期偿还之后结案，并得到奉行所最终认可的案例。因此，我认为，奉行所还是认可当事人在沟通之后延期偿还的。下述史料就明确地反映了这一点。

（史料五）

　　　致歉函　不揣冒昧谨以本函致歉

　　　誉田八幡宫社领河州志记郡古宝村的源兵卫四月二十一起诉我［拖欠偿还］"预［银］"，同年五月二十五日开庭，奉行所判我限期偿还，诚惶诚恐。后逾期未还。根据原告源兵卫提

[29]　关于这一点，可以参考文化九年（1812）的江户町奉行永田备后守（译注：即永田正道）的请示。大致内容如下：武士因分期偿还款项不足，奉行所对此进行训诫，而余款仍一直未能偿还。对于这样不守规矩的事情要宽大处理的话，那么就无法严厉处理其他未能如期偿还债务者。特别是债务人知道这样的事情的话，会出现"有失体面的事情"，"也有损奉行所的威信"，宽政九年（1797）的"书取"（译注：类似于"通达"，一种下行文书）也涉及这个意思。见法制史学会编《德川禁令考》后集二，第260页。对于阳奉阴违、不遵守支付命令的行为，由于涉及"维护奉行所的威信"，故奉行所充满了警戒感。此外，关于江户幕府重视威信的情况，参照渡辺浩《〈御威光〉と象徵—德川政治体制の一側面［〈御威光〉和象征——德川政治体制的一个侧面］》（渡辺浩《东アジアの王権と思想［东亚的王权和思想］》，东京大学出版会，1997年）。

出的申请，当事人就偿还一事进行协商后，向奉行所请求延期
偿还，得到批准，感激不尽。如今日另函所示，协商进展顺
利，就清偿事宜达成了妥协，特此呈报贵庭。此事如上所述，
偿还期限到期时尚未清偿，承蒙奉行所审理，诚惶诚恐。我本
人尚在筹措银两，虽然一拖再拖，并非藐视判决，恳请垂怜海
涵，如蒙许可，感激涕零。

安政三（辰）年九月

被告：土岐美浓守殿御领分

同州同郡泽田村

吉治郎

甚右卫门

随从："头百姓"（译注：即村落的上层民众）善右卫门

　　奉行大人钧鉴 [30]

　　从这则史料中可以看出，债务人未能如期偿还，故债权人就
此起诉，双方当事人就偿还事宜进行了协商。在协商过程中，他
们向奉行所提出延长申请，并且得到了批准。在向奉行所提出的
公文中，可以看出延期得到了奉行所的许可。[31] 可以说实际上大

---

[30]　东京大学法学部法制史资料室藏《大坂御诉讼返答书［大坂御诉讼返答书］》。此外，
　　　［ ］中的内容是根据原告源兵卫和被告吉治郎、甚右卫门联名向奉行所提出的"乍恐济
　　　口御断"（见《大坂御诉讼返答书》）补充的。

[31]　安政三年（1856）九月十九日《乍恐济口御断》（见《大坂御诉讼返答书》）中，对逾
　　　期两个月以后的情况有如下记录，即"当时正值延期，多方沟通协商以后交涉进展顺
　　　利"。这里可以看出，向奉行所提出正式文书中，在逾期以后仍然承认"日延"。《目安
　　　帐》并非向奉行所提出的正式文书，但其中关于到期后的偿还，有如下事例，即"当时
　　　债务快要到期，所诉金额……之内……偿还"（木挽町《目安帐》嘉永七年四月二十七日
　　　条）。此外，安竹贵彦在为笔者旧文所写的书评中指出，《大坂堺问答》中体（转下页）

坂法对延期的处理非常灵活。

毫无疑问，相对于旨在依法履行判决的法律规定而言，延期本属于违反行为，但这恰恰最能体现奉行所对延期的灵活态度。尽管可以说是一种无奈之举，但是通过申请延期而推迟偿还的做法绝不可能被正当化。所以上述史料中，债务人由于不能依法履行判决而受到了奉行所的调查，结果向奉行所道歉，希望得到特别的怜悯。奉行所一方面承认延期申请，另一方面实际上却也采用了斟酌审讯等手段，力图避免逾期偿还行为的肆意蔓延。[32]

### 三、基于妥协的解决

从"史料一"和"史料三"的案例中可知，大坂町奉行所允许当事人在沟通基础上就逾期偿还达成妥协，批准他们彼此协商

（接上页）现大坂町奉行方针的（"限日二至リ日延愿者不承届候"）意味着"偿还期限到期后不承认新的延期申请"，但如果截止日期前当事人之间已经开始协商，那么大坂町奉行并不会干涉，更不会利用职权采取"手锁""押込"乃至"身体限"等强制措施（《法制史研究》61 号，第 244 页）。根据他的看法，当逾期尚未偿还时，奉行所不会干涉，也不会利用职权采取"手锁""押込"等措施，而当事人之间可以就债务问题继续交涉。如果真是这样的话，"日延愿"有何种存在的必要性呢？如果没有必要的话，那么偿还期限到期时，当事人之间没有必要申请"日延"，奉行所不承认"日延愿"的方针又有什么意义呢？难道大坂町奉行所采用着没有意义的方针吗？如果"日延愿"是有必要的话，那么按照安竹的说法，大坂町奉行所尽管不承认逾期之后的"日延愿"，但还会很奇怪地期待新的"日延愿"。还是这个必要的"日延愿"与大坂法并不承认的"新日延愿"是不同的呢？如果是不同的话，"新日延愿"具体又是指什么呢？安竹并未明确说明这一点，所以本文目前基本维持旧文的立场。

　　不过，可以认为尽管大坂法原则上不承认逾期之后的再度延期，但实际上如果大坂奉行认为让当事人通过沟通可以找到更有效的途径的话，也会承认再度延期的。如果安竹也认为奉行所在当事人正在协商的情况下会承认事实上的延期的话，那么他的意见和我的想法或许实际上并无太大差别。

[32] 安竹贵彦也依据"史料五"指出存在着严格遵守偿还期限的意识（《法制史研究》61 号，第 244 页）。此外，笔者在旧作中曾依据"史料五"认为这是大坂法的"变化"。安竹在书评中指出"说是大的变化还有些轻率"，笔者接受他的批评，对此表示感谢。本文将试图反思大坂法在原则上的坚持和实际中灵活运用的情况。

解决。由此可见，奉行所重视当事人之间的妥协和在此基础上解决纠纷，这一点从下面的案例也可看出。

（史料六）

　　万延元（申）年（1860）七月五日报　东町奉行所

　　"预金出入"

　　（省略诉讼双方住址、姓名及诉讼概要）

　　八月五日 开庭对质延期。

　　八月七日 东町奉行所开庭对质，判决被告在 60 日内偿还。

　　十一月十六日 原告向东町奉行所报告逾期尚未清偿，目前双方正在协商。奉行所命令原告和被告在协商之后，可延长至十一月二十日还清。

　　十一月二十二日，在原告提诉的银 1 贯 180 匁 6 分 3 厘中，目前已偿还 744 匁，余 436 匁 6 分 3 厘，另立新证文，诉讼结案。

　　金，12 两 2 分 2 朱（译注：在日本江户时代，金的单位为 1 两 =4 分 =16 朱），扣除被告作为"赖母子"（译者注："赖母子"，也称为"无尽"，日本的一种互助金融组织）成员需要缴纳的会费 6 两 2 朱，偿还 4 两现金。余 2 两 2 分，另立文书。

　　【完结】[33]

上文是万延元年（1860）七月五日西高津新地的枡屋善次郎在东町奉行所提起的诉讼，要求木挽町的和泉屋由兵卫偿还"预金"本利合计 1 贯 180 匁 6 分 3 厘的案例。根据这则史料，当判

---

[33]　木挽町《目安帐》万延元年七月五日条。

决的偿还期限（十月七日）逾期 40 天之后，十一月十六日债权人向奉行所报告逾期尚未偿还，债务人则申诉正与债权人协商。奉行所命令双方面对面协商解决。因此，偿还期限被延长到十一月二十日。这种面对面的协商确实有效。十一月二十二日，债务人偿还了大部分债务，剩下的部分在提交了"新证文"之后结案。我们可以认为，此案在双方协商之后得到解决。尽管存在着"不可延期原则"，奉行所在"判决的实现"方面，对于逾期偿还债务鼓励当事人自行协商解决。

### 四、"水平运动"和"垂直运动"

我们不妨将当事人之间为了促进协商一致达到"判决的实现"而进行的行动称作"水平运动"。上文已经描述了奉行所对此的重视。当事人间通常会进行"水平运动"。但是这种运动也存在受到阻碍的可能。当依靠当事人之力已经无法解决问题时，当事人往往会寻求奉行所的帮助。奉行所也会采取一些对应的措施。我们可将这种当事人和奉行所之间的活动称为"垂直运动"。以下就是"水平运动"陷入僵局，转换为"垂直运动"的一个案例。

（史料七）

不揣冒昧申诉

四月二十一日向奉行所起诉美浓国守护大名土岐氏属地河州志记郡泽田村的平重郎、吉治郎、甚右卫门三人之未偿还"预银"，五月二十五日庭审后，判决被告在 60 天内偿还。七月二十五日到期之后，屡次交涉未果，被告以各种理由拖延或避而不见，因此债务始终未能清偿。诚惶诚恐，特此申诉，恳请传唤上述三人，当面与我交涉，不揣冒昧申诉，以上。

安政三（辰）年（1856）九月十三日

誉田八幡宫社领
河州志记郡古宝村
寅太郎
"幼少代"（译注：指原告债权人因其年幼而派出的代理人）
源兵卫

奉行大人钧鉴[34]

由上可知，本案是安政三年（1856）四月二十一日，债权人寅太郎的代理人源兵卫以其他领主下的三名债务人（平重郎、吉治郎、甚右卫门）为对象，向大坂町奉行所就拖欠"预银"提起的诉讼。同年五月二十五日，庭审后判决债务人在 60 天之内，即七月二十五日之前必须偿还。源兵卫已经屡次交涉，债务人却因各种理由拒不露面，拖欠不还。于是源兵卫在同年九月十三日，向奉行所提出，希望奉行所将三名债务人传唤来当面交涉。当"水平运动"不能有效进行时，为了打开局面，就寄希望于"垂直运动"。这里应该注意的是，源兵卫向奉行所请求和债务者直接交涉。也就是说，为了回到"水平运动"而利用"垂直运动"。以"水平运动"为基础，进而利用"垂直运动"以谋求"判决的实现"。源兵卫最终达到了目的，奉行所传唤了债务人，进行了严厉的斥责。结果，当事人在协商后之后完成了偿还。[35] 奉行所也仅仅对债务人进行了

---

[34] 注 30 引《大坂御诉讼返答书》。此外，注 11 所石井著《续近世民事诉讼法史》第 202 页收录的"切日延引断"，也是同样的例子。

[35] 注 30 引《大坂御诉讼返答书》收安政三年九月十九日"乍恐济口御断"。

严厉的申斥，除此之外，并未实施进一步的"垂直运动"。也可以说奉行所重视通过当事人的"水平运动"达到"判决的实现"。奉行所和当事人一样，也是试图以当事人的"水平运动"作为基础，同时利用"垂直运动"，达到"判决的实现"。

### 五、"垂直运动"与交涉

对债务人采取"手锁""押込""身体限"（译注：强制执行）等措施体现了奉行所主导的强有力的"垂直的运动"。如果当事人之间的交涉不能达成妥协，这些强制措施就会发挥重大的作用。根据《大坂堺问答》，如果奉行所得知债权人逾期尚未偿还，就会被处以"手锁"30天；[36] 如果债务人因病而由代理人出庭的话，奉行所会命令债权人去确认债务人的病情，倘若无误的话，便会对债务人处以30天的"押込"。[37] 债权人、债务人双方如果向奉行所报告在30天的"手锁"或者"押込"期间内仍未完结，奉行所会命令对债务人实行"身体限"。[38] 奉行所的"垂直运动"明确体现了这些大坂法的原则。这里应该注意的是，如下所述，即便在"垂直运动"之中，当事人沟通交涉而解决纷争的"水平运动"依然受到重视。

《目安帐》中，不仅有很多在判决的偿还期限已经过了数月的情况下奉行所命令去确认病情的案例。此外，还有很多逾期未偿但奉行所并未命令确认病情的案例。这就是说，偿还期限到了之后，奉行所并不一定会马上命令确认病情。根据《大坂要用录》的记载，债务人生病时，如果债权人和债务人（或代理人）联名

---

[36] 《大坂堺问答》一番帐三四（第 26 页）。
[37] 《大坂堺问答》一番帐三五（第 26 页）。
[38] 《大坂堺问答》一番帐三九（第 27 页）。

向奉行所书面报告逾期尚未偿还时，奉行所会令债权人去确认病情。[39] 可以说这与此前提到的《大坂堺问答》的记述基本相同。偿还期限到期后，奉行所未命令债权人去确认病情，或许是因为当事人没有以书面报告提出债务尚未偿还，或许是虽然提出了，但因确认病情有违大坂法的先例所以不敢下令。如果是前者的话，那么书面的债务未偿报告或据此确认病情是由当事人的意思决定的。如果是后者的话，那么就体现了奉行所并没有积极推进"押込"等强制措施。无论如何，提出债务未偿报告和命令确认病情，会影响到相关当事人之间沟通交涉的进展。总之，存在着很多债务逾期未偿，且未下令确认病情的案例，由此可见奉行所重视当事人之间的"水平运动"。

《目安帐》中存在如下几种案例。1. 当事人都是大坂人，但在下令确认病情四个半月之后还没有处以"押込"，但债务却清偿完成。[40] 2. 当事人都是大坂人，在债务的清偿超过50%、规定剩下的债务在60天之内偿还之后，在长达4年2个月的时间里没有实施"押込"和"身体限"，最终完成了债务的清偿。[41] 3. 当事人都是大坂人，在逾期4个月里并没有下令确认病情，直至在下令确认病情的将近5个月之后才最终下令"押込"。[42] 4. 债权人是大坂人，债务人是摄州人，在确认病情的命令下达六个多月后才收到

---

[39] 神宫文库藏《大坂要用録［大坂要用录］》二所收"御切日出入不济断"，注11石井引《大坂御诉讼返答书》第50页收"六十日切断"。这两则史料都可以体现出，要求申请人（债权人）去确认债务人的病情。注84引泷川著书第533页的"对决切日出入不相济断"也是同类型的史料。此外，也有以债务人名义提出的"御切日出入不济断"（注30引《大坂御诉讼返答书》收文政四年九月二十八日"乍恐口上"，天保一五年六月二十二日"乍恐口上"。）

[40] 木挽町《目安帐》嘉永七年三月七日条。

[41] 木挽町《目安帐》嘉永六年十二月十三日条

[42] 木挽町《目安帐》文久元年十二月十八日条。

确认报告，而且在下令"押达"之后 2 年 3 个半月的时间里还没有下达"身体限"的命令，最后清偿结案。[43] 这些案例中，上述的时间段里，不难想象当事人之间一定在进行交涉。可见奉行所重视当事人通过沟通而达成妥协，并没有机械地适用"押达"或者"身体限"。交涉的进展会对其后的程序，是否采取"押达"或者"身体限"等措施产生着重大影响。

### 六、力争协商妥协

为了"判决的实现"，奉行所一方面期待当事人通过沟通达成妥协，另一方面其本身也积极地促成妥协的形成。下面的事例就明显地反映出这一点。

（史料八）

安政三（辰）年（1856）五月十八日报　东町奉行所

生蜡赊销诉讼

（省略诉讼双方住址、姓名及诉讼概要）

六月十八日，东町奉行所开庭审理，判决被告在 60 天内偿还。

八月十八日，偿还期限到期。

九月二十二日，奉行所传唤宗七本人和原告代理人到庭。因奉行所命令原告本人出庭，所以要求原告代理人尽快通知原告的代判人（译注：代判人即监护人）南崛江四丁目的弥助到庭。双方到庭之后，奉行所命令他们到次日为止协商解决。

---

[43] 木挽町《目安帐》安政三年七月二十五日条。

九月二十四日，双方出庭，沟通未果。奉行所再次命令在本月二十七日以前和解结案。

九月二十七日，双方出庭。奉行所命令十月四日完案，届时出庭。

十月五日，如附件所示，目安方（译注：江户时代调查民事诉讼诉状的官吏）吉田开始负责此案，双方协商沟通后，吉田下令同八日到庭。后批准延期至十月十二日偿还，银子筹措的过程中，双方协商妥当。

十月十三日，原告请求从偿还金额中扣除金五两（换算为银 376 匁 6 分），尚欠银 992 匁，另立逐年偿还新证，致歉函另行提出。【完结】。[44]

根据史料可知，安政三年（1856）五月十八日，玉屋町的大和屋宗太郎向东町奉行所要求木挽町的大和屋宗七支付赊欠生蜡款项的 1 贯 328 文 6 分。同年六月十八日，债权人和债务人在奉行所对质，奉行所判决要求债务人在 60 天内偿还。八月十八日，偿还期限到期。以下根据债务人宗七向奉行所提出文书[45]（以下简称为"宗七文书"）的副本介绍本案的进展。由于到期仍未清偿，债权人宗太郎（代理人弥助）向奉行所申请延期偿还。或许是因为要求奉行采取适当的措施，故奉行所在同月二十日传唤了债务人宗七，在斥责他的粗心大意后，怀着"怜悯之心"的奉行所命令他和债权人进行协商。但是，协商的进行却很不顺利。直到十月四日奉行所才最终批准结案。

[44]　木挽町《目安帐》安政三年五月十八日条。
[45]　同上。

　　在上述的案情发展中应该注意的是，奉行所传唤了未能如期偿还的债务人，命令他和债权人方面进行沟通。

　　九月二十日被传唤的宗七因病不能出庭，实际出庭是在九月二十二日。[46] 根据"史料八"的记载，当事人双方在九月二十二日到庭之后，奉行所命令在次日即九月二十三日进行协商。[47] 九月二十四日，当事人在奉行所出庭，由于双方的协商并不顺利，故奉行所命令二十七日结案。但此后的进展依然不顺（"宗七文书"）。双方在九月二十七日再次前往奉行所。奉行所要求他们和解，并下令在"十月四日前解决纠纷"（"史料八"，"宗七文书"）。十月五日，当事人用附件形式说明尚未达成和解。为此，新任"与力"（译注：奉行所下属的捕吏）吉田下令在协商后的八日必须到庭。可见通过新一轮的协商，双方达成了一定程度的和解。十月八日（译注：如前注，作者认为此处应为十月六日），双方再次进行协商，奉行所批准可延期至十月十二日清偿。此后，双方协商了筹措清偿资金的问题。十月十三日，双方终于达成了妥协。

　　通过本案，我们可以看到这样一种情况，即出现未能如期偿还债务、债权人告状之后，奉行所多次命令双方通过协商达成和解，强有力地推动当事人之间通过沟通达成妥协。在"判决的实现"中，最受奉行所重视的或许就是这种基于当事人交涉和妥协的自主解决纠纷。我们也可以看到，当奉行所发现当事人的交涉陷入僵局时，通过一定程度的介入，促进当事人的交涉，引导纷

---

[46]　同上所收九月二十二日奉行所提出文书（宗七署名、"月行事"［译注：町中值月之人］画押）。

[47]　"宗七文书"中存在被下令"对谈"的情况。

争的解决。[48]

## 七、大坂法

在金银借贷诉讼中，当被告一方未能如期偿还债务时，江户法中可以利用分期偿还（"切金"）的方式长期逐步偿还，京都法[49]中也认可事实上的分期偿还（即反复地追诉并且部分偿还，余款则附有期限地延期偿还）。大坂法与此不同，原则上不承认分期偿还，[50]通过30天的"手锁"或者确认病情之后30天的"押込"，以及随后的"身体限"这样的强制措施，确保债权的早日回收。这说明与执行程序缓慢的江户法、京都法不同，大坂法可以说是强化了对于金钱债权的法的保护。这一点或许可以作为大坂法的一大特点加以强调。[51]不难想象，重视债权保护的大坂法对经济活动产生了积极

---

[48]　江户末年为了促成妥协，也有过相当粗暴的介入。庆应二年（1866）五月二十七日，木挽町人为纸类的赊卖将宇成岛町人告至奉行所。在起诉次日的五月二十八日，奉行所传唤被告，下令实施"手锁"和"预"，命令原告"五日内双方面对面解决"。换句话说，就是命令当事人之间和解。而且，六月一日进行了审理，命令被告在六月五日之前偿还。就诉状所见，该案是一件普通的赊卖诉讼。起诉的第二天就传唤被告，在下令"手锁"和"预"的同时，要求原告在五天之内和解。在起诉三天之后就要求双方在五天之内和解。这种做法有别于大坂法的原则。可以看出奉行所非常强烈地希望早日通过和解来解决纠纷。（木挽町《目安帐》庆应二年五月二十七日条）

[49]　参照注2引宇佐美著书，第151页。

[50]　关于在大坂原则上不承认分期偿还、充其量仅仅在限定的范围给予某种承认的情况，参见注11引神保《近世民事裁判における判例法の形成—『取捌题号』に見える大坂町奉行の身代限法［近世民事裁判中判例法的形成:《取捌题号》中所见大坂町奉行的破产强制执行法］》第281页以后，注11石井《续近世民事诉讼法史》第57页以后、第101页以后。

[51]　关于这一点，安竹贵彦也曾指出"可以看到对于金钱债权的保护是大坂法的特征，特别是迅速的审判程序和严格的债权回收"。（安竹《大坂市立大学学術情報総合センター所藏『大坂公事方问合伺留—大坂町奉行所関係文書（二 其之弐）』［大阪市立大学学术情报综合中心藏《大坂公式方问合伺留——大坂町奉行所关系文书（二 其二）》]》《法学杂志》第48卷第3号，2001年，第156页）神保文夫也认为大坂法的"特征是特别强调对于金钱债权的保护"（注28神保论文第311页）。

的影响。天保年间，大坂法被运用到江户和京都，正如神保文夫所说，"（大坂法）具备了全国法的一些特点"。[52]

　　在上述特征之外，大坂法和江户等各地法律一样，都重视基于当事人交涉达成妥协而自主地解决纠纷。中田薫早已指出审判中重视当时人之间的协商。中田认为原因在于，审判的要领在于尽可能地让双方遵循正确的道理彼此和好，遵循衡平的理念互相体谅实现妥协，从而达成和解；[53] 而且和解是审判的根本意义所在。[54] 他所说的协商是审判程序中的协商，当协商不成的时候，才会做出判决—作为"最后的手段"。[55] 此前的很多研究都涉及到这样的审理程序中经常采用协商的情况。[56] 但是，目前对于判决下达后执行程序中协商的相关研究可谓凤毛麟角。[57]

　　大坂町奉行所在审理的过程中，以及在判决做出后"判决的实现"的过程中，都非常重视当事人之间的"和解"。这是出于这样一种考虑：当事人最好能够通过协商解决纠纷。在金银借贷诉讼中"判决的实现"过程中会使用包括间接强制、直接强制在内的各种措施。但是，当无法履行判决时，奉行所并不是机械地运用上述措施，而是采取适当的措施，寻找妥协的可能性。可以说，

[52]　注 12 引神保论文第 172 页。江户的"日限济方"改正也就是废除分期偿还的法令就吸收了大坂法的规定，这一点也影响到京都。请参照注 2 引宇佐美著书，第 141—143 页。
[53]　中田薫《法制史論集 [法制史论文集]》第三卷下（岩波书店，1971 年），第 863 页。
[54]　同上，第 878 页。
[55]　同上。
[56]　关于大坂法，例如安竹贵彦在论及大坂东町奉行所的改革时指出，在"金银出入的各种情况下，都能看出奉行的这样一种意图，即通过给原被告双方、家主、年寄、五人组等施加参与的义务，促进和解并撤回诉讼"。安竹贵彦《寬保～延享期における大坂町奉行所の金銀出入取捌法改革 [宽保-延享期大坂町奉行所的金银诉讼处理办法的改革]》，《大阪商业大学商业史博物馆纪要》第 8 号，2007 年，第 19、20 页。
[57]　至于执行程序中对和解的鼓励，参照注 11 引小早川论文，第 163、164 页。

为了"判决的实现","水平运动"和"垂直运动"有机地结合在一起。[58]

## 第四节　物品相关诉讼

### 一、序

物品相关诉讼即"有物出入"是指要求归还或转让物品的诉讼或者附带有转让担保物的诉讼。[59] 包括"家质（银）出入""质地出入""家明出入""地明出入""贷物出入""质物出入"等。这些和金银借贷诉讼即"金银出入"一样，都是与偿还有关的诉讼。但是，这些诉讼在处理方式上与"金银出入"有很大不同。以下介绍《目安帐》中的几个事例。

### 二、"贷物出入"

"贷物出入"是要求归还出借物品的诉讼。当债权人和债务人对质之后，通常会判决债务人尽快归还。如果债务人不能执行判决的话，债权人会多次向奉行所提起诉讼。以下就是一个案例。

---

[58] 神保文夫在注 12 引论文中，通过对"小林家文书"的分析指出，"开庭之后，当逾期未能偿还时会迅速采取'押込''身代限'等措施"（第 166 页）。《目安帐》中虽然也发现了这类事例，但是也有不少并非迅速采取措施的事例。服藤弘司指出，"就民事审判特别是'金钱出入'来说，幕府采取的根本原则还是当事人自行解决主义"（服藤《近世民事裁判と『公事師』[ 近世民事裁判和"公事师"]》，大竹秀男、服藤弘司编《幕藩国家の法と支配 [ 幕藩国家的法和支配 ]》，有斐阁，1984 年，第 352 页），这一点在某种程度上符合大坂法的执行程序。

[59] 关于有物出入，参照注 11 引石井《近世交易法史》，第 232 页；服藤弘司《刑事法と民事法 [ 刑事法与民事法 ]》（创文社，1983 年），第 322 页；注 56 引安竹论文，第 20 页。

（史料九）

嘉永六（丑）年（1853）十一月七日报 西町奉行所

"借书返还诉讼"

（省略诉讼双方住址、姓名及诉讼概要）

十一月十八日，西町奉行所开庭审理，要求市郎兵卫尽早还书。

十二月七日，首次追诉，次日（八日）到庭，再次命令市郎兵卫尽早还书。

正月二十日，二次追诉。

二月九日，三次追诉。

二月二十八日，四次追诉。

三月十九日，五次追诉，二十日传唤、到庭，要求尽早还书。

四月八日，六次追诉。

四月二十五日，被告共借书 145 册，相当于银 160 匁，现偿还 60 匁，余 100 匁，另立文书。结案。【完结】[60]

嘉永六年（1853）十一月七日，木挽町的三木屋与七向西町奉行所起诉摄州东成郡天王寺村的小山屋市郎兵卫，要求后者归还图书。奉行所在十一月十八日开庭审理之后，判决被告还书。但是因为小山屋市郎兵卫并未如期履行判决，故债权人又多次追诉，奉行所基本上是要求债务人尽速归还。可见奉行所期待债务人自主地履行判决。

根据《大阪堺问答》，如果"贷物出入"的债权人接连追诉 7 次，堺奉行所就会下令对债务人实行收监或者"手锁"，对保证人

---

[60] 木挽町《目安帐》嘉永六年十一月七日条。

实行"所预"(译注:所预是江户时代的一种较轻的刑罚,类似于拘禁),并讯问拒不履行判决的理由和所借物品的去向。而在大坂町奉行所,当"贷物出入"的债权人多次申诉仍不见效时,就会考虑对债务人实施"所预"。但并没有像堺奉行所那样申诉7次方才实施"所预"的标准。"数次追诉仍未解决时,尽管要考虑下令对债务人实施所预,但这也是视情况而定,难以事先确定。"[61]

这里应该注意的是"日割"即追诉时间上的间隔。"史料九"中记载的借书诉讼中,出借者是大坂人,借书者是摄州人,追诉是在对质和判决下达之后20—40天之后进行的。嘉永七年(1854)三月二十一日发生的归还所借衣物的诉讼中,出借人是大坂人,借衣服的是摄州人。双方在四月五日进行了对质,随后奉行所做出了判决。追诉发生在下达判决之后的五月十二日、六月八日、九月十五日和十月二十五日,大约间隔30天到100天之间。[62]

根据《大坂堺问答》可知,堺奉行所在处理追诉问题时,不受理那些距上次审理未满10天即行再次起诉的诉状,而是要求双方继续交涉。但是,对于那些超过10天的追诉,则进行受理。大坂町奉行所对追诉时间间隔的规定并无具体要求,如果时间大致足够当事人交涉的话,就会传唤债务人,要求尽早返还。[63]大坂町奉行所和堺奉行所都很重视确保两次追诉的间隔时间,以保证

---

[61] 《大坂堺问答》三番帐十一(第71页)。此外,石井良助曾介绍过《幕政秘録乾[幕政秘录乾]》,认为是大坂町奉行所民事诉讼法相关史料。在这一史料中,与"贷物出入""预物出入"有关的也有"七次追诉"的记载。参见注11引石井《续近世民事诉讼法史》,第40页。

[62] 木挽町《目安帐》嘉永七年三月二十一日条。

[63] 《大坂堺问答》三番帐十一(第71页)。此外请参照注11石井著《近世交易法史》,第252页。

当事人之间的交涉有充裕的时间。从这一点可以看出，奉行所期待着当事人通过交涉达成妥协。这是因为，奉行所期待着债务人自行履行偿还义务，设想当事人之间可以通过交涉达成妥协。反复的追诉以及奉行所的对应措施形成了"垂直运动"，这一点在实际上也反映了对当事人之间"水平运动"的期待。[64]

### 三、"家质银出入"

以下分析"家质银出入"，即房产抵押诉讼问题。大坂的"家质银"是指债务人将自己房产抵押给债权人，向债权人借贷金银并付利息。因为对于债权人来说有房产作为担保，而债务人还能继续住在自己的房子里，再加上利率比较低，所以大坂的"家质银"作为一种低利率的金融手段在实践中得到了广泛应用。[65] 在江户，由于实行抵押房屋不付利息的原则，故表现为"房租"而非"利息"。[66] 根据《大坂堺问答》，在房产抵押诉讼中，如果债务人到期未能返还"家质银"，奉行所会根据债权人的诉求，判决限期偿还，具体期限则根据债务数量决定。如逾期未能偿还，奉行所会命令更改房产的所有权人，变更产权。[67] 下面就是一个房产抵押诉讼的具体案例。

---

[64] 如果发生了本文所说的经过数次追诉仍不履行判决的情况，大坂町奉行所会考虑对债务人实施"所预"，如果在"所预"之前双方达成了和解，债务人可以被免于处罚。（《大坂堺问答》三番帐十一，第 71 页）。这也可以说明奉行所期待当事人之间"水平运动"。

[65] 参见注 11 引石井《近世交易法史》，第 92 页以后，石井良助《续江户时代漫笔［续江户时代漫笔］》（井上书房，1963 年再版），第 215、216 页。注 18 引安竹《大坂堺問答——十九世紀初頭大坂·堺の民事訴訟手続［大坂堺问答：19 世纪初期大坂·堺的民事诉讼程序］》第 122 页。

[66] 注 11 石井《近世交易法史》，第 90 页以后。

[67] 《大坂堺问答》四番帐六四（第 108 页）。

（史料十）

嘉永七（寅）年（1854）六月二十七日报　东町奉行所

"房产抵押诉讼"

（省略诉讼双方住址、姓名及诉讼概要）

七月二十七日，东町奉行所收到未能如期开庭审理的报告。

闰七月二日，西町奉行所开庭审理，判决被告藤右卫门在150天内清偿。

十二月四日，偿还期限到期。

正月二十七日，西町奉行所因偿还债务到期，令被告藤右卫门变更房屋所有权，转让房产。

三月七日，原告向西町奉行所追诉。奉行所在当日命被告尽早变更所有权，转让房产。

四月二十七日，同上。

五月十一日，因西町奉行赴江户，故原告向东町奉行所提出追诉。奉行所命被告藤右卫门早日变更所有权，转让房产。

六月九日，原告再次向东町奉行所追诉，奉行所命被告变更所有权，转让房产。

七月二十九日，原告向东町奉行所追诉，奉行所命被告变更所有权，转让房产。

十月八日，原告向东町奉行所追诉，奉行所命被告早日变更所有权，转让房产。

十一月十六日，原告向西町奉行所追诉，奉行所严令被告履行债务。被告请求延期10日至二十四日。

十一月三十日，西町奉行所传唤被告，要求在两三日内转让房产。

十二月三日，因"家附"（译者注：即装修、家具、门窗等住宅的附属物）问题协商未妥，转让房产一事被延期至本月六日。

十二月八日，诉讼结案。西町奉行所收到报告之后，要求再向负责值月的东町奉行所申报。[68]

嘉永七年（1854）六月二十七日，西久宝寺町的和泉屋嘉平次向东町奉行所起诉木挽町南之丁的田中屋藤右卫门、五人组（译注:江户时代基层的保甲组织，近邻五户为一组）以及"年寄"，要求返还"家质银"3贯。关于本案中"家质银"的"利银"（译注：利息）部分，债权人在同日也向东町奉行所提起诉讼。[69] 由于债务人逾期未能偿还，故被命令确认病情。可见这里也适用了金银借贷诉讼的程序。[70]

在本案中，嘉永七年（安政元年，1854）七月二十七日的审理因当事人迟到而取消，闰七月二日再次开庭对质，判令债务人在150日内偿还。同年十二月四日到期后仍未偿还。次年安政二年（1855）正月二十七日，奉行所因偿还期限已满，宣布要变更房屋所有权即"帐切"，将房屋产权转移给债权人，但债务人并未履行。之后债权人反复进行了6次追诉，奉行所每次都要求债务人将房屋产权交给债权人。十一月十六日，债权人第七次追诉时，奉行所与以往不同，严令债务人变更房屋所有权，转让房屋。债务人请求宽限10天至十一月二十四日。由于债务人仍未履行，奉行所在十一月三十日传唤他，严令其在两三日内转让房屋。三天

---

[68]　木挽町《目安帐》嘉永七年六月二十七日条。

[69]　同上。

[70]　在这一"家质利银出入"中，和债务人并列的还有保证人，因此与《大坂堺问答》四番帐五〇中的案例十分相似。此外，请参照注11石井《近世交易法史》，第70页。

后的十二月三日，因为未能就"家附"问题达成一致，十二月六日债务人未能转让房屋。十二月八日"出入"才最终完结。当债务人向西町奉行所报告时，结果被要求去向值月的东町奉行所报告（译注：值月即月番制，同一职务由多人按月轮番担任，重要大事采用合议制）。

在"史料十"的事例中，虽然未能如期偿还"家质银"，但并没有像金银借贷诉讼那样实施"手锁"或"押込"。当逾期未能偿还时，虽然命令债务人变更房屋所有权和交出房屋，但并未确定明确的期限。[71] 债务人未能履行时，则会反复出现债权人追诉和奉行所命令履行的情况。奉行所不会代替债权人变更所有权，[72] 也不会强制债务人交出房屋。和"史料九"的偿还借书的情形一样，无论有多少次追诉，奉行所只是反复地下达命令，要求债务人尽快偿还。这里体现出奉行所对债务人自主履行判决的期待。

根据《大坂堺问答》的记载，房产抵押诉讼即"家质银出入"和要求归还出借物品的"贷物出入"一样，也要求在两次追诉之间有一定的时间间隔。如果时间间隔不够债权人和债务人充分进行交涉，奉行所会训诫提出追诉的债权人，不受理他的起诉。[73] 就"家质银出入"而言，奉行所因为期待当事人通过交涉达成妥协，自主地解决纠纷，所以当进展不顺时，奉行所会根据追诉而进行介入。这也是以"水平运动"为基础，为了推进解决纠纷，

---

[71] 《摄州西官邸裁判至要［摄州西官邸裁判至要]》奇之部十一，公事留帐对决请证文帐之事。见桑田优《摄州西官邸裁判至要（二）》（《八代学院大学经济经营论集》第3卷第1号，1983年），第22页。这一史料就家质出入和将田地、船、股票等作为抵押的出入有如下记载，"前案：如当事人双方前来报告逾期尚未清偿，则不需采取手锁、押込等措施，应当庭宣布变更上述抵押物的所有权，并下令将其交给申请人"。

[72] 注11石井著《近世交易法史》，第102页注22。

[73] 《大坂堺问答》四番帐六四（第108页）。

应用"垂直运动"。

当债权人未能偿还债务时，债权人便会提起追诉。奉行所会在次日传唤债务人、"加判年寄"（译注：指在文书上加盖印章的"年寄"）和"五人组"，要求早日进行产权变更，转让房产。[74] 在金银借贷诉讼即"金银出入"之中，要求债务人居住地周围的居民对因病不能履行偿还义务的债务人实施30天的"押込"，[75] 实施"身体限"的时候要求町村役人在场，[76] 要求"年寄"、"名主"（译注：村役人）和家主都要在"六十日切断"（"御切日出入不济断"）（译注：在奉行所指定的期限前出入未能完结的谢罪文）、"押込请证文"（译注：被告在收到奉行所"押込"命令之后表示服从的文书）、"押込切日出入不相济断"（"押込切日断"）（译注：押込结束日依然未能结案的证明书）、"身体限请证文"（译注：被告在收到奉行所"身体限"命令之后表示服从的文书）等相关文书上加盖印章。[77] 综合考虑这些情况之后可以看出，奉行所期待共同体的相关人员在执行过程中发挥较大的作用。

根据《大坂堺问答》可以知道，当"家质银出入"的追诉达到七次之后，奉行所会同时传唤债务人、"加判年寄"、"五人组"等相关人员，通过对债务人实施收监、"手锁"和"预"等手段处理这一问题。在处理过程中，如果所有权变更或者债务得到清偿，奉

---

[74] 同上。

[75] 《当番所御用取调帐［当番所御用取调帐］》（29）（野高宏之《江户时代中期の大坂东町奉行所当番所史料［江户时代中期的大坂东町奉行所当番所史料］》，《大阪の歴史［大阪的历史］》，第44号，1995年，第66页），在对方确实生病的情况下，"如果要对债务人施以30天押込，应由法庭向债务人居住地的人下达命令"。

[76] 注11引小早川论文（二），第117、118页。

[77] 注11引石井《续近世民事诉讼法史》第50、172、173、176页。参照注39引《大坂要用录》二。

行所在批准的同时也会处以"急度叱"（译注：江户时代最轻的刑罚为叱，叱又分为叱和急度叱，都是指对于罪犯的斥责）。[78] 以上是大坂法处理"家质银出入"的原则。在《目安帐》中，关于"家质银出入"的判决下达后追诉七次的情况有如下记载，即第七次追诉之后，传唤并申斥债务人，令其立即变更房屋所有权，结案。[79] 由此可见，债权人追诉七次之后，奉行所会传唤债务人，对他进行严厉申斥，然后下令立刻变更房屋所有权，并将房产交给债权人之后结案。实际上奉行所不会对债务人实施收监、"手锁"、"预"等措施，也不会审讯，即"吟味"。在这个问题上，大坂法实际上的处理方式和前述原则有所不同，非常灵活。这和"金银出入"中大坂法原则上不允许"日延"而现实中却灵活处理的情况如出一辙。

## 四、"地明出入"

下面分析要求返还租赁土地的诉讼，即"地明出入"的问题。"地明出入"中的相关案件中，我们可以看到判决下达后多次追诉的情况。具体如下例所示。

（史料十一）

文久二（戌）年（1862）七月十八日报　西町奉行所

"返还租赁土地诉讼"

（省略诉讼双方住址、姓名及诉讼概要）

七月二十七日，西町奉行所开庭审理，命被告早日归还房产。

---

[78] 《大坂堺问答》四番帐六四（第108页）。

[79] 道修町《目安帐》弘化二年十一月十八日条。

闰八月三日，追诉，次日传唤，命被告早日归还房产。

九月四日，追诉。

十月十三日，追诉。

十一月十日，追诉。

戌十二月二十日，追诉。

亥三月八日，请求和解结案。【完结】[80]

文久二年（1862）七月十八日，木挽町的平野屋善五郎向西町奉行所起诉摄州住吉郡青连寺村的小西屋治作，要求被告即债务人归还土地。当时，被告尚在使用该土地。文久二年七月二十七日，奉行所在开庭后判决被告尽早将土地归还给原告。由于被告未能履行判决，故原告向奉行所提出追诉。奉行所在收到追诉之后，并未立刻开始执行，只是要求被告尽早归还土地。面对原告的反复追诉，奉行所每次都是要求被告主动归还土地。与"贷物出入"的诉讼一样，奉行所期待当事人之间尽可能通过交涉达成妥协，解决纠纷。

关于大坂町奉行所对"地明出入"的处理方式，《大坂堺问答》中有如下记载；通常比照"家明出入"，逾期不还则要求借地人尽早返还借地；如果借地人不返还的话，债主可以追诉；追诉在六次以内时，仅要求借地人尽快返还；当第七次追诉时，奉行所再受理进行讯问，即"吟味"，如果未能按期履行判决偿还土地的租金，便会下令采取手锁、押入、身体限等措施。[81] 前述大坂町奉行所的处理方式，我们可以总结如下：

---

[80]　木挽町《目安帐》文久二年七月十八日条。

[81]　《大坂堺问答》四番帐一（第92页）。

（1）"地明出入"比照"家明出入"处理。[82]

（2）最初六次追诉只是要求债务人尽早清偿，一旦追诉达到七次，奉行所便会进行处理。

（3）拖欠的土地租金依照"金银出入"的程序处理。

上述（2）的处理方法类似于"家质银出入"诉讼。上述（3）令人想起"家质利银出入"也是按照"金银出入"的程序处理的。

## 五、追诉的意义

以上介绍了在无法"依照判决履行"判决时，债权人多次提起追诉的"贷物出入""家质银出入"和"地明出入"案件。根据《大坂堺问答》，类似案件还有"质地出入"和"家明出入"。"质地出入"的处理方式大致相当于"家质银出入"。[83] 如上所述，"家明出入"的处理则比照"地明出入"。这些"出入"即诉讼的共通点就是，都是围绕着物权的争议，比如动产、不动产的返还或者变更不动产所有权。在这些有关物权变动的诉讼之中，当事人会反复追诉。如果不能"依照判决履行"判决时，"金银出入"可以在"手锁"、确认病情后进一步采取"押込"和"身体限"之类的强制措施，而"有物出入"则不行。债权人除了通过反复向奉行所追诉要求督促执行之外别无他法。

---

[82] 地明出入中，如"史料十一"所示，虽然判决中要求尽早返还，但没有命令限期归还（可以参照《大坂堺问答》四番帐一，第92页）。针对这一点，明出入中，判决中会要求在20天以内清偿。参照藤木喜一郎《大坂町奉行管下に於ける民事訴訟法［大坂町奉行管下的民事诉讼法］》（《関西学院高等商業学部論叢》第一辑，1949年，第111页）一文中引用的"家明出入裁许请证文"，即《大坂堺问答》三番帐一（第68页）、注11引石井《续近世民事诉讼法史》第133页引用的《大坂表诉願案文［大坂表诉愿案文］》愿方之部十六等。由这些史料可以看出，奉行所在处理时的不同方式。

[83] 《大坂堺问答》四番帐八六，第115页。

　　这并不意味着奉行所不关心物的占有、所有等物权秩序。正是因为奉行所非常关注物的支配秩序。所以在"有物出入"中，如上所述，追诉达到数次乃至七次时，债权人也没有要求下令处以收监、"手锁"、"预"等强制措施，而是奉行所加以"吟味"，即进行调查，即使在"吟味"中的债务得以履行，也会被判处作为刑罚的"急度叱"。不过，在金钱借贷诉讼即"金银出入"的诉讼程序中却从未出现过。

　　但是，如上所述，奉行所在收到债权人追诉之后，通常不会即刻进行强制执行。对于债权人的每次追诉，奉行所都只是命令债务人"依照判决履行"，即尽早返还、变更所有权或者交出土地房屋。可以说并不存在公权力仅仅根据债权人的请求，就立刻使用自己的物理上的强制力执行的体制。如果考虑到共同体的相关人员在执行过程都发挥了很大作用，这一点实际上并不难理解。但是，我们在"有物出入"中可以看到奉行所最终采取了强硬措施，故那种认为奉行所并不具备充分的强制力的观点也不尽然。从有限强制力的角度进行观察的话，我们可以发现公权力在直接促成物权变化时往往显得十分慎重。从动产和不动产的实际利用者的立场考虑，[84] 奉行所尽管承认债权人的主张，但对于引起物权秩序变动的纠纷，还是尽可能地促成当事人通过协商解决，以及在此基础上的自主执行和自主解决。这种做法恐怕是源于这样一种理念，即如此处理对当事人来说是较为妥当的。

　　从契约证文中记录的基于"权利"（债权）而发起的动产、不

---

[84]　关于这一点，笔者注意到泷川政次郎已经指出，有关家明出入"尽管原告七次追诉，奉行所也未采取强制手段驱赶租户。江户时代的裁判所对于保护债务人、租户的权利也殚精竭虑"。（泷川政次郎《公事師・公事宿の研究［公事師、公事宿的研究］》，赤坂书院，1984 年），第 513、514 页。

动产的返还、交付的请求诉讼中来看，可以说江户时代的公权力致力于促进占有权、所有权移转比较容易得到承认并实现，也就是说这一时代的日本社会是一个交易社会、重视债权的社会。大坂法一方面塑造了积极保护金钱债权的交易社会、重视债权的社会。另一方面，与此对照，是否也是强调重视物权秩序的社会呢？

## 第五节　结论

### 一、"金银出入"和"有物出入"

就本章的考察来说，我们从"金银出入"和"有物出入"的诉讼中，可以了解"判决的实现"是以什么样的方式进行的。债务人不能"根据判决履行"时，债权人就向奉行所请求救济。奉行所在处理"金银出入"和"有物出入"时的做法是不同的。在处理"金银出入"时，常常采取"手锁""押込"以及"身体限"等强制措施，以便进入下一阶段的程序。与此相对，在"有物出入"的诉讼中，债权人必须要多次追诉。可以认为公权力在处理可能引起占有权和所有权变化等物权变动的案件时是非常慎重的。对于物的实际利用者的关照以及社会对于物权秩序的重视也可见一斑。

### 二、交涉与妥协的形成

当"根据判决履行"无法实现时，重视当事人之间的交涉是"金银出入"和"有物出入"的共同点。"判决实现"的基本原则就是"内济"，即依靠交涉达成合意、自主解决纠纷。为了促进"内济"，奉行所也会进行干预。以"水平运动"为主，以"垂直运动"为辅促进"判决的实现"。有人曾经指出，"由于认为法律秩序的实现是统治者的义务，故日本法非常轻视个人在法律秩序形成中的作用，而且对于个人通过法庭谋求自身权利也持非常消极的态度"。[85]但本文所述日本法的相关内容正好与此相对照。在江户时代的大坂法中，个人发挥的作用很大。我们从庶民为了自身权益积极地通过各种方式推动奉行所协助解决纠纷的过程中可以看到这一点。实践中大坂法的灵活运用或许也能反映这样的庶民的力量。

当然，虽然说重视当事人的交涉、内济，但也不能忽视这里包含着强制性的要素。[86]判决下达前的"内济"中，自主和强制可以被认为是一种若即若离的关系。[87]

### 三、"诉讼社会"再论

一般情况下，如果某个社会被称为"诉讼社会"，那么，这样的社会中针对公权力提起的诉讼应该会很常见。作为日常用语使用的审判一词就是人们对"诉讼"行为的认识，即以提诉为起点，以判决下达为终点的行为过程。但是，江户时代的物权诉讼中，判决并不意味着诉讼的结束。判决之后围绕着执行问题，当事人之间会继续进行交涉，并向奉行所追诉或者提出"愿""届"等等，而且奉行所也会相应地做出鼓励执行或强制执行的措施。如

---

[85] 田中英夫、竹内昭夫《法の実現における私人の役割［法的实现中私人的作用］》（东京大学出版会，1987 年），第 121 页。

[86] 关于这一点，小早川欣吾已经指出，在"判决的实现"过程中也有强制性的和解。他认为："为了实现如期清偿的'手锁'到'押込'一系列做法，一方面是为了强制债务人履行清偿义务，另一方面也可以认为是一种强制性的和解。"（注 11 所引小早川论文（一），第 163 页）

[87] 参见大平祐一《内済と裁判［和解和审判］》，藤田觉编《近世法の再検討—歴史学と法史学の対話［近世法的再检讨：历史学和法史学的对话］》，山川出版社，2005 年。

果我们把江户时代的诉讼和"判决的实现"都放入考察的视野之中，再把本文所述的执行程序中"水平运动"和"垂直运动"交织而成的世界也纳入进来的话，那么或许就能发现新的"诉讼社会"的图景。

（史志强 译）

# 索引

## 图书在版编目（CIP）数据

中国诉讼社会史研究／（日）夫马进编；范愉等译.
—杭州：浙江大学出版社，2019.8
（廿一世纪中国法律文化史论丛）
ISBN 978-7-308-18863-0

Ⅰ.①中… Ⅱ.①夫… ②范… Ⅲ.①诉讼－法制史
－中国－古代－文集 Ⅳ.①D925.02-53

中国版本图书馆 CIP 数据核字（2019）第 005274 号

**中国诉讼社会史研究**

[日]夫马进 编　范愉 等译

| | |
|---|---|
| **责任编辑** | 王志毅 |
| **文字编辑** | 伏健强 |
| **责任校对** | 杨利军　牟杨茜 |
| **装帧设计** | 蔡立国 |
| **出版发行** | 浙江大学出版社 |
| | （杭州天目山路 148 号　邮政编码 310007） |
| | （网址：http://www.zjupress.com） |
| **排　　版** | 北京大观世纪文化传媒有限公司 |
| **印　　刷** | 北京中科印刷有限公司 |
| **开　　本** | 635mm×965mm　1/16 |
| **印　　张** | 39.5 |
| **字　　数** | 460千 |
| **版 印 次** | 2019年8月第1版　2019年8月第1次印刷 |
| **书　　号** | ISBN 978-7-308-18863-0 |
| **定　　价** | 128.00元 |